ÜMİT DOĞAN

D1641984

MUSTAFA KEMAL'İN MUHAFIZI

TOPAL OSMAN

ALİ ŞÜKRÜ BEY CİNAYETİNİN GİZLİ KALMIŞ GERÇEKLERİ

kriipto

TOPAL OSMAN

Genel Yayın No: 105
Araştırma & İnceleme: 83

Yazan: Ümit Doğan
Yayın Yönetmeni: Ümit Çıkrıkcı
Düzelti: Serkan Akın
Kapak Tasarım: Kripto Tasarım Ekibi
Pazarlama: Ahmet Mert Öztuğ
Baskı: BRC Basım Matbacılık / Ankara

1.Baskı: Kasım 2014
2.Baskı: Aralık 2014
3.Baskı: Mart 2015
4.Baskı: Kasım 2015
5.Baskı: Haziran 2016

ISBN: 978-605-4991-14-3
Sertifika no: 11826

Yayımlayan:
krypto
Kripto Basım Yayım Dağıtım Ltd. Şti.
İçel Sokak 6/4 Kızılay / Ankara
Tel: 0312 432 1923 Faks: 432 1933
e-posta: kripto@kriptokitaplar.com
www.kriptokitaplar.com

ÜMİT DOĞAN

1984 yılında Kırıkkale'de doğdu. İlk ve orta öğrenimini Kırıkkale'de tamamladı. 2013 yılında İşletme alanında lisans eğitimini tamamladı. Uzun süredir İstiklal Harbi tarihi konusunda araştırmalar yapan genç tarih araştırmacısı, anılan zaman kesitinin üzerinde çok durulmayan / araştırılmayan yönlerini derinlemesine nüfuz etmek çabası ile önplana çıkmıştır. Ümit Doğan'ın bu anlayışla yaptığı yayınlanan ilk çalışması *"Mustafa Kemal'in Muhafızı Topal Osman"* başlığını taşımaktadır. Yazarın 2016 yılında yayınlanan ve yine çok az bilimsel araştırmaya konu olan *"Türk Papa/İstiklal Harbinden Ergenekon Sürecine Papa Eftim ve Türk Ortodoks Patrikhanesinin Faliyetleri"* isimli ikinci çalışması yakın tarihimizin unutulan bir sayfasına ışık tutmuş ve birçok kesimden beğeni kazanmıştır. Ümit Doğan, yakın zamanda basım aşamasına geçecek olan *"Atatürk'e yönelik Suikast Planları"* konu başlıklı üçüncü kitabının çalışmalarını da sürdürmektedir.

Ümit Doğan, evli ve bir çocuk babasıdır.

İletişim: tsumut71@gmail.com

Ümit Doğan'ın bu kitabı İstiklal Harbi dönemine ve cumhuriyetimizin kuruluş aşamasına karşı en haksız ve insafsız saldırıların yapıldığı bir dönemde genç bir bilim adamının tarihimizin bu dönemi ile ilgili çok önemli bir şahsiyeti olayların örgüsü içinde nasıl anlatabileceğini gösteriyor. Ümit Doğan'ın bütün genç araştırmacılara örnek olabilecek bir çalışma disiplinin ürünü olan bu çalışmasını okuyucuya takdim etmekten gurur duyuyorum.

Prof. Dr. Ümit ÖZDAĞ

SİNAN MEYDAN'IN SUNUMU

Türkiye Cumhuriyeti'ni tasfiye etmek isteyen iç ve dış odaklar, bu tasfiyeye uygun olarak yeni bir Cumhuriyet tarihi yazmaya çalışmaktadırlar. Bu süreçte "resmî tarihe" karşı "alternatif tarih" sloganıyla Cumhuriyet tarihini eğip bükmekte, tarihî gerçekleri işlerine geldiği şekle sokup kamuoyunu yanıltmaktadırlar. İşte bu yanıltmacıların yıllardır tekrarladığı yalanlardan biri de **Topal Osman** olayıdır. Alternatif tarih yazanlara göre **Atatürk**, önce muhalif **Ali Şükrü Bey'i** Topal Osman'a öldürtmüş, sonra da Topal Osman'ı ortadan kaldırtmıştır! **Yani bu yanıltmacılara göre hem Ali Şükrü Bey hem de Topal Osman cinayetlerinin sorumlusu/azmettiricisi Atatürk'tür!**

Ali Şükrü Bey cinayetini ve Topal Osman'ın öldürülmesini istismar eden Türkiye Cumhuriyeti ve Atatürk düşmanı çevrelerin ve alternatif tarih yazıcılarının herhangi bir somut kanıta, belgeye, bilgiye dayanmadan sadece bazı akıl yürütmelerle Atatürk'ü "katil" diye damgaladıkları düşünülecek olursa bu cinayetlerin aydınlatılması ve gerçek azmettiricilerin ortaya çıkarılması çok büyük bir önem arz etmektedir.

Bu büyük "aydınlatma" işini 1984 doğumlu genç bir araştırmacı **Ümit DOĞAN** yaptı. Üstelik Doğan, elinizde tuttuğunuz kitabında sadece Ali Şükrü Bey ve Topal Osman cinayetlerini aydınlatmakla kalmıyor, aynı zamanda Topal Osman özelinde Balkan Savaşlarından Birinci Dünya Savaşı'na, Kurtuluş Savaşı'ndan Cumhuriyet Devrimi'ne kadar hayli uzun bir dönemin acılarla, mücadelelerle, destanlarla yüklü öyküsüne de değiniyor; bilinmeyen veya az bilinen pek çok konuda önemli bilgiler aktarıyor. Ümit Doğan; kamuoyunda sadece Atatürk'ün muhafızı, Ali Şükrü Bey cinayetinin faili ve bu nedenle öldürüldüğü için tanınan Topal Osman'ın aslında yakın tarihin en önemli kahramanlarından biri olduğunu anlatıyor: Topal Osman'ın Balkan Savaşlarından Teşkilat-ı Mahsusa'ya, Birinci Dünya Savaşı'ndan Kurtuluş Savaşı'na, Pontuşçu Rumlarla mücadelesinden Giresun Belediye Başkanlığı'na, Atatürk'le Havza'da görüşmesinden Atatürk'le yazışmalarına, Ankara'ya çağrılıp Muhafız Takımı'nı kurmasından, Atatürk'e yönelik Çerkez Ethem'in suikast teşebbüslerini önlemesine, Koçgiri İsyanı'nı bastırma harekâtına katılmasından Giresun Alaylarıyla Sakarya Savaşı'ndaki mücadelesine, en önemlisi de Yahya Kâhya ve Ali Şükrü Bey cinayetlerinden sorumlu tutulmasına kadar her yönüyle Topal Osman Ağa gerçeği...

Yıllardır Cumhuriyet tarihi ve Atatürk konusundaki yalanlara, yanlışlara, yutturmacalara, çarpıtmalara yanıt vermeye çalışan bir tarihçi olarak şunu söyleyebilirim ki, genç araştırmacı **Ümit Doğan**, elinizdeki kitabında Cumhuriyet tarihinin istismara en açık, birbirine bağlı iki olayını (**Ali Şükrü Bey cinayeti** ve **Topal Osman'ın öldürülmesi**) adeta bir "tarih dedektifi" gibi delillerle, belgelerle, bilgilerle, başarılı analizlerle aydınlatmıştır. **Böylece Atatürk ve Cumhuriyet düşmanlarının en büyük kozlarından birini ellerinden almıştır.** Tebrik eder, başarılarının devamını dilerim.

Sinan MEYDAN
Ağustos 2014, Büyükçekmece

İÇİNDEKİLER

ÜÇÜNCÜ BÖLÜM
1920 YILI OLAYLARI, OSMAN AĞA İLE ANKARA ARASINDAKİ İLİŞKİLER VE OSMAN AĞA TARAFINDAN KURULAN GÖNÜLLÜ GİRESUN ALAYLARI

DÖRDÜNCÜ BÖLÜM
**1921 YILI OLAYLARI, OSMAN AĞA'NIN KOÇGİRİ İSYANINI
BASTIRMASI, PONTUS TENKİL HAREKÂTINA KATILMASI ve
SAKARYA SAVAŞI'NDA GİRESUN ALAYLARI** **151**

BEŞİNCİ BÖLÜM
1922-1923 OLAYLARI, 47. ALAY KOMUTANI OSMAN AĞA'NIN
BÜYÜK TAARRUZA KATILMASI VE SONRASINDA YAŞANANLAR...... 215

ALTINCI BÖLÜM
ALİ ŞÜKRÜ BEY CİNAYETİ, OSMAN AĞA'NIN ÖLÜMÜ VE

Başta Gazi Mustafa Kemal Atatürk ve silah arkadaşlarının...
Atatürk'ün ve Türk milletinin fedaisi olan Osman Ağa'nın...
Vatanperver, hürriyet sevdalısı ve aydın şahsiyet
Ali Şükrü Bey'in...
Tarihin en eski zamanlarından beri Türklük ve İslamiyet
adına savaşmış tüm şehit ve gazilerimizin...
Aziz hatıralarına...
Hepsini rahmet, minnet ve şükranla anıyorum...

ÖN SÖZ

Bu çalışmamda Mustafa Kemal Paşa'nın Muhafızı Giresunlu Osman Ağa'nın hayatını konu olarak seçmemin esas nedeni, Millî Mücadele döneminin en ilgi çekici şahsiyetlerinden biri olmasına ve hakkında bazı eserler de yazılmasına rağmen, Osman Ağa'nın ne yazık ki Karadeniz Bölgesi dışında pek tanınmadığını görmüş olmamdır.

İç Anadolu bölgesinde doğup büyümüş olan ben, kendimi bildim bileli tarih bilimine sempati duymama rağmen, Osman Ağa'nın adını ilk defa 2004 - 2008 yılları arasında ikamet ettiğim Ordu'nun Gölköy ilçesinde duymuştum. Osman Ağa ile gıyaben tanıştıktan sonra; ilk etapta cepheden cepheye koştuğunu, vatan uğruna topal kaldığını, Pontus çeteleri ile mücadele ettiğini öğrendim. Sonrasında Mustafa Kemal Paşa'nın Millî Mücadele'yi başlattığı ilk günlerde, henüz Havza'dayken görüştüğü kişilerden birinin Osman Ağa olduğunu ve Mustafa Kemal Paşa'yı korumak üzere ilk muhafızları da onun verdiği bilgilerine ulaştım. Kendi kendime *"Nasıl oluyor da vatana bu kadar hizmet etmiş bir şahsiyet; bir Sütçü İmam gibi, bir Çerkez Ethem veya bir Nene Hatun gibi yurt çapında tanınmıyor?"* diye sorduğum günlerde, Osman Ağa hakkında yapılan olumsuz eleştirilerden de haberdar oldum. Karadeniz'de masum Rumları ve Ermenileri, Koçgiri'de isyana karışmamış yöre halkını katlettiği iddiaları karşısında hayli şaşırdım. Ali Şükrü Bey olayında vurulup yaralanan Osman Ağa'nın yargılanmadan öldürüldüğünü, başının kesildiğini ve Ulus Meydanı'nda başsız cesedinin ayağından asılarak teşhir edildiğini öğrendikten sonra Osman Ağa'nın hayatına olan merakım iyice arttı. Değerli hocam Prof. Dr. Ümit Özdağ'ın da teşvik ve destekleriyle Osman Ağa'nın hayatını araştırmaya karar verdim.

Çalışmamın ilk aşamasında *"Pontus Meselesini anlamayan Osman Ağa'yı anlayamaz"* diyerek Pontus Meselesi üzerinde araştırma yaptım. Pontus Meselesini en ince ayrıntısına kadar öğrendikten sonra, Osman Ağa'nın Pontus çetelerine karşı verdiği mücadelenin tahmin ettiğimden çok daha önemli olduğunu gördüm. İkinci aşamada, kitapevleri, sahaflar ve çoğunlukla Millî Kütüphane'yi araştırarak *"Osman Ağa, Giresun tarihi, Karadeniz tarihi, iç isyanlar, dönemin yazışmaları, yayınlanmış hatıratlar vb."* konuları doğrudan ya da dolaylı olarak ele almış eserleri temin ettim. Yayınlanmış hatırat düzeyinde Rauf Orbay, Feridun Kandemir, Kazım Karabekir, Salih Bozok, Kılıç Ali, Ali Fuat Cebesoy, Rıza Nur, Osman Fikret Topallı ve adını yazamadığım dönemin önemli şahsiyetlerinin anılarından yararlandım. Üçüncü aşamada dönemin ve günümüzün gazetelerinde Osman Ağa hakkında çıkan haberleri araştırdım. Doğrudan ya da dolaylı olarak bu çalışmanın kapsamına giren tezler, çeşitli dergilerde yayınlanmış makaleler ve sempozyum bildirileri ile TBMM'nin açık ve gizli celse zabıtlarını inceledim. Dördüncü ve son aşamada "Tarihçilikte birinci kaynak olarak değerlendirilmeseler de, belli bir olayın detaylarını öğrenebilmek açısından tarih biliminin görmezden gelemeyeceği kayıtlar" diyebileceğimiz hatıratları derlemeye karar verdim. Bu doğrultuda dönemin birçok olayına şahit olmuş, Osman Ağa'nın en yakınında bulunmuş mücahitlerin oğulları ve torunları ile irtibata geçtim, bir yandan onlarla söyleşiler yaparken bir yandan da mücahitlerin hatıratlarını, notlarını ve çeşitli fotoğraflarını temin ettim. Bütün bu kaynakları inceleyip değerlendirerek Osman Ağa'nın hayatını en ince ayrıntısına kadar nakletmeye çalıştım.

Elinizdeki bu kitap söz konusu çalışmanın bir ürünü olarak ortaya çıktı. Olayların kronolojik olarak anlatıldığı altı bölümden oluşan kitabın ilk bölümünde Osman Ağa'nın doğumu ve gençlik yılları ile Balkan ve Birinci Dünya Savaşı'nda yaşadığı olayları ele aldım. İkinci bölümde Osman Ağa'nın tarih sahnesine çıkmasını sağlayan Pontus meselesi hakkında kısaca bilgi verdikten sonra, Mustafa Kemal Paşa'nın Havza'da Osman Ağa ile görüşmesi ve Osman Ağa'nın çoğu Giresun'da geçen Pontus mücadelesi konularına değindim. Üçüncü bölümün başında yine Pontus mücadelesine yer verirken daha sonra Osman Ağa ve Sovyet Rusya arasındaki silah sevkiyatından, Osman Ağa'nın Mustafa Kemal Paşa'nın Muhafız Takımını kurması ve Çerkez Ethem'in Mustafa Kemal Paşa'ya yaptığı suikastleri önlediğinden, akabinde de Giresun Gönüllü Alaylarını nasıl kurduğundan bahsettim. Dördüncü bölümde Osman Ağa'nın kurmuş olduğu Giresun Alayları ile birlikte Koçgiri İsyanını bastırmasını, Pontus Tenkil Harekatına katılmasını ve Sakarya Savaşı'nda gösterdiği kahramanlıkları detaylarıyla aktarmaya çalıştım. Beşinci bölüme Osman Ağa hakkındaki bazı şikayetler ve Osman Ağa'nın Büyük Taarruz'daki faaliyetlerini anlatarak başladım. Lozan Görüşmesi sonrasında TBMM'de yaşanan gerilim ve Ali Şükrü Bey hakkında bilgi vererek Ali Şükrü Bey cinayetine zemin hazırlayan olayları ortaya koydum. Kitabın altıncı ve son bölümünde Ali Şükrü Bey'in ortadan kaybolmasından sonra yaşanan gelişmeleri, Osman Ağa'nın üzerine kalan Ali Şükrü Bey cinayeti ile ilgili dönemin önemli kişilerinin yorumlarını ve cinayet ile ilgili dönemin basınında yer alan haberleri paylaştım. Daha sonra Ali Şükrü Bey cinayetini enine boyuna inceleyerek bütün yönleri ile ele aldım. Bu bölümde sizlerle paylaşmış olduğum, Ali Şükrü Bey cinayetinin sonrasında yaşananların tamamına şahit olmuş, **Osman Ağa'nın emri ile Mustafa Kemal Paşa'nın muhafızı olarak görevlendirilmiş Çakıroğlu Hüseyin'in anılarının önemine dikkat çekmek istedim.** Çakıroğlu Hüseyin'in hatıraları *"Osman Ağa'nın öldürüldüğü çatışma, Çankaya Köşkü Baskını şeklinde bilinen çatışma, Mustafa Kemal Paşa'nın Osman Ağa'dan kurtulmak için çarşaf giyerek Köşkü terk ettiği iddia edilen olay, Osman Ağa'nın ölümünden sonra Giresunlu muhafızların durumu vb."* konular da detaylı bilgiler içermektedir. Kitabın son bölümünde paylaştığım bu bilgilerin Ali Şükrü Bey cinayeti üzerindeki sis perdesini bir nebze olsun aralayacağını, konu ile ilgili cevapsız sorulara kısmen de olsa ışık tutacağını ümit ediyorum. Altıncı bölümün sonunda Osman Ağa'nın ölümünden 80 yıl sonra mezar taşının tahrip edilmek suretiyle onun tarihî şahsiyetine yapılan saygısızlıktan bahsederek kitabımı tamamlamış oldum. Döneme ait çeşitli fotoğraflara da yer verdiğim bu kitabı baştan sona büyük bir titizlikte hazırladım, dipnotlarla zenginleştirmeye ve oluşturduğum dizinle daha kullanışlı bir hâle getirmeye çalıştım. Buna rağmen bazı eksikliklerin olması kaçınılmazdır. Bundan dolayı hoşgörünüze sığınıyorum.

Bu kitabın hazırlık aşamasında birçok kişinin teşvik ve desteğini gördüm. Teşekkür borcunu üzerimde hissettiğim epeyce kişi var. Nereden başlayacağımı bilemiyorum. Öyle sanıyorum ki ilk sırayı bu çalışmamın başından sonuna kadar yardım ve desteklerini esirgemeyen, özellikle mücahitlerin hatıratlarını derlediğimiz dönemde benimle Giresun'da köy köy gezen değerli Giresunlu kardeşim Bayram Akkaya'ya ayırmam gerekir. Kendisine teşekkürü bir borç bildiğimi ifade etmek isterim. Sonrasında bana epeyce vakit ayıran, başını çok ağrıttığımı düşündüğüm sayın Av. İsmail Altay'a, dedesinin hatıralarını benimle paylaşarak çalışmama çok önemli katkı sağlayan sayın Mükerrem Çakıroğlu'na, değerli görüşleri ile çalışmama yön veren sayın Yrd. Doç. Dr. Nevin Yazıcı hocama, ilgi ve desteklerini esirgemeyen sayın Abdullah Tirali'ye, sayın Seyfullah Çiçek'e, sayın Candemir Sarı'ya, Sayın İsmail Hacıfettahoğlu'na, mücahit büyüklerinin anılarını benimle paylaşan değerli Giresunlulardan sayın Şevket Günal'a, İdris Kayış'a, Ünan Zenen'e, Yusuf Aydın'a, Ali Rıza Kaya'ya, Cemal Kaya'ya, Ahmet Yılmaz'a, Aytekin Hotmanoğlu'na, Halil Cındık'a, Muhlis Akkuş'a, Ömer Faruk Kurdoğlu'na ve Gülseren Hün hanımefendiye ayrı ayrı teşekkür ediyorum. Bu çalışmamda bana yardımı dokunan, ismini buraya yazamadığım herkesten özür diliyor, onlara da teşekkürlerimi sunuyorum. Kendilerine ayırmam gereken zamanın büyük bir bölümünü bu çalışmaya ayırdığım, bu çalışma nedeniyle onlara göstermem gereken ilgiyi yeterince gösteremediğim, onları zaman zaman ihmal ettiğim, buna rağmen beni her zaman sabır ve anlayışla karşılayan eşim ve oğluma da minnettarım.

Bu kitabı yazmaya karar vermemde sayın Prof. Dr. Ümit Özdağ'ın destek ve teşviklerinin ayrı bir önemi olduğunu belirtmek isterim. Onun cesaretlendirmesi olmasaydı, böyle bir çalışma yapmak aklımın ucundan bile geçmezdi, diyebilirim. Çalışmamın başından sonuna kadar değerli görüşlerini benimle paylaşan ve bana her konuda destek olan Prof. Dr. Ümit Özdağ hocama ayrı bir teşekkürü borç bilirim.

Bu çalışmamın sonunda Osman Ağa'nın bölgesel bir kahraman, sıradan bir Kuvay-i Milliye lideri değil, bütün Türk milletine mal olmuş bir şahsiyet olduğunu gördüm. Bu nedenle bu çalışmamı yalnız Giresunlulara değil, bütün Türk milletine armağan ediyorum.

Ümit DOĞAN
Niğde, Haziran 2014

BİRİNCİ BÖLÜM

FERİDUNZADE OSMAN'IN DOĞUMUNDAN BİRİNCİ DÜNYA SAVAŞI SONUNA KADAR YAŞANANLAR

Feridunzade Osman'ın Doğumu, Gençlik Yılları ve "Ağa" Lakabını Alması

Feridunzade Osman 1883 yılında Giresun'un Hacı Hüseyin Mahallesi'nde dünyaya gelmiştir. Babası Feridunzade Mehmet Efendi, annesi Çemşitgiller'den Zeynep Hanım'dır. Çakır gözlü bir çocuk[1] olarak dünyaya gelen Osman'ın babası fındık tüccarı, dedesi İsmail Ağa ise Rus limanları ile Karadeniz limanları arasında deniz ticareti yapan bir kaptandır. Ticaretle uğraştıkları için maddi durumları iyidir. Soyları Oğuz boylarından olan Çepni Türklerine dayanmaktadır. Aile lakabı Feridunzade olup soyadı kanunu ile birlikte aile Feridunoğlu soyadını almıştır.

Osman'ın gençlik yıllarında Giresun'un ekonomik ve sosyal yapısına hakim olan Rumlar; gayrimenkulleri, kıyı ticaretini ve şehir meclisini ellerinde bulunduruyorlardı. Osman daha o yaşlarda çevresinde olup bitenleri anlamış, Giresun'da birbirine zıt yaşayan iki toplum[2] olduğunun farkına varmıştı. Kimi zaman dedesi ile deniz yolculuklarına çıkan Osman, Giresun Limanı'na demir atan yabancı gemilere imrenerek bakıp Türklerin neden böyle gemilerinin olmadığına hayıflanırdı. Evlilik çağı gelince Panas İsmail Ağa'nın kızı Hatun Hanım ile evlendi. 1910 yılında deniz kenarında yalı kahve isminde bir kah-

---

[1] Hasan İzzettin Dinamo, *Kutsal İsyan*, İstanbul, 1986, C. II, s.118.
[2] Merzifon Amerikan Koleji ve Patrikhane, Pontus propagandası yapmadan önce Giresun'da Türkler ve Rumlar arasında sevgi ve hoşgörü hakimdir. Kahvehane, lokanta gibi yerlere beraber girip çıkarlar. İki halk birbirine son derece saygılıdır.

vehane açıp işletme görevini arkadaşı Türüdoğlu Tevfik'e verdi.[3] Daha sonra ticarete atılarak kayınpederinin yardımları ile kerestecilik işine girdi. 50 işçi çalıştıran bir kereste fabrikasının beşte bir hissesini satın aldı.[4] Kereste işi sayesinde eline epeyce para geçince cömertliğini gösterdi, düşkün eşe dosta yardım etti, arkadaşlarını yedirip içirdi, bu nedenle adı *"Osman Ağa"* olarak anılmaya başladı.[5]

Balkan Savaşı'na Gönüllü Giden Osman Ağa Cepheden Topal Olarak Dönüyor

1912 yılının Ekim ayında Balkan Savaşı'nın başlamasıyla Osmanlı Devleti seferberlik ilan etmiş, bütün Anadolu'da olduğu gibi Giresun'da da askerliği gelen gelmeyen herkes cephede görev almak için askerlik şubesine koşmuştur. Savaşa katılmaya kararlı olan Osman Ağa, askerlik şubesine gidince babasıyla amcasının el ele vererek yatırdığı 54 sarı altın lira[6] karşılığına askerlikten muaf olduğunu[7] öğrenmiştir. Bu olaya hayli öfkelenen Osman Ağa babasına yatırdığı bedeli geri aldıramayınca bu sefer gönüllü yazılmış, giyecek ve silahlarını temin ettiği kendi gibi vatanperver 65 arkadaşı[8] ile birlikte savaşa katılmak üzere gerekli işlemleri tamamlamıştır.

Savaşa gitmeden önce Osman Ağa yanında birkaç arkadaşı ile Giresun eşrafından Sarıbayraktaroğlu Ahmet Efendi'yi ziyaret eder, elini öpüp helallik ister. Ahmet Efendi, Osman Ağa'ya iki yüz kırmızı lira verip bu parayı ihtiyacı olan arkadaşlarına vermesini söyler. Ayrıca on iki adet mavzer satın alıp kendilerine verir. Daha sonra Osman Ağa, Hacıhüseyin Mahallesi'ndeki fırının karşısındaki kahvenin taşlığında halka kısa bir konuşma yapar ve cepheye gidenlerin evlerine bırakılmak üzere iki yüzer kırmızı lira bırakır. O gün askerler son olarak evlerine giderler. Ertesi gün Giresun Limanı'ndan bir gemiye binerler, önce İstanbul'a oradan da Tekirdağ'a geçerler.[9] Osman Ağa ve ar-

---

[3] Mehmet Şakir Sarıbayraktaroğlu, *Osman Ağa ve Giresun Uşakları Konuşuyor*, İstanbul, 1975, s.9.
[4] Seyfullah Çiçek, *Topal Osman*, İstanbul, 2011, s.24.
[5] Rıza Nur, *Mangal Yürekli Adam Topal Osman*, İstanbul 2010, s.25, Erden Menteşeoğlu "Osman Ağa" lakabını çocuk sayılacak yaşta aldığını söyler. Bk. Erden Menteşeoğlu, *Yakın Tarihimizde Osman Ağa ve Giresunlular*, Giresun 1996, s.22.
[6] Cemal Şener, *Topal Osman Olayı*, İstanbul, 2005, s.54.
[7] Dinamo, *a.g.e.*, s.122.
[8] Çiçek, *a.g.e.*, s.2.5
[9] Saribayraktaroğlu, *a.g.e.*, s.13-14.

kadaşlarının Tekirdağ'a indiği günlerde Bulgarlar iyice ilerleyip Çatalca sınırına dayanmıştır. Karşı konulmazsa İstanbul'un düşme tehlikesi vardır. Osman Ağa ve arkadaşları hemen Çorlu mıntıkasına sevk edilir. Giresun Askerlik Şubesi Eski Başkanı Binbaşı Nihat Bey; Osman Ağa ve arkadaşlarını aba zıpkalı giysileriyle tanıyarak yanlarına gelir. Osman Ağa'yı çok seven Nihat Bey; Osman Ağa ve Sütlaç Mustafa'nın çizmelerine vurarak *"Kabadayılık Giresun'da değil cephede söker, haydi göreyim sizi aslanlar."*[10] der. Savaş tüm şiddeti ile devam ederken, Kumburgaz da *"Üç Tepeler"* mevkiinde patlayan bir Bulgar topu Osman Ağa'nın diz kapağından yaralanmasına neden olur. Yürüyemez hâle gelen Osman Ağa'yı Giresun'dan arkadaşları[11] at arabasına koyup cepheden uzaklaştırırlar.

İstanbul'a getirilen Osman Ağa, kız kardeşi Zatiye Hanım ve eniştesine teslim edilir. Durumu ağır olan Osman Ağa hemen Şişli Etfal Hastanesine kaldırılır. Hastanede kendisine ağabeyi Hasan Efendi refakat eder. Tedavisi Sertabip Saim Bey ve Op. Dr. Cemil Bey tarafından yapılır.[12] Doktorlar Osman Ağa'nın bacağının kangren olacağını ve kesilmesi gerektiğini söylerler. Osman Ağa kesme işine karşı çıkar ve *"Yeryüzünde bacaksız gezip dolaşacağıma öbür dünyaya iki bacakla gitmeyi yeğlerim."*[13] diyerek doktorların teklifini reddeder. Doktorlar ameliyata razı olurlar, Osman Ağa bu seferde *"beni bayıltmadan ameliyat edin."* diye diretir. Doktorlar ameliyatın uzun ve önemli bir ameliyat olduğunu, bu acıya dayanmanın mümkün olmadığını söylerler. Ancak Osman Ağa *"Bayıltmadan ameliyat edecekseniz edin yoksa bırakın."* der. Sonunda doktorlar bayıltmadan ameliyat etmeye razı olurlar. Ameliyat biter, Osman Ağa'ya geçmiş olsun dedikten sonra sedyeye koyarlar. Peşi sırada şöyle söyleşirler: *"Yahu bu ne biçim adam? Ameliyat oldu, bitti, adam gık bile demedi."*[14] Dokuz ay süren hastane yaşantısından[15] sonra Osman Ağa koltuk değnekleri ile taburcu edilmiştir. Sağ adımını dizini bükmeden kalçadan atmaktadır. Bugünden sonra bilen bilmeyen herkes ona Topal Osman Ağa diye hitap edecektir. Gülcemal vapuru ile Giresun'a gelen Osman Ağa kutlamalarla gittiği askerden koltuk değnekleri ile dönmüştür.

---

[10] Menteşeoğlu, *a.g.e.* , s.39.
[11] İsimleri için Bk. Sarıbayraktaroğlu, *a.g.e.* , s.15.
[12] Menteşeoğlu, *a.g.e.* , s.41.
[13] Dinamo, *a.g.e.* , s.122.
[14] Sarıbayraktaroğlu, *a.g.e.* , s.16.
[15] Çiçek, *a.g.e.* , s.27.

Resim 1 - *Giresuna Özgü Aba Zıpkalı Kıyafeti ile Osman Ağa*

Cepheden sakat olarak dönen Osman Ağa'yı karşılamaya gelen arkadaşları onu incitmeden bir kayığa bindirirler, kollarına girip evine götürürler. Osman Ağa'yı hasta yatağında gören M. Şakir Sarıbayraktaroğlu o günü şöyle anlatmaktadır:

"Osman Ağa'nın ayağı alçı içindeydi ve ayak bütündü, belli idi ki sızlıyordu. Artık Ağa'nın arkadaşları şehirden, köyden onu ziyarete geliyor 'Geçmiş olsun.' diyorlardı. Bir seferinde babam yanına giderken 'Ben de gideceğim.' dedim. Çünkü aklım kalıyordu. Sapasağlam giden Osman Ağa'nın şimdi ayağı büsbütünmüş, onu göreceğim çocukluk bu ya. Babam da beni kırmadı. Beraber gittik, gelen ziyaretçilerle konuşuyorlar, ben dinliyorum. Daha doğrusu ben gene ayağı düşünüyorum ve görebilsem diyorum. Ayağı yorganın altında. Kendisi solgun; yüzü, uzun tedavinin ezginliği ile yorulmuş, arkadaşlarına anlatıyordu. Ona bu yara çok dokunmuştu, gitti de pis Bulgar'dan kurşun yedi geldi, diyecekler diye. Yarası iyi olmamıştı."[16]

Gazi Topal Osman Ağa günlerini evlerinin önündeki Yalı Kahve'de geçirmeye başlar. Koltuk değnekleri ile yürüyecek kadar iyileşene dek; onu arkadaşları kahveye getirip götürürler. Osman Ağa biraz daha iyileşince denize açılmaya başlar.

---

[16] Sarıbayraktaroğlu, *a.g.e.* , s.16-17.

Teşkilat-ı Mahsusa'nın Kuruluşu ve Osman Ağa'nın Teşkilat İçindeki Rolü

Teşkilatı Mahsusa, Osmanlı Devleti'nin son dönemine damgasını vurmuş, yurt içi ve yurt dışında istihbarat, propaganda ve örgütlenme eylemlerinde bulunmuş bir teşkilattır. İttihat ve Terakki Partisinin Türk-İslam görüşleri doğrultusunda Enver Paşa'ya bağlı olarak 30 Kasım 1913'te, bazı kaynaklara göre ise 5 Ağustos 1914'te kurulmuştur. Teşkilat-ı Mahsusa başkanlığı yapmış olan Hüsamettin Ertürk, bu teşkilatın amacını şöyle ifade etmektedir:

"Bu teşkilatın gayesi, bir taraftan bütün İslamları bir bayrak altında toplamak, bu suretle Panislamizme vasıl olmaktır. Diğer taraftan da Türk ırkını siyasi bir birlik içinde bulundurmak, bu bakımdan da Pantürkizmi hakikat sahasına sokmaktır. Enver Paşa'nın, bir yandan Emiri Efendi'nin İttihat ve Terakki programındaki Panislamizmden, diğer taraftan da Ziya Gökalp'in Pantürkizminden ilham aldığı muhakkaktır."[17]

Osman Ağa kendini bildiğinden beri İttihatçı olduğundan[18] Birinci Dünya Savaşı başlayınca gönüllüleri ile birlikte Teşkilatı Mahsusa' nın meydana getirdiği sabotaj milislerine katılmış ve Çarlık Rusya'ya karşı savaşmıştır. Osman Ağa, Vakit gazetesine verdiği mülakatta Teşkilat-ı Mahsusa'ya katılışını şöyle anlatmaktadır.

"Bu sırada harb-i umumi zuhur etti. Benim yaralarım henüz kapanmamıştı. Fakat dayanamadım. Teşkilat yaptım. Acara taraflarında Teşkilat-ı Mahsusa'ya karıştım. Değnek koltuğumda topallayarak muharebe ettim. Ric'at zamanında Yemişlik hattına çekildim. Orada tifoya yakalandım. Memlekete hasta geldim."[19]

Ahmet Rıza Bey komutasındaki Teşkilat-ı Mahsusa Milis Alayı'na Giresun ve havalisinden beş gönüllü müfrezesi gitmiş olup isim ve tahmini asker miktarları şöyledir:[20]

---

[17] Hüsamettin ERTÜRK, *İki Devrin Perde Arkası,* İstanbul, 1996, s.105.
[18] Dinamo, *a.g.e.,* s.119.
[19] Vakit, 19 Şubat 1922.
[20] Osman Fikret Topallı, *Müdafaa-i Hukuk ve İstiklal Harbi Tarihnde Giresun,* (Haz. Veysel Usta), Trabzon, 2011, s.314.

Birinci Dünya Savaşı Başlıyor, Osman Ağa İyileşmeyen Bacağı ile Cepheye Gidiyor

Balkan Savaşı'nın sonuçlanmasından bir yıl dahi geçmemiştir ki; dünyanın çehresini değiştiren ve tarihin en kanlı savaşı olan Birinci Dünya Savaşı patlak verir. Osmanlı Devleti'nde *"İttihat ve Terakki dönemi"*[21] yaşanmaktadır. Almanya'nın savaşı kesin kazanacağına inanan İttihat ve Terakki Hükümeti bu devletin yanında savaşa girersek Trablusgarp ve Balkan Savaşlarında kaybettiğimiz toprakların geri alınacağını, Alman desteği ile ülke ekonomisinin düzeleceğini ve Turan hayalinin gerçekleşeceğini düşünmektedir. Osmanlı Devleti'nin bu düşünce ile müttefiki Almanya'nın yanında savaşa girmesi sonucunda yeniden seferberlik ilan edilir. Bacağı tam olarak iyileşmeyen[22] Osman Ağa, Yalıkahve'de arkadaşları ile kısa bir toplantı yapar ve *"Savaş meydanı bizi bekliyor."* der. Aynı günün akşamı yemek yerlerken kararını babasına bildirir, babası Hacı Mehmet Efendi Osman Ağa'ya *"Osman, sen ne yapıyorsun oğlum, yine gönüllü gideceksin, vazgeç, ayağın sakat hatta büsbütün. Bu ayakla bir yere gidilmez."* diyerek bu işe rızası olmadığını belli etse de Osman Ağa'dan *"Gideceğim baba, bana hiçbir şey söyleme."* cevabını alır. Annesi ve kardeşleri de Osman Ağa'yı cepheye gitmeme konusunda ikna edemeyince iş mahallenin yaşlı hacı hanımlarına kalır. Hacı hanımlar Osman Ağa'ya *"Sen yine asker toplayıp Rus Harbi'ne gidecekmişsin. Sen ne yapıyorsun oğul, ayağın hasta bu vaziyette askere gidemezsin."* derler ancak Osman Ağa *"Ben size Hacca giderken Hacca gitmeyin ne var orada desem ne derdiniz?"* diye cevap verir. Hanımlar *"O haccı farize, mutlak gitmemiz lazım."* derler. Osman Ağa da hanımlara *"O, haccı farize ise bu iki misli haccı farize, beni kimse yolumdan geri koyamaz."*[23] der ve gidiş hazırlıklarına baş-

---

[21] İdeoloji olarak Türkçülüğü benimseyen "İttihat ve Terakki Partisi"nin 1912-1918 yılları arasında iktidarda elinde bulundurduğu dönem.

[22] Osman Ağa'nın bacağından zaman zaman kemik parçaları eti yararak dışarı çıkıyordu. Bk. Çiçek, *a.g.e.*, s.29.

[23] Sarıbayraktaroğlu, *a.g.e.*, s.25.

lar. Yalı Kahve'nin önünde davul zurna çalınır, horonlar tepilir, kol oyunu oynanır. Osman Ağa'nın cepheye gideceğini duyan ve o tarihte on beş yaşında olan Karamustafaoğlu Koç İbrahim, Osman Ağa'nın çetesine katılarak savaşa meydanına gitmek ister. Osman Ağa, yaşı küçük olduğu için İbrahim'i cepheye götürmek istemese de İbrahim'in ısrarlarına dayanamaz ve İbrahim, Osman Ağa'nın çete teşkilatının 93. üyesi[24] olarak cephedeki yerini alır. Hazırlıklarını tamamlayan Osman Ağa ve gönüllüler deniz fırtınalı olduğu için Espiye'ye kadar karadan gidip oradan gemiye binerler, Tirebolu ve Görele'ye uğradıktan sonra Trabzon Limanı'na varırlar. Osman Ağa, Trabzon savcısına tahliyesini sağlattığı altı Giresunlu mahkûmu da gönüllülere katarak yoluna devam eder.[25] Trabzon'da bir gün otelde kalan gönüllüler, ertesi gün Batum'a varıp Çoruh Nehri kıyısında mevzi alırlar. Rus ordusu bizim ordumuzdan hem sayı[26] hem de techizat bakımından üstün durumdadır. Gönüllüler gerilla taktiği ile düşmana hayli zayiat verdirirler ancak geri çekilmek zorunda kalırlar. Satıbeli mevkiinden aşağı indikten sonra Sütlaç Mustafa iki kardeşinin şehit düşmesi ve babasının ölümü üzerine, Koç İbrahim ve Bahri Bey de hastalandıklarından dolayı Giresun'a geri dönerler. Ruslar karşısında ordumuz Hopa'ya daha sonra da Erhavi'ye kadar çekilmek zorunda kalır.

Resim 2 - *Osman Ağa Askerî Üniforması ile*

---

[24] Balkan Savaşlarına 65 gönüllü ile katılan Osman Ağa, Birinci Dünya Savaşında bu sayıyı artırarak 93 gönüllü ile katılmıştır.

[25] Çiçek, *a.g.e.*, s.31; Sarıbayraktaroğlu, *a.g.e.*, s.27-28; Cemal Şener ise gönüllü sayısının 150 kişi olduğundan bahsetmektedir. Bk. *Topal Osman Olayı*, s.55

[26] Rus ordusu 40.000 kişiden, Türk ordusu 7.000 kişiden oluşmaktadır. Bk. Sarıbayraktaroğlu, *a.g.e.*, s.28.

Yenilgiyi asla hazmedemeyen Osman Ağa bu geri çekilişi içine sindire-mez ve Tabur Kumandanı Kel Hasan Efendi'ye dönerek *"Hasan Efendi çekil, çekil, nedir bu? Burada düşmana karşı bir hücuma geçelim."*[27] der. Hasan Efendi'ye sözünü geçiremeyince Alay Kumandanı Rıza Bey'e düşüncesini anlatır. Rıza Bey'in onay vermesi ile kuvvetli bir hücum yapan ordumuz düş-mana ciddi zayiat verdirirken Osman Ağa'nın gönüllülerinden altısı[28] şehit düşer. Bu hücum esnasında gerçekleşen Giresunlu Salim'in şahadeti epey üzüntü verir. Giresun'un Hacı Hüseyin Mahallesi'nden Alidayıoğlu Salim[29], büyük bir vatanperverlik örneği göstererek kulağı duymadığı hâlde Osman Ağa'nın gönüllü taburuna katılır. Fırtına Deresi mevkiinde düşmana yapılan hücum sırasında Salim geride kalır. Tabur Komutanı Kel Hasan Efendi elinde tüfek ile gelen Salim'i görünce seslenir. Salim işitmeyince Rus askeri zanne-derek yanlışlıkla onu vurur. Bu olay, Osman Ağa ile Salim'i yanlışlıkla vuran Tabur Komutanı Kel Hasan Efendi'nin arasını açar. Kel Hasan Efendi, Os-man Ağa'nın hemşerisini vurduğu için kendisini öldüreceğini düşünür.[30]

Resim 3 - Alidayıoğlu Salim ve Osman Ağa'nın Büyük Oğlu İsmail Bey (İsmail Altay Arşivinden)

---

[27] Sarıbayraktaroğlu, *a.g.e.* , s.29.
[28] Bunlardan üç kişi Giresun Hacı Hüseyin Mahallesi'nden, üç kişi ise Trabzon'da hapishaneden çıkıp gönüllülere katılanlardandır. Bk. Sarıbayraktaroğlu, *a.g.e.* , s.29.
[29] Oldukça varlıklı ve Giresun'un ileri gelen şahsiyetlerinden Alidayıoğlu Mustafa'nın (Mıskalağa) iki oğlu Salim ve Ahmet kardeşler Giresun'daki mal ve mülklerini bırakıp cepheye gitmişler, biri 17 diğeri 21 yaşında şehit düşmüşlerdir.
[30] Sarıbayraktaroğlu, *a.g.e.* , s.29-30.

Giresunlu mücahitlerden Cındıkoğlu Mehmet, Ruslara karşı verdikleri mücadeleyi şöyle anlatmaktadır:

"Ruslar Karadeniz'de doğudan batıya doğru uzanan Batum -Tirebolu hattını, Trabzon'dan itibaren, deniz sahiline paralel olarak elli altmış kilometre derinlikte kırsal kesime kadar uzanan mühim mevkii olan tepeleri ve bölgeleri tutarak bir daha geri dönmemek üzere taarruz ediyorlardı. Karşımızdaki güç sadece Ruslar değildi, hatta bizim vatandaşımız olan Ermeniler de hainlik yaparak Rus ordusunun saflarında bize karşı savaşıyorlardı. Çok geçmeden Ruslarla sıcak temas sağladık, erat sayısı ve mühimmat olarak bizden çok güçlüydüler. Ağır silahlarla ve makineli tüfeklerle durmadan saldırıyorlardı. Moskof eratının önünü keserek taarruzu durdurmaya çalışıyorduk. Vatanın her yanı düşman saldırısına uğradığından yeterli askere ve askerî donanıma sahip değildik. Kullandığımız Alman yapısı beşli martinlerimizin namlusu yirmi beş otuz mermi attıktan sonra ısınıp kızarak şişiyordu. Soğuması için namlusuna su döküyor veya bevl ediyorduk da sıkışan boş kovanı tırnaktan alıyorduk. Haftada bir çıkan tayın arazinin şartlarına göre değişiyor, genellikle sırt torbamızda taşıdığımız peksimetlere mataramızdan su döküp hamlatarak (yumuşatarak) yiyorduk. Yokluklar içinde de olsak yüce vatan sevgimiz, muharebe geleneğimiz ve sonsuz inancımızla savaşıyorduk.

Günlerden bir gün çimenli bir tepeyi yarı belinden tutarak istihkâm kazdık. Tepeye yakın bir mevkiye gözcülerimizi yerleştirmiş, nöbetçilerimizi dikmiştik. O akşam birisi arkadaşım İlyas olmak üzere üç Mehmetçik birden tepe nöbetine gitmişti. Akşamdan beri taciz ateşi kesilmiş, gecenin ikinci yarısı yaklaşırken her taraf süt liman olmuş, tepeye derin bir sessizlik hakim olmuştu. Siperlerimizde kuş uykusu gibi beş dakika gözlerimizin daldığı bir andı ki; tepeden koşarak gelen nöbetçilerden birinin sesiyle irkildik: 'Kumandanım, kumandanım, tepede çimenden kayarak bize doğru yaklaşan çizme sesleri duyuyorum. Sesler bize gittikçe yaklaşıyor, düşman çok yakınımızda' dediği anda Rusların yoğun ateşi ve taarruzu başlamış, tepedeki nöbetçilerimizin biriyle gözcümüz yoğun ateş altında kalmışlardı. Hemen karşı ateş açarak kısa süre göğüs göğse çarpıştık. Fakat nöbetteki İlyas ile birlikte diğer neferimiz oracıkta kalarak şahadet şerbetini içmişlerdi. Mermilerin çoğu tepemizden uzakları dövmesine rağmen mevzilendiğimiz yamaçta mukavemet gösteremiyorduk. Kumandanımız yoğun Rus ateşinden kurtulmamız için biraz daha engebeli ara-

ziye doğru çekilmemizi emrediyordu. Bizim çok yakında olduğumuzu tahmin edemedikleri için, Moskof'un yoğun ateşi daha çok bizim yüz elli iki yüz metre arka ve yan taraflarımızı dövüyordu. Ben ve silah arkadaşım Mahmut gece karanlığında beş on metre yan tarafa sürünerek büyük erik kökünün arkasına zar zor gizlendik. Bize ateş açan yoktu. Düşman kırk beş dakikayı aşkın bir zaman her yeri çalı çırpı demeden karış karış taradıktan sonra ateş hafifledi. Cepheye yerleşir yerleşmez Moskof'un bayramı başladı. Rusça şarkılar türküler söylüyorlardı. Otuz metre üst yanımızdaydılar. Yamacı tam orta yerinden ikiye bir kaş vardı. Kaşın başında ise sıra sıra erik ağaçları. Büyük bir eriklik olduğu eriklerin kokusundan ve kaşın kabartısından belliydi. Ruslar bir yandan tepeyi iyice tutarlarken bir yandan da aç kurtlar gibi erik ağacına alabildiğine saldırarak tırmanıyorlardı. Hiç bu kadar yakından görmediğimiz şişman hantal yapılı on beş yirmi Rus askeri bir yandan şarkı söyleyerek erikleri yiyorlar, bir yandan da Rusça tempo tutarak arada bir de bize ana avrat küfrediyorlardı. Ben Mahmut'a tepe başında şehit olan İlyas'ı sorarken o da bana 'Mehmet biz de İlyas gibi biraz önce bu tepede şehit olacaktık. Şu anda buradan kurtulacağımız da belli değil, gel gözümüz göre göre beş on Moskof vuralım da öyle ölelim' dedi. Hiç tereddütsüz Mahmut'a 'Bu fırsatı kaçırmayalım" dedim. Zaten başından beri erik ağaçlarına odaklanmış olan hedefimize nişan alıp beşli tüfeklerimizi beş kez arka arkaya manevra yaparak boşalttık. Ağaçta söylenen Rusların çığırdığı sevinç ve bayram türküleri feryat figana dönüşmüştü. Vurulanlar ağaçtan kuş gibi düşerken böğürenler, yaralananlar, kendini mundarca yere atanlar birbirine karışmış, eriklik bölgesi mahşer yerine dönmüştü. Çok sayıda başı kalpaklı Rus askerini öldürdüğümüz, yerdeki bağrışmalardan belliydi. İlyas'ın hıncını sıcağı sıcağına almıştık.

Savaşın yüzü gerçekten buz gibi ve çok soğuktur. İlk mermi atılana kadar oldukça heyecanlı, gergin ve ürpertili anlar geçer. Zaman dardır. Çoluk çocuğun, bütün sevdiklerin bir bir gözünün önüne gelir. Amma ilk mermi namludan çıktığı anda heyecan da gerginlik de biter. Sadece vatanı düşünürsün, tıpkı bir oyun gibidir. Savaş oyunu başlamıştır.'[31]

---

[31] Gazi Mehmet Cındık'ın anılarından, oğlu Halil CINDIK aracılığı ile.

Resim 4 - *Giresunlu Mücahitlerden Cındıkoğlu Mehmet*

Savaş tüm hızıyla devam ederken zaten sakat bacağı iyileşmemiş olan Osman Ağa ağır savaş şartlarına dayanamayıp tifoya yakalanarak memlekete dönmek zorunda kalır. Tifoyu atlatınca yeniden cepheye gider. Bayburt hattında ordumuz bozgun hâlinde çekilirken Osman Ağa ve gönüllüleri otuz yedinci tümen emrine girer ve Ruslarla savaşa savaşa Tirebolu'ya, Harşit Çayı kıyısına dek çekilir. Düşman, bu hatta duraklamak zorunda kalır. Osman Ağa gönüllü sayısını arttırmak için yeniden Giresun'a döner. Henüz askerlik çağına gelmeyenlerden 1500 kişilik gönüllü grubunu toplayarak cepheye götürür ve cephe hattında tam bir buçuk yıl koltuk değnekleri ile savaşa devam eder. Sonunda Bolşevik İhtilali olur, Rusya'da rejim değişir, yeni kurulan Sovyet Rusya, Rus ordusunu geri çeker. Ruslar ele geçirdikleri Türk köylerini katliam yapmadan, yakıp yıkmadan boşaltmaya başlar. Ordumuz da geri çekilen Rusları takibe koyulur, en sonunda büyük bir sevinçle Batum'a kadar girer. Batum'a ilk giren kumandan Osman Ağa'dır, yalnız Batum Fatihi unvanını Osman Ağa gönüllü taburunun da kumandanı olan Yakup Cemil Bey alır. 30 Ekim 1918'de Mondros Ateşkes Antlaşması'nın imzalanmasıyla savaş tamamen biter, Osman Ağa bazı gerekli eşyalarını alarak Giresun'a dönme hazırlıklarına başlar. Osman Ağa ve gönüllülerinin ilk kafilesinin 1916'da[32] cepheye geldiğinden yola çıkarsak Osman Ağa yaklaşık iki yıl cephede kalmış, bu süre içinde hastalık, gönüllü toplama vb. nedenlerle dört kez Giresun'a gidip gelmiştir.

---

[32] Süleyman Beyoğlu, *Milli Mücadele Kahramanı Giresunlu Osman Ağa*, İstanbul, 2009, s.32.

Osman Ağa'nın Dervişoğulları'ndan Zehra Hanım ile Evliliği

Osman Ağa Giresun'a döndükten sonra 1918 yılının Aralık ayında Dervişoğulları'nın kızı Zehra Hanım ile bir evlilik yapar. Zehra Hanım, Ali Bey ile Selime Hanımın yedi çocuğundan biridir. Osman Ağa Zehra Hanımı görür görmez beğenir ve ailesinden ister. Zehra Hanım'ın ailesinin bu izdivaç teklifini kabul etmesinin ardından nikah kıyılır. Daha sonraki yıllarda Osman Ağa sık sık cepheye ve Ankara'ya gidip gelmekte, Zehra Hanım'da Giresun'da Osman Ağa'yı beklemektedir. Bu bekleyiş ne yazık ki 1923 yılında Ankara'dan Osman Ağa'nın cenazesinin gelmesi ile son bulmuştur. Zehra Hanım önceleri Osman Ağa'nın ölüm haberine inanmamış, her zaman ki gibi Ağa'nın sağ salim çıkıp geleceğini düşünmüştür. Ne yazık ki cenaze geldiği zaman acı gerçeği öğrenmiş, bu acı olayın etkisinden günlerce kurtulamamıştır. Beş yıl evli kalan Osman Ağa ve Zehra Hanımın çocukları olmamıştır.

Zehra Hanım Osman Ağa'yı anlatırken, kendisine hep sevgi ve şefkatle yaklaştığından, el üstünde tuttuğundan bahsetmiştir. Osman Ağa'nın Giresun Belediye Başkanı olarak çok sevilip sayıldığını, Ankara'ya her gidip geldiğinde Mustafa Kemal Paşa'dan övgü dolu sözlerle bahsettiğini ve ona ölümüne bağlı olduğunu anlatan Zehra Hanım, Ali Şükrü Bey ve Osman Ağa'nın çok iyi dost olduklarını, zaman zaman Ali Şükrü Bey'in Giresun'da Osman Ağa'nın evinde misafir olduğunu ve bu ikilinin sabahlara kadar sohbet ettiklerini ifade etmiştir.[33]

Resim 5 - Osman Ağa'nın Eşi Zehra Hanım (Ayla Dervişoğlu Arşivinden)

---

[33] Zehra Hanımın anlattıklarından, kızı Ayla Dervişoğlu aracılığı ile.

Osman Ağa, Kars İslam Şurası Hükümetinin Giresun Teşkilatını Kurmakla Görevlendiriliyor

Mondros Ateşkes Antlaşması hükümlerine göre Batum'un işgali resmen kabul edilmiştir.[34] Haklarında herhangi bir hüküm bulunmayan Kars ve Ardahan'ın da işgal edilme olasılığı oldukça yüksektir. Batum'da işgalci İngilizlerin yaptığı yanlış uygulamalar Kars ve Ardahan'dan işitilmeye başlamıştır. Ayrıca Türk ordusu bu bölgelerden çekilmeye başlamış, İngiliz işgali olmasa bile bölgede yaşayan Türk halkı Ermeni zulmü ile karşı karşıya bırakılmıştır. Ancak Ermeni tehdidi altındaki bölge halkı millî bir teşkilat kurmakta gecikmemiştir. Dönem içerisinde hâlen Kars'ta bulunan 9. Ordu Komutanı Mirliva Yakup Şevki Paşa ve Kars Mutasarrıfı Hilmi Bey'in destek ve çabalarıyla 5 Kasım 1918'de "Kars İslam Şurası" adı altında bir kongre düzenlenmiş ve Türk halkı Millî Hükümetini kurmuştur. Adı daha sonra "Cenub-i Garbi Kafkas Hükümeti" olarak değiştirilecek olan ve 13 Nisan 1919'da İngilizlerin Kars'ı işgal etmesine kadar varlığını sürdüren Kars İslam Şurası Hükümeti, 30 Kasım 1918'de tarihindeki ikinci kongre düzenleninceye kadar, çekilmekte olan Türk ordusundan müstahkem yerlerle, askerî bina ve tesisleri teslim almak için hazırlanmıştır. Kars sancak ve kazalarıyla Ahıska, Artvin ve Batum şehirleriyle kazalarında merkezi Kars olmak üzere Millî Şura şubeleri açarak teşkilatı genişletmeye çalışma ve halkı birliğe davet etme görevlerini yürütmüştür.[35] Ayrıca Hükümet tarafından bölgeye Evliye-yi Selase'ye yakın olan il ve ilçelerde de Millî Şura şubeleri açılması kararlaştırılmıştır. İşte bu yapılanma çalışmaları doğrultusunda, Kars İslam Şurası Hükümeti'nin Giresun teşkilatını kuracak kişi olarak Osman Ağa seçilmiştir. Hüsamettin Ertürk anılarında konu ile ilgili şu bilgileri vermektedir:

"Kars Kongresi'nde Teşkilatı Mahsusacılar ve İttihatçılar da bulunmuştu. Cihangirzade İbrahim Bey riyasete getirilmiş, onun başkanlığı altındaki hükümete kardeşi Cihangirzade Hasan ve Kağızmanlı Ali, Doktor Esad, Dahiliye Nezaretine Filibeli Hilmi ve genç vekiller heyetine Fuat Sabit, Başkumandanlığa da Miralay Halid Bey'i seçmişlerdi. Cihangirzade ve Heyeti Vekilesi işe başladıktan sonra Erzurum'da teşkilat yapmak üze-

---

[34] Nebahat Arslan - Süleyman Tekir, "Cenub-i Garbi Kafkas Hükümeti'nden, Tbmm'ye Fahrettin Erdoğan", *Kafkas Üniversitesi Sosyal Bilimler Enstitüsü Dergisi*, 2010, Sayı. 6, s.3.

[35] Şureddin Memmedli- Mustafa Tanrıverdi, "Kars İslam Şûrâ'sının İlk Reisi Borçalılı Kepenekçi Emin Ağa", *Kafkas Üniversitesi Sosyal Bilimler Enstitüsü Dergisi*, 2008, Sayı. 2, s.168.

re Filibeli Hilmi, Erzurum tüccarlarından Cafer, topçu miralayı Erzurumlu Kazım Beylerle Albayrak gazetesi müdürü Süleyman Necati Bey'i heyet hâlinde oraya göndermişti. Batum teşkilatını kurmağa Yenibahçeli Şükrü Bey'in ağabeyi Nail Bey'i memur etmiş, Trabzon teşkilatına da alay kumandanı Ali Rıza Bey'le, Barutçuzade Ahmet Efendi'yi seçmişti. Giresun'da teşkilatı kuracak kimse Pontusçulara karşı canla başla savaşan Topal Osman Ağa idi. Samsun'daki teşkliata Mehmet Bey'le eski mebuslardan Emin, Sivas teşkilatını kurmağa Halis Turgut Bey'le Şekeroğlu İsmail Efendi tavzif edilmişti."[36]

---

[36] Ertürk, a.g.e. , s.197-198.

İKİNCİ BÖLÜM

OSMAN AĞA'NIN PONTUS ÇETELERİYLE MÜCADELESİNİN BAŞLAMASI ve 1919 YILINDA YAŞANANLAR

Osman Ağa'nın Tarih Sahnesine Çıkmasını Sağlayan Pontus Meselesine Genel Bakış

Osman Ağa, Birinci Dünya Savaşı sonunda Giresun'a geldikten sonra bölgedeki Pontusçu Rum çeteleriyle mücadeleye başlamıştır. Sakarya Savaşı'nın hemen öncesine kadar devam eden bu mücadelesi, Osman Ağa'nın tarih sahnesine çıkmasında büyük rol oynamış, Ömer Sami Çoşar'ın deyimiyle onu *"Karadeniz Boylarında Pontus Rum Devleti Hayallerine Darbe Vuran Adam"* hâline getirmiştir. Yavuz Bülent Bakiler de Osman Ağa ve Pontus çeteleriyle mücadelesi için şu sözleri söylemiştir: *"Bütün Karadeniz bugünkü huzurunu önce o'na borçludur. Sadece Karadeniz mi? Hayır! Bütün Türkiye! Çünkü Topal Osman ve yiğit arkadaşları olmasaydı yüreğimiz, Güneydoğu ihaneti yanında bir de Karadeniz kundaklamasıyla dağlanacaktı."*[37] Osman Ağa'nın Pontus çeteleri ile mücadelesi başlayınca Rum ahali onu şikayet etmeye başlamış, bu şikayetler zamanla artarak uluslararası boyut kazanmıştır. Nitekim Rumların şikayetleri sonucunda İngiliz Yüksek Komiserliği'nin isteğiyle İstanbul Hükümeti, Mustafa Kemal Paşa'yı 9. Ordu Müfettişi sıfatıyla *"bölgede asayişi sağlamak ve Türk direniş örgütlerini dağıtmak"* üzere görevlendirmiştir. Bu görevlendirme gereği Samsun'a gelen Mustafa Kemal Paşa, Millî Mücadele'yi buradan başlatmıştır. Peki Türk Millî Mücadelesi'nin başlamasına da vesile olan Pontus meselesi nedir, nasıl başlamıştır, sonuçları nelerdir?

---

[37] *Türkiye*, 26.08.1995; Çiçek, s.293.

Pontus meselesi, Birinci Dünya Savaşı öncesi ve sonrasında Karadeniz Bölgesinde *"kendilerine bağımsızlık vaat edilen"* Hristiyan halkın kışkırtılmasıyla cereyan etmiş, siyasi propaganda olarak başlayıp bölgedeki Rumların kanlı eylemleri ile devam eden, nüfus mübadelesi kapsamında Rumların bölgeden çıkartılması ile son bulan olaylar bütünüdür.

Pontus kelimesi bugünkü Yunancada *"Karadenizli Ortodoks, Karadenizli kişi"* anlamlarına gelmektedir. Bu bilgilerden Pontus kelimesinin etnik bir grubun değil de, bir coğrafi bölgenin adı olduğu sonucunu çıkarabiliriz. Sinop'tan Kelkit Havzası'na kadar uzanan bölgenin Pontus olduğu iddia edilmektedir. Bu bölge; Batum, Artvin, Rize, Trabzon, Ordu, Samsun, Sinop, Kastamonu, Gümüşhane, Bayburt, Tokat, Amasya ve Çorum'un tamamını, Sivas ve Erzincan'ın bir kısmını içine almaktadır.[38]

Pontus meselesi, 3 Şubat 1830 tarihinde imzalanan Londra Protokolü sonucunda; Yunanistan'ın bağımsızlığı ile sona eren *"Megalo İdea"*nın bir sonucu olarak ortaya çıkmıştır.

1844 yılında, Başbakan Kolettis, Yunan Parlamentosunda yaptığı konuşmasında Megalo İdea'yı şöyle tarif etmektedir:[39]

"Yunanistan Krallığı, Yunanistan değildir; sadece bir parçası, en küçük, en yoksul bir parçasıdır. Yunanlılar, sadece Krallık içinde oturanlar değildirler, aynı zamanda Yanya'da ya da Selanik'te, Serez'de, ya da Edirne'de, İstanbul ya da Trabzon'da, Girit ya da Sisam Adası'nda, Yunan tarihine ya da Yunan ırkına bağlı başka yerlerde oturanlar da Yunanlıdır. Helenizmin iki büyük merkezi vardır: Krallığın başkenti Atina'dır. İstanbul, büyük başkent, bütün Yunanlıların kenti, düşü, umududur."

Tanzimat Fermanı'nın gayrimüslimlerle ilgili hükümlerinden faydalanılarak ortaya atılan[40] Pontus projesi, bir *"Ortodoksluk"*[41] meselesi olarak ortaya çıkmış, daha sonra bir *"Yunanlılık"* meselesi hâlini almıştır. Pontus projesinin sahibi Doğu Karadeniz Bölgesi'nde yaşayan Ortodoks Hristiyanlar olmadığı gibi, bu insanların Yunan ulusu ile uzaktan yakından hiçbir ilgisi de yoktur.

---

[38] Mehmet Okur, "Pontus Meselesinin Ortaya Çıkışı ve Karadeniz Bölgesi'nde Pontusçu Faaliyetler", *Karadeniz Araştırmaları Dergisi*, 2007, Sayı. 14, s.6.

[39] Michael Llewellyn Smith, *Yunan Düşü*, (Çev: Halim İnal), Ankara, 2002, s.17.

[40] Ahmet Güzel, *Pontus Hedefi ve Türkiye'nin Üniter Devlet Yapısı Açısından Stratejik Yakşaşımları*, Gebze İleri Teknoloji Enstitüsü, Sosyal Bilimler Enstitüsü Yüksek Lisans Tezi, s.2.

[41] *Ortodoksluk, Doğu Roma Kilisesinin Roma'dan resmen ayrılmasından sonra, özellikle Balkanlardaki Hristiyanlığı, Doğu Hristiyanlığını ifade eden terimdir.* Bk. Hakan Alkan, *Geçmişten Günümüze Türkiye Patrikhaneleri*, İstanbul, 2003, 26.

Tarihî olaylara baktığımız zaman, Pontus projesini hazırlayanların, 1923 yılına kadar bölgede yaşamış olan Ortodoks Hristiyanlara dayanarak bölgeye hakim olma amacı güden emperyalist devletler olduğunu görürüz.[42]

Mustafa Kemal Paşa, 23 Nisan 1920'de Büyük Millet Meclisinin açılışından bir gün sonra yaptığı konuşmada Pontus konusuna değinmiş ve şu sözleri söylemiştir:

"Rumların egemenliğini ve İslam unsurunun esaretini gözeten Atina ve İstanbul'daki komiteler tarafından idare edilen Pontus Hükümeti, Karadeniz kıyıları ve kısmen Amasya ve Tokat'ın kuzey ilçelerinde yaşayan Osmanlı Rumlarının hayallerini körüklüyordu." [43]

Nutuk'ta ise Pontus meselesinden şu sözlerle bahsetmiştir:

"1840 senesinden beri, yani üç çeyrek asırdan beri Rize'den İstanbul Boğazı'na kadar Anadolu'nun Karadeniz havzasında eski Yunanlılığın canlandırılması için uğraşan bir Rum zümresi mevcut idi. Amerika Rum göçmenlerinden Rahip Klematyos namında biri, ilk Pontus toplantı merkezini İnebolu'da bugün halkın Manastır tabir ettikleri bir tepede kurmuştu. Bu teşkilatın mensupları zaman zaman münferit eşkıya çeteleri şeklinde faaliyet icra ediyorlardı. Harbi Umumi esnasında hariçten gönderilip dağıtılan silah, cephane, bomba ve makineli tüfeklerle Samsun, Çarşamba, Bafra ve Erbaa Rum köyleri adeta bir silah deposu hâlini almıştı."[44]

Osman Ağa ile birlikte Pontus İsyanını bastıran Merkez Ordusu Komutanı Nurettin Paşa ise Pontus meselesini şöyle anlatıyor:

"Elimizdeki belgeler pekâlâ gösteriyor ki, bu teşkilat, Samsun ve dolayları kıyılarından başlayarak ta içerilere, Sivas Akdağmadeni kazasının 21 köyüne kadar genişleyip yayılmış ve tarafımızdan da buralarda meydana çıkarılmıştır." [45]

Dönemin resmî belgelerine göre Pontus çetelerinin yapmış olduğu katliamlarda 1641 Müslüman şehit edilmiş, 323 Müslüman ise yaralanmıştır. Gözü dönmüş çetelerin şehit ettikleri Müslümanları kimi zaman bıçakla boğazını keserek veya karnını deşerek, kimi zaman kurşunlayarak, kimi zaman da diri

---

[42] Mehmet Bilgin, "Pontos Meselesine Tarihsel Bakış", *Başlangıçtan Günümüze Pontus Sorunu*, (Ed: Veysel USTA), *Ankara*,2007, s.30.

[43] *Atatürk'ün Türkiye Büyük Millet Meclisini Açış Konuşmaları*, Ankara, 1987, s.4.

[44] Mustafa Kemal Atatürk, *Nutuk*, (Sad: Bedi YAZICI), Şubat 1995. s.608.

[45] *"Nurettin Paşa Pontusçuları Anlatıyor"*, Yakın Tarihimiz, C. II, s.225.

diri yakarak öldürdükleri dönemin kayıtlarına yansımıştır. Vahşette sınır tanımayan çeteler,· küçük çocukları kızgın fırınlara atacak, dağa kaldırdıkları genç kızların ırzına geçtikten sonra memelerini keserek öldürecek kadar insanlık dışı olaylara imza atmışlardır. Çetelerin yaptığı baskınlarda yakılıp yıkılan hane sayısı 3.723'tür. Çeteler tarafından 1.800 değişik gasp olayı yapılmış, en az 2 milyon değerinde büyük ve küçükbaş hayvan gasp edilmiştir. Bu rakamlar kayıtlara yansıyan rakamlardır. Şüphesiz ki, kayıtlara geçmeyen pek çok katliam, adları bilinmeyen pek çok Müslüman şehit, yakılan köyler, ırzına geçilen mazlum kadınlar vardır. Bu korkunç tabloya, Rum çetelerinin saldırılarından korkup evini yurdunu terk eden Müslümanların uğradıkları zararlar, katliamlarda sağ kalanlardan anne babası çoluk çocuğu öldürülenlerin ve ırzına tecavüz edilenlerin ruh hâli, hükümetin sarf ettiği çaba ve fakr-u zaruret döneminde ettiği masraflar da eklendiğinde Pontus belasının devlete ve millete ne derece korkunç zararlara mal olduğu görülecektir.

Pontus meselesine en büyük dış destek Yunanistan'dan gelmiştir. Zira Yunanistan askerî yönetimi başkanı Venizelos'un programına göre, Ege Denizi bir Yunan denizi hâline gelecek, iki kıtaya ve beş denize açılan Yunanistan'ın bir ayağı Asya'da, bir ayağı Avrupa'da olacak ve Bizans İmparatorluğu yeniden canlanacaktır.[46] Bu hayali gerçekleştirmenin en kolay yolu Pontus meselesini hayata geçirmektir. Yunanistan Pontus meselesinde Anadolu'da yaşayan Rumlarla öyle organize çalışmış ve içli dışlı olmuştur ki, Amasya İstiklal Mahkemeleri'nde Pontus davasından yargılanıp gıyaben idama mahkûm edilen Bulancaklı Yasonodi Leonidas, Yunanistan'da kabinede görev alacak[47] kadar yükselmiştir. Anadolu'da yaşayan Rumların devlet kurma talebinin dayanağı, *"Osmanlı İmparatorluğu'nun Türk olan kısımlarına egemenlik hakkı tanınmalı, fakat Türk olmayan halklara bağımsızlık verilmelidir."* ifadelerini içeren Wilson Prensiplerinin 12. maddesidir. Buna dayanarak çalışmalarını hızlandıran Yunan Hükümeti, Pontus propagandası yapmaya başlamış, çeşitli yolları deneyerek uluslararası kamuoyu oluşturmaya çalışmıştır. Öncelikle Pontus'la ilgili kitaplar hazırlatan hükümet, *"The Black Book"* adlı kitabı Atina'da Pontus Merkez Konseyi'ne hazırlatıp yayınlatmıştır. Kitap; Önsöz ve İstatistikler, 1921 Yılına Ait Birkaç Kısa Not, Bafra Trajedisi, Ünye Trajedisi ve Yargılanan ve Mahkum Edilenler adlı beş bölümden oluşmaktadır. Kitabın ön sözünde; Pontus Merkez Konseyinin bu kitabı yayınlamakla aslında üzüntü verici bir görevi yerine getirdiği ifade edilerek kitabın amacının eski

---

[46] Nurettin Türsan, *Yunan Sorunu*, İstanbul, 1980, s.41-42.
[47] Topallı, *a.g.e.* , s.195.

çağlardan beri kaderleri ve misyonları bağımsızlık uğruna savaşmak olan bu küçük ve asil millete, Türklerin yapmış olduğu kötülüklerin gerçek fotoğraflarının medeni dünyaya duyurulması olduğu yönünde ifadeler mevcuttur. İngiltere ve Fransa'ya kendi mazlumiyetlerinin aktarılmak istendiği ön sözde, Osmanlı yönetiminin 1914 yılından bu yana planlı ve kasıtlı olarak Anadolu'daki yerel yöneticiler kanalıyla 1.500.000 Rum ve Ermeni'nin katledilmelerine sebep olduğu iddia edilmektedir. Kitaba göre Pontus bölgesinde toplam 303.208 Rum'un öldürüldüğü iddia edilmektedir.[48] Venizelos, Paris Barış Konferansı'nda yaptığı konuşmada nüfus istatistiklerini Fener Rum Patrikhanesinden aldığını söylemiş, sunduğu raporda Pontus vilayetlerinde yaşayan 2.735.815 Müslüman'a karşılık, 477.828 Rum'un yaşadığını belirtmiştir.[49] Rus ordusunun bölgeden çekilmesine paralel olarak Kafkasya'ya giden Rumlar bu rakamdan düşüldüğü zaman Trabzon-Sinop sahili ile İç Karadeniz Bölgesinde Bölgede yaşayan Rum sayısı yaklaşık 250.000 civarındadır.[50] The Black Book'ta iddia edildiği gibi 303.208 Rum öldürülmüş olursa bölgede hiç Rum kalmamış olması gerekir. Yunan Hükümetinin yaptığı propagandanın tek taraflı olduğu ve gerçeği yansıtmadığı görülmektedir.

Pontus meselesinin ortaya çıkmasındaki iç unsurların başlıcaları ise Merzifon Amerikan Koleji, Fener Rum Patrikhanesi ve Metropolitlikler nezdinde yapılan ayrılıkçı faaliyetlerdir.

Merzifon Amerikan Koleji, İstanbul Hasköy'deki Amerikan Misyoner Okulunun 1865'te Merzifon'a taşınmasıyla açılmıştır. Okulun taşınma sebebi, Merzifon çevresindeki misyoner okullarının öğretmen ihtiyacını karşılamak olarak gösterilse de, gerçek amaç Anadolu'da Pontus faaliyetlerinin temelini atmaktır. Merzifon Amerikan Kolejinin dikkat çeken bir özelliği, tüm etnik azınlıklara ve Türk öğrencilere açık olmasıdır. Kolej başlangıçta Türk öğrenci almasa da daha sonra kanlı emellerinin üstünü örtmek için az sayıda da olsa Türk öğrenci kabul etmeye başlamıştır.

Amerikan Misyoner Teşkilatı, Merzifon Amerikan Kolejini kuruluş yıllarında para, eşya ve araç gereç yönünden destekler. Zamanla bu destek kesilir, Kolej yerel kaynaklardan para sağlamaya başlar. Kolejin Mütevelli Heyeti, Amerikan Misyoner Teşkilatının kendi mensupları arasından seçilen 10 Amerikalıdan oluşmaktadır. Merzifon'daki okul yönetiminde ise on kişi görev al-

[48] Hayati Aktaş, "Doğu Karadeniz Bölgesinde Pontus Devleti Kurma Çabaları ve Bu Amaçla Hazırlanan Propaganda Kitapları", *Başlangıçtan Günümüze Pontus Sorunu*, s.278- 279.
[49] Dimitri Kitsikis, *Yunan Propagandası*, İstanbul, 1963, s.31.
[50] Yusuf Sarınay, "Pontus Meselesi ve Yunanistan'ın Politikası", *Pontus Meselesi ve Yunanistan'ın Politikası* (Makaleler), Ankara, 2006, s.19.

makta, bunlardan beş kişi Pontus Protestan Birliği, diğerleri de Amerikan misyonerlerinden oluşmaktadır[51]

Merzifon Amerikan Koleji mensupları Pontus faaliyetlerinden önce Ermeni propagandası yapmış, ilk kez 1895 yılında Hınçak faaliyetlerini yönetmişlerdir. Kurmuş oldukları Küçük Ermenistan İhtilal Komitesi'nin başkanlığını Merzifon Amerikan Kolejinde öğretmen olan Karabet Tomayan, sekreterliğini ise yine okulda öğretmen olan Ohannes Kayayan yapmıştır. Her ikisi de Protestan Ermeni olan bu iki kişi ve Protestan vaizi Mardiros, Merzifon ve Sivas etrafındaki Ermenileri harekete geçirebilmek için vaaz şeklinde konferanslar vermişler, şubeler açmışlar, idare heyetleri seçmişlerdir. 93 Harbi'nde Ermenilerin kıyıma uğradığını ileri sürerek bütün Ermenilerin birleşmesinin şart olduğunu, yabancı devletlerin müdahalesini sağlamak için etkili olaylar çıkarılması gerektiğini söylemişler ve propaganda yapmışlardır.[52]

Kolejde Rumlar tarafından Rum İrfanperver Kulübü ve Rum Bilimsever Kulübü adıyla iki kulüp kurulmuş ve daha sonra buna bir de musiki kısmı eklenerek Pontus Cemiyeti adı altında bir dernek meydana getirilmiştir. Bu gizli dernek Samsun, Merzifon, Trabzon, Gümüşhane, Amasya, Giresun, Ordu gibi şehirlerde yapılacak büyük ve geniş teşkilatın bir temeli niteliğindedir. Pontus Cemiyeti, bünyesine aldığı gençleri *"cennete kavuşmak için en kesin çarenin Türkleri öldürmek olduğu"* şeklinde kandırır ve cemiyete girmeden önce kendilerine verilecek görevleri bağlılık ve gizlilik içinde yerine getireceklerine dair yemin ettirir. Trabzon metropoliti Hrisantos'un evrakları arasında bulunan bir yemin suretinde yazılanlar şu şekildedir:

"Millî fikirlerimizle ilgili olan bir görevin bana verilmesinde sadakat itaat mahremiyet ve ketumiyetten zinhar hariçten duyduklarımı tamamen üstlerime tebliğ ve ihbar edeceğime ve usule aykırı hareketimde verilecek cezayı itirazsız kabul edeceğime kutsal üçlü inancımız (baba-oğul-kutsal ruh) ve şerefli milletimiz üzerine söz verir, yemin ederim."

Tüfekçi ustası Dimitraki[53]

Görüldüğü gibi Merzifon Amerikan Kolejinde Pontus faaliyetlerinin temelleri atılmıştır. Ancak Pontusçu Rumların Türkiye dahilindeki en güçlü teşkilat merkezi Atatürk'ün *"bir fesat ve hıyanet ocağı"* olarak nitelendirdiği Fener Rum Patrikhanesi'dir. Mustafa Kemal, Patrikhane konusunda 25 Aralık

[51] Rahmi Çiçek, "Merzifon Amerikan Koleji ve Pontus Sorunu", *Başlangıçtan Günümüze Pontus Sorunu*, s.203.

[52] Esat Uras, *Tarihte Ermeniler ve Ermeni Meselesi*, İstanbul, 1987, s.465.

[53] *Pontus Meselesi*, (Haz: Yılmaz KURT), Ankara, 1995, s.67.

1922'de Le Journal gazetesi muhabiri Paul Heriot'a Çankaya'da verdiği beyanatta şunları söylemektedir:

"Bir fesat ve hıyanet ocağı olan ve memleketimize nifak tohumları eken, uyuşmazlıklar yaratan, Hristiyan hemşehrilerimizin huzur ve refahı için de uğursuzluğa ve felakete sebep olan Rum Patrikhanesini artık topraklarımız üzerinde bırakamayız. Bu tehlikeli teşkilatı memleketimizde muhafazaya bizi mecbur etmek için ne gibi vesile ve sebepler gösterilebilir? Türkiye'nin Rum Patrikhanesi için arazi üzerinde bir sığınılacak yer göstermeye ne mecburiyeti var? Bu fesad ocağının hakiki yeri Yunanistan değil midir? Büyük Millet Meclisi tarafından idare edilmekte olan yeni Türkiye, Bab-ı Ali'nin taht-ı idaresindeki eski Osmanlı İmparatorluğu değildir. Yeni Türkiye, şeref ve haysiyet, kudret ve kuvvetini müdrik ve hukukunu muhafaza için mevcudiyetini tehlikeye atmaya hazır ve amadedir."[54]

Fatih Sultan Mehmet'in İstanbul'u fethinden sonra geniş yetkiler verdiği İstanbul Fener Rum Patrikhanesi, her fırsatta Türk milletini sırtından vurmuş, düşman güçlerle sürekli işbirliği içinde olmuştur. Oysaki Osmanlı Devleti, Patrikhaneye dinî statüsü gereği son derece saygılı davranmış, patrikleri el üstünde tutmuş hatta patriklere padişahla doğrudan görüşme yetkisini[55] dahi vermiştir. Ancak Patrikhane tarih boyunca ayrılıkçı faaliyetlerine devam etmiştir. Köprülü Mehmet Paşa zamanında (1656-1661) Fener Rum Patriği III. Parthenios Türklerin tüm iyi niyet ve hoşgörüsüne karşılık, gizliden gizliye devlet aleyhinde faaliyetler yürütmüştür. Patrik tarafından dışarıdan getirilmiş olan bazı Hristiyan casuslar, devletin huzurunu bozmak için başlarına dolama ve fes giyip yeniçeri kıyafetine bürünerek yağma ve talan hareketlerinde bulunmuşlardır. Köprülü Mehmet Paşa olaylar üzerine Patrikhane'ye baskın düzenletmiş, baskın sonucunda kırk elli kat civarında dolama, fes ve yeniçeri kıyafeti ele geçirilmiştir.[56]

Daha da önemlisi Köprülü'nün eline geçen bir mektupta Patrik Parthenios' un yazdıklarıdır ki; İslam dinine ve Müslümanlara kin kusmaktadır. Eflak Voyvodası Konstantin Besabara'ya yazılan mektuptaki şu sözler ihaneti gözler önüne sermektedir:

"Müddet-i devr-i İslam tamam olmağa az kalmıştır. Hristiyanlık velvelesi âlemi tekrar tutacaktır. Ona göre tedarikte olasınız. Pek yakında cüm-

[54] *Atatürk'ün Söylev ve Demeçleri*, (Haz: Nimet Arsan), C. III, Ankara, 1997, s.79.
[55] *Patrik III. Parthenios'un ihaneti ve idamından sonra Patriklerin padişah tarafından kabul edilmemiş, Sadrazam tarafından kabul edilmeye başlanmıştır.*
[56] Ahmet Refik Altınay, *Köprülüler*, (Haz: Dursun Gürlek), İstanbul, 1999, s.30-31.

le vilayetler Mesihçiler eline geçip haç ve çana mensup olanlar İslam memleketlerine sahip olacaklardır."[57]

Köprülü Mehmet Paşa olay hakkında bir tahkikat yaptırmış, Parthenios'u huzuruna getirtip ele geçen mektubun ne anlama geldiğini sormuştur. Patrik, Hıristiyanları sadaka vermeye teşvik etmek için her sene bu şekilde yazılar yazıldığını, bu mektubun da o yazılardan biri olduğunu söylemiş ancak Patriğin açıklamaları ile tatmin olmayan Köprülü, emir vererek Patrik III. Parthenios'u, Parmakkapı'da idam ettirmiştir.[58]

1821 yılında ise dönemin Fener Rum Patriği Grigorios, Mora isyanını kışkırttığına dair belgelerin[59] ele geçirilmesi üzerine Fener meydanında, Patrikhanenin orta kapısı önünde idam edilmiştir.[60] İdam edileceğini anlayan Grigorios, kendisini masum göstermek adına bir Aforozname[61] yayınlayarak Mora İsyanına katılan herkesi aforoz etmiştir, lakin bu davranış canını kurtarma çabasından başka bir şey değildir. İdamından yıllar sonra ortaya çıkan, Rus General İgnatief in hatıratında bahsettiği mektup bize Grigorios'un masum olmadığını ve haksız yere asılmadığını düşündürmektedir. Mektup'ta, Grigorios Rus Çarı Aleksandr'a Türkler hakkındaki görüşlerini şu sözlerle bildirmektedir:

"Türkleri maddeten ezmek ve yıkmak gayri mümkündür. Çünkü Türkler çok sabırlı ve mukavemetli insanlardır. Gayet mağrurdurlar ve izzet-i nefis sahibidirler. Bu hasletleri de dinlerine bağlılıklarından ve kadere rıza göstermelerinden, an'anelerinin kuvvetinden, padişahlarına, kumandanlarına, büyüklerine olan itaat duygularından gelmektedir. Türkler zekidirler ve kendilerini müsbet yolda sevk ve idare edecek reislere sahip oldukları müddetçe de çalışkandırlar. Gayet kanaatkârdırlar. Onların bütün meziyetleri, hatta kahramanlık ve şecaat duyguları da an'anelerine merbutiyetten, ahlaklarının selabetinden gelmektedir. Türklerde evvela itaat duygusunu kırmak ve manevi rabıtalarını kesretmek, din metanetlerini zaafa uğratmak icab eder. Bunun da en kısa yönü an'anat-ı milliye ve maneviyelerine uymayan haricî fikirler ve hareketlere onları alıştırmaktır. Türkler ha-

---

[57] *Naima Tarihi*, (Çev: Zuhuri Danışman), İstanbul, 1969, C. IV, s.246.

[58] Altınay, *a.g.e.* , s.31

[59] *Ortodoks dünyasına yazılmış isyana teşvik eden mektuplar, para ve yardım makbuzları, Mora'daki isyancılara yazılmış mektuplar...*

[60] Elçin Macar, *İstanbul Rum Patrikhanesi*, İstanbul, 2003, s.44.

[61] Tam metin için bkz, Ahmed Lütfi Efendi, *Vakanivüs Ahmed Lütfi Efendi Tarihi*, C. I, s.248,249.

rici muaveneti reddederler. Haysiyet hisleri buna manidir. Velev ki, muvakkat bir zaman içinde zahiri kuvvet ve kudret verse de Türkleri harici muavenete alıştırmalıdır. Maneviyatları sarsıldığı gün Türkleri kendilerinden şeklen çok kuvvetli, kalabalık ve zahiren hakim kuvvetler önünde zafere götüren asıl kudretleri sarsılacak ve maddi vasıtaların üstünlüğü ile yıkmak mümkün olabilecektir. Bu sebeple Osmanlı Devleti'ni tasfiye için mücerred olarak harp meydanındaki zaferler kâfi değildir. Ve hatta sadece bu yolda yürümek, Türklerin haysiyet ve vakarını tahrik edeceğinden hakikatlerine nüfuz edebilmelerine sebeb olabilir. Yapılacak olan, Türklere bir şey hissetirmeden bünyelerindeki bu tahribi tamamlamaktır."[62]

Grigorios'un cesedi ibret olsun diye üç gün darağacında bekletilip daha sonra denize atılmış, cesedinin üzerine Patrik olarak yapması gerekenlerin neler olduğu ile ihanetini göstermek amacıyla *"Devlet-i Aliye'nin nimetlerinden faydalandığı, her türlü imtiyaza sahip olduğu hâlde nankörlük edip Rumları devlet aleyhine isyan ettirmeye çaba gösterdi."* şeklinde bir yazı asılmıştır. Patriğin denize atılmış cesedi bir Rum kaptan tarafından bulunarak Odesa'ya götürülmüş, burada ayin ile gömülmüştür. 1871 yılında Yunan Meclisi kararı ile Odesa'dan Atina'ya nakledilmiştir.[63] Patrikhanenin orta kapısı hâlen kapalı tutulmaktadır. *"Kin Kapısı"* olarak nitelendirilen bu kapı önünde yeminler edilmiş, Patrikle eşdeğer bir Türk din veya devlet adamı idam edilmedikçe bu kapının açılmamasına karar verilmiştir. Her ne kadar Heybeliada Ruhban Okulunun açılması sürecinde Lambriniadis[64] *"Kin diye bir şey yok, bir Patriğin anısına saygı var."*[65] diyerek masumane bir tavır sergilese de günümüz ve yakın tarihimizde yaşananlar[66] Lambriniadis'in bu sözleri ile çelişmektedir.

Patrikhanenin resmî gazetesi olan Eklisiyastiki Alitia'da yayınlanan bir yazı Patrikhane'nin tarihten beri süre gelen faaliyetlerinin gerçek amacını şu şekilde özetlemektedir:

"...Bir milletin eşitlik vaatleriyle kandırıldığı zamanlar geçmiştir. Bu devlet yıkılıyor. Bu köhne ve çürümüş vaatlerle devlet toplanamayacaktır. Coğrafî istatistikler gösterilmesi de Türk unsurunun çoğunluğa sahip olduğuna ve dolayısıyla Rum milletinin de böyle geçersiz açıklamalarla ida-

---

[62] *Tam İlmihal Saadeti Ebediye*, (Haz:Hüseyin Hilmi IŞIK), İstanbul, 2009, s.534.

[63] Cevdet Paşa, *Tarihi Cevdet*, C. XI, İstanbul, 1983, s.163.

[64] *Lambriniadis Heybeliada Ruhban Okulu Başrahibi ve Fener Rum Patrikhanesi Bursa Metropolididir.*

[65] *Akşam*, 07 Ağustos 2012.

[66] *Yunanistan'ın Türk Milli varlığına düşmanca yapmış olduğu dış politika, Kıbrıs Sorunu, Kıta Sahanlığı ve Kara Suları sorunu, Patrikhanenin tarih boyunda yaptığı ihanetler, Heybeliada mezunu Hrisantos'un Pontus Meselesindeki Rolü vb.*

re-i maslahât edilmesi gerektiğine kimseyi ikna edemezsiniz. Haritaları hazırlayanlar unutmamalıdır ki Rum unsuru birçok yerde azınlıkta ise de baba mirası üzerindeki tarihî ve sosyal haklarını kaybedemez."[67]

Bu yazıda da açıkça belirtildiği gibi Patrikhane, Osmanlı Devleti'nin Rum halkına eşit davranmadığını, İstanbul'un gerçek sahibinin Bizans'ın mirasçısı olan kendileri yani Rumlar olduğunu düşünmektedir.

Birinci Dünya Savaşı sürecinde İtilaf Devletleri'nin ve Yunanistan'ın ekonomik desteği[68] ile ayrılıkçı çalışmalarını hızlandıran Patrikhane, Pontus faaliyetlerini takip etmek üzere düzenli olarak iki haftada bir çeşitli şahısları Karadeniz Bölgesine göndermiştir. Bunlar genellikle Patrikhane'de görevli olanlar veya ruhanilerin yakın akrabalarıdır. Böylece patrikhane hem gizliliğini muhafaza etmiş hem de güvenilir bilgiler toplamıştır. Ayrıca Patrikhane, İstanbul Hükümeti'nin tepkisiz kalmasından cesaret alıp Anadolu'daki bütün Metropolitlere birer yazı göndererek Türkler aleyhinde İtilaf Devletleri temsilcilerine şikayette bulunmalarını söylemiş ve Yüksek Komiserliklere telgraf çekme emrini vermiştir.[69] Çoğu Osman Ağa hakkında olan bu şikayetler Osmanlı Hükümetini zor durumda bırakmış, İtilaf Yüksek Komiserlerinin notaları üzerine endişelenen hükümet, bütün vilayetlere ve mutasarrıflıklara gönderdiği talimatta, *"Hristiyanlara yönelik herhangi bir baskının olmaması için gerekli önlemlerin alınmasını, Müslümanları Hristiyanlara karşı harekete geçmeye sevk edenlerin derhal tutuklanmasını, Rumlardan bir saldırı vukua geldiğinde ise ahalinin müdahalesine katiyen meydan verilmemesini"*[70] istemiştir. Bu durum Rum çetecilerin bölgede daha rahat faaliyet göstermesine neden olmuştur. Patrikhane, Bolşevik İhtilali'nden sonra İstanbul'a kaçan Ruslardan silah satın almış ve bunları Rum çetelere göndermiştir.[71] Müslümanlara kurşun sıkan her bir silah, Patrikhane'nin elinden geçmiştir. Ayrıca Patrikhane, sözde Pontus Cumhuriyeti haritasını bastırarak Anadolu'da bulunan bütün metropolitliklerine göndermiştir. Haritada Pontus Cumhuriyeti, başkent Sam-

---

[67] Yavuz Ercan, "Türk-Yunan İlişkilerinde Rum Patrikhanesinin Rolü", *Üçüncü Askeri Tarih Semineri Bildirileri, Tarih Boyunca Türk Yunan İlişkileri*, Ankara 1986, s.204; İbrahim Erdal, "Türk Basınına Göre Patrikhane Konusu ve Patrik Araboğlu'nun İhracı Meselesi", *Ankara Üniversitesi Türk İnkılap Tarihi Enstitüsü Atatürk Yolu Dergisi*, 2004, Sayı. 33-34, s.34.

[68] *Fener Rum Patrikhanesine Yunan Hükümeti tarafından propaganda çalışmaları için ilk etapta 7 milyon drahmi gönderdi.* Bk. *Fener Patrikhanesi'nin İç Yüzü* (Haz: Ali Karakurt), İstanbul, 1955, s.5-6.

[69] Mehmet Okur, "Milli Mücadele Döneminde Fener Rum Patrikanesi'nin ve Metropolitlerin Pontus Rum Devleti Kurulmasına Yönelik Girişimler" *Ankara Üniversitesi Türk İnkılâp Tarihi Enstitüsü Atatürk Yolu Dergisi*, Sayı. 29-30, Mayıs- Kasım 2002, s.105.

[70] Okur, *a.g.m.* , s.107.

[71] Okur, *a.g.m.* , s.107.

sun olmak üzere İnebolu'nun batısından Batum'un kuzeyine kadar Karadeniz kıyılarıyla Tokat, Amasya, Çorum, Kastamonu, Ankara, Yozgat, Sivas, Gümüşhane ve Şarkikarahisar ve Erzincan'ı içine almaktadır.[72]

Mavri Mira Cemiyetinin Başkanlığı'nı da yapan dönemin Fener Rum Patrik Vekili Dorotheos, Mondros Ateşkes Antlaşması'ndan hemen sonra 10 Kasım 1918'de Tatavla'da Ayadimitri Kilisesi'ndeki ayin sonrası yaptığı konuşmada şu sözleri söylemiştir:

"Irkımın henüz kurtarılmamış sevgili evlatları, her şeyin tamam olduğunu, gül ve defne yaprakları üzerinde rahat ve huzura kavuştuğumuzu zannetmeyiniz. Henüz hiçbir şey tamam değil. Son ve kesin söz söylenmemiştir. Çok dikkatli davranınız. Kurnaz ve sabırlı olunuz."[73]

Patrikhane, 13 Ekim 1919 günü Batılı devletlere gönderdiği bir muhtıra ile Anadolu'da başlayan Kuvay-i Milliye hareketinin aslında Türk barbarlığından başka bir şey olmadığını ileri sürerek Rumların kurtuluşunun ancak Batılı devletler tarafından Anadolu'nun işgal edilmesine bağlı olduğunu söylemiştir. Patrikhane'nin hazırladığı bu bildiri, Atina Metropolidi Meletios tarafından İngiltere ve Amerika Birleşik Devletleri yönetimine ulaştırılarak Hristiyan dünyanın acil müdahalesi istenmiştir.[74]

Pontus propagandasını Metropolitlikler bazında incelediğimizde ise en aktif Metropolitliğin Hrisantos[75] yönetimindeki Trabzon Rum Metropolitliği olduğunu görürüz. Hrisantos, 19 Temmuz 1920'de Kafkasya ve Güney Rusya temsilcilerinin katıldığı Pontus Kongresi'ni toplamış, Pontus İlhak ve İstiklal Komite'sine liderlik etmiş, Trabzon ve çevresine Rum göçünü bizzat organize etmiş,[76] diğer Metropolitlerle düzenli olarak haberleşmiş ve onlara para yardımı sağlamıştır. Giresun Metropoliti Lavrendiyos da Pontus faaliyetlerinin önemli isimleri arasındadır. Lavrendiyos, Giresun'daki Rum çetelerinin ihtiyaçlarını karşılamış, Pontus bayrağı altında fotoğraf çektirmiş,[77] İngiliz ve Yunan gemilerine giderek bilgiler vermiş ve Rum çetelerin silah dağıtmıştır. Hrisantos ve Lavrandiyos İstiklal Mahkemeleri tarafından yargılanarak gıyaben idam cezasına çarptırılmışlardır.

---

[72] M. Süreyya Şahin, *Fener Patrikhanesi ve Türkiye*, İstanbul, 1996, s.237-238.

[73] Bülent Atalay, *Fener Rum Ortodoks Patrikhanesi'nin Siyasî Faaliyetleri 1908–1923*, Marmara Üniversitesi, Türkiyat Araştırmaları Enstitüsü, Doktora Tezi, İstanbul, 2001, s.80–81.

[74] Mesut Çapa, *Pontus Meselesi / Trabzon ve Giresun'da Milli Mücadele*, Ankara, 1993, s.38.

[75] *Hrisantos Gümülcine'de doğdu. Heybeliada Ruhban Okulu'ndan mezun olan ve Avrupa'da dört yıl eğitim gören Hrisantos tam bir Pontuşçu olarak yetiştirildi.*

[76] Okur, *a.g.m.*, s.111.

[77] Ömer Sami Çoşar, *İstiklal Harbi Gazetesi*, 20 Mayıs 1919, s.3; *Işık*, 11 Mayıs 1920.

Osman Ağa'nın Birinci Dünya Savaşından Dönüşü ve Pontus Tehlikesi Karşısında Giresun'un Durumu

1918 yılının sonbaharında, Osman Ağa ve gönüllüleri için ağır kış şartları, açlık ve hastalık anlamlarına gelen Birinci Dünya Savaşı sona erer. Mondros Ateşkes Antlaşması imzalanır, emperyalist devletler ağır taleplerini Osmanlı Hükümeti'ne kabul ettirirler. Antlaşma gereği Türk ordusu terhis edilerek eldeki bütün silahlar toplanmaya başlayınca Osman Ağa da Giresun'a döner. Cephede Ruslarla savaşan Osman Ağa, Giresun'a döndüğünde içteki düşmanın da en az Ruslar kadar tehlikeli olduğunu görür. Artık Rumlar bağımsızlık hayalleri ile yanıp tutuşmaktadır ve bu uğurda yüzyıllardır barış içinde yaşadıkları Türk hemşerilerini acımasızca öldürecek kadar gözleri dönmüştür. Türkler ise, Rumların bu zulümlerine karşı sakinliklerini korumaya çalışmaktadırlar. Işık gazetesi bir yandan Rumların yaptıklarına karşı gösterilen sakin muamelenin yerinde olduğu ve bu işi hükümet kuvvetlerine bırakmak gerektiği[78] konusunda yazılar yazıp halkın ayaklanmasını önlerken bir yandan da *"bir intizamsızlık ve gayritabii hareket içinde"* gördüğü bölge Rumlarına, gittikleri yoldan dönmeleri için şu sözlerle çağrıda bulunmuştur: *"Deniz, balığa ne ise Giresun da, Giresun'u temsil eden millet de size odur. O milletten, o yurttan mahrumiyet sizin için hayattan mahrumiyete bedeldir."*[79] Dostça çağrılara kulak asmayan Rumlar sahipsiz kalmış vatanda her geçen gün yeni bir taşkınlık yapmaktadırlar. Giresun'da asayiş kalmamıştır, her yerde tam bir karışıklık hüküm sürmektedir. Bu durum Osman Ağa'yı Pontus mücadelesine başlamaya mecbur bırakmıştır.

Resim 6 - *Giresun Metropolidi Pontus Çeteleri İle Beraber*

---

[78] *Işık*, 5 Temmuz 1919.
[79] *Işık*, 11 Mart 1919.

Hasan İzzetin Dinamo, Osman Ağa'nın Pontus mücadelesine başlayışını şöyle anlatmaktadır:

"Doğrusunu söylemek gerekirse Topal Osman, cepheden dönüp de hiç tanımadığı korkunç Pontosçu milislerin şehri kapladığını görünce ürkmüştü. Bütün tanıdığı ve tanımadığı bu yüzler ona karşı kapalı, dönük ve düşmandı. Onu bir kaşık suda boğmak istiyor gibiydiler. Şu da bir gerçekti ki Topal Osman cepheden temelli döndükten sonra Türkler rahat bir soluk almışlar, Rum hemşerileri ise niyetlerinin kötülüğünce korkmuş ve bozulmuşlardı. Topal Osman, Giresun'un bir Türk şehri olduğunu göstermek için kendi kendine belediye reisliği makamına oturdu."[80]

Pontus'la Mücadelenin İlk Adımı: Osman Ağa'nın Belediye Başkanı Oluşu ve Giresun Müdafaa-i Hukuk Cemiyetinin Kurulması

1919 Ocak ayı sonlarında Osman Ağa'nın emri ile işgaller ve Pontus tehlikesi karşısında memleketin durumunu görüşmek üzere bir toplantı yapılması kararlaştırılmıştır. 1 Şubat 1919'da memurların dışındaki Giresun ileri gelenleri belediye binasının önünde toplanırlar. Kurdoğlu Hacı Hafız Efendi iki saat süren coşkulu bir konuşma yapar.[81] Gerekli kararlar alınır. Osman Ağa, Pontusçularla olan mücadelesini daha rahat sürdürmek için Belediye Başkanlığı makamına oturmak ister. Bu fikrini mevcut belediye başkanı Beyazıtzade Hacı Bey'e açıklar. Hacı Bey de Giresun'u Pontus belasından temizleyecek tek adamın Osman Ağa olduğunun farkındadır. Ağa ve Hacı Bey buluşarak birlikte bir karar alırlar. Hacı Bey sağlık sorunlarını gerekçe göstererek görevinden ayrılır, Osman Ağa da sorgusuz sualsiz gidip Belediye Başkanlığı koltuğuna oturuverir.[82] Dönemin kanunlarına göre belediye başkanlarını Kaymakamlar atamaktadır. Kaymakam Nizamettin Bey ise Osman Ağa'nın Belediye Başkanlığını onaylamamıştır. Bu yüzden Osman Ağa ve Nizamettin Bey arasında bir soğukluk yaşanır. İki taraf da kendince haklıdır. Osman Ağa, Belediye Başkanlığı makamının verdiği yetki sayesinde Rum çeteleri ile daha rahat mücadele edecek, Türk halkını Rum çetelerine karşı daha kolay koruyacaktır. Nizamettin Bey ise bu zoraki iş sonucunda Hükümet ve Trabzon Valiliği kar-

[80] Dinamo, *a.g.e.*, s.125.
[81] Hacı Hafız Mustafa Zeki Kurdoğlu'nun günlüklerinden, torunu Ömer Faruk Kurdoğlu aracılığı ile.
[82] Dinamo, *a.g.e.*, s.116.

şısında zor durumda kalmıştır. İkili arasındaki bu gergin hava bir süre daha devam eder.

Pontus'la mücadelenin bir diğer adımı olarak Giresun Müdafaa-i Hukuk Cemiyeti, Dizdarzade Eşref Bey başkanlığında kurulur. Cemiyetin kurucuları arasında Niyazi Tayyip Bey, İbrahim Hamdi Bey, Doktor Ali Naci Bey, Ethem Nazif Bey,[83] Larçinzade Hakkı Bey, İmam Hasan Efendi, Yusufağazade Mehmet Ağa, Hacı Eminzade Hacı Emin Efendi, Kaymakamzade Mehmet Bey, Hüseyin Yazıcızade Hüseyin Efendi, Osman Fikret Bey[84] ve Gümüşreisoğlu İshak Efendi[85] bulunmaktadır. Cemiyetin muhasebe işlerini Yazıcızade Hüseyin Efendi yapmaktadır.

Resim 7 - Giresun Müdafaa-i Hukuk Cemiyeti Kurucuları. En Sağda Gümüşreisoğlu İshak Efendi.
(İsmail Altay arşivinden)

Osman Ağa ve Müdafaa-i Hukuk Cemiyeti üyeleri kısa bir konuşma yaptıktan sonra şu kararı alırlar: *"Padişah'ın düşmana teslim oluşu ile ondan ümidimiz kesilmiştir. Artık kendimizi kendimiz kurtaracağız. Bir an evvel silaha sarılmamız lazımdır."* Alınan karar doğrultusunda 46 yere telgraf çekilerek işgaller karşısında silaha sarılmak gerektiği belirtilir.

Osman Ağa Hakkında Tutuklama Kararı Çıkıyor

Osman Ağa'yı önlerindeki en büyük tehlike olarak gören Pontusçu Rumlar, Patrikhane'den aldıkları talimatlar sonucunda İngiliz Yüksek Komiserliğine telgraf çekerek defalarca şikayette bulunmuşlardır. Telgraflardan birinde

---

[83] Mesut Çapa, "Milli Mücadele ve Cumhuriyetin İlk Yıllarında Giresun", *Türk Kültürü*, 1998, Sayı. 423, s.425.
[84] Sarıbayraktaroğlu, *a.g.e.*, s.37
[85] İshak Efendi'nin torunlarından İsmail Altay ile yaptığımız söyleşide anlattıklarından.

Osman Ağa tarafından Giresun'da tehcir işlerinin çok kötü icra edildiği, Ermeni mallarının zorla alındığı[86] ve Şerik adlı bir Ermeni'nin öldürüldüğü[87] iddia edilmiştir. Bu iddiaları dikkate alan mahkeme 26 Mart 1919'da Osman Ağa ve arkadaşlarının tutuklanıp İstanbul'a gönderilmesi için Trabzon Valisi Mehmet Galip Bey'e talimat vermiştir. Bu sırada Osman Ağa Giresun Belediye Başkanı'dır. Giresun ileri gelenleri Osman Ağa hakkındaki bu haksız karara tepki göstermişler, Giresun Müftüsü Muhiddin, Nakibüleşraf Ali, Ticaret Odası Reisi Kaşif Beyler başta olmak üzere 38 kişinin imzası ile Sadaret ve Dahiliye Nezaretine telgraf çekerek tehcir edilen Ermeni vatandaşların hiçbirinin zarar görmediğini, Müslümanlar olarak Ermenileri insaniyetperver yardımlarla uğurladıklarını, kesinlikle öldürme, yağmalama ve gasp gibi olayların vukuu bulmadığını[88] dile getirmişlerdir. Bu çabalar sonuç vermemiş, Trabzon Valisi Mehmet Galip Bey, Osman Ağa'nın görüldüğü yerde yakalanması konulu yazıyı Giresun Savcılığına ve Giresun Kaymakamı Nizamettin Bey'e göndermiştir. Giresun Savcısı Yolasığmazzade Mehmet Hulusi Efendi ve Kaymakam Nizamettin Bey bilmektedirler ki, Giresun'da Pontus tehlikesine karşı koyacak tek adam vardır, o da Osman Ağa'dır. Bu sebepten dolayı Osman Ağa'yı teslim etmek işlerine gelmemiştir. Kara Bilal ve Koca Yusuf Ağa'yı bularak Osman Ağa'ya saklanması yönünde haber göndermişlerdir. Osman Ağa'yı ilk bulan Koca Yusuf olmuştur. Osman Ağa, Lale Sinemasının yanındaki binanın çeşmesini yapmaktadır. Koca Yusuf, Osman Ağa'nın yanına gider ve durumu anlatır. Osman Ağa şehrin dışında, Sütlaç Mustafa'nın evinde saklanmaya başlar. Buradan Tomoğlu İsmail Ağa'ya haber salıp *"Adamları ile birlikte gelip beni alsın."*[89] der. Tomoğlu İsmail, yirmi altı adamı ile birlikte Osman Ağa'yı evinden alır, bir kayığa binerek Keşap'a, oradan dan Tepeköy'e geçerler. Sabaha karşı Mehmet Efendi'nin evine varırlar.[90] Osman Ağa sabahın ilk ışıkları ile birlikte çetesini toplamaya başlar. İstanbul'da okuyan büyük oğlu İsmail'de tahsilini yarıda bırakıp babasının çetesine katılır. Bu arada Keşap Jandarma Komutanı Mazhar Bey Osman Ağa'nın yakalanması için kesin emir alır. Osman Ağa'ya bir mektup yazar *"Osman Ağa, benim mıntıkamda olmadığın şeklinde bir rapor yazacağım lakin benim mıntıkamdan uzaklaşman icab ediyor."* der. Osman Ağa mektubu aldıktan sonra Tepe-

---

[86] Ayhan Yüksel, *Giresun Tarihinden Sayfalar*, Giresun, 2009, s.29; Ferudun Ata, *İşgal İstanbul'unda Tehcir Yargılamaları*, Ankara, 2005, s.175.

[87] Beyoğlu, *a.g.e.* , İstanbul, 2009, s.72.

[88] Yüksel, *a.g.e.* , s.29.

[89] Sarıbayraktaroğlu, *a.g.e.* , s.39.

[90] Hotmanoğlu Ethem ve Yarımsakal Temel Ağa'nın anılarına göre, Osman Ağa Tepeköy'de Tapucu Şükrü Bey'in evinde kalmıştır ve Şükrü Bey'in hanımı ile akrabadır.

köy'den Kayadibi'ne geçer.[91] Bu arada Nizamettin Bey'e Trabzon'dan baskı üstüne baskı yapılmaktadır. Osman Ağa'yı yakalaması yönünde yine bir telgraf alan Nizamettin Bey Trabzon Valisi Galip Bey'e şöyle cevap verir: *"Bu adamın dağda yüz elli silahlı maiyeti var, yakalanması için kuvvet gönderin. Ancak o zaman tutuklanabilir."*[92]

Osman Ağa ile Tomoğlu İsmail Ağa İlişkisi

Tomoğlu İsmail Ağa aslen Giresun'un Keşap ilçesinin Valıt Çakırlı köyündendir. Birinci Dünya Savaşı'ndan sonra Osman Ağa'yı muhafaza etmekle şöhret kazanmıştır. Osman Ağa'yla birlikte hakkında idam kararı çıkanlar arasındadır. Keşap Belediye Reisliği ve Müdafaa-i Millî Reisliği yapmıştır. Bundan sonra mal mülk edinen ve kudret sahibi olan Tomoğlu İsmail Ağa, Osman Fikret TOPALLI'ya göre *"Müdafaa-i Millîye Silahlı Efrat Teşkilatı için halktan ve köylülerden topladığı, kendi kendisine ve istediği, sarf ettiği, Silah, cephane, teçhizat vb. masrafların miktar ve hesabını veremediği, hükümet içinde icra-yı hükümete kalkıştığı"* gibi suçlara istinaden 16 Eylül 1920 gecesi Keşap'taki evinde yakalanıp Samsun Divan-ı Harbine sevk edilir. Yolda vapurdan kaçırılır. Ordu köylerinde beş on gün saklanır. Teslim olup hükümete sığınacağı takdirde affedileceği bildirilir. İsmail Ağa hükümete sığınıp tekrar Keşap'a döner. Bir müddet sonra silah ve cephane toplayıp dağa çıkacağı, kendisine düşman saydıklarını ortadan kaldırma teşebbüsünde olduğu gerekçesiyle tekrar yakalanıp 12 sene hapse mahkûm edilerek Trabzon'a gönderilir. Tomoğlu İsmail Ağa'nın Osman Ağa ile tanışması konusunda farklı görüşler ileri sürülmektedir. Mehmet Şakir Sarıbayraktaroğlu'na göre Osman Ağa ile Tomoğlu İsmail Ağa, Birinci Dünya Savaşı'nda beraber savaşırken İsmail Ağa birkaç arkadaşı ile cepheden kaçmış ve idam cezası almışlardır. Onları idam cezasından Osman Ağa kurtarmıştır.[93]

[91] Menteşeoğlu, *a.g.e.* , s.50.
[92] Dinamo, *a.g.e.* , s.118.
[93] Sarıbayraktaroğlu, *a.g.e.*, s.40.

Resim 8 - *Tomoğlu İsmail Ağa* - (İdris Kayış Arşivinden)

Tomoğlu İsmail Ağa'nın torunu İdris Kayış ise, Birinci Dünya Savaşı son-
rasında, Osman Ağa'nın tutuklanma kararı üzerine Tomoğlu İsmail Ağa'dan
yardım istediği sırada bu ikilinin birbirlerini gıyaben tanıdıklarını söylemekte-
dir. İdris KAYIŞ'ın anlatımına göre Tomoğlu İsmail Ağa ile Osman Ağa'nın
tanışması şu şekilde gerçekleşmiştir:
   *"Hakkında tutuklama kararı çıkan Osman Ağa, Giresun'da sıkışıp
kalmıştır. Peşine bir Süvari Alayı takılmış, görüldüğü yerde yakalanması
emri verilmiştir. Osman Ağa bu girdaptan kurtulmak için çareler aramak-
tadır. Gıyaben tanıdığı, daha önce hiç görüşmediği, gözü karalığı ve yiğit-
liği ile tanınan, emrinde de 20 kişilik çete bulunan Tomoğlu İsmail Ağa'nın
kendisine yardım edebileceğini düşünür. Yakın adamlarından Bilal Kap-
tan'ı Keşap'a göndererek Tomoğlu İsmail Ağa'dan yardım ister. Tomoğlu
İsmail Ağa bunun bir tuzak olabileceğini düşünse de yardım etmeye karar
verir. 20 kişilik çetesi ile Giresun'a hareket eder. Adamlarını Giresun'un
belli yerlerine yerleştirdikten sonra en iyi fedaisi olan Perzatın Kör'ü (Pe-
toğlu Kör Abdullah) Osman Ağa'ya göndererek kendisini Sütlaş Köprü-
sü'nde beklediği haberini vermesini emreder. Perzat'ın Kör Osman
Ağa'nın kaldığı eve giderek Osman Ağa'ya "Tomoğlu İsmail Ağa'm seni
Sütlaş Köprüsü'nde bekliyor." der. Osman Ağa "Ben İsmail Ağa'yı görme-
den dışarı çıkmam." diye cevap verir. Perzat'ın Kör tekrar Tomoğlu İsmail
Ağa'nın yanına gelir ve Osman Ağa'nın kendisini görmeden dışarı çıkma-*

yacağını söyler. Bunun üzerine Tomoğlu İsmail Ağa, Osman Ağa'nın kaldığı eve tek başına gitmeye karar verir. Adamlarına "Ben tek başıma gidiyorum, lakin bu bir tuzak olabilir, iki saate kadar gelmediğim takdirde Giresun'u yakın!" der. Osman Ağa ile evin merdiveninde karşılaşıp sarılırlar. Evden çıkmanın ve kimseye gözükmeden Giresun'u terk etmenin planlarını yaparlar. Üzerlerine bol miktarda silah ve cephane alırlar. İkisi de çarşaf giyerek kadın kılığında[94] dışarı çıkarlar. Ancak, Süvari Alay Komutanı onları son anda fark eder ve askerlere vur emri verir. Tomoğlu İsmail çarşafı üzerinden atar, silahını çeker ve Süvari Alay Komutanına "Giresun sarılmış durumda, askerlerine söyle silahlarını çatsınlar, yoksa çok kan dökülür." der. Süvari Kumandanı bu çatışmanın çok kanlı olacağının farkındadır. Geçmelerine izin vermek zorunda kalır. Osman Ağa, Tomoğlu İsmail Ağa ve beraberindeki çeteler Hasankef köyüne gelirler. Osman Ağa çeteleriyle birlikte evde dinlenirken Tomoğlu İsmail Ağa birkaç çetesi ile daha önceden davetli olduğu bir düğüne iştirak etmek için yola çıkar. İsmail Ağa ve adamları Emesken ve Karaishak köyü arasında düşmanları tarafından pusuya düşürülür. İsmail Ağa'nın atı ve birkaç adamı vurulur. Birkaç adamı ise canını zor kurtarır. Sağ kalanlar Hasankef'e gelerek İsmail Ağa'nın öldüğünü söylerler. Osman Ağa hiç tanımadığı hâlde kendisini Giresun'dan kurtarıp buraya getiren İsmail Ağa'nın ölüm haberi ile çok derin bir üzüntü duyar. İntikam almayı düşünmeye başlar. Adamlarına "Hazırlanın uşaklar! Emesken köyüne gidip İsmail Ağa'ya kurşun sıkanlar kim ise bulacağız, onları gaz döküp yakacağız." der. Bu sırada İsmail Ağa sağ salim geri döner. İsmail Ağa'nın ölmediğini gören Osman Ağa çok sevinir."[95]

Tomoğlu İsmail Ağa, 29 Mayıs 1919'da Mustafa Kemal Paşa-Osman Ağa görüşmesi için Osman Ağa'nın yanında Havza'ya gelenler[96] arasında yer almıştır. Osman Ağa ile beraber idam kararı çıkartılan 169 kişi[97] arasında Tomoğlu İsmail Ağa da vardır. Ayrıca sinema baskını olayında, Taşkışla'da Rum bayrağının indirilmesi olayında, Osman Ağa'nın kendisi ve arkadaşları hakkındaki idam kararının kaldırıldığını bildiren Aff-ı Şahaneyi Şebinkarahi-

---

[94] Sarıbayraktaroğlu Osman Ağa'nın kadın kılığında evden çıktığı iddiasını yalanlamaktadır. Bk. *a.g.e.*, s.39.

[95] Tomoğlu İsmail Ağa'nın torunu İdris KAYIŞ ile yaptığımız söyleşi sırasında anlattıklarından.

[96] Osman Ağa ile beraber Havzaya giden Çakraklı Kara Ahmet'in anlatımına göre Tomoğlu İsmail'de kendileriyle beraber gelmiştir. Çakraklı Kara Ahmet'in Damadı Ahmet Yılmaz aracılığı ile.

[97] Yüksel, *a.g.e.*, 2009, s.35-45.

sar'da okuması sıradasında da Osman Ağa'nın yanında bulunmuştur. Mustafa Kemal Paşa'nın ilk muhafızlarından olan meşhur Köseoğlu Kemençeci Hamit'i de çetesine alması için Osman Ağa'ya tavsiye eden kişi Tomoğlu İsmail Ağa'dır.[98] Osman Ağa da can borçlu olduğu İsmail Ağa'ya çok minnettar ve içten bağlıdır. Onun Keşap Belediye ve Müdafaa-i Hukuk Şubesi Reisliğine getirilmesini temin etmiştir. Hükümet tarafından yakalanıp idareten serbest bırakıldığı günlerde onu Ankara'ya götürmek istemiştir. Osman Ağa böylece hem İsmail Ağa gibi tanınmış, etrafında 80-100 kişi toplayabilecek, dağda bayırda birçok tecrübe görmüş birini Millî Mücadele'ye kazandıracak hem de onu kazadan beladan kurtararak ona karşı şükran ve minnet borcunu ödenmiş olacaktır. Osman Ağa bu düşüncesini Binbaşı Hüseyin Avni Alpaslan Bey'e açmış, o da kendisine *"Kandırabilirsen hem ona hem de memlekete hizmet etmiş olacaksın."* diyerek destek vermiştir. 5 Kasım 1920'de, ikna edilen Tomoğlu İsmail Ağa ile birlikte Osman Ağa, Binbaşı Hüseyin Avni Alpaslan Bey ve 150 kadar gönüllü Ankara'ya doğru yola çıkmışlar ancak Tomoğlu İsmail Ağa Samsun'dan geri dönmüştür.[99] Osman Ağa ile yolları burada ayrılmış, bir müddet sonra yukarıda bahsettiğimiz gibi tutuklanarak hapse gönderilmiştir. Trabzon'da cezasını çekerken Müdafaa-i Milliye emrinde hizmet ve vazife esnasında işlenen suçların suç sayılmaması kanunu çıkınca beraat etmiş ancak bir süre sonra öldürülmüştür.

İdris Kayış, dedesi Tomoğlu İsmail Ağa'nın öldürülüşü hakkında şu bilgileri vermektedir:

"Tomoğlu İsmail Ağa hapisten çıkınca eski itibarının kalmadığını görür. Ayrıca dostundan çok düşmanı vardır. Düşmanları Rizeli Emrullah diye birini onu öldürmesi için para karşılığında tutarlar. Tomoğlu İsmail Ağa'ya kıyamayan Rize'li Emrullah onu vurmaktan son anda vazgeçer. Keşap parkında İsmail Ağa'nın yanına oturarak her şeyi itiraf eder. Bunun üzerine Tomoğlu İsmail Ağa ona iyi davranır, masrafını görür ve memleketine uğurlar. Ancak düşmanları vazgeçmezler bu sefer başka birini bulur ve yetiştirirler. İsmail Ağa Yolağzı Köyü'nde, kendisini takip eden Keşap Tepeköy'den Turanoğullarından yirmi yaşlarındaki Ahmet oğlu Ömer'in kendisinden sadaka istemesi üzerine geriye döner ve iki buçuk lira verir. Arkasını dönüp yoluna devam etmek isterken Ömer tarafından başından ve ensesinden vurularak öldürülür. Ahmet oğlu Ömer tutuklanarak Trabzon cezaevine gönderilir. Cezaevine ilk girerken 'pastalya' parası adı altında bir para alınmaktadır. Ömer para vermemek için direnir. Onu koğuş ağasının huzuruna çıkarırlar. Cezaevindeki koğuş ağası, önceden

---

[98] Kemençeci Hamit'in oğlu Yusuf Aydın ile yaptığımız söyleşiden.

[99] Topallı, *a.g.e.* , s.69-73, 291.

*Tomoğlu'nu vurmaktan vazgeçen Rizeli Emrullah'tır. O da daha sonra iş-
lediği bir suç nedeniyle içerdedir. Rizeli Emrullah Ömer'e, niçin giriş para-
sı ödemek istemediğini sorar. O da; "Ben Giresun'da Tomoğlu İsmail
Ağa'yı vurmuş adamım" der. Bunu duyan Emrullah eline geçirdiği demir
çubukla Ömer'in kafasına vurur ve öldürür. Hapisten çıktıktan sonra yolu
Giresun'a düşen Rizeli Emrullah, Tomoğlu İsmail Ağa'nın çocuklarını bu-
lur ve bu olayı anlatır."[100]*

Trabzon Metropoliti Hrisantos, Paris Barış Konferansı'nda

Doğu Karadeniz Bölgesi'nde Pontus Devleti kurmak için Paris'e gönderi-
len Trabzon Metropoliti Hrisantos, 2 Mayıs 1919'da Paris Barış Konferansı'na
sunduğu bir rapor ile Doğu Karadeniz Bölgesi'nde kurulmasını istediği Pon-
tus Devleti talebinin siyasi ve demografik gerekçelerini oluşturmaya çalışmış-
tır. Bu rapor daha sonra konuya ilişkin yapılacak yayınlarda referans olarak
kullanılacak temel belgelerden biri olacaktır. Raporda Pontus bölgesinde
600.000'den fazla Rum yaşadığını 250.000 Rum'un da Türk idaresinden kur-
tulmak için Güney Rusya ve Kafkasya'ya göç ettiğini,[101] iki rakam toplandı-
ğında Pontus bölgesindeki Rum nüfusun Müslüman nüfustan fazla olduğunu
iddia etmiştir. Hrisantos bu iddiaya uluslararası kamuoyunu inandırabilirse
Rumların Wilson Prensipleri'nin öngördüğü bağımsızlık hakkına kavuşacakla-
rını düşünmektedir. Ancak Hrisantos'un bu iddiaları gerçek dışıdır. 1869 ta-
rihli Trabzon Vilayet Salnamesi'ne göre Trabzon Merkez kazasının toplam
nüfusu 64.352'dir. Trabzon Merkez'de 397 Katolik, 4.429 Ermeni, 12.971
Rum, 46.585 Müslüman yaşamaktadır. Giresun kazasının toplam nüfusu ise
43.257'dir. 1869 Salnamesi'ne göre Giresun'da 363 Ermeni, 6.156 Rum ve
19.691 Müslüman nüfus bulunmaktadır. Ordu kazasının toplam nüfusu
28.982'dir. Toplam nüfusun 1.682'si Ermeni, 4.006'sı Rum ve 23.294'ü Müs-
lüman nüfustan oluşmaktadır. Of kazasında 58 Rum, 22.825 Müslüman ya-
şarken Sürmene nahiyesinde 89 Ermeni, 1.823 Rum ve 15.353 Müslüman
bulunmaktadır. 1.869 tarihli Vilayet Salnamesi'ne göre Trabzon Merkez San-
cağı'nın toplam nüfusu 210.149'dur. Bu toplamın 397'sini Katolik, 7.565'ini
Ermeni, 26.523'ünü Rum ve 175.664'ünü Müslüman nüfus oluşturmakta-

---

[100]Tomoğlu İsmail Ağa'nın torunu İdris KAYIŞ ile yaptığımız söyleşi sırasında
anlattıklarından.

[101] Veysel Usta, "Trabzon Metropoliti Hrisantos'un Paris Konferansı'na Sunduğu
Muhtıranın Tenkidi", *Turkish Studies Türkoloji*, 6/2, Nisan 2011, s.974- 982.

dır.[102] 1871 tarihli Trabzon Vilayet Salnamesi'ne göre Trabzon Merkez Sancağı'nda 414'ü Katolik, 8.001'i Ermeni, 25.862'si Rum, 200'ü Çerkez, 189.506'sı Müslüman olmak üzere toplam nüfus 223.983'tür. Lazistan (Rize) Sancağı'nda 1.233 Katolik, 433 Ermeni, 41 Rum, 2.002 Çerkez ve 67.972 Müslüman olmak üzere toplam nüfus 71.681'dir. Canik (Samsun) Sancağı'nın 129.928 olan toplam nüfusu içinde 31 Katolik, 8.017 Ermeni, 26.250 Rum, 13.596 Çerkez ve 82.034 müslüman nüfus bulunmaktadır. 1871 tarihli Salnameye göre Trabzon Vilayeti'nin 469.070 olan toplam nüfusunun 1.678'i Katolik, 17.755'i Ermeni, 65.537'si Rum, 16.195'i Çerkez ve 367.905'i Müslüman'dır.[103]

1895 tarihli Trabzon Vilayet Salnamesi'ne göre Trabzon Sancağı'nda186 kadın ve 193 erkek olmak üzere 379 Protestan; 588 kadın, 621 erkek olmak üzere 1.209 Katolik; 10.775 kadın, 11.906 erkek olmak üzere 22.681 Ermeni; 31271 kadın, 36.055 erkek olmak üzere 67.326 Rum ve 213.053 kadın, 226.270 erkek olmak üzere 439.323 Müslüman nüfus bulunmaktadır. Canik Sancağı'nda 5 Yahudi; 232 kadın, 269 erkek olmak üzere 501 Protestan; 50 kadın, 45 erkek olmak üzere 95 Katolik; 8.369 kadın, 9805 erkek olmak üzere 18174 Ermeni, 30.501 kadın 43.385 erkek olmak üzere 73.886 Rum ve 103.022, kadın 109.464 erkek olmak üzere 212.486 Müslüman nüfus yaşamaktadır. Lazistan Sancağı'nın 138.427 olan toplam nüfusunun 329 kadın, 360 erkek olmak üzere 689'u Rum ve 65.634 kadın, 72.104 erkek olmak üzere 137.738'i Müslüman'dır. Toplam nüfusu 105.985 olan Gümüşhane Sancağı'nda ise 672 kadın, 822 erkek olmak üzere 1494 Ermeni, 11.663 kadın 12.648 erkek olmak üzere 24.311 Rum ve 37.997 kadın 43.183 erkek olmak üzere 81.180 Müslüman yaşamaktadır. 1898 tarihli Salnameye göre Trabzon Vilayeti'nin 1.163.815 olan toplam nüfusunun 932.716'sını Müslüman, 181.044'ünü Rum, 47.196'sını Ermeni ve 2.864'ünü Yahudi, Katolik vb. nüfus oluşturmaktadır.[104] 17 ve 18. yüzyıllar ile 19. yüzyılın başında bölge nüfusunun %90'ını Müslümanlar, %10'unu Hristiyanlar oluşturmaktadır.[105] Yunan iddialarının aksine, Rum nüfus Müslüman nüfustan fazla olmadığı gibi, en kalabalık Rum yerleşim yeri olan Karadeniz Bölgesi'nde bile toplam nüfus içinde %10-15' lik bir dilim oluşturmuştur.

---

[102] Mesut Çapa, *Pontus Meselesi*, Trabzon, 2001, s.141; Hadiye Yılmaz, *Arşiv Belgeleri Işığında Pontus Meselesi*, Marmara Üniversitesi Türkiyat Araştırmaları Enstitüsü, Yüksek Lisans Tezi, s.13.
[103] Çapa, *a.g.e.*, 142-143, Yılmaz, *a.g.t.*, s.13.
[104] Çapa, *a.g.e.*, 144- 145., Yılmaz, *a.g.t.*, s.14.
[105]Hanefi Bostan, "Fetihten Yunan İsyanına Kadar Doğu Karadeniz Bölgesinin Demografik Yapısı", *Başlangıçtan Günümüze Pontus Sorunu*, s.141.

Taşkışla'ya Pontus Bayrağı Çekilmesi ve Bayrağın Osman Ağa Tarafından İndirilip Parçalanması Olayı

1919 yılı Mayıs ayında Osman Ağa'nın firari olduğu için Giresun dışında olmasını fırsat bilen Pontuşçu Rumlar iyice yoldan çıkmışlardır. 8 Mayıs 1919'da bir Yunan gemisi Giresun Limanı'na demir atmış, İçinde birçok papaz ve metropolit[106] bulunan gemiden Rumlar akın akın[107] iskeleye inmişler, güya fakir çocuklara yiyecek ve sıhhi malzeme getirmişlerdir. Yunan Kızılhaç gemisini karşılayanlar arasında iki isim dikkati çeker. Bunlardan birisi Batum'da yerleşmiş zengin Rumlardan Panayotoğlu Murat'tır. Bu zat, Batum'un Türk ordusu tarafından geri alınmasını büyük bir memnuniyetle karşılayarak buranın sonsuza kadar Osmanlı hakimiyetinde kalmasını temenni için bir heyetle İstanbul'a gitmiş ve Padişah'ın huzuruna kabul edilmiştir. Padişah'ın huzurunda Osmanlı Devleti'ne bağlılığını tekrar dile getiren Panayotoğlu Murat, bunun mükafatı olarak bir nişanla ödüllendirilmiştir.[108] Oysa bu zat çok geçmeden Yunan Kızılhaç heyetini karşılamış ve Yunanistan'a bağlılık göstermiştir. Dikkat çeken bir diğer isim ise Giresun Metropolidi Lavrendiyos Efendi'dir. Lavrendiyos Efendi de her fırsatta Osmanlı Devleti'ne bağlılığını bildirmesine rağmen Pontus paçavrası altında fotoğraf çektirerek[109] Panayotoğlu Murat gibi gerçek niyetini ortaya koymuştur.[110] Bu olaylardan birkaç gün sonra, 11 Mayıs Pazar günü Rumlar Taşkışla Rum Mektebine[111] bir beyaz bayrak çekerler. Bu eylem kanunlara aykırı olarak yapılmıştır ve Osmanlı kurumunda böyle bir bayrak bulundurmak suçtur, ancak hiçbir memur bir şey yapamamış, kanunları uygulayamamıştır. Bu durum Türklerin tepkisini çekse de Rumlar bayrağı indirmemekte kararlıdırlar. Rumların kararlı tutumu karşısında Türkler çareyi Kaymakam Niyazi Tayyip Bey'e[112] gitmekte bulurlar. Niyazi Tayyip Bey'in çabaları sonucunda da Rumlar Pontus bayrağını indirmezler ancak göstermelik olarak yanına küçük bir Türk bayrağı asarlar. Işık gazetesi bayrak olayına tepki göstererek bir yazısında *"bugün bu kadar şımarıklık gösterecek kadar cesaret alan; her hususta korkmaları icap ederken yine gözlerimizin önünde bütün ısrarlarımıza rağmen Yunan bayrağını sallandıran Rumlardan nasıl Osmanlılık bekliyorsunuz? Yunan bayrağını, Yunan zabitini*

---

[106] Sarıbayraktaroğlu, *a.g.e.* , s.58.
[107] Menteşeoğlu, *a.g.e.* , a.60.
[108] Beyoğlu, *a.g.e.* , s.52.
[109] *İstiklal Harbi Gazetesi*, 20 Mayıs 1919, s.3.
[110] Beyoğlu, *a.g.e.* , s.52.
[111] Bugünkü Ticaret Meslek Lisesi ve Anadolu Ticaret Meslek Lisesi.
[112] Nizamettin Bey'in gidişiyle yerine vekaleten Niyazi Tayyip Bey geçmiştir.

*sevinçlerle karşılayan bu adamlara nasıl oluyor da hâlâ şerik nazarıyla baka-
biliyorsunuz?"* diyerek duruma tepki göstermekte, yine bir yazısında *"Yunan
vapurundan çıkan zabitan, Rum mahallerinden geçerken, Rumlar tarafından
"Zito,"larla "Bizi kurtarmaya ne vakit geleceksiniz?"* nidalarıyla karşılamıştır.
*Rum çocuklarının, bayrağın altından top atacağız, diye haykırmakta oldukları
şâyân-ı dikkattir. Rumların daha doğrusu içimizdeki casusların halet-i ruhiye-
sini gösterir pek mühim bir vesikadır. Buna karşı hükümet-i mahalliyenin ne-
sibine acımamak elden gelmiyor. Hükümet satvetini (ezici kuvvet) gösterme-
liydi. Ferid Paşa'nın emirlerini şimdiye kadar çoktan tatbik etmeliydi. Bilmem
maddi-manevî mesûliyetlere nasıl tahammül edebilecek? Kuvve-i icraiyeyi
millet ele almaya mecbur edilinceye kadar bu hâller devam mı edecek?"*[113]
diyerek İstanbul Hükümeti'nin olaylara seyirci kalmasını eleştirmektedir. Aynı
gazetede Rumlara uyarı amaçlı da bir yazı yazılmış, *"Emin olabilirsiniz ki
Türk milleti maruz kaldığı hakareti müdriktir. Türk'ü darıltmak, hakkınızda hiç
de iyi netice vermeyecektir."*[114] denmiştir. Dizdarzade Eşref Bey de Türk hal-
kının bayrak olayına nasıl nefretle baktığını *"Ey alicenap Türk! Sen ne vakur
ne vatanperver ne medeni ademsin ki, o taşkınlıkları derin bir nefret, büyük
bir sükunet ve istihfafla seyir ve temaşa ediyorsun."*[115] sözleriyle dile getirmiş-
tir. Tepkiler süredursun, 5 Haziran Perşembe günü Rumlar iki bayrağı da in-
dirip yerine çok büyük, ucu yerlere kadar uzanan[116] yirmi metre boyunda[117]
mavi beyaz bir Pontus bayrağı asarlar. Rumlar bunu yaparken çok rahattırlar;
nasıl olsa ordu terhis edilmiştir, Türk halkı silahsızdır ve Osman Ağa hakkın-
da yakalama kararı çıkmıştır. Cüretlerini o kadar arttırlar ki, bayrağı indirmek-
le görevli İnzibat Subayı Sırrı Bey, Taşkışla'da Rum kabadayıları ve mektep
yöneticileri tarafından alaya alınır. Bayrağı indirmek şöyle dursun, mektebin
müdürüyle görüşmesine bile izin verilmeyen Sırrı Bey hakaret ve kahkahalar-
la uğurlanır.

Yaşanan bu olaylar sonunda Türk halkının sabrı taşmış, yaşadıkları hak-
sızlık canlarına tak etmiştir. Hemen Osman Ağa'ya haber salarlar. Kayadi-
bi'nde bulunan Osman Ağa haberi alır almaz öfke içinde adamlarına seslenir:
*"Uşak, nebriler Taşkışla'ya bayrak çekmişler, doğru Giresun'a döneceğiz, sa-
bahtan erken kalkıp hazır olun!"*[118] Sabah erkenden yola çıkarlar. Rumlar

---

[113] *Işık*, 1 Haziran 1919.
[114] *Işık*, 1 Haziran 1919.
[115] Menteşeoğlu, *a.g.e.*, 61.
[116] Sarıbayraktaroğlu, *a.g.e.*, s.58.
[117] Çiçek, *a.g.e.*, s.51.
[118] Sarıbayraktaroğlu, *a.g.e.*, s.59.

Taşkışla Mektebine nöbetçi koymuş, etrafına da tel örgü çekip tellerin üzerine belirli aralıklarla zil bağlamışlardır. Böylece bayrağı indirmek isteyen olursa zil seslerini duyup harekete geçeceklerdir. Sokakbaşı Mahallesi'ndeki Asmalı Kahvede garsonluk yapan 12 yaşındaki Abdullah, bu durumu çetelere haber verir. Beraberce gidip zillerin içine ses çıkarmasın diye ot doldururlar, tel örgüleri de sessizce keserler.[119] Osman Ağa'nın çeteleri tarafından okulun etrafı tamamen sarılır, köşe başları tutulur. Rum okulunun içine yirmi beş, bayrağın bulunduğu bölgeye ise on kadar çete mensubu girer. Osman Ağa emir verir: *"Çekin alın şu paçavrayı aşağı. Burası Türk vatanı, o bayrağın burada işi ne!"* Pontus bayrağını indiren çete mensupları Türk bayrağını göndere çekerler, indirdikleri Pontus paçavrasını da Osman Ağa'ya verirler. Osman Ağa Pontus paçavrasını yere atıp çiğnemeye başlar. Bu sırada hepsi silahlı olan Rum çete mensupları olayı uzaktan izlemekle kalıp Osman Ağa'nın karşısına dahi çıkamazlar. Osman Ağa ve adamları havaya ateş ederek geldikleri güzergahtan şehri terk ederler.

Resim 9 - *Henüz 12 Yaşındayken Pontus Rum Bayrağının İndirilmesi İçin Osman Ağa'ya Yardım Eden Abdullah AKIN (Tahsildar Abdullah)*

Giresun Müdafaa-i Hukuk Cemiyetinin yazı işleri sorumlusu olması nedeni ile Osman Ağa ile yakın çalışma imkânı bulan Osman Fikret Topallı ise, bayrak olayına hatıralarında şöyle yer vermiştir:

"Limanımıza Yunan bayraklı ve içinde Yunan Salib-i Ahmer'inden (Yunan Kızılhaçı) bir heyetin bulunduğu söylenilen bir gemi geleceğini daha evvelden bilen Rumlarımız tertibat almışlar, gemi görülür görülmez yollara ve iskelelere dökülmeye başlamışlardır. Hepside süslü püslü idiler. Nihayet gemi belirdi: Bir Yunan torpidosu. İskelede hazırlanan iki ka-

---

[119] Abdullah Akın'ın anılarından, torunu Gülseren Hün aracılığı ile.

yığa, çalgıları, bandolarıyla beraber istikbal heyeti bindiler. Demir mahalline doğru şen şakrak açılmaya başladılar. Onlar suları yırtarak ve köpürterek giderlerken iskelede kalan diğer bir heyetle yanlarında kalan kalabalığın da yürekleri köpürüyor, sabırsızlıkları görünüyordu. Taşbaşı Millet Bahçesi selamlık yanı, Lonca Meydanı kaynaşıyordu. Gemi demirlerken bando ve alkış sesleri ve bu arada haykırmalar (zito'lar) işitiliyordu. Bir heyet-i mahsusu misafirleri kapıda karşılayarak selamladı. Birlikte Levrandiyos Efendi'nin huzur-ı ruhanilerine çıktılar. İki gün geçmişti. Bu müddet zarfında Rum hemşerilerimizin hâllerinde, tavırlarında büsbütün göze çarpar bir başkalık vardı. Merak ediyorduk. Bir de ne görelim. Taşkışla'nın cephesinde bir Yunan bayrağı ve tarih 11 Mayıs 335 Pazar. Bu da ne? Bu da mı olacaktı?

(...) Rumlardan birkaçı Belediye ve Muhafaza-i Hukuk-i Millîye merkezine davet olunarak ve kendilerine hiçbir söz söylemeye müsaade edilmeyerek bayrak indirilmezse hükümet ve Cemiyet'in artık mesuliyet kabul etmeyeceği son olarak ihtar edilmiş, polis tarafından Rumların kilise ve maarif komisyonu celp, aynı yolda ihtar ve bir de zabıt vesikası tanzim edilerek serbest bırakılmışlar. Cemiyet mütevellilerine ve halka sabırlı olmaları ve Hükümet'in bayrağı mutlaka indireceği bildirilmiş ve rica edilmişti.

(...) Akşam geç vakit sinemaya firari gelen Osman Ağa geceyi kasabada geçirmiş. Sabahleyin, aksi tesadüf Çamlık Mektebinin cephesine bayrak asıldığını duymuş ve bizzat müşahede etmiş. Yanındaki arkadaşları ateş edelim demiş ve başlamışlar. İşittiğimiz silah sesleri işte ta karşıdan bayrak direğine ve bayrağa atılan mavzerlerin sesi imiş.

Osman Ağa emir vermiş:
Durun arkadaşlar. Bu böyle olmaz. Gidip o Yunan bayrağını alaşağı etmek, parçalamak lazım.
-Emredersin Ağa sesleri...
Aradan çeyrek saat geçmeden Sokakbaşı, Taşkışla ve civarları çeteler tarafından sarılıyor. Yollarda, sokaklarda herkes olduğu yerde, ileri geri hiçbir hareket yok. Aksi hâlde ölüm...
Keşaplı Pelteoğlu Kör Abdullah, bayrağı indirmeye memur, yanında Çınarlardan Kıcıroğlu Muharrem Çavuş, Soğuksu Mahallesi'nden Çeçenoğlu Deli Hakkı, ayrıca emre muntazır bir çete kıtası mektebe geliyor. Kapıları tutuyorlar. İçeri giriyorlar, üst kata çıkılıyor. Emir veriliyor: 'Kesin

bayrak iplerini, sökün şu gönderi' Gönder sökülüyor, ipler kesiliyor, bayrak koltuk altına... Haydi, marş, kapıdan dışarı...
Yunan bayrağı evin önünde, intizarda olan Osman Ağa'ya veriliyor. Bıçaklar, kamalar çekiliyor, bu paçavra parça parça ediliyor. Parçaları bile yok oluyor. Şimdi Ağa, müfrezelere emir veriyor.
-Haydin artık arkadaşlar. İstikamet Yeniyol boyu, marş.

Lakin nereye kadar? Kimse bunu bilmiyordu. Sonradan öğrendik ki, Osman Ağa, Kulakkaya'da imiş."[120]

Hasan İzzettin Dinamo ise Pontus bayrağının indirilmesi olayını şöyle anlatıyor:

"Osman Ağa'nın adamları şehre girince ikiye ayrıldı, bir bölümü Yeniyol'a, öteki bölümü de başlarında Osman Ağa olarak üzerinde kocaman bir Yunan bayrağı dalgalanan büyük, taştan Rum okuluna doğru gitti. Türk halkı, Osman Ağa'nın gelişiyle yataklarından fırlamış, sokakları doldurmuştu. Bugün, çok önemli işler olacağını biliyor, Osman Ağa'yla adamlarının çevresinde bir yarım ay gibi merakla ilerliyorlardı. Sokaklarda bir tek Rum görünmüyordu. Hepsi paniğe kapılmış, saklanacak birer delik bulmuştu. Osman Ağa'nın neden geldiğini onlar da hemen hemen Türkler gibi biliyorlardı. Osman Ağa, adamlarıyla Rum okulunun önüne doğru atını sürdü. Mavi-ak Yunan bandırası, denizden gelen sabah rüzgarıyla ipek kışıltıları vererek dalgalanıyordu. Tehlikeli bir avcılar ülkesine gelip konmuş şaşkın ve yabancı bir kuş gibi geleceğinden habersiz ve kaygusuzdu.

Osman Ağa'nın çakır şahin bakışlarından kendisi için verilmiş korkunç hükmü elbette okuyamazdı. Yalnız, bunu bilenler vardı; onlar da okulun sımsıkı kapanmış pencerelerinin aralıklarından Osman Ağa'yı kin, öfke, sinir ve korkuyla gözetleyen kara cübbeli Pontoslu papazlar ve gizli Pontos eşkıya başlarıydı. Arkasına büyük bir Türk kalabalığı birikmiş olan Osman Ağa, sordu:
— Bu Yunan bandırasını, bu gavur paçavrasını bu direğe asan kimdir?
— Türk halktan çok kişi birden karşılık verdi:
— Rumlar astı Ağa, kim olacak!
Giresun'un tam ortasında eskiden ticaret okulu, jandarma okulu olarak kullanılan kocaman yapı, sürgünden dönen Rumlarca yeniden sahip-

[120] Topallı, *a.g.e.* , s.133-139.

lenilmiş ve burada hem Giresun şehrinin hem de bu yemyeşil kıyı şeridinin kaderi üzerinde gizli ve çok tehlikeli oyunlar oynanmaya başlamıştı. Burası hem Rusya'dan hem de İstanbul ve Atina'dan gizlice gelen Pontos ihtilalcilerinin yuvası hem bir cephanelik, bir silah deposuydu. Son günlerde İstanbul'dan gelen bir vapurdan çıkan birçok 'Kızılhaç' ilaç (!) sandıklarıyla garip ve yabancı kişiler, doğruca bu büyük taş yapıya götürülmüştü. Kaymakam Nizamettin Bey'in yerine İstanbul'dan yeni gönderilmiş olan Hürriyet ve İtilafçı Kaymakam Badi Nedim, ufak tefek varlığıyla gittikçe kanunsuzlaşmaya başlayan işlerin önüne duracağına, bunlara yardımcı olur gibi görünüyordu. İzmir'in ünlü valisi Kambur İzzet'in döllerinden biri gibiydi. O uğursuz sandıklarla adamları şehre boşaltan vapurdan yeni bir emir de çıkmış olacaktı ki hemen o gece taş yapının üzerine koskoca bir Yunan bandırası çekilmiş, bunu sabahleyin gören Türkler, gözlerine inanamamışlardı. Demek, artık güzel Giresun şehri, Yunanistan sayılıyordu. Rum halkının gösterdiği sonsuz sevince karşılık Türk halkında da kötü bir karamsarlık ve umutsuzluk baş göstermişti. Demek ki, İstanbul hükümeti artık bu güzel şehri Yunanlılara armağan etmişti. Badi badi yürüyen o ufacık tefecik Kaymakam Nedim, öyle değilse buraya ne diye gönderilmişti? Yoksa onun görevi salt bu bandıranın buraya çekilmesini sağlamak için miydi? Bayrağın kimlerce hazırlanıp oraya asıldığı artık iyice biliniyordu. Bu Yunan tebaalı, kabadayı, külhanbeyi marangoz Karaoğlan Panayot'tu. Pontoscu liderlerden ya da çete reislerinden birisi olduğu üzerinde yaygın bir kanı da vardı. Rum halkı, bandıranın ipek kışıltılarıyla dalgalanışından mest olmuş gibiydi. Okulun önüne birikmiş, bir mucize seyreder gibi kendilerinden geçmiş onu seyrediyorlardı. Türkler, bunu görünce hemen davranmışlar, kaymakama, mevki ve jandarma kumandanlarına başvurmuşlardı. En sonra, bandırayı indirmek görevi inzibat subayı Sırrı Bey'in üzerine yüklenmişti. Sırrı Bey, okula gitmiş, orada Rum kabadayıları ve yöneticilerce küçümsenmiş ve alaya alınmıştı. Subay, okulun müdürüyle görüşememiş, üstelik hakaret ve kahkahalarla uğurlanmıştı. Yunan bandırasını, okulun bayrak direğinden indirecek hiçbir Türk gücü kalmadığı o gün iyice anlaşılmıştı. Bunun böyle olduğu anlaşılınca Yunan bandırası, bir gece yeni bir ifrit yavrusu doğurmuştu. Üzerinde bir kartal resmi bulunan kırmızı, mavi, kara ve ak renkli küçük bir bayrak, Yunan bandırasının yanı başında güvenle ve kaygusuzca dalgalanmaya başlamıştı. Bu yeni ifrit bayrak, ünlü Pontos bayrağından başka bir şey değildi. Okul, çoktan beri bırakılmış gibi ıssız görünüyordu. Atından inen Osman Ağa, uşaklarla yüklenerek demir parmaklıklı kapıyı açtı. Uşaklara bandı-

rayı indirmelerini buyurdu. Bayrağı indirip Osman Ağa'ya verdiler. O da bunu yırtıp paramparça etti ve yere attı ve çizmeleriyle üzerinde uzun uzun tepindi.

Sevinçten coşan Türk halkı, gözlerinde tatlı minnet yaşlarıyla 'Yaşa, var ol, Osman Ağa!' diye bağırıyor, onun eline, ayağına sarılıyordu."[121]

Türk Çetelerinin (Osman Ağa ve Gönüllüleri) Rumlara Baskı Yaptığı İddiaları Üzerine Durumu İncelemekle Görevlendirilen Mustafa Kemal Paşa'nın Samsun'a Çıkışı

Osman Ağa hakkında tutuklama kararı çıkması fakat yakalanmaması Rumları oldukça rahatsız etmiştir. Pontusçu Rumlar, Osman Ağa'dan tek kurtuluş yolunun onun idam edilmesi olduğunu düşünmektedirler. Bu düşünce ile Ağa'yı şikayet etmeye devam ederler. İngiliz Yüksek Komiserliği, Nisan 1919'da Damat Ferit Paşa'ya bölgedeki Türk çetelerinin Rumlara karşı yaptığı sözde katliam olayları ile ilgili bir rapor verir. Raporda *"Karadeniz bölgesinde Türk çetecilerin Rum vatandaşlara zulüm ve katliam yaptıkları, bu olayların derhal sona erdirilmesi gerektiği ve eğer sona erdirilmezse kendilerinin bu bölgeye müdahale edecekleri"* bildirilmektedir. Raporda ifade edilen Türk çetecilerin en meşhuru da şüphesiz ki Osman Ağa'dır. 25 Nisan 1919 günü Harbiye Nazırı Şakir Paşa, Mustafa Kemal Paşa'yı bölgedeki sözde Türk çete olaylarının önlenmesi ve durumun araştırılması için görevlendirir.[122] İngilizlerin gönderdiği raporla ilgili dosyayı okuyup incelemesi için kendisine verir. Bu görevlendirme Mustafa Kemal Paşa'yı fazlasıyla memnun eder. Millî Mücadele'yi başlatması için beklediği fırsat ayağına gelmiştir. 9. Ordu Müfettişi sıfatı ile görevlendirilen Mustafa Kemal Paşa, görevi ile ilgili bilgileri topladıktan sonra 15 Mayıs 1919 günü Albay Refet Bey'e gizlice haber gönderir. 16 Mayıs 1919 günü Galata Rıhtımı'ndan hareket eden Bandırma vapuru 17 Mayıs'ta İnebolu'ya, 18 Mayıs'ta Sinop'a, 19 Mayıs'ta ise nihayet Samsun'a varır. Mustafa Kemal Paşa'yı Samsun'da resmî heyet karşılar. Mustafa Kemal Paşa çalışmalarını Mıntıka Palas Oteli'nde sürdürmeye başlarken Osman Ağa da farkında olmadan Millî Mücadele'nin başlamasına vesile olan kişi olarak tarihteki yerini almıştır.

---

[121] Dinamo, *a.g.e.* , s.193-199.
[122] Teoman Alpaslan, *Topal Osman Ağa*, İstanbul, 2007, s.223.

İzmir'in İşgalini Protesto Etmek İçin Osman Ağa'nın Emriyle Giresun'da Miting Düzenleniyor

Mustafa Kemal Paşa, Millî Mücadele hazırlıklarını yaparken 15 Mayıs 1919'da İzmir Yunanlılar tarafından işgal edilmiştir. Kardeşlerini İzmir'de görecekleri için pek sevinçli olan yerli Rumlar, İzmir'i işgalden önce Yunan bayrakları ile donatmışlardır. Türk tarafından işgale ilk tepki ise Hukuk-u Beşer gazetesinin başyazarı Hasan Tahsin'den gelmiştir. Yunan askerine ilk kurşunu sıkan Hasan Tahsin, çok geçmeden şehit edilmiştir.

Resim 10 - *İzmir Metropoliti Hrisostomos ve İzciler Yunan Askerlerini Karşılarken 15 Mayıs 1919*

İşgal'in duyulması ile bütün Anadolu'da olduğu gibi Giresun'da da tepki sesleri yükselmeye başlamıştır. Firari olduğu için Giresun dışında olan Osman Ağa'ya haber gönderilmiş, kendisi Giresun'a gelemeyen[123] Osman Ağa büyük bir miting düzenlenmesini emretmiştir. Cuma hutbesinde Giresun Müdafaa-i Hukuk Cemiyeti önderliğinde *"işgali protesto için miting yapılacağı"* halka duyurulmuştur. Çamlıçarşı civarında binlerce kişinin katılımıyla büyük bir miting düzenlenmiş, Cemiyet tarafından Padişah'a, Sadrazam'a ve İtilaf Devletleri temsilcilerine protesto telgrafları çekilmiştir.[124]

Padişah'a çekilen telgrafta şu ifadelere yer verilmiştir:

---

[123] Ömer Sami Coşar'ın İstiklal Harbi Gazetesi adlı eserinde mitinge Osman Ağa'nın katıldığı yazmaktadır, ancak Işık gazetesinin miting ertesindeki haberinde Osman Ağa'dan bahsedilmemektedir.

[124] Telgraflar için bk. *Işık*, 21 Mayıs 1919.

"Hakanımıza. Ey Ulu Hakan. Tacından İzmir elmasını Türk kanlarıyla boyayarak koparıyorlar. Sıra yarın bizlere gelecek. Senelerce serhatlar dolaşan biz Türkler ipte değil, süngüde can vermek için hazırız. Semamızdan al bayrak alındığı gün, zümrüt dağlarımıza kanlarımızla bir al bayrak serilecek, dökeceğimiz kanlara iştirak edecek, bayrağımıza taç giydirecek, Al-i Osman'ın kanını taşır; Orhan'ın, Ertuğrul'un bir oğlunu başımıza gönderiniz."

İtilaf Devletlerine çekilen telgrafta ise şu ifadeler yer almaktadır:

"Heyecanımızı teskin, milletleriniz haklarındaki hürmetlerimizi idame edecek yalnız bir şey var: O da Yunan bayrak ve askerinin İzmir'den ihracıdır. Âlem-i İslam'ı, Türkleri bu zilletten, bu hakaretten kurtarınız."

Cemiyet, Sadrazam Damat Ferit Paşa'yı şu sözlerle uyarmıştır:

"Hükümetinizi idamımızı tebliğe memur görmek istemiyoruz. Sizi Türk sadrazamı bilerek hitap ediyoruz: 'İzmir'de mavi mi sallanacak, al mı kalacak? Hükümetiniz buna bigane boyun mu eğecek. İzmir'li kardeşlerimizi Yunan palikaryalarına teslim mi edecek? Darağaçları bizim de ufkumuzda belirmekte; idam anımız yaklaşmaktadır. İzmir'in Yunan'a ilhak edildiğini öğrendiğimiz gün, Giresun muhiti akissiz kalmayacaktır ve dünyada hiçbir kuvvet bizi azmimizden çeviremeyecektir. Cebr, neticeyi ta´cilden başka bir şeye yaramayacaktır. Harekâtımız asayişsizlik telakki edilmesin."

İşgal Giresun basınında da geniş yer bulmuş, Işık gazetesi protesto amacıyla işgal sonrası ilk sayısının bir ve ikinci sayfasını siyah çizgilerle çıkarmıştır. Işık gazetesinde yayınlanan ve Tüfenkçizade Mehmet Emin'in kaleme aldığı bu şiir[125] Giresun halkının beklentilerini yansıtmaktadır:

(...)
İlahi kısıldı İslam'ın sesi
Çiğnendi eyvah, şehitler türbesi
En kutlu yerinde çanlar vurması
Reva mı, reva mı söyle Allah'ım!
Sönsün mü, Hak Türk böyle Allah'ım!

Sönsün mü Rabbim, sönsün mü ümidim?
Ne oldum ben bugün ah, dün ne idim?
Şu kara bahtımdan en son nasibim:
Kuransız kalmak mı? İmdad Allah'ım!
Vatansız kalmak mı? İmdad Allah'ım!

---

[125] Işık, 21 Mayıs 1919.

Mustafa Kemal Paşa ve Osman Ağa'nın Havza'da Yaptıkları Görüşme

Mustafa Kemal Paşa, Samsun'a çıktığı sırada bölgedeki durumu inceleyecek olursak Pontusçuların Samsun şehrine tamamen hakim olduğunu, Türk halkını yaptıkları katliam ve baskılardan dolayı sindirdiklerini, şehirdeki başıboşluktan yararlanıp terör havası estirdiklerini söyleyebiliriz. Nitekim Mustafa Kemal Paşa, Samsun'da çalışmalarına başlayınca bölgedeki durumun tahmin ettiğinden farklı olmadığını anlar. Avrupa'ya kurtların kuzu ve kuzuların da kurt olarak tanıtıldığını dehşetle görür. Buradan İstanbul'a giden haberler, büsbütün tersinedir. Rum çetecilerin Türklere yaptığı işkenceler, Türklerce Rumlara yapılmış gibi gösterilmektedir.[126] Şehirde asayiş o kadar bozulmuştur ki Mustafa Kemal Paşa'ya bir de suikast girişimi olmuştur. Bir kişi Mıntıka Palas Oteli'ne gelerek Mustafa Kemal Paşa'nın yanına kadar çıkar: *"Bana sizi vurma görevi verdiler Paşam, git o Padişah düşmanı vatan haini Paşa'yı vur dediler... Üç gündür peşinizdeyim, vatandaşla konuşmanızı dinledikten sonra sizin vatan haini olmayacağınızı anladım."* diyerek cebinden çıkardığı tabancayı Mustafa Kemal Paşa'ya verir. Bir anlık şaşkınlıktan sonra tetikçiye *"O tabancayı beline sok evlat; tabancasız, silahsız olursak Pontusçular hepimizi keserler"*[127] şeklinde karşılık veren Mustafa Kemal Paşa, Samsun'dan bir an evvel ayrılmaya karar verir ve Havza'ya hareket eder. Havza'da Kaymakam Fahri Bey tarafından karşılanır ve bir aylığına Ali Baba'nın Mesudiye Oteline yerleşir.

Ali Baba, Mustafa Kemal Paşa'nın oteline geleceği haberini aldığı andan itibaren yaptığı hazırlıkları şöyle anlatmaktadır:

"Sonraları Samsun valisi olan Fahri Bey, burada kaymakamdı. Bir gün beni çağırdı. Çok muhterem bir paşa geliyor, bütün müşterilerini çıkartarak otelini boşalt, temizle. Paşa burada kaldığı sürece her hizmetini sen görecek, yanından hiç ayrılmayacaksın dedi.

Bizim otel elli yataklı ve Pontusçu Rumlarla doluydu. Güler yüzle, yalvara yalvara, anan yahşi, baban yahşi diye bin dereden sular getirip çeşitli bahanelerle bu tepeden tırnağa silahlı çeteleri otelden attık."[128]

---

[126] Dinamo, *a.g.e.*, s.66.
[127] Dinamo, *a.g.e.*, s.77.
[128] Şenol Katkat, *İlk Kıvılcım*, Samsun, 2012, s.117-118.

Resim 11 - *Günümüzde Havza Atatürk Evi Müzesi Olarak Hizmet Veren Mesudiye Oteli*

Mustafa Kemal Paşa bir konuyu merak etmektedir. Samsun'da hâl böyle iken, Rumlar bu kadar bölgeye hakim ve Hükümet güçleri bu kadar etkisizken Pontusçuların korkudan deliye döndüğü Osman Ağa kimdir? O günlerde firari olan Osman Ağa ile görüşmek için Samsun Müdafaa-i Hukuk Cemiyetinden Giresun'a iki elçi gönderilmesini emreder. Osman Ağa Kayadibi, civarlarında iken adamları Samsun'dan iki kişinin geldiğini söylerler. Elçileri kabul eden Osman Ağa neden geldiklerini sorar. Biri cebinden bir mektup çıkarıp Ağa'ya verir. Mektubu okuyan Osman Ağa elçilere *"Sizin gavurcuklar ne alemde?"* diye sorar. Elçi, *"Bildiğin gibi Ağa, hepimizi kesmeye hazırlanıyorlar."* der. Osman Ağa da *"Şimdiden başlarının çaresine baskınlar, ben onların sonlarını iyi görmüyorum,*[129] *Samsun'daki bütün vatanseverlere de benden selam söyle. Haberlerini aldım. Merak etmesinler dedikleri olacak."*[130] der. Aynı gece beş güvenilir adamını[131] da yanına alan Osman Ağa bir motorla Samsun'a doğru yola çıkar. Yanına tedbir amaçlı biraz silah ve cephane alır, normal eşyaymış gibi bunların üzerini örter. Adamları ile birlikte sıradan vatandaşlar gibi giyinir, tüfekleri çadır bezlerine sarar. Samsun'dan kiraladığı bir yaylı ile Havza'ya geçer. Bir handa kalmaya başlar. Mustafa Kemal Paşa'nın kaldığı oteli günlerce göz hapsine alıp girip çıkanları tanıyarak bu davette bir tuzak olup olmadığını anlamaya çalışır. Halktan Mustafa Kemal Paşa hakkında bilgi toplar. Sual ettiği kişiler Paşa'nın memleketi düşmanlardan kurtarmak için geldiğini söylerler. Artık Osman Ağa'nın kafasında şüphe kalmamıştır. 29 Mayıs 1919 akşamı adamları ile birlikte otele giderler. Mustafa Kemal Paşa doktor tavsiyesi ile böbrek sancılarını dindirmek üzere altı saatte bir aldığı banyodan çıkmış bir sandalyeye oturmuş sigarasını içmektedir. Topal Os-

[129] Nur, *a.g.e.* , s.36.
[130] Alpaslan, *a.g.e.* ,s.264.
[131] Osman Ağa ile Samsuna gidenlerden üçü   Çakraklı Kara Ahmet, Tomoğlu İsmail, Dalgaroğlu Bilal.

man'ın geldiğini haber verirler. Merakla sandalyesinden doğrulan Mustafa Kemal Paşa, Osman Ağa'nın elini sıkarak *"Hoş geldin Osman Bey, buyur otur, Samsun'da seni anlata anlata bitiremediler"* der. Daha sonra *"Halit, çocuk, al bu arkadaşları istirahat ettir, çay ver onlara yorgundurlar."* diyerek Osman Ağa'ya meşhur gümüş tabakasından bir sigara ikram eder ve *"Osman Bey çok buhranlı günlerde yaşıyoruz. Fakat ümitsiz değiliz. Senin hakkında bütün gerekli bilgiyi aldıktan sonra seni buraya çağırttım. Biraz yorgunluk olduysa da kusura bakma. Çünkü bundan sonra el ele çalışacağız, daha çok yorulacağız. Şimdi sen bana Pontusçuların Karadeniz kıyılarında neler yaptıklarını anlat da bu işi erbabından dinleyelim."*[132] diyerek Osman Ağa'dan Pontus mücadelesi hakkında bilgi vermesini ister. Osman Ağa Mustafa Kemal Paşa'ya Pontusçular hakkında uzun uzadıya bilgi verir. Türkleri nasıl öldürdüklerini, İstanbul Hükümeti tarafından nasıl korunup kollandıklarını bir bir anlatır. Mustafa Kemal Paşa, Osman Ağa'yı iyice dinledikten sonra aralarında şu mühim konuşma geçer:

-*Osman Ağa! İstanbul Hükümetinden aksi emir gelse bile sen gene Pontusçularla sonuna kadar mücadeleye devam edecek ve bunların tenkilinde bulunacaksın, işine sakın ola ki nihayet verme, bilakis hız ver!*[133] *Memleket kurtuluncaya kadar, bir tek iç ve dış düşman kalmayıncaya kadar savaşmak zorundayız. Sen, bu Karadeniz köy ve şehirlerini koruyacaksın. Çeteni derme çatma bir kuvvet olmaktan çıkaracaksın. Bir alay teşkil edeceksin. Sen bu alayın kumandanı olacaksın. Sana genç ve atak subaylar da vereceğiz. Pontusçular hangi usulleri kullanıyorlarsa siz de o usulleri çekinmeden kullanın. Vatan kurtarmakta bu son şansımızdır. Bu mücadeleyi kaybedecek olursak tarihten silinmemiz tehlikesi bile vardır. Pontus belasının temizlenmesini senin tecrübeli ellerine bırakıyorum Osman Bey. Seninle durmadan muhabere edeceğiz. Belediye reisliğini bırakıp uzaklaşmamalıydın. Şimdi yine bu mevkii elde edebilir misin?*

— *Ne demek Paşa'm. Çocuk oyuncağı bu. Siz arkamda bulunduktan sonra evvel Allah, Giresun belediyesine gidip oturmamız artık an meselesidir.*

— *Mademki şehrin Türk halkı seni tamamıyla destekliyor, hiç durma, teşkilatını yap. Git, reislik makamına otur. Şehir bil fiil senin ve adamlarının işgalinde bulunsun. Sen kaçıp dağa çekileceğine Pontusçular ve*

[132] Dinamo, *a.g.e.*, s.130.
[133] Ertürk, ag.e., s.319.

Rumlar kaçsın. Onlar bir kere kanunsuz yola adım atar göründüler mi zamanla hepsini temizleriz.

— Sen hiç merak etme Paşa'm. Ben bu Pontus Rumcuklarına öyle bir tütsü vereceğim ki hepsi eşek arıları gibi mağaralarında boğulup gidecek. Sen başımızdasın ya artık yeter![134]

30 Mayıs 1919 Cuma günü Mustafa Kemal Paşa ve Osman Ağa, Cuma namazını Mustafa Bey Camii'nde kılarlar. Namazdan sonra düzenlenen mitinge katılan Osman Ağa aynı gün şüpheler içinde geldiği Havza'dan Samsun'a doğru yola çıkar. Osman Ağa ve arkadaşları 1 Haziran 1919'da Giresun'a gelirler.

Osman Ağa ile Mustafa Kemal Paşa'nın Havza'da görüşme yapıp yapmadıkları tartışma konusu olmuştur. Bu konudaki fikir ayrılıklarının nedeni görüşmeye kanıt olacak bir arşiv belgesinin ele geçirilmemiş olmasıdır. Erzurum Kongresi delegesi Dr. Ali Naci Bey'in *"Osman Ağa'yı gıyabında Mustafa Kemal Paşa'ya biz Erzurum'da tanıtmıştık."* sözüne inanacak olursak bu görüşmenin gerçekleşmediğini düşünebiliriz. Dr. Ali Naci Bey ve diğer Trabzon delegeleri Erzurum Kongresi'ne katılmak için 5 Temmuz 1919'da yola çıkmışlardır. Oysaki bu tarihten tam bir ay önce, 5 Haziran 1919'da Mustafa Kemal Paşa, Havza'da bulunduğu sırada Yüksek Sadaret Makamına gönderdiği bir raporda[135] Osman Ağa ve çetesinden bahsetmektedir. Yani gıyaben de olsa Osman Ağa'yı Mustafa Kemal Paşa'ya tanıtan kişi Dr. Ali Naci Bey değildir. Ayrıca Dr. Ali Naci Bey, Erzurum Kongresi'nde Mustafa Kemal Paşa'ya muhalif olduğu için Osman Ağa'nın kendisine tavır aldığını ve kendisini öldürtmek istediğini söylemektedir. Osman Ağa ile Mustafa Kemal Paşa görüşmemiş ve Millî Mücadele'nin yol haritasını çizmemiş olsalar, Osman Ağa hiç tanımadığı Mustafa Kemal Paşa için neden Dr. Ali Naci Bey'e karşı olumsuz bir tavır takınsın? Tanımadığı bir kişiye neden bu kadar bağlılık göstersin? Osman Ağa ve Mustafa Kemal Paşa'nın Havza'da görüşmediğini varsayarsak bu ikilinin ilk görüşmelerinin Kasım 1920'de Ankara'da gerçekleşmiş olması gerekmektedir.[136] Mustafa Kemal Paşa 1920 yılı sonbaharında Osman Ağa'yı Ankara'ya davet etmiş ve ondan kendisine güvenilir muhafızlar temin etmesini istemiştir. Ayrıca Mustafa Kemal Paşa ve Osman Ağa arasında

---

[134] Dinamo, *a.g.e.* , s.131.

[135] *Atatürkle İlgili Arşiv Belgeleri*, Ankara, 1982, s.36, 138-139.

[136] Topallı'da Osman Ağa ile Mustafa Kemal Paşa'nın Havza'da görüşmediğini ilk görüşmenin Ankara'da gerçekleştiğini yazar. Ağanın kaçak durumdayken Şebinkarahisar ve Giresun'da bulunduğunu söyler. Bk. Topallı, *a.g.e.* , s.347.

Temmuz 1920'de çeşitli yazışmalar yapılmıştır. Birbirini tanımayan iki kişinin yazışması mümkün olmadığı gibi Mustafa Kemal Paşa'nın daha önce karşılaşmadığı bir kişiden muhafız isteyerek canını tanımadığı kişilere emanet etmesi de mümkün değildir. Osman Ağa 28 Mart 1920 tarihinde Karadeniz'e gelen Amerikan Heyeti'nin *"Mustafa Kemal Paşa Rumların katliamı için bir emir vermiş midir?"* sorusuna *"Mustafa Kemal Paşa Rumların katliamını değil bilakis muhafazasını ve asayişin idamesini emretmiştir."* şeklinde cevap vermiştir. Bu cevaptan Mustafa Kemal Paşa ve Osman Ağa'nın yüz yüze görüştükleri anlaşılmaktadır. Teşkilat-ı Mahsusa Başkanı Hüsamettin Ertürk hatıralarında Havza görüşmesinden bahsederken bu bilgileri Mustafa Kemal Paşa'nın yaveri Yüzbaşı Cevat Abbas Bey'den aldığını belirtmektedir.

Aynı görüşmeden Hasan İzzettin Dinamo da Kutsal İsyan isimli eserinde bahsetmiştir. Dinamo'nun bu bilgileri Ertürk'ün eserinden alma olasılığı düşüktür. Çünkü Dinamo görüşmeyi Ertürk'e göre daha detaylı anlatmaktadır. Dinamo eserinde Mustafa Kemal Paşa'nın Osman Ağa'ya *"Mademki şehrin Türk halkı seni tamamıyla destekliyor, hiç durma, teşkilatını yap!"* talimatını verdiğinden bahseder. Hasan Sütlaş da, Osman Ağa'nın yakınındaki isimlerden olan babası Mustafa Sütlaş'tan aldığı bilgilere dayanarak Osman Ağa'nın Mustafa Kemal Paşa ile görüştükten sonra Giresun'a dönüp Muhafaza-i Hukuk-i Milliye Cemiyetini yeniden yapılandırdığını belirtmektedir.[137] Bu iki bilgi tamamen örtüşmektedir. Osman Ağa ile birlikte Samsun'a gelen ve Havza'daki görüşmenin bizzat şahidi olan Çakraklı Kara Ahmet'de Mustafa Kemal Paşa'nın Osman Ağa'yı çok iyi karşıladığından ve omzuna vurarak *"Osman Bey, Ağa denince ben seni daha yaşlı, kelli felli, sakallı bir adam zannediyordum, sen epey gençmişsin."* dediğinden bahsetmektedir.[138] Bir diğer tartışma konusu ise görüşmenin neden kayıtlara geçmediğidir. Görüşmenin yapıldığı tarihte Mustafa Kemal Paşa'nın henüz 9. Ordu Müfettişliği görevinden istifa etmediğini ve Osman Ağa'nın firari olduğunu hatırlayalım. Hükümet tarafından görevlendirilen bir Paşa'nın yine Hükümet tarafından aranan ve hakkında tutuklama hatta idam kararı çıkartılan bir firari ile görüşmesi hangi mantıkla kayıtlara geçirilir? Olayı daha derinden inceleyelim. Mustafa Kemal Paşa'nın Samsun'a görevlendirilme süreci Rumların İngiliz Yüksek Komiserliği'ne *"Bölgedeki Türk çeteler bize baskı ve zulüm yapıyor."* ortak konulu şikayet telgrafları göndermeleri ile başlamıştır. Şikayetler üzerine İngiliz Yük-

---

[137] Erden Menteşeoğlu, *Giresunlu Fedailerle Konuştum Onlarda Çılgındı*, Ankara, 2008, s.98.

[138] Çakraklı Kara Ahmet'in anılarından, damadı ve yeğeni olan Ahmet Yılmaz ile yaptığımız söyleşiden.

sek Komiserliği, Nisan 1919'da Damat Ferit Paşa'ya bölgedeki Türk çetelerinin Rumlara karşı yaptığı sözde katliam olayları ile ilgili bir rapor vermiştir. Raporda "*Karadeniz bölgesinde Türk çetecilerin Rum vatandaşlara zulüm ve katliam yaptıkları, bu olayların derhal sona erdirilmesi gerektiği ve eğer sona erdirilmezse kendilerinin bu bölgeye müdahale edecekleri*" bildirilmektedir. İngilizlerin raporu üzerine Hükümet "*Türk çetelerin yani Osman Ağa ve arkadaşlarının bölgede yaptığı baskı ve zulüm olaylarını*" durdurması, bölgede asayişi sağlaması ve bölgedeki Türk direniş örgütlerini dağıtarak silahlarını toplaması için Mustafa Kemal Paşa'yı görevlendirmiştir. Mustafa Kemal Paşa'nın ise "*Millî hakimiyete dayanan, kayıtsız, şartsız, bağımsız yeni bir Türk devleti kurmak*" gibi bambaşka bir niyeti vardır. Zaten görüşme sırasında da Osman Ağa'ya "*Pontusçuların imhasını durdurma, bilakis hızlandır.*" şeklinde emir vermiştir. Yani hükümetin verdiği görevin tam tersini yapmıştır. Bu görüşmenin belgelenmesi demek, Mustafa Kemal Paşa'nın 9. Ordu Müfettişliği görevinden alınması demektir. Bu olasılık ise Mustafa Kemal Paşa'nın hiç hoşuna gitmemekte, Havza'da bulunduğu bu kritik günlerde görevden alınmak düşüncesi bile o'nu endişeye sevk etmektedir. Çünkü 9. Ordu Müfettişi sıfatı ile emri altındaki askerî birliklere ve mülki amirlere, görev sahasında olan kolordulara, valiler ve mutasarrıflara doğrudan emir verebilmektedir. Eğer görevden alınırsa sıradan bir Osmanlı vatandaşı konumuna düşecektir. Rütbesiz ve üniformasız bir hâlde Millî Mücadele için başlatılan çalışmaların yarıda kalacağını düşünmektedir. Makam ve rütbesi olmaksızın, güvendiği komutanların tavrının bile ne olacağı belli değildir. Nitekim 8 Temmuz 1919'da Mustafa Kemal Paşa'nın korktuğu başına gelir ve Padişah Vahdettin, İngiliz baskısı ile Mustafa Kemal Paşa'yı görevden alarak onun İstanbul'a dönmesini emreder[139]. Bunun üzerine Mustafa Kemal Paşa da askerlik görevinden istifa ederek "*sine-i millet*"e[140] döner. Hemen akabinde Müfettişlik Kurmay Başkanı Kazım Bey, Mustafa Kemal Paşa'ya kendisinin askerlik görevinden istifa etmiş olduğunu, bundan sonra vazifesine devam etmesinin imkânsız olduğunu ve koltuğunun altında bulunan evrakları teslim etmesi gerektiğini söyler.[141] Bu olay Mustafa Kemal Paşa'nın endişelerinde ne kadar haklı olduğunun göstergesidir. Eğer bu görüşme kayıtlara geçmiş olsaydı Mustafa Kemal Paşa görevinden alınacak, 9. Ordu müfettişi sıfatıyla askerî ve sivil makamlara işgallerin protesto edilmesini için tüm yurtta mitingler dü-

---

[139] *Atatürk'le İlgili Arşiv Belgeleri*, Belge No: 52, s.159.
[140] İstifa metni için Bk. *Atatürk'le İlgili Arşiv Belgeleri*, Belge No: 54, s.160.
[141] *Hatıraları ve Söyleyemedikleriyle Rauf Orbay*, (Haz: Feridun Kandemir), İstanbul, 1965, s.41.

zenlenmesini emreden Havza Genelgesi'ni ve kurtuluş mücadelesinin temel hatlarının belirlendiği Amasya Genelgesi'ni gönderemeyecek, Millî Mücadele'yi etkili bir şekilde başlatamayacaktı. Havza ve Amasya Genelgelerini 9. Ordu Müfettişi sıfatı ile imzalayan Mustafa Kemal Paşa'nın bu unvanın yetkilerinden yararlanmaya çalıştığını, Osman Ağa ile görüşmesinin de yukarıda belirtilen nedenlerden dolayı kayıtlara geçmediğini rahatlıkla söyleyebiliriz.

Osman Ağa Tekrar Giresun Belediye Başkanı Oluyor

Nizamettin Bey izne ayrılmış, yerine vekaleten Fatsa ve Terme'de kaymakamlık yapan Pertev Bey gelmiştir.[142] Osman Ağa'nın başlarında durmasını isteyen Müdafaa-i Hukuk Cemiyeti üyeleri Pertev Bey ile gizli bir görüşme yapıp Osman Ağa'nın şehre gelmesini isterler. Çünkü Pontus belası ile Osman Ağa olmadan mücadele etmenin imkânsız olduğunun farkındadırlar. Osman Ağa da zaten Mustafa Kemal Paşa'dan *"Git, Belediye Reisliği makamına otur."* talimatını almıştır. Osman Ağa şehre döndüğünde tedavi amacıyla İstanbul'da bulunan Dizdarzade Eşref Bey[143] bir süre sonra sağlık sorunları nedeniyle görevinden ayrılır, yerine Osman Ağa geçer.

Osman Ağa'nın Belediye Başkanı Kimliği ile Yaptığı Faaliyetler

Osman Ağa'nın Giresun Belediye Başkanlığı makamında kaldığı sürede şehir için neler yaptığını incelemeye 24 Haziran 1919'da Amerikan Yüksek Komiseri Amiral Bristol'ün Giresun'a geldiğinde[144] kullanmış olduğu *"gezdiğim şehirlerin en temizi"* ifadesi ile başlayalım. Giresun'a ilk defa gelen diğer yabancılar gibi Amiral Bristol de yıkık dökük bir şehir beklerken karşısında muntazam ve temiz bir şehir görünce şaşkınlığını gizleyememiştir. Şehrin düzen ve temizliğine son derece önem veren Osman Ağa sık sık ilan vererek halktan sokağa çöp atılmaması konusunda ricada bulunmuştur.[145]

Osman Ağa, Belediye Reisi olarak halkın sağlığı ile de yakından ilgilenmiştir. Birinci Dünya Savaşı sonrasında şehri tehdit eden en önemli hastalık frengidir. Halkın yüzde yirmisi frengilidir.[146] Bu amansız hastalık ailelere zarar

---

[142] *Işık*, 21 Mayıs 1919.
[143] Bazı eserlerde Belediye Başkanının Hacı Kadıoğlu İsmail Efendi olduğundan bahsedilir.
[144] Metin Ayışığı, *Kurtuluş Savaşı Sırasında Türkiye'ye gelen Amerikan Heyetleri*, Ankara, 2004, s.63.
[145] *Işık*, 15 Ağustos 1919.
[146] Çapa, *a.g.e*, s.44-45.

vermekte, çocukların sakat doğmasına neden olmaktadır. Osman Ağa frengi ile mücadele etmeye kararlıdır. Frengi ile mücadeleye içki içmeyi ve fuhşiyatı yasaklayarak başlar. Amerikan Yardım Teşkilatları adına Giresun'u ziyaret eden Madam Blanche Norton, Osman Ağa'nın şehirdeki faaliyetlerini şöyle anlatmaktadır:

(...) *"İşret ve fahişelik yasaklandı. Zaman zaman bizzat kendisi çarşıya dalıyor ve büyük şarap fıçılarını kendi eliyle deviriyordu. Aynı şekilde istenmeyen kadınları şehir dışına sürüyordu. Bu gibiler Osman Ağa'nın reformlarını tehlikeye düşürecek birer engel olarak kabul ediliyordu. Bu bakımdan doğru kimselerin tanınabilmesi için onların (fahişelerin) saçlarını tıraş ettiriyor, şehri terk etmeye zorluyordu. Gidecek yer bulamayanlar da denizin dibini boyluyordu. İşretin ve faydasız kadınların ortadan kaldırılması Belediye Reisinin tek reformu değildi. (...) Özellikle frengi tedavisi konusunda benimle uzun uzun konuştu. Bunu tedavi edecek ilacın bende bulunmasını arzu ettiğini söyledi. Bu konuda benimle işbirliği yapacağı sözünü verdi"*[147]

Osman Ağa Giresun'da ekonomik ve ticari gelişmenin sağlanabilmesi için 1921 yılı Mart ayında Osmaniye İşçi Ocağını kurmuştur. Ocağın gayesi memleketin öksüz ve yetim çocuklarının elbise, iaşe ve tahsillerine kaynak sağlamaktır.[148] Sosyal faaliyetlere de önem veren Osman Ağa yine savaş sırasında öksüz ve yetim kalmış Türk çocukları yararına bir müsamere tertip etmiştir. 23 Mart 1919'da yapılan bu müsamerenin tertiplenmesindeki amaç hem sahipsiz çocuklara fayda sağlamak hem de savaştan yenik çıkmış ve Pontus belası ile uğraşan Giresun halkının moralini yüksek tutmaktır. Işık gazetesi müsamereyi haber yapmış ve şu sözleri kullanmıştır:

"Türk öksüz ve yetimlerinin ilbas ve iaşeleri için Mart'ın yirmi üçüncü pazar günü akşamı Giresun Belediyesi himayesinde ve başmuharririmiz Osman Fikret Bey'in riyaseti altında sokak başındaki Şark Tiyatrosu'nda verilen müsamere hasılatı dört bin liraya baliğ olmuştur. Işık, Türklerin ölmediğini ve hakkı hayata mazhar medeni bir millet olduğunu bir daha ispat eden şu müsamere karşısında bütün Türk kardeşlerini tebrik ve bu mukaddes uğurda fiilen, maddeten ve manen fedakârlık eden hanım kız-

[147] Beyoğlu, *a.g.e.*, s.49-50. ; Ergun Hiçyilmaz, "Geçmiş Zaman Olur Ki", *Star Dergisi*, 17 Nisan 1994, Sayı. 131, s.28-31.

[148] Beyoğlu, *a.g.e.*, s.204-205.

*larımıza, mini mini yavrulara, hamiyetli zevat ve gençliğe öz yürekten te-
şekkür eder ve bunların hepsini milliyet duygusuyla çarpan bağrına ba-
sarken şiddet tesirinden ateşin gözyaşları saçar. Yaşasın Türklük ve
gençlik!"*[149]

Osman Ağa, Giresun'u küçük, minyatür bir Avrupa şehri yapmak için bir-
çok yerleri yıkmış, yerine muntazam sokaklar açmış, geniş bir rıhtım ve motor
tamirhaneleri yapmıştır. 1922 yılı Mart ayında Giresun sokaklarında gayretli
bir çalışma vardır. Şehirde mevcut yollar genişletilmiştir. Osman Ağa'nın titiz-
likle yaptığı Giresun şehrini güzelleştirme çabaları dönemin basınında da yer
bulmuştur. Işık gazetesinde yayınlanan bir haberde, son bir aydır Giresun'da
yoğun bir şekilde imar faaliyetlerinin yapıldığı ve bu durumun insana barış
zamanlarını hatırlattığından bahsedilmiştir. Habere göre şehrin belli kesimleri
elektrikle aydınlatılmaya başlanmıştır. Osman Ağa'nın çabalarıyla büyük bir
dinamo makinesi getirilecek, böylece diğer bölgeler de bu hizmetten yarar-
landırılacaktır.[150] Bir başka haberde ise Osman Ağa *"şehre ilk otomobili geti-
rerek kulaklarımızı medeni gürültüye alıştıran kişi"* olarak nitelendirilmiş, ayrı-
ca belediye binasının yenileneceği ve Rıhtım Camii çevresinin park hâline
getirileceğinden bahsedilmiştir.[151]

Osman Ağa'nın Belediye Başkanı olarak yaptığı diğer bir önemli faaliyet
ise girişimleri sonucunda Giresun kazasını müstakil liva hâline getirtmiş ol-
masıdır. Osman Ağa önderliğinde Ticaret Odası Reisi Kaşif Alemdarzade İs-
mail ve diğer bazı ileri gelenler, Giresunlular adına 30 Ekim 1920'de TBMM
Başkanlığına bir telgraf gönderip kazalarının müstakil liva hâline getirilmesini
istemişler, Giresunluların bu isteği Vekiller Heyeti'nin 22 Kasım 1920 tarihli
toplantısında görüşülerek uygun bulunmuş ve bir kanun tasarısı hazırlanarak
TBMM'ye sunulmuştur. Giresun'un mutasarrıflık olması öteden beri düşünül-
mekte ancak bütçenin yetersizliği yüzünden bu konuda bir adım atılamamak-
tadır.[152] Giresun halkının masrafları üstlenmesi ile bu sorun çözülmüş olur. 4
Aralık 1920 tarihinde Giresun'u müstakil liva hâline getiren yasa tasarısı ka-
bul edilerek Tirebolu ve Görele kazaları ile Kırık nahiyesi Giresun'a bağlan-

---

[149] *Işık*, 1 Nisan 1919.
[150] *Işık*, 1 Mart 1922.
[151] *Işık*, 10 Ocak 1923.
[152] Murat Küçükuğurlu, "Türkiye'de Livaların Vilayete Dönüştürülmesi", *Cumhuriyet Tarihi
Araştırmaları Dergisi*, Yıl:5 Sayı. 10, Güz 2009, s.29.

mış, Osman Ağa Giresun halkını çok memnun eden bu sonuçtan dolayı Mustafa Kemal Paşa'ya özel teşekkürlerini bildirmiştir.

Osman Ağa ve Arkadaşları Hakkında Çıkartılan İdam Kararı

28 Mayıs 1919 günü Osman Ağa'nın Havza'da Mustafa Kemal Paşa ile görüşmesinden bir gün önce Nemrut Mustafa Paşa'nın başkanlık ettiği Divani Harbi Örf-i, Osman Ağa ve 168 arkadaşı hakkındaki kararını açıklar. Mahkemeden idam kararı çıkmıştır. Kararın gerekçesi *"görünürde tehcir kanununu uygulamak ancak gerçekte gizli emirler gereğince Ermenileri öldürmek üzere çeşitli tertibat almak"* tır.[153] Osman Ağa bu kötü haberi Havza'dan Giresun'a döndüğünde alır. Akabinde Giresun Müftüsü Lazoğlu Ali Efendi de Osman Ağa aleyhinde şöyle bir fetva verir: *"Herhangi bir memlekette padişaha, krala isyan eden herhangi bir kimsenin idamı şer'an caizdir. Osman Ağa da Osmanlı Padişahına karşı isyan etmiştir. İdam edilmesi yerindedir."*[154]

Osman Ağa'dan Pontusçulara Gözdağı: Sinema Baskını Olayı

Giresun'daki Rum sinemasına[155] Türk Rum ilişkileri bozulmadan önce Türkler de gitmektedirler. 1919 yılı Haziran ayında bir gece sinemada Rumlar Türklere ağır hakaretler etmişler, Türk seyircilerin feslerini yerlere atıp çiğnemişler, kahkahalarla gülüp alay ederek Osman Ağa'ya da meydan okumuşlardır.[156] Bu olaya çok öfkelenen Osman Ağa, Rumlara iyi bir ders vermek için doksan kadar adamı ile şehre inip sinemayı basar. Kapıya diktiği nöbetçilere ne dışarıdan içeriye ne içerden dışarıya hiç kimsenin bırakılmaması talimatını verir. Önde Tomoğlu İsmail Ağa ve birkaç adamı, arkada Osman Ağa sinemaya girerler. Rumlar, Osman Ağa'yı görünce hep birlikte ayağa kalkarlar. Bu arada Osman Ağa'nın adamları misilleme yaparak Rumların şapkalarını yırtmaya başlamışlardır. Osman Ağa adamlarını durdurur, korku içinde bekleyen Rumları sakinleştirmek için *"Telaşlanmayın, biz sadece film seyredip gideceğiz."* [157] der. Fakat makineci bir kurnazlık düşünüp filmi yarıda keserek makinenin arızalandığını söyler. Amacı Osman Ağa ve adamlarını kur-

[153] Alpaslan, *a.g.e.* , s.269.
[154] Sarıbayraktaroğlu, *a.g.e.* , s.76.
[155] Daha sonra Lale Sineması olarak kullanılmıştır.
[156] Menteşeoğlu, *a.g.e.* , s.52.
[157] Beyoğlu, *a.g.e.* , s.153.

nazlıkla sinemadan göndermektir. Osman Ağa bu işin bir oyun olduğunu anlar, *"Hiç dinlemem, şimdi film oynayacak."*[158] diye bağırır, ayağa kalkarak *"Biz eşkıya ve çapulcu sürüsü değiliz. Elimizde tüfek, belimizde fişek varsa bütün bunlar memleketimiz için kötü emeller taşıyan kafalara sıkmak içindir."*[159] der ve yerine oturur. Makineci çaresiz kalarak filmi devam ettirir. Çok geçmeden Osman Ağa ve adamları havaya ateş ederek sinemadan ayrılırlar. Osman Ağa, Pontusçulara şu mesajı vermiştir: *"Hakkımda idam kararı çıkmış da olsa, her yerde aranıyor da olsam, bu sıkıntılı halimde bile sizlere yeterim"*. Meydan bize kaldı diye düşünen Rumlar, yanıldıklarını anlarlar ve Osman Ağa'nın nefesini enselerinde hissetmeye devam ederler.

Osman Ağa ve Arkadaşları Hakkındaki İdam Kararının Kaldırılması (Afv-ı Şahane)

1919 yılı Haziran ayında Osman Ağa, Şebinkarahisar Mutasarrıfı Rıfat Bey ile görüşüp *"Ben bu vatan, bu millet uğruna tek ayağımla bu yola çıktım. Sizler de benim tevkifim için uğraşıyorsunuz. Ben de sizin yanınıza geldim. Ya tevkifimi ya da affedilmem için idari makamlara bildirilmesini istiyorum. Sizler hangisini istiyorsunuz? Tevkifimi ise buyurun, affımı ise derhal bekliyorum."*[160] diyerek affı için gerekli makamlara yazı yazılmasını istemiştir. Rıfat Bey, Osman Ağa'nın affedilmesini istediği yazıda *"Giresun ve havalisinde silahlı kuvvetle dolaşan Feridunzade Osman Ağa'nın tehcir günlerinde vatana hizmet için cephede olduğu dolayısıyla tehcirle suçlanamayacağına, affedilmesi durumunda bölgede huzur ortamı sağlanacağına, Osman Ağa'nın etrafında topladığı bin[161] kadar kuvvetin de imhadan kurtulacağına"*[162] dikkat çekmiştir. Osman Ağa; Sivas, Tokat ve Şebinkarahisar Rum Metropolitlerine ve Giresun Rumlarına da baskı yaparak kendisinin suçsuz olduğu yönünde mektuplar yazmalarını sağlamıştır.[163] 2 Temmuz 1919'da Sivas Valisi Reşit Bey de Osman Ağa'nın affını isteyen bir yazı yazmıştır. Tüm bu girişimler sonuç vermiş, 8 Temmuz 1919 tarihinde Osman Ağa ve 169 arkadaşının af ka-

[158] Sarıbayraktaroğlu, *a.g.e.*, s.67.
[159] Menteşeoğlu, *a.g.e.*, s.53.
[160] Beyoğlu, *a.g.e.*, s.71.
[161] Rıfat Bey, Osman Ağa'nın affedilmesini sağlamak için sayısı fazla göstermiştir. Osman Ağa ve arkadaşlarının sayısı o tarihte iki yüzü geçmemektedir.
[162] Beyoğlu, *a.g.e.*, s.72.
[163] Ata, *a.g.e.*, s.185; Beyoğlu, *a.g.e.*, s.71.

rarı (afv-ı şahane) alınmıştır.[164] Af kararında Osman Ağa'nın arkadaşlarının ismi geçmese de daha sonra yapılan girişimlerle durum netlik kazanmıştır. Osman Ağa, Şebinkarahisar Millet Bahçesi'nde af kararını okumuş, aynı gün Giresun'a dönmüştür.

Resim 12 - *Osman Ağa, Şebinkarahisar'da Af Kararını Okurken. Soldan Sağa: Uzgurlu Talip, Emeksanlı Salih, Şah İsmail, Hotmanoğlu Ethem, Salih Çavuş, Kemençeci Hamit, Yırdıncıklı Ahmet, Engüzlü Talip, İmamoğlu Tahir, Tomoğlu İsmail, Perzat'ın Kör Abdullah, Osman Ağa, Kâhyaoğlu Hüseyin, Hafız Mehmet, Çakraklı Kara Ahmet, Naldemircioğlu Yusuf, Kâhyaoğlu Hacı, Velioğlu Yusuf, Dalgaroğlu Bilal, Topal Musa, Naldemircioğlu Eşref. (Candemir Sarı Arşivinden)*

Osman Ağa vakit geçirmeden sahil kontrolü için güvenlik birimleri oluşturur. Bu birimlerin oluşturulmasındaki amaç Rusya'dan gelen gizli Rum göçlerini önlemektir. Ağa'nın dönüşü Giresun'da geniş yankı bulmuş, Işık gazetesi Osman Ağa'nın dönüşünü şu cümlelerle kutlamıştır:

"Haksız yere aleyhinde vaki olan şikayetten müteessiren şehri terk eden sabık gayur Belediye Reisimiz Feridunzade Osman Ağa, Meclisi Vükela kararıyla afv-ı şahaneye mazhar olarak dünkü cumartesi günü süvari ve yaya birçok ahali belde tarafından mutantan bir surette istikbal edilerek maiyeti ile şehre avdet etmişlerdir. Işık kendilerine ve rüfekasına beyanı hoş ahmedi eyler."[165]

---

[164] Şener, *a.g.e.* ,s.59; Sarıbayraktaroğlu, *a.g.e.* , s.44; Beyoğlu, *a.g.e.* , s.72; Dinamo, *a.g.e.* , s.127; Menteşeoğlu, *a.g.e.* , s.49; Yüksel, *a.g.e.* , s.32.

[165] Beyoğlu, *a.g.e.* , s.73.

Osman Ağa, Giresun'a döndükten sonra, daha önce kendisi hakkında idamı şer'an caizdir, diye fetva çıkartan Giresun Müftüsü Lazoğlu Ali Efendi'yi yanına çağırmıştır. Ali Efendi cezasının ne olacağını düşüne düşüne Ağa'nın yanına gelir. Selam verir. Osman Ağa ayağa kalkıp *"Aleykümselam"* diyerek Lazoğlu Ali Efendi'yi hoş karşılar, *"Nerelerde kaldın, hiç gözükmedin?"* dedikten sonra sohbete başlar. Osman Ağa, Müftü Efendi'yi hiç sıkıştırmamış, Müftü de ara sıra Osman Ağa'nın yanına uğramaya devam etmiştir.[166]

Osman Ağa Taşkışla'ya Pontus Bayrağını Çeken Balabani ve Pontus Yanlısı Çıtıroğlu Sava ile Hesaplaşıyor

Taşkışla'ya Pontus bayrağını çeken kişi Balabani lakabıyla tanınan bir marangozdur. Dükkânı bayrağın çekildiği yere yakın olan Balabani, o gün işini gücünü bırakıp koşa koşa gelip bayrağın ipine yapışmış, *"Mori ben çekeceğim."* diyerek Pontus bayrağını çekmiştir.[167] Yapılan iyiliği de kötülüğü de unutmayacak bir yapıya sahip olan Osman Ağa, elbette Balabani'nin yaptığı hainliği unutmamıştır. Balabani'ye *"Aletlerini alsın gelsin."* diye haber salar. Balabani gelince *"Taşkışla'ya Pontus bayrağını sen mi çektin?"* diye sorar. Balabani bu soru karşısında başına gelecekleri anlayıp alet edevat çantasını yere düşürür.[168] Daha sonra *"Ben Yunan vatandaşıyım, bana bir şey yapamazsın."*[169] der. Bu cevap üzerine arka tarafta ellerinde iple bekleyen Dalmanoğlu Mehmet Ağa ve Saffet Demiralp hemen Balabani'nin boğazına ipi takarlar ve onu öldürürler'[170]

Giresun Rumlarından Çıtıroğlu Sava ise önceleri Türklerle dost gibi görünmesine rağmen Mondros Ateşkes Antlaşması'ndan sonra hâl ve hareketleri değişen Pontusçu Rumlardandır. Gemilerçekeği Mahallesi'nden Kabaosmanoğlu Hasan Ağa'ya *"Hasan Ağa ben bu vaziyeti iyi görmüyorum. Gittikçe değişiyor, bizimkiler buraları alıp Pontus Hükümeti kuracaklar. Sakın sen merak etme, ben sana bir şey yaptırmam, benim arkadaşım derim, hiç çekinme."* [171] der. Bu laf Osman Ağa'nın kulağına gider. Yalıkahve'ye çağrılan Sava'nın sonu da Balabani gibi olur. Böylece iki Pontusçu geç de olsa hak ettikleri şekilde cezalandırılmış olurlar.

---

[166] Sarıbayraktaroğlu, *a.g.e.* , s.76.
[167] Sarıbayraktaroğlu, *a.g.e.* , s.76.
[168] Çiçek, *a.g.e.* , s.64.
[169] Beyoğlu, *a.g.e.* , s.59.
[170] Sarıbayraktaroğlu, *a.g.e.* , s.75.
[171] Sarıbayraktaroğlu, *a.g.e.*, s.99-100.

Osman Ağa, Pontus Mücadelesine Hız Vermek İçin Silah Temin Ediyor

Osman Ağa, Karadeniz sahillerinde bir tek Pontus çetesi bırakmamaya, hepsinin kökünü kurutmaya kararlıdır ancak silah ve cephanesi yeterli değildir. O günlerde Keşap'ta bulunan Osman Ağa, Bilal Kaptan'ı yanına çağırarak silah eksiği bulunduğunu ve nerden temin edebileceklerini sorar. Yapılan istişareden sonra Bilal Kaptan, Akçaabat'ta bulunan Hüseyin Efendi'nin elinde bulunan Ruslardan kalma 120 mavzer ve 5.000 mermiyi satın almak üzere yola çıkar. Yanına kardeşi İlyas ve birkaç kişiyi daha alan Bilal Kaptan, Osman Ağa'dan aldığı 5.000 lira ile Akçaabat'a giderek Hüseyin Efendi'yi bulur. Hüseyin Efendi silah ve cephaneleri sakladığı mahzenden çıkartarak Bilal Kaptan'a verir. Giresun'a getirilen silahlar Osman Ağa'ya teslim edilir. Birkaç gün sonra Osman Ağa Bilal Kaptan'ı tekrar yanına çağırır. Kardeşi Hacı Efendiden iki yüz elli çuval fındık, yirmi beş çuval da iç fındık alarak satmasını, aldığı para ile de silah ve cephane getirmesini ister. Fındıkları motoruna yükleyen Bilal Kaptan eski bir denizci olduğundan hemen her limanda tanıdıkları vardır. Önce Bulgarların Varna Limanı'na gider. Burada fındıkları satar, 120 mavzer ve 30.000 mermi satın alıp Ahyolu İskelesi'ne geçer. Buradan da tanıdığı Petro vasıtasıyla 110 tüfek ve 20.000 mermi satın alıp üç gün sonra Giresun'a gelir. Silah ve cephaneler Kayadibi köyündeki depoya kaldırılır.[172]

Osman Ağa 8 Temmuz 1919'da Bilal Kaptan'ı tekrar silah ve cephane almak üzere görevlendirir. Bilal Kaptan bu kez İstanbul'a gider. Bir gece İngiliz gemilerine yakalanma pahasına 250 tüfek ve 250 sandık cephaneyi alarak Osman Ağa'ya teslim eder ve tekrar İstanbul'a döner. Burada kendisini Türk ve İngiliz polisinin aradığını öğrenen Bilal Kaptan kaçar ve Mehmet Ali Bey'in evine sığınır. Kaptanı ihbar edenler ne yazık ki Türk'tür. Türkler tarafından ihbar edildiğine çok üzülen Bilal Kaptan şu sözleri söylemektedir:

"Hakiki vatansever kimdir? Bunu bugün bilmek güçtür. Nitekim biraz evvel söylediğim gibi memleket ve milletimizin kurtuluşu için en büyük tehlikeleri göze alarak çalışırken bizi düşmanlarımıza ihbar eden maalesef üç Türk çocuğudur. Bu düşmanların adı Türk ismi olmayıp Yorgi, Anastas, Mihran ve Salamon olsaydı o zaman fazla müteessir olmazdım. Ve ey oğullarımız, torunlarımız bunları birer ibret levhası olarak daima

---

[172] Sarıbayraktaroğlu, *a.g.e.* , s.43-44.

göz önünde tutun. Bu vaziyet karşısında ben her şeyimi olduğu gibi yüz üstü bırakarak perişan bir vaziyette İstanbul'u terk ettim. Binbir müşkülatla Zonguldak'a kadar kaçabildim. Beynelmilel bandıra ile Trabzon'a gitmekte olan Şam vapuru, Zonguldak Limanı'na gelmiştir. Antalyalı Ali Reis beni vapura alarak muhafaza etti. Bu suretle Giresun'a gelebildim. Başımdan geçenleri Osman Ağa'ya anlattım. Osman Ağa muhbirleri not etti fakat bu acı hakikatin üstü örtüldü ve bu vatan hainleri cezasız kaldı."[173]

Osman Ağa'dan Giresun'daki Pontusçulara Büyük Darbe: Haçika Çetesi (Mavridi Köşkü) Baskını Olayı

Giresun ve çevresinde konuşlanan kırk civarındaki Pontus çetesinin en azılıları Mavridiler ve Kılıçoğlulları'dır. 1919 yılı Temmuz ayının ikinci yarısında, Giresun Muhafaza-i Hukuk-i Millîye Cemiyeti üyeleri Mavridi Köşkü'nde düğün adı altında çok önemli bir Pontus toplantısı tertip edileceği haberini alırlar. Sohum'dan Giresun'a gelecek olan çetelerin arasında Ordulu Haralambo, Meyhaneci Filokli ve Süllü köyünden Haçika vardır. Haçika'nın çetesi de daha önceden Giresun'a gelmiştir. Giresun Metropolithanesine gelip giden, orada hizmet eden Bıçakçı Yorika'nın kızı Evantiya, Metropolit Lavrendiyos Efendi'nin evinde çay kahve verdiği ve tanımadığı misafirlerden birine Lavrendiyos Efendi'nin *"Haçika"* diye hitap ettiğini Çınar Mahallesi'nden dostu polis Hasan Efendi'ye anlatır. Hasan Efendi, Evantiya'nın ismini vermeden durumu polis komiserine ve Osman Ağa'ya haber verir. Ayrıca Seldeğirmeni köyünden Dilsiz Hasan[174] ikindiden sonra su almak için Mavridi Köşkü'nün bahçesindeki pınara gelir. Kapları doldururken birkaç silahlı yabancının fındıklıklar arasında çökmüş olduğunu fark eder. İşaretlerle yaşadığı olayı birkaç kişiye anlatır. Halk uyanık olduğundan derhal Dilsiz'i alıp Bekir Ağa'ya sonra da Osman Ağa'ya giderler.[175] Osman Ağa hemen Muhafaza-i Hukuk-i Millîye Cemiyetini toplar. Askerlik Şubesi Başkanı Hüseyin Avni Alpaslan Bey'in de gelmesi ile toplantı başlar. Osman Ağa konuyu Alpaslan Bey'e anlatır, Mavridilerin düğünü olduğunu ve eşkıya Haçika'nın da davetli olduğunu söyler ve *"Anladığıma göre haydutlar şehre baskın yapacaklar, biz Kuvay-i Millîye olarak bütün önlemlerimizi aldık, sizi buraya çağırmamızın nedeni du-*

[173] Sarıbayraktaroğlu, *a.g.e.* , s.48.
[174] Seyfullah Çiçek , Erden Menteşeoğlu ve Şakir Sarıbayraktaroğlu, Dilsiz Hasan'ın Köşke yoğurt satmak için gittiğinden bahsederler. Bk. Çiçek, *a.g.e.* , s.66; Menteşeoğlu, *a.g.e.* , s.56; Sarıbayraktaroğlu, *a.g.e.* , s.81.
[175] Topallı, *a.g.e.* , s.141.

rumdan haberdar olmanızdır" der. Alpaslan Bey, *"memleketi bu pisliklerden temizlemek hepimizin görevidir, kaç manga asker istiyorsun Ağa?"* diye sorar. Osman Ağa tedbir amaçlı iki manga askerin yeterli olacağını söyler.[176] Tertibat alınır ve 13 Temmuz'u 14 Temmuz'a bağlayan gece saat on iki civarında Köşk tamamen sarılır. Köşk sahibi Anderya dışarı çağrılarak evdeki kalabalık ve gürültünün ne olduğu sorulur. Anderya hemşerisinin düğünü olduğunu söyler. Zabıta, Hükümet'in ve adliyenin emri ile bu evde arama yapacaklarını, kadın ve çocukların korkmamaları için arama bitene kadar harmana çıkmaları gerektiğini bildirir. Önce çocuklar, sonra genç kız ve kadınlar daha sonra da erkekler dışarı çıkmaya başlarlar. Dışarı çıkanlar korkularından hemen Köşk civarını terk ederler. İçeride kimsenin kalmadığı haberi geldiği sırada arka taraftan silah sesleri duyulur. Yakalanacaklarını anlayan birkaç Pontusçu çete elemanı pencereden atlayıp fındık bahçelerine doğru kaçmaya başlamış, dur emrine ateşle karşılık vermişlerdir. Çatışmada bir kısım Pontusçu ölü bir kısımda yaralı olarak yakalanmış on beş kadarı da firar etmiştir. Yaralı bir Rum'un ifadesine göre Haçika, kendisini ve başka kimseleri kandırıp buralara getirmiş, Anesti adından birinin motoruyla gelmişlerdir.[177]

Haçika Çetesi'nin ortadan kaldırılışı Trabzon Valiliği tarafından Dahiliye Nezaretine 24 Temmuz 1919'da şöyle bildirilir:

> *"Karahisar'ın Kırık Nahiyesine tabi Esillü(Süllü) karyesinden ve eşkıya-yı meşhureden Yanioğlu Haçika'nın kumandasında on sekizi müsellah ve üçü gayri müsellah yirmi kişiden ibaret bir Rum çetesinin Sohum'dan çıkarak Temmuz'un on ikinci günü akşam karanlığında Giresun'un Keçiburnu sahilinden bir motor ile karaya çıkarak fındık bahçelerini takiben Şaytaş Mahallesinde ve orman dahilinde Mavridi'nin hanesine geldikleri ve bunlardan dördünün sütlü karyesine ve dördünün de Giresun kasabasındaki hanesine dağıldıkları ve çete reisi ile diğer rüfekasının mezkur haneye muttasıl fındık bahçesinde bulundukları haber verilmesi üzerine zabit kumandasında otuz kişilik bir nizamiye müfrezesi mahalli mezkur sabaha karşı abluka edilmiş ve şakiler silah isti'mal eylemeleri ile vaki olan müsademe neticesinde çete reisi Haçika ve Lazari ve Anderya ve Kırık Nahiyeli Dimitri meyyiten ve oğlu Vasil Hayyen silahlarıyla ma'an derdest edilmiş oldukları ve Giresun kasabasına dağılmış*

---

[176] Menteşeoğlu, *a.g.e.* , s.57.
[177] Topallı, *a.g.e.* , s.139-143.

olan dört şahsın polis devriyeleri tarafından derdest olunarak tahtı tevkife alındıkları ve Süllü karyesine giden diğer dört refiklerinin dahi takib ve derdestlerine tevessül edilmiş olduğu Vilayet Jandarma Alay Kumandanlığı ifadesiyle arz olunur."[178]

Osman Fikret TOPALLI, Haçika çetesi baskını ile ilgili daha detaylı bilgiler vermektedir. TOPALLI, baskını şu sözlerle anlatmaktadır:

"Çetelerin Şaytaş'ta görülmesi haberi üzerine gece Osman Ağa bazı zevat ile delikanlılarımızı haberdar ederek bunları Panazoğlu hanesine davet etmiştir. Orada müzakere ve kararlar verilmiştir. Jandarma ve askerden mürekkep bir müfreze ile delikanlıların vazifeleri tespit olunarak harekete geçilmiştir.

İçtimada bulunanlar: Eşref Bey, Mehmet Bey, Katip Ahmet, İmam Efendi, Bekir Ağa, Yusuf Ağa'nın Mehmet Ağa, Koca Yusuf, Koca Mustafa, Dalgaroğlu Bilal, Pehlivan İsmail, Keşaplı Şah İsmail.

Bunlardan Osman Ağa, Koca Mustafa ve Bekir Ağa, Mavridi Köşkü'nün üst tarafından; Koca Yusuf alt tarafından; Mehmet Ağa ve Kürt Yusuf Onbaşı idaresinde şubeden gelen kırk kişilik jandarma ve askerler de sağdan sarmışlardı. Bir yüzbaşı bir de mülazım vardı. Yüzbaşı, Ağa'nın yanında idi. Katip Ahmet ve İmam Efendi de imamın evinde ihtiyatta idiler. Sargı gece yapılmıştır. Ay ışığı vardı. Parola kalem idi. Jandarmalardan Kürt Yusuf Onbaşı ile Bekir Ağa ve bilhassa Mehmet Ağa büyük cesaret göstermişlerdir. Saytaş Kilisesi kapısında firar eden Haçika'yı, atıp vuran Dalgaroğlu Bilal'dir.

Bu hadisede vurulup ölenlerin adları:

Kırık Nahiyesinden Dimitri, Oflu Lazari, Oflu Anderya Müsademede ölmüştür. Çetebaşı Haçika teslim olmuş, yolda getirilirken muhafız jandarmanın üstüne atılarak silahını almak istemiş, yaka paça uğraşırlarken diğer jandarmalar yetişince bırakıp kaçarken arkasından atılan kurşunla öldürülmüş ve benim yakaladığım Oflu Hristo ile daha sonra o civarda bulunup getirilmiş Metro adında diğer bir yaralı da dört beş saat sonra yaralarının tesiri neticesi ölmüştür.

Sağ olarak yakalananlar:

Giresun'un Melikli köyünden İlya, Süllü köyünden Anastas, Oflu Vasil, Ordulu Haralambo ve bunlara kılavuzluk ve yataklık eden Giresunlu An-

[178] Beyoğlu, *a.g.e.*, s. 87.

derya ve Abacı Hristo adında bir genç. Firar edenlerin hüviyetleri anlaşılamamış, Giresun'a çıktıklarında 17 kişi imişler.[179]

Batum'dan Giresun'a Gelen Pontusçuların İmhası ve Osman Ağa'ya Suikast Girişimi

Osman Ağa'nın sahil kontrolü için görevlendirdiği güvenlik birimleri Batum'dan bir Pontus çetesinin geleceği haberini alarak Osman Ağa'ya bildirirler. Çeteyi gönderen, Batum'da 6 Temmuz'da toplanan Pontus Cemiyeti'dir. Toplantıda Trabzon Metropolidi Hrisantos, Rum çetelerin gönderilmesine karşı çıkmış, bu çeteler yüzünden Türkler eyleme başlayacak demişse de çetelerin yola çıkmasını engelleyememiştir.[180] Osman Ağa, Jandarma ile irtibata geçmiş, gerekli tedbirleri almış, keskin nişancılarını balıkçı kılığına sokmuş[181] ve teknelere yerleştirip beklemeye başlamıştır. 12 Temmuz gecesi Rum çeteleri taşıyan motor Giresun adası açıklarında durmuştur. Rumlar kendilerini Jandarma ile Osman Ağa ve ekibinin beklediğinden habersizdirler. Aksu Deresi civarına çıkmayı hedefleyen bu Pontusçular yaylım ateşine alınmış ve hepsi imha edilmiştir.[182]

Bu beklenmedik olay Pontusçuları iyice kızdırmış, Osman Ağa'ya olan öfkelerini doruğa çıkarmıştır. Osman Ağa'dan bir an evvel kurtulmak isteyen Pontus yöneticileri tarafından Osman Ağa'yı öldürmek üzere Trabzon'dan iki Rum fedai görevlendirilmiştir. Bu fedailer gizlice Giresun'a gelmişler fakat Giresun şivesi ile konuşmadıkları için kendilerini ele vermişlerdir. Osman Ağa'nın adamları kendilerinden farklı bir şive ile konuşan bu adamlardan şüphelenip sorguya çekmişler, Rum fedailer sorgu sırasında Trabzon'dan Osman Ağa'yı öldürmek için görevli geldiklerini itiraf etmişler, gerekli cezayı almışlardır.[183]

Erzurum Kongresi'nin Toplanması, Giresun Delegeleri ve Delegelere Karşı Osman Ağa'nın Tutumu

Osman Ağa, Pontus belası ile uğraşırken Mustafa Kemal Paşa'dan emir gelmiş, her bölgeden 3 delegenin katılımı ile Erzurum'da bir kongre toplana-

[179] Topallı, *a.g.e.* , s.145-146.
[180] Alpaslan, *a.g.e.* , s.293.
[181] Çiçek, *a.g.e.* , s.60.
[182] ATESE, *Türk İstiklal Harbi*, C. I, s.173; Alpaslan, *a.g.e.* , s.293; Çiçek, *a.g.e.* , s.60.
[183] Sabahattin Özel, *Milli Mücadelede Trabzon*, Ankara, 1991, s.107; Kemal Zeki Gençosman, *Atatürk Ansiklopedisi*, İstanbul, 1981, C. VI, s.48; Alpaslan, *a.g.e.* , s.313.

cağını bildirmiştir. Osman Ağa'nın da onayı ile Giresun Müdafaa-i Hukuk Cemiyeti gidecek delegeleri belirlemiş, Kurdoğlu Hacı Hafız Efendi delege olarak seçilmiştir. Ancak Kurdoğlu Hacı Hafız Efendi kendi bölgesinde hizmet etmeyi tercih ederek bu görevi kabul etmemiştir.[184] Bunun üzerine Dr. Ali Naci Bey, Mühendis İbrahim Hamdi Bey ve Tirebolulu Yusuf Ziya Efendi'nin kongreye katılması kararlaştırılmıştır. Bazı delegelerin Erzurum'a gelememesi üzerine 10 Temmuz'da toplanması planlanan kongre, 23 Temmuz'da toplanmış, bu süre zarfında Trabzon delegeleri kendi aralarında istişare etmeye başlamışlardır. Sürmene delegesi Ömer Fevzi Bey, kongrenin başına tanınmış bir kişinin getirilmesinin yurt dışında kötü yankı bulacağını, bu sebeple delegelerden birinin kongre başkanlığına getirilmesi gerektiğini söylemiş ve delegelerin birbirlerini tanımaları için başkanlık seçiminin ikinci güne bırakılmasını önermiştir.[185] Bu fikir delegeler arasında taraftar bulmaya başlasa da Kazım Karabekir Paşa'nın da çabaları sonucunda Mustafa Kemal Paşa, başkan seçilmiştir. Erzurum Kongresi kararları alındıktan sonra Ömer Fevzi Bey ve Giresun delegeleri kongre başkanlığına 22 maddelik bir önerge vermişlerse de bu önerge kongre üyelerince kabul görmemiştir. Muhalif tavırlarını devam ettiren Ömer Fevzi, Dr. Ali Naci, İbrahim Hamdi Beyler kongrenin kapanış tutanağını imzalamamışlardır. Ayrıca kongre esnasında İbrahim Hamdi Bey, Mustafa Kemal Paşa'yı başkanlık koltuğuna askerî üniforma ile oturmaması konusunda uyarmıştır. İki Giresun delegesinin Mustafa Kemal Paşa'ya muhalif tutum sergilemeleri Osman Ağa'nın hiç hoşuna gitmemiştir. Osman Ağa, delegelerin gönderilmesinde kendi onayı da olduğu için Mustafa Kemal Paşa'ya karşı mahcup olmuştur.

Dr. Ali Naci Bey, Osman Ağa'nın kongre sonrası kendisine karşı nasıl bir tavır aldığını şu sözlerle açıklamıştır:

"Kongreye gidinceye kadar her dediğimizi yapan, bizimle birlik olan Osman Ağa, birdenbire değişmiş, kongredeki tutumumuzu nasıl öğrenmişse öğrenmiş, bize hasım olmuştu. Halbuki Osman Ağa'yı gıyabında Mustafa Kemal Paşa'ya biz Erzurum'da tanıtmıştık. Şimdi Osman Ağa'nın Mustafa Kemal Paşa ile muhabere ettiği söyleniyordu. Ve Osman Ağa her fırsatta bize sataşmak için bahane arıyordu. Birkaç kere hakaret ve tehditlere maruz kaldım. Ben Giresun Gençler Birliğinin başkanıydım.

---

[184] Hacı Hafız Mustafa Zeki Kurdoğlu'nun günlüklerinden, torunu Ömer Faruk Kurdoğlu aracılığı ile.
[185] Beyoğlu, *a.g.e.*, s.94.

Gençleri çağırarak beni başlarından atmalarını söylemiş. Gençler kabul etmeyince birliği de, binasını dağıttı. Osman Ağa, Giresun'da bir hükümdar gibi idi. Kimseyi dinlemiyor, her istediğini yapıyordu. Dönüşümüzden biraz sonra Giresun'a gelen Kaymakam Hüsnü Bey'i bile dairesinden çıkarmamış, Trabzon'dan gönderilen bir Fransız torpidosu ile kurtulup Trabzon'a gelebilmişti. İbrahim Hamdi, birkaç ay sonra bir yolunu bulup Giresun'dan da, memleketten de çıkıp gitti. Bizimle arkadaşlık eden aydın hemşerilerimiz de korku içerisindeydiler. Bir seferinde Avukat Cemil ile Bekir Sükuti kendilerini evlerinin üst kat penceresinden aşağı atmışlar ve bu yüzden hayli zaman tedavi görmüşlerdi. Benim durumum çok tehlikeli idi. Her an beni vurdurma olasılığı var idi. Birkaç kez, Osman Ağa'nın çetesinde bulunan akrabam Kaptan'ın haber vermesiyle kurtuldum. Osman Ağa'nın çetesi, Doğu'da ayaklanan eşkıya üzerine gönderilince, ben de gidecektim. Fakat son dakikada vazgeçti. Bir zaman sonra haber göndererek Erzurum'a gitmemi emretti. Çarem yoktu, gidecektim. Fakat yakın arkadaşım Bulancak Bucak Müdürü Osman Fikret, yolda öldürüleceğimi haber verince limandaki bir ticaret gemisine sığındım. İstanbul'a gittim. Giresun'da yedi sekiz ay kadar kalmıştım. Bir iki ay kadar da İstanbul'da kalmıştım. Pasaport alarak Viyana'ya gittim."[186]

İbrahim Hamdi Bey ise kongre sonrası yaşadıklarını şöyle anlatmıştır:

"Çok üzgündüm, kongre hiç hayal ettiğim yolu takip etmemişti. Üzgün ve küskündüm. Eylül sonunda Işık dergisinde kongredeki genel tutum ve umumi havayı tenkit eden bir yazı neşrettim ve gazeteciliği de politikayı da bıraktım. Mustafa Kemal Paşa ve onu tutan ordu ile aramız açılınca daha önce bizim aracılığımızla kaçak durumdan kurtulup Giresun'a gelmiş olan Topal Osman, iyice pervasızlaştı ve kimseyi dinlemez oldu. Üzerimde apoletsiz yedek subay üniforması ve cebimde tabanca ile geziyordum. Topal Osman'ın bizi her an öldürmesi mümkündü. Çünkü vahşi yaradılışlı bir insandı. Buyruğundakilerin hepsi de kolaylıkla suç işleyebilecek insanlardı. Topal Osman Ağa'nın Ermenilere büyük kötülük ettiği yolunda adı çıkmıştı. Gerçekten Topal Osman; Ermeni ve Rum çetelerini bastırıyordu fakat Müslümanlara ve Türklere de kötülükleri dokunuyordu.

---

[186] Beyoğlu, *a.g.e.* , s.99-100.

Kimsenin yaşam, mal, ırz güvenliği kalmamıştı. Ben ve birkaç Giresunlu idealist ise, sanki memleketimizi korumak görevi bize verilmiş gibi, Giresun'u huzurlu bir yaşam içinde tutabilmeye uğraşıyor ve Topal Osman çetesinin hangi din ve milliyette olursa olsun, masum insanlara kötülük etmesini onaylamıyorduk. Nitekim adamlarından biri, bir Türk'ün eşini kaçırmıştı. Bana gelip yakındılar. Topal Osman'a gittim ve bu gibi olayların tekrarına meydan vermemesini söyledim. O zamanlar bizi dinliyordu. Fakat Erzurum Kongresi'nde muhalif damgası yiyince artık bizi dinlemez oldu. Bizi ortadan kaldırıp Giresun'un tek egemeni olma hevesine kapıldı. Erzurum Kongresi'ni eleştiren yazının çıkmasından sonra ise yaşamım iyice tehlikeye girmişti... Erzurum Kongresi'nden birkaç ay sonra deniz yoluyla İstanbul'a, oradan İngiltere'ye gittim."[187]

Mustafa Kemal Paşa, Ömer Fevzi Bey'den *"düşman casusu"*[188] olarak bahseder. Ömer Fevzi Bey, Erzurum'dan döndükten sonra *"Selamet"* adlı gazetede kongreyi eleştiren çok sert yazılar yazar. Temsil Heyeti'ne geçici Hükümet gibi çalışma olanağını getiren Erzurum Kongresi kararına ateş püskürür, memleketin eski İttihatçılar elinde yeni bir felakete sürüklenmekte olduğundan bahseder. Vatansever Trabzon halkının tepkisi sayesinde 15 Eylül 1919'da İstanbul'a kaçar. Bir yıl kadar sonra Balıkesir'de ortaya çıkar. *"İrşad"* adlı gazeteyi çıkartarak Yunan işgalini destekleyen yazılar yazar. 4 Eylül 1920'de *"Mustafa Kemal bir sahtekâr mı, bir mecnun mu?"* başlıklı yazısında *"...bugünden biliyoruz ki Mustafa Kemal son devrin Kabakçı Mustafa'sı olmuştur."* şeklinde ifadeler kullanarak Millî Mücadele'yi bir isyan olarak gösterir ve halka Yunan işgalini şirin göstermeye çalışır. Osman Ağa bu düşman casusu ile işbirliği yapan, kongrede aynı fikirleri paylaşarak Mustafa Kemal Paşa'ya muhalefet eden Ali Naci ve İbrahim Hamdi'ye kızmakta pek de haksız sayılmaz. Ayrıca Osman Ağa onların iddia ettiği gibi kendilerine bir kötülük yapmak da istememiştir. İbrahim Hamdi Bey, Mustafa Kemal Paşa'ya muhalif olduğu için can güvenliğinin olmadığı söylüyor, bu durumda nasıl oluyor da 16 Eylül 1919 tarihli Işık gazetesinde çok sert eleştiriler içeren *"Erzurum İctimai Münasebetiyle"*[189] başlıklı yazıyı yazarak muhalif tutumuna devam edi-

[187] Beyoğlu, *a.g.e.*, s.101-102.
[188] Atatürk, *Nutuk*, s.66.
[189] Beyoğlu, *a.g.e.*, s.103.

yor? İki delege de kongreden sonra birkaç ay Giresun'da kalmışlardır. Osman Ağa, Erzurum Kongresi'nden sonra birkaç ay boyunca Giresun'da kalan Ali Naci Bey ve İbrahim Hamdi Bey'e hiçbir şey yapmamış ve Giresun'dan ayrılmalarına fırsat tanımıştır. Eğer onları öldürmek isteseydi bunu rahatlıkla yapabilirdi. Bu iki delegeyi öldürmek, Giresun'un tek hakimi olan Osman Ağa için hiç de zor olmazdı.

Osman Ağa'nın Pontus Çetelerini Giresun'a Sokmamak İçin Yaptığı Bazı Faaliyetler

26 Ağustos 1919 sabahı Ukrayna bandıralı bir vapur Giresun açıklarında durur. İçinde 71 Rum göçmen olan bu gemiden inen birkaç kişi kayıkla sahile gelip Osman Ağa'nın balıkçı kılığına girmiş adamlarından kendilerine eşya taşımak için adam verilmesini ister. Osman Ağa'dan kesin talimat almış olan gönüllüler gizledikleri silahları çıkartıp *"Giresun'a eşkıya kabul etmeyeceklerini ve vapurun derhal uzaklaşmasını"* isterler. Can derdine düşen Rumlar hemen kayığa atlayıp vapura geri dönerler. Vapur limandan uzaklaşır, böylece 71 Rum eşkıyanın Giresun'a ayak basması önlenmiş olur.[190]

Eylülün ilk günlerinde ise, rüzgârlı ve yağmurlu bir havada Palamuttaşı istikametinde şüpheli hareketler yapan motorlar fark edilir. Osman Ağa ve adamları hemen peşine düşerler. Osman Ağa, Mehmet Efendi'ye de haber gönderip hemen dört çift kayık donatıp içine çetelerden kim varsa koyup şüpheli motoru takibe koyulmalarını ister. Bir ara sıcak temas sağlanır, Osman Ağa ve adamları motorlara ateş açarlar fakat motorlar kaçmayı başarır. Fırtına şiddetlenince Ağa ve adamları geri dönmek zorunda kalırlar. Osman Ağa fazlasıyla sinirlenir ve *"tutamadık"* diye kendi kendine söylenmeye başlar. Daha sonra bu motorların Ermenilere ait olduğu, getirdikleri Rumları Giresun'a bırakıp tekrar Rum getirmek üzere Rusya'ya gidecekleri anlaşılır. Motordaki 33 kişilik[191] Rum grup Giresun'da Haçika Çetesi ile buluşacaktır. Anlaşılan o ki motorlardaki Rumların; Haçika ve diğer hainlerin Osman Ağa ve adamları tarafından vurularak çetenin dağıtıldığından haberleri yoktur. Canlarını zor kurtaran Rumlar, bir yolunu bulup karaya çıkarlar ve Enayet köyünde bir Türk düşmanı olan Anastas'ın yanında kalırlar. Üç gün kaldıktan sonra Çambaşı'ndan Ordu üzerinden Samsun'a geçerler.

[190] Alpaslan, *a.g.e.* , s.303.
[191] Sarıbayraktaroğlu, *a.g.e.* , s.85.

14 Kasım 1919'da Giresun Müdafaa-i Hukuk Cemiyeti toplanarak Pontus devleti kurma çalışmaları karşısında bir şeyler yapılması gerektiği konusunu görüşürler ve toplantı sonunda Giresun'daki kayıkçıların Giresun'a uğrayan Yunan bandıralı vapurlara yük ve yolcu götürmemesi kararı alınır ve bu karar aynı gün telgrafla Mustafa Kemal Paşa'ya bildirilir.[192] Hemen Giresunlu kayıkçılara tebliğ edilen karar Rumların hiç hoşuna gitmemiştir. Osman Ağa da kararın örnek olması gerektiğini söyler ve durumu ayrıca Erzurum Müdafaa-i Hukuk Cemiyetine de bildirir. Bu karar hem Rumların tüm ticari faaliyetlerine sekte vurur hem de karar sayesinde Pontus çeteleri Giresun'a adam ve silah sokmakta zorlanırlar. 15 Kasım Cumartesi günü toplanan Pontus Yerlileri Kongresinin başkanı olan Sokrat Ekonomos ve Konstantinidis, Paris Barış Konferansı'na başvurarak Osman Ağa'yı yine şikayet ederler ve Osman Ağa'nın, daha önce bir kez affedildiği, Osman Ağa'nın nasılsa yaptıklarım için ceza almıyorum, diyerek kendilerine daha fazla zulüm uyguladığını söylerler. Rumlara göre bu affedilme olayının perde arkasında İttihatçılar vardır.[193]

Sahil Güvenlik Birimleri Osman Ağa Komutasında Daha Teşkilatlı Bir Yapıya Kavuşturuluyor

Osman Ağa'nın sahil kontrolü için oluşturduğu güvenlik birimleri daha teşkilatlı bir hâle getirmek amacıyla Kasım 1919'da toplanan Giresun Müdafaa-i Hukuk Komitesine göre şimdiye kadar bu hizmeti verenler yetersizdir ve bu teşkilat çok da emniyet verici bir vaziyette değildir. Temmuz ayında Saytaş'ta basılan Haçika Çetesi'ninin geç fark edilmesi de bunun ispatıdır. Hemen sahil güvenlik birimlerinin teşkilatlı bir yapıya kavuşturulması için harekete geçilir. Fakat bu iş nasıl yapılacaktır? Askerî bir bölük teşkil edilecek olursa bunun için daimi efrat ve subay bulmak icab etmektedir. Mecburi olmayan bu hizmete hem de gönüllü olarak bu karmaşık zamanda kaç kişi katılır? Katılsalar bile bunları yedirmek, içirmek, giydirmek, teslih ve techiz etmek, yatıp kalkacak yer bulmak ve maaş bağlamak gibi ihtiyaçlar için kasalar dolusu para bulunması gerekmektedir.

---

[192] Alpaslan, *a.g.e.* , s.324.
[193] Alpaslan, *a.g.e.* , s.325.

Çıkar bir yol arayan komite en sonunda şöyle bir karar alır:

"Osman Ağa'nın kumandasında kasaba ile mücavir köy delikanlıların-
dan olmak üzere silahlı bir müfreze teşkil edilecek, bu müfrezeye herkes
kendi silah ve cephanesi ile iştirak edecek, müfreze gizli ve gerektiği za-
man toplanacak, bu hizmet karşılığında kimseye maaş veya ücret veril-
meyecek ancak bunların içinde yardıma muhtaç olanlara yardım edilecek,
müfreze hizmete çağrıldığı zamanlara mahsus olmak üzere ihtiyaç arz
edeceklerin yardım yatak ve istirahat mahallerini temin etmek amacıyla
ayrıca bir heyet kurulacak, merkezde olduğu gibi nahiyelerde hatta sahil
köylerinde bu şekil ve şartlarda sahil muhafaza müfrezeleri kurulacak ve
bunların başına bölgenin itimat edilen adamlarından biri getirilecek, ola-
ğanüstü ahval ve hadiselerde anarşiye meydan bırakmamak için Osman
Ağa'nın emir ve talimatları doğrultusunda hareket edilecek, hiçbir surette
huzur ve emniyeti ihlal edecek harekette bulunulmayacak."

Alınan karardan sonra ilk olarak Giresun merkezde Sahil Muhafaza Teş-
kilatı kurulur. Aksu Deresi ağzından başlayıp Baltama Deresi ağzına kadar
uzanan sahillerin muhafazası ile görevli müfrezenin kumandanları ilk olarak
Ziya Bey, sonra Yusufağazade Hacı Yusuf Efendi'dir. Bunların iaşesine Çı-
narlar İmamı Hafız Hasan Efendi nezaretinde bir komisyon bakmaktadır. Da-
ha sonra iaşe ve teçhizat Bekirçavuşoğlu Bekir Ağa'ya verilmiştir. Silahı ol-
mayanlara silah, cephane ve teçhizat sağlanması işi de Giresun Müdafaa-i
Hukuk Cemiyetine aittir. Kasaba bekçileri de Sahil Muhafaza görevlilerine
yardımla mükelleftirler. Herhangi bir tehlike durumunda fazla kuvvete ihtiyaç
duyulduğu zaman uzak köyleri derhal haberdar etmek amacıyla karakollar-
daki telefonlar gözden geçirilmiş, noksanların giderilmesi ve tamir işini Müda-
faa-i Hukuk Heyeti üstlenmiş; polis, jandarma ve mahalli idareler buna yar-
dımcı olmuşlar ve bu sayede Giresun dahilindeki bütün karakol ve muavin
karakollarla bazı kalabalık ve büyük köylere kadar telefon hatları çekilmiş,
mevcut hatlar tamir ve ıslah edilmiştir. Yapılan bu iş çok iyi netice vermiştir.
Merkezin, sahil muhafaza ve müdafaa için herhangi bir çatışmaya girmesi du-
rumunda mevcut tüfek sayısı sağlam olarak 125'i bulmaktadır. Mevki ve su-
ret-i istihdamları Osman Ağa ile Jandarma arasında görüşülerek tayin edil-
mektedir. Ara sıra yabancı gemilerden dışarıya asker çıkartıldığı zaman Sahil
Muhafaza Teşkilatının yalı boylarında birikerek çabukça mevzi alması halkın

takdirini toplamıştır. Giresun merkez teşkilatından sonra, önce Keşap ve Bulancak, sonrada Piraziz'de aynı teşkilat kurulmuştur.[194]

Kaymakam Badi Nedim Bey, Osman Ağa'yı Öldürmek İçin Adam Tutuyor

Damat Ferit Hükümeti Millî Mücadele yanlısı olduğu için görevden aldığı Nizamettin Bey'in yerine 6 Ekim 1919'da Hürriyet ve İtilafçı Badi Nedim Bey'i[195] Giresun Kaymakamı olarak tayin etmiştir. Bu durum Mustafa Kemal Paşa tarafından hoş karşılanmamış, aynı gün Temsil Heyeti, Badi Nedim Bey'in istifa ettirilerek İstanbul'a iade edilmesi gerektiği konusunda karar almıştır.[196] Temsil Heyetinin bu kararı Badi Nedim Bey'e bildirilerek İstanbul'a dönmesi istenmiş, Badi Nedim Bey'in milli emirlere itaatkâr olacağı konusunda teminat vermesi sonucunda 13 Ekim 1919'da görevinde kalmasına karar verilmiştir.[197]

Badi Nedim Bey verdiği teminata rağmen göreve başladığı ilk günlerden itibaren İstanbul Hükümeti yanlısı tavrını sürdürmeye devam ederek Osman Ağa'ya düşmanca bir tavır takınır. Damat Ferit hükümetine şirin gözükmek adına Osman Ağa'yı ortadan kaldırtmaya karar verir. Kaymakamlıkta bekçi olan Eyüp Ağa'yı bir gece yanına çağırtarak ondan Osman Ağa'yı öldürmesini ister. Eyüp Ağa bu teklifi kati olarak reddeder.[198] Badi Nedim Bey bu teklifin Osman Ağa'nın kulağına gitmesinden çok korkar. Bir an önce Osman Ağa belasından kurtulması gerekmektedir. Bu sefer de dönemin kabadayılarından Rizeli Ekşioğlu Mehmet Ağa ile gizlice görüşüp Osman Ağa'yı öldürmesini ister. Ekşioğlu Mehmet Ağa düşünmek için zaman ister ve ayrılır. Hemen Osman Ağa'yı durumdan haberdar eder. Ertesi gün Mehmet Ağa tekrar Badi Nedim Bey'in yanına gider ve on bin liraya anlaşırlar. Bu suikast için Hürriyet ve İtilaf Partisi ile devamlı haberleşen ve gerekli parayı da Giresun Rumlarından toplayan[199] Kaymakam Badi Nedim Bey, Osman Ağa'nın ölüm haberini beklemeye başlar. Ancak işler istediği gibi gitmez. Osman Ağa, savcı Meh-

---

[194] Topallı, *a.g.e.* , s. 61- 66.

[195] Osman Fikret Topallı, Badi Nedim Bey için şu sözleri kullanmıştır: *"Koyu İtilafçılardan olan Badi Nedim Bey'le Trabzon İdadisinden ve İstanbul'dan tanış idik. Şimdi de mahiyetinde nahiye müdürü idim. Hoşlamaya gittiğim ve görüştüğüm zaman fena intibalar almıştım."* Bk. *a.g.e.* , s.84.

[196] *Atatürk'ün bütün eserleri,* s.215.

[197] *Atatürk'ün bütün eserleri,* s.285.

[198] Sarıbayraktaroğlu, *a.g.e.* , s.88.

[199] Beyoğlu, *a.g.e.* , s.112.

met Hulusi Bey ve birkaç adamı ile Badi Nedim Bey'in evini basar. Adamlar yatağın altına saklanmış olarak buldukları Badi Nedim Bey'i don gömlek Osman Ağa'nın yanına getirirler. Badi Nedim Bey tir tir titreyerek Osman Ağa'nın ayaklarına kapanır, aman diler. Osman Ağa, *"Ağa dayı"* diye hitap ettiği kendisinden yaşça büyük ve teyzesinin oğlu olan Gümüşreisoğlu İshak Efendi'den[200] Badi Nedim Bey'i Trabzon'a götürerek Vali Ali Galip Bey'e teslim etmesini ister. Yatağından alındığı gibi kayığa bindirilen Badi Nedim Bey, Gümüşreisoğlu İshak Efendi tarafından önce Tirebolu'ya, oradan da Trabzon'a götürülerek Vali Ali Galip Bey'e teslim edilir.[201]

Giresun Soruşturma Heyeti tarafından verilen rapor üzerine Trabzon Valiliği Badi Nedim Bey'in görevden alınmasını talep eder. Yapılan soruşturma sonucunda Badi Nedim Bey'in suçu sabit görülür. 17 Ocak 1920 tarihinde Giresun Kaymakamlığı'na eski Çarşamba Kaymakamı Galip Bey tayin edilir.[202]

Osman Ağa ile Karaibrahimoğlu Şükrü Arasındaki Husumet ve Gelişen Olaylar

Osman Ağa Kaymakam Badi Nedim Bey'in kendisine suikast düzenlerken Karaibrahimoğlu Şükrü ile işbirliği yaptığından şüphe duymaktadır. Kaymakam'ın Trabzon'a gittiği gecenin sabahında, 1 Aralık 1919 günü Giresun İskelesi'ne, içinde bir ölü, bir de yaralının bulunduğu bir kayık yanaşır. Her zamanki gibi Ayvasıl karasularında bir deniz eşkıyalığı yapılmış, kayıktaki kişiler de bu haydutluğun masum kurbanları olmuşlardır. Ne olduğunu merak eden halk iskeleye toplanmıştır ve bunların içinde Karaibrahimoğlu Şükrü de vardır. Osman Ağa da yanında birkaç çete ile iskeleye gelmiştir. Yanında Tomoğlu İsmail Ağa ve adamları da vardır. Osman Ağa, yanına sokulmuş olan Şükrü'ye dönerek *"Ulan Şükrü, gene mi soygunculuk?"* demiş, Şükrü de mukabele ile *"Soygun ise taksim ederiz."* deyince ortalık karışmış, Osman

---

[200] *Gümüşreisoğlu İshak Efendi, Giresun Hacı Hüseyin Mahallesindendir. Osman Ağa'nın teyzesinin oğlu olan İshak Efendi, Gümüşreisoğlu Mustafa Kaptan'ın amcasıdır. Gümüşreisoğullarının Giresun'da Meşhur Seyyid Vakkas Türbesi'nde türbedarlık yaptıkları bilinmektedir. İshak Efendi, 47. Alay 1.Tugay 3.Bölük Komutanlığı yapmış, daha sonra Milis Yüzbaşı Rütbesini almıştır. Giresun Kuvva-i Milliye Cemiyeti kurucularından olan Gümüşreisoğlu İshak Efendi, İstiklal Madalyası sahibidir. İsmet İNÖNÜ tarafından kendisine bağlanması teklif edilen Gazilik maaşını "Benim malım mülküm var, devletimizin ise bu paraya ihtiyacı var. Bu maaşı alamam Paşa'm." diyerek reddetmiştir. Mustafa Kemal Paşa, Osman Ağa'nın ölümünden sonra da Gümüşresioğulları'yla alakasını kesmemiştir. Kaynak Kişi:İsmail Altay*

[201] Kaynak Kişi: İsmail Altay; Sarıbayraktaroğlu, *a.g.e.* , s.91.

[202] Beyoğlu, *a.g.e.* , s.112.

Ağa ve İsmail Ağa ellerindeki kırbacı Şükrü'nün kafasına, gözüne indirmeye başlamışlar, Osman Ağa'nın oğlu İsmail de babasının kavga ettiğini görüp Şükrü'ye saldırmıştır. Tomoğlu İsmail Ağa silahını çekerek "açılın" diye nara atmış, Larçinoğlu Hakkı Bey araya girerek Şükrü'yü ölümden kurtarmıştır. Halkın da yardımıyla Şükrü kaçmıştır. Tomoğlu İsmail Ağa ve Osman Ağa'nın çetelerinden birkaç kişi Şükrü'nün Çamlıçarşı Caddesi'ndeki yazıhanesine bir baskın yapmışlarsa da Şükrü'yü bulamamışlar, akabinde Bulancak'ın İğnece köyünden Hacıvelioğlu Çolak Nuri, Bulancak'tan Giresun'a gelirken Büyük Güre Köprüsü'nü geçeceği sırada pusuya düşürülerek vurulmuş ve orada ölmüştür. Çolak Nuri, Osman Ağa'nın adamlarından ve Bulancak Müdafaa-i Milliye Cemiyeti efradının ileri gelenlerindendir. Zabıta ve adliye tarafından yapılan tahkikat sonucunda Çolak Nuri'nin katillerinin Karaibrahimoğlu Şükrü taraftarlarından Boztekkeli Goloğlu Mehmet Ağa ve çeteleri olduğunun tespit edilmesi üzerine Hükümet ve halkta bir telaş yaşanmıştır. Hükümet bir müfreze kurmuş, müfrezeye dayısının ölümünden sorumlu tuttuğu düşmanlarından intikam almak isteyen meşhur çetelerden Hacıvelioğlu İdris de katılmış ve müfreze, katilleri takip etmeye başlamıştır. Bir netice alamayınca Osman Ağa grubunun meşhur sağ cenahı hareket geçip 80 kişilik bir çete ile Goloğullarının bulundukları Boztekke ve Darı köylerine baskın yapmışlar ancak bütün Goloğulları'nın bölgeyi terk etmiş olduklarını görmüşlerdir. Goloğulları, Karaibrahimoğlu Şükrü'nün himayesine sığınmışlardır. Mıntıka Kumandanı Ali Rıza Bey ve bazı şahısların duruma müdahâlesi ile takip işi Hükümet'e bırakılarak Osman Ağa'nın 80 kişilik çetesi geri çektirilmiştir. Hükümet kuvvetleri günlerce takibat yapmış ancak bir netice alamamıştır. Osman Ağa durumu Vilayete, Trabzon ve Samsun'daki Fırka Kumandanlıklarına kadar bildirmiştir. Bu makamlar köklü bir takibat yapmadıkları gibi Osman Ağa'ya da müdahâle ettirmemiş; sert, soğuk hatta tehditkâr davranmışlardır. Akabinde, 24 Ocak 1920 Cumartesi günü meşhur Bulancak Hadisesi meydana gelmiştir. Karaibrahimoğlu Şükrü ve Goloğlu Mehmet çok kalabalık bir grup ile Bulancak'ı basarak Nahiye Müdürü Osman Fikret Bey ile Takım Kumandanı Ahmet Bey ve emrindeki Jandarmaları alıkoymuş, Osman Ağa taraftarlarından olan ve kendilerini takibe koyulan Caferoğlu Mustafa, Hacıvelioğlu İdris ve Dağlıoğlu Hasan'ı öldüreceklerini söyleyerek kendilerine yardım etmelerini istemişler, aksi takdirde Bulancak'ı yakacaklarını bildirmişlerdir. Dağlıoğlu Hasan ve bazı kişileri öldürdükten sonra Osman Fikret Bey ve Takım Kumandanı Ahmet Bey'i serbest bırakmışlardır. Canını zor kurtaran Osman Fikret Bey'in haber vermesi ile Bulancak'a bir Gambot gönderilmiş ancak eşkiyalar çoktan Giresun'u terk etmişlerdir.

Olayların bu noktaya gelmesi üzerine Trabzon Valisi Hamit Bey, Giresun'da huzur ve sukûneti sağlamanın yolunun düşman grupları barıştırmak olduğunu düşüncesiyle Osman Ağa ve Karaibrahimoğlu Şükrü'yü makamına davet eder. Vilayet Erkanı huzurunda nasihat ve uyarılarda bulunarak, bir daha birbirleri aleyhinde bir davranışta bulunmayacaklarına dair söz vermelerini ister. Osman Ağa yapılan bu icraata için için gülmektedir. Çünkü arada soygunlar, cinayetler, suikastlar gibi birçok hesaplar vardır. Ona göre bütün bu davalar Osman Ağa ile Karaibrahimoğlu Şükrü'nün şahsi davası olmadığı gibi, bu iki şef de grupları üzerinde mutlak hakim değildirler. Osman Ağa bu düşüncesine rağmen fazla bir şey demez, zaten dese de bir faydası olmayacaktır. Barış teklifini kabul ederek Vali Hamit Bey'e *"Beyefendi benim kimse ile şahsi bir davam yoktur. Vatanın, milletin selametinden başka bir şey düşünmüyorum. Aha bu adam kim ki şahsım için korkup onun peşine düşeceğim. Bunun sözünden, yemininden ne çıkar? İşte sana ben söz veriyorum. Ona hiçbir şey yapmayacağım. Lakin o ne bilirse bırak yapsın."* der. Vali Hamit Bey de Osman Ağa'ya *"Mademki sen bana söz veriyorsun, sana itimat ediyorum."* der. Şükrü'yü işaret ederek *"Bu da bundan böyle sana ve memlekete en ufak bir namussuzlukta bulunursa derhal bana yaz, ben yapacağımı bilirim."* der. Osman Ağa söz verdiği gibi Karaibrahimoğlu Şükrü ve arkadaşları aleyhinde hiçbir söz ve muamelede bulunmamıştır. Hatta Şükrü'nün müttefiklerinden Tiralioğlu Hüseyin Bey'in Piraziz'de Müdafaa-i Hukuk Reisi olma isteğini bile desteklemiştir. Ancak Karaibrahimoğlu Şükrü çok geçmeden suistimal ve zorbalıklarına yeniden başlamıştır. Şükrü'nün rahat durmayacağını anlayan Hükümet duruma müdahâle etme kararı almıştır. 23 Haziran 1920 günü Bektaş kasabasında ailesi ile birlikte yayla yapmakta olan Karaibrahimoğlu Şükrü'yü imha etmek üzere yola çıkan Hükümet güçleri kasabayı kuşatmışlar, beş altı saat devam eden çatışmada üç kişi ölmüş, birkaç kişi de yaralanmıştır. Şükrü canını zor kurtararak İstanbul'a kaçmıştır. Ankara Hükümeti tarafından Zonguldak'a getirilerek hapsedilen Şükrü, daha sonra çıkan bir aftan yararlanarak serbest kalmıştır.[203]

---

[203] Topallı, *a.g.e.* , s.85-92.

ÜÇÜNCÜ BÖLÜM

1920 YILI OLAYLARI, OSMAN AĞA İLE ANKARA ARASINDAKİ İLİŞKİLER VE OSMAN AĞA TARAFINDAN KURULAN GÖNÜLLÜ GİRESUN ALAYLARI

Osman Ağa Gedikkaya Gazetesini Çıkarıyor

Osman Ağa kurtuluşa ulaşmak için silahlı mücadelenin yanında etkili bir propaganda yapılmasının şart olduğunu bilmektedir. 1920 yılı Ocak ayında *Işık* gazetesinin de kapatılması ile Giresun'da yayın yapan hiç gazete kalmamıştır. Osman Ağa gazete çıkartmaya karar verir ve Giresun Matbaası için ısmarlanan bir baskı makinesini alarak işe başlar. Osman Ağa'nın çıkarttığı ve 17 Ocak 1920 tarihinde[204] yayın hayatına başlayan bu gazetenin adı *"Gedikkaya"*dır.[205] Haftalık basılan ve dört sayfadan oluşan gazetenin müdürü, kapatılan *Işık* gazetesinde de müdürlük yapan Çimşidzade Nuri Bey'dir. Makaleleri yazacak kişiler ise Bekir Sukuti Bey ve Osman Fikret (Topallı) beylerdir. Gazetenin makaleleri Osman Ağa'nın talimatı ile yazılıp yayınlanmadan önce mutlaka Osman Ağa tarafından okunmaktadır. Osman Ağa yazıyı beğenirse altına imzasını atıp yayına vermektedir. Osman Ağa, Gedikkaya'nın birinci sayısında çok önemli bir haberi kamuoyuna duyurur. İngiliz Başbakanı Lloyd George'un bazı önerilerine karşı Mustafa Kemal Paşa, Muhafaza-i Hukuk-i Millîye Cemiyetlerine telgraf çekerek Lloyd George'un beyanatının şiddetle protesto edilmesini ister. 17 Ocak tarihli ilk sayıda söz konusu beyanat ve telgraf aynen yayınlanır ve Gedikkaya daha ilk sayısında büyük yankı uyandırır.

Bilindiği gibi 11 Nisan 1920'de Millî Mücadele hareketine karşı Şeyhülislam Dürrizade Abdullah Efendi bir fetva çıkarmış ve Millî Mücadele'ye katılan-

---

[204] Beyoğlu, *a.g.e.*, s.122.
[205] Ömer Sami Coşar, *Milli Mücadele Basını*, s.234.

ları asi ilan ederek bu kişilerin İslam dini adına katlinin vacip olduğunu belirt-
miştir. Fetvanın dağıtılmasına Ermeni ve Yunanlılar da yardım etmiş, hatta
fetvanın binlerce sureti İngiliz ve Yunan uçakları tarafından Anadolu'nun her
tarafına dağıtılmıştır. Gedikkaya gazetesi 29 Mayıs tarihli sayısında *"Türk'ü
Türk'e Kırdırmak İstiyorlar"* başlıklı haberinde şunları yazmıştır:

> *"En son alınan haberlere göre, Kuvay-i Milliye'yi dağıtmak ve yok et-
> mek için İzmit'e gönderilen askerî kuvvete mensup Türk askerleri Türk'e
> karşı dövüşmeyi reddetmişlerdir. İngilizler bunların elindeki silahları al-
> mışlardır. İngiliz emeline hizmet eden Damat Ferit Paşa tarafından ku-
> rulmuş bir kuvvettir bu!"*

Damat Ferit Paşa'nın yaptığı etkisiz hatta işbirlikçi siyaset Osman Ağa'nın
hiç hoşuna gitmemektedir. Osman Ağa 5 Haziran 1920[206] tarih ve 18 sayılı
Gedikkaya gazetesinde *"Ferit Paşa'nın Hataları ve Yunanistan'ın İhtirasla-
rı"*[207] başlıklı yazıda Damat Ferit'i şu sert sözlerle eleştirmektedir:

> *"Eğer Ferit Paşa doğru görür ve iş bilir bir adam olsaydı siyaset ve di-
> rayetini şimdi değil, mütarekeyi müteakip mevkii iktidara geçtiği zaman
> gösterir ve o zaman milletin emn ve itimadını kazanarak siyaseti hariciye-
> sini de ona göre tanzim eder ve Türkiye sulhu dahi bu kadar uzamayarak
> mütarekenin birinci senesi içinde hitam bulur ve bu suretle vatan ve mille-
> tin bugün maruz kaldığı felaketlerin belki dörtte üçü husule gelmezdi. Fa-
> kat Ferit Paşa ne dahili ne harici siyasetin neden ibaret olduğunu ve ne
> suretle hareket etmek lazım geldiğini bir türlü idrak edemeyerek dahilde
> ve hariçte de karanlık ve aykırı yolları takip etmiş gitmiştir. Ferit Paşa
> kendisini ikaz eden ve tenvir etmek isteyen zevatın mütalaasını dahi na-
> zarı itibara almamakla pek büyük hatalar işlemiş ve bin netice işlerin bu
> kadar karışmasına ve efkarı umumiyenin aleyhimize çevrilmesine ve ni-
> hayet bugünkü felaketlere sebep olmuştur."*

Osman Ağa yazısını sonlandırırken Yunanistan ve Venizelos'a yüklen-
miş, Batı Anadolu'daki Yunan mezalimi devam ederse misilleme olarak Rum-
lara karşı harekete geçeceğini şu sözlerle ifade etmiştir:

> *"Yunanistan'ın ve hususiyle Yunan başvekilinin ne kadar Türk düş-
> manı olduğunu pek âla idrak ederiz. Fakat Yunanistan da Venizelos da iyi
> bilsin ve hatırından çıkarmasın ki biz de bunların altında kalmayacağız ve*

---

[206] Beyoğlu ve Menteşeoğlu 12 Haziran tarihinden bahsederler.
[207] Topallı, *a.g.e.*, s.318-319.

eğer Yunanistan bu zalimane tutuma bir nihayet vermez ve yine bugünkü gibi devam ederse, biz de artık daha ziyade sabır ve tahammül etmeyeceğiz ve her ne olursa olsun hiç bir şeyi nazarı itibara almayarak ve hiçbir şeyden yılmayarak biz de buralarda elimizden geleni yapacağız ve ellerimizdeki fırsatları kaçırmayacağız.

O ellerde dindaşlarımızın izac ve imha edilmesine devam edildiği takdirde artık biz de burada Venizelos yardakçılarına karşı mukabele-i bil misilde bulunmak mecburiyetinde kalacağız. Bugünlük işte bu kadar..."

Millî hareketin durdurulması ve Kuvay-i Millîyecilerin tespiti için Giresun'a geleceği konusunda Giresun Müdafaa- i Hukuk Cemiyetine bir mektup yazan ve resmen cevap isteyen Mareşal Zeki Paşa da Osman Ağa'nın sert eleştirilerinden nasibini almıştır. Zeki Paşa'nın mülki ve askerî işlerde tam yetkili olan *"Anadolu Olağanüstü Genel Müfettişi"* sıfatını taşıması Osman Ağa'nın umurunda bile değildir. Osman Ağa aynı tarihli gazetede şu yazıyı yayınlanmıştır:

"Müşir Zeki Paşa Hazretlerine!

Vatanı mukadderatımızı parçalamaya, şanlı tarihimize, millî hayatımıza son vermeye çalışan düşmanları hukukumuza riayet ettirmek ve hakkı hayatımızı ispat etmek için vatan sinesinde en büyük azim ve imanla dolu hareketi millîyeyi durdurmak ham hayalinde bulunan Ferit Paşa ve avanesinin aldatmalarına uyarak Anadolu Islahat Müfettişliği unvan ve memuriyetini deruhte ve bu taraflara gelmek fikir ve niyetini beslediğinizi öğrendik.

Milli Hareket bilhassa böyle vatani ve meşru olursa önünde hiçbir kuvvetin mukavemet edemeyeceği tarihin en açık, en bariz şekilde ispat ettiği ahvalden olmasına ve bilhassa şu zaman emperyalizmin nasyonalizme yerini bırakarak tarihi düvel ve devamda büyük bir inkılap hasıl olan bir tarihi ve mühim an olduğu malum bulunmasına karşı bu habere uzun tecrübeniz namına inanmak istemiyoruz. Buralarda görünmeyin.

Binaenaleyh eğer bu haber doğru ise ve bu havaleye gelirseniz, iman ediniz ki Paşa Hazretleri, bunca senelik namusunuz, manevi hayatınız gibi maddi hayatınızı da ortadan kaldırmak için sizi ve yanınızda gelecek olanları parça parça etmeye millet kati kararını vermiştir. Ona göre hareket olunmak ve bu taraflarda değil görünmek, görünmeye niyet bile edilmemesini arz ve beyan eyleriz."[208]

---

[208] Menteşeoğlu, *a.g.e.* , s.103.

Bu yazıdan yola çıkarak Osman Ağa'nın Millî Mücadele konusunda son derece kararlı olduğunu ve bu yolda karşısına kim çıkarsa çıksın ezip geçebileceğini rahatlıkla söyleyebiliriz. Aynı kararlılığı Giresun halkında da görmek isteyen Osman Ağa, 24 Temmuz 1920 tarih ve 21 sayılı Gedikkaya gazetesinde *"Azm ve Sebat"* başlıklı yazıyı[209] yazar. Millî birlik ve beraberlik ile düşmanı yenmenin mümkün olduğunu şu sözlerle dile getirir:

"Milletin yel emel, yek pare olarak gösterdiği ve bundan sonra dahi daha büyük şevk ve gayretle göstereceği ve göstermek mecburiyetinde ve ıztırarında bulunduğu azm ve irade sayesinde düşmanlarımızın aleyhimizdeki hainane ve caniyane siyasetleri elbette tebdili mecra edecek ve elbette bunlarla beraber Yunan hülyaları da, Venizelos rüyaları da mahvolup gidecektir."

Osman Ağa Savaş Gemileriyle Gelen İngiliz Askerlerinin Giresun'a Ayak Basmasına İzin Vermiyor

1920 yılı Şubat ayında Giresun kıyılarına altı İngiliz savaş gemisi yaklaşır. Osman Ağa gemilerin yaklaştığını görünce şehirdeki Rum ileri gelenlerini evlerinden ve sokaktan toplatarak Bevlü Otelinde rehin alır. Geri kalanlarını Taşhane içerisine toplatıp etraflarını sardırır.[210] Gemiler sahile gelirler, önce subaylar daha sonra 150 kadar asker gemiden iner. Yanlarında Ermeni bir tercüman vardır. İskele Komiseri Hamdi Bey tercüman ile konuşur ve niye geldiklerini sorar. Tercüman bazı resmî dairelere ziyarette bulunacaklarını iki saat içerisinde döneceklerini söyler. Hamdi Bey'den malumat alan Osman Ağa, İngilizlerin karaya çıkmalarına izin vermez. *"Söyle onlara burası İstanbul limanı değil. Karaya asker çıkarmak yasaktı. Bir ihtiyaçları varsa biz sağlarız. Aksi hâlde çekip gitsinler."* der. Beklemediği bu durum karşısında şaşıran ve Osman Ağa'nın dediklerini hazmedemeyen İngiliz Komutan *"Çekilirsem Giresun'da taş üstünde taş bırakmam."* deyince Osman Ağa'nın cevabı kesin olur: *"Gitmezlerse elimde bulunan bütün Rumları kırarım."*[211] Sonunda askerlerin silahsız olarak karaya çıkmasına izin verilir. İngiliz Komutan, Osman Ağa'yı görüşme yapmak üzere gemiye davet eder. Osman Ağa bu davetin hain bir tuzaktan ibaret olduğunu anlayarak şu cevabı verir: *"Payitahtımızı işgal ile Halife'yi ve Padişah'ımızı esaret altına alan bir milletin adamları ile gö-*

---

[209] Topallı, *a.g.e.*, s.321.
[210] Sarıbayraktaroğlu, *a.g.e.*, s.102.
[211] Menteşeoğlu, *a.g.e.*, s.92.

rüşecek bir şeyim yoktur."[212] Böylece Osman Ağa'yı gafil avlama planı içinde olan İngilizler bu amaçlarına ulaşamazlar. Bu arada İngiliz askerlerinden biri Gazhane taraflarında yoğurt satmaya gelen bir kıza saldırır. Osman Ağa'nın adamlarından biri olayı görür, naralar savurarak askeri ayağından vurur. Silah sesleri ile paniğe kapılan askerler sahile doğru kaçışırlar. Yaralıyı kıyıya çekerler. Yarım saat içinde Giresun'u terk ederler.[213]

Osman Fikret TOPALLI'nın notlarında ise olaydan şöyle bahsedilmektedir:

"Rumların ve Metropolit Efendi'nin gayret ve vaveylalarıyla Giresun İskelesi'ne bir İngiliz torpidosu iniyor. İçinden bir zabit çıkıyor. Bir miktar müsellah askeri de Gazhane taraflarına çıkarıyorlar. Müdafaa-i Millîye'nin Sahil Muhafaza Teşkilatı derhal silahbaşı ediyor. Yalı boylarında müdafaa mucibince vaziyet alınıyor. İskeledeki zabitin karşısına Kaymakam Vekili çıkıyor. Tercümanla konuşuyorlar; gemide İngilizlerin Samsun Mümessili varmış. Limanda birkaç saat kalacaklarmış. Bu müddet zarfında asker yalılarda avlanacakmış.

Osman Ağa yetişiyor. Ne istiyorsunuz diyor, ona da anlatıyorlar. Cevap veriyor: "Yanlış geldiniz, burası av yeri değildir. Tehlikeli yerlerdir. Sonra askerlerinize bir şeyler olur." Zabit tercümana "Bu kimdir?" diyor. Osman Ağa olduğunu öğrenince derhal selamlıyor. İkazından dolayı teşekkür ediyor. Kaymakam Vekili de (İsmail Hakkı Bey) mesuliyet kabul edemeyeceğini ihtar edince İngiliz zabiti bir posta koşturup askeri geri alacağını söylüyor. Zaten asker de yalı boyunca birçok silahlının siperlerde, mevzilerde olduğunu görerek mütereddit bir vaziyet içinde olduklarından emri almadan hemen sandala binip iskeleye geliyor ve zabit de beraber sandallarıyla gemiye dönüyorlar.

Şüphesiz ki Müdafaa-i Millîye ve halk bu hareketin manasını tamamıyla anlamışlardır. Bundan yirmi gün sonra (25 Şubat 1920) limanda yine bir İngiliz torpidosu demirliyor. İçinden bir zabit çıkıyor. Yanında bir de sivil var. Osman Ağa hemen iskele başında bunları tercüman ile karşılıyor. Konuşuyorlar. Zabit; Kaymakam'ı görecek, müsaade ederlerse vapurda bir İngiliz mümessili varmış. Hem Kaymakam'ı hem de Giresun'da -tabii Rum ekabirinden- bazı zevatı ziyaret edecekmiş. Bu sırada dışarıya endaht için bir müfreze çıkaracakmış.

---

[212] Beyoğlu, *a.g.e.*, s.142.
[213] Menteşeoğlu, *a.g.e.*, s.92. (Olayın şahidi Jandarma eri Ahmet Uzal'ın anlattıkları)

Ağa'dan aldıkları cevap şu: "Kaymakam burada yoktur. Ben belediye reisiyim. Bir ihtiyacınız varsa hemen göreyim. Buralar tehlikeli ve yasak mıntıkalardır. Sonra karışmam." Zabit bunun üzerine mümessile söylerim diyerek bir selamla geri döndü. Sandala sıçrayıp gemiye gitti. Dışarıda ber-mutad Teşkilat vazife başında idi. Beklendi, beklendi, torpidonun firar edip gittiği görüldü. Tabii, fakat bunun da manası meçhul değildi. Dostların maneviyatını korumaktan daha ziyade Türkleri tehdit, teşkilat üzerine bir tazyik eğer çıkarabilirse bir panik ve bundan da bilistifade işgal yoklamaları ve nihayet işgal! Acaba beşinci kol, suikast ve isyan gibi gurubun hareketleriyle bunların bir muharebe ve münasebetleri olmadığı iddia edilebilir mi?"[214]

Kostantinidis, Osman Ağa'yı Müslüman Türk Halkına Şikayet Ediyor

Pontus faaliyetlerinin Avrupa'daki en önemli ismi olan Kostantin Kostantinidis 12 Şubat'ta Marsilya'dan Karadenizli Müslümanlara yazdığı mektupta şu sözleri söylemektedir:

"Pontustaki Müslüman Hemşerilerime Açık Mektup
Marsilya, 19 Şubat 1920

Pek iyi biliyorsunuz ki tiksinti veren fikirlerle hareket eden efendiler ve ağaların idare şeklinin zamanı geçmiştir. Herkesin ilerlemeye doğru yürüdüğü bir zamanda bizlerinde tedhiş usulündeki vakti geçmiş yönetim şeklinden vazgeçmemizin zamanıdır. İşte uygar memleketlerde Giresun gibi derebeylik süren bir Osman Ağa tarafından dehşete düşürülmüş bir şehir görüyor musunuz? Gerek İslam gerekse Hristiyan bütün dünya kamuoyunun düzeltildiğini ve kendimizi mutluluk ve ilerlemeye ulaştırmak için de yeni düşünceler ve metotlar kabul etmek mecburiyetinde olduğumuzu bilmeliyiz. Mösyö Klemansu'nun Türk delege heyetine hitaben yazılmış mektubunun anılmaya değer şu cümlesini hatırlatırım, diyordu ki: memurlar memleketi idare etmesini bilmediler ve bu memleketler bundan sonra artık onların idaresinde olmayacaktır."[215]

Mektuptan anlaşılacağı üzere Rumlar, bir yandan Pontus hayallerini Müslüman halka şirin göstermeye, bir yandan da tek rakipleri olan Osman

---

[214] Topallı, *a.g.e.* s.88-89.
[215] *Pontus Meselesi*, Kurt, s.123.

Ağa'yı kötüleyerek ona olan halk desteğini kırmaya çalışmaktadırlar. Müslüman halk bu oyunlara asla gelmemiştir. Giresunlular Osman Ağa'ya olan desteklerini hiçbir zaman esirgememişler, Rumların ayak oyunlarına kanmamışlardır. Müslüman Türk halkı bilmektedir ki; mektupta dostluk ve kardeşlik cümleleri kuran Kostantinidis de diğer Pontusçular gibi kendilerine karşı sönmez bir kin ve düşmanlık beslemektedir.

İngiliz Yüksek Komiserliği Trabzon Temsilcisi Popovel, Osman Ağa'nın Hristiyanlara Karşı Tatbik Ettiği İddia Edilen Mezalim Konusunda Tahkikat Yapıyor

1920 Şubat'ında İtilaf Devletleri, Giresun'da büyük bir baskı unsuru olmaya devam etmektedir. Bir bahane bulup Mondros Ateşkes Antlaşması hükümlerine göre Karadeniz sahillerini işgal etme derdinde olan İtilaf Devletleri, Giresun Rumları ile işbirliği içindedir. Rumlar Giresun'un işgal edilmesi için İtilaf Devletlerine sürekli Osman Ağa'yı şikayet eden, baskı gördüklerini anlatan mektuplar göndermektedirler.

Osman Ağa'nın direnişini Hristiyan katliamı olarak değerlendiren ve bu durumu bahane ederek Karadeniz kıyılarını işgal etmeyi kafasına koyan İngiliz Yüksek Komiserliği, Trabzon temsilcisi Popovel'e bir yazı göndererek Giresun'a giderek Osman Ağa'nın Hristiyanlar hakkında tatbik ettiği mezalime dair tahkikat yapmasını ister. Trabzon Valisi Hamit Bey bu tahkikatın kötü sonuçlar doğuracağını düşünerek Popovel'e beraber gitme teklifinde bulunur. Giresun kaymakamı Galip Bey'e de önceden haber vererek tahkikatın lehte sonuçlanması için gerekli tedbirleri alması talimatını verir.[216] Hamit Bey ve Popovel Giresun'a birlikte gelirler. Popovel tahkikat sırasında bazı Rumlara Osman Ağa'dan baskı görüp görmediklerini sorar. Galip Bey tarafından daha önce tenbihlenmiş olan Rumlar, Osman Ağa ile çok iyi geçindiklerini hakkındaki şikayetlerin asılsız olduğunu söylerler. Bunun üzerine Popovel suçlamaların asılsız olduğunu söyleyen bir rapor yazar, Osman Ağa da aklanmış olur.[217] Olaydan en zararlı çıkan kişi ise Hamit Bey olur. Mustafa Kemal Paşa, Hamit Bey'in Osman Ağa'yı aklamak ve olası bir işgali engellemek maksadında olduğunu bilmemektedir. Bu yolculuk kendisine farklı şekilde anlatılmıştır. Bu yüzden İngiliz Popovel'e refakat eden Hamit Bey hakkında olum-

[216] Halit Eken, *Bir Milli Mücadele Valisi ve Anıları Kapancızade Hamit Bey*, İstanbul, 2008, s.118-119.
[217] Beyoğlu, *a.g.e.*, s.132; Selçuk URAL, "Mütareke Döneminde Pontus Sorununun Doğuşuna Yönelik Faaliyetler", *Başlangıçtan Günümüze Pontus Sorunu*, s.245-246.

suz düşünmeye başlamıştır. Hamit Bey bu konuda şu sözlerle savunma yapar:

"Sırf memleket ve millet yararına katlandığım şu tehlikeli seyahati bir gün muhaliflerimin düşman gemisi ile deniz seyahati şekline sokacakları hatırıma gelmemişti... Eğer o vakit pek basit ve sade bulduğum bu hizmeti bazılarının yaptığı gibi yağlandırarak, ballandırarak efendilere arz etseydim henüz arada bir anlaşmazlık olmadığından takdirler ve ödüllerle karşılanırdım. Fakat ben herhangi bir devirde teveccüh toplamak ihtiyacı hissetmediğim için vazifeyi mükafat bakımından değil, milletime karşı borcumu ödemek için yaptığımdan bu hizmeti de diğerleri gibi bildirmeye tenezzül etmemiştim."[218]

Hamit Bey'in Mustafa Kemal Paşa ile ters düşmek pahasına yaptığı refakatin sonucunda Osman Ağa aklanmış, işgal için bahane arayan İngiliz Yüksek Komiserliği bu hedefine ulaşamamıştır. Hamit Bey'in, bu davranışı sayesinde Karadeniz kıyıları işgalden kurtulmuştur.

Osman Ağa, Rumların İmhası İçin Emir Bekliyor

Hamit Bey ve Popovel, Giresun'da iken Osman Ağa da Trabzon'a gelir. 3. Fırka Komutanlığına müracaatta bulunurak halkın silahlı olduğunu ve harekete geçmek için emir beklediklerini bildirir. Böyle bir durumun İtilaf Devletlerinin Karadeniz kıyılarını işgal etmesine neden olacağını düşünen Kazım Karabekir Paşa, Osman Ağa'yı Hristiyanlarla iyi geçinmesi konusunda öğütleyerek geri gönderir. Kazım Karabekir Paşa yaşananları su sözlerle anlatmaktadır:

"Trabzon İngiliz mümessili Giresun'da Belediye reisi Topal Osman Ağa'nın Hristiyanları katledeceği haberini aldığından Vali Hamit Bey, İngiliz torpidosu ile Trabzon'dan Giresun'a gitmiş Osman Ağa da Trabzon'a gelerek ahali yedinde beş bin tüfek var, bir emir var mı diye fırkaya müracaatta bulunmuş. İcabında istifade edeceğimizi, Hristiyanlarla hoş geçinmesini tenbih ederek Osman Ağa'yı Giresun'a gönderttim." [219]

Osman Ağa, Yunan Bandıralı Filya Motoruna El Koyuyor

1920 yılı Mart[220] ayında Giresun'a Yunan bandıralı 500 tonluk[221] büyükçe bir motor gelir. Gemi, İstanbul'dan Batum Limanı'na doğru gitmektedir. Kap-

[218] Eken, *a.g.e.* , s.568-569.
[219] Kazım Karabekir, *İstiklal Harbimiz*, İstanbul, 1960, s.557.
[220] Süleyman Beyoğlu olayın Haziran ayında olduğundan bahseder. Bk. *a.g.e.* , s.140.
[221] Süleyman Beyoğlu motorun 750 ton olduğundan bahseder. Bk. *a.g.e.* , s.140.

tan Giresun'u Görele zannetmiştir. Görele'de Rus işgalinin bittiğinden de haberdar değildir. Lonca limanına giren gemi Osman Ağa'nın sahil emniyeti için kurduğu ekiplerce fark edilir. Ekipler derhal baskın yaparak motoru ele geçirir ve Osman Ağa'ya haber verirler. Osman Ağa bir manga çeteyle[222] limana gelir. Motorda biri kadın toplam 12 kişi vardır. Osman Ağa kaptanı sorguladıktan sonra tercümana motora el konulduğunu kaptana bildirmesini söyler. Kaptan itiraz etse de bir faydası olmaz. Kadın yolcu Yunanistan'a gönderilirken diğerleri esir alınır. Motorda yapılan aramada 1.800 Türk lirası, 700 Rus gümüş manadı, 600 Amerikan doları ve 400 boş benzin bidonu ele geçirilir. Paralar Müdafaa-i Hukuk Cemiyeti hesabına yatırılır, bidonlar da Cemiyet'in ambarına teslim edilir. Hemen mavi beyaz bayrak indirilir yerine Türk bayrağı asılır. Boğacak Limanı'na demirleyen motorun içinde her gün nöbetçi bulundurulur.[223] Olay İstanbul Rum basınında geniş yer bulur, olayla ilgili *"Karadeniz'de Korsanlık"* şeklinde haberler yapılır.[224] Ele geçen paranın bir miktarı silah satın alınması için Rusya'ya gönderilir. Motor, Millî Mücadele süresince Trabzon Alay Komutanlığı ve Giresun Kaymakamlığı tarafından kullanılır.[225]

Giresun'a Gelen Amerikan Heyeti Osman Ağa ile Görüşüyor

28 Mart 1920 tarihinde Karadeniz'e gelen bir Amerikan heyeti Giresun'a da uğrayarak Osman Ağa ile görüşür. Heyettekiler, *"Mustafa Kemal Paşa, Rumların katliamı için tarafınıza bir emir vermiş midir? Askerlik şubeleri asker topluyorlar mı? Tekrar milletvekili seçimi yapılıyormuş, bundan amaç İstanbul'dan ayrılmak mıdır?"* gibi soruları Osman Ağa'ya yöneltirler. Bu sorular arasında en dikkat çekici olanı, Mustafa Kemal Paşa'nın Pontus katliamı için emir verip vermediğidir.

Osman Ağa sorulara şöyle cevap verir:
"Mustafa Kemal Paşa, Rumların katliamını değil, bilakis muhafazasını ve asayişin idamesini emretmiştir. Asker toplandığı yalandır. Ancak Wilson Prensiplerini muhafaza ve memleketimizi müdafaa için Teşkilat-ı Milliye'miz vardır. Ahali eskiden beri silahlıdır. Kimseye karşı düşmanlığımız yoktur. Vuku bulacak taarruzlara karşı mukabele edeceğiz. Tekrar mebus toplamıyoruz. Her İslam memleketi Ankara'ya ikişer murahhas göndere-

---

[222] Menteşeoğlu, *a.g.e.*, s.90.
[223] Sarıbayraktaroğlu, *a.g.e.*, s.101.
[224] Coşar, *a.g.e.*, 44.; Beyoğlu, *a.g.e.*, s.141; Çiçek, *a.g.e.*, s.70.
[225] Beyoğlu, *a.g.e.*, s.141.

cekti. Yalnız Anadolu'dan değil, tekmil İslam memleketlerinden gidecektir. Hatta Türkistan ve Afganistan'dan bile. Binaenaleyh, Ankara'da İslamların atisi tezekkür edecektir. İstanbul bizimdir oradan ayrılmak gayrimümkündür. Emir Faysal için henüz bir karar yoktur."[226]

Osman Ağa'nın Acente Katibi Yorgi'yi Cezalandırması ve Doktor Tomayidis Olayı

Acente Katibi Yorgi ve Ahıskalıoğlu Ahmet Ağa'nın arasında önceleri sıkı bir dostluk varken, İzmir ve İstanbul'un işgalinden sonra tıpkı Çıtıroğlu Sava gibi, katip Yorgi'nin de hâl ve hareketleri değişmeye başlar. Bir konuşma esnasında Ahmet Ağa'ya *"Türk Hükümeti olmaz Yunan Hükümeti olur bunda ne var?"* der. Bu sözleri içine sindiremeyen Ahmet Ağa, durumu Osman Ağa'ya anlatır. Osman Ağa Yorgi Efendi'yi yanına çağırır. *"Yorgi Efendi, demek Türk Hükümeti olmaz Yunan Hükümeti olur, bunda ne var değil mi?"*[227] der. Yorgi, *"evet Ağa hazretleri"* diye cevap verirken başına geleceği anlamıştır. Yorgi'yi o günden sonra gören olmamıştır.

1920 yılının Mayıs[228] ayında, iki Rum doktor Türk hastaları muayene etmemeye başlar, ettikleri zaman da başka hastalığa ait reçeteler verirler. Türk hastalar, Türk doktorlara muayene olup ellerinde reçeteyi gösterip, bu ilaçları kullandık fakat şifa bulmadık, derler. Türk doktorlar bu reçetelerin başka hastalıklara ait olduğunu hastalara anlatırlar.[229] Osman Ağa'nın yeğeni ile evli olan Türk doktor Hicabi Bey durumu Osman Ağa'ya anlatır. Ağa'nın bu duruma pek canı sıkılır. Gümüşreisoğlu Mustafa Kaptan'a bu iki doktora gerekli cezanın verilmesini emreder. Mustafa Kaptan hasta numarası yapar ve doktorları eve çağırırlar. Olayın devamını Osman Fikret Bey'in anılarından aktaralım:

"Kaptan Mustafa hasta olmuş, Hacıhüseyin Mahallesi'nde bir evde yatıyordu. Osman Ağa'dan baktırılmasını istemiş. Ağa bir doktora güya baktırmış, hastalık teşhis edilememiş. Doktor Hicabi Bey konsülteye lüzum göstermiş ve Ağa'nın emir ve tavsiyesi ile şehir doktorları hastanın evine gönderilmiştir. Kimi münferit kimi meslektaşları ile gitmişlerdi.

Eve ilk giren Doktor Tomayidis ve yanında ihtiyaten giden babası Doktor Savlidi ve Hükümet doktoru Ali Hikmet Beylerdir. Salona ve sedirin üstüne oturuyorlar. Bitişik odada güya hasta var ve kapısı yarı açıktır.

---

[226] Beyoğlu, *a.g.e.* , s.135.
[227] Sarıbayraktaroğlu, *a.g.e.*, s.88.
[228] Topallı olayın Temmuz ayında olduğunu yazar. Bk. *a.g.e.*, s.188.
[229] Sarıbayraktaroğlu, *a.g.e.* , s.105.

Bu arada doktor Şaban Bey eve girmiş Hicabi Bey de girmek üzeredir. Silahlar patlıyor Doktor Tomayidis, babası ve Hikmet Bey vuruluyor."[230]

Evet, Hikmet Bey de yanlışlıkla vurulmuştur. Türk doktorların, Osman Ağa'nın adamlarının Rum doktorları öldüreceğinden haberleri yoktur. Silahlar patlayınca kaçmak isteyen Hikmet Bey, Osman Ağa'nın onu hiç tanımayan bir adamı tarafından yanlışlıkla vurulur. Osman Ağa çok üzülür ve sinirlenir. *"Bu hatayı hanginiz yaptınız?"[231]* diyerek adamlarına bağırıp çağırsa da ne yazık ki iş işten geçmiştir.

Osman Ağa, Millî Mücadele İçin Yardım Topluyor ve Metropolit Efendi'ye Türklerin Selameti İçin Dua Ettiriyor

Osman Ağa, 1920 yılı Mayıs ayında düzenlendiğini tahmin ettiğimiz bir toplantıda, Giresun Kalesi'nde halka hitap etmiştir. Ağa, bir gün öncesinden Giresun Müdafaa-i Hukuk Cemiyeti üyelerini toplamış ve *"yarın bir miting yapılmasını, halka hitap edilmesini ve memleket için ne yapılması gerektiğinin kararlaştırmasını"* istemiştir. Ertesi gün Giresun Kalesi'ndeki mitinge halk fazlasıyla iştirak etmiş, Giresun sanki sel olup kaleye akmıştır. Hıdırellez kutlamasınında yapıldığı miting de, Osman Ağa yüksek bir yere çıkarak halka para silah ve teçhizat temininin önemini anlatmıştır.

Resim 13 - *Hıdırellez Günü Giresun Kalesi'nde Çekilen Fotoğraf. Önde Ortada Oturan Hüseyin Avni Bey, Onun Sol Arka Tarafında Ayakta Duran Osman Ağa.*

Miting sonunda, Osman Ağa'nın etkili konuşması ile millî duyguları kabaran halk Metropolit'in evine doğru yürümeye başlar. Osman Ağa, Koca Yusuf Ağa'ya *"Metropolit'i çağırarak savaşı Türkler'in kazanması için dua etmesini*

---

[230] Topallı, *a.g.e.*, s.188.
[231] Sarıbayraktaroğlu, *a.g.e.*, s.105.

söyle."[232] der. Koca Yusuf Ağa, Osman Ağa'nın isteğini Metropolit'e bildirir. Can derdine düşen Metropolit *"amin"* nidaları içinde duasını yapar. Dua bittikten sonra Pehlivan İsmail Ağa yanına yirmi kadar adam alarak sokak sokak dolaşıp *"Yaşasın Türklük"* diyerek avaz avaz bağırır.[233] Hıdırellezin gelişini de kutlayan Giresun halkı miting sayesinde kenetlenmiş, varını yoğunu Millî Mücadele için sarf etmeye yemin etmiştir.

Ali Şükrü Bey, Meclis Muhafız Müfrezesi Kurulması İçin Önerge Veriyor

Büyük Millet Meclisinin açılmasının üzerinden tam bir hafta geçmiş, Meclis ilk toplantılarını yapmaya başlamıştır. Bu sırada iç isyanlar devam etmektedir ve Ankara'da Meclis'i koruyacak, mebusların can güvenliğini sağlayacak asker bulunmamaktadır.

Nurer Uğurlu ise o günlerde Büyük Millet Meclisinin askerî gücü olmadığını şu sözlerle ifade ediyor:

"O devirlerin havasını vermek için hatırlatalım ki, uzun müddet Mustafa Kemal'in ve Millet Meclisinin Ankara'da hiçbir kuvvetleri olmamıştır. En küçük isyan hareketlerini bile bastıramayacak hâlde idiler. Daha sonraları Mustafa Kemal dahi kendine ilk muhafız kıta olarak bir başka çeteci ve çeteyi, Topal Osman ve adamlarını, almak zorunda kalmıştı..."[234]

İstanbul'da Meclisi Mebusanda yaşadığı tecrübeye dayanarak Meclis'in güvenliğinin sağlanmasının en doğru yolunun özel bir birlik oluşturulmasından geçtiğini düşünen Ali Şükrü Bey, 29 Nisan 1920 tarihinde Büyük Millet Meclisine bir önerge vererek düşmanların halkı kandırabileceği ve isyana sevk edebileceği gerekçesiyle Meclis'in her an emrinde olacak bir muhafız müfrezesine ihtiyaç duyulduğunu şu sözlerle ifade etmiştir:

"Halkımızın cehaleti ve düşmanların pek mel'anetkârane olan iğfalatı dikkat nazara alınınca Meclis'in her an eli altında kuvvetli ve hiçbir vechile iğfalleri imkân dahilinde bulunmayan bir müfrezenin vücudu labüddür(lazımdır) zannederim. Binaenaleyh her mebus tarafından daire-i inti-

[232] Sarıbayraktaroğlu olayın Kasım 1919'da olduğundan bahseder, Bk. *a.g.e.* , s.96. ; Ancak fotoğrafın üstünde "Hızır İlyas günü kalede alınan fotoğraftır" yazmaktadır. Ayrıca fotoğrafta yer alan Hüseyin Avni Bey'in Giresun'da Askerlik Şubesi Başkanı olarak göreve başlayış tarihi 1920 yılı Ocak ayıdır. 1921 yılı Hıdırellez zamanında ise Osman Ağa ve Hüseyin Avni Bey, Giresun dışında olduklarından fotoğrafın Mayıs 1920 tarihine ait olduğunu ve olayların bu tarihte gerçekleştiğini düşünmekteyiz.
[233] Çiçek, *a.g.e.* , s.68-69.
[234] Nurer Uğurlu, *Çerkez Şahanı Ethem*, İstanbul, 2006, s.387.

habiyelerinden (seçim bölgesinden) 5 ila 10 nefer imanlı zat celbi suretiyle bu tarzda bir 'Millî Muhafız Müfrezesi' teşkilini teklif ederim."[235]

Diğer mebuslar da Ali Şükrü Bey ile aynı fikirdedir. Meclis Başkanlığını yapan Celaleddin Arif Bey'in *"Müdafaa'i Millîyeye gönderelim"* sözlerine karşılık mebuslardan *"hay hay"* sedaları yükselmiştir.

Aynı gün Büyük Millet Meclisi ve Hükümet Başkanı Mustafa Kemal Paşa ile Genel Kurmay Başkanı İsmet Bey, Trabzon'daki Üçüncü Tümen Komutanı Rüştü Bey ve Trabzon Valisi Hamit Bey'e başvurarak Rize'den müfreze ister ve Giresun'dan Osman Ağa'yı çağırır. Bu olay kendisi ile görüşülmeyen Kazım Karabekir Paşa'nın hoşuna gitmez. Çünkü bu konuda Kazım Karabekir Paşa'nın astları olan Vali Hamit Bey ve Deli Halit Bey ile görüşülmüştür. Kazım Karabekir 5 Mayıs 1920'de İsmet Paşa'ya yazdığı bir şifrede bu şekilde temasların askerliğe yakışmadığını söyler. Ayrıca Giresun'dan asker gönderilmesini ancak Osman Ağa'nın kendisinin Giresun'da kalması gerektiğini söyler. Kazım Karabekir Paşa, Osman Ağa'nın Giresun'dan ayrılması durumunda şehrin Rum hakimiyetine gireceğini düşünmektedir. Şifre metni:[236]

Erzurum: 5/5/1336
Ankara'da Erkanı Harbiyei Umumiye Reisi İsmet Beyefendi'ye
1- Her türlü muhaberatın madunlarla yapılmaması hususunda müteaddit defalar Kemal Paşa Hazretleri'ne yazmıştım. Hatta birkaç gün evvel biraz acı da yazdım. Sebebi askerliğe yakışmadığı gibi zabturaptı ve şevk ve gayreti de kırıyor. Askerce değil çetecilikle iş görüldüğü zehabını da hasıl ediyor. Gerçi bu kabil işlerin de görülmediği vaki de değildir. Bu kere de Lazistan'dan müfreze tahriki ve Giresun'dan Osman Ağa'nın tahriki emirleri doğruca madunlara tebliğ edilmiştir. Bu tarzla mes'elede sür'at mümkün değildir. Belki yanlışlıklar ve emir üzerine emirler vermek de muhtemeldir. Bu hususu zatıali biraderilerine de arz ile muhik ve makul olan ve müteaddit defalar vuku bulan işbu istirhamatımın artık kabulüne delaletlerini rica ederim.
2- Lazistan'dan emir buyrulan müfrezenin hemen tahriki için 3. Fırkaya emir verdim. Giresun'dan Osman Ağa'nın ayrılmasını muvafık bulmuyorum, fakat tertip edeceği kuvvetin hemen tahriki muvafıktır. Kolordum mıntıkası harici olmakla beraber Trabzon vilayeti dahilinde olduğundan

[235] *TBMM Zabıt Ceridesi,* C. I, s.149.
[236] Karabekir, *a.g.e.* , s.700-701.

*bu babda icab eden muavenetin icrası emrini de verdim. Osman'ın ayrıl-
masındaki mahzur şudur: Osman Ağa'nın nüfuzu Giresun ve havalisinde-
ki Rumlara karşıdır. Oradan ayrıldıktan sonra Osman Ağa ancak gidecek
müfrezelerin amiri olur. Giresun'daki Rumlar belki hakimiyeti alırlar. Arz
eylerim.*

*15. Kolordu Kumandanı
Kazım Karabekir*

Kazım Karabekir Paşa'nın, Osman Ağa'nın özellikle Giresun'da bırakıl-
ması isteği Erkan-ı Harbiye-i Umumiye Reisi İsmet Paşa tarafından da uygun
bulunur. 8 Mayıs 1920'de İsmet Paşa, Kazım Karabekir Paşa'ya cevaben bir
şifre yazar. Şifre metni:[237]

7/8 - 5 - 1336
15. Kolordu Kumandanı Kazım Karabekir Paşa Hazretleri'ne

C, 5 Mayıs/1336 şifreye:
(...)
*2- Osman Ağa'nın tensibialileri vechile şahsen orada alıkonularak ya-
lınız tertip edeceği kuvvetin gönderilmesini rica ederim. Rüştü Bey'den
mevcut bir şifre de Trabzon'dan otuz kırk raddesinde müsellah efrad ihzar
olunduğu ve bunların Akşehir'e gelerek orada tanıdıkları pek çok oldu-
ğundan kuvvetlerim tezyid edeceklerini ifade eyledikleri ve masarif olmak
üzere nefer başına yüz lira sarfı lazım geleceği bildirilmektedir. Para hu-
susunda müzayakai şedide malumu alileri olduğundan, bunlar için oraca
başka suretle para itası mümkün olup olmadığının ve bunların en müna-
sip olarak ne tarzda iaşe ve idareleri muvafık olacağının iş'arını rica eyle-
rim.*

Erkanı Harbiyei Umumiye Reisi İsmet

Osman Ağa, Millî Mücadele Propagandası Yapmak Üzere Heyet-i Nasiha Oluşturup Trabzon'a Gönderiyor

Millî Mücadele'nin her geçen gün kuvvetlenmesi Padişah Vahdettin'i ol-
dukça rahatsız etmektedir. Salih Paşa Hükümetinin 2 Nisan 1920 tarihinde is-
tifa etmesi üzerine Padişah Vahdettin, 5 Nisan 1920 tarihli Hattı Hümayun ile
Damat Ferit Paşa'yı Sadrazamlığa, Dürrizade Abdullah Efendi'yi de Şeyhülis-
lamlığa getirmiştir. Padişah Vahdettin, Hattı Hümayun'da Kuvayı Millîye Ha-

---

[237] Karabekir, *a.g.e.* , s.701-702.

reketini bir isyan hareketi olarak belirtmiş, ülkede siyasi havanın yavaş yavaş düzelmeye başladığı sırada milliyet adı altında yapılan karışıklıklarla tekrar tehlikeli bir hâl almaya başladığına dikkat çekmiştir. Bu karışıklıkların devam etmesi hâlinde ülkenin daha tehlikeli bir duruma sürükleneceğini söyleyen Vahdettin; Millî Mücadele'yi düzenleyip, halkı Millî Mücadele'ye teşvik eden kişiler hakkında gerekli kanuni işlemin yapılmasını, Halkın Padişah ve Halife'ye olan sarsılmaz bağlılığının daha da güçlendirilmesini ve İtilaf Devletleriyle olan samimi ilişkilerin kuvvetlendirilmesini hükümetten istemiştir. Padişah'ın bu talepleri doğrultusunda ilk olarak Şeyhülislam Dürrizade Abdullah Efendi tarafından Millî Mücadele'ye katılanların katlinin vacip olduğunu belirten ve birbirini tamamlayan beş fetva[238] yayınlanmıştır. Şeyhülislam Dürrizade Abdullah Efendi'nin çıkardığı ilk fetvada Kuva-yı Milliye, *"Kuva-yı Bagiyye"* yani eşkıya kuvvetleri olarak vasıflandırılmıştır. Fetvaya göre bazı kötü kimseler Millî Mücadele'yi başlatanlar ve idare edenler anlaşarak, birleşerek ve kendilerine elebaşları seçerek padişahın sadık tebaasını hile ve yalanlarla aldatmakta ve yoldan çıkarmaktadırlar. Bunlar Padişah'ın emri olmaksızın asker toplamakta, görünüşte askeri beslemek ve donatmak bahaneleriyle, gerçekte ise mal toplamak sevdasıyla şeriata uymayan ve kanunlara aykırı

---

[238] Fetva metninin özeti: *Dünya düzeninin sebebi olan ve kıyamet gününe kadar Ulu Tanrı'nın daim eyleyeceği İslam Halifesi Hazretleri'nin veliliği altında bulunan İslam memleketlerinde bazı kötü kimseler anlaşarak ve birleşerek ve kendilerine elebaşlar seçerek Padişah'ın sadık uyruklarını hile ve yalanlarla aldatmakta, yoldan çıkartmaktadırlar. Padişahın yüksek buyrukları olmaksızın asker toplamaktadırlar. Görünüşte askeri beslemek ve donatmak bahaneleriyle, gerçekte ise mal toplamak sevdasıyla, şeriata uymayan ve yüksek emirlere aykırı birtakım haksız ödemeler ve vergiler koymakta ve çeşitli baskı ve işkencelerle halkın mal ve eşyalarını zorla almakta ve yağmalamaktadırlar. Böylece insanlara zulmetmekte, suçlamakta ve Padişah'ın ülkesinin bazı köy ve şehirlerine saldırmak suretiyle tahrip ve yerle bir etmektedirler. Padişah'ın sadık tebaasından nice suçsuz insanları öldürmekte ve kan döktürmektedirler. Padişah tarafından atanmış bazı dinî, askerî ve sivil memurları istedikleri gibi memuriyetten çıkarmakta ve kendi yardakçılarını atamaktadırlar. Hilafet merkezi ile Padişah ülkesi arasındaki ulaştırmayı ve haberleşmeyi kesmekte ve devletin emirlerinin yapılmasına engel olmaktadırlar. Böylece, hükümet merkezini tek başına bırakmak, Halife'nin yüceliğini zedelemek ve zayıflatmak suretiyle yüksek Hilafet katına ihanet etmektedirler. Ayrıca Padişah'a itaatsizlik suretiyle devletin düzenini ve asayişini bozmak için düzme yayımlar ve yalan söylentiler yayarak halkı azdırmaya çalıştıkları da açık bir gerçektir. Bu işleri yapan yukarıda söylenmiş elebaşlar ve yardımcıları ile bunların peşlerine takılanların dağılmaları için çıkarılan yüksek emirlerden sonra bunlar, hâlâ kötülüklerine inatla devam ettikleri takdirde işledikleri kötülüklerden memleketi temizlemek ve kulları fenalıklardan kurtarmak dince yapılması gerekli olup Allah'ın "öldürünüz" emri gereğince öldürülmeleri şeriata uygun ve farz mıdır?" Beyan buyrula? Allah bilir ki olur.* Tam metin için Bk. Ergün Aybars, *Türkiye Cumhuriyeti Tarihi,* İzmir, 1987, C. I, sayfa 369-370.

olarak haksız ödeme ve vergiler koymakta ve çeşitli baskı ve işkencelerle halkın mal ve eşyalarını zorla almakta ve yağmalamaktadırlar. Fetvaya göre Millî Mücadele taraftarları hükümet merkezini tek başına bırakarak halifeliğin yüceliğini zedeletmek ve zayıflatmak suretiyle Halife'ye ihanet etmektedirler. Yine bunlar Padişah'a da itaatsizlik etmekte, devletin düzenini ve asayişini bozmak için uydurma ve yalan haberler yayarak halkı fitneye sevk ederek ortalığı karıştırmaktadırlar. Fetvada bütün bunları yapanların elebaşları, yardımcıları ve bunların peşine takılanlar *"asi"* olarak nitelendirilmektedir. Fetvanın son kısmında ise bu asiler için, *"haklarında çıkan yüce buyruktan sonra, inatla hâlâ kötülükler yapmaya devam ederlerse bunların işledikleri kötülüklerden ülkeyi temizlemek, halka bunların şer ve kötülüklerinden kurtarmak dinî yönden gereklidir."* denilmektedir. Birinci fetvanın hüküm kısmında ise, yukarıda suç ve kötülükleri anlatılan bu asilerin öldürülmelerinin dinen meşru ve farz olduğu belirtilmektedir. İkinci fetvada ülkede savaşmaya ve vuruşmaya güç ve kudreti bulunan bütün Müslümanların Halife ve Padişah'ın etrafında toplanmaları ve bunlarla mücadele edilmesi ile ilgili yapılacak çağrılara ve yayınlanan emirlere uyarak Kuvayı Millîyeci denilen isyancılarla savaşmalarının dinî bir zorunluluk olduğundan bahsedilmektedir. Üçüncü fetvada Osmanlı Padişahı ve bütün Müslümanların Halifesi olan Mehmet Vahdettin tarafından görevlendirilen askerlerin, adı geçen isyancılara yani Kuvayı Millîye'ye karşı savaşmazlarsa ve mücadeleden kaçınırlarsa veya kaçarlarsa büyük suç işlemiş olacakları belirtilmektedir. Mücadeleden kaçınan veya kaçan bu askerler, gerek bu dünyada en ağır ceza ile cezalandırılacakları ve gerekse ahirette en büyük azaplara uğrayacakları konusunda uyarılmaktadırlar. Dördüncü fetvada Kuvayı Millîye ile savaşmak için görevlendirilmiş askerlerin, asileri öldürdükleri takdirde gazi olacakları ve eğer asiler tarafından öldürülürlerse şehitlik mertebesine yükselecekleri açıklanmaktadır. Beşinci fetvada ise Kuvayı Millîyecilerle mücadele etmek ve savaşmak için verilen yüce emirlere uymayan Müslümanların günahkâr ve suçlu sayılacakları ve şeriat yargılarına göre cezalandırılacakları ilan edilmektedir.

Görüldüğü gibi fetvada Millî Mücadele hareketi ve Mustafa Kemal Paşa önderliğindeki lider kadrosu çok ağır ithamlarla suçlanmaktadır. Millî Mücadele'yi başlatanlar ve bu hareketi yönetenlerin hak hukuk tanımayan hain, cani, isyancı, Hilafet ve Saltanatı yıkmaya teşebbüs eden kişiler oldukları, kişisel çıkarları için zorla halktan vergi aldıkları, Padişah'ın gönderdiği memurları görevlerinden alarak kendi adamlarını işbaşına getirdikleri, bu arada İstanbul ile bütün bağlantıları kestikleri, huzur ve sükunu bozmak için de yalan haberler uydurarak karışıklıklara sebep oldukları belirtilmektedir.[239] Padişah Vahdettin, Damat Ferit Paşa ve Dürrizade Abdullah Efendi Anadolu halkının dinî hassasiyetlerinden ve Halife'ye olan bağlılıklarından yararlanıp Millî Mücadele'nin İslam dinine karşı bir hareket olduğu iddia ederek, Mustafa Kemal Paşa ve arkadaşlarını yalnız bırakma amacı gütmektedirler. Bu fetvanın Anadolu'ya duyurulması görevini İngiliz konsolosları ve Rum-Ermeni teşkilatı üstlenmiştir. Ayrıca Yunan uçakları Anadolu semalarında dolaşarak fetva yazılı kağıtları dağıtmaktadır. Gelişmeler üzerine Anadolu'da endişe başlamış, ulema ikiye bölünmüş, halk ve askerî kıtalar arasında bölünmeler hissedilir olmuştur. Bu durumdan hiç hoşnut olmayan Mustafa Kemal Paşa başta olmak üzere Kuvayı Millîye hareketinin ileri gelenleri, Şeyhülislam Dürrizade'nin fetvasına karşı en etkili tedbirin, yine bir fetva ile alınabileceğine karar vermişlerdir. Bunun üzerine Ankara Müftüsü ve Ankara Müdafaa-i Hukuk Cemiyeti Reisi Mehmet Rıfat Efendi (Börekçi) başkanlığında yirmi kişiden oluşan bir heyet tarafından bir fetva hazırlanmış, 14 Nisan 1920 tarihinde hazırlanan bu fetva 16 Nisan 1920'de Mustafa Kemal Paşa tarafından Anadolu'daki diğer müftü ve din adamlarının onayına sunulmak üzere gönderilmiş ve bu konuda mülki ve askerî yetkililerden yardımcı olmalara istenmiştir. Böylece çeşitli vilayetlere gönderilen Ankara'nın fetvası, birçok il ve kaza müftüsü tarafından tasdik edilmiş ve bu durum Ankara'ya telgrafla bildirilmişti. Ankara fetvasını tasdik eden müftülerin isim listesi bilahare İrade-i Millîye gazetesinde ve Hakimiyet-i Millîye gazetelerinde ayrı tarihlerde yayınlanmıştır.

Mustafa Kemal Paşa'nın Karadeniz bölgesindeki eli kolu olan Osman Ağa da kendi bölgesinde Dürrizade Abdullah Efendi fetvasına karşı propaganda görevini yapmak için bir Heyeti Nasiha müfrezesi kurmak üzere harekete geçmiştir. Osman Ağa 1920'nin Mayıs ayında birkaç arkadaşı ile birlikte Trabzon'a giderek Vali Vekili Rüştü Bey ve Erkan-ı Harp Ali Rıza Bey ile bir toplantı yapar. Toplantıda Trabzon'da askerin vaziyetinin şüphe arz ettiği, firarlar başladığı ve isyan emareleri hissedildiği konusu konuşulur. Giresun Müdafaa-i Millîye gönüllü efradından oluşan ve vazifeleri askere nasihat ve propaganda olan bir müfreze gönderilmesi kararlaştırılır. Ertesi gün Osman Ağa arkadaşları ile görüşür. Hüseyin Avni, Alpaslan Bey ile birlikte hemen bir

---

[239] Osman Akandere, "11 Nisan 1920 (1336) Tarihli Takvim-i Vekayi'de Kuvayı Milliye Aleyhinde Yayınlanan Kararlar", *Ankara Üniversitesi Türk İnkılap Tarihi Enstitüsü Atatürk Yolu Dergisi*, Sayı. 24, Kasım, s.417- 449.

müfreze listesi yaparlar. Üç dört gün içinde müfrezeye katılacak kişiler belirlenir, son hazırlıklar tamamlanır ve müfreze Trabzon'a doğru yola çıkar.

Müfrezedekilerin isimleri:
1-Hacıhüseyin Mahallesi'nden Morevioğlu Sabri Efendi (Zabit Vekili ve Kumandan)
2-Yusuf Ağa oğlu Servet Efendi.
3-Bayazidoğlu Bekir Efendi
4-Harputluoğlu Paşa Reisin Hüsnü Efendi
5-Kaymakam Salihbeyoğlu Asım Efendi
6-Hacıhüseyin Mahallesinden Külünkoğlu Emrullah Efendi
7-Hacı Vehbioğlu Ali Efendi
8-Geldercioğlu Hüseyin Efendi
9-Tunavelioğlu Remzi Efendi

Görevi gereği bazen asker, bazen çizmeli ve başlıklı, bazen de gayet şık birer bey gibi gezip dolaşan Heyeti Nasiha Müfrezesi üyelerinin gördüğü hizmetlerin başında özellikle askerler içinde İstanbul Hükümeti ve Padişah tarafına eğilimi olan her söz ve hareketi takip etmek ve asker kıtalarını Ankara Hükümeti ve Büyük Millet Meclisi saflarına kazandırmak gelmektedir. Bunun yanı sıra Heyet, Dürrizade Abdullah Efendi'nin fetvasının düşman baskısı ile istemeyerek yapılıp yayınlandığı ve Padişah Vahdettin'in düşman topları karşısında sarayında esir bir hâlde bulunduğu propagandasını yaymıştır. Herhangi bir isyan hareketine karşı askerin uyanık bulunmasını sağlamış, aksi propaganda ile karşılaşılırsa derhal kumandanlara haber vermiştir. Askere Anadolu'nun her tarafında büyük hazırlıklar olduğu ve düşmanın bir gün mutlaka mağlup edileceğini söylemiş, firarileri toplamıştır. Heyet ayrıca Rumların Serası Matbaasındaki ipekten yapılmış Yunan bayraklarının bulunup çıkartılmasına ve askerî isyana sevk edenlerin yakalanıp tecrid edilmesine yardım etmiştir. Bir buçuk ay kadar Trabzon'da kalan Heyeti Nasiha üyeleri temmuz ayında Yeni Dünya vapuru ile Giresun'a dönmüş, Osman Ağa ve Hüseyin Avni Bey'e teşekkür mektubu getirmişlerdir.

Aslında mayıs ayında Trabzon'da Osman Ağa ile Trabzon Vali Vekili ve Fırka Kumandanı Rüştü Bey arasında yapılan görüşme bazı nedenlerden dolayı çok sert geçmiş, Rüştü Bey, Osman Ağa'ya hakaretler savurarak tehdit etmeye başlamış, bunun üzerine Osman Ağa henüz Heyeti Nasiha Müfrezesi kurulması konusundan habersiz bir şekilde görüşmeyi terk etmiştir.

Giresun'da Millî Mücadele'den rahatsız olan, menfaatleri tehlikeye düşen bazı kişiler Giresun'da olup biten hadiseleri Vali Vekili Rüştü Bey'e olduğundan farklı anlatmışlar, Trabzon'da millî makamları Osman Ağa'nın aleyhine çevirmeye başlamışlardır. Rüştü Bey, daveti üzerine Trabzon'a varan Osman Ağa'yı bu aleyhte propagandaların etkisi altında karşılamış, Kale'de yapılan son görüşmede Osman Ağa'yı tehdit bile etmiştir. Osman Ağa da tehdit ve hakaretler üzerine Rüştü Bey'e *"Sen her vakit ve her saat görüştüğün beş on gavur taraftarının ağzına bakarak bizim gibi millet, vatan yolunda ölmeyi ahd edenleri tehdit ve tahkir edersen memlekete fenalık etmiş olursun. Biz zaten ölmüş adamlarız. Elinden ne gelirse geri bırakma, böylelikle bakalım kime hizmet edersin."* demiştir. O sırada yanlarında Servet Bey, Hafız Mehmet Bey, Barutçuoğlu Ahmet Bey, Hacıalihafızzade Ömer Efendi ve Hopalı Erkanı Harp Ali Rıza Bey de vardır. Ali Rıza Bey, Osman Ağa'yı Birinci Dünya Savaşı'ndan tanıyan, onun hizmet fedakârlıklarını yakından görüp takdir eden bir zattır. Osman Ağa da kendisine hürmet ve muhabbet duymaktadır. Ali Rıza Bey araya girerek iki tarafa da ricada bulunup olası bir faciayı önlemiştir.

Ancak Rüştü Bey öfkesini yenemeyerek Giresun'a bir tabur göndererek Osman Ağa ve adamlarını mahvedeceğini söyler. Korku nedir bilmeyen Osman Ağa da *"Tabur değil alayını al gel bakalım ne yapacaksın."* diyerek görüşmeyi terk eder. Kapıda bekleyen arkadaşlarını da alarak dışarıya doğru yürüyüp kapının önünde bekleyen faytona binerek Mumhane Önü'ne çekmesini emreder. Hiddet ve üzüntüsünden gözleri yaşarmış bir şekilde olup biteni arkadaşlarına anlatmaya başlar. Osman Ağa ve arkadaşları Giresun'a dönmek üzere motora bindikleri sırada iki inzibat ve bir polis koşa koşa yanlarına gelir. Polis, Osman Ağa'ya Alay Kumandanının selamı olduğunu, mutlaka görüşmek istediğini ve Kale'de beklediğini söyleyip bir de eline kapalı zarf verir. Zarfı okuyup arkadaşları ile kısa bir görüşme yapan Osman Ağa, geleceklerini söyleyerek inzibat ve polisleri gönderir. Kaleye vardıklarında Ali Rıza Bey tek başına beklemektedir. Osman Ağa ve arkadaşlarını içeri alır, Ağa'yı teselli edici bir dille konuşur hem de görüşme isteğinin sebeplerini anlatır. Osman Ağa Heyeti Nasiha Müfrezesi kurulma isteğini o zaman öğrenir. Sonra hep beraber Hükümet Konağı'na giderler. Rüştü Bey, Osman Ağa ve yanındakileri kapıda karşılar. Ali Rıza Bey, Rüştü Bey ve Osman Ağa "Heyeti Nasiha" konusunu bir müddet görüştükten sonra hep beraber çıkarlar, Osman Ağa'yı makam kapısına kadar yolcu ederler.[240] Böylece kimsenin canı yanmadan durum tatlıya bağlanmış olur.

---

[240] Topallı, *a.g.e.*, s.55-60.

Osman Ağa'nın Teşkil Ettiği Giresun Gönüllü Taburu Ermeni Harekâtında

Ankara Hükümeti 8 Haziran 1920 tarihinde, Doğu Cephesi'nde Giresun kuvvetlerinin kullanılması kararını almıştır. Kazım Karabekir Paşa'nın Ermeni Harekâtı'nda kullanılmak üzere Giresun kuvvetlerini Kars'a çağırması üzerine Osman Ağa hemen bir gönüllü taburu oluşturma hazırlıklarına başlar. Hem Doğu Cephesi'ne gönderilmek üzere gönüllü toplamak hem de Bursa'nın Yunanlılarca işgal edilmesini protesto etmek amacıyla bir miting düzenlemeye karar veren Osman Ağa 15 Temmuz 1920 Perşembe günü nahiye müdürlerine ve Müdafaa-i Millîye reislerine gönderdiği telgrafta *"Yarın Cuma namazından sonra büyük bir miting verileceğinden cümleten merkez kazaya teşrifleriniz mütemennadır."* diyerek hepsini mitinge davet eder. 16 Temmuz 1920 Cuma günü Osman Ağa meydanında bir miting düzenlenir. Kurdoğlu Hacı Hafız Efendi Kur'an-ı Kerim'i açarak halka bir buçuk saat süren bir vaaz verir.[241] Millet ve memleketi her ne pahasına olursa olsun her vechile ve her şekil ile müdafaa etmek esası yeminle kabul edilir. Daha sonra Osman Fikret Topallı'nın teklifi ve Tomoğlu İsmail Ağa ve Osman Ağa'nın kabulü ile Keşap'ta bir miting yapılması kararı alınır. Espiye'den Piraziz'e kadar mektup ve telefonlarla herkes mitingden haberdar edilir. Belediye, Müdafaa-i Millîye ve askerî makamlar davet edilir. 21 Temmuz 1920 Çarşamba günü yapılan mitingde önce Osman Ağa, sonra Osman Fikret Topallı halka hitap ederler. Osman Fikret Topallı, Keşap mitingindeki konuşmasını şu sözlerle anlatmaktadır: *"Sonra Osman Ağa'nın emirleri ve geri yandaki hemşerilerin de arzuları üzerine ben de kürsüye çıktım. Söyledim de söyledim. Çünkü içim dert ve yara doluydu. Hepsini döktüm. Taburumuzun ikmalini Keşaplılardan diledim. Hay hay, kahrolsun düşmanlar, yere geçsin hainler, and olsun öleceğiz, bu toprakları kimseye vermeyeceğiz gibi zaman zaman yükselen haykırış ve alkışlarla miting bitti."*[242] Bu mitinglerden sonra, Hüseyin Avni Alpaslan Bey ve Jandarma Komutanı Hamdi Bey'in de yardımları ile Giresun ve çevresindeki gençlerden bir tabur oluşturulur. Osman Ağa Giresun'dan 300, Ordu'dan 200, Tirebolu'dan 150, Görele'den 100, Akçaabat'tan 300 gönüllü toplamıştır. Giresun gönüllü taburu Ermeni Harekâtına katılmak üzere 12 Eylül 1920'de Trabzon'a gelir ve burada törenle karşılanır. Osman Ağa burada bir konuşma yaparak gözleri arkada kalmadan düşmanla vuruşmalarını ister ve Giresun'a

---

[241] Hacı Hafız Mustafa Zeki Kurdoğlu'nun günlüklerinden, torunu Ömer Faruk Kurdoğlu aracılığı ile.

[242] Topallı, *a.g.e.* , s.98-99.

döner.[243] Giresun gönüllü taburu Zigana ve Kop Dağlarını güçlükle aşarak Oltu ve Mardinik ilçelerine gelir.[244] Bu sırada Ermeni Harekâtı bitmek üzeredir. Savaşın son günlerinde Kars'a ulaşan tabur, savaş sonrası asayişin sağlanması için dört ay boyunca Kars'ta kalır ve 23 Ocak 1921[245] tarihinde merasimle uğurlanır.

Osman Ağa'nın Ecnebi Postacısı Atmacidi ve Arkadaşları ile Hesaplaşması

Çok şımarık bir Pontuşçu olan Atmacidi açıkça Pontus propagandası yapmakta ve bütün Giresun Rumlarını kışkırtmaktadır. Hatta Rumlara *"itidal"* tavsiye eden Metropolit Lavrandiyos'a bu sebepten dolayı Şaytaş Kilisesi'nde birkaç kurşun atmıştır. Bir gün Osman Ağa'nın kulağına Atmacidi'nin yabancı bandıralı bir vapura gidip gizlendiği haberi gelir. Osman Ağa bizzat vapura gider, Atmacidi'yi çağırır. Korku içinde yalvaran, el ayak öpen Atmacidi, Ağa tarafından affedilir. Aradan zaman geçer, Atmacidi bu sefer yabancı gemilere postalık yaptığı suçu sabitlenerek Osman Ağa'nın adamları tarafından yakalanır. İhanetleri bir bir yüzüne sayılarak infaz edilir. Çok geçmeden beş arkadaşı, Yorika vb. Gogora'da kilise yanında bir lağım içinde yakalanarak bunlar da infaz edilirler.[246]

Osman Ağa'nın Mustafa Kemal Paşa'ya Gönderdiği Pontus'la İlgili Rapor

20 Temmuz 1920 tarihinde Osman Ağa, Mustafa Kemal Paşa'ya bir telgraf çekerek bölgedeki Pontus faaliyetlerini şöyle açıklamaktadır:[247]

Gayet mühim ve müstaceldir.
Giresun 20.7.36 Bizzat Paşa Hazretleri tarafından açılacaktır.
(20 Temmuz 1920)
"Karadeniz öteden beri Yunan amal ve efkârını besleyen ve bu uğurda maddi manevi fedakârlıklardan çekinmeyen bir memleket var ise o da malumu samileri bulunduğu üzere Giresun'dur. Giresun, Yunan hayatının merkez sikleti ve tecelligâhıdır. Harb-i umumiyi müteakip akd edilen mü-

[243] Beyoğlu, *a.g.e.* , s.154.
[244] Sarıbayraktaroğlu, *a.g.e.* , s.114.
[245] Menteşeoğlu, *a.g.e.* , s.96.
[246] Topallı, *a.g.e.* , s.194.
[247] CA. nr. A-III-7, D-18 f-66-1; Şener, *a.g.e.* , s.178-179. , Menteşeoğlu, *a.g.e.* , s.94. , Beyoğlu, *a.g.e.* , s.157.

tareke bidayetinde memleketimizde Türk ekmeği ile büyüyen herifler fevkalade izharı galeyan ederek Yunanlılığa karşı besledikleri emelleri meydanı aleniyete koymuşlardır. Şimdiye kadar yalnız fesi giydikleri hâlde feslerini atarak şapkaya çevirmişlerdir. O zamanlar memleketimizin vaziyeti siyasiyesi henüz devre-i inkişafa girmemiş olduğundan bu herifler hakkında mukabil tedbirler ile memlekete faide yerine zarar verir zannıyla tehir etmiştik. O zamanlar ara sıra Yunan torpidoları memleketimizi sık sık ziyaret etmekte idiler. Yunan Salib-i Ahmeri teşkil edeceğiz diyerek memleketimize sokmadıkları esliha kalmamış idi. Hükümetin acz vaziyetinde bulunmasına ve Müdafaa-i Millîye Cemiyetlerinin henüz teşkil edilip, hali faaliyete gelmemiş bulunmasından herifler arzularına muvaffak oldular ve milletlerini teslih ettiler. Riyaseti celilerinin 14 Nisan 1336 ve 4 Temmuz 1336 tarihli tamimlerinden ordumuzun eslihaya olan şiddeti ihtiyacı izah edilmektedir. Ahali-i Müslime ellerinde mevcut eslihayı Müdafaa-i Millîye'ye verilmekte ve bu sayede Millî Kuvvetler teşkil ve techiz edilmektedir. Bu mübrem ve eşedd cemiyetimiz Rumlarda bulunan eslihanın teslimini defaatle söylemiş ise de şimdiye kadar hiçbir silah verilmemiştir. Şüpheli şahsiyatta silahlar bulunmuştur. Rumların nihayet üç güne kadar silahlarını teslim etmelerini heyeti idaremizce verilen karar üzerine Metropolithane vasıtası ile tebliğ ettik. Bu müddet zarfında silah teslim etmeyenlerden öteden beri Pontus meşgul ve Yunan amal ve efkârını taşıyan bu nankörlüğünün dimağı mesabesinde olan maazallah bir düşman sefaininin memleketimize vürudu ve akabinde memlekette büyük bir ihtilal çıkaracakları muhakkak olan miktarı altmış yetmiş kişiden ibaret olan ehemmiyeti müstaceliyetine binaen dahile tebid edeceğiz. Bu mühim mesele hakkında bizim düşünmediğimiz cihetler hakkında müddetin inkızasından evvel tenvir buyurmanızı arz ve istirhama mücaseret eylediğim maruzdur."

Giresun Müdafaa-i Hukuk Cemiyeti Reisi Osman

Şikayetler Üzerine Mustafa Kemal Paşa Osman Ağa'ya Telgraf Gönderiyor

Trabzon Vali Vekili Rüştü Bey 8 Ağustos 1920 tarihinde Osman Ağa'nın faaliyetleri hakkında Büyük Millet Meclisi Başkanlığına bir telgraf çekerek bazı bilgiler verir. Osman Ağa'nın yapmış olduğu bazı faaliyetlerin işgale sebep olacağını düşünen Rüştü Bey, Osman Ağa'nın Rumlara karşı faaliyetlerini kendi kafasına göre değil, Büyük Millet Meclisi kararları uyarınca yapması gerektiğini ifade eder. Telgraf metni:

Büyük Millet Meclisi Başkanlığına

1-Cevap: 17 Ağustos 1920'de Trabzon durum ve konumu gereği olarak başka vilayetlerle karıştırılmayacak özellik taşımaktadır.

2-Eski Giresun Müdafaa-i Hukuk şubesi reisi Osman Ağa belki yurt sevgisi nedeniyle bazı taşkınlıklara başvurmakta ve özellikle son ve kesin bildirilere karşın Büyük Millet Meclisi ile doğrudan doğruya temasını sürdürmeye kalkılması ve yazdıklarına çoğunlukla isteği çerçevesinde cevap alması cüret ve cesaretinin artmasına sebep olarak doğrudan doğruya hükümetin işlerine karışmakta ve bu yüzden vilayeti zor bir duruma getirmektedir. Osman Ağa'nın durumu hakkında Vali Hamit Bey'den izahat alınarak vilayetin bundan sonraki dirlik ve düzenliğinin sağlanması ve Osman Ağa'nın taşkınlıklarına son verilmek üzere kazayı ve vilayeti çiğnemeyerek doğrudan doğruya Ankara ile ilişki kurmaktan yasaklanmasını istirham ederim.

3-Vilayetin sahil kasabalarının ekserisinde Rumlar bulunduğundan bunlar hakkında yerel değil genel bir surette Büyük Millet Meclisi'nce kararlaştırılacak esaslar çerçevesinde işlem yapılması daha uygun olur düşüncesindeyim. Giresun'da Osman Ağa'nın eli ve aracılığı ile yapılacak bireysel işlemler daha sonra bu sahillerden bir veya birçok mıntıka her ne yoldan olursa olsun düşman işgaline duçar olursa memleketin nazarında o eşkıyanın yegâne sebep ve amili olmak üzere telakki edileceği kuşkusuzdur. Hatta Osman Ağa'nın Giresun'da bugünkü vaziyetini yakından takip edenler bu taşkınlıklarla memleketin başına bir işgal belası getirebileceğini söylüyorlar. Uzaklaştırma veya sürgün meselesini yüksek başkanlıklarıyla muhabere hâlinde olduğumuzu söyleyerek Ankara'dan veya vilayetten bir emir almadan o yolda bir harekette zinhar bulunulmamasını Osman Ağa'ya buradaki mıntıka komutanımız aracılığı ile bildirdiğimi arz ederim.

Vali Vekili
3. Fırka Komutanı
Rüştü

Büyük Millet Meclisi de cevaben Osman Ağa'nın durumu hakkında Vali Hamit Bey'den gerekli bilgilerin alınarak vilayetin asayişinin sağlanması ve taşkınlıkların önlenmesini istediklerini Rüştü Bey'e bildirir.[248] Mustafa Kemal Paşa da şikayetler üzerine Osman Ağa'ya bir telgraf çekerek "Hizmet ve va-

---

[248] Beyoğlu, *a.g.e.* , s.159.

tanseverliğini takdir ettiğini, fakat muamelelerinde daima hükümeti sağlamlaştıracak şekilde hareket etmesini, hükümetin nüfuzunu görünüşte bile olsa güçlendirmesini" tavsiye eder.[249]

2. Düzce İsyanının Başlaması, Osman Ağa'nın Amasra'ya Hareketinin Emredilmesi

Trabzon, Giresun ve Büyük Millet Meclisi arasında yazışma trafiğinin hızlandığı günlerde ikinci Düzce isyanı patlak vermiş ve Osman Ağa'ya vakit geçirmeden Amasra'ya hareket etmesi emredilmiştir.

Birinci Düzce ayaklanmasının güçlükle bastırılmasının ardından, Millî Kuvvetler Yozgat ayaklanmasını bastırmak üzere görevlendirilerek bölgeden ayrılmışlardı. Bu durumu fırsat bilen Abhaz ve Çerkezlerin Düzce ve Bolu civarında ikinci defa ayaklanması ile 8 Ağustos 1920'de ikinci Düzce isyanı başladı. Mustafa Kemal Paşa 9 Ağustos 1920'de Osman Ağa'ya gönderdiği acele ibareli telgrafta derhal deniz yoluyla Amasra'ya gitmesini emretti. Telgraf metni:

Ankara/9.8.1920
Giresun'da Müdafaa-i Hukuk Reisi Osman Ağa'ya

Vatanseverliğinize teşekkür ederim. Teşkil ettiğiniz kuvvetle birlikte derhal deniz yoluyla Amasra'ya hareket ediniz. Oraya vardığınızda daha ayrıntılı bilgi ve talimat verilecektir. Henüz silahları olmayan kısmı Giresun'da bırakınız. Geri kalanları da daha sonra silah verdirtip arkanızdan göndereceğim.

Büyük Millet Meclisi Başkanı
Mustafa Kemal

İkinci Düzce isyanı Ali Fuat Paşa'nın çabalarıyla 28 Ağustos 1920'de bastırılmıştır. 23 Eylül 1920'de bölgedeki bütün isyanlar tamamen sona ermiştir. Osman Ağa'nın 2. Düzce isyanının bastırılmasında nasıl bir görev üstlendiği henüz bilinmemektedir. Ancak Mustafa Kemal Paşa'nın telgraf çektiği tarihin Düzce'deki isyanın başlamasından bir gün sonra olması, Osman Ağa ve maiyetindeki kuvvetlerin isyan bölgesine yakın olan Amasra'ya gitmelerinin emredilmesi ve arkalarından silahlı kuvvet gönderileceğinin belirtilmesi gibi detaylar bizlere Osman Ağa'nın Düzce isyanının bastırılması üzere görevlendirildiğini düşündürmektedir.

---

[249] Beyoğlu, *a.g.e.* , s.159.

Vali Hamit Bey ve Kaymakam Hüsnü Bey'in Osman Ağa ile Mücadelesi

Rizeli Ahmet Reis'e ait bir motor Batum'dan aldığı silahları İnebolu'ya götürmek üzere yola çıkar. Motor Giresun civarlarında bozulur. Ahmet Reis, Osman Ağa ile silahları İnebolu'ya götürülmesi konusunda 400 liraya anlaşır. Bozulan motordan Osman Ağa'nın motoruna silahlar yüklenirken Ahmet Reis Kaymakam Hüsnü Bey'in yanına giderek Osman Ağa'nın silahlarını zorla kendi motoruna yüklediğini söyler. Hüsnü Bey, Jandarmaya haber vererek silahları iskeleye indirtir. Osman Ağa iskeleye gelip Ahmet Reis ile münakaşa eder. Ancak Ahmet Reis'e bir şey yapmak niyetinde değildir. Adamlarını Ahmet Reis'in bulunduğu liman dairesine gitmemeleri konusunda uyarır. Osman Ağa'nın uyarılarına uymayan oğlu İsmail, liman dairesine giderek Ahmet Reis ile kavga eder. Ahmet Reis silah çeker. Çıkan kargaşada Osman Ağa'nın adamları tarafından başından vurulan Ahmet Reis yaralanır. Osman Ağa *"niye vurdunuz?"* diyerek adamlarına kızar. Ahmet Reis'in adamları silahlanarak Giresun'a gelirler.

Zaten Osman Ağa'yı içeri tıkmak için fırsat kollayan Kaymakam Hüsnü Bey bu olaylar üzerine Ağa'yı tutuklama emri verir. Jandarma Komutanı Suphi Bey de *"asker olmadığı hâlde asker elbisesi ve subaylar gibi çizme giydiği"*[250] için Osman Ağa'yı sevmemektedir. Suphi Bey on sekiz jandarma eri ile birlikte Osman Ağa'nın etrafını[251] sarar. Sonrasında, henüz vur emri gelmeden Jandarma erlerinden Tonyalı Ali, Osman Ağa'ya ateş etmeye başlamış ancak şans eseri kurşun Osman Ağa'ya isabet etmemiş, balkon demirine çarpıp sekmiştir. Tonyalı Ali de Osman Ağa'nın adamlarından Gümüşreisoğlu İbrahim tarafından vurulur. İbrahim Gümüş olayı şöyle anlatmaktadır:

> *"Kaymakam Osman Ağa'yı vurmak için adam aramaya başladı. Sonunda bir Jandarme eri bulundu. Jandarma eri, Osman Ağa'yı vuracağı sırada Osman Ağa'nın korumalarından olan İbrahim Gümüş yani benim tarafımdan vuruldu. Cezamı çekmek üzere hapsedildim. İki sene ceza çektikten sonra affedildim."*[252]

---

[250] Sarıbayraktaroğlu, *a.g.e.* , s.125.

[251] Sarıbayraktaroğlu olayın belediye binasının yanında bulunan otel önünde gerçekleştiğinden bahsederken, Beyoğlu ise eserinde Ekşioğlu Mehmet Ağa'nın gazinosundan bahsetmektedir. Topallı ise olayın gerçekleştiği yerden 'Karadeniz Oteli' şeklinde bahsetmiştir.

[252] Cavit Akın, *Giresun Tarihi ve Kültürel Değerlerimiz*, İstanbul, 2004, s.24.

Resim 14 - *Ortadaki Gümüşreisoğlı İbrahim*
(Candemir Sarı Arşivinden)

Askerlik Şubesi Başkanı Hüseyin Avni Bey askerleri ile birlikte olay yerine gelir. Osman Ağa'nın bulunduğu otele girmek ister. Kapıdaki muhafız *"yasak"* diyerek kendisini içeri almayacağını söyler. Hüseyin Avni Bey *"Bana da mı yasak?"* der. *"Evet"* cevabını alır. Osman Ağa bu konuşmayı duymuştur. Adamlarına *"Gelsin!"* diye seslenir.[253] O sırada Albay Rasim Bey, Jandarmanın ateşi durdurmasını emreder, güçlükle olayları yatıştırır. Rasim Bey'i Giresun'daki durumu ve Osman Ağa'yı incelemek üzere Ankara Hükümeti görevlendirmiştir. Birkaç gündür İskele Başı Otelinde kalmakta olan Rasim Bey, Osman Ağa ile konuşur ve anlaşır. Böylece Hüsnü Bey'in Osman Ağa'yı tutuklama hayalleri de suya düşmüş olur.

Trabzon Valisi Hamit Bey, Osman Ağa'nın gün geçtikçe bölgede nüfuzunu artırmasını hazmedememiştir. Giresun Kaymakamı Hüsnü Bey'e tutuklanmasını ve imha edilmesini emretmiş, bunu başaramayınca Dahiliye Nezaretine gönderdiği şifre ile *"Osman Ağa'nın himaye edilmesine son verilmesini"* istemiştir. Hamit Bey'in cevaplanmayan bu isteğini birkaç kez daha tekrarlaması üzerine Ankara Hükümeti kendisini Erzurum Valiliği'ne atmıştır.[254] Ankara Hükümeti'nin bu hareketi Hamit Bey'in Osman Ağa hakkındaki iddialarını ciddiye almadığını ve gereksiz bulduğunu işaret etmektedir. Görüldüğü gibi Osman Ağa'nın mücadelesi yalnız Pontusçulara veya dış güçlere karşı değildir. Ankara Hükümeti'ne bağlı bir vali bile Osman Ağa'ya karşı körü körüne bir düşmanlık beslemektedir. Osman Ağa'nın tutuklanması veya öldürülmesi halinde Giresun'daki hatta tüm Karadeniz'deki Türk halkının öksüz bir çocuk gibi korumasız kalacağını hesap etmeyen, Millî Mücadele döneminden geçil-

---

[253] Sarıbayraktaroğlu, *a.g.e.* , s.119-120.
[254] Beyoğlu, *a.g.e.* , s.166.

diğini unutan ve kişisel hırslarına kapılarak Osman Ağa ile uğraşan Hamit Bey Erzurum'a nakledilerek gerekli uyarıyı almıştır.

Osman Ağa ve Mustafa Kemal Paşa Arasında Bazı Yazışmalar

Osman Ağa 12 Eylül 1920 tarihinde Mustafa Kemal Paşa'ya bir mektup yazarak Giresun Müdafaa-i Millî'ye Cemiyetinin zaten Kaymakamlık ile işbirliği içinde olduğunu, bu nedenle haberleşmenin doğrudan kendisi ile yapılmasını, böylece kendisinin memleket için daha fazla çalışacağını beyan eder. 16 Eylül 1920'de gönderdiği telgrafta ise Giresun halkının, emirlerine amade olduğunu söyler. Mustafa Kemal Paşa da 18 Eylül 1920 tarihli cevabında *"Hidamat-ı vataniyenize teşekkür ederim. Fedakâr Giresun ahalisine selamımın tebliğini rica ederim, efendim."* [255] diyerek Giresun halkına selam ve teşekkürlerini göndermiştir.

Albay Rasim Bey'in Osman Ağa ve Giresun'un Durumu Hakkındaki Görüşleri

Rasim Bey, Giresun'daki durumu değerlendirdikten sonra Mustafa Kemal Paşa'ya bir mektup yazar. Mektupta Giresun Kaymakamı Hüsnü Bey'in İstanbul Hükümeti'ne bağlı olduğunu ve bu zatın kaymakamlık görevinden alınması hatta Karadeniz sahilindeki mevkilerden hiç birine atanmaması gerektiğini söyler. Yerine Ankara Hükümeti'ne bağlı olan ve Osman Ağa ile işbirliği edeceğine kesin gözüyle bakılan Daniş Bey'in veya Vakfıkebir Kaymakamı İsmail Hakkı Bey'in getirilmesini ister. Osman Ağa'ya eskiden olduğunu gibi iltifata devam edilmesinin vatanın selameti açısından önemli olduğundan bahseder. Mustafa Kemal Paşa bu mektuba düştüğü notta Osman Ağa'ya itimat ve muhabbetinin daimi olduğunu belirtir.[256] Albay Rasim Bey'e cevaben şu şifreyi[257] gönderir:

Türkiye Büyük Millet Meclisi Riyaseti
Kalemi Mahsus
Şifre Numara:391
Ankara
26.9.1920
TRABZON'DA MİRALAY RASİM BEYEFENDİ'YE

---

[255] Beyoğlu, *a.g.e.*, s.170.
[256] Beyoğlu, *a.g.e.*, s.171.
[257] *Atatürk'ün Bütün Eserleri*, C. IX, s.395.

Giresunlu Osman Ağa'ya itimat ve muhabbetimiz daimidir. Giresun Kaymakamı Hüsnü Bey hakkında Dahiliye Vekaletine özel olarak icap eden tebligat yapılmıştır.

Büyük Millet Meclisi Reisi
Mustafa Kemal

Albay Rasim Bey 2 Ekim 1920 tarihli telgrafında Giresun'da durumun çok fena olduğunu bildirir. Mustafa Kemal Paşa aynı tarihli cevabında Trabzon Valisi Hamit Bey ile Giresun Kaymakamı Hüsnü Bey'in görevden alınacağını bildirir. Albay Rasim Bey 6 Ekim 1920'de Osman Ağa'nın Ankara Hükümeti'ne bağlı olduğunu söyler ve Riyasetle doğrudan doğruya haberleşmesinin devam etmesini ister. 7 Ekim 1920'de Mustafa Kemal, Albay Rasim Bey'in isteğini kabul eden telgrafı gönderir. Telgraf metni[258]:

Türkiye Büyük Millet Meclisi Riyaseti
Kalemi Mahsusa

GİRESUN'DA CEBELİBEREKET MEBUSU MİRALAY RASİM BEYEFENDİ'YE

Kendisine öteden beri büyük bir itimat ve teveccüh bulunan Osman Ağa'nın lüzum gördükçe eskiden olduğu gibi Riyaset'le şifreli haberleşmesi tabiidir, efendim.

Büyük Millet Meclisi Reisi
Mustafa Kemal

Bu olaylardan sonra Kaymakam Hüsnü Bey ve Jandarma Komutanı Suphi Bey, Osman Ağa'nın kendilerinden intikam alacağı korkusuna kapılarak Giresun'u terk etmişlerdir.

TBMM ile Sovyet Rusya Arasındaki Silah Sevkiyatında Osman Ağa'nın Rolü Var mıdır?

Türk Millî Mücadele'sinin özünü kavrayamamış olan Sovyet Rusya, Anadolu'da Bolşevizm'in yayılması adına Büyük Millet Meclisi'ne hatırı sayılır

---

[258] *Atatürk'ün Bütün Eserleri*, C. X, s.35.

miktarda para ve cephane yardımı yapmıştır. Çiçerin, 2 Temmuz 1919'da Halil Paşa nezaretinde Rusya'dan Anadolu'ya 6 sandık içerisinde toplam 500 kg altın göndermiş, bu yardım Sovyet Rusya'dan gelen ilk yardım olmuştur.[259] 24 Ağustos 1920 tarihinde Bekir Sami Bey başkanlığında Moskova'ya giden ilk Büyük Millet Meclisi heyetiyle Sovyet Rusya Hükümeti arasında imzalanan antlaşma taslağının hemen ardından askerî uzmanların ilk toplantısı yapılmış ve askerî yardımın deniz yolu ile yapılması kararlaştırılmıştır. Cephane, silah ve diğer malzemeler Rusya'nın Tuapse ve Novorosisk Limanlarında alınacak, Trabzon, Samsun ve İnebolu üzerinden Anadolu içlerine ulaştırılacaktır. Bu sevkiyatın çok gizli yapılması gerektiğinden gerek Rusya gerekse Türk tarafı bu gizliliği çok iyi korumuşlar ve sevkiyatın düşman tarafından belirlenmemesi için olağanüstü önlemler almışlardır. Karadeniz üzerinden cephane ve silahın taşındığı ilk sefer 22 Eylül 1920 tarihinde gerçekleşmiştir.[260] Aralık 1920'ye kadar Tuapse Limanı'ndan toplam 3.387 tüfek, 3.624 sandık cephane, 3.590 kasatura Trabzon'a nakledilmiştir. Bu cephane daha sonra Trabzon'dan motorlarla taşınmış, özellikle İnebolu'ya çıkartılarak Batı'ya ulaştırılmıştır.[261]

Sovyet Rusya'nın Tuapse kentindeki Sovyet ordusu yöneticilerinin başta silah temini olmak üzere çeşitli konularda Osman Ağa'ya yazmış oldukları mektuplar oldukça dikkat çekicidir. 26 Ağustos 1920 tarihli ve Atinalı Kolafadisi imzalı mektupta Kolafadisi, Osman Ağa tarafından gönderilen Hüseyin Efendi ile buluşup Phelanov Zinin'in de yardımıyla istediği kadar silah temin edeceğini belirtmiştir. Osman Ağa'nın bu silah temini girişiminin, Büyük Millet Meclisi ile Sovyet Rusya arasında yapılan antlaşma uyarınca gerçekleşen silah sevkiyatının bir parçası olup olmadığı tartışma konusu olmuştur. Kolafadisi'nin Osman Ağa'ya gönderdiği mektubun Rusya ile silah sevkiyatı antlaşmasının imzalandığı 24 Ağustos 1920 tarihinden iki gün sonra yazılmış olması, silah sevkiyatının yapıldığı Trabzon – İnebolu sahil hattında Osman Ağa'nın nüfuzu, Osman Ağa'nın daha önce Havza'da görüşmüş olduğu Mustafa Kemal Paşa'ya gönülden bağlılığı ve Ankara Hükümeti'nin emirlerini sahilde harfiyen uygulamış olması göz önünde bulundurulduğunda *"Osman*

---

[259] Ülkü Çalışkan, "Türk Kurtuluş Savaşında Sovyet Rusya'nın Mali ve Askerî Yardımları", *Karadeniz Araştırmaları Dergisi*, Sayı. 9, 2006, s.39.

[260] Mehmet Perinçek, *Atatürk'ün Sovyetlerle Görüşmeleri*, İstanbul, 2011, s.59-61.

[261] Çalışkan, *a.g.m.*, s.49.

Ağa, Ankara Hükümeti'nin Sovyet Rusya'dan Millî Mücadele için silah temin etmesinde rol oynamış mıdır?" sorusu akıllara gelmektedir. Diğer mektuplar incelendiğinde Osman Ağa'nın Rus Hükümeti'nce tanındığı ve kendisinden övgüyle söz edildiği görülmektedir. Rus 9. Deniz Ordusu Bölüğü Şefi Lebedev, Osman Ağa'ya *"Karadeniz Kıyısı Türk Kuvvetleri Başkumandanı"* şeklinde hitap etmektedir. Phelanov Zinin'in *"Anadolu Kıyıları Giresun Şehri Komünist Parti Temsilcisine"* başlığıyla Osman Ağa'ya gönderdiği mektup da oldukça dikkat çekicidir. Burada Osman Ağa için söylenen *"Komünist Parti Temsilcisi"* ibaresinin, Osman Ağa'nın bu fikri benimsemiş olduğundan dolayı kullanılan bir ibare olmayıp Büyük Millet Meclisi ve Sovyet Rusya Hükümetlerinin yakın ilişki içinde olmalarından kaynaklı bir ibare olduğu düşünülmektedir.

Mektup metinleri[262]:

* *Muhterem Ağa!*

Her ne kadar şahsınızı tanımıyor isem de vatan fedakârı olduğunuzu, isminiz Rusya Savet Hükümetlerinde istima' merkezlerinde nutuklarda şerefli ve şanı şöhretli isminiz alkışlanmıştır. Taraf-ı âlilerinden gönderilen memur-ı mahsusa Hüseyin Efendi ile yarın alessabah Yekaterinodar şehrine hareket ediyoruz. İstediğiniz kadar silah tedarik Plehanov Zinin iltimasıyla herhâlde alacağımızı ümid ediyoruz.

26 Ağustos 1920
Atinalı Kolafadisi

* *Tuapse Dağı*
28 Eylül 1920
Karadeniz Kıyısı Türk Kuvvetleri Başkomutanı Yoldaş Osman Ağa'ya

Saygıdeğer Yoldaşım!

---

[262] Topallı, *a.g.e.*, s.344-346.

Hem Türk hem de Rus bağımsız cumhuriyetlerinin çıkarlarının bekçiliğini yapan Türk misyonunun temsilcileriyle doğrudan temas kurarak önemli ulusal sorunların çözümü için alınan kararlar doğrultusunda her türlü yardımı gösteriyorum. Teknik işlerin gerçekleşmesi için temel ihtiyaçlar doğrultusunda aşırı sıkıntı çekerken, eğer mümkünse, Türk Cumhuriyetinin mevcut stoklarında olanların sevkini geri çevireceğim. Kendi açımdan zamanı gelince koşulsuz en dostane ilişkilerle, mevcut önemli işlerde her türlü yardıma hazırım.

Dost selamıyla

9. Deniz Ordusu Bölüğü Şefi
Lebedev

* Sovyetler Birliği
Kayıt Noktası No:6
Kafkas Cephesi Kayıtlarına göre
23 Eylül 1920
No:87
Kızıl Ordu

Anadolu Kıyıları Giresun Şehri Komünist Parti Temsilciliği'ne
Partide dendiği gibi Merhaba Sevgili Yoldaş,
Sizi komünistçe selamlıyor ve bildiriyorum. Gönderdiğiniz proletarya çocukları için sizlere minnettarız. Silahlar hakkındaki ricanız yerine getirilecek, çoğu zaten gönderiliyor ve sizin emrinizde olacak. Hüseyin Efendiyev ve Hüseyin Kalafaciyeva'nın selamları var. Onlar 25 Ağustos tarihinde silahları almak için Yekaterinodar'a geliyorlar. Ele geçirilen gemi malzemelerinin gönderilmesini bekliyorum. Türklerin durumu hakkında bilgi edinebilmemiz için benimle devamlı temas kurmanızı rica ediyorum. Sovyet Rusya hakkında bilgi verme sırası benimdir. Kırım gazeteniz varsa acilen bana gönderiniz.

Adresim: Kafkas Cephesi, 6 numaralı kayıt noktası Tuapse Şefi Phelanov Zinin

1-Değerli Osman Ağa sizden grup kartlarınızı çıkarmanızı ve birkaç tane göndermenizi rica ediyorum.

2-Askerî kıyafetlerinizin temini için bize birkaç silahlandırılmış kişi gönderiniz./Lazisk/ ve bu vesileyle sizden birkaç takım göndermenizi rica ediyorum. Hazır sivil elbise malzemeleri çoraplar v.b.

3- Gömlek ve elbiseleri yıkamaya malzeme, kolonya, sigara ve daha fazlası...

4-En önemlisi 100 şişe konyak göndermeyi unutmayınız. Siz genel olarak daha zenginsiniz, ama size ihtiyacınız olandan fazlasını gönderme sırası bizdedir. İhtiyacınız olanlar size Yoldaş Hüseyin Efendiyev tarafından gönderilecektir.

5-Biz onunla dostça yaşıyoruz ve hatta ben kendimi ona bıraktım. Birlikte faydalandığımız konuk odası için teşekkür ederim. Size komünist selamı ile görüşünceye kadar hoşça kalın diyorum.

Yoldaş Phelanov Zinin

* Sovyetler Birliği
Liman Komiseri
26 Eylül 1920
Tuapse Şehri
Giresun'da Yoldaş Başkan Osman Ağa'ya

Saygıdeğer Yoldaş.

Eğer sizin için ilk fırsatta, koyu mavi veya siyah renkte erkek kıyafeti malzemesi ve 12 metrelik siyah kumaştan bayan ceketi, bir çift 35 numara bayan ayakkabısı, bir iki düzine erkek çorabı göndermeniz zor olmayacaksa geri çevirmemenizi rica ederim. Ve tabii ki, yardımcılarım için bir tane koyu mavi veya siyah kumaştan erkek elbisesi, siyah kumaştan palto, bir iki düzine erkek çorabı ve bir çift 28 numara erkek ayakkabısı rica ediyorum.

Liman Komiseri
(İmza)

M. Şakir Sarıbayraktaroğlu da Osman Ağa'nın Sovyet Rusya ile yaptığı silah sevkiyatından şu sözlerle bahsetmiştir:

"Ankara Hükümeti 23 Nisan 1920'de kurulduktan sonra Osman Ağa bu yeni kurulan hükümete silah ve cephane göndermeye başlamıştı. Kendisi de Ankara'ya gidecekti fakat buna bir türlü fırsat bulamıyordu. Gi-

resun'da evvela silah ve cephane işleri gönüllü çete ve asker toplama gibi birçok iş vardı."[263]

"Osman Ağa ayrıca yine kendisi Rusya'ya fındık gönderiyor, iç gönderiyor, teneke teneke şarap gönderiyor, karşılığında silah ve mermi geliyor, ekseri fındıkların karşılığı teneke teneke altın geliyordu. Osman Ağa evvelce düşman olduğumuz yer ile şimdi ticari anlaşma gibi Ruslarla böylerce alışveriş yapıyordu. Vatanın kurtulması için böyle çarelere başvuruyorduk.

Büyük devlet olan İngilizler, Fransızlar, İtalyanlar şimdi başdüşmanımızdı. Cephaneyi nereden alabilirdik? Şunu da söyleyelim ki o tarihlerde Rumlar içimizde idiler ve güzel şarap yaparlardı. Giresun'da ise fındık bahçelerinde bol miktarda üzüm vardı. Rumlar fıçılara küplere şarap dolduruyor, ağızları lehimlendikten sonra Rusya'ya gönderiliyordu. Ruslar da kendi menfaatleri icabi bize bu silahları veriyorlardı."[264]

Osman Ağa'nın Dinî Meselerdeki Hassasiyeti

Osman Ağa dinî meselelerde oldukça titiz bir yapıya sahiptir. Dini ve millî meseleleri bir bütün olarak görmekte, birbirinden ayırt etmemektedir. Gençlerin dinî eğitim alması için çaba sarfeden Osman Ağa dinî gün ve gecelere de ayrı bir ehemmiyet vermektedir. Zaman zaman çarşı içine bizzat kendisi gidip şarap fıçılarını kendi eliyle deviren Osman Ağa, zina ve fuhuş olaylarına karşı da sert tedbirler almaktadır.

M.Şakir Sarıbayraktaroğlu Osman Ağa'nın dinî meselelerdeki hassasiyetini şu sözlerle anlatmaktadır:

"Osman Ağa din üzerinde de pek alakalı idi. Millî Mücadele yıllarında 1318-1320 doğumlulardan hafız yetiştirmek için çalışıyor, bunların hakiki din adamı olması için büyük tedrisat görmüş hocalara okutturuyordu. Bunların askerlikle hiçbir ilgisi yoktu. Hepsinin başlarında sarık vardı, tuhafı şu idi ki bizler kahvelerde bağlama çalarken bu delikanlılar da heves ederler, onlar da bağlama çalmak isterlerdi. Bağlamayı ellerine alacakları sırada sarıklarını başlarından alırlar, yanlarına bırakırlardı. Bizler de bunlar bağlama çalarken şaka yapar takılırdık, hoca geliyor diye. Fakat hocalarının bizim olduğumuz kahveye çıkmayacağını anlarlar, aldırmazlardı. Ama Osman Ağa geliyor, dedik mi bağlamayı ellerinden bırakırlar hemen

[263] Sarıbayraktaroğlu, *a.g.e.*, s.123-124.
[264] Sarıbayraktaroğlu, *a.g.e.*, s.97.

sarıklarına sarılırlardı. Bizler de bu yaptığımız şaka karşılığı gülüşürdük ve pek de hoş olurdu.

Osman Ağa ayrıca ramazanda teravih namazından evvel, gece gezer, kahvelere bakar, namaza gitmeyen gençleri kaldırır, haydi bakalım abdest alıp doğru camiye diye bağırırdı ve sizi şimdi tekrar gelip camide göreceğim, derdi. Bizler de namaz vakti Ağa'nın geldiğini duyarsak ya deniz kenarına kaçar veya abdest alıp camiye giderdik. Çünkü hepimizi tanırdı, kim camiye gidiyor, kim gitmiyor bilirdi.

Osman Ağa bir de fahileşelere çok kızardı. Hatta bir sabah mahallemizde bir hadise olmuş, bir kadın yüzünden beş altı kişi birbirine girmiş, silahlar patlamıştı. Onlar dağıldıktan sonra çok geçmeden Osman Ağa geldi. Ve burada tahkikata başladı. Kendisi Gemilerçekeği Mahallesi'ne gitti. O kadını getirtti, saçını ustura ile dibinden kazıttı. Bazı kimselerin de bıyığını dibinden kazıttı. Ağa böyle şeyleri hiç sevmezdi."[265]

Osman Fikret Topallı da Osman Ağa'nın fuhuşla mücadelesini şu sözlerle anlatmıştır:

"Yine 1920 senesi idi. Ankara'da hükümet henüz kurulmuştu. Osman Ağa, Giresun'da birtakım hususi icraata başlamıştı. Bunlardan biri de kadın olsun erkek olsun fuhuş ve şenaatle mücadele idi. (...) Zaman zaman birer suretle fahişeler ortadan sır oluyordu. Bu icraat Giresun'dan nahiyelere sirayet etmişti. Ne oldu, nasıl oluyor, buna kimse akıl erdiremiyordu. Bu icraatın memlekette tesiri görülmüştü. Artık kaçan, memleketten çıkıp gidebilen canını kurtarabiliyordu."[266]

Osman Ağa'nın Ankara'ya İlk Gelişi ve Muhafız Takımının Kuruluşu

1920 yılı Ekim ayına gelindiğinde Millî Mücadele'nin başlamasının üstünden bir yıldan fazla zaman geçmesine rağmen Mustafa Kemal Paşa'yı ve Büyük Millet Meclisini koruyacak bir muhafızı takımı henüz oluşturulmamıştı. Esasında Mustafa Kemal Paşa, Osman Ağa'yı mayıs ayının başında Ali Şükrü Bey'in Muhafız Müfrezesi kurulması hakkındaki önergesi kabul edilir edilmez Ankara'ya davet etmiş, ancak Kazım Karabekir Paşa, Osman Ağa'nın Giresun'da kalmasının Pontus çeteleri ile mücadele açısından elzem olduğu için onu göndermemişti. Osman Ağa'nın yerine İsmail Hakkı Bey gönderilmiş ve Mustafa Kemal Paşa'nın refakat subaylığı (koruma) ile görevlendirilmişti.

[265] Sarıbayraktaroğlu, *a.g.e.*, s.97-98.
[266] Topallı, *a.g.e.*, s.187-188.

Mustafa Kemal Paşa özellikle Çerkez Ethem tehlikesi karşısında İsmail Hakkı Bey'in emrindeki kuvvetleri yeterli görmemiş olacak ki, ekim ayı başlarında Osman Ağa'yı en güvendiği adamları ile birlikte Ankara'ya davet etmiştir. Daveti memnuniyetle kabul eden Osman Ağa ve adamları, 14 Ekim 1920 Perşembe günü sabahı Giresun'dan Samsun'a doğru yola çıkmak için hazırlanırlar. Yola çıkmadan önce Osman Ağa henüz çok genç olan Kerim'i Ankara'ya götürmek üzere annesinden izin ister. Annesi Kerim çok küçük ve tek oğlan olduğu için Kerim'i vermek istemez.[267] Osman Ağa da Kerim'in annesini kırmaz ve Kerim, Giresun'da kalır. Yola çıktıktan sonra, ilk olarak Vona'ya oradan da Ünye'ye uğrarlar. Ünye'de biraz dinlendikten sonra Terme'ye hareket ederler ve geceyi Terme'de geçirirler. Ertesi sabah hazırlanan atlarla Terme'den Samsun'a geçerler. Karadeniz Otelinde bir hafta kaldıktan sonra Gerze'ye varırlar.[268] Gerze'de Harbioğlu (Harbo, Hırbo) adlı eli kanlı bir Rum eşkıyası vardır. Osman Ağa'nın Gerzeli tanıdıkları bu Harbo'dan epeyce dertlidirler. Durumu Osman Ağa'ya anlatırlar. Osman Ağa da Gerze'ye uğramışken Harbo'nun işini bitirmeyi düşünmektedir.

Osman Ağa önce Harbo'nun dükkânına iki adamını gönderir. Harbo henüz dükkâna gelmemiştir. Fakat tezgâhtar vardır. Adamlar, Harbo zannettiklere tezgâhtara *"Osman Ağa seni istiyor"* derler. Gelmek istemeyince tezgâhtarı öldürürler.[269] Bu arada Osman Ağa Harbo'nun yerini bilse bilse o bilir diyerek Kaymakam'ın yanına gider. Osman Ağa, doğruca Kaymakam'ın odasına çıkar ve ona bölgedeki en azılı Rum Pontus çetesinin başı olan Harbo'nun nerede olduğunu sorar. Kaymakamın mıntıkada astığı astık, kestiği kestik Rum eşkıya hakkında bir şey bilmiyor olması bir tarafa, ileri geri konuşması üzerine Osman Ağa, Kaymakam'ı tartaklamaya başlar. Daha sonra Osman Ağa, Harbo'nun kayınbiraderi, çetenin baş yardım ve yatakçısı, onların her türlü ihtiyaçlarını karşılayan Hıristos'u Kaymakamlığa çağırtır. Hıristos'a da Harbo'nun yerini sorar, o da *"bilmiyorum, haberim yok."* gibi cevaplar verir. Bununla da kalmaz, birden celallenip: *"Siz kimsiniz? Sizin gibi çetecilerin beni sorguya çekmesi ne haddine!"* der. Bunun üzerine Osman Ağa'nın adamlarından Mustafa Kaptan, Hıristos'u tabancayla vurarak öldürür. Kaymakam'dan Harbo'nun yerini öğrenemeyen Osman Ağa birkaç Türk dükkânına uğrar, buradaki muhbirlerinden Harbo'nun Dranaz Dağı'na kaçtığını öğrenir ve peşine düşer. Küre Dağları silsilesinin batı uzantısındaki Dranaz Dağı, Gerze sahillerinden 35-40 km içeridedir. Sinop'u Boyabat üzerinden İç Anadolu'ya bağlayan yol, bu dağdan geçer. Dranaz üzerindeki köylerden biri

---

[267] Sarıbayraktaroğlu, *a.g.e.*, s.125.
[268] Beyoğlu, *a.g.e.*, s.176, 177.
[269] Sarıbayraktaroğlu, *a.g.e.*, s.128.

Bürnük'tür ve bu köyün yakınında yolun kenarında *"Kurtlu Han"* adında bir konaklama yeri vardır. Osman Ağa ve adamlarının Gerze'den ayrıldıkları günün gece yarısını geçen saatlerinde Kurtlu Han'dan dışarı Rumca müzik sesleri, naralar, nidalar gelmektedir. Aniden hanın kanatlı kapılarının ikisi birden güçlü bir tekmeyle ardına kadar açılır. Lüks ve idare lambaları ile salonun ucundaki ocağın alevlerinin aydınlattığı geniş salonda Harbo ve Pontusçu çete mensupları çalgılar eşliğinde çengi oynatmaktadır. Pontusçuların hepsi birden buz kesilir. Hiçbiri, duvarda asılı olan silahları şöyle dursun, yanlarında duran mavzerlerine bile davranamazlar. Osman Ağa ve adamları karşılarındadır. Rum Pontusçular, büyük küçük bütün dillerini yutmuş, gözleri fal taşı gibi dışarı fırlamış hâldeyken Osman Ağa konuşmaya başlar:

– *Ulan palikarya enikleri! Türk köylerinde korumasız insanları soyar soğana çevirirsiniz, onlara zulüm ve tecavüzlerinizin zaferi diye mi burada alem yapıp çengiler oynatırsınız? Yunan'ın İzmir'e, İngilizlerin Samsun'a çıkmasıyla şımarıp bu toprakların efendisi mi olacağınızı aklınız kesti? Nankör domuzlar, şimdi ben sizin gibilerin nasıl avrat gibi oynatılacağını gösteririm! Soyunun lan hepiniz! Dümbelekçiler! Siz de biraz önceki Rum gıygıyını çalın!*

Adamlarına; ocak başında bulunan, ekmek ve yufka pişirmede kullanılan 6-7 sacı işaret ederek *"Şunları ısıtıp salonun ortasına koyun!"* emrini verir.

Nihayet Harbo'nun dili çözülür:

– *Ağam etme eyleme, biz ettik sen etme, bağışla...*

– *Ulan Türk düşmanı Hırbo, seni artık bütün Rum kiliselerinin duaları bile kurtaramaz, yaltaklanıp durma!*

Uzun sürmez, Kurtlu Han'dan gruplar hâlinde yükselen mavzer sesleri yükselmeye başlar. Gün ağardıktan çok sonra, gene de korka korka Kurtlu Han'a girebilen civardaki Türk ve Rum köylüler, Harbo ve adamlarının leşe dönmüş cesetlerini irkilerek izlemekten; salonun duvarına kömürle yazılmış yazıyı epey geç fark ederler. Duvarda şunlar yazılıdır:

"Rum Pontuslular! Vatana ihanet edenler ve Türk ahaliye eziyet çektirenler yerlerde gördükleriniz gibi tepelenecektir.

Giresun Müdafaa-i Millîye Reisi Osman Bey[270]

Bu olaylar yaşanırken Hırbo'nun tezgâhtarının ve Hristos'un öldürülmesi üzerine Gerze Kaymakamı, Sinop Mutasarrıfı'na bir telgraf çeker durumu anlatır. Mutasarrıf, Osman Ağa'nın derhal tevkif edip Sinop'a gönderilmesi emrini verir. Kaymakam birkaç jandarma alıp Osman Ağa'nın yanına gelir. Mutasarrıf'ın emrini gösterir. Osman Ağa, Kaymakam'a *"Siz rahatınıza bakın,*

---

[270] Osman Pamukoğlu, *Ey Vatan*, İstanbul, 2004, s.36-41.

ben Sinop'a gider Mutasarrıf Bey'e teslim olurum.'' der. Harbo'nun işini bitiren Osman Ağa gönül rahatlığı ile Sinop'a geçer. Mutasarrıf'ın yanına gider, *"ben Giresunlu Osman beni istemişsiniz, geldim.''* der. Mutasarrıf Bey beklemediği bu cesaret ve imalı tanıtım karşısında *"Sizin maiyetinizdeki birisize böyle bir telgraf çekse siz ne emir verirdiniz.''*[271] diyerek kendini savunur. Yarım saat kadar sohbet edip memleket meseleleri konuşurlar, daha sonra Ağa ve adamları sabah erkenden şiddetli poyraz altında İnebolu'ya doğru yola çıkarlar. Kötü hava şartları nedeniyle Sinop Ak Liman ve Çatalzeytin'de mola verirler. 29 Ekim 1920 tarihinde İnebolu açıklarına gelirler.

Resim 15 - *Muhafızlar İnebolu'da*

Çok şiddetli fırtına nedeniyle alabora olma tehlikesi yaşarlar. Kıyıya yakın motorları parçalanan Osman Ağa ve adamlarını, kendilerini karşılamaya gelen İnebolulular kurtarır. İnebolu Belediye Reisi İlyas Kaptan ve İnebolu Kaymakamı Ahmet Kemal Bey de Osman Ağa'yı karşılamaya gelmişlerdir. Osman Ağa'nın geleceğini duyunca tir tir titreyen İnebolulu Pontusçular ise çareyi kaçmakta bulurlar. Zira Harbo ile aynı kaderi paylaşmak istemezler. İnebolu'da kaldığı iki gün içinde İnebolu Müdafaa-i Hukuk Cemiyetini kuran Osman Ağa, Kastamonu'ya doğru yola çıkar. Soğuk havada yapılan bu yolculuk sırasında bazı köylerde biraz oturup köylülerle sohbet eden Osman Ağa ve adamları Kastamonu'ya varırlar. O gece bir otele yerleşip dinlenirler. Sabah, Kastamonu eşrafı ile bir toplantı yapan Osman Ağa burada da Müdafaa-i Hukuk Cemiyetini kurduktan sonra aynı gece Çankırı'ya geçer. Sabah, Ankara'ya doğru yola çıkar ve nihayet öğleye doğru Ankara'ya varırlar.

Ankara'ya gelen Osman Ağa ve adamlarını Mustafa Kemal Paşa'nın Başyaveri Salih Bey karşılar ve Taşhan Oteli'ne yerleştirir. Ertesi gün Pa-

---

[271] Sarıbayraktaroğlu, *a.g.e.* , s.128-129.

şa'nın huzuruna çıkacak olan Giresunlular yöresel kıyafetlerini giyerler. Osman Ağa son bir kez adamlarını kontrolden geçirir. Son kontrolleri yapan Osman Ağa herhangi bir eksikliğin olmadığını görünce adamları ile birlikte Paşa'nın huzuruna çıkmak üzere yola düşer.

Mustafa Kemal Paşa, Osman Ağa ve adamlarını sevgiyle karşılar ve hepsiyle tek tek ilgilenir. Beraber akşam yemeği yerler. Yemekten sonra sohbet ederler; Mustafa Kemal Paşa, Osman Ağa'dan Giresun yöresel kıyafetleri ile ilgili bilgi alır. Osman Ağa yağdanlık, fişeklik, kavdanlık gibi aksesuarlar hakkında Paşa'ya bilgi verir. Keşaplı Köseoğlu Hamit'in koltuk altındaki kemençe Mustafa Kemal Paşa'nın ilgisini çekmiştir. Osman Ağa'ya *"Bu ne?"* diye sorar. Osman Ağa *"Kemençedir Paşa Hazretleri, bunlar ateş altında da olsalar ufacık bir boşluk buldular mı Hamit kemençesini çalar, uşaklar da oynarlar."* diye cevap verir. Mustafa Kemal Paşa yine oynamalarını ister. Oyunun bir yerinde silah sesi duyulur ama Giresunlular oyuna devam ederler. Biraz sonra Co Hüseyin'in bacağından topuğuna doğru kan akmaya başlar. Mustafa Kemal oyunu durdurup yaralının hastaneye gitmesini ister. Co Hüseyin *"Paşa'm biz böyle yaralara alışığız."* diyerek hastaneye gitmeyi reddeder. Osman Ağa da *"Paşa Hazretleri bunlar ölürler de horonu bitirmeden bırakmazlar"* der.[272] Kemençe tekrar çalar ve horona devam edilir. Oyun bittikten sonra Co Hüseyin hastaneye gönderilir. Osman Ağa ile konuşan Mustafa Kemal Paşa en güvendiği on kişiyi kendine muhafız olarak Ankara'da bırakmasını ister. Böylece Büyük Millet Meclisi Riyaset-i Celile Muhafız Bölüğünün ilk mangası Giresun uşaklarından oluşturulur. Mustafa Kemal Paşa'nın ilk muhafızları Gümüşreisoğlu Mustafa Kaptan, Ahmetcanoğlu Kırlak Hüseyin, Tığlıoğlu Ömer, Soluoğlu Hüseyin, Aşıkoğlu Galip, Alişıhoğlu Mehmet, Yılancıoğlu Hasan, Osmanoğlu Ali, Osmanoğlu Sarı Mustafa, Kemençeci Köseoğlu Hamit'tir.[273] Osman Ağa adamlarına aldıkları görevin çok ciddi olduğunu söyler ve sözlerine devam eder: *"Paşa Hazretlerinin muhafazası yalnız ve yalnız size aittir. Onu her yerde siz koruyacaksınız. Uçan kuştan dahi. Paşa Hazretlerine en ufacık bir şey olursa kendinizi yok bilin. Hatta ve hatta geride bıraktıklarınızı da!"*

---

[272] Menteşeoğlu, *a.g.e.* , s.109.
[273] Menteşeoğlu, *a.g.e.* , s.110.

Resim 16 - *Osman Ağa'nın Emriyle Mustafa Kemal Paşa'nın Korumalığına Getirilen İlk Muhafız Grubu Ayaktakiler: Soldan, Osmanoğlu Sarı Mustafa, Mustafa Kaptan, Aşıkoğlu Galip. Ortada Oturanlar: Yılancıoğlu Hasan, Ali-şıhoğlu Mehmet, Kaymakamzade Asım, Hotmanoğlu Ethem. Öndekiler: Kemençeci Hamit, Osman Ağa'nın büyük oğlu İsmail. (Candemir Sarı Arşivinden)*

İngiliz Subayı H. C. Armstrong, Mustafa Kemal Paşa'nın muhafızlarından şu sözlerle bahsetmiştir:

"Bu evde, Karadeniz kıyısının güneyindeki dağlardan gelen Lazlar tarafından korunuyordu. Bunlar uzun bıyıklı ve bir kedi kadar çevik, yabanıl, gözü kara adamlardı. Görev esnasında kasılarak evin önünde bir aşağı bir yukarı yürürlerdi. Görevleri bitince Mustafa Kemal'in onlara vermiş olduğu koyunlara bakmak için dağlara giderlerdi. Onlara iyi para veriyor, özel ayrıcalıklar sağlıyordu. Kazakların giydiklerine benzeyen yırtmaçlı siyah üstlük ve uzun çizmelerden oluşan giysilerini almış ve onları Osman Ağa adında, tanınmış bir laz eşkıyasının kumandası altına vermişti."[274]

Mustafa Kemal Paşa'nın çok iyi korunduğu Sovyet raporlarına da geçmiştir. Sovyet yetkilileri Aralov ve Abilov, Türkiye'yi ziyaret etmeleri ile ilgili *"23 Mart- 8 Nisan 1922 tarihlerinde Başkumandanlık Sahrasına, Konya'ya ve Ankara'ya Geri Dönüş Türkiye Cephesi Yolculuğu İzlenimleri"* başlıklı raporlarında Mustafa Kemal Paşa'nın korumaları ile ilgili şu sözleri söylemişlerdir:

---

[274] H.C. Armstrong, *Bozkurt*, (Çev: Gül Çağalı Güven), İstanbul, 1996, s.122.

"Erkek Lisesinin düzenlediği gösteriye, Kemal de davetliydi. Silahların da patladığı piyesler düzenlendi. Okul, Kemal'in çalıştığı yerden çok uzakta değildi. Lazlar (Kemal'in korumaları) okulda silah atıldığı haberini aldılar ve bir anda okulu kuşattılar, kimseyi binadan çıkarmadılar. Bu konuyu Kemal'in yaveri anlatıyor. Lazları yatıştırmaya çalışıyor ve silah atılmasının sadece tiyatro olduğunu, Paşa'nın tiyatroya zarar vermemelerini istediğini anlatıyor. Lazlar inanmıyorlar ve temsilcilerinin Paşa'nın yaşadığını görerek inandırılmalarını talep ediyorlar. Ne zamanki temsilcileri gelip Paşa'nın oturduğunu gördü, o zaman kordonu kaldırdılar."[275]

Resim 17 - 28 Mart 1922 Mustafa Kemal Paşa, Sovyet Elçileriyle Cepheyi Gezerken. Üç Giresunlu Muhafızdan Soldaki Çakıroğlu Hüseyin

Mevlüt Baysal'ın muhafızlar için kullandığı şu sözler de dikkat çekicidir:

"Ankara'da kaldığım bir hafta içinde bir gün, dalgın ve düşünceli bir hâlde Taş Han'ın oralarda dolaşırken bir kaynaşma oldu. Kulağıma, "Mustafa Kemal! Mustafa Kemal!" sesleri geldi. Bir de baktım, Anadolu Lokantasına doğru kol kola iki zat ilerliyordu. Bunlardan gri kalpaklı, gümüşi avcı elbiseli sarışın olanı idi. Ve etrafını, o'nu uzaktan takip eden bir hâle gibi, siyah elbiseli bir insan dizisi kuşatmıştı. Siyah başlıklar ve siyah kuşaklarda eller tetikte, Karadeniz çocukları büyük bir dikkat ve teyakkuzla adım adım ilerliyorlardı. Meşhur Osman Ağa'nın maiyetinden bir müfreze, o'nun etrafında muhafız kıtası vazifesi görüyordu. Bir arı uçsa vuracaklardı."[276]

Osman Ağa da aldıkları emir doğrultusunda Paşa'nın yanında arı olsa vuracak kararlılıkta olan Giresunlu muhafızlar, onun can güvenliğini muhafaza

---

[275] Perinçek, *a.g.e.*, s.359-360.
[276] Çiçek, *a.g.e.*, s.110.

ederek Millî Mücadele'nin devamlılığını sağlamışlar, böylece cephe gerisindeki en büyük hizmetlerden birisini yapmaya muvaffak olmuşlardır.

Çerkez Ethem'in Mustafa Kemal Paşa'ya Suikast Girişimi Osman Ağa'nın Teşkil Ettiği Muhafız Birliği Tarafından Önleniyor

Giresunlu muhafızlar göreve başladıktan beş gün sonra Çerkes Ethem, Mustafa Kemal Paşa'ya bir suikast girişiminde bulunmuştur. İsmet Paşa ile anlaşamadığını söyleyen Çerkez Ethem, düzenli ordunun emrine girmek istememektedir. Bu nedenle Mustafa Kemal Paşa ile arası gün geçtikçe daha da bozulur. Yozgat isyanını da bastıran Çerkez Ethem asilerin bir bölümünü de kuvvetlerine katar. İsyan sorumlularının yargılanması için kurduğu mahkemede isyanda ihmali olduğunu düşündüğü Ankara Valisi Yahya Galip Bey'i de yargılamak ister. Ancak Mustafa Kemal Paşa, Yahya Galip'in yargılanmasına izin vermeyince aralarındaki gerginlik öyle bir hâl alır ki Çerkez Ethem Yozgat isyanını bastırmasının ardından *"Büyük Millet Meclisi Reisini Meclisin önünde asacağım."*[277]der. Mustafa Kemal Paşa, Ethem'in bu sözünü unutmayarak Osman Ağa'ya durumu bildirir ve *"Ethem ve adamları gelirse etrafının sarılarak etkisiz hâle getirilmesini"* ister. Osman Ağa, Paşa'nın bu isteğine *"Canımız size feda olsun Paşa'm."* diyerek cevap verir ve adamlarını dikkatli olmaları konusunda uyarır. Mustafa Kemal Paşa böbrek rahatsızlığı nedeniyle Direksiyon Konağı'nda dinlenmektedir. Üzerinde geceleri giydiği keten gecelik, yorganın üzerinde tesbihi, sigara tabakası ve kül tablası vardır. Kastamonu İstiklal Mahkemesindeki görevinden yeni dönmüş olan Dr. Tevfik Rüştü Bey odaya girer. Rusya ile olan ilişkileri konuşmaya başlarlar.[278] Bu sırada kapı aniden açılır ve Çerkez Ethem silahlı olarak içeri girer. Ethem'in iki silahlı adamı da içeri girerek kapıyı kapatırlar ve kapıda beklemeye başlarlar. Birkaç adamı da merdivenlerde beklemektedir. Mustafa Kemal Paşa ve Dr. Tevfik Rüştü merak ve hayretle Ethem'e bakarlar. Mustafa Kemal Paşa bu gelişin art niyetli olduğunu bildiği için sağ elini yastığın altına sokmuş ve tabancasının kabzasını kavramıştır. Çerkez Ethem Mustafa Kemal Paşa'ya bakarak iki adım atar. Bu sırada Dr. Tevfik Rüştü elinde kahve fincanı, ne yapacağını şaşırmış hâldedir. Çerkez Ethem soğuk bir sesle konuşmaya başlar:

— *Geçmiş olsun Paşa'm, rahatsızlığınızı işittim de hazır Ankara'dayım bir bakayım, dedim.*

---

[277] Nuran Kılavuz, "Kahramanlıktan Vatan Hainliğine, Çerkez Ethem, Kuvve-i Seyyare'nin Teşkili ve Tasfiyesi", *Fırat Üniversitesi Sosyal Bilimler Dergisi*, C. XXI, Sayı. 1, s.274.

[278] Metin Özata, *Atatürk ve Tıbbiyeliler*, İzmir, 2009, s.238.

Ethem, Mustafa Kemal Paşa'nın yakınındaki koltuğa oturur. Paşa ise hiç istifini bozmadan eli tetikte konuşmasına devam eder.

– *Zahmet ettiniz Ethem Bey, hoş geldiniz. Buyurun oturun. Ya sizin tedaviniz, o nasıl gidiyor?*

– *Gidiyor, iyi gidiyor da iyi gitmeyen çok şey var. İsmet Bey'le mizacımız uyuşmuyor, geçinemeyeceğimiz katiyen anlaşılmıştır; onu başımızdan alınız. Yerine daha münasip, daha mülayim bir kumandan tayin edilsin. Her durumda bize suhulet gösterecek bir zat olmalı. Bu takdirde eminim ki her şey düzelecektir.*

Mustafa Kemal Paşa'nın cevabı nettir. Ölüm pahasına da olsa bildiğinden şaşmayan Mustafa Kemal Paşa, Ethem'e şu sözleri söyler:

– *Bu mümkün değil Ethem Bey! Karşımızdaki düşman muntazam bir ordudur. Çete onu taciz eder, ızrar eder, lakin mağlup edemez. Binaenaleyh muntazam ordu, bir zarureti harbiyedir. Sizin kumandanınıza merbut sarf mesai etmeniz de bir başka zaruret!*

Ethem'in eli yavaş yavaş silahına doğru gitmeye başlar ve sorar. *"Son sözün bu mudur Paşa?"* Mustafa Kemal Paşa *"Evet, budur!"* der. Bu sırada Ethem'in adamlarından biri içeri girer ve Çerkezce şöyle der: *"Binayı muhasara altına aldılar kumandanım. Buraya geliyorlar."*[279] Binayı saranlar Giresunlu muhafızlardır. Osman Ağa'dan aldıkları talimat sonucunda Ethem'in dışarıda bekleyen adamlarını etkisiz hâle getirip içeri girerler ve silahlarını Ethem'in üzerine doğrulturlar. Çerkes Ethem *"Öyle olsun, peki Paşa'm. Buyurduğunuz üzere davranırız."*[280] dedikten sonra şifalar dileyerek odadan ayrılır. Mustafa Kemal Paşa'nın Giresunlu muhafızları, Çerkez Ethem ve adamlarına fırsat vermemişlerdir. Mustafa Kemal Paşa'nın takdirini kazanan muhafızlar Osman Ağa'nın da güvenini boşa çıkarmamışlardır.

---

[279] Özata, *a.g.e.* , s.239.
[280] *Türk İstiklal Harbi*, C. VII, s.220.

Resim 18 - *Çerkez Ethem*

Osman Ağa'nın Teşkil Ettiği Muhafız Birliği Çerkez Ethem'in İkinci Suikast Girişimini de Engelliyor (27 Kasım 1920)

İlk suikast girişimi başarısız olan Çerkez Ethem, Mustafa Kemal Paşa'yı ortadan kaldırmakta kararlıdır. Yalnız şüphe çekmemesi gerekmektedir. Eski düşüncesinden büsbütün caymış görünür, uysal bir adam hâlini alır. Bu arada Diyarbakır Mebusu olan arkadaşı Hacı Şükrü Bey'in Taşhan'daki bekâr odasını kendine karargâh olarak seçer. Ethem'in kardeşi Reşit Beyi de yanlarına alarak burada bir suikast planı yaparlar. Plana göre Ethem'in adamlarından biri Mustafa Kemal Paşa'yı hemen her gün önünden geçtiği Taşhan yakınlarında tesadüfen rastlamış gibi durduracak ve kahve içmeye davet ederek[281] odaya getirecektir. Sonra da bir yolunu bulup Paşa'yı öldüreceklerdir. Ethem ve yanındakiler bu davetin güpegündüz ve Taşhan'ın önü gibi kalabalık bir yerde olacağı için planı uygulayıp uygulamamakta tereddüt ederler.

Osman Ağa ise Ethem'in bir kalleşlik yapacağını anlamış ve dört adamını Taşhan'a yerleştirmiştir. Ağa'nın adamları Trabzon'dan Ankara'ya tiftik keçisi yünü almaya gelmiş tüccar kılığına girmişler, şüphe çekmesin diye tiftik keçisi tüccarları ile sıkı pazarlıklar edip göstermelik olarak yün bile satın almışlardır. Osman Ağa'nın adamları Ethem'i göz hapsinde tutup ne yapıp ne ettiğini günü gününe Ağa'ya haber verirler. Suikast günü geldiğinde Ethem ve yanındakiler heyecan içinde beklemeye başlar. Bu gergin bekleyiş akşama

---

[281] *Atatürk'ün Sırdaşı Kılıç Ali'nin Anıları*, (Der: Hulusi Turgut), İstanbul, 2005, s.136.

doğru Mustafa Kemal Paşa'nın arabasının uzaktan görünmesi ile sona erer. Ethem adamını dışarı yollar ve olanları camdan izlemeye başlar. Ethem'in adamı akşam karanlığında Paşa'nın otomobilinin önüne birden fırlayarak, otomobili durdurmak ister. Şoför gaza basarak otomobili hızla olay yerinden uzaklaştırır. Olayı pencereden izleyen Ethem, Hacı Şükrü Bey'e *"Tüh! Bütün umutlar suya düştü."* diyerek hayıflanır. Bu hain plan da herkesin yün tüccarı zannettiği uşakların sayesinde önlenmiştir. Uşaklardan biri zaten göz hapsinde tuttuğu sokağın kenarında bekleyen adamın yanındakine ne yapacağını söylemesini duyup harekete geçmiştir. Adamın yanına gelince eli, cebindeki tabancanın tetiğinde olduğu hâlde, dalgınlıkla olmuş gibi adama omuz vurur. Aldığı omuz darbesi ile adam da yola fırlar. Otomobilin her iki yanında bulunan ve önceden olayı bilen iki Giresun uşağı muhafız bu zamansız fırlayıştan şüphelenir. Otomobilin durmamasını, hızla ilerlemesini şoföre haykırır.[282] Böylece 27 Kasım 1920 akşamı Mustafa Kemal Paşa'yı ikinci kez Çerkez Ethem'in suikastından kurtarmış olurlar.

Osman Ağa, Mustafa Kemal Paşa'nın Yakın Korumalığını Yapmak Üzere Yeni Muhafızlar Görevlendiriyor

Mustafa Kemal Paşa, Giresunlu muhafızlardan çok memnun kalmış ve sayılarının arttırılması istemiştir. Osman Ağa, Mustafa Kemal Paşa'nın yakın korumalığını yapmak üzere yirmi kişilik yeni bir müfreze teşkil etmiş, daha önce Paşa'nın korumalığını yapan on kişilik grubu da Giresun'a döndükten sonra gönderdiği ve üç takıma ayırdığı 100 kişilik birliğin içine katmıştır. Birliğin Bölük Komutanı Gümüşreisoğlu Mustafa Kaptan olurken Birinci Takım Komutanlığına Keşap Tepeköylü Hotmanoğlu Ethem, İkinci Takım Komutanlığına Pirazizli Oruçoğlu Aziz Çavuş, Üçüncü Takım Komutanlığına ise Kapı Mahallesi'nden Gıcıroğlu Muharrem Çavuş getirilmiştir.[283] Mustafa Kemal Paşa'nın muhafız çavuşluğu görevine ise Çakıroğlu Hüseyin getirilmiştir. 65 ay 23 gün boyunca Paşa'nın yakın korumalığını yapmış olan Çakıroğlu Hüseyin, Osman Ağa'nın kendilerini Mustafa Kemal Paşa'nın emrine vermesini şöyle anlatıyor:

"Saat 10'da Mustafa Kemal Paşa'nın yanına gitmek için yola çıktık. Yarım saat yol alarak bulunduğu mekâna varmıştık, Mustafa Kemal Paşa bizi kapıda karşıladı, Osman Ağa, Mustafa Kemal Paşa'ya dönerek "Paşa'm bunlar benim can arkadaşlarım emrinize amade olarak size getir-

[282] Alpaslan, *a.g.e.* , s.431.
[283] Çiçek, *a.g.e.* , s.111.

dim, ne buyurursunuz?" dedi. Mustafa Kemal Paşa genç ve omuzları genişti, Paşa'nın üstünde siyah uzun aba vardı. Önümüzde durdu, bizleri göz süzgecinden geçirdi. Osman Ağaya dönerek "İlk verdiğin arkadaşlarını geri alabilirsin ama yerlerine güvenebileceğin kişi vermek şartı ile iade ediyorum." dedi. Osman Ağa beni çağırdı: "Hüseyin Çavuş sen ve arkadaşların bundan sonra Paşa'mızın emrindesiniz, arkadaşlarının arasından kimi seçiyorsan seç, bana bildir." dedi. "Emredersiniz Ağa'm" deyip geri döndüm. Bana yakın olanlardan 20 kişiyi seçtim. 1-Ben Çakıroğlu Hüseyin 2-Uzuno Bekir 3-Çakıroğlu Ali 4-İbico Salih 5-Uzunoğlu Mustafa. 6-Türkmenoğlu Ali 7-Aladanoğlu İsmail 8-Ayaroğlu Celal 9-Eyüp Aydın 10-Patanoğlu İsmail 11-Şakiroğlu Temel 12-Kumasoğlu Mehmet 13-Tataroğlu Mustafa 14-Gümüşreisoğlu Ahmet 15-Seferoğlu Bayram 16-Karabulduklu Piç Salih 17-Yılmazoğlu Yakup 18-Cin Ali 19-Yakup Ayhan 20-Keşaplı Tilki Selim (Koçeroğlu Selim). Bu ismini saydıklarımı bir araya topladım "Osman Ağa bana Mustafa Kemal Paşa'yı koruma görevi verdi ve sizi de buna dahil ettim, ne dersiniz?" diye sordum. Hiçbirinden olmayız lafını işitmedim. Daha sonra Osman Ağa bizi Meclis'e götürdü. Osman Ağa içeri girdi, on dakika sonra Mustafa Kemal Paşa'yla dışarı çıktı, bizim önümüzde durdular. "İşte Paşa'm vaat ettiğim arkadaşlarım, Giresun Gönüllüleri, artık bundan sonra sizin emrinizdeler, çavuş olarak Çakıroğlu Hüseyin bu arkadaşlarımızdan sorumludur." dedi. Sonra döndü: "Paşamızı bir Giresunlu olarak sizlere emanet ediyorum, canınız pahasına koruyacaksınız. Sağlı sollu onu korumakla görevlisiniz!" deyip Mustafa Kemal Paşa'dan izin isteyip eski arkadaşlarıyla birlikte oradan ayrıldı.

Eskileri gitmiş, yerlerine biz gelmiştik, Mustafa Kemal Paşa "Hüseyin Çavuş sen ve dört arkadaşın hep bana yakın olun, öteki arkadaşları da binanın kapı girişlerine ve iç kısımlarında taksim et, kapılara yakın olsunlar, ben bina içinde bana yakın olmanızı istiyorum, ben emir vermeden bir yere ayrılmanızı istemiyorum." dedi. Arkadaşlarımı dediği yerlere taksim ettim. Ben, Aladanoğlu İsmail, Eyüp Aydın, Uzunoğlu Mustafa ve Karabulduklu Piç Salih, Mustafa Kemal'e refakatçi yani koruma görevini üstlendik..."[284]

Mustafa Kemal Paşa'nın yeni muhafızları Osman Ağa'dan aldıkları talimat sonucunda onu bir gölge gibi izlemeye başlarlar. Artık Mustafa Kemal Paşa nereye gitse muhafız müfrezesi de oraya gitmektedir.

---

[284] Çakıroğlu Hüseyin'in anılarından, torunu Mükerrem ÇAKIROĞLU aracılığı ile.

Resim 19 - *Osman Ağa ve Mustafa Kemal Paşa'nın Yeni Muhafızları Sağda En Başta Çakıroğlu Hüseyin*

Resim 20 - *Mustafa Kemal Paşa'nın Muhafızları Yemek Yiyor... Ağacın Yanında Ayakta Duran Çakıroğlu Hüseyin, Sağda Yerde Oturanlar Yılancıoğlu İsmail, Uzuno Mustafa*

Resim 21 - *Şubat 1922, Balıkesir, Mustafa Kemal Paşa Ortada, Sol Arkada Çakıroğlu Hüseyin*

Resim 22 - *Mustafa Kemal Paşa'nın Sağ Hizasında Çakıroğlu Hüseyin, Ağacın Yanında Aladanoğlu İsmail*

Resim 23 - *Ortada Mustafa Kemal Paşa, Sağ Başta Çakıroğlu Hüseyin*

Resim 24 - *Mustafa Kemal Paşa Ortada, Sağda Fevzi Paşa'nın Arkasında Çakıroğlu Hüseyin*

Resim 25 - *Solda Gümüşreisoğlu İbrahim, Subayların Arkasında Çakıroğlu Hüseyin*

Resim 26 - *Mustafa Kemal Paşa Ortada, Solda Karabulduklu Salih ve Uzuno Mustafa*

Resim 27 - *Mustafa Kemal Paşa Ortada, Sağda Aladanoğlu İsmail*

Resim 28 - *Mustafa Kemal Paşa ve Latife Hanım Otomobilde, Arkası Dönük Olan Çakıroğlu Hüseyin*

Resim 29 - *Mustafa Kemal Paşa Arkada, Önde Şoförün Yanında Oturan Çakıroğlu Hüseyin*

Resim 30 - *Mustafa Kemal Paşa Ortada, Sağda Çakıroğlu Hüseyin*

Resim 31 - *Latife Hanımın Baş Hizasında Arkada Çakıroğlu Hüseyin*

Resim 32 - *Ortada Ağaçların Arkasında Çakıroğlu Hüseyin*

Çerkez Ethem'in Üçüncü Suikast Girişimini Osman Ağa Bizzat Önlüyor

Çerkez Ethem, Ankara'dan ayrılmadan önce haddini aşan hareketlerine bir yenisini eklemiş, elli kadar silahlı adamı ile birlikte Çankaya Köşkü'ne gelmiş, adeta köşke baskın yapmıştır. Çakıroğlu Hüseyin'in anlatımına göre sonrasında şu olaylar yaşanmıştır:

"Sabah saat sekiz buçukta bir gürültü ile aşağıya indim. Kapıda Eyüp ve Karabulduklu Salih birkaç kişi ile ağız kavgası yapıyordu. Bu ne gürültü, bu ne gürültü, diye bağırdım. Eyüp, çavuşum bu beyler Paşa Hazretlerini görmek istiyormuş, dedi. Kim olduklarını bilelim, Paşa hazırsa onları ikâmetine çağırır, dedim. Ethem araya girdi, Paşa'ya 'Çerkez Ethem gelmiş, huzura çıkmak ister, deyin.' dedi. Ben de Paşa'nın odasına yöneldim, kapıya vurdum, gel deyince içeri girdim. Paşa'm, Çerkez Ethem sizinle görüşmek ister, dedim. Misafirhaneye buyur edin, on dakika sonra geleceğim, ben gelene kadar da misafirimiz ne istiyorsa verin, deyince müsaade istedim. Aşağıya indim; Eyüp, Paşa'nın emri var misafirlerimizi oda hanesine alın, dedim. Çerkez Ethem öfkelendi, kim ulan bu Paşa ki benim gibi bir adamı huzura kabul etmez, ben onun kölesi değilim, ben istediğim yere girer çıkarım, deyince Gavur Ali'yi çağırdım. Buradayım çavuşum buradayım deyince; Ali, benden sana izin şu merdivenlerden kim yukarı çıkarsa hiç gözünün yaşına bakma vur, dedim. Az sonra Paşa Hazretleri de geldi. Gazi Paşa önde, sol tarafında ben, sağ tarafında Gavur Ali, arkamızda Eyüp ile Salih var, iki adım gerisindeyiz Paşa'nın. İçeride kahve ikram edildi, Gazi Paşa siz çıkabilirsiniz kapıya iki nöbetçi bırakın, dedi. Eyüp ile Salih'i çıkarttım, bizler de kapıyı kapatıp önünde duruyoruz. Salih'i çağırdım, git bak bu adam kaç kişi ile gelmiş, dışarıda kaç adamı var, dedim. Salih gitti, beş dakika sonra gelip çavuşum tam tamına elli kişilik arkadaş topluluğu var hepsi de silahlı, kimisi de at üstünde beklemede, dedi. İçerde tartışma vardı, sesler gittikçe yükseliyordu, ses Çerkez Ethem'in sesi idi. Belli ki Ethem iyi niyetli gelmemişti. Bizden mevcut olarak çok kalabalıktılar, olası bir saldırı anında Paşa Hazretlerinin canını nasıl kurtarırız diye aklımdan geçirdim. Gerekirse hepimiz ölmeli, ama Gazi Paşa'yı oradan sağ çıkarmalıydık.

Tam o sırada Osman Ağa geldi. Osman Ağa ile birlikte bizim uşaklar hep birden kapı önüne yığıldılar. Aşağı indim, Ağa'm, içeride Çerkez Ethem, Paşa Hazretleri ile münakaşa ediyor dedim. Hemen yukarı çıktık. Osman Ağa, gir içeri geldiğimi söyle, dedi; ben de aniden içeri daldım. Tartışma bir anda kesildi, herkes bana bakıyordu. Paşa'm, Osman Ağa *geldi huzura girmek ister, deyince Gazi Paşa yerinden kalktı. 'Ethem, Ethem! Şimdi söyle ne söyleyeceksen!' demeye kalmadı Osman Ağa içeri damladı, gidin uşaklar bu Çerkez'in ne kadar adamı varsa etkisiz hâle getirin silahlarını alın ve bekletin' dedi. Uşaklar, Çerkez Ethem'in dışarıda mevzilenmiş adamlarını aşağıda teker teker toplayıp bir araya getirdiler.*

Çerkez Ethem, Osman Ağa'ya kilitlenmiş, onun konuştuklarını göz kırpmadan dinliyordu. Osman Ağa sesini yükselterek 'Bu canı Allah verdi, Allah alır, bizim senin gibi ihanetle, arkadan kalleşçe vurmayla işimiz olmaz, biz yiğitçe çarpışırız, ölürsek de namımız kalır. Biz Paşa'mıza ve arkadaşlarına hürmet ederiz, Ümmeti Muhammet için bir şeyler yapsınlar diye, bre ne demeye Paşa Hazretlerine kükrersin? Sen sahipsiz mi sanırsın Paşa'mızı? Emrinde onun için can verecek yüz elli uşak dışarıda bekliyor ne Paşa Hazretleri ne de bu millet sahipsiz değildir? dedi ve şimdi sana yapacağımı bilirim diyerek uşaklara işaret etti. Ethem'e bir şey olmasını istemeyen Gazi Paşa araya girdi, 'Ethem! Ethem! Seninle kaybedecek vaktim yok!' diyerek onu huzurdan kovdu. Çerkez Ethem aşağıya indiğinde arkadaşları bir araya toplanmış ve silahları alınmıştı. Osman Ağa pencereden kafasını uzatıp hepsinin serbest bırakılmasını emretti."[285]

Osman Ağa, Çerkez Ethem'i Ortadan Kaldırmayı Planlıyor

Ankara'da bu gelişmeler yaşanırken Batı Cephesi'nde düşmanın tahliye ettiği bazı yerlerde adli ve idari memurların olmayışından[286] faydalanmak isteyen bazı çeteler ve Kuvve-i Seyyare'ye mensup olduğu tespit edilen bazı kişilerin bu bölgelere girip yağma yaptıkları belirlenir. Yağmayı yapanlar, onların daha önce düşmanla işbirliği yaptıklarını gerekçe gösterirler. İsmet Paşa bölgenin korunması ve asayişin sağlanması için Eskişehir'den Simav Kumandanlığı namıyla bir jandarma müfrezesi gönderir. Ancak Ethem'in kardeşi Tevfik Bey bunun yapılmasını kendisine bir güvensizlik olarak algılar ve bu bölgenin asayişinin kendilerinden sorulduğunu ve böyle bir kumandanlığa gerek olmadığını belirtip birliği Kütahya'ya geri gönderir. Aynı zamanda cephe kumandanlığına isyan eder. Bu olaylar Erkan-ı Harbiye-i Umumiye'ye ve Hükümet'e aksetmesine rağmen Mustafa Kemal Paşa'nın ricası üzerine resmiyete intikal ettirilmiştir. Mustafa Kemal Paşa, İsmet İnönü ile Kuvve-i Seyyare birlikleri arasında yaşanan bu sürtüşmeler neticesinde gönderilen raporlar

---

[285] Çakıroğlu Hüseyin'in anılarından. Mükerrem ÇAKIROĞLU aracılığı ile.
[286] *TBMM Gizli Celse Zabıtları*, C. I, Ankara, 1985. s.281.

doğrultusunda, üç kez canına kast eden Çerkèz Ethem'le birlikte birkaç arkadaşını da yanına alarak İsmet Bey'i görmek üzere Eskişehir'e gitmeye karar verir.[287] Hacı Şükrü, Eyüp Sabri, Hakkı Behiç, Celal Bey, Çerkez Ethem ve kardeşi Reşit Beylere bu kararını bildirir. Üç kere Mustafa Kemal Paşa'yı öldürmeye kalkışan ancak başaramayan ve korku içinde olan Çerkez Ethem hasta olduğunu bahane ederek gelmek istememiştir. Zira Hacı Şükrü ve Eyüp Sabri Beyler'de bu yolculuğun Çerkez Ethem'i öldürmek için yapıldığını düşünmektedirler. Hâlbuki Mustafa Kemal Paşa kendine yapılan suikast girişimlerini bir kenara bırakmış, İsmet İnönü ile Çerkez Ethem ve kardeşlerinin arasını tekrar yaparak onları tekrar Millî Mücadele saflarına çekmeyi düşünmektedir. Mustafa Kemal Paşa vatanın kurtulması uğrunda Çerkez Ethem'e bir şans daha vermiştir. Suçlu olduğu için karşı hamle bekleyen Çerkez Ethem *"Bu iş kopacaksa en ince yerinden kopsun."* diyerek trene binmeye karar verir. İntikam peşinde olmayan Mustafa Kemal Paşa ise Çerkez Ethem'i Dr. Adnan Bey'e muayene ettirir ve kendi özel kompartımanını ona tahsis eder. Trene binerken Osman Ağa ve Çerkez Ethem göz göze gelir. Birbirlerine bir şey demezler. Çerkez Ethem kendisine tahsis edilen kompartımana doğru yürür. Daha sonra yaşananlardan Kılıç Ali anılarında şöyle bahsetmektedir:

"Trende Mustafa Kemal'in müfrezelerinden birinin kumandanı olan Topal Osman da vardı. Rahmetli, Mustafa Kemal'e o kadar bağlı idi ki Ethem'in şımarıklıkları karşısında dayanamayarak her an bir hadise çıkarmak istiyordu. Yolda giderken trende Ethem'in hareket anındaki münasebetsizliği mevzuubahis olurken bunu Mustafa Kemal'e karşı bir hürmetsizlik, bir isyan sayarak beni ve Recep Zühtü'yü bir tarafa çekerek: 'Ben bu Ethem'i, muvafakat ederseniz bu gece yok edeceğim!' demişti. Bu gibi kararları tatbikte hiç pervası olmayan Osman Ağa'ya katiyen böyle bir harekete kalkmamasını, Mustafa Kemal'in böyle bir şeyden hiç hoşlanmayacağı gibi bilakis kızarak kendisine karşı ciddi tedbirler almağa mecbur kalacağını ihtar etmiştik ve rahmetli Topal Osman da sözümüzü dinlemişti."[288]

[287] *TBMM Gizli Celse Zabıtları*, C. I, s.281.
[288] "Atatürk'ün Sırdaşı Anlatıyor", Hulusi Turgut, *Sabah,* 5 Kasım 1999.

Resim 33 - *Sağda Oturan Kılıç Ali,*
Sağda Ayakta Duran Osman Ağa

Görüldüğü gibi Çerkez Ethem, Kılıç Ali'nin Osman Ağa'ya *"Mustafa Kemal Paşa'nın böyle bir şeyden hoşlanmayacağını bilakis kızacağını"* söylemesi ile ölümden kurtulmuştur. Tren Eskişehir'de mola vermiştir. Mola uzun sürünce Mustafa Kemal Paşa bunun sebebini sormuş, Çerkez Ethem ve Hacı Şükrü Bey'in trenden indikleri ve henüz dönmedikleri cevabını almıştır. Akabinde Hacı Şükrü Bey trene binmiş ama Çerkez Ethem geri dönmemiştir. Hacı Şükrü Bey ile haber göndererek kendisinin çok rahatsız olduğunu artık yolculuğa devam edemeyeceğini bildirmiştir.

Osman Ağa ile İpsiz Recep Bir Araya Geliyor

Rizeli bir Kuvay-i Millîyeci olan İpsiz Recep 1862 yılında Rize'de doğmuştur. Annesi Cemile Hanım, babası Hüseyin Efendi'dir. Emiroğulları'ndan olan Recep genç yaşında çalışmak için İstanbul'a gider. Yelkenli teknesiyle Boğaziçi'nde çalışmaya başlar. Cesareti, gözü pekliği ve ataklığı sayesinde *"İpsiz"* lakabını alır. İstiklal Harbi başlayınca Recep 15 arkadaşıyla birlikte İstanbul'dan ayrılıp Kefken adasına gelir. Arkadaşları ile birlikte dinlendikleri bir zamanda yabancı bandıralı bir geminin kendilerine doğru geldiğini fark eder. İyice yaklaştığı zaman geminin Fransız olduğu anlaşılır. 15 arkadaşı ile birlikte gemiyi çevirip teslim alırlar. Gemiyi Sakarya Nehri'ne kadar getirip zamanın Karasu Bucak müdürüne teslim ederler. Geminin arpa yüklü olduğu görülür. Bu hareketinden sonra İpsiz Recep, Karasu'da karargâh kurup Ankara ile irtibat sağlar. Ankara Hükümeti kendisine Milis Kuvvetleri Komutanlığı olarak yüzbaşı rütbesi verir. Bundan sonra İpsiz Recep etrafında 1.800-2.000 kişi kadar genç toplar.

Resim 34 - *İpsiz Recep Emice ve Çetesi*

Mustafa Kemal Paşa, Rize Jandarma Alay Kumandanı Şükrü Bey'e emir vererek İpsiz Recep'in en yakın silah arkadaşı Hafız Muharrem'in kuvvetleriyle cepheye iltihakının sağlanmasını emretmesi üzerine; Rize, Hopa ve Ardeşen'de tellallar çıkartılarak yüzlerce insanın Hafız Muharrem'in emrine girmesi sağlanmıştır. Hafız Muharrem'in oğlu Mehmet Keçeli müfreze efradının toplanmasını ve Osman Ağa'yla olan görüşmeyi şöyle anlatmaktadır:

"Toplananların bir kısmı posta seferini yapan gemi ile bir kısmı da büyük bir motorla yola çıktılar. Trabzon'a vardıkları zaman Topal Osman Ağa'nın adamları ile karşılaştılar. Bu vesile ile eğlenceler tertip edildi, ziyafetler verildi. Topal Osman, çetenin ihtiyaçlarını karşılamak için beş yüz lira kadar para verdi. Bu para ile giden kuvvetlerin yiyecek ihtiyaçları karşılandı. Ereğli'ye gelip de İpsiz Recep'in yanına varıldığı zaman, İpsiz Recep, Topal Osman'a bu parayı iade etmiştir. Bu yolculuk çok güç hava şartları altında yapılmıştır. Trabzon'dan hareket ettikten sonra şiddetli bir fırtına çıkmıştı. Samsun'a büyük güçlükler içinde ulaşılmış ve fırtınanın geçmesini beklemek için orada altı gün beklemek mecburiyeti hasıl olmuştu. Ereğli'ye varan ve İpsiz Recep emrine giren eşkıya ve gönüllülerin sayısı 280 idi. Sonra diğerleri de gelecek 1.000 kişi olacaklardı. Bir ölüyor, bin doğuyorlardı onlar."[289]

---

[289] Mümin Yıldıztaş, *İpsiz Recep Emice*, İstanbul, 2009 s.97-99. ; Beyoğlu, *a.g.e.* , s.181.

Ankara Hükümetinin Pontus İsyanına Karşı İlk Yaptırımı

Ankara Hükümeti'nin Pontus hareketine uyguladığı ilk resmî baskı, 8 Kasım 1920'de 72 Samsunlu Yunan vatandaşı Rum'un tutuklanarak ertesi gün bir Avusturya gemisiyle sınır dışı edilmesidir.[290] Pontus çetelerinin İslam köylerine alçakça saldırılarını artırmaları ve halkı dehşete düşürmeleri üzerine Hükümet ilk ciddi adımını atmış, *"Anadolu merkezindeki asayiş meselesini halle memur kuvvetlerin büyücek bir kumanda altında birleştirilmesi"*[291] kararıyla Merkez Ordusunu kurarak 26 Kasım'da Nurettin Paşa'yı Merkez Ordusu Kumandanlığına kabul etmiştir.

Merkez Ordusu'nun sorumluluğu ise şöyle belirlenmiştir:

1. Sorumluluk alanı Samsun olacak, böylece Elcezire ve Doğu Cephesi'ne ulaşımda kolaylık sağlanacak.

2. Pontus çetecilerin Batı Cephesi'ne gidişi engellenecek.

3. Sivas civarındaki Kürtlerin bağımsız Kürdistan emeliyle Anadolu'yu bölmesi engellenecek.

4. Çerkezlik hareketlerine müdahâle edilerek Anadolu'nun bölünmesi engellenecek.[292]

Osman Ağa'nın Büyük Gayreti ile 42 ve 47. Giresun Gönüllü Alayları Kuruluyor

Merkez Ordusu'nun kurulması ve başına Nurettin Paşa'nın getirilmesinin ardından, 19 Aralık 1920 tarihinde Erkan-ı Harbiyeyi Umumiye Riyaseti Giresun Nizamiye Alayı'nın kurulmasına karar verir.[293] Osman Ağa da Giresun'u köy köy gezip gönüllü toplamaya başlar. 47. Alay mücahitlerinden, Dereli Çalca köyünden Hamurcuoğlu Kör Ali'nin de Osman Ağa'yla tanışması bu şekilde olmuştur. Birinci İnönü Savaşı'nda gözüne gelen şarapnel parçası sonucunda bir gözünü kaybeden ve hava değişimine gelen Hamurcuoğlu Ali, köydeki işlerini görmek için kazma kürek almaya Dereli'ye gittiğinde Osman Ağa ile karşılaşır. Osman Ağa kendisine burada ne aradığını sorar. Hamurcuoğlu Ali *"Hava değişimine geldiğini"* söyler. Osman Ağa yanındaki adamına *"Al kaptan bunu senin tabura!"* der ve Kör Ali de gönüllü alayına katılmış olur.[294] Osman Ağa'nın yoğun çalışmalardan sonra, bir buçuk ay içinde alay

---

[290] Tuğba Eray Biber, *Milli Mücadele Döneminde Doğu Karadeniz*, Mimar Sinan Güzel Sanatlar Üniversitesi Sosyal Bilimler Enstitüsü, Yüksek Lisans Tezi, s.131.

[291] Atatürk, *Nutuk*, s.612.

[292] Yılmaz, *a.g.t.*, s.79.

[293] Çiçek, *a.g.e.*, 124

[294] Hamurcuoğlu Kör Ali'nin anılarından, Şevket GÜNAL aracılığı ile.

kurulur. Alayın kumandanlığı Binbaşı Hüseyin Avni Alpaslan Bey, fahri kumandanlığını ise Osman Ağa yapmaktadır.

Resim 35 - Hamucuoğlu Kör Ali

Giresun Alayının Ümera ve Zabitanı:

1- Tirebolu'nun Cintaşı Mahallesi'nden Hüseyinyazıcıoğullarından Binbaşı Hüseyin Avni Alpaslan Bey
2- Giresun'un Hacı Hüseyin Mahallesi'nden Feridunoğlu Osman Ağa (Milis)
3- Küçüklü köyünden Kurdoğullarından Hacı Hafız Mustafa Zeki Efendi (Milis Müftü)
4- Çınarlar Mahallesi'nden Erzurumlu Dedeoğullarından Yüzbaşı Ziya bey
5- Çınarlar Mahallesi'nden Göksüzoğlu Yusuf Ağa (Milis Yüzbaşı)
6- Hacı Hüseyin Mahallesi'nden Gümüşreisoğlu İshak Efendi (Milis Yüzbaşı)
7- Hacı Hüseyin Mahallesi'nden Topçuoğlu Pehlivan İsmail Efendi (Milis Yüzbaşı)
8- Kapu Mahallesi'nden Yahyareisoğullarından Muammer Bey (Yedek Subay)
9- Küçüklü köyünden Hacıahmetoğullarından Hamit Efendi (Yedek Subay)
10- Küçüklü köyünden Kurtoğullarından Hacı Mehmet Bey (Yedek Subay)
11- Sultan Selim Mahallesi'nden Kabaköseoğullarından Celal Bey (Yedek Subay)
12- Sultan Selim Mahallesi'nden Bardakçıoğullarından Hafız Rıfkı Bey (Yedek Subay)
13- Kapu Mahallesi'nden Pastırmacıoğullarından İsmail Bey (Yedek Subay)
14- Tirebolu'nun Yeniköy Mahallesi'nden Şirretoğullarından Mehmet Ali Bey (Yedek Subay)

555

15- Giresun Hasankef köyünden [...] oğlu Durmuş Efendi (Yedek Subay)
16- Giresun'un Saraycık köyünden Muharrem Efendi (Yedek Subay) (Bahriyeli)
17- Hacı Hüseyin Mahallesi'nden Himmetoğullarından Hüseyin Bey (Mülazım)
18- Sultan Selim Mahallesi'nden Mollaoğlu Orhan Ali Mehmet Efendi (Yedek Subay)
19- Kapu Mahallesi'nden Sarıalioğlu Ömer Ağa torunu Ahmet Şerafettin Bey (İhtiyat Alay Zabıt Memuru)
20- Hacı Hüseyin Mahallesi'nden Tosyalı Mehmet Ali Bey (İhtiyat Alay Zabıt Memuru)
21- Çandırçalış köyünden Karacaoğullarından Durmuş Efendi (Yedek Mülazım)
22- Akköy'den Topçuoğlu Mustafa Efendi.(İhtiyat Mülazımı)
23- a-Piyade mülazım-ı evveli Selim Bey (Gönüllü Taburda Yaver idi)
    b- Küçük Ahmet'ten Deli Hasanoğlu Mustafa Efendi (Milis Mülazım)
24- Alınyoma köyünden Kumbasaroğlu Mustafa Efendi (Milis Yüzbaşı)
25- Eriklimanı Bölükbaşıoğlu Ali Efendi (Milis Mülazım)
26- Kayabaşı köyünden Tahtacıoğlu Dursun Efendi (Milis Mülazım)
27- Ontemmuzdan Mollabekiroğlu Tahsin Efendi (Milis Mülazım)
28- Trabzonlu Kadri Bey (Muvazzaf Mülazım)
29- Musa Kazım Bey, Hopalı (İhtiayat Mülazımı)
30- Giresun Hisaraltı köyünden Tombakoğlu Muhiddin Bey (İhtiyat)
31- İstanbullu Müzalım Eczacı İhsan Bey
32- Hacı Hüseyin Mahallesi'nden Tosyalı Ahmet Efendi (Milis Taburda Mülazım)
33- Borçkalı Hacıömeroğlu Ahmet Efendi (Milis Taburda Mülazım)

Osman Ağa Kumandasındaki Gönüllü Milis Taburu Koçgiri bölgesinde bulunduğu sırada 47. Alay adını alırken Hüseyin Avni Alpaslan Bey kumandasındaki esas alay da 42. Alay adını alır.[295] 47. Alay "47. Bağımsız Osman Ağa Alayı", "47. Osman Ağa Alayı" gibi adlarla anılmıştır.[296]

[295] Topallı, a.g.e., s.119-123.
[296] Çiçek, a.g.e., s.124. ; ATASE, 26 Kasım 1992/9235-6-92/1.As.T.Krk.yazısı.

DÖRDÜNCÜ BÖLÜM

1921 YILI OLAYLARI, OSMAN AĞA'NIN KOÇGİRİ İSYANINI BASTIRMASI, PONTUS TENKİL HAREKÂTINA KATILMASI ve SAKARYA SAVAŞI'NDA GİRESUN ALAYLARI

Samsun Amerikan Konsolosu, Osman Ağa'yı İngilizlere Şikayet Ediyor

Samsun Amerikan Konsolosu 13 Ocak 1921 tarihinde İstanbul'a gelmiş ve İngilizlere Osman Ağa'yı şikayet etmiştir.[297] Amerikan Konsolosu'nun iddiasına göre Osman Ağa, Samsun havalisinde birçok cinayetler işlemiş ve bir mağara içinde 900 kişiyi öldürmüştür. Ayrıca İstanbul ile Karadeniz limanları arasında kaçakçılık yapmaktadır ve İstanbul Hükümeti'nin de bu işle ilgisi bulunmaktadır. Bu iddialar tamamen gerçek dışıdır. Osman Ağa'nın İstanbul Hükümeti ile işbirliği yapacağı düşüncesi bile çok saçmadır. Ayrıca Osman Ağa şikayet tarihinden birkaç gün önce Giresun'dan Trabzon'a gidip gelmiştir ama Samsun taraflarına hiç geçmemiştir. Osman Ağa o tarihlerde Samsun dışında olduğuna göre cinayet işlediği iddiası da doğru değildir.

Trabzonlu Rum Acente Kosti'nin Osman Ağa Tarafından Kaçırıldığı İddiası

Osman Ağa, Ordu Mutasarrıf Vekili Nizamettin Bey ve Tirebolu Kaymakamı Pertev Bey, adamları ile birlikte 10 Ocak 1921'de Trabzon'a gitmişler, Trabzon'dan İtalyan Bandıralı Jan vapuru ile geri dönmüşlerdir. Dahiliye Vekili Adnan Bey'e gelen bir şikayet telgrafında Jan vapurunun normalde İstanbul'a gidecekken Osman Ağa tarafından kendisini bırakmak üzere zorla Giresun'a götürüldüğünden ve Kosti adında bir Rum acentenin Osman Ağa tarafından kaçırıldığından bahsedilmektedir. Adnan Bey şikayet telgrafının bir

---

[297] CA, A III-7-a D19 F7-1; bkz: naklen, Şener, *a.g.e.* , s.188.

suretini Mustafa Kemal Paşa'ya gönderir.[298] 14 Ocak 1921'de Rize Mebusu Osman Bey, Mustafa Kemal Paşa'ya bir telgraf çekerek[299] Osman Ağa'nın üç gün önce Trabzon Rumlarından Kosti'yi Rize müfrezesinden iki kişiye kayıkla kaçırttığını ayrıca bir kısmı eşkıyalardan oluşan ikinci bir müfreze teşkil ederek Ordu'da bazı münasebetsiz hareketlerde bulunduğunu söyler. *"Bu cahil adamın Giresun'da yapmadığı rezalet kalmadı. Rumlardan ve ahaliden yüz binlerce liranın hesabını kimse soramıyor."* diyerek sözlerine devam eden Osman Bey, Osman Ağa'nın Ankara'dan ahalinin başına bela olarak gönderilmesindeki maksadı anlayamadığını söyler. Ayrıca Osman Ağa'nın ikinci bir Çerkez Ethem kesileceğini iddia ederek *"Ethem'in hiç olmazsa 300 kişi yanında kalmış. Bunun yanında 10 kişi kalmayacağını kuvvetle temin ederim. Ethem'in ihaneti meydanda iken bu cahilin oralarda hükümeti hiç nazarı itibara almayarak ikinci bir Ethem kesilmesini zannedersem sizler de hiç tasvip buyurmazsınız. O hâlde bu adama haddini bildirmek zamanı gelmiş ve geçmiştir."* der ve Osman Ağa'nın bir an önce cezalandırılmasını ister. Osman Ağa'nın Bolşeviklerle işbirliği içinde olduğunu da öne sürerek Yunanlılardan zorla aldığı bir motoru Bolşeviklere hediye edeceğini de sözlerine ekler. 15 Ocak 1921'de Mustafa Kemal Paşa Osman Ağa'ya telgraf çeker,[300] *"Kosti adındaki şahsın tarafınızdan zorla alınarak ölü veya diri meçhul bulunduğu iddia edilmektedir..."* diyerek konu ile ilgili bilgi ister. Nizamettin Bey'e de neden görev yerine gitmek yerine Osman Ağa ile Trabzon'a gittiğini[301] sorar. Trabzon Müdafaa-i Hukuk Cemiyeti, Batum Milletvekili Edip Bey aracılığı ile Dışişleri Bakanlığına bir şikayet telgrafı gönderir.[302] Telgrafın sureti Mustafa Kemal Paşa'ya sunulur. Telgrafta çetelerin Millî Mücadele'ye verdiği zarardan bahsedilerek Osman Ağa'nın da cezalandırması gerekirken ödüllendirildiği söylenir. Osman Ağa'nın Ankara'dan dönüşte *"cebinde komünist programı, yanında Bolşevik konsolos ile komünist teşkilatına memur olduğu, Kosti'yi kaçırarak yirmi bin lira fidye istediği, Ordu halkının kendisine olan düşmanlığına karşılık olarak Ordu Milletvekili Recai Bey'i kasaba içinde kaldırttığı* iddia edilen telgrafın sonunda Trabzonlular *"Ankara'nın huzur ve emniyet verecek acele önlemler almasını aksi takdirde kendi başlarına çareler arayacaklarını"* bildirirler. Mustafa Kemal Paşa, İçişleri Bakanı Adnan Bey'e bir telgraf gönderir ve telgrafa *"Kendi kendimizi müdafaa ederiz, tehdidi yersiz ve lüzumsuzdur."* şeklinde bir not düşer.[303] Belli ki Trabzonluların bu haddini aşan

---

[298] CA, A III-9-a D37 F2-1; bkz: naklen, Şener, *a.g.e.* , s.187.
[299] CA, A III-9-a D37 F2-2; bkz: naklen, Şener, *a.g.e.* , s.161.
[300] CA, A III-9-a D37 F2-4; bkz: naklen, Şener, *a.g.e.* , s.188.
[301] CA, A III-9-a D37 F2-3; bkz: naklen, Şener, *a.g.e.* , s.189.
[302] CA, A III-9-a D37 F2-11; bkz: naklen, Şener, *a.g.e.* , s.189.
[303] CA, A III-9-a D37 F2-5; bkz: naklen, Şener, *a.g.e.* , s.166.

tavrı Mustafa Kemal Paşa'nın hoşuna gitmemiştir. Trabzon Vilayeti'ne de bir telgraf çekerek[304] *"Osman Ağa'nın yaptıklarından pek müteessir olduğunu, bu tarz hareketlerin onaylayıcısı ve destekleyicisi olmadığını, olayları yakından takip ederek iyilikle çözeceğini ancak, kendi kendimizi müdafaa ederiz. sözünü lüzumsuz ve yersiz bulduğunu"* ifade eder. Osman Ağa 19 Ocak 1921'de Büyük Millet Meclisi Riyasetine gönderdiği telgrafta[305] Hristiyanlar ve Acente Memuru Kosti olayı ile düşünceleri su sözlerle aktarır:

"Türk milleti ve memleketinin aramızdaki Hristiyanlar elinden çektiği belayı cihanda anlamayan kalmamıştır. Biz Türkler, Hristiyanlarımızı da yavru gibi besledik. Yazık ki bu beslediğimiz Hristiyanlar ancak birer yılan oldular ve münasip fırsatlarda soktular, kıcıkladılar. Ellerine fırsat düştükçe biz Türkleri imha ettiler Paşa Hazretleri. Macar, Romanya, Bulgar, Sırbistan, Bosna, Arnavutluk, Tesalya, Mora, Girit kıyılarından kaç İslam kaç Türk kalmıştır? Hristiyanları himaye yüzünden hepsi mahvolmuştur. İşte vaktiyle Türklerin arasındaki Hristiyanları himaye eden küçük bir İslam zümresi İslamların imhasını hazırlamıştır. Milletin geleceğini düşünmeyen bu gibi İslamlar bugün bile vardır. Bunlar bilerek bilmeyerek gelecekte yine Türklerin imhaya maruz kalması sebeplerini hazırlıyorlar. Böylelikle muazzez vatan ve millete ihanet ediyorlar. Trabzon Mebuslarından Hafız Ahmed Efendi ile refiki efkârı Binbaşı Ali Rıza Efendi aynı zümredendir. Bunlar Trabzon'da Hristiyanların yegâne koruyucularıdır. İşittiğime göre bunlar Trabzon'da Rum Kulübünde kendi hem kafadarlarıyla birlikte toplanırlardı. Ve Türklerin imhası için susayan Hristiyanları himaye etmenin ve bunlarla hem efkar olmanın ne demek olduğunu tefsir etmeyi Evliyalı Umur Efendi Hazretlerinin mütala-i hakimlerine bırakıyorum. Acizlerinin mütalaasına kalırsa bu koruyucuların hareketi cinayettir. Paşa Hazretleri, harp içindeki kabinen Doğu Anadolu sorununu mezara gömmüştür. Ve mütarekeden beri biz Türklerin kurtuluşumuz harbe girişimizi kolaylaştırmıştır. Paşa Hazretleri bu Hristiyan koruyucuları memleketin kurtulması için kendilerini feda eden Giresunlulara leke sürmekten de çekinmiyorlar. Bir iş için Trabzon'a gidip de Jan vapuru ile döndüğüm zaman kimin tarafından alındığı meçhul bulunan vapur acentesi memurunun kaybolması olayını bana yüklemişlerdir. Daha sonra söz konusu acente memurunun Rize tarafında ortaya çıkması ne kadar zararlı olduklarını ve ne kıbalda adam olduklarını açıkça ispat etmiştir. Bu milletle dolu Türk kalplerinin bu konuda ne düşünebileceğini tasavvur buyurunuz. Gerçekleri gözlemekten çekinmeyerek o mübarek ellerinizden öperim Paşa Hazretleri."

---

[304] CA, A III-9-a D37 F2-8; bkz: naklen, Şener, *a.g.e.*, s.193.
[305] CA, A III-9-8 D37 F2-10; bkz: naklen, Şener, *a.g.e.*, s.168., Topallı, *a.g.e.*, 165.

Osman Ağa aynı gün bir telgraf da Ankara Müdafaa-i Millîye Vekaletine gönderir.[306] Bu iki telgrafta Osman Ağa, Kosti'nin Rize taraflarında ortaya çıktığını, dolayısıyla Kosti'yi kaçıranın kendisi olmadığını beyan etmiştir. Osman Fikret Topallı da Kosti olayından şu sözlerle bahsetmektedir:[307] *"1921 yılının ilk günleriydi. Osman Ağa, Trabzon'a gidip dönmüştü. Bu esnada orada vuku bulan bir hadise bütün fena zihniyetteki adamları yine harekete geçirmişti.*

Hadise şuydu: İtalyan bayrağıyla Karadeniz'de posta seferleri yapan Jan vapurunun Trabzon acentesi Kosti adlı bir Rum ortadan kaybolmuştu. Aksi bir tesadüf olarak Rum'um kaybolması o vapurla Osman Ağa'nın Giresun'a dönüşüne rastlıyor. Vapur gece Trabzon Limanından kalkacağı sıralarda Kosti geliyor, işini bitirdikten sonra acente sandalına binerek vapurdan ayrılıyor. Vapur da hareket ediyor.

Osman Ağa, Giresun'a gelmekte olsun acente Kosti bir türlü iskeleye dönmüyor. Aranıyor, taranıyor meydanda yok. Acaba ne oldu?

Bunun üzerine tahminler, ihtimaller başlıyor. Osman Ağa acenteyi alıp götürmesin? Yahut denize demirlemesin? Olur mu olur. Birkaç gün geçince gizli muhabereler, araştırmalar, yoklamalar oluyor. Osman Ağa ve muhitinin bir şeyden haberi yok. O hâlde ne oldu?

Artık yukarıda bahsedilen kimseler propagandalara, yalanlara, isnat ve iftiralara başlıyorlar. Askerî ve mülki makamlar kadar müessir olmaya çalışıyorlar. Nihayet acenteyi Osman Ağa'nın kaybettiği kanaati doğuyor gibi oluyor. Şimdi bu vakayı haber almış olan Ağa da faaliyete geçiyor. O da acenteyi arıyor, işi meydana çıkarıp kendini iftiradan kurtarmaya gayret ediyor. Lakin bir ipucu yakalayamıyor. Bununla beraber Trabzonlu meşhur Kâhya ve adamlarından şüpheleniyor. Çünkü o günlerde bunlardan başkası Trabzon Limanı'nda böyle bir cürette bulunamazdı.

Vakanın tahkikini bir de bu cepheden ele alan Ağa, acentenin kaybolmasına değil vakanın kendisine isnat olunmasına kızıyor. Bu suretle varılmak istenen maksat ve gayeyi düşündükçe de adeta çileden çıkacak gibi oluyordu.

Bir gün sonra mıntıka kumandanı Binbaşı Hüseyin Avni Alpaslan Bey Trabzon'dan 3. Fırka Kumandanı Nuri Bey'den şu şifreyi almıştı:

---

[306] Topallı, *a.g.e.*, s.166-167.
[307] Topallı, *a.g.e.*, s.163-172.

'Olayı resmiyete dökmek zorunda olduğunu, mezkur vakanın Osman Ağa'ya kara çalmak amacıyla rakipleri tarafından tertip edildiği kanaatinde olduğunu, Osman Ağa'nın kimlerden şüphe ettiğini kendisine bildirilmesini rica ederim.'

Bu vakadan Osman Ağa kadar sinirlenmiş olan Avni Bey şifreyi okuyunca derhal Osman Ağa'ya müjdeledi. O da yeni liva olmuş Giresun'un mutasarrıfı Doktor Sadrettin Bey'e haber verdi. Her ikisi de makamlarından çıkarak mıntıka kumandanının yanında birleştiler. Şifreyi dikkatle ve elden ele alarak birkaç defa okudular. Biraz vuzuhsuz bulmakla beraber maksadı tamamıyla verilecek cevabı müzakere ederek işi kumandana bıraktılar.

Aradan birkaç gün geçmişti. Bu iftirayı Osman Ağa bir türlü hazmedemiyordu. Bunu o günlerde sık sık görüştükleri Avni Bey'e anlatıyor, Ankara'ya duyurulması arzusunu izhar ederek onun da fikirlerini soruyordu.

O günlerde Ankara'dan Giresun alayının teşkiline emir verilerek her ikisi de bununla tavzif edildiklerinden iş arasında Osman Ağa yine o iftirayı hatırlıyor, yeni alaya kumandan tayin edilmiş olan Avni Bey'den Ankara'ya bir şey yazması için yardım istiyordu. O da bunu kabul etti. İki şifre kaleme aldılar. Akşam olmuştu. Getirilen müsvedde ve şifreleri Osman Ağa imzaladı. Ali Hamdi Bey'e verip telgrafhaneye yolladılar.[308](...)

İşte bu şifreler yazılıp çekildikten sonra Osman Ağa'nın gönlü bir parça ferahlamıştı. Arkadaşlarına bunu haber vermekle de daha çok ferahlık duymuştu. Fakat bu kadarı kâfi miydi?

Ferdası gün yine alay işleri için Avni Bey'le bir araya geldikleri zaman bu acente hadisesini hatırladılar. Konuşup dururken bunu Şark Cephemizdeki bazı kumandanlarımıza da arz etmeyi muvafık gördüler. Avni Bey hemen kalemi eline aldı. Dün akşamki şifrelerin mahrem dosyadaki suretlerini bir gözden geçirdikten sonra bir müsvedde yaptı. Bu esnada kışlanın alt katında meşgul olan Ağa'yı çağırttı. Beraber okudular beyaza çektirip hususi bir vasıta ile göndermeyi düşündüler.(...) Nihayet şifre ettirerek çektirdiler.

Bunların da Hüseyin Avni Bey'in el yazısı olan müsveddeleri yine hususi dosyalarım arasında olup işte suretlerini aynen buraya kayıt ediyorum:

Kars'ta Şark Cephesi Kumandanı Kazım Karabekir Paşa Hazretlerine
Karsta Mevki-i Müstahdem Kumandanı Rüştü Paşa Hazretlerine
Zata Mahsustur.

---

[308] Büyük Millet Meclisi Riyasetine gönderilen şifre metni yukarıda verilmiştir. İkinci şifre Ankara Müdafaa-i Millîye Vekaletine gönderilmiş olup aynı içeriğe sahiptir.

156 | ÜMİT DOĞAN

Mübarek Türk millet ve vatanının Hristiyanlardan gördüğü fenalığı bütün cihan anlamıştır. Bilmem ne gibi bir siyaset tesiriyle öteden beri koynumuzda beslediğimiz bu yılan yavruları münasip fırsat zuhurunda Türkleri sokmaktan katiyen çekinmemişlerdir. Alicenap Türkler bunlara evlat ve baba muamelesi yaptıkça bunlar şımarmışlar, Türkleri yeryüzünden kaldırmaya uğraşmışlar, vatanımızı kırpa kırpa bir tek Anadolu'ya inhisar ettirmişlerdir.(...) Hâlâ bugün içimizde Hristiyan korumacılığı ile uğraşan zümre vardır. İşte bu zümre tarihin verdiği dersten ibret alamayarak Hristiyanları var kuvvetleri ile himaye etmekte ve bilerek bilmeyerek vatan ve millete büyük hıyanet göstermektedirler. Bu cümleden olarak Trabzon'da 7. Alay Komutanı Binbaşı Ali Rıza Efendi'yi arz edebilirim. Geçenlerde Trabzon'a gidip Jan vapuru ile gelirken vapur acentesinin esası meçhule tarafından kayıktan alındığı haberi alındı. Ali Rıza Efendi bu adamı benim aldığımı utanmadan bütün cihana ilan eyledi. Bilahare Rize tarafından çıktığı ve geldiği anlaşılmıştı. Velev ki benim tarafımdan alınmış olsaydı, bir Hristiyan'ın kaybolması yüzünden cihan yıkılacak mıydı? İzmir, Bursa havalisinde binlerce İslam imha edilirken hangi Rum tarafından himayeye uğruyor. Hangi Yunan memuru İslam menfaatini takip ediyor?(...)

Osman Ağa bunları da şarktaki iki kumandanına arz ettikten sonra alay ve mutad işleri ile meşgul olmaya başladı. Osman Ağa, Trabzon'a kendi adamlarından iki kişi yolladı. Bunlar orada icap edenlerle temasta bulunup döndüler. Getirdikleri haber şu oldu: Hadiseyi Trabzon'da esasen Osman Ağa'nın şüphe ettiği adamlar tertip ve icra etmişler, lakin bu işin büyüdüğünü ve hareketlerinden maddi fayda sağlayamayacaklarını anlayınca Kosti'yi bir gece Rize'ye getirip serbest bırakmışlar."

Osman Fikret Bey, Ali Rıza Bey için kendi görüşlerini şu sözlerle dile getirmiştir:

"Ali Rıza Efendi Rumlarla beraber olmakla vatana ihanetten başka bir şey yapmaz. Zaten biz de Ali Rıza Bey'den iyilik beklemiyoruz. Bu acente yüzünden Türkleri pislemeye çalışması Ali Rıza Bey için şeref midir?"

Osman Ağa bu iftiranın kendisine Binbaşı Ali Rıza Bey tarafından atıldığını düşünmektedir. Ali Rıza Bey, Hüseyin Avni Alpaslan'dan önceki Giresun Mıntıka Kumandanıdır. O zamanlardan beri Osman Ağa ile iyi geçinememişlerdir. Hatta Osman Ağa'nın adamları Ali Rıza Bey'e Askerlik Şubesi önünde dayak atmışlardır.[309] Millî Mücadele yanlısı Osman Ağa ile Rumların koruyucusu Ali Rıza Bey'in Giresun'da görevde olduğu günlerden beri iyi geçinememeleri ve Ali Rıza Bey'in öteden beri Osman Ağa'ya kin tutması *"Osman*

---

[309] Topallı, *a.g.e.*, s.169.

Ağa'ya Ali Rıza Bey'in iftira attığı" düşüncesini güçlendirmektedir. Bu bağlamda, Kosti olayı baştan sona bir danışıklı dövüş müydü, sorusu da akıllara gelmektedir. Osman Ağa'yı zor durumda bırakmak, Mustafa Kemal Paşa ile arasını açmak için Kosti ile anlaşılmış ve Kosti belli bir süre gizli bir yerde misafir edilmiş olabilir. Kosti ortadan kaybolur kaybolmaz yapılan karalama politikası da bu görüşü desteklemektedir.

Osman Ağa'nın Şark Cephesi Kumandanlarına gönderdiği şifrelerdeki *"Velev ki benim tarafımdan alınmış olsaydı, bir Hıristiyan'ın kaybolması yüzünden cihan yıkılacak mıydı?"* sözü de dikkat çekicidir. Osman Ağa bölge Rumlarını iyi tanımaktadır. Gerçekten de Rum Acente Kosti'nin kendi hâlinde bir Hristiyan vatandaşı olduğunu söyleyemeyiz. Üçüncü Ordu Siyasi Müşavirliği görevinde bulunan Kapancızade Hamit Bey, 15 Nisan 1918'de Batum'da Osmanlı idaresini yeniden kurmak üzere görevlendirildiği sırada tanıdığı Kosti'nin yolsuzluklarını nakletmektedir. Kosti'nin petrol ve bakır ticaretindeki büyük yolsuzlukları Hamit Bey tarafından engellenmiştir.[310] Kosti olayının bir başka önemli tarafı da Trabzon'da Enver Paşa'nın en önemli adamı olan ve bölgede epeyce bir nüfuza sahip Yahya Kâhya ile arasını açmış olmasıdır. İftiralara Yahya Kâhya da inanmış ve Osman Ağa'nın bu Rum'u aldırdığını, evvela hapsettiğini, sonra da İstanbul'a gönderdiğini işitince meydanda elinde kırbaç, dizine vurarak Osman Ağa'nın taklidini yapıp *"Topal Osman da kim oluyor ki Giresun'dan beri gelip Trabzon'da bir Rum'u alıp hapseder ve vapura koyarak İstanbul'a gönderir."* diye söylenmiştir.

Mustafa Suphi Bey, Hayatı ve Öldürülmesi Olayı

Mustafa Suphi Bey 1883 yılında Giresun'da doğmuştur. Babası Ali Rıza Bey annesi Memnune Hanım'dır. Tahsilini babasının memuriyeti nedeniyle Kudüs, Şam, Erzurum ve İstanbul'da yapmış, daha sonra Paris Ulumu Siyasiye Mektebi'ne gitmiştir.[311] Siyasi yaşantısına İttihat ve Terakki bünyesinde başlamışsa da daha sonra bu cemiyetten ayrılmıştır. Birinci Dünya Savaşı'nda Rusya'da esir düşmüş, Bolşevik İhtilali ile esaretten kurtulmuştur. Sosyalizme meyilli yapısı sayesinde Rusya'da hızla yükselen Mustafa Suphi Bey, Ruslara esir olan Türkler arasında Bolşevik yanlısı bir grup kurduğu gibi, Çobanyıldızı gazetesinde yazılar yazmış, 1918'de Bolşevik Partisine üye olarak durumunu güçlendirmiştir. 1920 yılında İttihatçılar ve destekleyicileri tarafından Bakü'de Türkiye Komünist Partisi kurulmuştur. Halil Paşa, Dr. Fuat Sabit, Erkan-ı Harp Mustafa, Baha Sait, Yüzbaşı Yakup, Küçük Talat, Salih Zeki, Süleyman Nuri gibi İttihatçılar hep bu fırkanın içindedirler.

---

[310] Detaylı bilgi için bk. Beyoğlu, *a.g.e.*, s.188-190.
[311] *Mustafa Suphi ve Yoldaşları*, (Haz: İnfo Türk Ajansı), İstanbul, 1977, s.16-17.

Resim 36 - *Mustafa Suphi Bey*

Mustafa Suphi Bey, İttihatçıların egemen olduğu Türkiye Komünist Partisine kısa zamanda hakim olmuş ve komünistlikle bir ilişkisi bulunmayan İttihatçıları bu partiden temizlemiş; bundan sonra da parti merkez komitesine Türkistan'dan getirdiği kendi adamlarını yerleştirmiştir. Mustafa Suphi Bey, burada teşkilatını kurduktan sonra, Anadolu'ya Bolşevik fikirleri yayma faaliyetlerine başlamıştır. Merkezini Bakü'ye taşımış olan Türkiye Komünist Partisi Teşkilatı, Erzurum ve Trabzon bölgelerine özel önem vermiş, adeta buraları Anadolu'ya giriş kapısı olarak görmüştür. Mustafa Suphi Bey, kısa süre içinde Trabzon, Rize, Zonguldak ve İstanbul'da şubeler açmış, *Yeni Dünya* gazetesini Anadolu'da propaganda faaliyeti olarak yaygın bir şekilde kullanmıştır. 1920 yılı yazında, Nahçıvan, İstanbul, Trabzon, Rize, Erzurum, Bayezid, Samsun, Sivas, Tokat, Amasya ve Zonguldak bölgelerine propagandacılar göndermiş, Anadolu ile ilişki kurmak için de Nahçıvan'ı kendisine üs seçmiştir. Onun talimatı ile haziran ayı ortalarında Salih Zeki ve Süleyman Sami, Anadolu'ya geçmiş ve propagandaya başlamışlardır.

Mustafa Suphi Bey, bir yandan Anadolu'ya gizli propagandacılar gönderirken diğer yandan da, Mustafa Kemal Paşa'ya bir mektup yollayarak işgalcilere karşı, kendilerinin TBMM istesin veya istemesin mücadeleye başlayacağını bildirmiştir. Bu mektupta, Mustafa Suphi Bey, Türkiye'nin kurtarılması işini kendi üzerine almış ve Mustafa Kemal Paşa'dan ise sadece yardım istemiştir. Mektup, Süleyman Sami tarafından Trabzon'a getirilmiş, buradan Ankara'ya postalanmıştır. Süleyman Sami, Trabzon'da Bolşeviklik çalışmalarına girişmiş, adeta Trabzon ve bütün Anadolu'nun nabzını buradan ölçmüştür. Mustafa Suphi'nin 15 Haziran tarihli mektubuna Mustafa Kemal Paşa 13 Eylül'de karşılık vermiştir. Bu mektupta, Mustafa Kemal Paşa, Mustafa Suphi Bey'e kendi inandıklarını inandırmaya çalışmıştır. Mustafa Kemal Paşa mektubunda kesinlikle Moskova'nın bir uydusu olmayacakları mesajını vermiş, birliği bozacak faaliyetlerden kaçınmasını, yapılacak işlerde TBMM'ye danışılmasını istedikten sonra Ankara'ya bir temsilci göndermesini istemiştir.[312] Mustafa Kemal Paşa daha sonra Süleyman Sami ile görüşmüş ve görüşmenin sonunda Süleyman Sami'ye *"Dışarıdan gelecek Teşkilatçı kişilere ihtiyaç yoktur. Sizin en yetkili organınız ile bizim aramızdaki ilişkileri yalnız Büyük Millet Meclisi sağlayabilir."* demiştir.[313] Mektuptan ve görüşmeden anlaşılacağı üzere, Mustafa Kemal Paşa, TBMM'nin üstünlüğünü ön plana çıkarmaya çalışmakta böylece Mustafa Suphi Bey ve arkadaşlarına kontrol altına alma çabası gütmektedir. Görüleceği üzere Mustafa Suphi Bey, Rusya'da mevkiini yükseltmiş ve Bolşeviklerin de desteğiyle Anadolu hareketinin başına geçmek için propagandalarını sürdürmeye başlamıştır. Rusya'da kendilerine büyük bir darbe vuran Mustafa Suphi Bey'in, şimdi de Anadolu hareketine karışma girişimi, İttihatçıların da tedirginliğini daha da artırmıştır. Mustafa Suphi Bey'in bu faaliyetleri Mustafa Kemal Paşa'yı da tedirgin etmeye başlamıştır. Mustafa Suphi Bey'in tek hedefi Türkiye'ye gitmek, parti çalışmalarını oradan yönetmek, hatta merkezi Azerbaycan'dan Anadolu'ya kaydırmak, tıpkı Enver Paşa'nın beslediği niyet gibi, Mustafa Kemal Paşa'yı saf dışı bırakarak Türkiye'de Türk Millî Kurtuluş Hareketi'nin fiilen başına geçmektir.

Mustafa Suphi Bey ve 17 arkadaşı bu düşünce ile 28 Aralık 1920'de Kars'a gelmiştir. Bakü'den gelen Sovyetlerin Ankara sefirinin de bulunduğu heyet, Kars'ta Kazım Karabekir Paşa tarafından merasimle karşılandıktan sonra, şereflerine ziyafet verilmiştir. Mustafa Suphi Bey burada, Moskova sefirliği görevine giden Ali Fuat Cebesoy ile görüşmüş, Ali Fuat Paşa bu görüşmeyi ve Mustafa Suphi Bey hakkında düşüncelerini hemen Ankara'ya bildirmiştir. Mustafa Suphi Bey, ayrıca Rusya'ya anlaşma zemini için giden Dr. Rıza Nur ile de bir görüşme yapmıştır. Mustafa Suphi Bey, Kars'a geldikten sonra ekibinden bazı kişiler komünistlik propagandasına girişerek Mustafa Kemal Paşa'nın mektubunda çizdiği şartların dışına çıkmış onların bu hareketleri, o esnada Çerkez Ethem isyanı meselesinden sıkıntıya düşmüş olan Ankara Hükümeti'ni telaşlandırmıştır. Bütün bunlar sonrasında, Mustafa Suphi Bey ve arkadaşlarının Ankara'ya gönderilmemeleri, hükümetçe kararlaştırılıp Kars'ta bulunan Kazım Karabekir Paşa'ya telgrafla bildirilmiştir. Kazım Karabekir Paşa durumu Erzurum Valisi Hamid Bey'e bildirmiş, Hamid Bey de en kesin çözümün Mustafa Suphi Bey ve arkadaşlarını yurt dışına çıkartmak olduğunu bildirmiştir.[314] Mustafa Suphi Bey ve arkadaşları, Erzurum'a yaklaştıklarında şehre sokulmamışlardır. Onlara bir otomobil tahsis edilmiş, dinlenmelerine fırsat bile verilmeden Erzurum-Trabzon yolu üzerindeki küçük bir

[312] Uğur Üçüncü, *Milli Mücadele Döneminde Trabzon'da İttihatçılık*, Karadeniz Teknik Üniversitesi Sosyal Bilimler Enstitüsü, Yüksek Lisans Tezi, s.85-87.
[313] Perinçek, *a.g.e.*, s.250.
[314] Üçüncü, *a.g.t.*, s.87-90.

köye götürülmüşlerdir. Köy, Erzurum'a birkaç kilometre uzaklıktadır. Daha sonra köyde bir faytona bindirilmişler polis ve jandarma korumasında Trabzon'a doğru yola koyulmuşlardır. Trabzon'a gelişleri 25 Ocak olarak planlanmıştır. Ancak denizde çıkan fırtına sınır dışı etme planını bozduğu için Mustafa Suphi Bey ve arkadaşları deniz sakinleşene kadar Maçka'da bekletilmişlerdir. Burada jandarmanın gözetiminde üç gece geçirmişler, içlerinden iki tanesi hastalanmış ve Maçka'da kalmıştır.[315] Mustafa Suphi Bey heyeti 28 Ocak 1921 günü Trabzon'a varmıştır. Şehirde onlar için resmî törende yer almak üzere öğrenciler yollara çıkarılmıştır. Gelenlerin Trabzon'daki tanıdıkları, arkadaşları ve Rus Konsolosu da karşılayıcılar arasında üst yolda beklemektedir. Buna karşılık Değirmendere'de ise karşılayıcılar arasında Vali, Müdafaa-i Millîye Reisi ve azaları, polis müdürü bulunmaktadır. Beklenen heyet ancak gece on birde gelebilmiş, gündüz protesto için büyük bir kalabalık toplanmış, akşama doğru Jandarma Mustafa Suphi Bey'in gelmeyeceğini söyleyerek kalabalığın büyük kısmını dağıtmıştır. Kafilenin gelmesinden beş dakika önce tellal halkı galeyana getirmek için bağırmıştır. Yahya Kâhya rüsumat dairesinden on tane hamal ve beş altı tane rençper on beş tane sepetli hamal çocukları dizerek gelmiştir. Kafileden ilk Mustafa Suphi Bey çıkmıştır. Mustafa Suphi Bey, Müdafaa-i Millîye Reisi'ne ve Vali'ye Ankara'ya gideceklerini Mustafa Kemal Paşa ile görüşeceklerini söylemiş, tam bu sırada kalabalıktan biri Mustafa Suphi Bey'e arkasından bir tekme vurmuş, Mustafa Suphi Bey yere yuvarlanmıştır. Hamallar Mustafa Suphi Bey ve arkadaşlarına taş atmaya, dövmeye ve yüzlerine tükürmeye başlamışlar, Jandarma araya girerek Mustafa Suphi Bey ve arkadaşların bir motora bindirmiştir. Bu tepkiler nedeniyle, Sovyet Konsolosu, Vali ile görüşerek kafilenin Bakü'ye dönmesi için deniz yoluyla Batum'a gönderilmesini sağlamak istemiştir. Bunun üzerine Yahya Kayha'nın verdiği bir motora bindirilen Mustafa Suphi Bey ve karısı ile Hilmioğlu Hakkı, Ethem Nejat, Kazım Ali, Şefik, Topçu Hakkı'nın da[316] içinde bulunduğu 14 arkadaşı yola çıkarılmışlardır. Fakat hemen arkalarından kalkan bir başka motorla, Yahya Kâhya'nın adamlarından Faik Reis ve arkadaşları geceye doğru Sürmene açıklarında onlara yetişmiş ve hepsini öldürerek denize atmışlardır.[317]

Trabzon'daki Rusya Enformasyon Bürosu tarafından 30 Ocak 1921 tarihinde, Mustafa Suphi Bey ve arkadaşlarının ölüm haberinden önce yazılan

---

[315] "İlk Kez Yayımlanan Sovyet Raporu, Mustafa Suphi'nin Son Saatleri", Mehmet Perinçek, *Aydınlık*, 25 Aralık 2013.

[316] *Mustafa Suphi ve Yoldaşları*, s.36.

[317] Ergün Aybars, "Mustafa Subhi'nin Anadolu'ya Gelişi Öldürülüşüyle İlgili Görüşler ve Erzurum'dan Trabzon'a Gidişiyle İlgili Belgeler", *Ankara Üniversitesi Tarih Araştırmaları Dergisi*, 1980, C. XIII, Sayı. 24, s.90.

"*Gizli*" ibareli raporda, Trabzon'daki Rus Konsolosluğunun konuyla ilgili ne yapabileceğinin de belirsiz olduğu, hatta Mustafa Suphi Bey ve arkadaşlarının bindirildiği motorun hangi yöne gittiğini dahi bilmedikleri belirtilmiştir. Rapora göre Trabzon'dan gidilebilecek üç yer vardır: İstanbul, Batum ve Tuapse. Türklere dikkatli bir şekilde motorun ne tarafa gittiği sorulduğunda bu üç cevap alınmaktadır. Bir de dördüncü ihtimal vardır: Giresun. Orada Osman Ağa'nın emri altına verileceklerdir. Ancak Rus yetkililere göre bu ihtimal zayıftır. İstanbul ihtimalini de aynı şekilde görmektedirler. Çünkü böyle bir durum, Sovyet Rusya'yla iplerin tamamen atılması anlamına gelecektir. Rapora göre Mustafa Suphi Bey ve arkadaşları, büyük ihtimalle Tuapse'ye gönderilmiştir. Raporda "*Suphi'nin Kutsal Seferi Hakkında Yeni Haberler*" başlığı altında motorun bir günü geçirdikleri Sürmene'ye gittiği belirtilmiştir. Ancak Sürmene'den ayrılıp ayrılmadığı, ayrıldıysa ne tarafa gittiğini söylemek oldukça zordur. Ayrıca halk arasında konuşulanlara göre Mustafa Suphi Bey ve arkadaşları küfürlerin ve tükürmelerin haricinde darp da edilmiştir. Hatta motora bindirilirlerken elleri bağlıdır. Diğer yandan jandarmanın yanlarındaki 25 bin Türk lirasına el koyduğu da konuşulmaktadır. Raporda Rus Konsolosu Bagirov'un gün boyunca Türk hükümeti nezdinde hiçbir adım atmadığının ve atmayı da planlamadığının altı çizilir. Mustafa Suphi Bey ve arkadaşlarına yapılanlarla ilgili o esnada veya sonrasında Türk makamlarına karşı ne bir protesto girişiminde bulunmuş ne de bir açıklama yapmıştır. Sovyet raportör, toplanan kalabalıkla ilgili tahminlerinin doğru çıktığını, küçük çocuklar da dahil olmak üzere herkesin Jandarma tarafından ödüllendirildiğini de yazar.[318]

Bu cinayetin arkasında kimlerin olduğu tartışma konusu olmuştur. Kazım Karabekir, İttihatçıların olabileceğini öne sürerken Şevket Süreyya Aydemir ve Mete Tunçay, Kazım Karabekir'i işaret etmektedir. Mahmut Goloğlu, Hikmet Bayur, Georga Harris, Ahmet Kemal Varınca ve Sabahattin Özel Bolşeviklerce desteklenen Mustafa Suphi Bey ile Enver Paşa arasındaki rekabetten kaynaklanan bir İttihatçı komplosu olabileceğini, Kemal Tahir ise Marksizmin pratiği konusunda Lenin ile arasında ihtilaf çıkan Sultan Galiyev'in ortadan kaldırılmasından sonra en yakın adamı olan Mustafa Suphi Bey ve ekibinin katledilmesinde Sovyet parmağı olabileceğini ileri sürmüştür.[319] Mustafa Suphi Bey ve arkadaşlarının öldürülmesi olayı, Millî Mücadele döneminde gerçekleşen ve Osman Ağa'nın öldürülmesi ile son bulan esrarengiz cinayetlerin ilk ayağını teşkil eder. Mustafa Suphi Bey cinayeti, bu cinayeti işleyen Yahya Kâhya'nın da daha sonra öldürülmesi ve olayın Osman Ağa'nın üzerine yıkılması, daha sonraki Ali Şükrü Bey cinayetinin de Yahya Kâhya cinayeti

---

[318] *Aydınlık*, 25 Aralık 2013.
[319] Özhan Öztürk, *Pontus*, Ankara, 2012, s.630.

ile ilişkilendirilip yine Osman Ağa'nın üstünde kalması nedeniyle çalışmamız kapsamına girmektedir. Güya Osman Ağa; Yahya Kâhya'ya, Mustafa Suphi Bey ve arkadaşlarını öldürdüğü için diş bilemiş, sonra da onu öldürmüştür. Diş bilemesine sebep olarak Mustafa Suphi Bey'in Giresunlu olması ve özellikle Mustafa Suphi Bey'in babası Ali Rıza Bey ile Osman Ağa'nın dost olması gösterilmektedir. Ali Şükrü Bey, Meclis'te Yahya Kâhya cinayetinin üzerinde çok durmuş, güya Yahya Kâhya'nın katili olan Osman Ağa, bu cinayetin ortaya çıkmaması için Ali Şükrü Bey'i de öldürmüştür. Bu iddialar yıllar sonra Yahya Kayha'nın gerçek katili olan İsmail Hakkı Tekçe'nin cinayeti kendisinin işlediğini itiraf etmesine kadar sürmüştür.

Merkez Ordusu, Merzifon Amerikan Kolejine Baskın Düzenliyor

Merzifon Amerikan Kolejinin ayrılıkçı faaliyetlerini hızla sürdürdüğü 1921 yılı Şubat ayında, Pontusçu Rumlar, Merzifon Amerikan Kolejinde Türkçe öğretmenliği yapan Zeki Efendi'nin *"hakkımızda açıklamalarda bulunur"* gerekçesiyle öldürülmesini kararlaştırmışlardır. Okula yakın bir yerde acımasızca katledilen[320] Zeki Efendi'nin cesedi köylüler tarafından bulunmuştur. Ayrıca Merzifon Amerikan Hastanesi'nde bir süre çalışıp daha sonra ayrılmış olan bir Türk kadın, polise gitmiş, silahlı kişilerin burada toplandıklarını ihbar etmiştir. Ankara Hükümeti'nden alınan izin ile Merkez Ordusu 16 Şubat 1921'de Amerikan Koleji Hastanesini basmış, Amerikan Koleji ve Hastanesi Ankara Hükümeti'nin kati kararı ile kapatılmış, Zeki Efendi'nin katilleri olarak da Rum Anesti, Protestan Ley ve Pavlides tutuklanmıştır. 47. Alay Merkez Ordusu emrine Nisan 1921'de girdiğinden Osman Ağa'nın bu baskına katılmadığı düşünülmektedir.

Baskın sırasında yapılan aramada silah ve cephane bulunamamıştır fakat bulunan belgeler çok önemlidir. Bu belgeler arasında bulunan Pontus Cemiyeti Nizamnamesi, cemiyetin Merzifon Amerikan Koleji bünyesinde kurulduğunun açık bir kanıtı niteliğindedir. Baskında ayrıca, bazı resimler ele geçirilmiştir. Bunlar; kolejin bahçesinde çekilmiş, silahlanmış Rum ve Ermenilerin resimleridir. Resimlerdekilerden bir kısmı tespit edilmiş ve derhal tevkifat başlatılmıştır. Baskın sonunda ele geçirilen belgelerin en eskisinin 1904 tarihli Pontus Cemiyeti Tüzüğü olmasına rağmen, burada Pontusçu teşkilatlanmanın daha eski tarihlere dayandığı düşünülmektedir[321]

Bulunan belgeler arasında Merzifon Amerikan Koleji Müdürü Amerikalı Misyoner Mr. White tarafından yazılan bir mektup Amerika'nın Anadolu'da

---

[320] Biber, *a.g.t.*, s.49.
[321] Yılmaz, *a.g.t.* s.13.

okullar açmasının esas ve tehlikeli nedenini ortaya çıkarmıştır. Mektupta şu sözler yer almaktadır:

"Hristiyanlığın en büyük rakibi Müslümanlıktır. Müslümanların da en kuvvetlisi Türkiye'dir. Bu Hükümeti ve memleketi devirmek için Ermeni ve Rum dostlarımızı terk etmemeliyiz. Hristiyanlık için Ermeni ve Rum dostlarımız tarafından o kadar kan feda edildi ki, bunlardan birçoğu İslamlara karşı mücadelede şehit oldular. Unutmayalım ki kutsal hizmetimiz sonuna kadar daha pek çok böyle şehit kanı akıtılacaklardır. Bizim görevimiz, bu fırsatı kaçırmamak, gereğine uygun hareket eylemektedir. Hristiyanların şimdiye kadar görmüş oldukları zulümlere karşı onların zekatını ödeyecek bir ruh aşılamalıyız. Biz bunu şimdiye kadar yaptık ve başarılı da olduk."[322]

Aynı mektup olayını Ömer Sami Çoşar'da şu şekilde anlatmıştır:

"Eğitim yuvası olarak kurulan Merzifon Amerikan Koleji, meğer nelerle meşgul oluyormuş? Müdür Howeit'in papaz Frederic Godsel'e gönderilmek üzere yazılmış bir mektubunu ele geçiriyordu. Burada Amerikan Kolejinin Müdürü diyordu ki: Hristiyanlığın en büyük düşmanı İslamlıktır. Türkiye de İslamlığın en büyük devletidir. Eğer lazım gelirse hedefimize varabilmek için beş yüz yıl daha bekleyeceğiz. Aynı zatın Gregoryan Ermeni Papazı Papazyan'a yolladığı bir mektup da vardı. Bunda da: Eğer bekar olsaydım gider Ermenistan'da çalışırdım, diyordu."

Mustafa Kemal Paşa'nın İsteği Üzerine Osman Ağa, Ankara'ya 100 Kişilik Muhafız Müfrezesi Gönderiyor

Daha önce Mustafa Kemal Paşa'yı korumak üzere görevlendirdiği on kişiyi geri alıp bunların yerine yeni muhafızlardan oluşan 20 kişilik müfrezeyi görevlendiren ve Giresun'a geri dönen Osman Ağa, Kars'ta bulunan Giresun Gönüllü Taburunun dönmesi ile yüz kişilik bir grubu Ankara'ya gönderir. Mutasarrıf Sadrettin Bey 5 Şubat 1921 tarihinde yüz kişilik grubun ertesi gün yola çıkacağını İçişleri Bakanlığına bildirir.[323] 7 Şubat 1921'de Kocaeli Grup Komutanı Albay Halit Bey, Mustafa Kemal Paşa'ya telgraf çekerek kendisine muhafızlık görevi yapmak için yüz kişilik birliğin yola çıktığı haberini aldığını, bu konuda verilmiş emirlerinin olup olmadığını sorar.[324] Mustafa Kemal Paşa, Halit Bey'e ertesi gün çektiği telgraf ile Osman Ağa, Ankara'da iken yüz silahlı erin gönderilmesinin kararlaştırılmış olduğunu bildirir.[325] Yüz kişilik ilk birlik

[322] Metin Hülagü, "Osmanlı'dan Cumhuriyete Misyoner, Ermeni, Terör ve Amerika Dörtgeninde Türkiye", *Erciyes Üniversitesi Sosyal Bilimler Dergisi*, 10, s.73.
[323] CA, A III-15 D16 F22-16; bkz: naklen, Şener, *a.g.e.*, s.195.
[324] CA, A III-15 D16 F22-15; bkz: naklen, Şener, *a.g.e.*, s.196.
[325] CA, A III-15 D16 F22-14; bkz: naklen, Şener, *a.g.e.*, s.197.

törenle Ankara'ya uğurlanır. Merkez Ordusu Komutanı Nurettin Paşa, Genel Kurmay Başkanı Fevzi Paşa'ya gönderdiği şifre ile TBMM'nin korunması için görevlendirilecek yüz kişilik seçme askerin 15 Şubat 1921'de Samsun'dan Ankara'ya hareket ettiğini bildirir. Fevzi Paşa da 17 Şubat 1921'de şifrenin bir örneğini TBMM Başkanlığına gönderir.[326]

28 Şubat 1921'de müfreze, Çorum'da bulunduğu sırada, Çorum Mıntıka Komutanı Albay Abbas Bey tarafından müfrezenin Çorum havalisinde iken bazı taşkınlıklar yaptığı, bir eve zorla girerek ahırdaki hayvanları gasp ettiği gibi bazı konularda Ankara'ya şikayet telgrafı gider.[327] 2 Mart 1921'de Mustafa Kemal Paşa durumu öğrenmek için Giresun Müfreze Kumandanlığına bir telgraf çeker.[328] Telgrafta *"Yol boyunca müfreze erlerinin uygunsuz davranışlarda bulundukları hakkında şikayetler geldiğini, buna ihtimal vermediğini, doğru ise çok üzüleceğini belirterek makine başında beklemelerini ve vereceği emir doğrultusunda hareket etmelerini"* söyler. Mustafa Kemal Paşa iddiaların doğru olması hâlinde müfrezeyi Giresun'a geri gönderecektir. Müfreze Kumandanı hemen cevap vererek *"Bir an evvel Ankara'ya ulaşmak maksadıyla Çorum'da bedeli teklif edilmek kaydıyla 7 baş at ve kısrak ile katırın alındığını, Alaca'ya gelindiğinde hayvanlar için yem verilmemesi üzerine mecburen bir ahırın kapısı kırılarak hayvanların istirahatinin sağlandığını"* bildirir. Bu cevap üzerine Mustafa Kemal Paşa yola devam etmeleri emrini verir.[329] Yüz kişilik ikinci birliğin de Ankara'ya ulaşması ile Riyaset-i Celile Muhafız Bölüğü askerlerinin sayısı iki yüzü geçmiştir.

Resim 37 - *Sonradan Gönderilen 100 Kişilik Birlikten Oldukları Tahmin Edilen Giresunlu Muhafızlar. Alttaki Yazı: Gazi Paşanın Maiyyeti Olan Laz Efradı*

---

[326] CA, A III-15 D16 F22-11; bkz: naklen, Şener, *a.g.e.*, s.198.

[327] CA, A III-15 D16 F22-8; bkz: naklen, Şener, *a.g.e.*, s.199.

[328] CA, A III-15 D16 E22-4; bkz: naklen, Şener, *a.g.e.*, s.202.

[329] Alpaslan, *a.g.e.*, s.535.

Ankara Hükümeti Rumlardan Silahlarını Teslim Etmelerini İstiyor

Ankara Hükümeti, Pontus çetelerinin katliamlarını arttırmaları üzerine 6 Mart'ta Ordu, Canik, Tokat ve civarında sıkıyönetim ilan etmek zorunda kalır.[330] Rum çetelerinin elinde Çarlık Rusya'nın vermiş olduğu silahların haricinde, İngilizlerin dağıttığı 10.000 silahın olduğu, ayrıca Rum çetelerin çeşitli yollarla mutlaka kaçak silah temin edeceği Hükümet tarafından bilinmektedir. Bir beyanname çıkartarak silahlarının teslimini isteyen Hükümet'e Rum çeteler karşı gelir ve kendi rızalarıyla silah teslimi yapmazlar. Verilen sürenin dolması ile özel komisyon kurularak aramalara başlanır. Aramalar sırasında namus can ve mala dokunulmaması, aksini yapanların İstiklal Mahkemelerinde yargılanarak şiddetli şekilde cezalandırılacakları görevli kurullara tebliğ edilir. Hükümete silahını vermek istemeyen birçok Rum dağa kaçar ve eşkıyalık yolunu seçer. Aramalar sonucunda 2.000 civarı silah ve 1.200.000 mermi bulunur. Rumlarda bulunan toplam silah miktarına bakıldığında toplanan silah miktarı önemli ölçüde değildir.[331] Gelişmeler üzerine Merkez Ordusu Komutanı Nurettin Paşa da, olay mahalline daha yakın olabilmek için, Sivas'ta bulunan Ordu karargâhını 4 Haziran 1921 tarihinde Amasya'ya nakletmiştir.

Osman Ağa Koçgiri İsyanını Bastırmak Üzere Görevlendiriliyor

Millî Mücadele süresince Anadolu'nun birçok yerinde patlak veren isyanlar ulusal bağımsızlık mücadelesi veren Mustafa Kemal Paşa ve arkadaşlarını endişeye sevk etmiştir. Bu isyanlardan en mühimi[332] "Koçgiri İsyanı"dır. Koçgiri aşireti Zara, Hafik, İmranlı, Suşehri, Refahiye, Kemah, Divriği, Kangal, Ovacık, Kuruçay ve bunları kapsayan bölgeye yerleşmiş durumdadır.[333] Aşirete bağlı olan İbolar, Zazalar, Balular, Kereteliler ve Sarular olmak üzere beş

---

[330] Yılmaz, a.g.t. , s.78, 82.

[331] Pontus Meselesi, Kurt, s.387.

[332] Celal Bayar Koçgiri İsyanından "isyanların en mühimi" diyerek bahseder ve şu sözleri söyler: "Koçkiri bence hepsinden mühimdir. Yunanlılara karşı durmak için nasıl tedbir alıyor isek orada da aynı surette teşkilat yaptık. Esasen Yunanlılara karşı durmak için kuvvetimiz kâfi değildi. Bunlar da ayrıca çıktı başımıza... Koçkiri'de bir ordu merkezi yapıldı. Onun kumandanlığına size önce bahsettiğim Nurettin Paşa'yı kumandan tayin ettiler. O başardı o işi. Sonra Giresun'dan 1.200 kişi ile gelen Topal Osman çok yakın dostumdur, büyük gayretleri oldu. O 1.200 kişinin 1.000 kişisi sonra orduya, Yunanlılara karşı verilmiştir. 200 kişisi de Atatürk'ün muhafızı olarak Çankaya'da muhafaza edilmiştir." Kurtul Altuğ, "Celal Bayar Anlatıyor, Kritik Olayların Perde Arkası" Tercüman, 10 Eylül 1986.

[333] Kenan Esengin, Milli Mücadelede Ayaklanmalar, İstanbul, 2006, s.175.

büyük kabilenin katılımıyla *"Batı Dersim"* denilen bölgede patlak veren bu isyan esasen Ekim 1920'de başlamıştır. 23 Mart 1921'de Yunanlılar Afyon ve Eskişehir'den saldırıya geçmiş, böylelikle İkinci İnönü adı verilen çetin savaşlar başlamış, bu tarihten itibaren Koçgiri isyancıları da saldırılarını arttırmışlardır. Dökülen kan artmış, isyan iyice ilerleyip ciddi bir saldırı hâline gelmiştir. Koçgiri aşiretlerinin 6.185 silahlı kuvvetine Dersim'den gelen 2.150 kişilik destek kuvvet de eklenince[334] isyancıların sayısı 8335'i bulmuş, batıda Yunanlılarla mücadele eden Türk ordusu doğuda isyancılara karşı adeta ikinci bir cephede savaşmak durumunda kalmıştır. İsyanın zamanlamasına, yani Yunan saldırısına paralel olarak alevlenmesine dikkat edecek olursak, bu isyanın çıkmasında ve ilerleme sürecinde Emperyalist devletlerin parmağı olduğunu söyleyebiliriz. Bazı kaynaklar bu isyanı *"Koçgiri Kürt İsyanı"* şeklinde değerlendirmişlerdir. Dersim aşiretleri grubundan olan ve mezhep olarak Aleviliği[335] benimseyen Koçgiri Aşireti, bilinenin aksine etnik olarak *"Kürt"* değil, öz be öz *"Türkmen"*dir. 1231 yılında Moğollar karşısında yenilgiye uğrayan ve ordusu dağılan Celaleddin Harzemşah Dersim Dağlarına sığınmış, onu takip eden Harzemli askerler de bu dağlara sığınmışlar, çevre kabilelerden evlenmişler[336] ve bu bölgeyi kendilerine yurt edinmişlerdir. Bazı Harzem beyleri de Selçuklu Sultanına baş kaldırmış, meydana gelen çarpışmalarda Tunceli ve yöresine sığınmışlardır.[337] Birinci Alaaddin Keykubat'ın düzenlediği soy kütüklerinde de Koçgiri aşiretine yer verilmiştir. Soy kütüğüne göre Koçgiri aşireti Dersim Nazımiye yakınlarındaki Kalman'dan (Büyükköy) göç ederek gelmiş, Zara ve Bolucan'da kısa süre kaldıktan sonra Koçgiri'ye gelip yerleşmişler, daha sonra çevre il, ilçe ve köylere yayılmışlardır.[338] 1387 yılında doğu illerinde Timur akınlarının başlaması ile birçok Türk boyu ve Akkoyunlu aşiretleri Timur'un ordusunun önünden kaçarak Dersim ve Sivas taraflarına sığınmışlardır.[339] Timur'un egemenlik yıllarında ise Karakoyunlu aşiretleri Erzurum, Erzincan, Sivas ve Dersim dolaylarına yerleşmişlerdir.[340] Yavuz'un doğu seferi sırasında ise bazı Türk aşiretleri Sivas dağlarına ve Dersime sığınmışlar böylece Batı Dersim de Doğu Dersim gibi Türk aşiretleri ile dolmuştur.[341] İsyanın elebaşlarından olan Alişir bile bir manzumesinde *'Ceddimiz Şeyh Ha-*

[334] Rıza Zelyut, *Dersim İsyanları ve Seyit Rıza Gerçeği*, Ankara, 2010, s.92.
[335] Zaza ve Kürt olarak bilinen Alevilerin de köken olarak Türkmen oldukları hakkında detaylı bilgi için Bk. Cemal Şener, *Alevilerin Etnik Kimliği*, Etik Yayınları, İstanbul, 2002.
[336] Zelyut, *a.g.e.*, s.93.
[337] Suat Akgül, *Yakın Tarihimizde Dersim İsyanları ve Gerçekler*, İstanbul, 1992, s.14.
[338] Baki ÖZ, *Belgelerle Koçgiri Olayı*, İstanbul, 1999, s.16.
[339] İbrahim Yılmazçelik, *Osmanlı Devleti Döneminde Dersim Sancağı*, Ankara, 2011, s.44.
[340] Muhammet Beşir Aşan, *Elazığ, Tunceli ve Bingöl İllerinde Türk İskan İzleri*, Ankara, 1992, s.88.
[341] M.Şerif Fırat, *Doğu İlleri ve Varto Tarihi*, İstanbul, 1998, s.121-122.

san, Şah-ı Horasan"[342] diyerek aşiretin kökeninin Horasan'dan geldiğini belirtmiştir.

Trablusgarp, Balkan ve Birinci Dünya Savaşı sonunda Osmanlı topraklarının büyük bir bölümünü ele geçiren emperyalist devletler, geriye kalan Osmanlı topraklarında Ermenistan ve Kürdistan gibi kendilerine sorun çıkarmayacak kukla devletçikler kurmayı düşünmektedirler. Kürt Teali Cemiyeti Başkanı Seyyid Abdülkadir ve Kürt ileri gelenleri de İngiliz yanlısı bir politika izleyerek İngiliz desteğinde *"Bağımsız Kürdistan"* devleti kurmayı amaçlamaktadırlar. Sadrazam Damat Ferit Paşa da İngilizlerle sürekli temas hâlinde olmuş, Millî Mücadele'ye karşı Kürtleri kullanmayı önermiştir. Bu öneri İngilizler tarafından uygun görülmüş Fransız etkinlik alanındaki Kürtleri kullanabilmek için Fransızlardan işbirliği istenmiştir.[343] İngilizler Dersim aşiretlerini kendi politikaları doğrultusunda kullanabileceklerini düşünmektedirler. Çünkü Dersim halkı kullanılmaya çok müsait olup aşiret başkanlarınca yönetilmektedir. Koçgiri yöresi dağlık ve yüksek rakımlıdır. O dönemde yöröde okul, yol, köprü gibi medeniyet unsurları bulunmamaktadır. Yoksul olup hayvancılıkla uğraşan halk, dünyada ne olup bittiğinden hatta devletin varlığından bile habersizdir. Halkın yaşamı, geçimi ve huzuru aşiret reisinin himayesindedir. Dersimde bir aşiret ağası diğer bir aşiretle dövüşmek veya devlete karşı gelmek istediği zaman aşireti için seferberlik ilan etme hakkına sahiptir. Aşiret reisi bir devlet başkanı gibi yüzyıllardan beri bu hakkı korumuştur.[344]

Bağımsız Kürdistan'ı kurmak için öncelikle Dersim ve Koçgiri bölgelerini Kürdistan'ın içine çekmeleri gerektiğini bilen İngilizler bu görevi Kürt Teali Cemiyetine verirler. Cemiyet Dersim ve Koçgiri halkını Kürt olduklarına inandırmaları için Baytar Nuri'nin de (Nuri Dersimi) içinde bulunduğu bir ekibi Dersim'e görevlendirir. Böylelikle Kürtçülük fikri ilk defa Dersim ve Koçgiri topraklarına girer. Cemiyetin sekreterliğini yapan Alişir de "Jepin" adlı gazeteyi çıkartarak Kürtçülük propagandası yapmaktadır.[345] Baytar Nuri'nin Dersim'in Kalan aşiretinden olması ve Koçgirililerin Türkçe ile birlikte *"Kurmançça"* konuşan Aleviler olması Kürtçülük propagandası için büyük avantaj sağlasa da[346] 16. yüzyılda yapılan Osmanlı-Kürt ittifakı bölge halkının hafızasından silinmemiştir. Bölge halkının siyasi bilinci olmadığından Kürtlük sorunu da yoktur. Kendi coğrafyalarının dışında gelişen Kürtlük sorunu aşiret reislerinin dayatmaları ile yöreye girmiş ve köken olarak Türk olan bu halk, Kürtçülük olaylarının içine itilmiştir. İngiltere, Kürt Cemiyetleri vasıtasıyla *"bağımsız*

[342] Hakkı Naşit Uluğ, *Tunceli Medeniyete Açılıyor*, İstanbul, 1939, s.50.
[343] Detaylı bilgi için Bk. Bilal N. Şimşir, *İngiliz Belgelerinde Atatürk*, Ankara, 2000.
[344] Öz, *a.g.e.*, s.38.
[345] Zelyut, *a.g.e.*, s.231.
[346] Kağan Gökalp - Suat Bulut, *Dersimli Diyap Ağa*, Ankara, 2011, s.111.

Kürdistan" vaat ettiği aşiret reisleri ile anlaşmıştır. Koçgiri aşireti reislerinden Haydar Bey, Kürt Teali Cemiyeti ve Teavün Cemiyeti üyesidir. Kardeşi Alişan Bey de Kürt Teali Cemiyetinin İngiliz Yüksek Komisyonu'na gönderdiği kurul içinde yer almaktadır. İsyanın dikkat çekici noktalarından birisi de Aşiret reislerinin eylem kararını Aleviler için kutsallık taşıyan Hüseyin Abdal Tekkesi'nde[347] almış olmalarıdır. Aşiret reisleri ve Kürt ileri gelenleri bu tekkede and içerek eylem kararı almışlardır. Burada aşiret reislerinin halkın isyana katılımı için Alevilik motif ve simgelerini kullandığını söyleyebilir, olayların başlangıcında ise yine dış güçlerin müdahalesi olduğu görürüz. Papaz Hızerin *"Ankara Hükümeti'nin her yerde tesbit yaparak Kürtleri ortadan kaldırmak istediği ve İngilizlerin buna karşı çıktığını, Kürtleri öldürmek için bahar mevsiminin gelmesini beklediklerini"* söyleyerek bölgede propaganda yapmıştır. Ayrıca halkın arasında dolaşan din adamı kılığındaki yabancı ajanlar halkı en duyarlı oldukları noktadan vurarak *"Alevileri Hükümet vuracaktır."* söylentisini yaymışlar[348] ve halkı kendini savunmaya davet etmişlerdir. Aşiret reislerinin aynı tutumu sergilemesi ile cahil bölge halkında *"Hükümet bizi öldürmeye gelecek, kendimizi müdafaa etmek zorundayız."* düşüncesi oluşur. 25 Temmuz 1920'de Şadan aşireti reisi Paşo, Refahiye'den Kuruçay'a gönderilen cephane kafilesinin önünü keserek jandarmaları esir alır. Daha sonra sonra Refahiye ilçe merkezini işgal ederek yönetime doğrudan el koyar. Hükümet konağına Kürdistan bayrağını çeker. Alişir'in propagandasının etkisinde kalan Mustafa Ağa, Kemah köylerine giderek Dersimlilerin devlete asker vermeyeceğini Kemahlıların da vermemesi gerektiğini söyler ve halkı korkutur.[349] 1 Ekim 1920'de Alişir, Kemah'ı basar, soygun ve yağmacılık yapar. Karaibo köyünden Deli Esat ve oğlu Rıfat halkı Türk olan Günlü çiftliğini basar, köylülerin çoğunu öldürür, geri kalanlara da *"Siz Ermenilere yaptınız, biz de size yapıyoruz. Dersim aşiretleri geliyorlar. Biz Sivas'ı alacağız ve sonra Ankara'ya gidip ulusal hükümeti devireceğiz."* diyerek gözdağı verir.[350] Dersim aşiretlerinden Bezgar aşireti Eğin'e gelmekte olan jandarma birliğini Kuruçay'ın Kambo yöresinde esir alır ve cephanelere el koyar. Alişan Bey; Hozat ve Çemişgezek aşiretleri ile *"Hozat Toplantısı"*nı yapar. Kürt ulusal kuruluşunda birlik olduğunu, Kürdistan'ın bağımsızlığını açıklamaya hazır olduklarını, Batı Dersim'de kırk beş bin kişilik birliğin hazır beklediğini söyler ve hep birlikte and içilir. 20 Aralık 1920'de Sivas-Kangal-Divriği arasındaki posta işletmesi engellenir. Posta işletmesi müdürlerinden Ayanoğlu Mustafa öldürülür. 25 Aralık

---

[347] Tekke bugün Sivas'ın Kangal İlçesi Yellice Köyü yakınlarındadır.

[348] Öz, *a.g.e.*, s.51.

[349] Ali Kemali Aksüt, *Erzincan Tarihi, Coğrafi, Toplumsal, Etnografi, İdari, İhsai İnceleme Araştırma Tecrübesi*, İstanbul, 1992, s.128.

[350] Akgül, *a.g.e.*, s.32.

1920'de Ankara Hükümeti'ne *"Batı Dersim Aşiret Başkanları"* imzasıyla bir telgraf çekilir ve Sevr Antlaşması gereği doğu illerinde bağımsız Kürdistan'ın kurulması istenerek aksi takdirde bu hakkın silah yolu ile alınacağı bildirilir.[351] Zalim Çavuş adıyla tanınan Şadan aşiretinden Hüseyin Ağa, Yıldızeli ayaklanmasına katılır, buradan kaçarak Koçgiri'ye gelir. Kangal ilçesinin Büyük köyündeki ailesinin yanında kaldığı günlerde bir çete kurar, Koçgiri aşiret reislerinin istekleri doğrultusunda hareket eder. Türk köylerini basarak çocuklara ve kadınlara dahi işkence yapar. Olaylar üzerine Miralay Halis Bey'in birliği Zalim Çavuş ve diğer çeteleri ortadan kaldırmak için 14 Şubat 1921 günü İmranlı'ya varır. Halis Bey taburunu İmranlı'da bırakarak birkaç askerini yanına alıp aşiret reisleri Haydar ve Alişan beylerle görüşmek için Boğazviran'a giderek şunları söyler: *"Bakın beyler annem bir Kürt kızı idi. Ben de bir Kürt yeğeniyim. Gelin Hükümet'e bağlılığınızı bildirin. Ben de raporumda, ıslah edilecek bir şey yoktur, diyeyim. Siz de bu çete olaylarına son verin. Siz de biz de huzura kavuşalım."* Alişan Bey, Haydar Bey'e göre biraz daha devlet yanlısı tutum takınır, Alişan Bey'in baskısı ile Haydar Bey de bu teklifi kabul etmek zorunda kalır. Halis Bey olumlu düşünceler içeren raporunu yazar ve askerleriyle birlikte ağaların konağından ayrılır. Kimi çeteler Halis Bey'in yeterli gücü olmadığını, yeterli gücü olsaydı daha çok askerle geleceğini ve uzlaşma yapmayacağını düşünerek ona tuzak kurarlar. Alişan Bey'in bilgisi dışında Halis Bey ve üç askerini öldürürler. Daha sonra isyancılar 7 Mart 1921 günü bir köyü basarak on üç kişiyi öldürürler. İmranlı dolaylarında on köyü yağmalayıp Kılavuz köyünde karargâh kurarlar. 9 Mart 1921'de İmranlı'yı işgal edip Büyük Millet Meclisine karşı tehditler savururlar. 10 Mart 1921 tarihinde Elazığ, Erzincan, Sivas, Divriği ve Zara'da sıkıyönetim ilan edilir. Ayaklanma bir anda geniş bir alana yayılmıştır. Suçluların cezalandırılması için Harp Divanı kurulur. 11 Mart 1921'de aşiret reislerinden Muhammet, Taki, Alişir, Mustafa, Seyithan, Muhammet ve Munzur, Büyük Millet Meclisi Başkanlığına bir telgraf çekerek Koçgiri, Refahiye, Divriği, Kuruçay ve Kemah ilçelerini kapsayan Kürt yöresinde seçkin bir il oluşturulmasını ve başına yerli bir Kürt valinin atanmasını talep ederler. Genel Kurmay Başkanlığı, Merkez Ordusuna bir şifre göndererek İmranlı olayının tehlikeli boyutlara ulaştığını önem kazandığını belirterek Yarbay Cemil Cahid Bey'in bu bölgede göreve getirilmesini önerir. Cemil Bey'in hastalığını gerekçe göstererek bu görevi kabul etmemesi üzerine Merkez Ordusu Komutanlığına Nurettin Paşa getirilir. Geniş yetkilere sahip olan Nurettin Paşa isyanın bastırılması için Zara, Kangal, Refahiye ve Ke-

---

[351] Bildiride Koçgiri aşiret reisleri Muhammet ve Taki, Dersim aşiret reisleri Mustafa, Seidhan, Muhammed, Munzur ve kendini sadattan (peygamber soyundan, seyit) gösteren Alişer'in imzası vardır.

mahtaki askerî ve sivil birliklere talimatlar göndererek 54. Süvari Tümenini Sivas'tan Koçhisar'a, 32. Süvari Alayını Tokat'tan Sivas'a, Erzincan'daki yüz kişilik milis gücünü ise Refahiye'ye gönderir.[352] Nurettin Paşa, emrindeki birliklere gönderdiği bildiride yapılacak olan imha harekâtının detaylarını anlatırken sivil halka müdahale edilmeyeceğinin de üstünde şu sözlerle durmaktadır: *"İmha harekâtı Koçgiri aşiretine ve bunlara katılmak üzere Tunceli'den gelmiş olan asilere ve Koçgiri çevresinde isyana katılmış olanlara yöneltilecektir. Kanunlara bağlılıklarını devam ettirmiş olan köy ve aşiretler halkının hiçbir suretle zarar görmemeleri çok önemlidir. İmha harekâtı sırasında kişi haklarına önem verilmesini, halkın kalbini kazanmaya gayret harcanmasını silah arkadaşlarımdan beklerim."*[353] 10 Mart 1921 tarihinde Müdafaa-i Millîye Vekaletinden Osman Ağa'ya gizli bir şifre gelir ve Giresun Gönüllü Alayının derhal isyan bölgesine hareketi emredilir. İsyanı bastırma işinin Osman Ağa ve gönüllülerine verilmesinin sebebi Giresun Alayının isyan bölgesine yakın olması ve çete savaşlarını iyi bilen Koçgiri isyancılarının ancak çete savaşlarını en az onlar kadar iyi bilen Osman Ağa ve gönüllüleri tarafından dize getirileceğinin düşünülmesidir. Osman Ağa 24 saat içinde hazırlıkları tamamlar, Yüzbaşı İbrahim, Mülazım Selim ve tabur hesap memuru Mehmet Avni Beyleri de yanına alarak yola çıkar. Alay kar ve fırtınaya aldırmaksızın ilerleyerek 18 Mart 1921'de Şebinkarahisar'a ulaşır. Osman Ağa 120 Rum gencini de yanına almış, bu Rum gençler Eğribel'de[354] iki metreyi aşan karları yarıp ala-

---

[352] Öz, a.g.e. , s.135-142.

[353] *Türk İstiklal Harbi*, C. VI, s.265.

[354] Osman Ağa'nın Eğribel'de üç metre karı yararak Müslüman köylerine yardıma geldiğinden Murat Toker şu sözlerle bahsetmektedir. *"Çocukluğumuzda dedelerimizin, ninelerimizin anlattığı Ermeni ve Rum çetelerinin Şebinkarahisar'da yaptığı katliamları masal gibi dinlerdik. İşin aslını esasını o günlerde tam da bilemezdik. Osman Ağa'yla ilk ciddi tanışmam 1969 yılında Giresun'da oldu. Eğitim Enstitüsü imtihanları için çok zorlu bir yolculukla Giresun'a gitmiştik. İmtihana Şebinkarahisar Lisesinden gelen 40 kişinin hepsi ilk defa il merkezini görüyordu. Hepimizin Giresun'a ilk gelişimizdi. İmtihandan çıktıktan sonra Giresun'a ilk gelen herkes gibi 17-18 yaşlarındaki bizlerde şen şakrak oynaya zıplaya Giresun kalesine çıkıyorduk. Giresun kalesine çıkarken, kaleden inen Ziberi köyünden (Şebinkarahisar Kalesi'nin hemen dibindeki köy, bugün Şebinkarahisar Belediyesine bağlı mahalle) beş hemşerimizle karşılaştık. Yaşlı bir hemşerimizin kollarına girmiş onu kaleden indiriyorlardı. Karşılaşınca durup konuşmaya başladık. Yaşlı hemşerimiz gözleri parlayarak Osman Ağa'yı ziyarete mi gidiyorsunuz, dedi. Hiçbirimiz kalede Osman Ağa'nın Atatürk tarafından yaptırılan anıt mezarı olduğunu bilmiyorduk. Kaleyi gezmeye geldiğimizi söyleyince yaşlı hemşerimizin yüzündeki neşe gitti. Gelirken Eğribel'i nasıl geçtiğimizi, Eğribel'de kar varmıydı, diye sordu. Eğribel'den geçemediğimizi Trabzon üzerinden geldiğimizi söyledik. Yaşlı hemşerimiz sizin karsız geçemediğiniz Eğribel'den, Ermeni çeteleri bizi kuş gibi avlarken imdat çığlığımızı duyan Osman Ağa imdadımıza gelirken Eğribel'de üç metre kar vardı, Osman Ağa karı yara yara Şebinkarahisar'a ve Suşehri'ne yetişti, dedi. Siz şimdi hayattaysanız, buraya imtihana gelebildiyseniz, soyunuz kurumadı-*

ya yol açmışlardır. Şebinkarahisar'da bir hafta kalan tabur Merkez Ordusu emriyle iki cebel topu ve dört mitralyöz ile isyan bölgesine hareket ederek üç gün sonra Refahiye'ye varır.[355] Osman Ağa; Haydar ve Alişan Bey'lere bir mektup göndererek *"Ey din kardeşlerimiz, muhterem arkadaşlar! İçimizdeki Pontusçuları temizledik. Ermenilere terki silah ettirdik. Başka büyük düşmanlarımız var. Yunan ordusu da yurdumuza saldırdı. Kardeş kavgasını bırakalım, bir din kardeşi olarak birleşelim. Yunan ordusunu yurdumuzdan atalım. Davamızın peşi pek büyüktür. Vatanımızı bu felaketten kurtaralım."* der. Uzlaşmak istemeyen isyancılardan şu cevap gelir: *"Osman Ağa, biz senin topunu, tüfeğini elinden alacağız, başka kimse ile işimiz yoktur."*[356] Koçgirili Beko özel olarak Osman Ağa ve birliği ile savaşmak için gönderilir.[357] Beko sabaha karşı alaya baskın yapar. Osman Ağa'nın emri ile makineli tüfekler patlamaya başlar. Daha sonra Osman Ağa hücum borusunu çaldırır ve alay taarruza geçer. İsyancılar geri çekilmek zorunda kalır. Giresun Alayı, Beko'nun saldırısını makineli tüfekçilerin etkili ateşiyle püskürtmeyi başarmıştır.[358] Refahiye'yi hareket üssü olarak seçen Giresun Alayı, Kalkancı bölgesini temizler ve Kızıltepe'deki isyancılarla savaşır. İki ateş arasında kalan isyancılar kuzeydoğu yönünden kaçarlar. Giresun Alayı 80 tüfek, önemli ölçüde cephane ve hayvan ele geçirir.[359] 5 Nisan'da 600 kişilik kuvvetli bir isyancı grubu alaya yeni bir saldırı yapar. Bu çatışmada isyancılar 50 ölü, 64 yaralı verirken Giresun Alayı bir yaralı verir. Kırıktaş Köyü civarında yapılan ayrı bir çatışmada ise Giresun Alayı isyancılara birçok kayıp verdirir. Hükümet kuvvetlerinin moralini yükselten bu çatışmalardan sonra Nurettin Paşa başarılandan dolayı Osman Ağa'yı tebrik eder.[360] 15 Nisan 1921'de Belensor - Taşdibi yönüne ilerleyen Giresun Alayı Kemah müfrezesi ile birleşip Koçgiri'yi alır. İsyancılar batı ve kuzeybatı yönünden kaçarlar. 18 Nisan 1921'de Kızlartepesi ve Alakilise taraflarına kaçan isyancılar dağıtılır. İsyancılardan 150 kişi ölürken 60 tüfek ele geçirilir. İsyanın elebaşlarından Alişir'in evi yıkılır. Görünmezkale mevkiindeki çatışmada Osman Ağa'nın atı vurulur ancak Osman Ağa yara almadan kurtulur.[361] 27 Nisan 1921'de Çıragediği mevkiinde 28. Süvari Alayı isyancılar tarafından pusuya düşürülür. 5 subay ve 82 er şehit olurken zayia-

---

sa bu kalenin tepesinde yatan Osman Ağa'ya borçlusunuz dedi. Koluna girenlerin yardımıyla yürüyüp gitti." www.giresunoncelikleri.com 4 Kasım 2010.

[355] Topallı, *a.g.e.* , s.108.

[356] Sarıbayraktaroğlu, *a.g.e.* , s.143.

[357] Öz, *a.g.e.*, s.211.

[358] Sarıbayraktaroğlu, *a.g.e.* , s.144, Beyoğlu, *a.g.e.* , s.223.

[359] Öz, *a.g.e.* , s.212.

[360] Beyoğlu, *a.g.e.* , 223.

[361] Topallı, *a.g.e.*, s.109; Sarıbayraktaroğlu olayın Kızlarsinisi mevkiinde olduğundan bahseder. Bk. *a.g.e.*, 148.

tın daha fazla artmasını Giresun süvari birliği önler. Cesaretlenen isyancılar iki gün sonra Giresun Alayı ile tekrar çatışmaya girerler. Çalıyurt, Mistolar, Karahüseyin, Karataş köylerinde yapılan çatışmalarda isyancılar 20 ölü ve 12 yaralı bırakan isyancılar kaçmak zorunda kalırlar. 10 Mayıs 1921'de yiyecekleri tükenen 300 kişilik Dersimli grup Kemah'ı basar. Halk bir süre çarpıştıktan sonra kaleye çekilir. 22 Mayıs 1921'de 400 kişilik Dersimli Grup Kemah'ın güneyinden Tan köyü yönünden saldırıya geçer. 3. Kafkas Tümeninin 11. Alayından iki bölük saldırıya karşı koyar ve başarılı bir savunma verir. 23 Mayıs 1921'de Kemah'ı koruması için 54. Alay görevlendirilir. 24 Mayıs 1921'de Nurettin Paşa, Genelkurmay'a bir telgraf göndererek *"Koçgiri ayaklanmasını bastırma hareketinin bitmek üzere olduğunu, şimdiye dek Fırat-Erzincan-İmranlı arasındaki bölgede 500 kadar isyancının öldürüldüğünü ve bölgenin temizlendiğini"*[362] bildirir. 30 Mayıs 1921'de isyancılar büyük bir saldırıda bulunurlar. Bu saldırının, isyancıların son ciddi saldırısı olduğunu söyleyebiliriz. 500 kadar isyancı Dersim'den Ilıç'a doğru harekete geçerler. 2 Haziran 1921'de Hıktar köyü yakınlarında meydana gelen çatışmada ayaklanmacılar geri çekilmek zorunda kalırken iki nizamiye eri ve bir gönüllü şehit olur. 17 Haziran 1921'de isyanın elebaşlarından Alişan Bey'in ve 32 ileri gelen isyancının teslim olması ile birlikte isyan tamamen bastırılmış olur. İsyanın bastırılması sırasında Giresunlu mücahitlerden Alidayıoğlu Fevzi isyancıların eline düşmüş, derisi yüzülerek şehit edilmiştir.[363] 500'ün üzerinde isyancı yargılanmaları için Sivas'a gönderilir. Büyük Millet Meclisindeki doğulu milletvekillerinin gayreti ile Alişir ve Baytar Nuri hariç olmak üzere isyancılara af çıkar.[364] İsyan sırasında bazı aşiretler hükümetten yana tavır almışlardır. Kangal Ağası Kürt Hacı Ağa ile Ginyan aşireti Reisi Murat Paşa ve Kureyşan aşireti de bunlardan olup isyancıların yakalanmasına yardım etmişlerdir.[365]

Osman Ağa, Vakit gazetesine verdiği röportajda isyandan şu sözlerle bahsetmektedir:

"Tam bu sırada Koçgiri ve Ümraniye'de bir takım hareket-i isyaniye baş gösterdiğinden oralara gönderildim. Bu hareketler İstanbul'a gidip gelen Kürt reislerinin tertibi ile yapılmıştı. Maksat şark ve garp cephelerinin muvasalasını kesmek ve Yunanların galip gelmesini temin etmekti. Karahisar metropoliti, Balta Limanı'nda tesellüm ettiği fetva suretlerini neşre vasıta olmuştu. Taşdipli Hüseyin isminde biri bilahere dehalet etti. İstan-

---

[362] *Türk İstiklal Harbi,* C. VI, s.280; Öz, *a.g.e.* , s.160.

[363] Kaynak Kişi: Mustafa Altay, İsmail Altay aracılığı ile.

[364] Suat Akgül, "Cumhuriyet Dönemine Kadar Dersim Sorunu", *Ankara Üniversitesi Osmanlı Tarihi Araştırma ve Uygulama Merkezi Dergisi,* Sayı. 4, s.21.

[365] *Cumhuriyet,* 05.06.1991.

bul'a gidip geldiğini itiraf etti ve işin menbaı neresi olduğunu anlattı. Hava pek fena idi. Karahisar Dağlarında üç metre kara tesadüf ettik. Refahiye'de 2700 mevcutlu usat kuvvetiyle müsademede bulunduk. Asiler bozuldular. İki ay zarfında ortalık tamamıyla teskin edildi. Koçgiri'deki taburu alay haline koyduk. Bir taraftan da Dersim'de Ovacık Kürtleri başkaldırınca bunların üzerine yürüdük. Derhal vaziyeti anladılar ve Koçgiri isyanının uğradığı akıbetten kurtulmak için Erzincan hükümetine dehalet ettiler.[366]

Nurettin Paşa da ayaklanmanın bastırılmasından sonra şu duyuruyu yayınlamıştır:

"Ümraniye olayı sorumlularından ve Koçkiri reislerinden Azemet ve kardeşleri Bahri ve Sabit Beyler ile Karacaviran bucağının en acımasız eşkiya reislerinden Filiçbeyü Hamu ve Zara ile Suşehri arasındaki asilerin reisi bulunan Çevirmahlı Aziz ve Naki'nin kardeşinin oğlu Naki ve Ali'nin kardeşi Haydar'ın yakınlarından Pehlivan ve yakın adamı Hüseyin Efendi ve Refahiye eşkiyasından Aşir ve 159 eşkiya ölü olarak ele geçirilmiştir. Eşkiya reislerinden meşhur Ali'nin ve eşkıyaya muhbirlik eden Kaçurzade Haydar Bey ve Şerefiye eşkıyasından ve maktul Aziz'in arkadaşlarından İbrahim ve reislerden Felik Ali'nin babası ve üç kardeşi ile oğlu ve Şeyh Kasım namındaki casus ile 113 kişi ölü olarak ele geçirilmişlerdir. Ümraniye olayının düzenleyicilerinden ve başkanlarından olup ayaklanma sırasında Ümraniye Bucağı Müdürü bulunan Koçkirili Mustafapaşazade Haydar Bey ile reislerden Naki Bey'in kardeşi İzzet ve Hasan Beyler ve avanesinden Genco ile 56 eşkıya af dileyerek teslim olmuşlardır. 200 çeşitli cins ve tüfekle bir hayli cephane ve 118 beygirle birçok koyun ve hayvana el konulmuş ve 207 asker ve yoklama kaçağı yakalanmıştır. Memurlara, subay ve erlerin gösterdikleri azim ve gayretten dolayı takdirlerimi beyan ve teşekkür ederim."[367]

Mustafa Kemal Paşa'nın muhafızlarından olup gönüllü olarak cepheye giden[368] 47. Alay Mücahiti Eyüp Aydın, Koçgiri Harekâtını anlatıyor:

"Kürt isyanı başladı. Mustafa Kemal Paşa'dan bir telgraf geldi, yardım isteniyordu. O gün Osman Ağa çeteleri topladı. Bir gün sonra Kayadibinden Şebinkarahisar'a hareket ettik.

Kış bütün şiddeti ile devam ediyordu. Geçit vermeyen yüksek karlı dağları aşmak zorundaydık. Yola çıkışımızın üçüncü gününde Şebinkarahisar'a gelebildik. Tabur yorgundu. Osman Ağa ilk iş olarak istirahatimizi sağladı.

[366] *Vakit*, 19 Şubat 1922.
[367] Uğur Mumcu, *Kürt İslam Ayaklanması*, İstanbul, 1993, s.38.
[368] Çakıroğlu Hüseyin'in günlüklerinden, torunu Mükerrem ÇAKIROĞLU aracılığı ile.

Birkaç gün sonra Refahiye'ye hareket ettik. Refahiye'de isyancılar tarafındaki düz arazide manga siperleri kazdık. Mevzilendik, bekliyorduk. Türk köyleri manga siperlerinin karşısındaydı. Dağlarda kimseler gözükmüyordu. Sabaha karşı, karşımızdaki Türk köylerinde asiler katliama başladılar. Çığlık ve acı feryatlarla kıyamet kopuyordu. Borazancı önce silah başı, ardında hücum emrini verdi. Öğle vaktiydi. Osman Ağa, dürbünle karşı cepheleri gözlüyordu. Emirleriyle ateşe başladık. Osman Ağa top ve mavzer seslerine alışıktı. Savaş meydanlarının kahramanı coşmuş, naralar savuruyordu: 'Bunlar bizim uşakların elinden kurtulamaz. Vur ulan Panayot Tamzara'nın gözüne!' diye bağırıp bize moral veriyordu. Bir yandan da topçulara emirler yağdırarak 'At hele, asilerin içine düşür!' diye bağırıyordu."[369]

Osman Ağa'nın isyanı bastırırken görevinin dışına çıktığı ve masum yöre halkına zulüm yaptığı yönünde çeşitli iddialar ortaya atılmıştır. Bu iddiaların başında Osman Ağa'nın sivil insanların, köylülerin, kadın ve çocukların kanını akıttığı gelmektedir. Hatta olayların bu kadar kanlı boyutlara ulaşmasının sebebi olarak Osman Ağa'nın masum sivil halka zulmetmesi, sivil halkın da Osman Ağa Alayına karşı kendini müdafaa etmek zorunda kalması gösterilmektedir. Bir nevi iddialara göre silahlı çatışmayı başlatan isyancılar değil. Osman Ağa'dır. Bu iddiaların sahipleri, genellikle Baytar Nuri adıyla da tanınan dönemin bütün aşiret isyanlarında fiilen ve faal olarak görev almış bir zat olan Nuri Dersimi'[370]nin anlattıklarından etkilenmişlerdir. Kürtçülük akımının önderlerinden bölücü Nuri Dersimi, Osman Ağa ve Giresun Alayından hakaretlerle dolu şu sözlerle bahsetmektedir: *"Yabancı hesabına av köpeği görevi yapmaktan zevk alan, namus düşmanı bu barbar çete alayları zapt ettikleri köylerde her çeşit zulüm ve melaneti yapmaya başlamışlardır. Masum Kürt*

---

[369] Menteşeoğlu, *a.g.e.* , s.230-231.

[370]*Nuri Dersimi 1890 yılında Ovacık'ta doğmuştur. 1914'te I. Dünya Savaşı'nın başlamasıyla son sınıf öğrencilerinin askere alınması üzerine okulu bitirmeden Harp Okulu'na gönderilerek iki aylık bir askerî eğitimi almıştır. Oradan İstanbul Beykoz'da nakliye tabur Baytar Yüzbaşısı Mustafa Bey'in yanına görevlendirilmiş ve daha sonra 4. Ordu Baytar Müfettişliği emrinde subay vekili rütbesiyle Erzincan'da veteriner olarak hizmet etmiştir. Askerlik döneminde görev nedeniyle Dersim'e giderek aşiret liderleriyle tanışmıştır. Askerliğini tamamladıktan sonra 1916'da İstanbul'a dönerek okula devam etmiştir. 22 Eylül 1918'de okuldan mezun olup diplomalı veteriner olmuş ve "Baytar Nuri" olarak anılmaya başlamıştır. Koçgiri isyanına katıldıktan sonra 15 Mayıs 1921'de Dersim'e iltica etmiştir. Sakallı Nurettin komutasındaki Merkez Ordusu tarafından kurulan Divan-ı Harp'te 25 Haziran 1921'de gıyaben mahkûm edilmiştir. Doğulu milletvekillerinin girişimlerinin soncu Mustafa Kemal affettiyse de Dersimli Nuri Dersimi ve Koçgirili Alişer'i istisna tutmuştur. Daha sonra Seyit Rıza ile birlikte Dersim isyanlarını organize etmiştir. 22 Ağustos 1973'te Halep'te ölmüştür.*

çocukları bu canavarlar tarafından ateşe atılıp yakılıyor ve tüyler ürperten bu manzara karşısında Laz Alayı adını taşıyan bu alçaklar zevk ve cümbüş yapıyorlardı."[371] Nuri Dersimi'nin, bu sözleri kendi ideolojik anlayışı doğrultusunda söylediği ve sözlerinin objektif olmadığı açıktır. Zira Osman Ağa hayatı boyunca suçu günahı olmayan hiç kimseye dokunmamış, ancak zulmedene zulmetmiştir. Osman Ağa 47. Alayın başında Koçgiri bölgesine giderken, alaya yol açmaları için 120 Rum gencini yanında götürmüş, bazı Rum gazeteleri *"Osman Ağa zengin Rumları toplayıp Şebinkarahisar'a sürdü."* şeklinde haber yapmışlardır. Gerçekte Osman Ağa bu Rum gençlerine kötü muamele yapmamış, 47. Alay, Şebinkarahisar'a geldiğinde hepsini tekrar Giresun'a göndermiştir. M.Ş. Sarıbayraktaroğlu konu hakkında şu sözleri söylemiştir: *"Giresun'dan bizimle Karahisar'a kadar gelen Rumları Osman Ağa derhal Giresun'a gönderdi. Ve bir tanesinin bile burnu kanamadan hepsi sağlam olarak evlerine döndüler. Osman Ağa istese bu Rumları hep öldürtürdü. Fakat zavallıların ne günahı vardı? Ağa, ancak Türk vatanına ihanet edenleri ve zalimleri temizlerdi."[372]* Suçu günahı olmayan gayrimüslimlere bile dokunmayan Osman Ağa'nın isyana destek vermeyen masum Müslümanlara zulmettiği iddiası hiçbir somut delile dayandırılamamaktadır.

Sarıbayraktaroğlu'nun şu sözleri de dikkat çekicidir: *"...Ve böylece isyancılar çekilip gittiler. Türk dostu olan Kürtlere bunların ne tarafa gittiklerini sorduk. Çok gitseler Kırıktaş'a kadar giderler diye söylediler. Ayrı ayrı yollardan bölüklerimiz buraya yürüdü ve köyün üzerindeki tepeye kadar çıktı. Osman Ağa 'Köyü sarın!' diye emir verdi. Köye girdiğimizde asiler dağılmışlardı. Tekrar Refahiye'ye döndük(...) Yanımızda Sünni Kürtler vardı. Buraya kısa yol neresidir, diye sorduk. Türk dostu bu Kürtler bize 'Alafranga at nallarını takip edin.' dediler."[373]* Bu sözlerden yola çıkarak Osman Ağa'nın isyana karışmayan sivil halka zulmetmediğini, bırakın zulmetmeyi onlarla işbirliği içine girdiğini söyleyebiliriz. Osman Ağa ile birlikte isyanı bastırmak üzere Koçgiri bölgesine giden Gümüşresioğlu İshak Efendi, bir derenin kenarında ağlayan öksüz bir çocuk bulmuş ve onu maiyetinden birisi ile Giresun'a göndererek himayesine alıp bakıp büyütmüştür. Gümüşreisoğlu İshak'ın torunlarından İsmail Altay konu ile bilgili şu bilgileri vermektedir:

"Ben Hacıhüseyin Mahallesi'nden Alidayıoğlu ailesindenim. Giresun'un köklü ailelerindendir. 1. Dünya Savaşı'nda ve Kurtuluş Savaşı'nda ailem birçok şehit verdi. Bu şehitlerden biri de, Milis Onbaşı Alidayıoğlu Fevzi. Fevzi amcamız, Koçgiri isyanının bastırılması sırasında esir düş-

---

[371] Nuri Dersimi, *Kürdistan Tarihinde Dersim,* 1992, s.148.
[372] Sarıbayraktaroğlu, *a.g.e.* , s.143.
[373] Sarıbayraktaroğlu, *a.g.e.* , s.144, 147.

müş ve sonrasında derisi yüzülerek insanlık dışı bir işkenceyle şehit edilmiş. İkinci aile anımız ise, annemin dedesi, Hacıhüseyin Mahallesi'nden Milis Yüzbaşı Gümüşreisoğlu İshak Efendi'ye ait. İshak dedem, Osman Ağa'nın büyük kuzenidir. Osman Ağa dedeme "dayı" olarak hitap edermiş. İshak dedemin yeğeni de Mustafa Kemal Paşa'nın muhafız birliğinin komutanı Milis Yüzbaşı Gümüşreisoğlu Mustafa Kaptan. Anıya geri dönelim. Koçgiri isyanının bastırılması sırasında, milislerimiz bir derenin kenarında ağlayan öksüz küçük bir Kürt çocuğunu getirirler. Dedem çocuğa sahip çıkar ve çocuğu mahiyetinden birinin yanına katarak Giresun'a yollar. Eşi (büyük babaannem) Minire hanıma da haber gönderir ki, bu çocuk bizim himayemizde büyüyecek ve oğullarıma (Ömer, Mustafa ve Bilal Gümüş kardeşler) ağabey olacak (O tarihlerde büyük oğlu İbrahim Gümüş genç bir milis olarak çeteye henüz katılmış). Kürt Abdullah dedeme ve kardeşlerine ağabey olur. Güçlü bir delikanlı olarak büyür ve İstanbul'a askere gider. Asker dönüşü Minire babaannemin elini öper ve bir kız sevdim İstanbul'da yaşamak istiyorum, diye izin ister. Evin oğlu olan Abdullah'a düğün hediyesi yapılır ve Abdullah, İstanbul'a yerleşir. Adı da Kürt Abdullah olarak devam etmiş. Kesinlikle asimile edilmemiştir. Bunu anlatmamın nedeni, Kürtler, Koçgiri isyanını çarpıtarak Kürtlere karşı soykırım yapıldığını ileri sürmeye başladılar. Tarihi çarpıtmak kolaydır. Toplumumuz okumadığı için, bir delinin kuyuya attığı taşı çıkarmak mümkün olmuyor. Koçgiri bir isyandır ve kurtuluş savaşı vermekte olan ordumuza çok zararı olmuştur. Giresun uşakları isyanı bastırmıştır. Ama asla isyancılar haricinde bir operasyon yapılmamıştır." [374]

Giresunlu gönüllüler masum insanları ve çocukları öldürecek kadar cani olmadıkları gibi, kimsesiz kalan bir çocuğu isyanın ortasında ölüme terk etmeyip, himayesine alarak besleyip büyütecek kadar da merhametlidirler.

Görüldüğü gibi Giresun Alayı bölgede hep isyancıları kovalamış ve sadece isyancılarla mücadele etmiştir. Ayrıca Osman Ağa'nın bölgeye isyan bastırmak üzere gönderildiğini unutmamak gerekir. Millet olarak emperyalizme karşı ölüm kalım mücadelesinin verildiği ve maddi manevi her türlü birlikteliğe ihtiyaç duyulduğu o günlerde İngilizlerin ve işbirlikçi İstanbul Hükümetinin oyununa gelerek tam da Yunan ordusu ile savaşırken Türk milletini sırtından vuran bu isyancı gruba karşı Osman Ağa'nın sert tedbirler alması pek tabiidir.

Bir diğer iddia ise Osman Ağa'nın isyanı bastırırken büyük ölçüde ganimete el koyduğu ve 60.000 lira değerinde koyunu Giresun'a gönderip paraya çevirdiğidir. Bu iddianın sahibi Giresun Sancağı Reji Müdürü Nakiyüddin

---

[374] Gümüşreisoğlu İshak Efendinin Torunlarından İsmail Altay ile yaptığımız söyleşiden.

Efendi'dir. Nakuyiddin Efendi, Mustafa Kemal Paşa'ya gönderdiği bir mektupta şu sözleri söyleyerek Osman Ağa'yı suçlamaktaıdr:

"Osman Ağa, Kürtleri hizaya getirmekle görevli iken, Hakkı Bey (ki iki yil önce bir kahveye giremeyecek ölçüde züğürt idi), ağanın yanına gitmiştir. (...) Kocgiri ganimeti olarak 60 bin lira değerinde koyun, öküz gibi hayvanları Giresun dolaylarındaki yaylalara götürerek otlatmıştır. (Giresun hükümetine verilenler ayrıdır.) Bu hayvanları sürü sürü gece vapurlara bindirerek İstanbul'a yollamışlar ve şimdi de fırsat düştükçe yollamaktadırlar. Bu alışverişlerde Osman Ağa'nın ve oğlu İsmail'in de katkısı olduğu kesinlikle söylenmektedir."[375]

Osman Ağa'nın 8 Haziran 1922 tarihinde Ankara'da bulunduğu sırada Giresun Mutasarrıfı Nizamettin Bey'e çektiği ve *"Büyük Taarruz öncesi Giresun Alayı'nın tüm donanımlarının bir an evvel sağlanması için bütün mal ve mülkünün satılmasını istediği"* telgraf bu iddialara bir cevap niteliğindedir. Telgraf metni[376]:

"Öteden beri takip ettiğim ve etmekte olduğum maksat ve gaye vatanın selameti, varlığımızın muhafazası ve dini celil-i Ahmedinin hadimi bulunan unsuru İslamın teali ve bekası hususunda matuf olduğu zatı biraderilerince malum bir keyfiyettir.

Bu sebebe binaendir ki mal, mülk, servet sahibi olmak sevda ve emelinde olmadığıma ve bu giriştiğimiz muharebe-i mücadele-i meliyeyi inşallah kati bir zaferle ikmal ve müsmir bir neticeyi isal için küçük ve büyük umumi bir surette sarfı gayret edildiğine ve bu meyanda acizleri de bu uğurda hayatımı istihkarlar terki darüdiyar eylemiş ve meydanı mücahedeye atılmış ve bu sahada terki hayat etmeye azmeylemiş bir fert bulunduğuma Cenabı Hak ve hayır ve şerri müdrik ve dindar hamiyetli, kıymetli, vicdanlı hemşerilerimle beraberimde bulunmuş sizler gibi arkadaşlarımda şahittir.

Vatanı sahili selamete çıkarmak için büyük ordumuzun safları arasında Giresun ve Karadeniz sahili halkını temsil ederek ispatı vücut etmiş, düşmanlara göğüs germiş ve inayeti hakkıyla cümlesinin takdirine muzaffer olmuş alayımızın ve bu meselenin hal ve hitamına kadar nevakısının ve her bir levazımını izhar ve itmam etmek bizlere mürettep bir vazifeyi vataniyedir.

Bu emri hayrı ifaya nakdı hazıram gayrifaki ve hemşerilerimin de alayın Kars ve gerek Kürt hadisei malumesi seferinde ve elyevm devam etmekte olan fedakârlıkları hasebiyle kendilerinden daha fazla bir şey

---

[375] CA, A IV – 15-a D62 F1-1; bkz: naklen, Şener, *a.g.e.*, s.172.
[376] *Vakit*, 29 Haziran 1922; Özel, *a.g.e.*, 1991, s.277.

talebine yüzüm olmadığından **mevcut mal ve mülküm ne varsa satılmasını muvafık görüyorum.** *Cümleye selam ve selametler tebliğ eder olduğumun tebliğini rica ile gözlerinizden öperim.*

8 Haziran 1922
Alay Kumandanı Osman Ağa"

26 Haziran 1922 tarihli Tevhid-i Efkar gazetesi de Osman Ağa'nın bu fedakâr davranışından şu sözlerle bahseder[377]:

"Yeni Giresun gazetesinde okuduğumuza göre cephede bulunan Giresun Alayı Kumandanı Osman Ağa, Giresun Mutasarrıfı Nazif Bey'e bir telgrafname keşide ederek kumanda ettiği alayın nevakıs ve levazımını karşılamak için mevcut bütün gayrimenkulünün bu hususta sarfını bildirmiştir.

Bunu haber alan Giresun tüccarı, Osman Ağa'nın malen bedenen ve nakden şimdiye kadar vuku bulan fedakârlıklarını nazarı itibare alarak mütebaki emvalini de satmasını muvafık görmemişler ve bir ictima akd ederek Giresun Alayının bütün ihtiyacını tevhin ve tatmine memnuniyetle karar vererek esbabının ikmaline de tevessül eylemişlerdir."

Haberden anlaşılacağı üzere Giresun zenginleri Osman Ağa'nın vatan müdafaası uğrunda şimdiye kadar yeterince hizmet ettiğini düşünmüşler ve elinde kalan gayrimenkullerin satılmasını uygun bulmayarak Giresun Alayının tüm ihtiyaçlarını karşılamışlardır.

Resim 38 - *Osman Ağa'nın Mal ve Mülkünün Satılmasını İstemesi Dönemin Basınında*

[377] *Tevhid-i Efkar*, 29 Haziran 1922; Şener, *a.g.e.* , s.150.

Ankara Hükümeti Sahil Rumlarının İç Kesimlere Nakledilmesi Kararını Alıyor

Hükümetin aldığı ilk tedbir pek başarılı olmamış, Rum halkı silah teslim etmekten kaçınmıştır. Türk milletinin tarihinin en kritik sınavını verdiği günlerde Büyük Millet Meclisi her konuda olduğu gibi Pontus belası konusunda da işi ince eleyip sık dokumak durumundadır. Köy baskınları ve eşkıyalığın günden güne artması, yeni tedbirleri de beraberinde getirmiş, Büyük Millet Meclisi tarafından Rumların iç kısımlara sevki kararlaştırılmıştır.

Bu kararın alınmasının sebepleri şunlardır:

1.Büyük Millet Meclisi Rumların Batı ile rahat iletişimde bulunmalarını istememektedir. Rumlar Karadeniz'den kolayca yardım almaktadırlar. Yabancı ülke gemileri, gece sahilden Rumlara cephane ve erzak boşaltmaktadır. Dış devletler ile yapılacak olan irtibatın bu gemiler ile rahatça yapılabileceğini düşünen Büyük Millet Meclisi, dış yardımın önlenmesi için, sahildeki bütün fenerlerin söndürülmesini istemiş, buna uymayan Rumları iç bölgelere göndermiştir.

2.Büyük Millet Meclisi, Karadeniz'de bulunan düşman donanması ile yapılacak olası bir savaşta karada Rumlar, denizde düşman donanması karşısında iki ateş arasında kalmak istememektedir.

3.Büyük Millet Meclisi, Yunanlılara sığınan Çerkez Ethem'in Rum çetelerle işbirliği yapma ihtimalini göz önünde bulundurmaktadır.

4.Büyük Millet Meclisi Yunanlıların Türk ordusuna karşı ikinci bir cepheyi Karadeniz'den açabileceği ve bu durumda Rumların Yunan ordusuna kayıtsız şartsız destek vereceği ihtimalini göz önünde bulundurmaktadır.[378]

Karadeniz kıyı kesiminde Rum nüfusunu artırmak için Rusya'dan veya Türkiye'nin iç kesimlerinden gelen Rumlar geri gönderilmiştir. Ayrıca sahilde yaşayan eli silah tutabilecek erkek Rumların iç kesimlere taşınmasına 26 Haziran 1921 tarihinde karar verilmiştir. Bu karara uymayan birçok Rum silaha sarılarak aileleri ile birlikte dağa çıkmıştır. Hükümet taşınma için Rumlara yeterli süreyi vermiş, yolculuk sırasında kolaylık ve mümkün olan yardımı yapmış, yol boyu korunmalarını sağlamış, para ve mücevherlerini yolculuk bitiminde tam olarak teslim etmiştir.[379] Taşınma temmuz ve ağustos aylarında yavaşlamış ancak eylülden itibaren yaşlı, kadın ve çocuklar da iç bölgelere gönderilmiştir.[380] 29 Haziran 1921'de Anadolu'daki Rus uyruklu Rumların isterlerse yerlerinde kalabilecekleri, Fransız ve İtalyan uyrukluların yurdu terk

[378] Fahri Taş, "Amerikan Kolejinde Pontus Kulübü" Tarih ve Medeniyet, Kasım 1997, Sayı. 44, s.95.
[379] Pontus Meselesi, Kurt, s.387.
[380] Yerasimos, a.g.m. s.66-67.

etmesi için süre tanınacağı, İngiliz uyrukluların ise tutuklanması kararı alınmıştır. 30 Haziran'da 87 Rum'un Reşadiye'ye sevk edildiği bildirilmektedir. Temmuz'da da Samsun, Amasya, Tokat ve Yozgat dolaylarındaki Rumların askerî lüzum üzerine başka yerlere nakil ve uzaklaştırmalarına Ordu Kumandanlığı'nın yetkili olduğu ifade edilmektedir. Temmuz başında Reji ve Bank-ı Osmani memurlarından olup iç kesimlere henüz sevk edilmemiş olan Rumların sevklerinden vazgeçilmiştir. Aynı günlerde Amasya'daki Rumların Sivas'a sevk edilmesi kararı alınmıştır. 10 Temmuz 1921'de Samsun'dan 440 Rum Sivas'a sevk edilmiştir. Eylül ayında Şerefiye bucağındaki 15 Rum köyü Giresun'un Kırık nahiyesine sevk edilmiştir. Ekim ayında Rum eşkıyasına yataklık ettiği tespit edilen 194 Rum iç kesimlere sürülmüştür. 16 Kasım 1921'de Heyeti Vekile kararıyla Karadeniz kıyılarında ilan edilen harp bölgesi kararı kaldırılmıştır.[381] Bu tarihe kadar kıyı bölgelerinden Sivas, Tokat, Yozgat, Çorum ve Karahisar-ı Şarki'ye (Şebinkarahisar) toplam 63 bin 844 Rum sevk edilmiştir. Bu Rumların 27 bin 995'i Samsun'dan, 14 bini Amasya'dan, 1.448'i Sivas'tan, 4.910'u Ordu'dan, 1.000'i Tokat'tan, 571'i Çorum'dan 550'si Sinop'tan ve 8.500'ü Giresun'dan iç bölgelere sevk edilmiştir.[382]

Bazı Rumlar, yolculuk sırasında memurlar ve muhafızlardan gördükleri iyi davranışlardan memnun olduklarına dair imzalı kağıtlar vermişlerdir. Sevk edilen Rumlardan Kosti oğlu Vasil, annesine yazdığı mektupta gördüğü iyi muameleyi şu sözlerle anlatmaktadır:

"Memleketten ayrıldığımdan beri gerek yollarda ve gerekse uğradığımız şehir ve yerleşim bölgelerinde mahalli memurlar ile hükümetin gösterdiği yardım ve destek sayesinde huzur içinde tayin olunan sancağa geldik. Şehre varışımız vakitsiz yani gecenin bir vaktinde idi. Kasabaya girdik. Memurlar ve kasaba ahalisi tarafından son derece şefkat görmekle beraber aynı saatte kafilemiz için hazırlanan otelde istirahatımız temin edildi."[383]

Muhafızlardan birkaçı yolda uygunsuz davrandıklarından dolayı İstiklal Mahkemelerince cezalandırılmışlardır.[384]

---

[381] Yılmaz, *a.g.t.*, s.84.

[382] Mustafa Balcıoğlu, *İki İsyan Koçgiri Pontus Bir Paşa Nurettin Paşa*, Ankara, 2000, s.120

[383] 1338'den naklen Zekeriya Türkmen, "Kurtuluş Savaşı Yıllarında Cephe Gerisine Gönderilen Gayrimüslim Vatandaşların Aileleriyle Haberleşmeleri", *Askeri Tarih Bülteni*, Sayı. 49, 2000, s.116-117.; Yılmaz, *a.g.t.*, s.85-86.

[384] *Pontus Meselesi*, Kurt, s.388.

Osman Ağa'nın Komuta Ettiği 47. Alay, 42. Alaya Yardımcı Olmak Üzere Pontus Tenkil Harekâtına Katılıyor

Koçgiri isyanı bastırıldıktan sonra Osman Ağa Alayı, Kemah'tan Reşadiye - Niksar yolu ile Erbaa'ya geçer.[385] Erbaa'da Rum çeteleri ile çatışan Osman Ağa Alayı, Rumları Destek Boğazı'na kadar geri çekilmek zorunda bırakır. Rumların bu boğazdan tek bir Türk bile geçirmeyeceklerini söylemeleri üzerine Osman Ağa, Rum eşkıya elebaşlarının evlerini yaktırır. Ellez köyünde üç gün istirahat eden alay, Rumların Çakallı mevkiinde Türklere karşı çok fenalık yaptıkları haberleri üzerine Mamur Dağlarından geçerek Çakallı ve Kavak'a ulaşır.[386]

42. Alay mücahitlerinden Cındıkoğlu Mehmet anılarında Samsun'daki günlerinden şu sözlerle bahsetmektedir:

"Samsun dahil bütün Doğu ve Orta Karadeniz'i Rumların ve Ermenilerin kahpelik yaparak yakıp yıktığı senelerdi. Bir yandan İngilizlerin kışkırtmasıyla Yunanlılar Anadolu'ya çıkmışlar, hatta Ankara istikametine doğru, Uşak'a kadar ilerlemişlerdi. Diğer yandan güneyde İtalyanlar ve Fransızlar Hatay bölgesine asker çıkarmışlardı. Artık Doğu Cephesi'nin kontrolü kısmen sağlandığından daha fazla önem arz eden Batı Cephesi'ne kaydırılmak üzere arkadaşlarımla birlikte Giresun Askerlik Şubesine gelmiştik. Giresun'da iki gönüllü alay birden kuruluyordu. Topal Osman Ağa 47. Giresun Gönüllü Alayı'nı kurarken, Doğu Cephesi'nden komutanım olan Askerlik Şubesi Başkanı Tirebolulu Hüseyin Avni Alpaslan da 42. Gönüllü Giresun Alayını kurmuştu. Dolayısıyla Komutanım Hüseyin Avni Alpaslan Bey tarafından bırakılmayıp kendi komutasında bulunan, kendi kurduğu Giresun 42. Gönüllü Alayına nakledildim. 42 ve 47. Alaylar iki üç bin neferden oluşan gönüllü birliklerdi. Bir iki gün içinde hazırlıklarımız tamamlandı.(...) Batı Cephesi'ne gitmek üzere Giresun Limanı'na indik. Halk bizi sevinç ve neşeyle uğurlarken Ümit vapuruna binerek Samsun'a hareket ettik. Karışıklık içindeki Samsun ve ilçelerinde Rum ve Ermeni çeteleri mahalle ve köylerde sayısız baskın, soygun ve cinayetlerde bulunuyorlardı. Samsun'da 15. Fırka emrine verilen 42. Alay erkanı Mehmetçikler olarak Hüseyin Avni Bey komutasında 15. Fırka deposundan yeniden mühimmat alıp kuşandıktan sonra cadde, sokak ve köylerde Rum ve Ermeni çetelerinin üzerine gittik. Otuz kırk kişilik gruplar hâlinde köylere baskında bulunuyorlardı. Üç aya yakın bir zaman Samsun'da kalarak önce Terme havalisinde Pontus ve Ermeni çetelerine karşı sürekli çatışmalara girdik. Onları dağıttık, çevirerek yok ettik. Terme'den kaçan

---

[385] Sarıbayraktaroğlu, *a.g.e.* , s.150.
[386] Beyoğlu, *a.g.e.* , s.228.

182 | ÜMİT DOĞAN

çeteleri kovalayarak Çarşamba'ya girdik. Çarşamba'da daha çok güçlü ve mukavemetli bir grupla karşılaştık. Genellikle az sayıda çetelerden oluşmalarına rağmen, Çarşamba'da daha çok sayıda Pontus ve Ermeni çetesinin baskınına uğradık. Yaralılarımız olmasına rağmen hemen toparlanıp kısa sürede onlara çok büyük kayıplar verdirerek hepsini dağıttık.[387]

Dr. Rıza Nur, Rum çetelerinin Bafra civarında Türk köylerinden birine yaptığı baskını ve sonrasında Giresun Alaylarının gelişini şöyle anlatır:

"Çete köyü basar, köyü ateşe verir halk evlerine, camilere kaçışıp saklanma telaşına düşer. Çete reisi Nikolaki eliyle eve kaçan on dört yaşındaki genci işaret ederek 'Petro! Şu eve kaçtı, tut getir!' emrini verir. Daha sonra 'Gebert!' der. Petro önce küfürler ettiği gencin kafasına bir kurşun sıkar. Yere yığılan gencin cesedi üzerine kapanarak ağlayan annesi de kurşunların hedefi olarak oracıkta can verir.

İki Rum çete elemanı, bir Türk kızını paylaşamayarak çete reisinin yanına gelirler. Biri diğerini göstererek 'Bu kızı elimden almak istiyor.' der. Nikolaki 'Bu kekliği hanginiz önce yakaladı?' diye sorar. İkisi birden 'Ben' diye cevap verirler. Nikolaki şöyle karar alır: 'Hadi ikinizin olsun, kavga etmeyin. İşinizi görün! Sonra öteki palitikalara verin! En son karnını deşin, bağırsaklarını boynuna takın! Gerdanlık olsun. Kahpeye yüz görümlüğü..."

Bir diğer Rum, içinde bir çocuk olan beşikle çete reisinin yanına gelir. Nikolaki 'Bunu kuzu niyetine keseceğim. Kıçından odun sokup ateşte kebap edeceğim, babasına yediririm.' der. Bir başka Rum 'Bu masum bir çocuk, alalım, büyütelim, Rum olsun.' diye fikir beyan eder ancak Nikolaki'nin kararı kesindir. 'Kanı pis Rum istemem… Kesin! Çabuk kesin!' der ve bir Rum küçük çocuğu öldürür.

Köyde herkes kaçışır halkın birçoğu camiye doluşur. Nikolaki 'Şimdi ben bunlara gösteririm, Tanrıları Arabistan çölünden gelsin de kurtarsın bakalım!' der. Bir diğer Rum da kahkaha ile gülerek 'Kabeleri uzak, Peygamberleri ise çoktan öldü.' diyerek alay eder. O sırada uzaktan tüfek sesleri duyulur. Rumlar telaş içinde 'Üstümüze kurşun geliyor, bizi Türk askeri bastı galiba!' diyerek çete reisinin etrafında toplanırlar. Nikolaki, 'Kurşun bir taraftan değil her taraftan… Demek bizi abluka ettiler. Hadin! Göreyim sizi palikaryalar!' der ve çatışma başlar. Birer birer vurulurlar, kimisi ağlar, kimisi kaçar.

Biraz sonra Türk askeri köye girer. Rumları öldüren bu askerler Giresun Alaylarının gönüllüleridir. Osman Ağa, Rum leşlerine bakarak şu söz-

---

[387] Gazi Mehmet Cındık'ın anılarından, oğlu Halil Cındık aracılığı ile.

leri söyler: 'Allah'a şükür! Vaktinde yetiştik. Biraz geç yetişseydik burada küllen başka bir şey bulamayacakmışız! Domuzları epeyce gebertmişiz.' Alpaslan Bey de geriden gelerek 'Kaçanları da vurduk. Leşleri tarlalarda, Türk toprağına gübre olsun.' der. Köyün sağ kalanları, ihtiyarlar kadınlar, çocuklar bol bol dua ederler. Bir ihtiyar 'Sizin başınız kim?' diye sorar. Osman Ağa'yı gösterirler. İhtiyar diz çöker, Osman Ağa'nın dizlerini öperek 'Oğlum! Sen büyük babayiğitsin. Bugün büyük sevap kazandın. Türkler kıyamete kadar adını ansın. Seni övsün. Senin kahramanlığının türküsünü söylesin...' diyerek teşekkür eder. Osman Ağa, adamlarına dönerek 'Bu ilk vuruşumuz. Allah bize zafer verdi. Bir domuz sürüsünü bir tane bırakmamak üzere bitirdik. Türklüğe, dine bugün büyük bir hizmet ettiniz. Sizin kahramanlığınız olmasa bunlardan şimdi bir tanesi diri olamayacaktı. Övününüz! Hakkınızdır... Bunu işittiği vakit milletimizin göğsü kabaracaktır. Size dua edeceklerdir. Rumlar da kavak yaprağı gibi titreyeceklerdir. Vatanımıza hıyanet eden bu Rumları böyle birer birer yakalayıp geberteceğiz. Türklüğü kurtaracağız...'

Köylüye 'Biz yetişinceye kadar kendinizi koruyun.' diyerek on tane mavzer bırakan Osman Ağa, adamlarına dönerek 'Buradan doğru gidip İstavran köyünü basacağız. Oranın Rumları çok domuzdur. Hepsini keseceğiz, bu köyün öcünü alacağız!' der. Alpaslan Bey 'Ağa! Bir Rum çetesi Havza yolunu kesmiş. Bir tanesi Bafra-Alaçam arası köylere musallat... Biliyorsun...' diyerek önce bu çeteleri imha etmek ister. Osman Ağa 'İstavran şurada. İki adımlık. Onu bir temizleyelim. Bu işi iki saatte bitiririz. Oradan da Havza yolundaki çetenin üzerine atılırız.' der. Bu sırada Ağa'nın adamlarından bir genç diz çökerek 'Ağa! İstavran köyünden bir Rum kızı var. Ben onu seviyorum. Onu bana nikahla. Müslüman edelim.' diye yalvarır. Osman Ağa suratını asar. 'Hadi! Hadi! Sakın böyle şeyler yapmayın, Türk kanını bozamam. Rum kızı filan olmaz. Sana sonra ben güzel bir Türk kızı alırım.' diyerek diğer adamlarına döner, bağırarak 'Bakın! Ben aşk filan istemem. Bunun sırası değil. Bir defa Türk'ü kurtaralım. Gençleri baş göz ederiz. Düğünlerini yapar bir de güzel eğleniriz.' der ve yola çıkma emrini verir. Giresunlu yiğitlerin bir sonraki durağı İstavran köyüdür."[388]

Osman Ağa, Vakit gazetesinde yayınlanan mülakatta Samsun'da Pontus çeteleri ile mücadelesinden şöyle bahsetmektedir:

"Samsun hareketi esnasında Garb Cephesi tarafından verilen emir yerine temmuz nihayetinde Sakarya Muharebesi'ne iştirak ettim. Bu işti-

---

[388]Nur, *a.g.e.* , s.150-153, Rıza Nur'un piyes şeklinde vermiş olduğu bu hikaye bizlere Giresun Alaylarının Samsun civarındaki Pontus Mücadelesi hakkında bilgi vermektedir.

raki men için bazı Rum ve Ermeniler yolda bize tecavüz ettiler. Havza ve Merzifon ahalisinde dağdan kaçan bazı efrat evlere sığınmışlar ve bu tecavüzlere karışmışlardı. **Cepheye giderken arkadan kahpece tecavüze uğrayan bir kıta-i askeriye dünyanın her yerinde ne yaparsa biz de onu yaptık. Hükümetten emir beklemeye lüzum görmedik. Hemen mütecavizlere karşı hareket ederek eşkıyayı imha ettik.**"[389]

Canik (Samsun) Sancağında Pontus Çetelerinin Yaptığı Katliamlar

Emrullah Nutku, Samsun'daki Pontus çetelerinin faaliyetlerini şöyle anlatıyor:

"...Masum Türk köylerini hiç sebep yokken yakıyorlardı. Türk köylerindeki silahsız ihtiyarların, kadın ve çocukların bu eşkıyalar tarafından feci şekilde öldürüldükleri haberleri sık sık duyuluyor, Samsun şehir halkını bile bu olaylar tir tir titretiyordu. Eşkıya takibine çıkan Türk denizcileri bu feci manzaralara sık sık şahit oluyorlardı. İçlerinde kazıklara oturtularak öldürülen kadınlar bile vardı. Bir seferinde üç yaşındaki bir Türk çocuğuna yol kenarında rastlamışlardı. Bu çocuğun karnı kasaturayla yarılmış, bağırsakları dışarı fırlamıştı. Henüz vücudu bile soğumamış olan bu çocuğun, bağırsağının bir ucunu ağzına alarak meme emer gibi can verdiği anlaşılmıştı."[390]

Pontus faaliyetleri dahilinde, ilk silahlı çete Yermanos tarafından 1908 yılında Samsun'da kurulmuş, Yunanlı bir şirketin gemisiyle getirilen 50 civarında *"manlicher"* marka tüfek ile silahlandırılmış, hatta çetelerden 20 kadarı Balkan Savaşlarında Yunan ordusunun yanında savaşmak üzere cepheye gönderilmiştir.[391] Samsun bölgesindeki çetelerin en tehlikelisi, Bafra civarında konuşlanmış ve mevcutları iki bin kişiyi bulan *"Nebyan çeteleri"*dir. Bu çeteler Nebyan Dağı bölgesindeki 11 Rum köyünde yaşayan isyancılar tarafından kurulmuştur. İlk kanlı eylemlerini de Kasnakçımermer köyünden iki Müslüman köylü üzerinde tatbik etmişler, bu iki zavallıyı sırt sırta bağlayarak diri diri yakmak suretiyle senelerce devam edecek olan kanlı sahneyi açmışlardır.[392] Nebyan çeteleri, bu mıntıkada (Nebyan Dağı) bulunan 6 tane İslam köyü arasından 150 haneli Çağşur köyüne ani bir baskın düzenlemişlerdir. Bu baskın, Nebyan çetelerinin giriştikleri ilk toplu faciadır. Baskında bir hane bile bırakmadan köyü tamamen yakmışlar, köy halkını şehit etmişlerdir. Bu faciadan pek az insan kurtulabilmiş-

[389] Vakit, 19 Şubat 1922.
[390] Emrullah Nutku, *İstiklal Savaşında Denizciler*, Ankara, 2008, s.178.
[391] Yerasimos, *a.g.m.* , s.36.
[392] *Pontus Meselesi*, (Haz: Yusuf Gedikli), İstanbul, 2008, s.239.

tir. Çağşur köyü baskınındaki başarıları Rum çetelerinin cesaretini arttırmış ve Kuşça (Koşaca) köyü de bu çeteler tarafından aynı akıbete uğratılmıştır. Türkmenler, Kazakçı, Kuşikay, Çiniler köyleri de kısım kısım yakılmıştır. Sadece Çağşur ve Kuşça köylerinde 367 Müslüman şehit edilmiştir.[393] Nebyan çeteleri gün geçtikçe baskısını daha da artırarak, her geçen gün yeni bir kanlı olayın altına imza atmakta, eylemlerini artık Nebyan mıntıkası dışına da taşımaktadır. Bu çerçevede 10 ırza tecavüz ile 22 çiftlik ve hanın yakılması olayını gerçekleştirmişlerdir. Burada Oruç köyünü tamamen, 27 köyü ise kısmen yakan ve yağma eden çeteler, Kalu Ada, Ağlar köylerinin mal ve hayvanlarının tamamını İngegari ve Kuyumcu köylerinin ise hayvanlarının tamamını gasp etmişlerdir. Nebyan dışında Almazsa köyünden 40, Çal köyünden 45, Çarın'dan 75, Terzülü'den 4, Engiz'den 3, İngazi'den 25 hane ki toplam 6 köyde 192 hane yakmışlardır. Önceki 300 hane de buna ilave edilince 500 kadar Müslüman hanesinin yanmış olduğu anlaşılır.[394]

Rum çeteleri Nebyan'ın batısındaki Kapukaya bölgesine de geçerek, Kızılırmak üzerinden gelen kayıkların içindeki imal ve eşyayı yağmalamaya başlamışlardır. Hükümetin bunları cezalandırmada aciz kalması üzerine İslam ahali kendi başlarının çaresine bakmış, Nebyan mıntıkası güneyinde bulunan, nüfusları toplamı 5-6 bin kadar olan 13 Müslüman köyünde yaşayanlar silahlanarak kendilerini Nebyan çetelerine karşı müdafaaya mecbur kalmışlardır. Bu köylerde yaşayanlar, silahlanmaları sayesinde Nebyan çetelerinin tecavüz ve saldırılarından kurtulmuşlardır. Nebyan çetelerinin 1914 senesi Ekim'inden, 1920 senesi sonuna kadar adli kayıtlara dahil olduğu olaylarının çeşidi 110 adettir. Adli kayıtlar dışında kalmış olup daha sonra jandarma ve askeriye tarafından yapılan tahkikat ile ortaya çıkarılmış olaylarının çeşidi ise 83'tür. Nebyan çetelerinin şehit ettikleri Müslümanlardan isim ve hüviyetleri bilinenlerin miktarı 136 olup bunlara Çağşur ve Kuşça köyleri katliamında şehit edilen 367 kişinin ilave edilmesiyle bu sayı 503 olmaktadır. Yine 1920 senesi sonuna kadar Bafra kazası ile Bafra etrafındaki köylerde şehit edilen Müslümanların 31 adediyle birlikte, suç çeşidi tespit edilemeyenlerin de ilavesiyle toplam sayı 600'ü geçer.[395] Samsun'un güneyinde Duayeri mevkiinde 7 Ekim 1921'de meydana gelen katliamda, Samsun'un Kabi Başalan köyü Müslümanları Koruluk köyü Haşri ve kalabalık çetesinin kurmuş olduğu pusuya düşmüşler, Rumların açmış olduğu ateş üzerine 40-50 kişilik gruptan 20 kişi şehit olmuş, bir o kadar kişi de yaralanmıştır. Olayın Samsun'dan haber alınması üzerine olay yerine gelen memurlar yaralı ve şehitlerin fotoğraflarını

---

[393] Serpil Sürmeli, "Samsun ve Çevresinde Pontus Hareketi", *Ankara Üniversitesi Türk İnkılap Tarihi Enstitüsü Atatürk Yolu Dergisi*, 1997, C. V, Sayı. 19, s.328.

[394] Sürmeli, *a.g.m.* , s.329.

[395] Sürmeli, *a.g.m.* , s.329.

çekmişlerdir. Jandarma vasıtasıyla bunların isimleri belirlenerek durum Merkez Kumandan Muavini Nazım Bey imzasıyla Merkez Ordusu Kumandanlığına bildirilmiştir.[396] Güney ve Baylarca köyleri katliamları da tüyler ürperticidir. Bu facialarda, 24 Müslüman erkek, çocuk, kadın, ihtiyar toplu olarak şehit edilmiştir. Bu iki köy ahalisine yapılan katliamdan ne 80'lik ihtiyarlar ne de kundaktaki masumlar kurtulamamıştır. Bu zavallı 24 şehidin 13'ü Güney köyünden, 11'i Baylarca köyündendir.[397]

Çarşamba ve Terme bölgesinde Rum ve Ermeniler Türkleri ortak düşmanları gördükleri için devamlı yardımlaşma içinde olmuşlardır. Bu nedenle bölgedeki Ermeni çetelerini de Pontus meselesi içinde ele alabiliriz. Ermeni çetelere, Rumların da katılması ile bölgede yapılan katliamlar artmış, Çarşamba dahilindeki köylerde 335 hane, 2 cami, 2 okul ve 24 samanlık olmak üzere toplam 382 bina yakılmış, 1920 yılına kadar 2 öldürme, 2 ırza tecavüz, 100 de gasp olayı gerçekleşmiştir.[398] Terme köylerinde 1920 yılı sonuna kadar 6 olay gerçekleşmiştir. Bu olayları yapan 27 eşkıyadan 13'ü Rum, 14'ü Ermeni'dir. Bu olaylar içerisinde 2 öldürme olayı vardır. Olayların en önemlisi ise, Ünye'nin Çakal köyünden Mihail, Gazar ve Serkis adında biri Rum, ikisi Ermeni üç çete reisi tarafından "Koçan" köyüne yapılan baskındır. Baskın neticesinde köyün bütün taşınabilir malları ve bütün hayvanları gasp edilmiş ve yağmalanmıştır. Çakal köyünden başka Terme dahilinde 2 köy daha soyulmuştur.[399]

Alaçam'da Rum çetelerinin faaliyetleri sonucunda 47 öldürme vakası gerçekleşmiş, 54 hayvan ve 2 tabanca, 640.000 kuruşluk mal gasp edilmiştir. Rum caniler katlettikleri Türklerin cesetlerini ağaçlara asmak suretiyle dehşet saçmış, gasp ettikleri mal ve hayvanlarla hem ihtiyaçlarını gidermiş hem de satarak gelir temin etmişlerdir. Pontus çetelerinin zulmüne maruz kalan Türk köyleri, kendilerini savunma amaçlı çeteler kurmuşlardır. Bu amaçla kurulan çeteler; Karlı köyünden Bayram ve çetesi, Kazköy'den Laz Murad ve çetesi, Doyran'dan Mehmed Çavuş ve çetesi, Rauf Bey ve Mahmut Bey çeteleridir.[400]

Amasya Sancağında Pontus Çetelerinin Yaptığı Katliamlar

Amasya kazasında Mondros Mütarekesi'nden 1920 senesinin sonuna kadar katledilen İslam ahalinin sayısı 25'i bulmaktadır. Bundan başka 4 Müslüman yaralanmış, 17 köye tecavüz edilerek eşya ve hayvanları gasp olunmuştur. Amasya'da cereyan eden en önemli olay, 100 kişilik Rum çetesinin Zigere (Ziyaret) Mahallesi'ni basmalarıdır. Mahallenin zenginlerinden 43 ha-

---

[396] Sürmeli, *a.g.m.*, s.330.
[397] *Pontus Meselesi*, Gedikli, s.303 – 304.
[398] Sürmeli, *a.g.m.*, s.330. ; *Pontus Meselesi*, Gedikli, s.312.
[399] *Pontus Meselesi*, Gedikli, s.312.
[400] Tayyar Anakök, *Alaçam Tarihi*, İstanbul, 1953 s.26.

neyi tamamen soyup yağmalamışlardır. Mahalleyi basarken ellerinde mevcut pusulalarda işaret edilmiş zengin hanelerini arayıp para, eşya, hayvan namına ne varsa ellerine ne geçtiyse alıp götürmüşlerdir. Kendilerine karşı konulmadığı hâlde iki kişiyi öldürüp bir kişiyi yaralamışlar ve mahallenin bütün kadınlarını bağırta bağırta sopalarla dövmüşlerdir. Yine hunhar eşkıyalardan Dimit, Mahmutlu köyünde otururken köylerinden geçen ve kendi vazifelerine giden altı Türk askerini kurşuna dizmek sureti ile öldürmüş, aynı yere gömmüş ve üzerine mısır ektirmiştir.[401]

Sınırları içinde bulundurduğu Amerikan Koleji ve bu kolejin çalışmaları nedeniyle Pontus faaliyetlerinin beyin merkezlerinden birisi olan Merzifon'da da Rum çetelerinin yaptığı olaylar oldukça fazladır.

En önemli hadiselerden biri, Pekmezci köyünün basılmasıdır ki; bizzat bu vakanın şahidi olanlar gördükleri zulmü belgelendirerek şöyle anlatmışlardır[402]:

"Günü, bugünkü gibi hatırımızdadır. 1914 senesi Kasım'ın 13. günü Gümüş'ün Maden köyünden çetebaşı Konstantin Efendi mahdumu Vangel, Büyük ve Küçük Hampolar ve Dışlan'ın oğlu İlya on yedi neferlik çetesi ile köyümüze geldi. Köyümüzü ihata ederek soyguna başladılar. Monla Halil oğlu Osman Ağa'yı para çıkarsın diye Vangel'in emriyle hâl ve can kırılacak kadar dövdükten sonra bıçağın altına yatırdılar ve bıçağı Osman Ağa'nın boğazına sürerken artık hayattan ümidini kesince varını yoğunu vereceğine söz veren Osman Ağa'yı bıçağın altından kaldırdılar.

Topaloğlu Ömer Ağa çetenin köye girişi üzerine korkusundan firar edince Ömer Ağa'yı köyümüzün zenginidir diye aradılar, bulamadılar. Kendisini bulamayınca mahdumu Mehmed'i celb ederek zerre kadar merhamet ve şefkate sahip insanların dayanamayacağı bir surette darb ettikten sonra onu boğazlamak için bıçak altına yatırdılar ve bıçağı boğazına sürdüler. Ölüp gideceğini anlayarak babasının nesi var nesi yok ise göstereceğini söyledi. Bıçağın altından kaldırdılar. Ömer Ağa'nın iki yüz kırmızı altını, on iki kıyye (15.384 kg) afyonu, beher katı iki bin beş yüz kuruş değerinde iki kat ipekli kadın elbisesi, beş lira değerinde ipekli donluk, bir adi donluk, bin sekiz yüz kuruş dört koburatma, çamaşır, 1.000 kuruş kıymetli dört adet çarşaf, on beş liralık gümüş kemer, iki bin kuruş değerinde bir çift bilezik, yüz liralık dizin altunu (üç sıralı altın gerdanlık), otuz banknot, dört yatak yüzü ve hatta hayvanların dağarcığını bile gasb ettiler. Molla Halil oğlu Osman Ağa'nın altmış kırmızı altunu, otuz iki be-

---

[401] *Pontus Meselesi*, Gedikli, s.316.
[402] *Pontus Meselesi*, Gedikli, s.322.

yaz mecidiye, otuz adet yüzlük kağıt para, yüz lira kıymetindeki 4 kat ya-
tak yüzü, ve ailenin iki sandık içindeki eşyasını aldılar. Ömer ve Osman
Ağa'nın iki davarını kestiler. Maden Rumlarının zulüm ve fenalık tarifi
mümkün bir alçaklık değildir. Hatta cami'i şerifin beratını bile götürdüler.

İş bu evrağımız münderecatının gördüğümüz zulüm ve işkencenin la-
yıkıyla tavsif ve tarifinde bile kafi olmadığını tasdik ederiz.14 Ekim 1921

> Mağdur Osman
> Mağdur Ömer
> Pekmezci Muhtarı Evveli
> Pekmezci Muhtarı Sanisi
> Pekmezci İmamı"

Rum çetelerinin yirmi kişi ile Çakal mezrasına yapmış oldukları baskında
yine mağdurlar, görmüş oldukları vahşeti belgelendirmişlerdir. Bu belgede Rum
eşkıyasının bölgedeki İslam ahaliye ne kadar alçakça saldırılar yaptığının bir
kanıtıdır. Belgeyi düzenleyen mağdur köylüler olayı şöyle anlatmaktadırlar[403]:

> "1918 senesi Kasım ayının 23. gecesi idi. Yirmi kişilik bir Rum çetesi
> köyümüzü basarak 'Ne kadar paranız var ise çıkarınız.' diye Mehmed oğ-
> lu Mahmud'u, Yusuf oğlu Süleyman'ı, Mansur oğlu Mehmed'i ve Musa
> oğlu Süleyman'ı bayılıncaya kadar dövdükten sonra, 'Bu herifleri köy
> içinde kesmeyelim, dışarıya çıkarınız, orada keselim.' diyerek dördümüzü
> de 'Kıbleye dönün.' kumandası ile yere yatırdılar. Bıçakları bilediler, bo-
> ğazımıza evvela bıçakların tersinden sürmeye başladılar. Anladık ki ke-
> secek ve öldürecekler. On paramız kalıncaya kadar vereceğimize yemin
> ettik. Bıçak altından kaldırdılar. Köyümüzden Matlab'ın zevcesi Şehzade,
> Kurban'ın zevcesi Yahşi, Hasan onbaşı'nın zevcesi Şahlık'ı dahi aynı bi-
> zim gibi onları da köyün içinde bıçağı altına yatırarak kesecek iken, neleri
> varsa vereceklerini vaad ve yemin ederek kaldırdılar. Ondan sonra mez-
> kur çete, evvela her evde ne kadar Kur'an-ı Kerim var ise getirmekliğimizi
> cebrettiler. Köyün ortalık yerinde ateş yakarak kitaplarımızı ateşe attılar.
> Sonra köyü soymaya başladılar.(....)
>
> Allahkulu oğlu Yusuf oğlu Musa oğlu Çakar mezrasından Rüstem,
> Süleyman Mansur oğlu İbrahim

Ayrıca Rum eşkıyalar, Ağrivan merasından 950 koyunu gasp etmiş, diğer
mezrada 10 hane ve bir ormanı yakmışlardır. Bastıkları köylerde, İslam aha-

---

[403] *Pontus Meselesi*, Gedikli, s.323.

linin yalnız paralarını ve mallarını değil, birçoklarının canlarını da almışlardır. Dönemin kayıtlarına göre Merzifon'da 19 Müslüman katledilmiştir.

Köprü (Vezirköprü) kazası, bölgedeki Rum çetelerinin en kanlı ve tüyler ürperten katliamlarına maruz kalmıştır. Bu kaza dahilinde işlenen cinayetlerin toplamı 66'yı bulmaktadır. Rum çetelerinin faaliyetleri 27 öldürme, 16 yol kesme, gece baskını, hırsızlık, gasp, yaralama ve eşkıyaya yataklık etme şeklinde gerçekleşmiştir. Köprü kazasında kalabalık bir Rum çetesi tarafından basılan iki köyde yaşayan ahali tamamen katledilmiş, haneleri ve köyün bütün ekinleri yakılmıştır. Bu iki köyde yaşanan facia, acımasız Rum çetelerinin yaptığı en kan dökücü olay olup Nebyan çeteleri tarafından yapılan Çağşur ve Koşaca katliamını bile gölgede bırakacak bir alçaklıkla yapılmıştır. Bu tüyler ürpertici katliama uğrayan köyler "Ortaklar" ve "Esenbey" köyleridir. Ortaklar köyü, Köprü kazasına bağlı 150 hanelik, zengin ve müreffeh bir köydür. 2 Ekim 1921 tarihinde bütün ahalisi, haneleri, havyan ve ekinleri ile birlikte yok edilmiştir. Köprü, Bafra, Havza, Gümüşhacıköy, Merzifon kasabaları ve bağlı köylere mensup 800 kişilik Rum çetesi Ortaklar köyünü ansızın basıp kuşatır. Öncelikle köyün içinde kalan ahaliyi kadın, erkek hepsini birer birer yakalayıp süngüden geçirirler. Bu suretle 12 erkek, 3 kadın şehit olur, 19 kişi de ağır yaralanır. Bu zulme uğrayan 34 kişi pazara, tarlasına veya başka bir iş dolayısıyla köy dışına çıkmayıp köyde kalmış olanlardır. Bu katliamdan kurtulanlar o gün şans eseri köyde bulunmayanlardır. Rumlar köyde bulunan halkı öldürdükten sonra köyü yakıp yıkmaya başlarlar. 34 ev, 29 samanlık ve 20 zahire ambarını tamamen, 22 evi de kısman yakarak 150 hanelik köyün 110 hanesini yok ederler. Geriye kalan 40 hanenin de kurtulmasının sebebi haydutların merhameti değil, bu evleri yakmaya değmeyecek kadar harap ve önemsiz kulübeciklerden ibaret olmasıdır. Rumlar kestikleri insanlar ve yaktıkları evlerden sonra, 59 kadar çiftlik hayvanını alıp götürmüşler, 3.550 ölçeklik zahireyi de yakmışlardır.[404] Aynı Rum çetesi, Ortaklar köyünü yerle bir ettikten sonra Esenbey köyü nü basmış, bu küçük ve şirin köyü de Ortaklar köyüne yaptıkları gibi yakıp yıkmışlardır. Esenbey köyü 20 haneli bir köydür ve katliam günü köyde 15 kişi bulunmaktadır. Bunlardan 5 erkek ve 4 kadın şehit olmuş, 2 erkek ve 1 kadın da ağır yaralanmıştır. Köy büyük ölçüde yakılmış, 6.150 ölçek zahiresi ve 63 hayvanı gasp edilmiştir.[405] Köprü'ye bağlı Karapınar nahiyesi de 1919 yılının Şubat ayında kimliği belirlenemeyen Rum eşkıyalar tarafından basılmış, bütün malları, eşyaları, hayvanları ve zahireleri gasp edilmiştir. Yine kimliği belirsiz Rum eşkıyaları, 1921 yılının Eylül ayında Toyran köyünü geceleyin basarak köy civarındaki bütün ekin yığınlarını yak-

---

[404] *Pontus Meselesi*, Gedikli, s.344-345.
[405] *Pontus Meselesi*, Gedikli, s.346-347.

mışlardır. Sonuç olarak Köprü kazasında 76 Müslüman katledilmiş, 200 kadar hane yakılıp yıkılmıştır.

Havza kazasında beş Rum çetesinin adı geçmektedir. Havza'ya bağlı Rum köylerinin büyük çoğunluğu Tavşan Dağı ile Nebyan Dağı arasındadır. Bu Rum köyleri ve buradaki Rum çeteleri kuzeyden Bafra ve Samsun, Rum köyleri ile doğudan Ladik'in Rum köyleri ile çevrili olduğundan bir olay çıkması hâlinde kolayca takviye destek alabilecek durumdadırlar. Havza'nın çete reislerinden Sokrat'ın adamlarından olan 12 kişilik bir çete bir İslam köyünden kan bedeli olarak 2.000 lira almış, köyü iki defa soymuş, 1 hoca ile 4 arkadaşını öldürmüştür. Bu çetelerin kayıtlara geçen öldürme olaylarının toplamı 13'tür.

Ladik kazasında 1918 yılından 1920 yılının sonlarına kadar Rum çetesinin yapmış olduğu katliamlar Ladik Kaymakamlığı ve Askerî Bölge Komutanlığı tarafından tutulan iki ayrı cetvelde toplam 43 olay şeklinde gösterilmiştir. Bu olaylardan en önemlisi ve en kanlısı şüphesiz *"Küpecik"* hadisesidir. Rum eşkıyasının reislerinden Karamuçe köyünden Çakır ve Karakeçe köyünden Kara İstel, emirlerindeki 80 silahlı ve 100 kadar silahsız haydutla 1 Ağustos 1921 Çarşamba gecesi, saat 4 sıralarında Küpecik köyünü basarlar. 100 kadar silahsız haydutun görevi köyü yakmaktır. Rum erkek ve kadınlardan oluşan 100 kişilik grup dağılarak köyün evlerini yakmaya başlarlar. Katliam bittiğinde 150 hanelik köyden 5 ev ve 10 samanlık ayakta kalabilmiş, yanan evlerin hiçbirinden herhangi bir eşya kurtulmamıştır. Yangın sırasında 5 erkek 1 kadın evlerinden kaçamayarak diri diri yanmışlardır. Gecenin karanlığında can korkusu ile kaçanlardan 7 erkek ve 3 kadın, eşkıyanın kurşunları ile şehit düşmüş, 2 erkek ağır yaralanmış, 2 kadın da namuslarına tecavüz edilmek üzere dağa götürülmüştür. Ekinleri dahil tamamen yanan köyden 159 baş hayvan da gasp edilmiştir.[406] Ladik'te kayıtlara geçen bazı olaylar şu şekildedir: Ladik ileri gelenlerinden Tortumzade Şükrü Efendi, yakın arkadaşı Hasan'la beraber çiftliğinden kasabaya dönmekte iken 50 kişilik Rum çetesi tarafından yakalanır. Haydutlar Şükrü Efendi'nin kollarını arkadan bağlarlar, Hasan'ın da eline *"Bu kağıtı getirene 1.000 lira ver yoksa Şükrü'yü bıçakla keseceğiz."* yazan bir kağıt vererek para almaya gönderirler. Şükrü Efendi'nin başına bir nöbetçi dikerler. Şükrü Efendi, nöbetçinin uyuması ile kendini dereden aşağı yuvarlamak suretiyle canını kurtarmayı başarır. 24 Temmuz 1921'de Şıhlıca ve Hamidiye köylerinden kayıp olan Recep ile Kel Ahmet'in üzerindeki elbiseleri Erbaa'nın Karamimak köyünde bulunur. Kama ile parçalanmış olduğuna bakılarak adı geçenlerin Karamimak Rumları tarafından öldürüldüğü anlaşılır. 22 Ağustos 1921'de Karaabdal nahiyesi yaya Jandarma askerlerinden Ünyeli Musa oğlu Musa ve beş arkadaşı görevli olarak merkez

---

[406] *Pontus Meselesi*, Kurt, s.291.

kazaya gitmekte iken Seydipelidi mevkiinde Rum haydutlar tarafından pusuya düşürülerek şehit edilmiş ve tüm askerî techizatı haydutlar tarafından alınmıştır. Silah sesine nahiyeden kuvvet gelmemiş olsa, şehidin cenazesi bile alınamayacaktır. Yine Karaabdal nahiyesine çeyrek saat mesafedeki tarlasında ekin biçmekte olan nahiyeli Gazi'nin karısı Emine'yi çevredeki ormanlıkta bulunan Rum haydutlar alıp götürürler, çevre orakçıların muhafızı olan Jandarma Said'e yaylım ateşi açarlar. Said'in sol baş parmağına isabet eden kurşun parmağını koparır. 19 Ağustos 1921'de Ladik'in Ömer Hafız çiftliğinde çiftlik sahibi Mehmet Çavuş'un harmancılarından olan, Refahiye muhacirlerinden Kahraman oğullarından Hüseyin oğlu Hasan ve Aşur ile, Tercan oğullarından Mehmed oğlu Hüseyin harmanda yatarlarken, Rumlar tarafından iskencelerle katledilmişlerdir. 1 Eylül 1921'de Deliahmetoğlu köyünden Süleyman Ağa torunu Şevket, Rumlar tarafından feci surette katledimiştir. Aynı gün Çakallı'nın Lazarmud köyünden Rumlar tarafından dağa kaldırılan 10 kişiden, iki erkek ve üç kadının cesetleri başları kesilmiş hâlde Açmasu civarındaki ormanda bulunmuştur.

Gümüşhacıköy kazası ve bu kazaya bağlı olan Gümüşmaden nahiyesinde kayıt altına alınan 34 olay vardır. Bu 34 olay içinde, çoğu "Hambo"lar tarafından yapılmış 18 öldürme olayı vardır. Gümüşmaden nahiyesini kasıp kavuran Büyük Hambo ve diğer Rum çetelerin yaptığı olaylarla ilgili Nahiye Müdürü ve Jandarma Komutanlarının imzalarıyla 12 Ekim 1921'de verilen resmî raporda; çetelerin bakire asker nişanlılarının nasıl ırzına geçtikleri, dağa kaldırdıkları genç kızlara tecavüz ettikten sonra bunları nasıl korkunç şekilde öldürdükleri, gece bastıkları bir köyde köy ileri gelenlerinin ailelerini çırılçıplak soyarak nasıl hakaret ettikleri, geceleyin bastıkları Bademli köyünde köy halkını nasıl kızgın demir ve saclarla dağlayıp eziyet ettikleri, kasabalarda Hükümet Konaklarını nasıl bastıkları sonuç olarak bunun gibi sonsuz gasp, eşkıyalık, zulüm ve yok etme olayları ile İslam ahaliyi bölgeyi terk etmeye zorladıkları anlatılmış, raporun sonunda çetelerin isimlerine de yer verilmiştir.[407]

Tokat Sancağında Pontus Çetelerinin Yaptığı Katliamlar

Tokat (merkez) kazasında Rum çetelerin vahşeti yalnız İslam ahaliye yönelik değildir. Zira çetelere katılmayan Rum halk da bu hunhar çetelerin zulmüne maruz kalmıştır. 21 Eylül 1920 tarihinde Hükümet'e sadık kalmak isteyen Rumlardan Çerdiğin köyünden Karahisarlı oğullarından Kiroki'yi, Rum çete Reisi İstil oğlu Anastas, köyün ortasında güpegündüz öldürmüş, olaydan üç gün sonra yine Hükümet'e sadık Rumlardan olan Anasti oğlu Foda, köye yarım saat uzaklıktaki ormanda çete reisi Dimit tarafından öldürülmüştür.

---

[407] *Pontus Meselesi*, Kurt, 302-304.

Rum çeteler tarafından Turhal nahiyesine bağlı Sergin köyünde 5 kişi korkunç şekilde öldürülmüş, köyün eşya mal ve hayvanları gasp edilmiştir. Ölen beş kişiden Hüseyin Onbaşı genç eşiyle beraber nahiye merkezinden köye gelirlerken vahşiler Hüseyin Onbaşı'yı öldürüp karısını dağa kaldırırlar. Üç gün namusunu ayaklar altına aldıktan sonra onu da öldürürler. Halilalan köyü de Sarıtarlalı Rum çetesi tarafından beş defa basılmış, köyün hayvan mal ve eşyaları gasp edilmiştir. Kana susamış Sarıtarlalı çetesi "Eski" köyünde halkın gözleri önünde ve güpegündüz iki Müslüman genci daha öldürürler. Bu korkunç olayı yapan çete reisleri Bayraktaroğullarından Yorgi oğlu katil Melik, Bayraktaroğullarından katil Dimit, Kuşçuoğullarından Mihail ve Gördüsoğullarından Kara Lazari'dir.

Pazar nahiyesi müdürünün 10 Mart 1921 tarihinde vermiş olduğu resmî raporda 30 tür olay bildirilmektedir. Tokat Mutasarrıflığının 1921 yılı Mart ayının değişik tarihlerinde çekmiş olduğu telgraflarda da 4 olay bildirilmektedir. Tokat kazasında toplam 34 kayıtlı olay gerçekleşmiştir.

Rum çetelerin zulmünden en çok nasibini alan en vahşi katliamlara maruz kalan yerlerden birisi de Erbaa kazasıdır. Bu kazada kayıtlı 59 tür olay olmuş, bu olaylarda kurşunlanan, boğazları kesilen yahut diri diri yakılan toplam 275 Müslüman hayatını kaybetmiştir. Bu tüyler ürperten olaylardan birkaç tanesini inceleyelim. 1921 yılı Eylül ayında yüzlerce vahşiden oluşan Rum çeteler defalarca ve ara vermeksizin Şıhlı köyüne hücum ederler. 500 haneli köyün bütün evleri yakılarak tahrip edilir. Rumların tek bir dikili taş bile bırakmadığı köyde, ilk saldırıda 31 erkek ve 29 kadın kurşunlanarak öldürülür. 20 kişi de evlerinin içinde diri diri yakılır. Toplam 80 kişinin can verdiği bu katliamda Rumlar tarafından 1300 adet büyük ve küçükbaş hayvan da gasp edilir. 8 Ekim 1921 tarihinde Karabük köyünü basan Rum çeteleri 12 erkek ve 4 kadını evleri ile birlikte diri diri yakarlar. 27 hanenin mallarını ve hayvanlarını gasp eden vahşiler, köyün en iyi evlerinden 30 tanesini daha yakarlar. Gözü dönmüş Rumların köydeki bazı çocukları diri diri kızgın fırınlara attıkları fırınların enkazı içinde çocuk kemikleri bulunmasından anlaşılır. 1 Eylül 1921 tarihinde Karlık köyünü basan Rum çeteleri 12 evi yakmışlar ve 6'sı erkek 2'si kadın 8 köylüyü tüyler ürpertici şekilde parçalayarak öldürmüşlerdir. 14 Eylül 1921 tarihinde Rum eşkıyalar Dereli köyünü basarlar. Soysuzların bu seferki amacı her zaman yaptıkları gibi ev yakmak, hayvanları gasp etmek, boğaz keserek adam öldürmek, küçük çocukları kızgın fırınlara atmak, değildir. Bu sefer hayvanca duygularını tatmin için köyün bakire kızları ve yeni gelinlerinden toplam 10 kişiyi dağa kaldırırlar. Günlerce zavallıların iffetlerini ayaklar altına aldıktan sonra, hepsini memelerini kesmek suretiyle öldürürler. Katledilen kadınların isimleri: Kapancıoğlu İbrahim zevcesi Rabia, Kapancıoğlu Hacı zevcesi Fatma, Kapancıoğlu Veli Çavuş zevcesi Zeynep, İskefserli Davud kerimesi Şerif Tutu, Koca Mehmedoğlu Hasan zevcesi Saliha, Muhacir Abdullah zevcesi Server, Muhacir Abdullah kerimesi Fatma, Koca Mehmedoğlu Hüseyin yeğeni Saliha, Deliceoğlu Ahmed zevcesi Zeynep, Kapancıoğlu Ömer zevcesi Fatma'dır. Rum çeteler 1922 yılının ocak ayında Boladan köyünü basarak 70 haneli köyün tamamını yakmışlar, köyün bütün hayvanlarını, zahiresini hatta ziraat aletlerini bile almışlar, köyden 6 erkek 5 kadını da yakarak öldürmüşlerdir. 21 Ocak 1922 tarihinde Yornus köyünü basarak 40 haneli bu köyü baştan başa yakmışlardır. Evlerinden kaçamayan iki kişi diri diri yanmıştır. 2 Haziran 1922'de Destek nahiye merkezinden Ramazan ayında Teravih namazını kılıp evine dönmekte olan nahiye müdürü şehit edilmiş, 30 Ocak 1922'de Destek Karakol Komutanı Rıfat Efendi korkunç şekilde parçalanarak şehit edilmiştir. Erbaa kazasında 275 Müslüman öldürülmüş, 20 kişi ağır yaralanmış, 30 kadar genç kızın dağa kaldırma suretiyle ırzına geçilmiş, değişik köylerden 400 kadar hayvan gasp edilmiş, yalnız 6 köyde 697 hane yakılmıştır.[408]

Yakalanan Pontus Eşkıyaları İstiklal Mahkemelerinde Yargılanıyor

Pontus çeteleri ile mücadelede hız kesmeyen Ankara Hükümeti, yakalanan eşkıyalar hakkında kanuni işlem başlatmıştır. Eşkıyaların davaları Eylül 1920 - Şubat 1921 tarihleri arasında Amasya İstiklal Mahkemesi'nde, Temmuz 1921 - Temmuz 1922 tarihleri arasında ise Samsun İstiklal Mahkemesinde görülmüştür. Samsun İstiklal Mahkemeleri 94 davaya bakmasına rağmen 12 idam cezası vermiştir. Amasya İstiklal Mahkemeleri ise, 174'ü Rum olmak üzere 177 kişiyi idama mahkûm etmiştir. Mahkeme tarafından aralarında Trabzon Metropoliti Hrisantos ve Giresun Metropoliti Lavrendiyos'un da bulunduğu 74 kişi gıyaben idama mahkûm edilmiş, 10 kişi kürek, 2 kişi de hapis cezasına çarptırılmıştır.[409]

İstiklal Mahkemeleri'nin karar metinlerinden bir örnek:

Metin sureti:

"Samsun'un Koruluk köyünden Kalaycıoğlulları'ndan 1897 doğumlu Petri oğlu Anesti'nin köylerine komşu bulunan Dereler köyüne silahlı saldırı ve tecavüzlerde bulunarak adı geçen köyün pek çok hayvanını gasp ettiği ve Kebi, Hisarcık köyü İslam halkının Dua Boğazı adlı yerde yollarını keserek nakit paralarını, eşya ve hayvanlarını gasp ettiği ve kızların bekaretini bozduğu ve Kabi'nin Tozaklı köyünden Hacı Durmuş'un adı

---

[408] *Pontus Meselesi*, Kurt, s.329.
[409] Abdullah İlgazi, "Millî Mücadele Yıllarında Giresun Ve Çevresinde Pontus Rum Faaliyetleri Ve Alınan Tedbirler", *Giresun Tarihi Sempozyumu (24-25 Mayıs 1996) Bildiriler*, s.255.

geçen yerde yolunu keserek 3 baş hayvanını öldürdüğü ve 2 baş hayva-
nını gasp ettiği ve 1919 yılında Dereler köyünden Zernık oğlu Mustafa'yı
köyünden getirterek Sarı adıyla tanınmış çete reisine teslim ettiği ve adı
geçen ve arkadaşlarının attığı kurşunlarla yaralanan Mustafa'yı tüfek dip-
çiği ile kafasını parçalamak suretiyle korkunç şekilde şehit ettiği ve cese-
dini Kozlugöl köyü altına gömdürdüğü ve binmeye mahsus ve eğer takımı
ile 250 lira kıymetindeki hayvanıyla taşıdığı mavzer tüfeği ve 80 lira nakit
parasını gasp eylediği ve Bedirli köyünde Millî Kuvvetler kumandanların-
dan Sürmeneli Mehmed Efendi'yi şehid eylediği sabit olunduğundan adı
geçenin asılarak idamına 6 Eylül 1921 tarihinde karar verilmiştir."[410]

Büyük Millet Meclisi'nin Pontus çetelerine karşı aldığı idari ve askerî tedbir-
ler ile Rumlardan önemli kişilerin İstiklal Mahkemelerinde yargılanmaları üzeri-
ne Patrikhane, Yunanistan ve İtilaf Devletleri nezdinde propaganda girişimle-
rinde bulunmuştur. Pontusçulara zulmedilmediği propagandası hızla yayılmış, So-
nuçta İtilaf Devletleri TBMM Hükümeti nezdinde girişimlerde bulunmuştur.[411]

Osman Ağa ve Hüseyin Avni Bey komutasındaki Giresun Alayları Erbaa,
Ladik ve Samsun civarında bir buçuk ay[412] kadar kalmışlardır. Osman
Ağa'nın büyük katkı sağladığı Pontus Tenkil Harekâtı sırasında 11 bin 118[413]
Pontusçu öldürülmüştür.

Kütahya Eskişehir Savaşları Sonrasında Ankara'nın Durumu

Yunan ordusu 10 Temmuz 1921 tarihinde genel bir saldırıya geçmiş, Türk
ordusu geri çekilmek zorunda kalmıştır. Şehirlerin art arda düşmesiyle, 13
Temmuz'da Afyonkarahisar, 15 Temmuz'da Tavşanlı, 17 Temmuz'da Simav,
Emet, Kütahya ve Seyitgazi, 20 Temmuz'da Eskişehir; Yunan ordusunun eli-
ne geçmiştir.[414] Türk ordusunun da Mustafa Kemal Paşa'nın emriyle Sakar-
ya'nın doğusuna çekilmesi tüm yurtta büyük bir üzüntü ve endişe yaratmıştır.
Yunan ordusu iyice yaklaşmış, top sesleri Ankara'dan duyulmaya başlamıştır.
Atatürk'ün fedailerinden Giresun Tekke köyünden Bilal oğlu Mehmet Zenen o
günleri şu sözlerle anlatmıştır:[415]

"İstilacı Yunan kuvvetleri hızla ilerliyordu. Amaçları Ankara'yı ele ge-

[410] Pontus Meselesi, Kurt, s.393, 394.
[411] İlgazi, a.g.e. , s.255; Biber, a.g.t. , s.128.
[412] Topallı, a.g.e. , s.113.
[413] İlgazi, a.g.e. , s.255.
[414] Emrullah Yalçın, "Meclisin Kayseri'ye Nakil Tartışmaları...", Ankara Üniversitesi Türk İnkı-
lap Tarihi Enstitüsü Atatürk Yolu Dergisi, Sayı. 48, s.903.
[415] Menteşeoğlu, Giresunlu Fedailerle... , s.32-33. ; Yaptığımız görüşmede torunu Ünal
Zenen'in anlattıklarından.

çirmek, hatta daha da ileri gitmekti. Bir gece köşkün kapısında nöbet tutuyordum. Vakit gece yarısını çok geçmişti. Şafak sökmek üzereydi. Düşman top atışlarına başladı. Mustafa Kemal Paşa, istirahata çekileli henüz birkaç saat olmuştu. Top seslerine uyandı. Dışarı çıktığını gördüm. Bornozunun belini bağlıyordu. Soğukkanlı bir hâli vardı. Bana yaklaştı: 'Oğlum, Top atılmaya başlayalı çok oldu mu?' diye sordu. 'Paşam, Yaklaşık yarım saattir atışlarını sürdürüyorlar.' cevabını verdim. Sakin ve soğukkanlı bir şekilde merdivenlerden bir basamak aşağı indi. Top seslerinin geldiği, gökyüzünün kızıllaşan enginliklerine bakarak: 'Bu kadar meydana çıkardığımız Türkiyemizi kayıp mı edeceğiz Allah'ım' diye mırıldandı. Sert bakışlı Paşa'nın gözleri dolu dolu olmuştu. Yaka cebinden çıkardığı ipek mendili ile gözyaşlarını sildi. Esas duruşta beklemedeydim. Paşa Hazretleri'ne yaklaşarak: 'Üzülmeyiniz Paşa'm, bizler ne güneyiz. Bizler kırılmadıkça bu vatan, Allah'ın izniyle toprağından bir karış dahi kaybetmez.' dedim. Paşa, memnuniyetini sırtımı okşamakla gösterdi. Onun mağrur, azametli ve kararlı bakışlarını hiç unutamam."

Sakarya Savaşı öncesinde Büyük Millet Meclisi gizli oturumlarında da hararetli tartışmalar yaşanmaktadır. Fevzi Paşa; Meclis, Ankara'da oldukça ordunun Ankara'yı düşünmek zorunda kalacağı için başka bir şey düşünemeyeceğini, düşmanın manevrasını buna göre yapacağını, Meclis'in Ankara'dan Kayseri'ye naklini hükümetin uygun gördüğünü belirtmiştir. Bunun üzerine çeşitli düşünceler ileri sürülmeye başlanır. Bazı mebuslar Ankara'da kalmanın da Ankara'dan gitmenin de zararlı ve tehlikeli olduğunu, buna hükümetin, ordu kumandanlarının karar vermesi gerektiğini söylerler.[416] Başta Mustafa Durak Bey, Hasan Basri Bey ve Ali Şükrü Bey olmak üzere kararı yanlış bulanlar, Ankara'dan çekilmenin halka ve orduya kötü etki yapacağını, orduda panik yaratabileceğini düşünürler ve haklı çıkarlar. Meclis'in Kayseri'ye nakledileceği haberinin duyulması üzerine Ankara halkı da telaşa düşer. Ankara Müftüsü, Müdafaa-i Hukuk Cemiyeti ve memleketin ileri gelen eşrafı toplu bir hâlde Mustafa Kemal Paşa'yı ziyarete gelirler. Hemen hepsi gözleri yaşlı bir şekilde; *"Ankara'yı terk edip bizi Yunanlıların eline bırakmayın, para isterseniz bütün nakdimiz, servetimiz sizindir, can isterseniz bütün eli silah tutanlarımız emrinizdeyiz."* diyerek Meclis'in taşınma durumundan duydukları rahatsızlığı dile getirirler. Büyük Millet Meclisi 23 Temmuz 1921 günü Fevzi Paşa'nın talebi ile Meclis İkinci Başkanı Dr. Adnan Bey'in başkanlığında gizli oturum düzenler. Rengi uçmuş, tıraş olmamış, kim bilir kaç gündür uykusuz-

---

[416] Ahmet Emin Yaman, "Başkumandanlık Kanunu", *Ankara Üniversitesi Türk İnkılap Tarihi Enstitüsü Atatürk Yolu Dergisi*, 1992, C. III, Sayı. 9, s.87.

luktan gözlerinin etrafı halka halka, elbisesi toz toprak içinde perişan kıyafetle kürsüye çıkan Genel Kurmay Başkanı Fevzi Paşa, o günlerdeki acı durumu şöyle anlatmıştır: *"Arkadaşlar! Tarihi günler yaşıyoruz. Yunanlıların çok üstün kuvvetle yaptıkları taarruza karşı asker ve subaylarımız insanüstü bir gayretle kahramanca çarpıştılar. Harp çok kanlı oldu. Ağır zayiata uğradık. Biz şehir, bölge harbi yapmıyoruz, hedefimiz nihai zaferdir. Ordumuz stratejik bakımdan en müsait yerde harbe devam edecektir. Askerî noktadan en emin yerde harp edeceğiz. Hükümetimiz namına Ankara'yı bir hafta zarfında tahliye etmeye, hükümet merkezini Kayseri'ye nakletmeye karar verdik. Şimdiden hazırlığa başlamanızı rica ederim."*[417] Fevzi Paşa'nın bu açıklaması Meclis'te top gibi patlamış, pek çok milletvekili kürsüye gelip konuşarak açık, gizli ne varsa hepsi tartışılmış, orduyu bu hâle getiren kumandanları cezalandırmak teklifi ortaya atılmış, bütün bu konuşmalardan sonra tekrar söz alan Fevzi Paşa: *"Memleket müdafaasında tamamen sizinle aynı fikirdeyim. Stratejik kumanda hatasına gelince bundan Erkânı Harbiye-i Umumiye Reisi olmakla bizzat ben mes'ulüm. Hiçbir kumandan bundan mes'ul tutulamaz. Vereceğiniz cezayı şahsen şimdiden kabul ettiğimi arz ederim."* deyip kürsüden inmiş ve Mersin Mebusu Muhtar Fikri Bey'in yanına oturmuştur. Burada etrafı duyacak şekilde kendi kendine *"Ben ölümden korkar bir adam değilim. Milletimin uğrunda seve seve şehid olmasını da bilirim."* demiştir. Meclis'teki umumi kanaat da Fevzi Paşa'nın hiçbir kusuru olmadığı yolundadır. Bu konuşma, bir yumuşama havası doğurmuş ve artık bu konuda kimse söz alıp kürsüye çıkmamıştır. Meclis'in nakli konusunda söz alan ve bu işe karşı çıkan Mustafa Durak Bey şu sözleri söylemiştir:

"Hiç telaş göstermeyelim, heyecana düşmeyelim. Çünkü millet bizi kemali ciddiyetle takip ediyor. Millet yüzümüze bakıyor. Eğer bizde bir heyecan ve telaş görürse herkesin kuvve-i maneviyesi gaip olur. Millete biz heyecan vermeyelim, metin olalım, ölürsek ölürüz. Yedi senenin içinde milyonlarca insanlar telef ettik, biz o milyonlarca insanlardan büyük değiliz. Biz de feda olalım."

Büyük Millet Meclisi 30 Temmuz 1921 Cumartesi günü Mustafa Kemal Paşa Başkanlığında tekrar toplanır. Meclis'in Ankara'da kalması taraftarı olan Ali Şükrü Bey kürsüye çıkarak şu sözleri söyler:

"Şimdi bendenize kalacak olursa bir beyanname neşredilmelidir ve Meclis burada kalmalıdır. Ankara hissiyatıyla uğraşmayalım. Herkesin göreceği veçhile Ankara orduyu başlıca menzil merkezi teşkil ettiği için Ankara'yı tahfifi bunu herkes kabul eder. Meclis ordunun başındadır, ister

---

[417] Damar Arıkoğlu, *Milli Mücadele Hatıralarım*, İstanbul, 1961, s.237.

burada bulunsun ister Polatlı'da bulunsun, bir defa bu mesele halledilme-
lidir. Sonra Meclis'te oturup bugün zannetmiyorum ki kanun yapacak va-
ziyette olalım."[418]

Meclis'in Kayseri'ye nakli konusu o gün sonuca bağlanamamış yalnız Mec-
lis evrak ve ağırlıklarının nakledilmesi kararlaştırılmıştır. 22 Ağustos 1921 Pa-
zartesi günü yapılan gizli oturumda bu konu yeniden müzakereye açılmıştır. Ali
Şükrü Bey tekrar söz almış ve Meclis'e şu sözlerle yeni bir teklif sunmuştur:

"Efendiler, merkezi Hükümet'in Kayseri'ye nakli hakkında bir karar ve-
rildi. Fakat ne vakit nakledileceğine dair bir şey söylenmedi. Söz istemiş-
tim, sıra da gelmedi. Şimdi ağırlıkların nakli taleb olunuyor. Bu taleb bu iş-
le alakadardır. Onun için ufak bir şey hatırlatmak istiyorum. Bugün biz
ağırlıklarımızı naklediyoruz. Yalnız bir şey var ki merkezi Hükümet'in,
Meclis ve Heyeti Vekilenin bir tarafa nakli keyfiyetinin hariçte yapacağı
tesiratı pek güzel izah buyurdular ki bizim lehimizdedir. Fakat dahildeki
tesiratını da kendileri güzel buyurdular. Bir heyetin izahat vermek üzere
orduya gitmesini taleb buyurdular. Şimdi demek ki ordu üzerinde büyük
bir tesiri vardır. Çünkü halkın irşadı mümkündür. Ordu üzerinde tesir
yapmasını kendileri de kabul ediyorlar. Bu verdiğimiz karardan rücu et-
memek üzere başka bir şekil bulabiliyoruz. Gerek orduya ve gerek dahile
karşı. Bu da; Meclis nakletmiştir sözünü ortaya atmayız. Hakkı Hami
Bey'in biraz noksan olarak söylemiş olduğu gibi Heyeti Vekile de ve Mec-
lis de burada bulunur. Gitmek isteyen zevat için daima vesait ihzar olunur
ve bu suretle ağırlıklar gider. Eski ihtilaller zamanında malumu âliniz Mec-
lis'ler Fransa'da ordu yanında bilfiil kumanda etmiştir. Bizim de ordumuz
vardır, teşkilatımız vardır. İhtilâl zamanı değil. Fakat Meclis, Hükümet
demektir. Heyeti Vekile, Meclis'ten çıkmıştır. Heyeti Vekile ordu nezdinde.
Yarın mecbur olup da cephe değiştirirse Meclis naklolunur. Ordudan ala-
cağımız talimat üzerine buradan başka yere nakledebiliriz. Fakat ne olur?
Meclis Kayseri'ye naklediliyor sözünü ortaya atmamış oluruz. Ordu ile be-
raber bulunuyor denilir ve bu suretle de propagandanın önüne geçilir."[419]

Müzakereler sonucunda, cepheye Meclis'ten bir heyet gönderilmesi, An-
kara'nın müdafaasına hazırlık görülmesi, Meclis çalışmalarına aralıksız de-
vam edilmesi ve bazı evrakın Kayseri'ye naklinde hükümete yetki verilmesi
yolunda karar alınmıştır.

[418] *TBMM Gizli Celse Zabıtları*, C. II, s.126.
[419] *TBMM Gizli Celse Zabıtları*, C. II, s.126.

198 | ÜMİT DOĞAN

Nihat Dinçmen hatıralarında Meclis evraklarının Kayseri'ye taşınmasını şöyle anlatmıştır:

"Düşmanın Sakarya'ya kadar ilerlermesi beni son derece üzmüştü. Bu devrede, ihtiyaten Meclis'in Kayseri'ye nakli teklifi, Meclis gizli celsesinde müzakere edilmiş ve Meclis'te bulunan mebuslarca kabul olunmamıştı. Müzakere esnasında çok vatanperverane tezahürat gösterilmiş, artık geriye değil cephenin arkasına gider, orada toplanırız, teklifini yapan hatip kürsüden indirilmiş ve merkezi Hükümet'in Ankara'da kalmasına karar verilmişti. Buna rağmen bazı ağırlıkların Kayseri'ye nakline başlanmıştı. Başkatibim Recep Bey, yanıma matbaa mürettiplerinden birkaç kişi ile bir de polis memuru vererek Meclis'in ve İstiklal Mahkemelerine ait vesaikin Kayseri'ye nakline beni memur etmişti. Trenle Yahşihan'a kadar gidecek ve orada menzil kumandanı Ali Rıza Bey'e Recep Bey'in mektubunu ibraz ederek yaylı arabalarla Kayseri yoluna devam edecektik. Halbuki ne Yahşihan'da ne de Kırşehir'de araba temin etmek mümkün olmadı. Ancak bulabildiğimiz sekiz adet kağnı arabası ile gece gündüz yol katederek Kayseri'ye vardık."[420]

Mustafa Kemal Paşa'ya Gönülden Bağlı Olan Osman Ağa, Enver Paşa İle Gizlice Görüşen Katip Ahmet Efendi'ye Karşı Tavır Alıyor

Katip Ahmet Efendi[421] ile Osman Ağa Balkan Savaşı öncesinden tanışmaktadırlar. Meşrutiyet Döneminde İttihat ve Terakki Partisinin Giresun'daki en itibar ve kudret sahibi ismi hâline gelen Ahmet Efendi'nin emri altındaki delikanlılardan birisi de Osman Ağa'dır. Ahmet Efendi; Trablusgarp ve Balkan Savaşlarına gönüllü olarak katılmıştır. Birinci Dünya Savaşı'na da katılan Ahmet Efendi, Osman Ağa ile birlikte Teşkilat-ı Mahsusa Alayına gönüllü toplamıştır. Ahmet Efendi 1915'te Şebinkarahisar'da çıkan Ermeni isyanında teşkil ettiği çetesi ile isyancılara karşı koymuş, Giresun Jandarma alayı ve civarda askerî kıtaat gelene kadar Ermeni çetelerini Karahisar Kalesi'ne hapsetmiştir. Ermeni ve Pontus çetelerine karşı kurulmuş olan ilk Müdafaa-i Memleket Komitesinin üyelerinden olan Katip Ahmet Efendi, komitenin gizli faaliyetlerinde yer almış ve Osman Ağa'ya firari döneminde yardımlarda bulunmuştur. Katip Ahmet Efendi, Haçika çetesi baskınında yer almış ve bu çetenin Giresun'dan temizlenmesine yardım etmiştir.

---

[420] İsmail Hacıfettahoğlu, *Ali Şükrü Bey*, Ankara, 2003, s.215.
[421] *Giresun'un Kale Mahallesinden Murtezaoğullarından Mustafa Ağa'nın oğludur. Annesi Ümmetullah Hatun'dur. Gençliğinden beri asabiyeti, mertliği ve delikanlılığı ile tanınmış olan Ahmet Efendi, deniz ticareti, fındık ticareti, Reji kolculuğu, Kolcubaşlığı, Reji memurluğu yapmıştır.*

Osman Ağa, Mustafa Kemal Paşa ile tanışmadan önce Katip Ahmet Efendi gibi çok sıkı bir İttihatçıdır. Daha sonraları Mustafa Kemal Paşa'nın fikirlerine ölümüne bağlanan Osman Ağa, kendi deyimiyle *"Ankara Hükümeti'nin fikirlerini sahilde harfiyen uygulamış"*,[422] Mustafa Kemal Paşa'nın çizdiği yoldan hiç ayrılmamıştır. Katip Ahmet Efendi ise Enver Paşa'nın yolundan gitmeye devam etmiştir. Bu görüş ayrılığı; yaşadıkları küçük tatsızlıklar nedeniyle araları zaten iyi olmayan bu iki şahsın yollarını tamamen ayırmıştır.

Kütahya-Eskişehir Savaşlarının kaybedilmesinin yarattığı sıkıntılı ortamdan faydalanmak isteyen firari Enver Paşa tekrar Anadolu'ya girmeyi, kendi teşkilatından oluşan silahlı kuvvetlerin başına geçerek bir hükümet darbesi ile Mustafa Kemal Paşa'yı devirmeyi ve Millî Mücadele'nin başına geçmeyi planlamaktadır. Enver Paşa'ya TBMM'deki bazı mebuslar da destek vermektedir. Ankara'ya Yunan saldırısı başlayınca bir kurtarıcı gibi Anadolu'ya girmeyi planlayan Enver Paşa, 1921 yılının Temmuz ayında Batum'da bir İttihat ve Terakki Kongresi toplamıştır. Aynı tarihte Katip Ahmet Efendi de ticaret maksadı ile Batum'a gitmiştir. Onun Batum'da Enver Paşa ile görüştüğünü, ayrıca Anadolu'ya geçtiği zaman Enver Paşa'nın emrine vermek üzere gizlediği iki-üç yüz kişilik çetesi olduğunu duyan Osman Ağa, Katip Ahmet Efendi ile yollarını tamamen ayırmıştır. Osman Fikret Topallı konu ile ilgili şu bilgileri vermektedir:

"Meşhur Osman Ağa ile İstiklal Harbi başlarında teşri-i mesai etmiş olan Ahmet Efendi'nin bilahare onunla araları açılmış, arada yapılan tezvir ve isnatlar yüzünden birbirine selam vermez bir vaziyete düşmüşlerdir. İstiklal Savaşı'nın en büyük ve bütün dünyanın dikkatini çeken hareketleri Giresun'da cereyan ederken bir taraftan da bu iki şahsın yekdiğeriyle çarpışacakları korkusu devam ediyordu. (...)Enver Paşa'nın İstiklal Harbi esnasında Kafkasya'ya geldiği günlerde bera-yı ticaret Batum taraflarına giden katip ile de görüştükleri muhakkaktır. Osman Ağa'nın Ahmet Efendi'ye olan emniyet ve itimadının kalmaması da en ziyade bundan dolayıdır. Çünkü Ahmet Efendi'nin Sarvan ve Tekke köyleri ve civarlarında gizli iki üç yüz kişilik bir çetesi bulunduğu ve Enver Paşa'nın Türkiye'ye girdiği takdirde Ahmet Efendi'nin bu kuvvetle onun direktifleri dairesinde harekete geçeceği gizli gizli Osman Ağa'nın kulağına çalınıyordu."[423]

Büyük Millet Meclisinde Başkomutanlık Kanunu Görüşmeleri

Büyük Millet Meclisi bu sıkıntılı dönemden çıkmanın yollarını aramaktadır. 4 Ağustos 1921 Perşembe günü gizli oturumla toplanan Meclis'te söz alan

---

[422] *Vakit*, 19 Şubat 1922.
[423] Topallı, *a.g.e.* , s.283 – 285.

Mersin Mebusu Salahattin Bey *"Meclisi Millî adına çalışacak bu zatın intihabı lazımdır. Bir başkumandan vekili istiyoruz"*[424] diyerek Başkomutanlık fikrini ortaya atar. Aydın Mebusu Mazhar Bey de konuşmasında *"...gerek kumanda meselesi itibar ile mevkiinden, isminden, şöhretinden istifade edilen bir zatı mesela Meclis Reisini Başkumandan mevkiine getirmek, nasıl ki daha ilk zamanlarda meydanda hiçbir şey yokken, Yunan yeni işgale başladığı zaman halk ruhunda nasıl bir heyecan duymuş ise ve Paşa'nın etrafında toplanarak mevcudiyet göstermiş ise bu halk bu son mütarekenin ilk vurduğu darbenin verdiği tesiratla müşkül mevkide kalmıştır."*[425] diyerek Mustafa Kemal Paşa'nın bu göreve mevki, haysiyet ve şöhret olarak uygun olduğunu dile getirir.

5 Ağustos 1921 Cuma günü yine gizli oturum ile toplanan Büyük Millet Meclisinde önce Mustafa Kemal Paşa'ya Başkumandan sıfatı mı yoksa Başkumandan Vekili sıfatı mı verileceği tartışılır. Mustafa Kemal Paşa, Başkumandan Vekili sıfatının kullanılmış ve yıpranmış olduğunu söyler, öte yandan kendisi Başkumandan Vekili olursa, Başkumandanın da Padişah olacağını, Padişahın çıkıp da ben böyle bir vekil tayin etmedim dediği zaman ne yapacaklarını sorar. Mebuslar kürsüye çıkarak fikirlerini beyan ederler. Sonuç olarak Başkumandanlık Kanunu Sinop Mebusu Rıza Nur Bey ve arkadaşlarının teklifi, Edirne Mebusu Şeref Bey'in, *"Vatanın istihlası ve milletin istiklalini istihdaf eden bu kanunun bilmünakaşa kabulünü rica"* etmesi, oturum başkanı Dr. Adnan Bey'in tartışmasız ve görüşmesiz oylaması, oylamaya katılan 184 üyenin kabul oyu vermesi ile kabul edilmiştir. [426]

Mustafa Kemal Paşa, Meclis'e bir önerge vererek şu sözleri söyler:

"Meclis'in muhterem üyelerinin genel olarak beliren arzu ve dilekleri üzerine Başkomutanlığı kabul ediyorum. Bu vazifeyi şahsen üzerime almaktan doğacak yararları olabildiği kadar çabuk sağlayabilmek ve ordunun maddî gücünü en kısa zamanda artırmak ve en yüksek seviyeye ulaştırmak ve sevk ve idaresini bir kat daha kuvvetlendirmek için Türkiye Büyük Millet Meclisinin sahip olduğu yetkileri fiilen kullanmak şartıyla üzerime alıyorum. Ömrüm boyunca, millî hâkimiyetin en sadık bir kulu olduğumu, milletin gözünde bir defa daha göstermek için, bu yetkinin üç ay gibi kısa bir müddetle sınırlandırılmasını ayrıca talep ederim."[427]

Mustafa Kemal Paşa, Başkomutan olduktan sonra ilk iş olarak Türk ordusunun ihtiyaçlarını karşılamak üzere 8 Ağustos 1921'de Tekalif-i Millîye Emirleri'ni yayınlamış, böylece halktan varını yoğunu ordusunun hizmetine sunmasını

---

[424] *TBMM Gizli Celse Zabıtları,* C. II, s.159.
[425] *TBMM Gizli Celse Zabıtları,* C. II, s.162.
[426] Yaman, *a.g.m.* , s.85.
[427] Atatürk, *Nutuk,* s.594.

istemiştir. Başkomutanlık Kanunu sırasıyla 31 Ekim 1921, 4 Şubat 1922, 6 Mayıs 1922 tarihlerinde üçer aylık süreler için yenilenmiş, 20 Temmuz 1922 tarihinde yasada değişiklik yapılarak süresiz olması kararlaştırılmıştır.[428]

Sakarya Savaşında Osman Ağa ve Giresun Alayları

Sakarya Savaşının çok çetin geçeceğinin farkında olan Ankara Hükümeti, o sıralarda Pontus Tenkil Harekâtı için Samsun'da bulunan 42 ve 47. Giresun Gönüllü Alaylarının Sakarya Savaşına katılmak üzere Ankara'ya gelmelerini istemiştir.[429] Bu iki alay Kavak'ta buluşup birlikte yola çıkacakken Fevzi Paşa'dan gelen emir üzerine 42. Alay, 47. Alay'ı beklemeden yola çıkmıştır. 42. Alay mücahitlerinden Gazi Mehmet Cındık 47. Alay ile birleşemeden yola çıkmak zorunda kaldıklarını şu cümlelerle anlatmaktadır:

"Samsun'daki görevimiz sona ermişti. Yol boyunca Kavak'a kadar çevirip temizleyerek gittik. 42. Alay olarak Kavak'ta yeniden içtima edildik. Kavak'ta Osman Ağa'nın 47. Alay'ı ile buluşup her iki Giresun Gönüllü Alayı olarak Ankara ovasına birlikte gidecektik ancak; Fevzi Paşa'nın emri ve acil çağrısı üzerine 47. Alay'ı bekleyemeden Çorum üzerinden hareket ederek Ankara Ovası'nın güneyindeki, Afyon istikametinde bulunan Haymana Ovası'ndaki Mangal Tepe'nin eteğine gelip yerleştik."[430]

47. Alay ise Ankara yolunda önce Merzifon'a uğramış ve Osman Ağa burada çeşitli faaliyetlerde bulunmuştur. Merzifon Kaymakamı'nın himaye ettiği bir Rum, birçok Türkü öldürmüş ve Türk kadınlara tecavüz etmiştir. Merzifonlulardan biri bu durumu Osman Ağa'ya haber vermiş, Alay komutanı Osman Ağa da bu Rum'u buldurup öldürtmüştür. Merzifon Kaymakamı, Osman Ağa'nın bu Rum'u aldırıp kaybettiğini duyunca Osman Ağa'nın yanına gelmiştir. Amacı henüz öldürülmediğini zannettiği Rum'u Osman Ağa'dan geri almaktır. Kaymakam, Rum'un ismini söyler söylemez Osman Ağa, Kaymakama *"Sen hiç utanmıyor musun? Bu adam Türklüğün namusu ile oynamış, sen hâlâ onu kurtarmak mı istiyorsun?"* diyerek yanından göndermiştir.[431] 47. Alay, Merzifon'da bulunduğu sırada, 26 Temmuz 1921 günü ilçede çok büyük bir yangın çıkar. Bu yangının Cumhuriyet'in ilk yıllarında Merzifon'da resmî kurumlarda Halkevi binası da dahil bina sorunu yaşamasına neden olduğunu söyleyen Aziz Taşan, Osman Ağa'nın Merzifon'a gelişini ve çıkan yangını şöyle anlatır:

---

[428] Yaman, *a.g.m.*, s.93.
[429] Süleyman Beyoğlu 42 ve 47. Alayların 14 Temmuz 1921 günü Batı Cephesine hareket ettiklerini 2 Ağustos'ta Osman Ağa ve Hüseyin Avni Bey komutasındaki alayların Sungurlu'dan Ankara'ya doğru yola çıktıklarını belirtir. Bk. ,Beyoğlu, *a.g.e.*, s.236.
[430] Gazi Mehmet Cındık'ın anılarından, oğlu Halil Cındık aracılığı ile.
[431] Sarıbayraktaroğlu, *a.g.e.*, s.156.

202 | ÜMİT DOĞAN

"Millî Mücadele'nin devam ettiği o yıllarda alay kadrosunda sivillerden oluşan çetesiyle Samsun'dan Ankara'ya geçerken Merzifon'a uğrayan Giresunlu Topal Osman Ağa, yokuş başındaki eski postane binasını karargâh yaptı. Merzifon'da iyi karşılanmadığını bahane ederek önce o zamanki hükümet yöneticilerine çatmış, devamında çetesi genel huzuru bozacak şekilde ilçede taşkınlıklar çıkarmış, nahoş olaylar yaşanmıştır. Bu karışıklıklar esnasında Hacıbalı Mahallesi'nde bir ev Ermeniler tarafından kundaklanmış, burada başlayan yangın hiç durmaksızın on sekiz saat devam ederek şehrin en gelişmiş yerlerinden biri olan Hacıbalı Mahallesi'nin büyük bir kısmı ile Erzincan ve Seydibölük Mahallelerini tamamen yok etmiştir."[432]

Osman Ağa'nın gelişi ve şehirdeki faaliyetleri Merzifon'daki Amerikalılar tarafından İstanbul kanalıyla Times'a bildirilerek 29 Ekim 1921'de gazetede yayınlanmıştır. Haberde Osman Ağa'nın Merzifon'a gelişinin kendi inisiyatifiyle olduğundan, Osman Ağa'nın şehre gelişinden sonra Merzifon Kaymakamı'nın evine kapandığından ve hayati tehlikeleri olan bazı Hristiyanların da bölgenin Türk sakinleri tarafından kurtarıldığından bahsedilmektedir. Komiser Sadık Bey'in Osman Ağa'nın baskınına katıldığı ve baskına katılma sebebinin 6.000 lira borçlu olduğu iki zengin Ermeni'yi öldürmek olduğu iddia edilen haberde, Osman Ağa'nın gidişinden sonrada mahalli jandarmanın ve köylülerin yağmalamalara devam ettiğinden, Ankara Hükümeti'nin olaylar nedeniyle soruşturma açtığından, görevini kötüye kullanan asker ve memurların cezalandırıldığı ancak Osman Ağa'ya herhangi bir ceza verilmediğinden bahsedilmektedir. Ahmet Faik Hurşit GÜNDAY'da anılarında Osman Ağa'nın Merzifon'da 1.460 gayrimüslimi katlettirdiğini ve bunları Nurettin Paşa hesabına yaptığını yazmaktadır.[433]

Hasan İzzettin Dinamo ise Osman Ağa'nın Merzifon'daki faaliyetlerini şöyle anlatmaktadır:

"Bir gece Merzifon Amerikan Koleji, Amerikan Hastanesi ve Hristiyan Mahallesi ansızın sarıldı. Hastanenin bütün doktorları, müstahdemleri, kolejin bütün öğretim, yönetim üyeleri, hizmetlileri öğrencileri toplanıp enterne edildi. Bir yandan da bütün Hristiyan Mahallesi'nde oturanlar yediden yetmişe ikişer kolla oradan uzaklaştırıldı. İçinde Askerî Mülkiyelilerin de bulunduğu araştırma grupları koleji baştan başa arayıp taradılar. Pek çok Pontusçu yazılar, mektuplar, mühürler, Pontus bayrağının yanı sıra okulun, hastanenin altındaki tünellerde beton sığınaklarda binlerce tüfek,

---

[432] Aziz Taşan, "Tarih Açısından Merzifon'a Bir Bakış", *Önasya Mecmuası*, Ekim 1965, Sayı. 2, s.16.
[433] Beyoğlu, *a.g.e.* , 235.

ağır, yeğnik makineli tüfek, sandıklar dolusu bomba ele geçirdiler. Hristiyan mahallesinde büyük kilisenin altı, üstü, içi, dışı, silah ve cephane doluydu. Özel evlerin bodrumları tavan araları da silah deposu gibiydi. Amerikalılara hiç kimse el sürmedi. Hiç kimsenin burnu bile kanamadı. Yalnız Osman Ağa, Pontusçuların Karadeniz dağlarındaki Türk köylerini yakarken kendisine öğrettikleri ateş oyunlarını uygulayarak bütün bu Pontusçu Hristiyan mahallesini ateşe verdi Geceleyin Merzifon'un gökleri kıpkızıl kesilip kapkara dumanlar, mermiler, büyük gürültülerle patlıyordu."[434]

Merzifon'da iki gün iki gece kaldıktan sonra[435] Ankara'ya doğru yola çıkan 47. Alay üç gün iki gece sonra Çorum'a girer. Çorum halkı 47. Alay'a su, ayran ve limonatalar içirerek askerlerin yorgunluklarını giderir. Askerler Giresun'dan çıktıklarından beri dağ bayır gezmekte olduklarından kiminin elbisesi eskimiş, kiminin ayakkabısı yırtılmıştır. Osman Ağa, alaya dört gün istirahat verir. Alayda bulunan terziler ve ayakkabıcılar eksikleri gidermek için hazırlıklara başlarlar. Elbise ve ayakkabılar tamir edildikten sonra yola çıkan alay Sungurlu üzerinden 4 Ağustos 1921'de Yahşihan'a gelir, geceyi burada geçirir. Ertesi gün Osman Ağa alayı teftiş eder, Muhafız Taburundan olup gönüllü olarak cepheye gitmek isteyen Giresunlular[436] alayın önüne geçer ve yola çıkılır. Kayaş'a geldiklerinde Osman Ağa, Mustafa Kemal Paşa'nın Başkumandan olduğunu haber alır ve bir tebrik telgrafı[437] gönderir. 47. Giresun Gönüllü Alayı, Ankara'ya vardığında Büyük Millet Meclisi önünde milletvekillerinin alkışları arasında resmî bir geçit yaparlar.

Resim 39 - Osman Ağa Komutasındaki 47. Alay Meclis Önünde Resmi Geçit Yaparken

---

[434] Hasan İzzettin Dinamo, *Kutsal Barış*, C. V, s.507.
[435] Sarıbayraktaroğlu, *a.g.e.*, s.157
[436] *Mustafa Kemal Paşa'nın yanında yüz kişilik muhafız ekibinden sadece on kişi kalmış, geri kalanı cepheye sevk edilmiştir. Cepheye gidenlerden bazıları Çakıro Ali, İbico Kamil, Eyüp Aydın, Uzuno Bekir, Ayaro Mustafa, Türkmeno Seyit, Keşaplı Mızmıs İsmail, Doğramacı Hasan. Çakıroğlu Hüseyinin notlarından, torunu Mükerrem Çakıroğlu aracılığı ile.*
[437] CA, A III- 7D 18 F 110; bkz: naklen, Beyoğlu, *a.g.e.*, s.237.

Ali Şükrü Bey, Cebelibereket Mebusu Rasim Bey, Canik Mebusu Şükrü Bey ve Malatya Mebusu Raşit Efendi'den oluşan Mebuslar Heyeti Osman Ağa'ya hoş geldin ziyareti yapar. Osman Ağa, Mebuslar Heyeti önünde bir konuşma yaparak şu sözleri söyler:

"Benim bir bacağım evvelki muharebelerde sakat oldu. Bu gün her iki bacağımı kaybetsem bile, mahvetsem bile yine sedye üstünde alçak düşmanı denize dökünceye kadar uğraşacağıma alayımla birlikte yemin ediyorum."[438]

Ali Şükrü Bey de Osman Ağa'nın söylediği sözleri 11 Ağustos Perşembe günü Büyük Millet Meclisinde dile getirerek şu konuşmayı yapar:

"Efendiler, geçen gün Ankara'ya muvasalat eden ve Meclis'in önünde resmî geçit yapan Giresun kıtaatına beyan-ı hoşamedi için bir heyet intihabı eyet-i Umumiyece karara iktiran etmişti. Divan-ı Riyasetçe Cebelibereket Mebusu Rasim Bey, Canik Mebusu Şükrü Bey, Malatya Mebusu Reşit Efendi ve bendeniz bu vazifeye memur edildi. Dün kıtaata gittik. Taburlara yegan Meclis-i Millî'nin selamını tebliğ ettik. Kıtaat bilmukabele arzı teşekkür ettiler ve kanlarının son damlasını feda edinceye kadar ifayı vazifeye amade olduklarını söylediler.(Allah muvaffak etsin sedaları) Kıtaat hakikaten birçok meşru şeyler yaptığı hâlde pek zinde ve kalpleri imanla meşhun bir hâldedir. Hatta 47. Alay Kumandanı Binbaşı Osman Ağa'nın bize bilmukabele söylediği sözler arasında şöyle bir ifade bulunmuştur: Ben sağ ayağımı harpte sakat ettim. Bu sefer de her iki ayağımı tamamıyla kayıp ve mahvetsem bile sedye üzerinde çalışarak düşmanı denize dökünceye kadar bu alaylarımla beraber çalışmaya ahdettim. (Allah razı olsun sedaları)"[439]

Giresun'da da din adamları ve memleketin ileri gelenlerinin aldığı kararla yedi adet kurbanlık koç alınır, bu koçlar şehrin her yerinde dolaştırılır. Yunanın denize dökülmesi için yapılan dualar ve tekbirlerle kesilerek fakirlere dağıtılır.[440] 19 Ağustos 1921'de Giresun halkı belediye önünde toplanıp Türk ordusu için dua eder. Beş bin kişinin katıldığı mitingden sonra Fuat, Şakir ve Bahri Beyler şu telgrafı çekerek zafer dileklerinde bulunurlar:[441]

"Anadolu'nun göz bebeği İzmir'imizi çiğneyerek harem-i vatanımıza giren Yunan sürüleri üçüncü taarruzlarını da yaptılar. Fakat zafer Yunanlıların değil, onlara şeni tecavüzlerinin kahr ve temdir dersini binlerce laşeleriyle meydanı harp ve şehamette gösteren büyük ve kahraman ordumuzdur.

---

[438] *Vakit*, 5 Eylül 1921; Sarıbayraktaroğlu *a.g.e.*, s.161; Beyoğlu, *a.g.e.* , s.237.

[439] *TBMM Zabıt Ceridesi*, C. XII, s.35.

[440] Sarıbayraktaroğlu, *a.g.e.* , s.164.

[441] Özel, *a.g.e.*, s.276; Beyoğlu, *a.g.e.* , 237- 238.

Bu bahir hakikat karşısında Yunan sürülerinin vatanımızda muvakkaten olsun tutunabilmelerine tahammül edemeyiz. Havsalamıza sığmayan bu küstahlık karşısında işte beş bin kişi müctemian bağırıyoruz. Ey şanlar icad eden kahraman ordu! Düşmanı boğ, elinle boğ, icab ederse kanınla boğ. İnönü arslanları kükresin, rezil düşman denize dökülsün."

Osman Ağa'nın komuta ettiği 47. Alay ve Hüseyin Avni Bey'in komutasındaki 42. Alay, 8. Tümene karşılık olarak 12. Grup Kumandanlığı emrine verilir.[442] 21 Ağustos 1921'de Mustafa Kemal Paşa 47. Alayın Haymana'ya gitmesi emrini verir.[443] Osman Ağa Alayı, Batı Cephesi Komutanlığından aldığı emir uyarınca 23 ve 24. Tümenler ile birlikte 22 Ağustos 1921 günü öğleden önce Haymana'da olacak şekilde yola çıkar. Osman Ağa, ağır obüs taburu ve bataryasıyla birlikte ertesi sabah Haymana'ya gelir.

Resim 40 - *Osman Ağa, Sakarya Savaşı Öncesinde Çadırının Önünde*

Aynı gün Giresun'da on beş bin kişinin katılımıyla ikinci miting yapılır. Miting Heyeti Reisi Müftü Ali, Giresun Belediye ve Müdafaa-i Hukuk Reis Vekili Hasan, Müdafaa-i Hukuk azası Emin Vahit, Bulancak Belediye Reisi Ali, Bulancak Müdafaa-i Hukuk Reisi Tevfik, Piraziz Belediye Reisi Hasan ve Piraziz Müdafaa-i Hukuk Reisi Mehmet Ali Beylerin imzası ile şu kararlar alınır:[444]

1-Misak-ı Millî sınırları içinde tam bağımsızlığımızın sağlanması ve onaylanmasına kadar giriştiğimiz can mücadelesine devam edeceğiz

2-Son zafer sağlanıncaya kadar başarılı olmak için her türlü fedakârlığa hazır ve amadeyiz.

[442] *Atatürk'ün Bütün Eserleri*, C. XI, s.326; Beyoğlu *a.g.e.*, s.238.
[443] *Atatürk'ün Bütün Eserleri*, C. XI, s.340-341; Beyoğlu *a.g.e.*, s.239.
[444] Özel, *a.g.e.*, s.205, Beyoğlu, *a.g.e.*, 238.

3-Allah'ın yardımıyla milletimizin son zafere erişeceğine güvenimiz tamdır. Kahraman ve fedakâr ordumuzun er ve komutanlarına yerden göğe şükran, minnet, hürmet ve saygılarımızı sunarız. 23 Ağustos 1921 gecesi baskına uğrayan 5. Tümen saat 24'e kadar Mangal Dağı'nın tepe kısmını elde bulundurmuş olsa da yarım saat sonra 2. Grup Komutanlığının verdiği emirle yeni bir düzen almak üzere kuzeydeki sırtlara çekilir. Bunun üzerine Mustafa Kemal Paşa Mangal Dağı'nın batısında 3. Grup ve Mangal Dağı'nda 2. Grup ve hemen onun solunda 1. Grup olmak üzere 24. Tümen ile 47. Bağımsız Alay'ı görevlendirir.[445] Hüseyin Avni Alpaslan Bey komutasındaki 42. Alay, Taşlıtepe'ye, Osman Ağa komutasındaki 47. Alay da Mangal Dağı'nın doğu sırtlarından taarruz edeceklerdir.[446] Mecburiyetten savaşa katılmak durumunda kalan Meclis Muhafız Taburu, Mangal Dağı'nın tepesinde, 2. Grup birlikleri de Yaprakbayır Deresi'nin kuzey sırtlarına mevzilenirler. Meclis Muhafız Taburu da geriye alınır. Mangal Dağı boşalınca 1. Yunan Tümeni burayı saat 08.40'da işgal eder. Bunun üzerine karşı taarruz yapmak için 4. Tümen ve Bağımsız Osman Ağa Alayı emir alır. 25 Ağustos 1921 günü Mangal Dağı doğusu istikametinde taarruza başlarlar. Osman Ağa taarruz emrini verir, alayın önüne geçerek *"Kimse geride kalmasın, vururum. Ben geride kalırsam siz de beni vurun!"* diyerek askere cesaret verir.[447] Mangal Dağı doğusu- Çekirge-Yağcıkebir kuzeydoğusu hattına kadar ciddi bir düşman mukavemetiyle karşılaşmazlar. Saat 13.00'te Mangal Dağı'nın doğusu-Mollamehmet Çeşmesi kuzey sırtları hattı ele geçirilir. Saat 18.00'e doğru 13. Yunan Tümeni'nin taarruzları başlar. Çok kritik bir safhaya giren bu Yunan taarruzları karşısında arada kalan tepeler karşılıklı süngü hücumları ile boğaz boğaza, tırnak tırnağa devam eder.[448] Alay müftüsü Kurtoğlu Hacı Hafız Efendi, Kuran-ı Kerim boynunda olduğu hâlde askerin önünde bir sağa bir sola yürüyüp *"Haydi arslanlarım! Haydi evlatlarım!"* diyerek onlara cesaret ve maneviyat kazandırır.[449] 26 Ağustos 1921 günü cephe komutanından aldığı emirle bütün cephede düşman taarruzlarını beklemeye başlayan Türk ordusu, Müdafaa hattını hiçbir surette düşmana vermemeye kararlıdır. Yunan kuvvetlerinin yaptığı taarruzlar sonucunda Sakarya mevziinin sol kanadı cidden tehlikeli bir duruma girer. Bunun üzerine 2. Grup Komutanı bir-

[445] Genelkurmay Başkanlığı, 26.11.1992 tarih ve 9235-6-92/1 sayılı yazısından naklen Çiçek, *a.g.e.*, s.165.
[446] Sarıbayraktaroğlu, *a.g.e.*, s.162.
[447] Menteşeoğlu, *a.g.e.*, s.227.
[448] Genelkurmay Başkanlığı, 26.11.1992 tarih ve 9235-6-92/1 sayılı yazısından naklen Çiçek, *a.g.e.*, s.166.
[449] Sarıbayraktaroğlu, *a.g.e.*, s.172.

liklerine *"Tümenlerin son erleri ölünceye kadar mevziilerini savunacaklardır."* emrini verir. Taarruza aralıksız devam eden 5. ve 13. Yunan tümenleri özellikle 23 ve 24. Tümenlerin arasında bulunan Bağımsız Osman Ağa Alayı'na taarruz etmektedirler. 23 ve 24. Tümenlerin geri çekilmeye başlaması karşısında 4. Tümen Çörtenli doğusu- Işıklı Boğazı güneyi hattını tutar. Böylece düşmanın zorlaması önlenir ancak 4. Tümen ve Osman Ağa Alayı'nın zayiatı çoktur.

Resim 41 - Sakarya Savaşı Sırasında Çektirildiği Tahmin Edilen Fotoğrafta Önde Ortada Osman Ağa ve Hüseyin Avni Alpaslan Bey Sağ En Arkada Kurdoğlu Hacı Hafız Efendi (Candemir Sarı Arşivinden)

Osman Ağa emrindeki 47. Alay Mangaltepe'ye 42. Alaydan sonra varabilmiştir. 42. Alay mücahitlerinden Gazi Eyüp Aydın, Sakarya Savaşında 47. Alay'dan yardım beklediklerini şu sözlerle anlatır:

"Emir gereğince Haymana'ya, oradan da hiç bekletilmeden Mangaltepe'ye takviye gönderildik. Akşam vaktinde Alay Müftüsü Kurdoğlu Hacı Hafız "Arkadaşlar burada teyemmüm edip iki rekat namaz kılalım. Geri döneceğimize ümit yok." diye seslendi. Teyemmüm etmeye başladığımız sırada bütün telefonlar "İmdat! yetiş kırk yedi!" diye sürekli imdat çağrısında bulunuyordu. Cephe mahvolmuş, asker kırılmıştı. Kurdoğlu Hacı

Hafız "Arkadaşlar! Namazımız namaz oldu. Haydin silah başına!" diye bağırarak terter tepindi. Saf saf olmuş düşmanla karşı karşıya kaldık. Yere yatmak faydasızdı. Ayakta ateşe başladık. Düşmanın bir alayı sağ kanadımıza, bir alayı da sol kanadımıza saparak üç yanımızdan çevrildik. Kurtulma şansımız çok zayıftı.[450]

Resim 42 - Sakarya Savaşında Giresun Alayları. Arkası Dönük Olan Sarıklı Kişi Kurdoğlu Hacı Hafız Efendi

Yine 42. Alay mücahitlerinden Cındıkoğlu Mehmet ise Osman Ağa emrindeki 47. Alay'ın kendilerine yardım etmek üzere Mangal Dağı'na gelişini şöyle anlatır:

"Mangal Dağı'nı canımız pahasına teslim etmeyip Yunan'ı Mangal Tepe'de zapt ettiğimiz günlerdeydik ki sevincimiz iki katına katlandı. Samsun'dan gelen büyük vatansever ve cengaver Osman Ağa'nın 47. Alay'ı da sağ tarafımızdan Mangal Tepe'ye girmişti. Artık Giresun uşakları Karadağ'da, Harşit'te ve Samsun'da olduğu gibi yine hep bir arada Mangal Tepe'de de buluşmuş, 42 ve 47. Giresun Gönüllü Alayları olarak düşmana karşı omuz omuza vererek savaşıyorduk. Büyük kahraman Osman Ağa'nın gelmesiyle moral ve maneviyat kazanarak daha güçlen-

---

[450] Menteşeoğlu, a.g.e., s.231-232.

miştik. Düşmanı kontrollü bir şekilde Mangal Tepe'de tutmamıza rağmen, nefer olarak çok az kaldığımız zamanlardı.[451]

26 Ağustos 1921 tarihinde Sakarya Meydan Muharebesi'nin en buhranlı günlerinden biri yaşanmaktadır. Daha önce tartışılan Meclis'in Kayseri'ye nakli kararı şimdi zaruret hâline gelmiştir. Durumun vehametini gören Başkomutan Mustafa Kemal Paşa, Millî Savunma Bakanı Refet Paşa'ya şu gizli şifreyi çeker:

"Özetle, meydan muharebesinin Ankara'ya kadar intikal etmesi muhtemeldir. Her türlü ihtimale karşı Meclis'in, Hükümet'in ve Ankara'da kalması caiz olmayanların Ankara'dan ayrılmaları uygun bir hareket olacaktır. Meclis ve Hükümet'in önce Yahşihan üzerinden Keskin'e, ondan sonra zaruret olursa Kayseri'ye nakli lazımdır. Ancak ikinci bir şifre ile şifremin gereğini tatbik için yeni işaretimi beklemenizi rica ederim. Bu işaretime kadar durumun mahrem kalması lazımdır."

Başkomutan Mustafa Kemal Paşa 26 Ağustos 1921'deki şiddetli çarpışmalar sonunda orduya ve millete şu tarihî direktifleri verir: *"Hattı müdafaa yoktur. Sathı müdafaa vardır. O satıh bütün vatandır. Vatanın her karış toprağı vatandaşın kanı ile sulanmadıkça terk olunamaz."*[452]

30 Ağustos 1921'de 42. Alay Kumandanı Hüseyin Avni Alpaslan Bey şehit düşer. Bu sırada Hüseyin Avni Bey'in yanında olan Cındıkoğlu Mehmet o anları şöyle anlatır:

"Donanım ve mühimmat bakımından çok güçlü olan düşman ordusuna karşı, yokluklar içinde göğsümüzü siper ederek iman gücüyle mukavemet gösteriyorduk. Hava kapalı ve çok boğucu idi. Güneş gizlenmiş ikindi saatleri hükmediyordu. Onu bir sefer dahi siperde görmemiştim. Kendini korumadan çok; emrindekileri yani biz neferleri korurdu. Askerin moralini yüksek tutmak için mevzide değil de sürekli olarak siperlerimizin önünde, Yunana bakarak göz kırpmadan dimdik ayakta düşmanı karşılardı. O gün de öyle oldu. Hüseyin Avni Bey, siperlerin önünde bir dağ gibi yürüyordu. Şarapnellere aldırış etmeden hem savaşıyor hem de bizlere bangır bangır bağırıyordu: "Evlatlarım, yavrularım, hepiniz bu vatanın evladısınız, kanımızın son damlasına kadar savaşacağız, şu kahpe Yunan'ın kurşunundan ne olur, kendisinden ne olur! Hadi benim yiğitlerim, hadi benim aslanlarım" derken önce tüfeğini ardından tabancasını düş-

---

[451] Gazi Mehmet Cındık'ın anılarından, oğlu Halil Cındık aracılığı ile.
[452] Genelkurmay Başkanlığı, 26.11.1992 tarih ve 9235-6-92/1 sayılı yazısından naklen; Çiçek, *a.g.e.* , s.166-167.

manın üstüne bütün nefretiyle boşaltıyordu. Belki de komutanımın son konuşmasıydı bu seslenişler. Birden büyük bir sessizlik hakim oldu. On metre kadar sağ tarafımda, siperin önünde, sağ dizinin üzerine çökmüş bir hâlde, dışarı fırlayan buğulu bağırsaklarını sol eliyle içeri basıyordu. "Ben bu yaradan ölmem, devam edin aslanlarım, devam edin yiğitlerim!" diye var gücüyle bağırıyor, ağır yaralı vaziyette hâlâ bize moral veriyordu. Onun hep kahpe Yunan dediği, Yunan'ın şarapneli sol kasığının üstünden doğramıştı komutanımı. Hemen bir sedyeye alınarak sıhhiye neferlerince taşınmaya başladı. Muhtemelen cephenin gerisindeki çadıra doğru götürüldü. Hepimiz umutluyduk. Hüseyin Avni Alpaslan, Samsun'da da yaralanmış, bir şey olmamıştı. Zaten ufak tefek yaralanmaları ayakta atlatırdı. Biz biliyorduk ki ona hiçbir şey olmazdı. Cengaver komutanımız tekrar dönüp gelecekti. Nöbeti alan genç bir komutanla muharebeye aynı yerden, aynı heyecanla devam ettik. Ancak hiç aklımıza getirmediğimiz, hiç düşünmediğimiz vuku bulmuştu. Haymana Ovası, Mangal Dağı, Gökgöz Tepesi diz çökmüş sanki kan ağlıyordu."[453]

31 Ağustos 1921'de 42. Alay lağvedilerek sağ kalan 80- 90 nefer 58. Alay 3. Tabur 11. Bölüğe intikal ettirilmiştir.[454] Giresunlu gönüllülerin yeni kumandanı Binbaşı Abdülhalim Bey'dir.[455] 2 Eylül 1921'de Yunan ordusunun 3. Kolordusu 4. Türk grubuna taarruz eder, önce başarı sağlar fakat Türk direnişi karşısında başarısını devam ettiremez. 1. Yunan Kolordusu ağır zayiat vermesine rağmen Çal Dağı'nı ele geçirir. Yunan ordusu 3 Eylül 1921 gününü ele geçirdiği yerleri müdafaa etmekle ve dinlenmekle geçirir. 4 Eylül günü tekrar taarruza geçen Yunan ordusu hedeflediği yerlere varamaz. Aynı gün Yunan Ordu Komutanı Yunan Hükümetine verdiği raporda harekâta devamda hiçbir fayda ve ümit bulunmadığını beyan ederek Türk ordusu karşısında çekilme kararı alır. Çünkü 1. Yunan Kolordusunda 246 subay ve 6.000 er ölmüştür. 3. Yunan Kolordusu da eksile eksile 9.000 süngüye inmiştir. Yunan ordusu 5-6 Eylül 1921 tarihlerinde bulunduğu yerde kalır ve Yunan Hükümetinin vereceği kararı bekler. 6 Eylül 1921 gecesi Türk ordusunu düşmanın bu durumundan faydalanarak gece yaptığı baskınlarda Yunan ordusunun cephede zayıf birlikler bıraktığını ve cephe gerisinde toplanmakta olduğunu tespit eder. 7 Eylül 1921'den sonra Türk ordusunun karşı taarruz safhası başlar. 13 Eylül 1921'e kadar devam eden şiddetli taarruzlar sonucunda düşman Sakarya'nın batısına atılır. Bu suretle 21 gün ve gece aralıksız devam eden

[453] Mehmet Cındık'ın anılarından, oğlu Halil Cındık aracılığıyla.
[454] Mehmet Cındık'ın anılarından, oğlu Halil Cındık aracılığıyla.
[455] Topallı, *a.g.e.* , s.125.

bu meydan muharebesi kahraman Mehmetçiğin ve Türk milletinin zaferiyle sonuçlanır.[456]

Mustafa Kemal Paşa, Osman Ağa komutasındaki 47. Alay'ın Sakarya Savaşı'ndaki kahramanlıklarını şu sözlerle anlatır:

"Harpte, Nutkumda söylemediğim meçhul noktaları şimdi sizlere söylemeyi bir vicdan borcu biliyorum. Fevzi Paşa siperden sipere koşuyordu. Askerleri teşci ediyor, alınması icap eden tedbirleri tamamlıyor, sonra da sipere diz çöküp Kuran okuyor, Tanrı'dan medet ve yardım niyaz ediyordu. Bu adam insan değil bir evliyadır. Bu heyecanlı, kanlı harp sırasında bir tatsız hadise zuhur etti. Cephemizin bir tarafında gedik açan düşmanın gediği genişletmekte ve ilerletmekte olduğunu bildirdiler. Derhal ihtiyatta bulunan kuvvetimizden kâfi miktarda imdat gönderilmesini ve süngü hücumuyla düşmanı eski mevzilerine tart etmeleri emrini verdim. Fakat aldığım cevap 'İhtiyatta kuvvetimiz kalmadı, hepsi harpte, yalnız Giresunlu Osman Ağa'nın askerleri vardır.' oldu. Tekrar verdiğim emirde 'kim olursa olsun süngü hücumu yapacaktır.' dedim. Aldığım cevapta 'Bunların süngüsü yoktur.' oldu. Bir lahza düşündüm, gediği kapatmak elzemdi. Evet Osman Ağa'nın askerî millî kıyafetleri ile Sakarya Harbine iştirak etmişti; hakikaten süngüleri yoktu. Hatırıma derhal onların bellerindeki eğri bıçakları geldi. Son verdiğim emirde 'Osman Ağa'nın askerleri bellerindeki eğri bıçakları ile düşmanın üzerine atılacak ve eski mevzilerine kadar tart edeceklerdir.' dedim. Eğri bıçakları ile düşmana saldıran bu kahraman çocuklar, Yunanlıları eski mevzilerine kadar tart etmeye muvaffak olmuşlardır; fakat yüzde altmış zayiat verdiler."[457]

Osman Ağa'nın koruma çavuşluğunu yapan Şebinkarahisar'ın Ekecek köyünden Şerif Çavuş da bahsedilen hücuma katılmış ve olayı şöyle anlatmıştır:

"Ordunun alamadığı bir tepeyi almamız için Osman Ağa'ya emir gelmişti. Sabaha karşı Osman Ağa abdest almamızı emretti. Hepimiz abdest aldık. Osman Ağa bize 'Korkan varsa bu hücuma gelmesin, geri dönsün.' dedi. Geri döneni kendisi öldürecekti. Korkak asker istemezdi. Sabah namazı vaktinde 'Allah Allah' sesleri ile hücum ettik. Atlarımız, katırlarımız da bizim hücum ettiğimizi anlamış gibi bağırıyor, tuhaf sesler çıkartıyorlardı."[458]

---

[456] Genelkurmay Başkanlığı, 26.11.1992 tarih ve 9235-6-92/1 sayılı yazısı, A-6,A-7, Seyfullah Çiçek aracılığı ile.

[457] Damar Arıkoğlu' nun hatıralarından naklen, Nur, *a.g.e.* , s.15.

[458] Şerif Çavuş'un anılarından, Muhlis AKKUŞ aracılığı ile.

Resim 43 - *Osman Ağa'nın Koruma Çavuşu Şebinkarahisar Ekecek Köyünden Şerif Çavuş*

Osman Ağa'ya İstiklal Madalyası Verilmesi Ankara Basınında

Ankara'da yayınlanan "Anadolu Hediyesi" dergisinde, Osman Ağa'ya Sakarya Savaşı öncesinde Türkiye Büyük Millet Meclisi tarafından Milis Yarbay rütbesi verilmesi ve Osman Ağa'nın tören geçişi sırasında yaptığı konuşmayı konu alan bir haber yer almıştır.

Haber Metni:

Kahraman Osman Ağa'nın Taltifi.

Bir bacağını vatan yolunda kaybetmiş olmasına rağmen, maiyetindeki Karadenizli dilaverlerle meydan-ı gazaya şitab eden Giresun'lu Osman Ağa'ya İstiklal Madalyası verildi.

Büyük Millet Meclisi tarafından, muzaffer ordumuzun kahramanları arasında en ziyade fedakârlık ve besaletleri meşhud olan ve kahramanlık unvanına bihakkın kesb-i istihkak eylemiş bulunan erkân-ı ümera ve zabitanımıza takdirnameler ve istiklal madalyaları verildiğini ve Millet Meclisi'nin arslanlarımızı tebcilen taltif kararını ve ittifak-ı ara ile kabul ve tasdik eylediklerini haber almıştır. İstiklal Madalyası ile taltif edilen fedakaran meyanında kendisine binbaşı rütbesi verilmiş olan, Giresun havalisi kahramanlarından müteşekkil kıt'anın kumandanı Osman Ağa da mevcuttur.

Osman Ağa, kıt'asıyla Ankara'dan geçerken, Millet Meclisi'nden bu dilaverleri istikbale çıkan meb'uslara hitaben 'Ben bu millet uğrunda bacağımı zayi ettim. Düşmanı denize dökünceye kadar icab ederse sedye ile muharebe edeceğim.' demişti. Karadeniz sahillerinin kahramanı Sakarya Muharebatında bu sözünü tutmuş ve mazhar-ı taltif olacak surette şecaat ve besalet göstermiştir."[459]

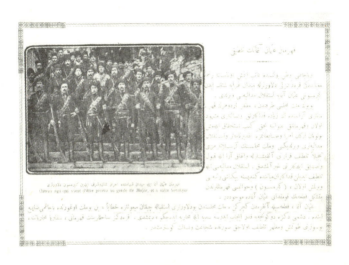

Resim 44 - Anadolu Hediyesi Sayı:4 (Hüseyin Gazi Menteşeoğlu Arşivinden)

---

[459] *Anadolu Hediyesi*, Sayı: 4, 1921. (Hüseyin Gazi Menteşeoğlu arşivinden)

BEŞİNCİ BÖLÜM

1922-1923 OLAYLARI, 47. ALAY KOMUTANI OSMAN AĞA'NIN BÜYÜK TAARRUZA KATILMASI VE SONRASINDA YAŞANANLAR

Giresun Reji Müdürü Nakiyüddin Efendi'nin Mustafa Kemal Paşa'ya Yazdığı "Osman Ağa'yı Şikayet" Konulu Mektubu

15 Ocak 1922 tarihinde Giresun Reji Müdürü Naküyiddin Efendi, Mustafa Kemal Paşa'ya mektup yazarak Osman Ağa ve Giresun eşrafı hakkındaki görüşlerini beyan etmiştir. Osman Ağa'yı ağır şekilde eleştiren Nakiyüddin Efendi mektubunda şu ifadelere yer vermiştir:

"Gazi Paşa'mız Efendimiz Hazretleri,

Allah'a sonsuz şükürler olsun. Ancak yüksek yaradılışınız ve olağanüstü zekâ ve çalışmanızla cennetlik IV. Çelebi Mehmet Han'dan sonra büyük devlet yapısının yenilenip canlandırılması ile dünyanın en kutsal ülkesi iken en çok ezilip harap olmuş zavallı vatanımızın yaralarının tedavisi ile acı ve ağrılarını durdurmaya hiç olmazsa sınırlandırmaya insanüstü bir çaba harcayıp amaca ulaştığınız bir sırada sınıf türedi ve zorba gibi sosyal yapımızda ve yönetim organımız üzerinden bir çıban olmak yönünden hem yüksek kişiliğinize karşı beslediğim sarsılıp eksilmez sevgi ve saygı hem de küçücük bir parçası olduğum kutsal vatanımız için hizmetlerini yinelemek üzere kendimce pek önemli saydığım (ancak yüksek şahsınıza özel olmak üzere) bazı konuları arz etmeme izin vermenizi istirham ederim.

Hükümet ve milletimize, özellikle şu sahillerde hizmetleri geçenlerden 47. Alay Komutanı Osman Ağa'nın tümden cahil olup geçmişte (bir hiç) olduğundan bahsetmeye gerek yoktur. Bildiğiniz gibi insan ve insanlık için elbette ki bağlı olduğu toplum ile üzerinde doğup büyüdüğü kutsal vatanına yaptığı iyilik ve duyduğu ilgidir. Şu kadar ki Balkan Savaşı'nda bir ayağının din ve millet uğruna sakat kalması sonucu memleketin ileri gelenlerinden gördüğü iltifat ve yardımlardan başlayarak kahvecilik, balıkçılık, göz açıp kapayıncaya kadar kısa bir zamanda milyonerliğe çıkan bu zatın, umumi harp içinde buralarda herkesin bildiği Çarşamba kazasından alınarak Giresun'a yollanırken yarım saat mesafede (Ayvasil) köyü ihtiyar heyetinden sahte mazbata (belge) uydurarak, o zaman nokta komutanı olan sonradan ordudan atılan Yüzbaşı Niyazi Efendi ile başlayarak yine umumi harpte Yavuz Kemal nahiyesi merkezinde bulunan asker birlikler komutanına teslim ettikleri keresteye karşılık Rum halkından Panço adındaki bir kişi ile birlikte uydurdukları yüz bir liralık sahte bir mazbatayı Giresun nokta komutanlığına verip tutarını tam olarak almak suretiyle binası kurduğu zenginliğinin zavallı milletimizi boş kesesinden dolandırma neticesi koparılmış yasal olmayan bir zorla ele geçirme olduğunu yüksek kişiliğinizin gözleri önüne arz edeceğim.

İşte (irade)den öce (ihtiras), vatanseverlikten çok kişisel çıkarlar ile harekete gelen bu kişi hırsını ve çıkarlarını sürdürme uğruna her şeyden önce hükümet kuvvetini alet edinerek bu sayede etki kurmakla daha geniş işlere başlamak için Başkomutan'ı ve sevinç kaynağı olduğumuz son inkılabımızı, en elverişli fırsat sayarak bilinen işleri ile büsbütün meydana çıkarmıştır.

İşte bu suretle zaten Belediye Başkanı iken Müdafaa-i Hukuk Reisliğini de ele geçirdikten sonra bu adam etrafını saran cahil ve hırslı dalkavuklar dolayısı ile de burada adeta hükümet içinde hükümet durumunda bir türedi biçimi yaratmaya başlayarak memleketi terk ederek başka bir ülkeye kaçan Rumların mülk ve bahçelerini kendine, akraba ve soyuna sopuna ve dalkavukları arasında böldüğü gibi bunların İslam halktan alacaklarına karşılık kasalarında sakladıkları senetleri elde eden bu adam çaresiz köylülere geri vereceği yerde kötülüğünü gizlemek için gösteriş olsun diye ancak değeri az olan bir kaçını yakıp halka cömertlik ve vatansever olduğunu gösterme sahtekârlığı yaparken alacak değerleri yüksek senetleri de zorla ödetmek veya karşılığında bir bölüm Müslümanların bağ ve bahçelerini zaptetmiş ve tapularını elde etmiştir.

Bütün bu arz ettiklerim gerçek bir sorun oluşturmaya yeterli olduğu hâlde bununla da kalmayarak Batı Cephesi'nde görünüşte vatan hizmeti ile uğraşırken bile memleketi hâlâ pençesinde tutmak için her araca başvurmakta ve acımasız işler yaptırmak içinde ara sıra gizli görevlerle birta-

kım aşağılık adamlar göndermekte, hükümet dairelerine (kendisine bağlı mutasarrıflığa) Belediye ve Müdafaa-i Hukuk'a Bolvadin ve Polatlı telgraf merkezlerinden şifre ile yalnız kanuna değil sağlam bir akla sığmayacak birçok hakaret ve emirler yağdırmak suretiyle memlekette hükümet gücü ve otoritesini ve üst düzeydeki memurların onurlarını halkın ve ecnebilerin gözünde tümüyle hiçe indirmektedir.

Bu adamın halk içinde bir otorite ve güce sahip olmadığını, fakat yalnız hükümet kuvvetini alet ederek elinde yalnız para ve çıkarları için kendisine hizmet eden adi suçlulardan ve silahsız insanları boğan birkaç katil yardımcısından başka kimsesi bulunmadığını da eklemeyi gerekli görürüm.

Ve işte sadece bu bakımdandır ki henüz çeşitli dert ve yaralarla kıvranmaktan tümüyle kurtulamayan zavallı vatanımızın özellikle idare yapısı üstünde fena bir çıban şeklini aldığı ve hükümetçilikle kanunu bu çevrede berbat ederek daha da karışık bir duruma getirmek eğilimini gördüğüm için bu yazılarımla sizin başınızı ağrıtmayı millî kurtuluşumuz adına zorunlu gördüm. Bu arz ettiklerime ek olacak bilgileri daha sonra parça parça sunacağıma söz veriyorum efendimiz hazretleri."[460]

Nakiyüddin Efendi, Osman Ağa ile ilgili sözleri bittikten sonra, onun yanında bulunan şahıslar hakkındaki görüşlerini de şu sözlerle ifade eder:

"Giresun eşrafı denilen kişilerin özet biyografileri:

47. Alay Komutanı Osman Ağa'nın kardeşi Hacı Hasan Efendi:
Tüccarları korkutarak Giresun fındık ticaretini kendisine ve komisyonculuk ettiği Yunan uyruklularından olup İstanbul'da Anadolu hanında oturan Aleksandır Pesani ile İngiliz uyruklu ve İstanbul'da oturan ve Vital şirketine özel bir hâle getirmek ister. Kendisine 7-8 kuruşa mal olan mısırı mayıs, haziran ve temmuz aylarında fıkara halka, çırılçıplak köylüye fındık toplama zamanında parası alınmak üzere Keşap nahiyesinden Yerdalcızade Mehmet Efendi aracılığı ile okkasını 20 kuruşa satan acımasız bir zalimdir. Ticaret reisi olması nedeniyle Hükümetçe kurulmasına izin verilmiş olan bir bankanın kuruluşuna olanak vermez. Hükümet'e daima karşı ve Hükümet'in işlerini zorlaştırıp kırmaya çalışır. Hükümet memurlarını tehdit eder ve onları namussuzlukla itham eder. Başka yerlere kaça-

---

[460] CA, A IV- 15-a D62 F- 1; bkz: naklen, Şener, *a.g.e.* , s.206-208.

rak giden Rumlardan kalan mülk ve arazi ile yüzde bir nispetinde ufak bir para ile ev, han, fındık bahçesi satın almıştır.

Örnek: Giresun'a bir saat uzaklıkta kıyıda ve dere kenarında otuz bin İngiliz altın lirasıyla meydana getirilen bir tahta fabrikasını (motoru 180 beygir gücünde ayda bin metre küp tahta çıkarır) bin beş yüz Osmanlı lirasına satın almıştır. Fabrika çalışmaz durumdadır. Henüz benimseyemiyor. Hacı Hasan Efendi'nin satın aldığı malı (adaletli bir teftiş kurulu) inceleyecek olursa hazine 200 bin lira yarar sağlar.

Hakkı Bey:
Larçinzade Hakkı Bey diye tanınır. Şeytanlık yok olsa onu yeniden yaratabilir. Memleketteki eşrafı ve ileri gelenleri her zaman birbirine düşürmekle kendisine yarar sağlayan bir iblistir. Osman Ağa, Kürtleri hizaya getirmekle görevli iken Hakkı Bey (ki iki sene önce bir kahveye giremeyecek kadar züğürt idi) yanına aşarak Ağa'nın yanına gitmişler. Ağa'nın saflığından yararlanarak Koçgiri ganimeti olarak 60.000 lira değerinde koyun, öküz hayvanatını Giresun'a civar yaylalara götürüp otlatmışlar, (Giresun hükümetine verilenler ayrıdır.) ve bu hayvanları sürü sürü gece vapurlara bindirerek İstanbul'a yollamışlar ve şimdi de fırsat düştükçe yollamaktadırlar. Bu alışverişlerde Osman Ağa'nın ve oğlu İsmail'in de katkısı olduğu kesinlikle söylenmektedir. Hakkı Mehmet Beyler, Ağa'nın yanından döndükten sonra kesinlikle güvenilir olmadıkları hâlde Ağa bu adamlara güvenerek sürekli onlara telgraf ve mektuplar yazmış ve birkaç kişinin ortadan kaldırılmasını emretmiş ise de mektup veya şifre telgraf (Giresun'da Ağa'nın icra memurları olduklarını ahaliye ilan ve şekilde kanun dışı istek ve amaçlarına nail olmak için Ağa'nın yazdıklarını ortalığa yaymakta ve korku saçmaktadırlar.) Hakkı ve Mehmet Beyler kendilerinden başka hiçbir şahsın Giresun hududuna kasaplık hayvan sokmasını tamamen yasaklamışlardır. Bu nedenle koyun eti 60, dana 50'den aşağı düşmemiştir. Bu iki arkadaş 2.600 Osmanlı lirası ile Keşap nahiyesinde 18.000 liralık 36 fındık bahçesi satın almışlardır.

Münir Bey:
Osman Ağa'nın kardeşi Hacı Hasan Efendi'nin kayın biraderidir. İtilaf-Hürriyet yanlısı olup fikrini hiçbir zaman değiştirmemiştir. Müslümanlara düşman olanlarla işbirliği yapanlar için ne söylense yeridir.

İmam Hasan Efendi:
Belediye Reis Vekili, Ağa'nın eski bir arkadaşı olup Hükümetçidir.
Ötekilerine göre daha az zararlıdır. Müdafaa-i Hukuk vekaletinde bulun-
maktadır. Buradaki hesapları çok eksiksiz bir biçimde incelemek önemli
ve gereklidir.

Yusuf Bey:
Osman Ağa'nın eniştesidir. İstanbul'da oturmakta iken Giresun'da bir
seneden beri oturmaktadır. İstanbul'da büyük çarşıda tellaldır. Her türlü
alçaklığı yapabilir. Gayet ikiyüzlü hain bir kişidir. Hatta savaşta bulunan
Yüzbaşı Ahmet Efendi adında bir kimsenin ailesinin kira vermeden otur-
duğu evini Ağa'dan Müdafaa-i Hukuk vekaletine getirdiği bir emirle sahi-
bini korkutarak değersiz denecek bir para ile kızına verdirdiğini ve Yüzba-
şı'nın ailesini bu kış mevsiminde kapı dışarı etmek için korkutmakta bu-
lunduğu ne yazık ki işitilmektedir. Halbuki kendi adına Ağa'dan aldığı izin-
le parasız dört beş bin lira değerinde bir ev elde etmiş ise de bu ev içinde
mobilya bulunmadığı için dört aydır boş durmaktadır. Ağa'dan Mutasarrıf-
lığa gelen resmî olmayan bir telgrafa göre Yusuf Bey, Giresun Rusumat
Müdürlüğüne tayin olduğunu bildirmekte ise de Hükümet Trabzon vilaye-
tini Kâhya'nın cahilliğinden kurtardığı bir sırada Yusuf Bey'in Giresun Ru-
sumat Müdürlüğüne tayin olduğuna inanmak imkânsızdır.

İsmail Bey:
Ağa'nın oğlu, asla tahsil görmemiş, terbiyeden yoksun, şimdiden Gi-
resun'un başına büyük bir beladır. Kendisinden yaşça büyük sakallı bir
köylüyü çarşıda cadde ortasında tokatladığını kendi gözlerimle gördüm.
Evinde hizmetçi olarak kullandığı 16 yaşlarında bir hizmetçi kızın amca-
sının oğlu olan Hacı Hasan Efendi'nin oğlu Mehmet Bey'le birlikte üç ay
önce katlettikleri büyük Giresun halkı tarafından söylenmektedir. Bu olay-
dan sonra İsmail Bey, Hükümet'in yakalamak için takip ettiği birçok cani-
leri yanına alarak ve canileri amcasının iskelesinden bindirerek Lloyd
kumpanyası vapuruna sokup cephede bulunan pederinin yanına gitmiştir.
Mehmet Bey burada serbestçe gezmekte ve Ağa'nın alayında er gözük-
mektedir.

Ahali (Halk):
Kuzu gibidir, Hükümet'e çok bağlıdır, bu çaresiz insanları şımartan
Giresun'un içinde biyografilerini yukarda sunduğum kişilerden başka na-

hiye merkezlerinde bazı kişiler varsa da nahiyedekiler merkezdekilerden aldıkları direktifler gereğince hareket etmektedirler. Bu kişiler her zaman hükümet'in kendi ellerinde bulunduğunu ve Hükümet ile her şeyi yapabilecek güçte olduklarını ahaliye göstermektedirler. Özetle Hükümet otoritesini kötüye kullanmaktadırlar. Bu nedenle kendini aldatmayacak biçimde hareket edecek olan bir amir her şeyi başarır. Kazalarda meydana gelen bu durumlar amirlerin ihmalinden ve herkese eşit muamelede bulunmamasından, daha doğrusu görevden atılma korkusu bulunmasından kaynaklanmaktadır efendimiz hazretleri."[461]

Osman Ağa'nın Özgeçmişi ve Memleketin Durumu Hakkındaki Beyanatı

Gazeteci Ahmet Emin Yalman, Osman Ağa ile bir söyleşi yapmış ve bu söyleşi 19 Şubat 1922 tarihli Vakit gazetesinde yayınlanmıştır. "Karadeniz Sahili Gönüllüleri Kumandanının Tercüme-i Hâl ve Vaziyet Hakkındaki Beyanatı" başlıklı haberde Ahmet Emin Yalman, Osman Ağa ile ilgili gözlemlerini şu şekilde anlatır:

"Bir köy evi önünde arabamız durdu. Osman Ağa'nın yaveri ile beraber indik. Kapı önünde iki binbaşıya tesadüf ettik. İkisinde de ordumuzda bugün kullanılan piyade zabiti üniforması vardı. Acaba bunlardan hangisi Osman Ağa idi? Bir pot kırmamak için gayet seri bir zihin ameliyesiyle birini gözden geçirdim. Bütün ömrünü orduda geçirmiş, Yemen'de, Irak'ta, dolaşmış bir Nizamiye zabitine benzeyen bu sakin tavırlı zat, herhâlde Osman Ağa olamazdı. Bu taktirde diğerinin Osman Ağa olması lazım geleceğine karar vererek o taraf yöneldim. Yaver Bey ikaz etti. Sağdaki binbaşıyı göstererek 'Osman Ağa Hazretleri...' dedi. Osman Ağa cidden bütün hayatını bu üniforma içinde geçirmiş bir Nizamiye zabiti hissini veriyordu. Hep birlikte odaya girdik. Alay Kumandan Muavini Binbaşı Osman Bey, Tabur Kumandanı Ziya Bey, Sabık Ordu Mutasarrıfı Nizameddin Bey ile tanıştım. Nizameddin Bey gönüllü sıfatıyla alaya refakat ediyor. Biraz sonra içeri terbiyeli tavırlı, cesur bakışlı bir delikanlı girdi. Ağa'nın mahdumu İsmail Bey diye tanıttılar. İsmail Bey on yedi yaşlarında bir gençtir. İstanbul'da Şemsülmekatib'e devam ederken pederinin dağlara çekildiğini duyunca mektepten kaçmış, kendisine iltihak etmiş. Bu defa Osman Ağa ile birlikte cephede bir vazife alınca İsmail Bey ile kardeşi on bir yaşlarında Mustafa Bey'in pederlerini göreceği gelmiş, bütün âlem

[461] CA, A IV- 15-a D62 F- 1-1; bkz: naklen, Şener, a.g.e. , s.172-175.

harb ile meşgul iken evlere kapanıp kalmaktan zaten sıkılıyorlarmış. Cephe pek hoşlarına gitmiş. Ben kendilerini gördüğüm zaman ileri hatlarda uzunca bir devirden henüz dönmüşlerdi. Bu devir esnasında defalarca ileri mevzilerde, zeminliklerde yatmışlardı.

Mustafa Bey ordumuzun en genç uzvudur. Bir defa cepheye geldikten sonra asker hayatına çok ısınmıştır. Bu hayata ait hiçbir şey yoktur ki Mustafa Bey'i alakadar etmesin. Her sabah askerle beraber kalkar. Askerin ne yediğini tetkik eder. Akşama hazırlanacak yemeklere bakar. Doktor muayenelerinde hazır bulunur. Her yürüyüşte askerin arkasına katılır. Sonra Alay Kumandanı'na gelir. Askerî vaziyet alır; bütün gördükleri, bildikleri hakkına günlük raporunu verir.

Ben geldiğim zaman Mustafa Bey sabah raporunu vermiş bulunuyordu. Ricam üzerine bir daha tekrar etti. Sonra hep oturduk. Öteden beriden konuştuk. Osman Ağa, Malta maceraları hakkında sualler sordu.

Benim o gün diğer bir noktada cepheye gitmem mecburen olduğu için hemen kağıt ve kalemi çıkardım, taarruza geçtim. Osman Ağa sorduğum suallere fıtri bir zekâ sahibi olan, sonra bu zekâ ianesiyle tecrübeler ve bilgiler toplayarak her bahse nüfuz edebilen zevata mahsus sürat-i intikal ve vuzuh ile cevap verdi."

Önce kendi özgeçmişinden bahseden daha sonra memleketin durumu hakkındaki görüşlerini bildiren Osman Ağa ise Ahmet Emin Yalman'a şu sözleri söylemiştir:

"Yaşım otuz sekizdir. Giresun Belediye ve Müdafaa-i Hukuk Reisi'yim. Vatan ve milletin selameti için mücahede meydanına Balkan Muharebesi'nin bidayetlerine atıldım. Askerliğim gelmişti, bedel verdim. Bir müddet sonra askerliği olmayanlardan bir gönüllü müfrezesi teşkil ettim. Bunların başında gönüllü olarak muharebeye karıştım. Bir muharebede on on beş yerimden yaralandım. Sekiz dokuz ay Şişli Hastanesinde yattım, sağ bacağım sakat kaldı.

Bu sırada harb-i umumi zuhur etti. Benim yaralarım henüz kapanmamıştı. Fakat dayanamadım. Teşkilat yaptım. Acara taraflarında Teşkilat-ı Mahsusa'ya karıştım. Değnek koltuğumda topallayarak muharebe ettim. Ric'at zamanında Yemişlik hattına çekildim. Orada tifoya yakalandım. Memlekete hasta geldim.

Bayburt hattında ordu bozulduğu zaman 700-800 mevcudumla 38. Fırka emrine verildim. Tirebolu'da Harşit Irmağında cephe tesis edildi. Bir müddet sonra mevcud 500'e inince Giresun havalisinin bütün efradı çağ-

rılarak kuvvet ikmal olundu. Birçok sene orada kaldık. Sonra Ruslar çe-
kilmeye başlayınca kendim naklettim. İlk motorla Batum Vali ve Kuman-
danını Batum Limanı'na soktum.

Mütarekeden sonra husule gelen vaziyeti görünce çıkabilecek bütün
neticeleri tahmin ettim. Daha hiçbir şey olmadan 42 yere telgraf çekerek
'Trabzon'da bir kongre yapalım, silaha sarılalım. Bizim imhamıza karar
verilmiştir. Başka çare yoktur.' dedim. Daha o zamandan teşkilata bulaş-
tık. Pontus, teşkilatını adam akıllı kuvvetlendirmişti. İnebolu'ya kadar Pon-
tus hükümeti yapmak istiyorlardı. Müdafaadan başka çare yoktu. Teşkil
ettiğim kuvvetlere zabit bulduk. İzmir'in işgalinden sonra teşkilat derhal
takviye edildi. İstanbul Hükümeti idamıma hükmettiği için tamamiyle dağ-
lara çekildim. Bir itilaf mümessili beni orada görmeye geldi. Bütün teşkilat
beraberimde idi. Giresun'a bir saat mesafede Kayadibi köyünde görüştük.
'Seni affettireceğim, yalnız teslim ol, silahlarını ver!' dedi. Bende 'Milletin
selameti için silaha sarılmaktan başka çare yoktur. Adilane bir sulh akdi-
ne kadar silahlı kalacağım.' cevabını verdim. Giresun'a Ferit Paşa taraftar-
rı kaymakamlar gönderdiler. Trabzon Valisi hayyen ve meyyiten derdest
edilmeme memur edildi. Takibime bir nizamiye taburu, bir de süvari birliği
gönderildi. Bunlarla evvelceden ittihad edilmişti. Takip lehime netice ver-
di.

Bir müddet sonra affedildiğim bildirildi. İşin içinde dalavere olduğunu
derhal anladım. Filhakika Ferid Paşa, Giresun'a yeni bir kaymakam gön-
dermişti. Bu adam beni vurdurmak için 25.000 liraya kadar sarfa mezun-
du. Maksadına alet ittihaz ettirmek istediği adamlar işi ortaya vurdular.
İfadeleri adliye memurları vasıtasıyla alındı ve iş resmen tahakkuk etti.

Ondan sonra hükümet teşekkül etti. Ankara Hükümeti'nin fikrini sahil-
de tamamiyle takib ettik. Ne emir vermişse harfiyyen yaptık. Daha Sivas
Heyet-i Temsiliyesi zamanında kendi vesaitimizle yedi tabur hazırladık.
Giresun vilayet merkezi olmadığı hâlde burada bir Müdafaa-i Hukuk He-
yet-i Merkeziyesi yapıldı.

Garb Cephesi'ne gitmek üzere taburlarımı hazırladım. Tam hareket
edeceğim sırada gösterilen lüzum üzerine Kars'a gittim. Oradan İnönü
Harbi sıralarında Garb Cephesi'ne döndüm. Tam bu sırada Koçgiri ve
Ümraniye'de birtakım hareket-i isyaniye baş gösterdiğinden oralara gön-
derildim. Bu hareketler İstanbul'a gidip gelen Kürt reislerinin tertibi ile ya-
pılmıştı. Maksat Şark ve Garb Cepheleri'nin muvasalasını kesmek ve Yu-
nanların galip gelmesini temin etmekti. Karahisar Metropoliti, Balta Lima-
nı'nda tesellüm ettiği fetva suretlerini neşre vasıta olmuştu. Taşdipli Hü-

seyin isminde biri bilahere dehalet etti. İstanbul'a gidip geldiğini itiraf etti ve işin menbaı neresi olduğunu anlattı.

Hava pek fena idi. Karahisar Dağlarında üç metre kara tesadüf ettik. Refahiye'de 2.700 mevcutlu usat kuvvetiyle müsademede bulunduk. Asiler bozuldular. İki ay zarfında ortalık tamamiyle teskin edildi. Koçgiri'deki taburu alay hâline koyduk. Bir taraftan da Dersim'de Ovacık Kürtleri başkaldırınca bunların üzerine yürüdük. Derhal vaziyeti anladılar ve Koçgiri isyanının uğradığı akibetten kurtulmak için Erzincan Hükümetine dehalet ettiler.

Bundan sonra Pontus meselesiyle uğraştım. Elli senedir Rumlar Karadeniz sahillerinde bir plan dairesinde tekasüf etmişti. Bilhassa Samsun cihetlerinde köylerini Yunan zabitlerinin delaleti ile hakim noktalara yapa yapa yerleşmişlerdi. Sakarya Muhaberesi'nden evvel, ordunun gerisinde emniyetsizlik tevlid etmek ve kuvvetlerimizi dağıtmak için Yunan zabitlerinin idaresi altında çeteler teşkil etmişlerdi. Samsun'da rüesadan Sürmeneli Mehmet ve Ahmet pehlivanı öldürmüşler, köyleri yakmışlardı. İslam ahaliyi katliama teşebbüs etmişlerdi. Bir ay zarfında bu çetelerden birçoklarını tenkil ettim. Maktullerden bir alay teşkilatına kifayet edecek kadar bol Yunan silahı topladım.

*Samsun harekâtı esnasında Garb Cephesi tarafından verilen emir üzerine temmuz nihayetinde Sakarya Muharebesi'ne iştirak ettim. Bu iştiraki men için bazı Rum ve Ermeniler yolda bize tecavüz ettiler. Havza ve Merzifon ahalisinde dağdan kaçan bazı efrat evlere sığınmışlar ve bu tecavüzlere karışmışlardı. **Cepheye giderken arkadan kahpece tecavüze uğrayan bir kıta-i askeriye dünyanın her yerinde ne yaparsa biz de onu yaptık. Hükümetten emir beklemeye lüzum görmedik. Hemen mütecavizlere karşı hareket ederek eşkıyayı imha ettik.***

Sonra Garb Cephesi'ne geldik. Yusuf İzzet Paşa'nın grubuna girdik. 25 Ağustos'ta Mangaltepe Taarruzuna iştirak ettikten sonra 15 Eylül'e kadar mütemadiyen bütün muharebelerde bulunduk. Bize gösterilen her vazife yapıldı. Ben alay kumandanı mevkiinde idim. Bununla beraber efradın kuvve-i maneviyesini takviye için daima ateşe en maruz noktalarda bulunmak lazım geliyordu. Mangaltepe'de altımdaki at vuruldu, fakat bana bir şey olmadı.

Ben bu işlere sırf vatana hizmet fikriyle girdim. Nihayete kadar mücadele edeceğim. 'Şu topal bacağımla bir nefer sıfatıyla hizmete hazırım.' diye bir telgraf çekerek millî hükümetin emri altına girdim. Hiçbir zaman bedbin olmadım. Sakarya Muhaberesi'nin en fena dakikalarında bile 'Er-

zurum'a gelseler bile zafer bizimdir.' demekten geri durmadım. Toprakla-
rımızı yakın zamanda temizleyeceğimize kaniim.
Gaye milletin selamete çıkmasıdır. Sarf edilen fedakârlıklara göre bu
gaye çoktan husule gelecek ve memleketin selameti temin olunacaktı. Ne
çare ki İstanbul'dan gelen birtakım ifsadat ve tahrikat işi sekteye uğrattı.
Eğer bu müfsidler araya girmeseydi, iş çoktan bitecek ve bu kadar millet
kanı akmayacaktı.[462]

Ali Şükrü Bey, Büyük Millet Meclisinde Başkumandanlık Süresinin Uzatılmaması Gerektiği Hakkında Konuşuyor

Meclis'te Başkumandanlık Kanunu'nun üç ay süreyle uzatılması konusu-
nun görüşüldüğü 4 Mayıs 1922 Perşembe günü söz alan Ali Şükrü Bey, Baş-
kumandanlık Kanunu'nun ağustos ayında gerekli olduğunu, şimdi ise şartla-
rın değiştiğini, Kanun'un süresinin uzatılmasına ve müzakerelerin gizli otu-
rumda yapılmasına gerek olmadığını şu sözlerle ifa eder:

"Efendim Başkumandanlık kanununun ilk defa müzakere edilip kabul
edilmiş olan celsei hafiyeyi hatırlatmak isterim ve o zamanı gözünüzün
önüne getirmenizi rica ederim. Düşmanın ne tarafta olduğunu ve vaziye-
tin o zamanki buhranını düşünelim. O buhran tahtında bile şu Meclis hu-
kuku millîyeyi son demine kadar müdafaa etmeği düşünmüş, düşman
orada dururken ve Hükümet Ankara'yı terki sarahaten teklif ederken, bu
Meclis yine hukuku teşriiyenizden bir kısmını öyle sellemehüselâm ver-
memiştir. Birçok müzakerat üzerine vermiştir. O vakit zannediyorum ki
Meclis'in teşrîî salâhiyetinden bir kısmının Başkumandanlığa verilmesi
gayet muhikti. Bendeniz o noktaya istinaden muvafık olarak reyimi ver-
miştim. Fakat o Kanun'a bugün bu şekilde ihtiyaç olmadığına kaniim.
Böyle bir kanunla yani Meclis'in böyle bir devirde hukuku teşriiyesini, hat-
ta icraiyesini ufak bir nebze bile olsa gasp ve tehdit edecek bir kanuna
bugün lüzum yoktur. Fakat o gün lazım idi. O zaman Başkumandan olan
zat demişti ki bugün kapımıza gelmiş olan düşmanın kovulmasını arzu
ediyorsanız bunun oluşması için bazı tedabiri fevkalade ittihazına lüzum
vardır. Eğer ben türuku kanuniyeye tevessül edecek olursam çok zaman
geçecektir. Halbuki zaman yoktur, binaenaleyh bazı müstacel kavanini
çıkarmayalım, demişti. Biz de bunun doğru olmadığını bilerek fakat zaru-
ret itibariyle kabul etmiştik. Nitekim biliyorsunuz ki tekâlifi millîye gibi bu
Meclis'in hakkına taalluk eden kanunlar Başkumandanlık imzasıyla ya-

---

[462] *Vakit*, 19 Şubat 1922; Şener, *a.g.e.* , s.143-149.

pılmıştır. Fakat efendiler bugün vaziyet değişmiştir, bu gün muztar bir devirde bir mevkide değiliz. Tekâlifi millîye alınmak suretiyle, yani fevkalâde tedabir ile işi tedvir edecek devirde değiliz. Binaenaleyh Meclis'in kendi hukuk ve salâhiyeti teşriiye ve icraiyesine tam ve kâmil olarak sahip olması zamanıdır. O zamana mahsus olan bu hukukun geri alınması için bu kanunun yeniden müzakere edilmesi ve sırf bir Başkumandanlık Kanunu olarak kalması lazımdır. Bunun için de zannediyorum hafi müzakereye lüzum yoktur. Müzakere aleni olmalıdır, hafi nedir efendiler, kimden gizliyoruz? Bunu Avrupalılardan gizlemek... onların alakası yoktur. Haricî bir şey olsa siyasetimiz değişir diye korkardık. Bu dahilî bir meseledir, dahili bir mesele için hafi yapmak milletten korkmak demektir. Milletten korkacağımız bir işi yapmamak daha doğru olur."[463]

Buna karşın özellikle Aydın Mebusu Tahsin Bey ve İzmir Mebusu Yunus Nadi Bey, Başkumandanlık gibi nazik bir meseleyi mevcut koşullar altında açık oturumda görüşmenin doğru olmayacağını savunurlar. Lazistan Mebusu Ziya Hurşit ile Salahattin Beyler de bu kez, kanun teklifinin kurallara göre, Layiha Encümenine gitmesi gereğini dile getirip zaman darlığının mazeret olamayacağını belirtirler. Amaçları, süresi bir gün sonra sona eren Kanun'un çıkmasını engellemektir. Meclis'in, gizli oturumun devamına karar vermesi üzerine, kanun teklifi okunarak görüşmelere geçilir. Oldukça uzun süren konuşmalarda, Ali Şükrü Bey'in de içinde bulunduğu muhalefetin etkin olduğu, daha çok yetkiler konusunda Meclis'i kışkırtarak Mustafa Kemal Paşa'ya saldırarak Kanun'u engellemeyi amaçladıkları görülür.

Ali Şükrü Bey'in Dahiliye Vekili Ali Fethi Bey Hakkındaki Gensoru Önergesi

Ali Şükrü Bey ve arkadaşları Trabzon'da yaşanan birtakım olayları gerekçe göstererek 7 Mayıs 1922 tarihinde Dahiliye Vekili (İçişleri Bakanı) Ali Fethi Bey hakkında gensoru vermişler, Ali Fethi Bey'in uzun süre memleketten uzak bulunması nedeniyle ülke ve halkın meselelerine vakıf olamadığını bu nedenle millî menfaatler aleyhinde kanunsuz uygulamalara göz yumduğu gerekçesiyle Dahiliye Vekaleti görevinde kalmasının uygun olmayacağını belirtmişlerdir. Trabzon meselesi olarak adlandırılan olayların çözülmesi adına Hükümet'in aldığı önlemler, şehirdeki muhalif İttihatçıları rahatsız etmiştir. Ali Şükrü Bey de Trabzon'daki gelişmelerde tavrını muhalif İttihatçı arkadaşla-

---

rından yana koymuştur. Trabzon'daki İttihatçıların endişe ve itirazlarını TBMM'ye taşımıştır. Verilen gensoruda Ali Fethi Bey'den Trabzon ve çevresinde askerî kumandanın keyfiyetinde kanunsuz tutuklama, gözaltılar, evlere baskınlar, halkı silahla tehdit, değişik zamanlarda Trabzon ve bağlı yerler arasında yolların kesilerek şehre giriş çıkışın engellenmesi faaliyetlerinin yapıldığı, Trabzon Müdafaa-i Hukuk Cemiyeti evraklarının Cemiyetler Nizamnamesi'ne aykırı olarak Hükümet tarafından tetkik ettirildiği, Dahiliye Vekaletinin kanunlara aykırı olarak Trabzon Müdafaa-i Hukuk Cemiyetinden hesaplarını istediği, Cemiyet'in mali hesaplarını kontrolle görevlendirilen heyetin *"garazkârane"* tutum içinde olması nedeniyle Cemiyet'in İdare Heyeti'nin istifa ettiği, Trabzon Vali Vekili ve Tümen Komutanı Sami Bey'in, uzun zaman önce başka bir yere tayin edilmiş olmasına rağmen, Vali Vekili sıfatıyla halen Trabzon'da bulunduğu vb. konular hakkında açıklama istenmiştir.

Ali Fethi Bey konu ile ilgili bir 48 sayfalık bir rapor hazırlatarak 8 Haziran 1922 tarihinde Ali Şükrü Bey'in iddialarına yanıt vermiştir. Raporun önemli yerlerini Meclis'te dile getirmiş, gensoru hakkındaki kararın Meclis'e ait olduğunu söylemiştir. Ali Şükrü Bey söz almış, Dahiliye Vekili Fethi Bey'in açıklamalarını yetersiz bulmuş, verilen yanlış bilgilerle yanıltıldığını iddia etmiştir. Tümen Komutanı Sami Bey'in tayin olması gerekirken Vali Vekili sıfatıyla Trabzon'da kaldığını ve Müdafaa-i Hukuk Cemiyeti aleyhine çalıştığını yinelemiştir. Cemiyet'e muhalefet edenleri koruyup teşvik ettiğini, Trabzon'da *Güzel Trabzon* adıyla çıkan bir gazeteyi himayesine aldığını savunmuştur. Müdafaa-i Hukuk Cemiyetine muhalif olanların Cemiyet mensuplarının Ankara'ya isyan ettiklerine dair temelsiz suçlamalar yaptıklarını belirtmiştir. Sami Bey'in Dâhiliye Vekâleti'nden aldığı emirlerle Cemiyet Merkez Heyeti aleyhine ilanlar astırdığını savunmuştur. Ali Şükrü Bey'e göre Trabzon Müdafaa-i Hukuk Cemiyeti hesabının tahkik edilmesindeki amaç Trabzon'da, Hükümet'e muhalefet yaptıkları iddia edilenlerin sindirilmesidir. Bu anlayışın asıl kaynağının Vali Hazım ve Tümen Komutanı Sami Beyler olduğunu söylemiştir. Daha sonra Afyonkarahisar Mebusu Mehmet Şükrü, Karasi Mebusu Hasan Basri, Trabzon Mebusu Celalettin, Afyonkarahisar Mebusu İsmail Şükrü, Erzurum Mebusu Hüseyin Avni ve Lazistan Mebusu Ziya Hurşit Beyler de Ali Şükrü Bey'in Trabzon Meselesi'ne dair iddialarını destekleyen konuşmalar yapmışlardır. Dâhiliye Vekili Fethi Bey, tekrar kürsüye gelerek Ali Şükrü Bey ve onu destekleyenlerin iddialarına cevap vermiştir. Ali Şükrü Bey'in Trabzon'daki olayların en önemli sorumlusu olarak gösterdiği Tümen Komutanı ve aynı zamanda Vali Vekili Sami Bey'i savunmuştur. Sami Bey'in babasının da kendisi gibi iyi bir komutan olduğu bilgisini vermiştir. Onun Trabzon'da asayişi sağlama başarısı gösterdiğini, halk tarafından sevildiğini belirtmiştir.

Ali Şükrü Bey'in iddialarına Meclis Başkanı Mustafa Kemal Paşa, Ankara Mebusu sıfatıyla dahil olmuştur. Mustafa Kemal Paşa, Ali Şükrü Bey'in Dahiliye Vekili Fethi Bey'e gensoru vermesini eleştirmiştir. Dahiliye Vekili'nden sadece Müdafaa-i Hukuk Cemiyetinin hesaplarının incelenip incelenemeyeceğine dair açıklama istemesinin daha iyi olacağını söylemiştir. Trabzon Müdafaa-i Hukuk Cemiyeti meselesi ile ilgili Meclis Başkanlığına önerge verilmesini istemiştir. Ali Şükrü Bey ise Meclis Başkanı'na önerge verilmesi hakkının olduğunu bilmediğini söylemiştir. Mustafa Kemal Paşa, Ali Şükrü Bey'in Trabzon Tümen Komutanı Sami Bey hakkındaki eleştirilerine ise sert bir şekilde karşılık vererek *"Orduda fırka kumandanlığı ifa etmiş olan namuskâr bir kumandandan deminden beri bahsediyorsunuz. Ben de Başkumandanım. Başkumandan sıfatıyla benden istizah edebilirdiniz. Orduda fırka kumandanlığı yapan muktedir bir askeri paçavra gibi tahkir ediyorsunuz."* demiştir. Ali Şükrü Bey, kendisinin de asker kökenli olduğunu, Tümen Komutanı'nın namusuna ve askerliğine bir şey demediğini Vali Vekilliğinden dolayı yalnızca mülki idaresini eleştirdiğini ifade etmiştir. Bu nedenle Başkumandanlık'tan açıklama isteyemeyeceğini belirtmiştir. Mustafa Kemal Paşa ise kumandan görevindeki bir askere bu kadar söz söylenmemesi gerekliğini savunmuştur. Ali Şükrü Bey, bu kişinin Vali Vekilliği görevinde bulunduğunu, hakkında konuşulması arzu edilmiyorsa susacağını ifade etmiştir. Lazistan Mebusu Ziya Hurşit, Mustafa Kemal Paşa'nın bu çıkışı karşısında Ali Şükrü Bey'i desteklemiş: *"Bir Trabzon meselesi mevzuubahistir; bir de kumandan. Koca Trabzon'u bir kumandana takdim mi edeceğiz? Devam Ali Şükrü Bey."* demiştir.

Görüşmelerdeki bir diğer önemli husus da Ali Şükrü Bey'in konuşmasında, *"Mustafa Kemal Paşa aleyhtarı"* olduğu gerekçesiyle kendisine yapılan suçlamalara cevap vermesidir. Ali Şükrü Bey, kendisi hakkında isnatsız suçlamalar yapıldığına dikkat çekmiştir. Trabzon'da karşılaştığı Ahmet Ağaoğlu Bey'in kendisine bazı telgraflardan bahsettiğini belirtmiştir. Ağaoğlu, Erzurum'da Kazım Karabekir Paşa'yla beraberken Trabzon'dan çekilen bir telgrafta, Ali Şükrü Bey'in Enver Paşa'ya mektup yazdığını, bu mektupta *"Bu işin reculu sensin. Er geç sen geleceksin. Mustafa Kemal Paşa Hazretleri de buna muteriftir. Fakat şimdi zamanı değildir. Hudut boyunda senin dolaşmaklığın caiz değildir. Binaenaleyh hudutdan uzaklaşmamaklığınızı rica ederim."* ibarelerinin yer aldığını ifade etmiştir. Bir başka telgrafta da Ali Şükrü Bey'in General Frunze adına Trabzon'da verilen ziyafette Mustafa Kemal Paşa aleyhinde konuştuğuna dair iddialar vardır. Ali Şükrü Bey, bu iddiaların ta-

mamen iftira olduğunu, kendisinin şimdiye kadar Enver Paşa ile görüşmedi-
ğini, yine böyle olağanüstü zamanda yabancıların yanında bu tür söylemler-
de bulunmasının imkânsız olacağını ifade etmiştir.[464]

Trabzonlu Yahya Kahya (Kayıkçılar Kahyası Yahya) Öldürülüyor ve Cinayet Osman Ağa'nın Üzerinde Kalıyor

Millî Mücadele'de Mustafa Kemal Paşa'yı saf dışı bırakıp yerine kendisi
geçmek isteyen Enver Paşa ve arkadaşları için Trabzon şehrinin önemi bü-
yüktür. Anadolu'ya geçiş için en uygun yer olarak Trabzon'u görmektedirler.
Trabzon'da önemli bir nüfuzu olan Yahya Kâhya[465] ise Enver Paşa'nın Trab-
zon'daki sağ koludur. Öyle ki Enver Paşa gibi Millî Mücadele'nin başına geç-
mek isteyen Mustafa Suphi ve arkadaşlarını denize atarak öldürten[466] kişi
Yahya Kâhya'dır. Enver Paşa'nın Mustafa Kemal Paşa'yı devirme konusunda
Büyük Millet Meclisi Trabzon mebusları ile büyük ölçüde anlaşma sağladığı,
hatta Ali Şükrü Bey'in Enver Paşa'ya yazdığı bir mektupta *"Bu işin ehli sen-
sin! Er geç yine sen geleceksin. Mustafa Kemal Paşa Hazretleri de bunun
böyle olacağını itiraf ediyor."* diyerek Mustafa Kemal Paşa'yı Millî Mücade-
le'nin başında görmek istemediğini vurguladığı iddia edilmektedir.[467] Enver

---

[464]Sonay Üçüncü, *Trabzon Mebusu Ali Şükrü Bey'in TBMM'nin Birinci Dönemindeki
Faaliyetleri*, Afyon Kocatepe Üniversitesi Sosyal Bilimler Enstitüsü Yüksek Lisans Tezi
s.72-87.

[465] Yahya Kahya Trabzon'da epeyce nüfuzu olan, limana gelen gemilerden Trabzon
Müdafaa-i Hukuk Cemiyeti adına vergi toplayan, kimseden emir almayacak kadar başına
buyruk bir kişidir. İttihatçı yapıdan gelen ve Enver Paşa ile oldukça iyi ilişkilere sahip bir
denizci olan Yahya Kahya, *"Kayıkçılar Kâhyası Yahya Kaptan, Kayıkçılar Kethüdası Yahya
Reis vb"* isimlerle anılmıştır. Çalışmamızda önemli yere sahip olan Trabzonlu Yahya
Kahya ile İzmit bölgesinde faaliyet gösteren meşhur Kuvva-i Milliyeci Yahya Kaptan aynı
kişi değildir. Bu iki şahsiyetin birbiriyle karıştırılamaması gerekir.

[466] U. Üçüncü, *a.g.t.* , s.94.

[467] *TBMM Zabıt Ceridesi*, C. XX, s.288-289; Hasan Babacan- Uğur Üçüncü, *İlkadım'dan
Cumhuriyete Milli Mücadele*, İstanbul, 2008, s.548; Beyoğlu, *a.g.e.* , s.193; Ali Şükrü Bey
6 Haziran 1922 tarihli Meclis konuşmasında kendisinin Enver Paşa'ya böyle bir mektup
yazmadığını, şimdiye kadar Enver Paşa ile hiç görüşmediğini ve Enver Paşa'nın Anado-
lu'dan uzaklaştırılması taraftarı olduğunu şu sözlerle ifade etmiştir: *Elyevm Metbuat
Müdürü Umumisi olan Ağaoğlu Ahmed Bey, Kars Erzurum tarikiyle Trabzon'a geldiği za-
man Müdafaai Hukuk Cemiyetinde bendenize demiştir ki; "Ali Şükrü Bey, sen Enver Pa-
şa'ya bir mektup yazmışsın." Tabiatiyle şaşırdım. "Yalnız sen değil, birkaç arkadaş. Bu ar-
kadaşların isimlerini söylemek istemiyorum." Güya biz Enver Paşa'ya demişiz ki "Bu işin
reculü sensin. Er geç yine sen geleceksin. Mustafa Kemal Paşa Hazretleri de bunu muteriftir.
Fakat şimdi zamanı değildir. Hudut boyunda senin dolaşmaklığın caiz değildir. Binaena-
leyh hudutttan uzaklaşmanızı rica ederim." Dedim ki: Bunu kimden işittiniz? "Kâzım Paşa
Hazretlerine Trabzon'dan çekilmiş bir telgrafı kendim okudum." dedi. Bunun üzerine sor-
dum; bu malûmatınızdan istifade edebilir miyim? "Her yerde söyliyebilirsiniz; çünkü kendi*

Paşa Millî Mücadele'nin başına geçmek için bir plan hazırlar. Plana göre Enver Paşa isim ve kılık değiştirerek Trabzon'a gelecek, Müdafaa-i Hukukçuların emrinde Yahya Kâhya komutasındaki bin üç yüz kişilik kuvvetin başına geçecek, Topal Osman kuvvetlerine benzer bir şekilde herhangi bir gönüllü gibi Ankara'ya gelecek, oradan da Halit Bey ile birleşerek bir hükümet darbesi ile Mustafa Kemal Paşa'yı devirip yerine kendisi geçecektir.[468] Mustafa Kemal Paşa'nın durumu fark etmesi ile Trabzon İttihatçılarına karşı sert tedbirler alınır. Müdafaa-i Hukuk Cemiyetini İttihatçılardan temizleme girişimlerine başlanır. Daha sonra İstikbal gazetesi kapatılır. Tümen Komutanlığına Sami Sabit Bey, Valilik Makamına da Ebu Bekir Hazım Bey getirilir. Bu girişimler Enver Paşa'nın planlarını bozmuştur.

Yahya Kâhya, Müdafaa-i Hukuk parasının on yedi bin lirasını zimmetine geçirdiği iddiası ile Sivas'ta yargılanıp beraat ederek Trabzon'a döndükten sonra, üzerine atılı bütün suçlarla ilgili *"Sanki bütün bu işlerde ben tek başıma idim. Daha üstüme varırlarsa her şeyi olduğu gibi dökerim."* demeye başlamıştır.[469] Yahya Kâhya, 3 Temmuz 1922 günü akşamı saat on bir buçuk civarında Sivas'tan gelen misafiri Sivas Sanayi Mektebi muallimlerinden İstanbullu İzzet Bey ve muhafızı Mustafa ile birlikte otomobille Trabzon'un Soğuksu mevkiindeki yazlık köşküne giderken Polita köyüne giden yol üzerine pusu kuran kişilerce saldırıya uğrar. Arabada İzzet Bey sol arkada, Yahya Kâhya sağ arkada oturur. Şoförün yanında ise Yahya Kâhya'nın muhafızı Mustafa oturmaktadır. Muhafız Mustafa kendini aşağı atmak suretiyle kurtulmayı başarır. Yahya Kâhya da otomobilden kendini atar ancak vücudunda en büyüğü başında olmak üzere dokuz kurşun yarası vardır. Saldırganlar son kurşunlarına kadar harcayıp otomobili delik deşik ederler.[470] Osman Ağa'nın adamları gibi aba zıpka giyinmiş[471] bu kişilerin saldırısında Yahya Kâhya, İzzet Bey ve şoför Mustafa hayatını kaybeder. Bir süre sonra Yahya Kâhya'yı Osman Ağa'nın öldürttüğü söylentileri çıkar. Bu cinayetlere Yahya Kâhya'nın Kosti olayı sonrası Osman Ağa hakkında söylediği sözler, saldırganların aba

---

gözlerimle gördüm." dedi. Bilmukabele dedim ki *"Efendi ben şimdiye kadar Enver Paşa ile görüşmedim ve hakikaten kendisinin hudut başında dolaşmasına ben de muarızım. Filhakika onu hudut boyundan uzaklaştırmak için böyle bir koltuk vermek icab ediyorsa ona da o koltuğu verir ve böyle bir mektubu imza ederim."*

[468] Cumhur Odabaşıoğlu, *Trabzon: Belgelerle Milli Mücadele Yılları (1919- 1923)*, Trabzon, 1990, s.242-243; Sami Sabit Karaman, *İstiklal Mücadelesi ve Enver Paşa, Trabzon ve Kars Hatıraları*, İzmit, 1949, s.32.

[469] Karaman, *a.g.e.*, s.144.

[470] *İstikbal*, 6 Temmuz 1922.

[471] Sarıbayraktaroğlu, *a.g.e.*, s.116.

zıpka kıyafetli olması ve güya Osman Ağa'nın Mustafa Suphi Bey ve arkadaşlarının öldürülmesi sonrasında Yahya Kâhya'ya diş biliyor olması sebep gösterilir. Olaydan altı ay kadar sonra Osman Ağa Rize'de bir ortaokul açılışından dönüşte Trabzon'a uğrar. Faik Ahmet Barutçu'nun evinde yemekten sonra yapılan sohbette konu ile ilgili *"Kâhya Yahya Efendi'yi benim vurduğumu söylüyorlarmış. Bu işle benim hiçbir suretle alakam yoktur. Eğer benden biliyorsanız sizlere darılırım. Biliyorsunuz, yaptığım bir işi açık açık söylemekten hiçbir vakit çekinmem. Buna inanın. Bizim aramızda geçen meydandaki olaydır. Başka hiçbir şey yoktur."* der. Gerçekten de Osman Ağa yaptığı bir işi açıkça söylemekten çekinmeyecek bir yapıya sahiptir.

Yahya Kâhya cinayeti yıllar boyunca Osman Ağa'nın üzerinde kalır. Hâlbuki cinayeti Osman Ağa değil İsmail Hakkı Tekçe işlemiştir. Elli beş yıl sonra, İsmail Hakkı Tekçe cinayeti kendisinin işlediğini şu cümlelerle itiraf eder:

"Tümen komutanı Sami Sabit Bey, Trabzon'a hakim olarak sükûnu sağladıktan sonra Kâhya'yı tutuklayarak Sivas'a göndermiş, fakat Kâhya türlü tesirler altında serbest bırakılmış, tekrar Trabzon'a dönmüştü. Bir süre burada uslu uslu duran Kâhya, yeniden eski oyunlara kalkınca, Giresunlu Osman Ağa'nın iki fedaisini yanıma alarak onun da hesabının görülmesi bana düştü. Trabzon'a ani gelişim Tümen Komutanı'nı şaşırtmıştı. Beni çağırarak ne için geldiğimi sordular. Biraz deniz havası almak, eski birliğimle ilişkimi kesmek üzere geldiğimi söyledim. İnanır göründüler. Ben ise Yahya Kâhya'yı inceliyor ve takip ediyordum. Adamlarım Polathane'de (Akçaabat) benim talimatımı bekliyorlardı. Nihayet Soğuksu'ya gidip geldiğini tespit ederek adamlarımla pusu kurup işini bitirdik. Sami Sabit Bey, yayımladığı küçük eserinde adımı vermeyerek bir üsteğmen ve iki Giresunludan bahseder, olaydan sonra ortadan kaybolmamıza hayret ettiğini açıklar"[472]

İsmail Hakkı Bey Kimdir?

İsmail Hakkı Bey, 18 Haziran 1892'de İstanbul Üsküdar'da doğmuştur. Babası, kendisi gibi asker olan Binbaşı Rusçuklu Mehmet Efendi, annesi ise Firdevs Hanım'dır. Binbaşı Mehmet Efendi ve Firdevs Hanım'ın İsmail Hakkı Bey haricinde Zeliha, Mediha ve Hatice isminde kız çocukları daha vardır. Eğitim ve öğretim hayatına İstanbul'da başlayan İsmail Hakkı Bey, ilk olarak Mahalle Mektebine kaydolmuş, Mahalle Mektebini bitirdikten sonra Paşakapısı ve Topkapı Rüştiyelerinde okumuş ve 1910 yılında Kuleli'ye girmiştir. Bu-

---

[472] *Günaydın*, 4 Aralık 1977.

radan 27 Temmuz 1912'de teğmen rütbesiyle mezun olarak 10. Kolordu Komutanlığı emrine verilmiştir. Piyade subayı olarak ordu saflarına katılan İsmail Hakkı Bey Kolordu merkezi olan Erzincan'a ulaşmasından hemen sonra geçici olarak 10. Kolordu'ya bağlı 31. Fırka'nın emrine verilmiştir. İsmail Hakkı Bey Erzincan'da göreve başlamasından yaklaşık bir buçuk ay sonra, Balkan Savaşı'nın çıkması sonucunda gönüllü olarak savaş cephesine naklini yaptırmıştır. 25 Ekim 1912'de İsmail Hakkı Bey, Çatalca'da ve sonrasında Bolayır'da 10. Kolordu 30. Fırka emrine verilerek doğrudan muharebelere katılmıştır. Daha sonra 30. Fırka emrinde Gelibolu ve Bolayır'da Bulgarlar ile çetin mücadelelere girişmiştir. Tekçe, Balkan Savaşı sırasında Gelibolu'da iken Mustafa Kemal Paşa'yı ilk defa Genel Kurmay Birinci Şube Müdürü olarak tanımıştır. Balkan Harbi'nde Büyük Derbent civarında emrine verilen 100 kişilik bir kuvvet ile eşkıya takibinde bulunmuş ve eşkıyayı dağıtmakla görevlendirilmiştir. 1913 yılı Aralık ayında Fırka terhisi için Gelibolu'ya dönmüş ve buradan terhis edilmiştir. 30 Mart 1914'te Sivas'a hareket emri almış ve Nisan ayında Sivas'a ulaşmıştır. Temmuz 1914'te genel seferberliğin ilanı üzerine Tedarik-i Vesait Nakliye Komisyonuna aza tayin edilmiştir. Buradan Giresun civarındaki Karlıkaya mevkiine 10. Kolordu 36. Tümen ve 3. Kafkas Tümeninde görevlendirilmiştir. 17 Ekim 1914'te Karlıkaya'dan Doğu Cephesi'ne gönderilmiş ve 9 Aralık 1914'te Erzurum-Pasinler'de Kale Boğazı saldırılarını gerçekleştirmiştir. Sarıkamış muharebelerine katılmış ve sonrasında Cevizlik civarında eşkıya takibinde bulunmuştur. Fırkası lağvedilince 3. Kafkas Fırkası emrine verilmiştir. Buradan da kumandanlığını Deli Halit Paşa'nın yaptığı 19. Fırka Erkan-ı Harbiye 1. Şubesine görevlendirilmiştir. İsmail Hakkı Bey, Millî Mücadele yıllarındaki çetin ve yoğun çalışma yaşamından dolayı özel hayatına gereken önemi verememiş ve uzun yıllar evlenmemiştir. Kesin tarihine nüfus kayıtlarında ulaşamamamıza rağmen, 1930'un sonlarına doğru Emine Samiye Hanım'la evlenmiş ve bu evlilikten Türkân isminde bir kızı olmuştur. İsmail Hakkı Bey'in çocukluğu, babasının da asker olmasından dolayı katı disiplin ve kurallar yumağı çerçevesinde geçmiştir. Babası tarafından daha çocukken tam bir asker gibi yetiştirilen İsmail Hakkı Bey, çok disiplinli ve kurallara sonuna kadar bağlı titiz bir komutan olmuştur.[473] Mustafa Kemal Paşa ile ilk görüşmesi 17 Nisan 1920'de olmuştur. İsmail Hakkı Tekçe Mustafa Kemal Paşa ile ilk karşılaşmasını şöyle anlatmaktadır:

---

[473] İsmail Akbal, "Komitacı Eylemlerin Son Temsilcisi İsmail Hakkı Tekçe ve Faaliyetleri", *Cumhuriyet Tarihi Araştırmaları Dergisi*, Yıl:7, Sayı. 13, s.79-81.

232 | ÜMİT DOĞAN

"Ardahan'da 8. Alay'ın ikinci bölük kumandanıydım. Tümen Kumandanı Halit Bey bir gün beni çağırdı ve Mustafa Kemal Paşa'ya yazdığı bir yazıyı bana gösterdi. Bu yazıda, benim bazı vasıflarımdan bahsediyordu. Yazıyı okuyup bitirdikten sonra bana, Mustafa Kemal Paşa'nın yanına refakat subayı olarak gidiyorsun, dedi. Bölüğü teslim et! Baş üstüne, dedim ve alayla ilişiğimi keserek yola çıktım(...)

Üsküdar'dan bir at arabasıyla yola çıktık. Çamlıca civarında Kuşçalı diye bir yerde Yenibahçeli Şükrü ve arkadaşları bizi karşıladılar. Konaktan konağa, şehirden şehre 17 Nisan 1920 günü Ankara'ya vardık. Hemen Mustafa Kemal Paşa'yı nerede bulacağımı sordum. Vilayette olduğunu söylediler. Vilayetin kapısında karşılaştık. Çıkıyordu. Hemen yanına yaklaştım ve kendisini selamlayarak Halit Bey'in mektubunu verdim. Başında kalpak, sırtında yakası kürklü gri bir palto vardı. Yazıyı okudu ve yanında bulunan Salih Bozok'a dönerek, İsmail Hakkı Bey bizim yanımızda kalacak, dedi. Ziraat mektebinin üst katında kendisine bir oda verin!"[474]

İsmail Hakkı Bey 3 ay Takım Komutanlığı, bir buçuk yıl Muhafız Tabur Komutan Vekilliği yapmıştır. 1922-1927 yılları arası ise Muhafız Tabur Komutanlığı yapmıştır. 1927- 1931 tarihleri arası binbaşı iken Muhafız Alay Kumandan Vekilliği yapmıştır. Daha sonra yarbay ve albay rütbelerinde de 1939 yılına kadar muhafız Alay Kumandanlığı yaptı. Atatürk'ün yanında kesintisiz 18 yıl görev yapmıştır. 1942 yılında Tuğgeneral, 1943 yılında Tümgeneral olmuştur. 1951 yılında emekli olmuş ve 1975 yılında vefat etmiştir.

Büyük Taarruz'da Osman Ağa ve 47. Giresun Gönüllü Alayı

Sakarya Savaşı'ndan sonra 47. Giresun Gönüllü Alayı 17. Tümen'le beraber Aziziye mıntıkasında Batı Cephesi ihtiyatına girip ordugâha geçmiştir. İkinci Ordu'nun teşkili dolayısıyla 17. Tümen bu ordu emrine verilerek Ağılören, Büyük Karabağ ve Çukurcuk mıntıkasına hareket etmiş, 47. Alay da Ağılören'de konuşlanmıştır. Alay, 25 Nisan 1922'de Bolvadin yolu üzerinden yeni ordugâhı olan Hamidiye köyüne nakledilir. Alay Kumandanı Osman Ağa Hamidiye köyündeki fakir çocukları toplatıp sünnet ettirir ve güzel bir sünnet düğünü tertip eder. Daha sonra alay Tarassuttepe mermer hattını teslim alarak

---

[474] *Muhafızı Atatürk'ü Anlatıyor, Emekli General İsmail Hakkı Tekçe'nin Anıları*, (Haz: Hasan Pulur), İstanbul, 2000, s.4-6.

burada emniyet hizmetini ifa etmeye ve taarruz gününü beklemeye başlar. Ağustos ayında Afyon Cephesi'nde Mustafa Kemal Paşa ve Fevzi Paşa bütün orduları teftiş etmeye başlamışlardır. Fevzi Paşa 47. Alay'ın önünden geçerken *"Merhaba Giresun'un kahraman evlatları!"* diye hitabette bulunur, bütün Alay *"Sağol Paşa Hazretleri!"* diye cevap verir. Büyük Taarruz'dan beş on gün öncesine rastlayan o günlerde 47. Alay'ın ümera ve zabitan listesi şu şekildedir:[475]

1- Osman Ağa- Alay Kumandanı- (Milis Binbaşı)
2- Kemal Bey- Alay Kumandan Muavini- (Binbaşı, Fatihli)
3- Mehmet Ali Bey- Alay Yaveri- (Üsküdar İnadiye Mahallesi)
4- Ahmet Mahir Bey- 1. Tb. K. Binbaşı (Osmanpazarlı)
5- Veysi Bey- 2. Tb. K. Binbaşı (Sivaslı)
6- Arnavut Fehmi Bey- 3. Tb. K. Binbaşı (Binbaşı Hüseyin Hüsnü Bey diyenlerde vardır. Tahkik)
7- Doktor İbrahim Bey- Binbaşı (Önce gönüllü tabur doktoru idi)
8- Baytar Hakkı Bey- Binbaşı (Amasyalı)
9- Hafız Mustafa Efendi- (Alay İmamı, Giresunlu Tokatlı Pehlivanoğlu)
10- Hafız Rıfat Bey- Yüzbaşı- (Üsküdarlı)
11- Sadullah Bey- Makineli Kumandanı (Çengelköylü)
12- Hüseyin Efendi- Mülazım- (Makinelide, Çorumlu)
13- İhsan Bey- Yüzbaşı- (Üsküdarlı)
14- Hakkı Bey- Mülazım- (Mersinli)
15- Hadi Bey- Mülazım- (Adanalı)
16- Musa Kazım Bey- İhtiyat Mülazımı- (Hopalı, Piraziz Müdürü)
17- Doktor Mehmet Ali Bey- Mülazım- (Hopalı)
18- Mehmet Ali Bey- Alay Hesap Memuru- (Giresunlu, Hacı Hüseyin Mahallesinden)
19- Doktor Şerafeddin Bey- Binbaşı (Alayın Sıhhiye Bölüğü Kumandanı)
20- Şarlılı Nuri Bey- (Alayın Sıhhiye Bölüğü Süvari Bölüğü Kumandanı idi. Mülazım Ve gönüllü. Sakarya'ya gitmezden önce 47. Alaya tayin ve Sakarya'ya iştirak Büyük Taarruz'da yok)
21- Karacaoğlu Durmuş Efendi- İhtiyat Mülazımı
22- 42. Alayın Samsun'da teşkil edilen 3. Tabur Kumandanı Yüzbaşı Hilmi Bey. (Ladikli)

[475] Topallı, *a.g.e.* , s.127.

Resim 45 - *Büyük Taarruz Öncesi İsmet Paşa ve Osman Ağa*

İlk saldırı başlamadan bir gün önce 25 Ağustos 1922'de alay 3. Tabur'u ile Hatipler sırtı, Kırlar yaylası ve 1. Tabur'u ile Ağıltepe, Aksekitepe, Mermertepeler hattında alay karargâhı ile 2. Tabur Seyitler Sulatının da sol gerisinde taarruz için yanaşmıştır. Gece İscehisar-Karaağaç arasında batıya geçerek Karakaya'nın güneyi, Kızıltepe ve Küçük Akseki'de taarruz için hazırlık mevkilerine girmiş ve emniyet kademelerini düşmanın bulunduğu sırtların eteklerine kadar sürmüştür. Bu cephe, düşmanın en güvendiği cephe konumundadır. Yunan kuvvetleri bu cephe için *"Türkler bu cepheyi yedi senede alırlarsa yedi günde aldık, desinler."* diyerek cephenin savunması konusunda kendilerine çok güvenmektedirler. Yunanlılar günler öncesinden hazırlıklara başlamış, tepelerin alt kısmını yedi kat tel örgüyle çevirmiş ve her tarafına çıngırak takmışlardır. Osman Ağa telleri kesmek üzere asker gönderir. Tosyalı Ahmet Efendi ve Şerif Çavuş[476] başta olmak üzere 38 kişi sağdan soldan temin ettikleri paslı makaslarla bu tel örgüleri bir gecede keserler. Ancak tel örgülere takılı çıngırakların sesine uyanan Yunan askeri alaydan 14 askerimizi şehit eder. Büyük Taarruz'da şehit olan 47. Alay askerleri şunlardır:

1- Giresun Boztekke köyü Karslıoğullarından Ali oğlu Hasan 1315 doğumlu
2- Çukur köyü Sipahioğullarından Mehmet oğlu Necip 1317 doğumlu
3- Alınyoma Bala köyünden Hallıcıoğlullarından Osman oğlu Hüseyin 1317 doğumlu,
4- Kemaliye köyü Eskioğullarından Ahmet oğlu Mustafa 1315 doğumlu.
5- Çiçekli köyü Topçuoğlullarından İyas oğlu Rasim 1316 doğumlu

---

[476] Şerif Çavuş'un anılarından, Muhlis Akkuş aracılığı ile.

6- Sayça köyü Habibhasan oğllarından Ahmet oğlu Dursun 1314 doğumlu.
7- Grele Daylı köyünden Vehioğullarından Emin oğlu Yusuf 1311 doğumlu.
8- Keşap Küçükgeziş köyü Yusufoğullarından Emin oğlu Yusuf 1303 doğumlu.
9- Keşap Karabulduk köyü Giranhacıoğullarından Şükrü oğlu İbrahim 1315 doğumlu.
10- Dereli Yavuz Kemal Hapan köyü Türkmenoğullarından Yusuf oğlu Osman 1309 doğumlu
11- Bulancak Uçarlı köyü Dervişoğullarından Hüseyin oğlu Niyazi 1314 doğumlu.
12- Hamurlu köyü Tümpataoğullarından Ahmet oğlu Osman 1309 doğumlu.
13- Keşap Halkalı köyü Alaşalvaroğullarından Salih oğlu Abdullah 1317 doğumlu.
14- Tatlılı köyü Durmuşoğullarından Hüseyin oğlu Nazım 1316 doğumlu.

26 Ağustos 1922 sabahı saat 07.30'da Osman Ağa komutasındaki 47. Giresun Gönüllü Alayı, Kabaçkıranı Dedesivrisinde bulunan düşman mevzilerine karşı taarruza başlamıştır. Düşman siperlerine 8 metreye kadar yaklaşmış ise de düşmanın şiddetli ateşi karşısında daha fazla ilerleyememiş, ancak 27 Ağustos 1922 sabahı bu mevzileri düşmandan almayı başarmıştır. Giresun'un Çiçekli köyünden Topçuoğlu İbrahim Çavuş tepenin en yüksek noktasına Türk bayrağını dikmiştir. Böylece 47. Giresun Gönüllü Alayı, Yunanlıların *"yedi senede alamazlar"* dedikleri cepheyi iki günde almış ve 28 Ağustos 1922 saat 13.40'ta düşmanı imha etmek üzere takibe başlamıştır. Uşak ve Dumlupınar'dan Salihli'ye doğru yürüyen 47. Giresun Gönüllü Alayı sırasıyla Manisa, Turgutlu, Akhisar, Kırkağaç, Soma, Ayvalık ve Edremit'e varır. 12 Eylül 1922'de Edremit Akıncı Müfrezeleri Kumandanı Kasım Bey, Balıkesir Akıncı Müfrezeleri Kumandanı İbrahim Ethem Bey'e bir telgraf göndererek Edremit, Burhaniye ve Ayvalık'ta asayişin tamamiyle emniyet altına alındığını bildirir. Balıkesir Politika gazetesinin haberinde Ayvalık'a ilk giren Millî Kuvvetlerin Osman Ağa'nın 47. Alayı olduğu şu sözlerle belirtilmektedir:

"Gemilere binip giden Yunan askerleriyle birlikte pek çok işbirlikçi yerli Rum da gitmişti. Ama gene de hem Ayvalık hem Küçükköy, hem de Cunda Adası'nda oldukça önemli miktarda Hristiyan nüfus ve bazı kiliselerin papazları kalmışlardı. Çekilmekte olan Yunan ordusunu İzmir'i kurtardık-

tan sonra Dikili'ye kadar kovalayan Millî ordu, Dikili üzerinden Ayvalık'a girdi. Gelenler Topal Osman Ağa'nın adamları Giresunlulardı. Topal Osman, Giresunlulardan kurduğu Teşkilat-ı Mahsusa birlikleriyle cepheden cepheye koşmuş, Atatürk'ün isteği üzerine Ankara'da Çankaya'da Muhafız Alayı olarak görev yapmış, daha iki hafta önce Büyük Taarruz'da Dumlupınar'da, iki alay Giresunlunun bir alayını kaybetmişti. 15 Eylül'de Ayvalık'a giren Millî orduyu Ayvalık'ta kalan yerli Rumlar ve Fikri Bey'in adamları karşıladı. Yapılan ilk iş on beş- kırk beş yaş arası bütün Rum erkekleri toplanarak İvrindi'ye gönderildi. Midilli'den kaçıp gelen bazı Türkler adadaki kalelerde hapsedilmiş üç bin Türk esir olduğunu bildirince, Türk esirlerle Rumların değişimi konusu ortaya çıktı. Amerikan bayraklı Yunan gemileri Ayvalık'a gelerek buradaki Rumları taşıdılar. Bu taşıma on on beş gün kadar sürdü. 27 Eylül gecesi Cunda Adası'nda bazı Rum fedailer Giresunlu devriyelere ateş açınca ortalık karıştı. İhtiyat zabiti Bayramiçli Lütfi Efendi (1900 doğumlu) şehit oldu. Ateş eden evlerdeki fedailer yok edilince ortalık yatıştı. İvrindi'ye götürülen Rumlar arasında genç ruhaniler de vardı. Yaşlı papazlar da gemilerle gönderilmiştiler. İvrindi'dekiler Amele Taburu teşkil ettirilerek birkaç ay yol inşaatında da çalıştırıldılar.

Ayvalık'ta katliam yapıldı mı? Hayır! Ama bu dedikodunun çıkması normaldir. Ayvalık'tan ayrılan kadın, kız ve yaşlı erkekler çocuklarını, gençlerini ve kocalarını orada bırakmışlardı. Onlardan haber alamıyorlardı. Gemiden indiklerinde "Türkler bütün erkeklerimizi öldürdü." feryatlarıyla yakınıyorlardı. İki sene sonra erkekleri çıkıp gelse de ailelerini bulmaları bazen yıllar almıştı. Çünkü kimse kimsenin nerede olduğunu bilmiyordu. Gerçekte öldürülen Cunda (Alibey) Adası'ndaki dokuz-on Rum fedaidir. Belki de daha az. Öldürüldükleri söylenen erkekler ve papazlar daha sonra ailelerine döndüler. Ama söylence hep kaldı. Bugün bile bahsedilen Amele Taburlarına gelince: Gerçekten de hayatı boyunca başka ve kolay işlerle meşgul olmuş ticaret erbabı için yol yapmak, inşaatta çalışmak zor olsa gerektir. Ama her tabura üç öğün yemek verilmesi, önceleri çadır; sonra barakaların olması, hatta taburlarda doktorların bulunması önemlidir. Ayvalık'ta katliam yoktur. 'Kestik' gibi sözler spekülatif amaçla söylenmiş sözlerdir. Sonuç olarak, 172 Alay'ı ve Millî Müfrezelerle düşmana karşı koyan Ali Bey (Çetinkaya) ve Köprülülü Hamdi Bey, Teşkilat-ı Mahsusa'dandır. Balıkesir'i kurtaran Kumandan İbrahim Ethem Bey, Parti Pehlivan ve adamları, Ayvalık ve Edremit'i kurtaran Millî Müfrezeler Teşkilat-ı Mahsusa'ya mensupturlar. 15 Eylül'de Ayvalık'a giren Millî Or-

du'nun askerleri Giresunlu Topal Osman'ın adamlarıdırlar ve Teşkilat-ı Mahsusa'ya mensupturlar. Her birini rahmet ve minnetle anıyorum. Ruhları şad olsun!"[477]

Alay daha sonra Balıkesir'den geçerek Balya Madeni'ne varır. Burada Türkler alayı başka bir şekilde karşılarlar. Osman Ağa'nın ismini duyan Türkler onu görmek istemektedirler. Bunun sebebi kendilerine zulmeden bazı Rumların isimlerini Osman Ağa'ya bildirmektir. Rumlar, Yunan ordusu bölgeye girdiğinde Türklere her türlü fenalığı yapmış, Yunanlılara da çok yardım etmişlerdir. Çocuklara ve ihtiyarlara bile adice muamele eden Rumlar, genç kızlara da tecavüz etmişlerdir.[478] Rumların zulmünden bıkan yaşlı bir adam Gönen'den Balya Madeni'ne gelip Osman Ağa'yı arayıp bulmuş ona yanında getirdiği ekmekten ikram etmiştir. Osman Ağa ekmeği yerken yaşlı adama kendisini neden aradığını sorar. Yaşlı adam, Gönen'de Rumların kendilerine çok zulmettiğini, kadınlara tecavüz edildiğini ve kendisinden yardım isteye geldiğini söyler. Osman Ağa da *"Kalkın ulaaa, benim analarım bacılarım esaret altındayken bir dilim ekmek boğazımdan geçmez."* diyerek Gönen'e yürür ve Rumlara gerekli cezayı verir.[479] Osman Ağa daha sonra yanına elli kadar süvari alıp İzmir'e doğru giderken 47. Alay da Çanakkale'ye hareket eder. Bu esnada Mudanya Ateşkes Antlaşması imzalanır. Alay Salihli'ye döner. 47. Alay mücahitlerinden Hamit Toslu o günleri şöyle anlatmaktadır:

"Taarruzlarda Osman Ağa alayın önüne geçerdi. Kimselerde olmayan cesaret onda vardı. Hücuma onun emriyle kalkardık. Her hücuma geçişimizde alaya emri şöyle olurdu. Kimse geri kalmasın! Vururum! Sizden geri kalırsam sizde beni vurun!(...)

Osman Ağa'nın emriyle Kırkağaç'ı yerli Rumların baskısından kurtardık. Rum takibini sürdürerek Çanakkale'ye geçtik. Alay Erenköy'de kaldı. Gündüzleri istirahate geçer uyurduk. Geceleri sabaha kadar boy istihkâmları kazardık. Çanakkale Boğazı, İngiliz zırhlıları ile doluydu. Kilitbahirde dokuz bacalı zırhlı projektörleri ile mıntıkamızı tarıyordu. Projektörler bize çevrilince kazdığımız istihkâmlara yatıp gizlenirdik. Projektörler dönünce kazmaya devam ederdik.

---

[477] *Balıkesir Politika,* 16 Eylül 2009.
[478] Sarıbayraktaroğlu, *a.g.e.* , s.178- 187.
[479] Kaynak kişi: Mükerrem Çakıroğlu.

ÜMİT DOĞAN başlığı sayfa numarası ile birlikte üstte.

Bir gün Osman Ağa bizi içtima etti. Aramıza girip etkili sözleriyle bize moral verdi. Barış yapıldığını, tezkerelerimizi Giresun'da vereceğini, alayı takviye için Giresun'a gideceğini söyleyip bizden ayrıldı.[480]

Lozan Konferansı Başlıyor

Büyük Taarruz'un zaferle sonuçlanmasından sonra, 11 Ekim 1922 tarihinde Mudanya Mütarekesi imzalanmış, Emperyalist güçlere karşı Türk Millî Mücadele'sini başlatan Mustafa Kemal Paşa ve arkadaşları başarıya ulaşmışlar, bu başarı mazlum milletlere ümit kaynağı olmuştur. Ancak, tarih elde edilen askerî zaferlerin masa başında kaybedildiğinin örnekleri ile doludur. Bunun farkında olan Büyük Millet Meclisi, Lozan Barış Konferansı öncesinde, bir yandan İstanbul Hükümeti'nin barış konferansına katılmaması için yoğun bir uğraş verirken bir yandan da Lozan'daki temsil heyetinin kimlerden oluşacağı ve bu heyetin başkanının kim olacağı meselesi ile uğraşmaktadır. Heyet başkanlığı için Başbakan Rauf Bey başta olmak üzere, Fethi Bey ve Yusuf Kemal Bey gibi isimler gündeme gelmiştir. Mustafa Kemal Paşa'nın kafasında ise farklı bir isim vardır. Bu isim Mudanya Mütarekesi görüşmelerinden başarıyla çıkan ve hemen her konuda Mustafa Kemal Paşa'nın güvenini kazanmış olan İsmet Paşa'dır. Mustafa Kemal Paşa yurt dışında gerçekleşen ve kendisinin sınırlı etki yapabileceği bir konferans için en fazla güvendiği bir kişinin orada bulunmasını uygun görmektedir ve diplomatik açıdan Büyük Millet Meclisinin barış görüşmelerinde Hariciye Vekili düzeyinde temsil edilmesinden yanadır. Ayrıca İsmet Paşa, Mustafa Kemal Paşa'nın direktiflerine uyacak yapıdadır, bunu da Mudanya Görüşmeleri'nde kanıtlamıştır. Mustafa Kemal Paşa, İsmet Paşa'nın heyet başkanı olması ile ilgili kararını açıkladıktan sonra Yusuf Kemal Bey, Hariciye Vekâletinden istifa etmiş ve yerine İsmet Paşa getirilmiştir. Barış görüşmelerinde Büyük Millet Meclisi'ni İsmet Paşa Başkanlığında Dr. Rıza Nur Bey ve Hasan Saka Bey temsil edecektir. 21 Kasım 1922'de konferansın ilk toplantısı yapılmaya başlamıştır.[481] ABD'nin gözlemci olarak yer aldığı Lozan Konferansı'na bir tarafta Türkiye, diğer tarafta da İngiltere, Fransa, İtalya, Japonya, Yunanistan, Romanya, Sırp-Hırvat-Sloven Devleti (Yugoslavya) katılmıştır. Türkiye'nin ısrarı üzerine Boğazlarla ilgili sorunların görüşülmesine katılmak için Sovyet Rusya, Ukrayna ve Gürcistan da davet edilmişlerdir. Ticaret ve yerleşme sözleşmelerine katılmak için konferansta Belçika ve Portekiz de hazır bulunmuştur.

---

[480] Menteşeoğlu, *a.g.e.*, s.227.

[481] Esra Sarıkoyuncu Değerli, "Atatürk Dönemi Türk-Yunan Siyasi İlişkileri", *Dumlupınar Üniversitesi Sosyal Bilimler Dergisi*, Ağustos 2006, Sayı. 15, s.240.

Konferansta söz alan İsmet Paşa *"Efendiler, çok ıstırap çektik, çok kan akıttık, bütün medeni milletler gibi hürriyet ve istiklal istiyoruz."* şeklinde bir konuşma yaparak[482] Türkiye'nin kararlı tavrını ortaya koyar. Türk heyeti, karşısında Müttefik devletlerce oluşturulmuş olan güçlü cepheyi konferans esnasında Amerikalılara birtakım ekonomik imtiyazlar sağlayarak dağıtmaya çalışmışsa da başarılı olamamıştır. İtilaf Devletleri bir yandan askerî hazırlıklara devam etmektedir. Ancak İngiltere, Fransa ve İtalya'dan oluşan büyük güçlerin, menfaatleri gerektirse dahi yeni bir savaşı göze alamayacakları kesindir. Türk heyeti de bunun bilincindedir; fakat Türkiye Devleti de yeni bir savaşı kaldıracak durumda değildir. Bu güç koşullarda, önemli fikir ayrılıklarının yaşandığı konferansa konu olan meseleleri genel olarak dokuz başlık altında toplamak mümkündür. Bunlardan bazıları, Musul meselesi, İngilizlerin Arı-Burnu'ndaki mezarlık arazisini istemeleri, İstanbul dâhil olmak üzere, Trakya'da 20.000'den fazla Türk askeri bulundurulmaması yönündeki İtilaf güçlerinin talebi, adli kapitülasyonlar, İtilaf güçlerinin Türkiye'den istedikleri tazminat ve Osmanlı borçlarının mirasçı konumundaki devletler arasında paylaştırılmasıdır.[483] Konferanstaki en önemli konulardan birisi şüphesiz ki Musul meselesidir. 28 Ocak 1923'te Mustafa Kemal Paşa'nın Musul konusunda görüşü sorulmuş, sonra 29 Ocak 1923'te TBMM, Lozan'da Musul meselesinin barışçı yollarla halledilmesi isteğini dile getirilmiştir. Türk heyeti her ne kadar Musul meselesinin Lozan Konferansı'ndan sonra ikili görüşmelerle halledilmesi konusunda eğilim gösterse de İngiltere, Musul'un kendi himayeleri altında Irak'a bırakılmasını istemektedir. Müttefik devletlerin 31 Ocak 1922 tarihinde sunduğu barış teklifinin kimi kısımlarının Türk heyeti tarafından reddedilmesi üzerine İngiliz heyeti Lozan'ı terk etmiştir.[484] 4 Şubat 1923 tarihinde Lozan Barış Konferansı görüşmeleri kesilmiştir. İsmet İnönü ve arkadaşları Türkiye'ye dönmüşlerdir.

Osman Ağa, İstanbul'da Fener Rum Patrikhanesini Yaktırmak İstiyor

Osman Ağa, İzmir'in geri alınmasından sonra bir müddet İstanbul'da kalmıştır. İstanbul'da kaldığı sürede İstanbul Fener Rum Patrikhanesini yakmak istemiş, bu olay Osman Fikret Topallı'nın anılarında şöyle anlatmıştır:

---

[482] Ali Naci Karacan, *Lozan*, 1971, s.104.

[483] Esra Sarıkoyuncu Değerli, "Lozan Barış Konferansında Musul", *Balıkesir Üniversitesi Sosyal Bilimler Enstitüsü Dergisi*, Sayı. 18, s.130.

[484] Değerli, *a.g.m.* , s.132.

"Ağa'nın eski tanış ve sevdiklerinden emekli Miralay İbrahim Bey'le biraderi Hakkı Bey de ziyaretine koşanlar arasında idi. İbrahim ve Hakkı Beyler Sirkeci'de Mariça Otelini senelerden beri işletiyorlardı. Osman Ağa'ya otelde ayrıca birkaç gün oda tahsis etmişlerdi. Gündüz ve gece oraya gelip istirahat ediyor ve bazı mülakatları da orada kabul ediyordu.

İstanbul'da üç beş gün kaldıktan sonra Ağa maiyetindeki müfreze efradıyla İstanbul'da bulunan Karadenizli delikanlılardan bir komite hazırlamış ve İstanbul Polis Müdürü Umumisi [...] Bey'le İbrahim Bey'e haber yollayarak Mariça Otelinde hususi odasında görüşmeye çağırmıştı.

Osman Ağa teşebbüsünden Polis Müdürü'nü ve İbrahim Bey'i 1338 tarihinde otelde vuku bulan mülakatında haberdar etti. Teşebbüs şu idi: Osman Ağa, Patrikhane'yi yaktıracak ve bunu İstanbul'da karışıklık çıkarmak kastıyla Patrik ve Rumlara isnad edecek, Patrik ve metropolitleri tevkif edip göz açtırmadan Yunanistan'a sevk suretiyle bir emir vaki ihdas edecekti. Sonrada mürettep ifadeler ve tahkikler yaptırarak işgal zamanında Yunan gayretkeşliği yapan ve listesi hazırlanmış olan Rum ileri gelenlerini yakalatarak ikinci bir posta ile Yunanistan'a sürecekti. Bu tertipten şifre ile Mustafa Kemal Paşa'yı da haberdar etmişti. Polis Müdürü'nü bir dehşet aldı. Bu muazzam işe yardım edemeyeceğini kati olarak bildirdi ve çok sevimsiz bir teşebbüs ve hareket olacağını iddia etti.

Mariça Oteli, Ağa'nın malum kıyafetteki çeteleri ile sarılı idi. Bir müddet devam eden münakaşa sonucunda İbrahim Bey'in de araya girmesiyle Ağa bu fikrinden vazgeçirildi. Ara sıra kapıdaki nöbetçi ve muhafız efrad Ağa'nın 'Bu iş yapılmazsa Türkiye'ye rahatlık gelmeyecek, bu gâvurlar ilerde milletin başına bela olacaklar.' diye asi sözlerini ve ihtarlarını işitiyorlardı. Dağıldılar.

Bir gün sonra idi. Polis Müdürü Ağa'yı görerek Paşa Hazretlerinin teşebbüsü mevsimsiz bulduğunu lisan-ı münasiple anlattı ve yanında bulunan İbrahim Bey'e de rica etti. O saatlerde Ağa'ya da bir şifre ulaştırıldı. Bunda Paşa Hazretleri Ağa'ya münasip bir dil ile henüz İstanbul'da ecnebi işgali varken teşebbüsün büyük gaileler bahs ile bilahare bu iş üzerinde hep beraber görüşüp bir karara varabileceğini bildiriyordu. Polis sıkı tedbirler almış ve bir hadise çıkmadan Osman Ağa ve yanındakiler Giresun'a büyük bir kalabalıkla teşyi edilmişti."[485]

Osman Ağa'ya İstanbul'da bulunduğu sırada birde suikast girişimi olmuştur. Olayı Çakraklı Kara Ahmet şöyle anlatmaktadır:

[485] Topallı, a.g.e. , s.182-184.

"İzmir'in kurtuluşundan sonra İstanbul'a gidip bir otele yerleştik. Ağa'nın yanına gelip giden çok oluyordu. Bazen misafirlerini otelde kabul ediyor, bazen de otel dışında çeşitli görüşmeler yapıyordu. Biz görüşmeler yapılırken dışarıda bekliyorduk. Otel odasında bir sabah Ağa benden kendisine kahve pişirmemi istedi. Bu sırada bir çete otelin kapısında, bir çete merdiven başında iki çetede Ağa'nın yanında beklemekte idi. Birden odadan içeri silahlı, siyah paltolu iri yarı bir adam girdi. Adamın silahına davranacağı anda kahveyi bırakıp hemen arkasından yapıştım. Bu sırada diğer çetelerde odaya girdiler. Silahlar patladı. Çıkan arbede de adam öldüğü için konuşturma fırsatı bulamadık. Cesedini yok ettik. Osman Ağa beni üç kez sıkı sıkı kucakladı. Aşağıda bekleyenleri çağırdı. 'Ne bu tedbirsizlik neden yukarı çıkmasına müsaade ettiniz?' diye çok kızdı."[486]

Osman Ağa İstanbul'dan Giresun'a Dönüyor

İstanbul'dan Giresun' dönmek üzere Gülnihal Vapuru ile yola çıkan Osman Ağa bir dizi ziyaretlerde bulunmak için Zonguldak'a uğrar. Resmi görevliler ve halk tarafından törenle karşılanan Osman Ağa Zonguldak'taki temaslarını tamamladıktan sonra Samsun'a, oradan da Ünye'ye geçer. Gülnihal vapuru Fatsa'dan Ordu'ya gitmekte iken Osman Ağa üç Pontuşçu Rum'u[487] geminin kazanına attırarak cezalandırır.

Emrullah Nutku, Rumların gemi kazanında yakılması olayını şöyle anlatır:

"Son çarpışmalar sırasında Pontus çetelerinin elebaşılarından birkaç tanesi esir alınmıştı. Mağlup olanın cezası mutlaka ölümdü, çete harbinde esir alınmazdı. Ancak bu sefer sağ olarak Topal Osman'a getirilenler Giresunluydular. Topal Osman bunları çocukluklarından beri tanıyordu. Topal Osman'ın maksadı, bu Giresunlu Rumları Giresun'a götürüp orada teşhir etmek ve halkın huzurunda cezalarını kendi eliyle vermekti.

Yakalanan çeteciler Topal Osman'ın huzuruna getirildi. Hepsinde saç sakal birbirine karışmıştı. Aylardan beri traş olmadıkları, bir mağara adamı hayatı yaşadıkları kıyafetlerinden belliydi. Bunlar Topal Osman'ın akranları, hatta çocukluk arkadaşı ve komşularıydı. Önünde diz çöken bu eşkıyaları hemen tanıyan Topal Osman: 'Ulan Yanko, Hristo, Strati! Be-

[486] Çakraklı Kara Ahmet'in anılarından, damadı Ahmet Yılmaz aracılığı ile.

[487] Olayı anlatanlardan M. Şakir Sarıbayraktaroğlu' ya göre bu üç Pontusçu Rum'u Osman Ağa, Ünye Savcılığı ile görüşerek hapishaneden çıkartarak gemiye almış, Fatsa'ya geldiklerinde yine hapishaneden çıkartmak suretiyle gemiye bir de Ermeni almıştır.. Bk. *Osman Ağa ve Giresun Uşakları Konuşuyor*, s.191; Hasan İzzettin Dinamo ve Emrullah Nutku'ya göre ise bu üç Pontusçu Rum, Samsun'da bir çatışma sonucunda yakalanıp Osman Ağa'ya teslim edilmiştir. Bk. *Kutsal Barış*, C. I, s.212-213; *İstiklal Savaşında Denizciler*, s.178- 180.

nim karşımda döğüşen domuzlar sizler miydiniz? Vay nankörler vay. Söyleyin şimdi size ne ceza vereyim?' Her üçü de Ağa'nın ayaklarına kapanıp yalvardı, çok güzel Türkçe konuşuyorlardı, Ağa yalvarışlarına aldırış etmedi, ayakları ile dürtüyor, onları geri çekilmeye zorluyordu, nihayet emir verdi: 'Ha bunları alın, kenefe kapayın!' Ertesi gün limana Gülnihal yolcu vapuru geldi. Osman Ağa gemiyle Giresun'a gidecekti. Osman Ağa'nın arkasından elleri kelepçeli ve kollarından birbirlerine bağlı olarak dört Pontuşçu da getirildi. Giresun'a götürerek yüzlerine tükürttürmek, kurşuna dizdirmek istiyordu. Ağa ve adamları birinci mevki salona yayıldılar, oradaki havaya hakim oldular, geminin sadece havasına değil, hârekatına hakim oldular, gemi süvarisi, boşaltma yükleme bitiren gemisini akşam olmadan yola çıkardı.

Gece yarısına yaklaşırken Osman Ağa'nın uykusu kaçtı, güverteye çıkıp dalgacıkların fosforlu kıvrımlarını seyretti, içinde bir sıkıntı vardı, asabiyeti bir türlü geçmiyordu, ruhunda, vücudunda bir rahatsızlık hissediyordu. 'Haydi inelim aşağıya!' deyip hep beraber merdivenlerden indiler. Koridordan inerken kazan dairesinde ateşçilerin çıplak vücutları ile ocaklara kömür attığını gördü. Topal Osman alevleri görünce zihninde şimşekler çaktı, 'Getirin şu gâvurları, yakacağım onları!' diye bağırdı. Bu korkunç fikre adamları da inanamadı. 'Ne duruyorsunuz be getirin dedim.' 'Peki ağam' deyip koşarak dört Pontuçuyu kazan dairesine getirdiler. Topal Osman ocak kapaklarını açtırdı. 'Ha bu bokları ayaklarından içeri sokun.' dedi. İri yarı pehlivan yapılı adamlar Pontuşçuları çifter çifter tutup ayaklarından ocaklara soktular, büyük işkencenin bağrışmaları, haykırışları ortalığı inletti. Son kalan Yanko, Osman Ağa'yı çok iyi tanıyordu. 'Ağam fışkını yiyeyim, bana cefa yapma, çek tabancanı vur beni.' dedi. Topal Osman soğukkanlı, 'Atın bunu da.' dedi. Fakat Yanko buna meydan bırakmadı, kötü bir küfür savurarak balıklama denize atlar gibi kendisini ocağın içine attı.

Topal Osman, bir an iyi mi ettim, kötü mü der gibi bir tereddütten sonra, etrafındakilere pek nadir yumuşar gibi olan sesiyle: 'Bunlar da insandır diyeceksiniz. Ama, değil. Daha düne kadar bu memlekette kimden ne fenalık gördüler. Öyleyken hepsi kanımıza susamıştır... Yok uşaklar yok, bunlara merhamet olmaz. Arkada kalanlara ibret olsun, bize nankörlük etmeye kalkacak olan gavurun cezası işte budur... dedi." [488]

M. Şakir Sarıbayraktaroğlu ise olayı şöyle anlatır:

---

[488] Nutku, a.g.e., s.178-180.

"Gülnihal vapuru Fatsa'dan kalktı. Osman Ağa'nın küçük oğlu Musta-fa Bey, Rumların yanına gitti ve sizi Pundustçular sizi diye, Rumlara ve Ermeniye şamar atmaya başladı. Ermeni, Mustafa Bey'in şamarını yedik-çe ona domuz bakışı ile bakıyordu. Yediği şamarları kabadayılık gururuna yediremiyordu. Çünkü dün o Türkleri şamarlıyor, dövüyor, vuruyordu. Şimdi Pundustçu Rum ve Ermenilerin vapurun kazanına atıldıklarını hayali olarak seyredelim. Osman Ağa bu hainlere ne kadar Türk öldürdü-nüz diye sordu. Tabii hepsi de inkâr ettiler. Ağa çarkçıbaşına sordu: 'Bun-ları makine dairesinde koyacak yerin varmı?' dedi. Çarkçıbaşı anlamadı. Osman Ağa 'Ocağın içerisinde yer var mı?' deyince Celal Bey heyecan-landı. Yahudi Celal 'Ne olacak Ağa Hazretleri?' dedi, Ağa 'Yanacaklar!' deyince Celal Bey titremeye başladı. Osman Ağa çetelerine emir verdi. Sıradan Rumlar kazanın içine bir, iki, üç gittiler. Bu Rumlar vapurun ka-zanına atıldıktan sonra Ermeni kaldı. Artık sıra ona geldi. Osman Ağa'nın sorduğu sözlere hep aksi cevap veren Ermeni kendinin de yanacağını an-layınca Osman Ağa'ya küfür söyleyerek kendini ateş kazanının içine baş üstü dalar gibi attı. Osman Ağa süvari Celal Bey'e 'Nasıl vapur iyi yol ya-pıyor mu?' deyince Celal Bey çeneleri titrediği için Ağa'ya cevap vereme-di."[489]

Gülnihal vapuru 21 Aralık 1922 Perşembe günü Giresun'a varmış, Os-man Ağa halkın yoğun tezahüratı ve sevgi gösterileriyle Giresun'a ayak bas-mıştır. Giresun, Osman Ağa için hazırlanmıştır. Belediye Reisi Vekili İmam Hasan Efendi'nin gayretleriyle iskele ve şehrin mahalleleri bayraklarla dona-tılmış; halkın hislerini anlatan levhalar çeşitli yerlere asılmış; evler, oteller, mağazalar çeşitli süslerle bezenmiştir. Osman Ağa ve Belediye meydanları, tabya mevki ve bütün yollar Osman Ağa'yı karşılamaya gelen halkla dolmuş-tur. Osman Ağa'yı iskelede Belediye Reisi Vekili İmam Hasan Efendi, As-keriye ve Mülkiye memurları, polisler, Giresun'un ileri gelenleri karşılamıştır.

Osman Ağa halkı selamladıktan sonra çok kısa *"Merhaba arkadaşlar, na-sılsınız, iyi misiniz? İnşallah daha iyi olacaksınız."* diyerek bir konuşma yapar, konuşma bitiminde kurbanlar kesilir. Osman Ağa, halkın alkışları ve öğrenci-lerin tezahüratları arasında belediye önüne kadar gelir. Her taraftan akıp ge-len insanlar caddelere ve meydanlara zor sığmaktadır. Halk balkonlara, pen-cerelere çıkar. Belediye önünde sırasıyla ana mektebi, Nilüfer ve Halide Ha-tun, Osman Ağa, idadi ve hususi mektepler, Jandarma mektebi talebeleri ka-labalığın ön safını oluşturur. Önce Belediye Reisi Vekili İmam Hasan Efendi, sonra İdadi Mektebi Müdürü Musa Kazım Bey konuşma yaparlar. Sonrasında

[489] Sarıbayraktaroğlu, *a.g.e.* , s.191-192.

ana mektebi talebelerinden dört yaşlarında bir çocuk "Safa Geldin" şiirini okur, daha sonra Halide Hatun Mektebi talebelerinden on yaşlarında bir kız çocuğu sanatkâr öğretmenler tarafından beyaz atlastan yapılmış ve ortasına sırma ile zafer hatırası ibaresi işlenmiş ve etrafı çiçeklerle donatılmış bir hançeri Osman Ağa'ya takdim eder. Hemen ardından İstiklal Marşı okunur, Osman Ağa ve Hacı Hafız Mustafa Zeki Efendi de konuşma yaparlar. Osman Ağa konuşmasında halka şöyle hitap eder:

"Muhterem hemşerilerim! Hakkımda gösterdiğiniz teveccühe teşekkürler ederim. Bir sene evvel yine bu meydanda size söylediklerimi ve ettiğim vaatleri Allah'ın inayeti ile yerine getirdim. Avrupa'nın silahtan ve askerden tecrid ettiği memleketimizi istila eden Yunanlılar kahraman ordularımızın savleti karşısında şaşırmış ve yalnız silahını ve cephanesini değil, ayağındaki kunduralarını da atarak var kuvveti ile kaçmaya yeltenmiş, fakat ona da muvaffak olamayarak tutulup boğulmuş ve denize dökülmüştür. Evet, hemşeriler, düşmanı boğduk ve deniz döktük. Çünkü o (mini mini mektep tabelalarını işaretle), bu yavrularımızı babasız bırakmaya hatta bunları kesip doğramaya geliyordu, nihayet belasını buldu. Cezasını bulan yalnız Yunanlılar da değil, onlarla beraber bizim aleyhimizde hareket eden, onlara yardım eyleyen, memleketimizin içinde Pontus Hükümeti kurmak isteyen hain Rumlar da hakkını almışlardır. Bu memleketler Türk'ündür ve öyle kalacaktır. Efendiler! Kazandığımız zafer büyüktür. Binaenaleyh sulhumuzda bu zaferle ve bu zaferin icap ettirdiği fedakârlıklarla mütenasip olmalıdır. Mamafih Avrupalılar, isterlerse sulha razı olsunlar, çünkü kahraman ordularımız daha büyük zaferler istihsaline kadir ve emre müheyya bulunmaktadırlar."

Konuşma bitiminde Mutasarrıf Nizameddin Bey, Hükümet binasına, Osman Ağa da önce Hacı Hasan Efendi'nin yazıhanesine sonra da annesini ziyarete gider. Akşam olduğunda Fenerler, balonlar, meşaleler, havai fişekler eşliğinde kutlamalar devam ederken Jandarma mektebi talebeleri şarkılar söyleyip ve millî oyunlar oynamaktadır. Akşam, Mutasarrıf Nizameddin Bey evinde Osman Ağa şerefine bir ziyafet düzenler. Ziyafete Giresun eşrafı, memurlar, Dizdarzade Eşref Bey, Ordu eşrafından Ali Paşazade Ziya Bey, Ankara Merkez Kumandanı Rauf Bey ve Gülnihal vapuru süvarileri katılır.[490] Yeni Giresun gazetesi Osman Ağa'nın Giresun'a gelişini *"Giresun Evvelki Gün Büyük Evladına Kavuşmuş ve Emsalsiz Günlerinden Birini Daha Yaşamıştır"* şeklinde duyurur ve şu yazıyı yayınlar:

---

[490] *Yeni Giresun*, 23 Aralık 1922; Topallı, *a.g.e.* 324-327.

"Safa geldin...
Düşmanların boğulduğu, zaferlerin kazanıldığı beldelerden gelen,
düşmanları boğan, mazlumların intikamını alan kahraman safa geldin!
Kahraman alayınla Afyon'da ve onu takip eden harplerde neler ve ne
harikalar gösterdiğini huzurunda ve gıyabında daima kalbi seninle ve kah-
raman alayınla beraber olan Giresun, uzaktan uzağa işitiyor ve menakı-
bının kalpleri istila eden tatlı sihirleriyle meşbu olarak yakından seni takip
ediyordu.
Elhamdülillah kahramanane savletlerimiz karşısında alçak Yunan sü-
rüleri erimiş ve dağılmış, bin yıllık şen beldelerimizi birer harabe haline
kalbeden bu namertler taifesinin makarrı olan Yunanistan'ın altı üstüne
gelmiştir...
Fakat görüyorsunuz ya, her an ve her zaman yanmaya ve yıkılmaya
layık olan bu haydutlar yatağı, yalnız kendisini yıkmakla kalmamış, kendi-
si yanar ve yatarken senelerden beri hiç durmadan ve hiç yorulmadan
sarsılmaz bir azimle mütemadiyen arkasından koştuğun beklenilen gaye-
yi de husule getirmiş, Pontus ve Büyük Yunanistan gibi sersemce hülya-
lar peşinde çeşit çeşit hıyanet ve cinayetleri kania çalışan nankör Rumları
da yanı sıra sürüklemiş, götürmüştür!
Ve artık yeşil Giresun, tam sizin istediğiniz ve sizinle beraber bizim de
istediğimiz gibi yılandan ve akrepten azade bir memleket olmuş ve muzır
mahlukların zehirli dişlerinden kurtulanların kalpleri yine görüyorsunuz ya
sizin muhabbetinizde dolmuştur.
Onun içindir ki, senin de şahit olduğun veçhile erkek, kadın, genç, ih-
tiyar, yediden yetmişe bütün bir memleket halkı kalpleri sürurla ve gözleri
meserret yaşlarıyla dolu olduğu hâlde denizler aşarak, yollara saçılarak
sizi selamlıyor ve düşmanların boğulduğu, zaferlerin kazanıldığı beldeler-
den gelen, düşmanları boğan, mazlumların intikamını alan gazi kahraman
safa geldin diyor.
İşte halkımızın izhar ettiği bunu payan meserretlerden ve bu halkı çuş
u huruşlardan ilham alarak size arz-ı hoş amedi eylerim. Safa geldin gazi
kahraman."[491]
Işık gazetesi de Osman Ağa'nın gelişiyle ilgili *"Tarihin, maziye karışan*
kahramanları da ancak bu kadar takdis edilmiş ve ancak bu kadar ahalinin
kalplerinde yürümüştür; şehir hâlâ o günün bakıyye-i şâdını yaşıyor, halkın

---

[491] *Yeni Giresun*, 23 Aralık 1922; Topallı, *a.g.e.* s.322-323.

246 | ÜMİT DOĞAN

kabaran hissiyâtı, hâlâ o günün füsûnkâr tesirini taşıyor."492 şeklindeki yazısıyla Giresun halkının duygularını dile getirir.

47. Alay, Afyon Cephesi'nde iken 32 kişi bir fırsatını bulup firar etmiştir. Bu kişiler firardan 29 gün sonra Giresun'a varabilmişlerdir. Osman Ağa, Giresun'a geldiğinde firar edenleri tek tek buldurur, Giresun Askerlik Şubesinin bahçesinde toplar ve neden firar ettiklerini sorar. Firarilerin hepsi utanırlar, pişman hâlde Osman Ağa'dan af dilerler. Osman Ağa firarilere *"Bundan sonra başınıza peştamal sarıp da öyle gezin."* der, sonrasında bunlara merasimle dayak attırır, hepsini tekrar cepheye gönderir. Daha sonra Rize'de bir Rüştiye Mektebi açılışına davet edilir. Okulun açılış merasimi yapılır, Osman Ağa kısa bir konuşma yapar. Giresun'a dönmek üzere yola çıkar, dönüşte Görele'ye uğrar. Görelelilerle konuşurken *"Görele'de Ermeni var mı?"* diye sorar. Görelelilerden bazıları *"Evet, Ermeni Arşak var."* derler. Osman Ağa, Ermeni Arşak'ı kendisine vermelerini ister. Arşak'ı vermek istemeyen Görele Belediye Reisi Kara Hacıoğlu Mehmet Efendi'ye gidip durumu anlatırlar. Mehmet Efendi, Osman Ağanın yanına gider. *"Bu Ermeni sizin bildiğiniz Ermenilerden değil, Türk dostudur. O Rusların yaptığı fenalıklardan bizi kurtardı. Onu size verelim, fakat sakın öldürmeyin."* der. Osman Ağa da Mehmet Efendi'ye *"Ben de size söz veriyorum, kendisini öldürtmeyeceğim, Arşak'ı bana teslim edin, onu doğru İstanbul'a göndereceğim."* der ve Arşak'ı vapur ile doğru İstanbul'a gönderir. Arşak uzun yıllar İstanbul'da terzilik yapar.[493]

Osman Ağa Üçüncü ve Son Kez Ankara'ya Gidiyor

Osman Ağa, Rize'deki işlerini bitirip Giresun'a döndüğünde Ankara'dan bir telgraf almıştır. Telgrafta Osman Ağa'nın Ankara'ya gelmesi istenmektedir. Osman Ağa hazırlıklarını yapar, onu götürecek vapur da Trabzon'dan yola çıkıp Giresun'a gelir. Arkadaşları ile iskeleye gelen Osman Ağa kısa bir konuşma yapar. Konuşmaya Hacı Mehmetoğlu Cemal, Gümüşresioğlu İbrahim ve Kalpakçıoğlu Harunla birlikte şahit olan Mehmet Şakir Sarıbayraktaroğlu, Osman Ağa'nın konuşmasından söyle bahseder:

"Onun bu konuşması, yorgun konuşması idi. Ankara'ya gitmek istemiyordu. Aslında Ağa, Salihli'ye gidecekti. Bizim 47. Alay'ımız orada idi. Telgrafın gelişi onu Ankara'ya gitmeye mecbur etti. Hakikaten hiç gitmek istemiyordu, hiç ayağım çekmiyor, diye de söylemişti. Bu konuşmasında

---

[492] *Işık,* 10 Ocak 1923; Aydın Çakmak, *Milli Mücadele Döneminde Giresun'da Yayınlanan Bir Dergi: Işık,* Marmara Üniversitesi Türkiyat Araştırmaları Enstitüsü, Yüksek Lisans Tezi, s.54.
[493] Sarıbayraktaroğlu, *a.g.e.*, s.197.

son sözleri şu oldu: Benim vazifem artık bitti, gidip her şeyi teslim edip geleceğim." diyordu."494

Osman Ağa, arkadaşlarının Salihli'ye gitmeleri için Kayadibi köyünden Mustafa Efendi'ye emir verir, kendisi de vapura binerek İstanbul'a doğru yola çıkar. Samsun'a uğrayan Osman Ağa, Afyon'daki firarilerden 7-8 tanesini de Samsun'da yakalayıp askerî merasimle dövdürdükten sonra, tekrar cepheye yollar.495 İstanbul'da Sirkeci'deki Paris Otelinde birkaç gün kaldıktan sonra trenle Ankara'ya hareket eder. Ankara'da her zamanki gibi Mustafa Kemal Paşa ile görüşür. Osman Ağa'nın Mustafa Kemal Paşa'nın yanına gelişini Çakıroğlu Hüseyin şöyle anlatmaktadır:

"Akşamüstü, askerin yemek saati idi. Mustafa Kemal Paşa yemeğini askerle birlikte yemek istemişti. Paşalar da bir araya toplanmış, konuşuyorlardı. Osman Ağa içeri girdi, İsmet Paşa ayağa kalkıp 'Beyler, işte Balıkesir'i düşmandan kurtaran Osman Ağa!' dedi ve Ağa'yı masaya buyur etti. Osman Ağa, Mustafa Kemal Paşa'nın olmadığı masaya oturmak istemedi. Bana dönüp, 'Çakıro! Paşa nerede?' dedi. 'Yemekhanede Ağa'm' dedim. 'Oraya gidelim' dedi. Birlikte yemekhaneye geçtik. Mustafa Kemal Paşa'nın yanına vardık. Osman Ağa, Paşa'nın yanına oturdu. Konuştular. Mustafa Kemal Paşa'nın önünde yemek duruyor ama bir kaşık dahi alıp yemiyordu. Osman Ağa, 'Neden yemiyorsun Paşa'm?' dedi. Mustafa Kemal Paşa'da 'Önce evlatlarım, askerlerim karnını doyursun sonra ben devam ederim.' dedi. Hakikaten bütün yemekler dağıtılana kadar ağzına bir lokma atmadı, ne zaman asker karnını doyurdu, o zaman başladı yemeğini yemeye..."496

Osman Ağa, Ankara'da en yakın adamı olan Gümüşreisoğlu Mustafa Kaptan ile görüşüp kendisinin yokluğuna Ankara'da ne olup bittiğini sorar. Mustafa Kaptan da Büyük Millet Meclisinde hararetli tartışmalar yaşandığını, Ali Şükrü Bey'in de içinde olduğu İkinci Grup milletvekillerinin Mustafa Kemal Paşa'ya muhalefet ettiklerini söyler. Osman Ağa da Mustafa Kaptan'a Ali Şükrü Bey ile konuşup böyle çarpışık işlerden vazgeçmesi konusunda kendisini uyaracağını söyler.

---

494 Sarıbayraktaroğlu, *a.g.e.* s.200; Osman Fikret Topallı'ya göre Osman Ağa Giresun'dan 47. Alay'ın bulunduğu Salihli'ye (Bayramiç'in bir köyü) gitmek üzere ayrılmış, Ankara'ya gel çağrısını İstanbul'da almıştır. Bk. *a.g.e.* s.128.
495 Sarıbayraktaroğlu, *a.g.e.* s.197.
496 Çakıroğlu Hüseyin'in anılarından, torunu Mükerrem Çakıroğlu aracılığı ile.

Pontus Sorunundan Tamamen Kurtulmak İçin Nüfus Mübadelesi (Yer Değiştirme) Kararı Alınıyor

Pontus çetelerine karşı askerî müdahale ve yargılama sürecinin bitmesinin ardından Hükümet, Anadolu'daki Rumları Yunanistan'a gönderip Yunanistan'daki Türkleri Anadolu'ya getirmeyi, bu değiş tokuş sonucunda Pontus belasından tamamen kurtulmayı istemektedir. Bu bağlamda Lozan Barış Konferansı'nın birinci dönem görüşmeleri sırasında, 30 Ocak 1923'te "Türk ve Rum Nüfus Mübadelesine İlişkin Sözleşme" ve "Protokol ile Sivil Tutukluların geri verilmesi Savaş Tutsaklarının Mübadelesine ilişkin Türk-Yunan Antlaşması" imzalanmıştır.[497] Sözleşme, üç nüsha hâlinde düzenlenmiş, biri Yunanistan Hükümetine, biri Büyük Millet Meclisi Hükümetine verilmiş, üçüncüsü de, aslına uygun olan birer örneğini Türkiye ile yapılmış Barış Antlaşmasını imzalayan Devletlere yollayacak olan Fransa Cumhuriyeti Hükümetine, bu devletin arşivlerine konulmak üzere sunulmuştur.[498]

Lozan'da imzalanan bu sözleşmenin Türkiye'de tatbikine dair talimatname 25 Mart'ta hazırlanarak Bakanlar Kurulu'na sunulmuştur. Yunan Mübadele Komisyonu 6 Haziran'da Jan Papa başkanlığında 4 kişiden oluşturulmuş, 3 Ekim'de Yunan Mübadele Heyeti'nin ilk toplantısı Selanik'te yapılmıştır. Yunanistan'la malların ve ahalinin mübadelesine dair sözleşmenin uygulanmasına ait yönetmelik 17 Temmuz'da onaylanmıştır. 8 Ekim'de Türk Mübadele-i Ahali Komisyonu oluşturulmuş, komisyona Tevfik Rüştü, Hamdi, İhsan, Senüyittin, Haydar, Mehmet Ali, Hamdi ve şifre kâtibi Mustafa Beyler tayin olunmuştur. 13 Ekim'de de Mübadele-i Ahali Encümeni görüşmelere başlamıştır.[499] 1923 - 1926 yılları arasında 189.916 Rum, Yunanistan'a gönderilmiştir. Gönderilenlerin büyük bir bölümü Karadeniz ve İç Anadolu Bölgesi Rumlarından oluşmuştur. Mübadelenin başlamasından hemen sonra Doğu Karadeniz'den göçen Rumların 38.164 kişilik önemli bir bölümü Samsun limanından,[500] Gümüşhane Rumları ise Trabzon üzerinden[501] Yunanistan'a hareket etmişlerdir. 1926 yılının sonunda Rum nüfus Anadolu'dan tamamen

---

[497] İsmail Soysal, *Tarihçeleri ve Açıklamalarıyla Türkiye'nin Siyasal Antlaşmaları*, Ankara, 1989, C. I, s.177-184.

[498] Biber, *a.g.t.*, s.143.

[499] Yılmaz, *a.g.t.*, s.100.

[500] Yılmaz, *a.g.t.*, s.100.

[501] Mesut Çapa, "İstikbal Gazetesine Göre Trabzon'da Mübadele ve İskan", *Ankara Üniversitesi Türk İnkılap Tarihi Enstitüsü Atatürk Yolu Dergisi*, 1991, C. II, Sayı. 8, s.638, 640.

temizlenmiştir. 1928'de yapılan nüfus sayımlarına göre Doğu Karadeniz'den Yunanistan'a giden toplam Rum nüfusun 182.169 olduğu tespit edilmiştir.[502]

Nüfus mübadelesi ile insanların doğup büyüdüğü topraklardan zorla göç ettirilmesi hiç şüphesiz ki istenmeyen bir durumdur. Ancak mübadele yapılmaz, Anadolu Rum nüfustan arındırılmaz ise, Pontus sorunu barışı tehdit eden bir unsur olmaya devam edecektir. Yunanistan ve emperyalist devletler bu durumu bahane ederek Türkiye'nin iç işlerine müdahale etmek isteyeceklerdir. En ağır savaşlardan çıkmış, büyük yaralar almış bir milleti temsil eden Mustafa Kemal Paşa ve arkadaşlarının en küçük soruna dahi tahammülleri yoktur. Bilmektedirler ki; nüfus mübadelesi gerçekleşince, Türkiye millî bir devlet olacak, homojen bir yapıya kavuşacaktır. Bu sayede devlet dış politikada azınlıklar sorunu gibi çok ciddi bir sorundan kurtulmuş olacaktır. Zaten çok uluslu Osmanlının bu yapısından kaynaklanan sıkıntılara bizzat şahit olmuşlar, yabancı devletlerin azınlıklar adına Osmanlının iç işlerine karışmalarının getirdiği sonuçları bizzat yaşamışlardır. Çocukluk ve gençlik yıllarını birlikte geçirdikleri azınlıkların, Balkan Savaşları ve Birinci Dünya Savaşı sırasında kendilerine karşı savaştıklarını görmüşlerdir. Ayrıca 20. yüzyıl millî devletler yüzyılıdır. Almanya ve İtalya gibi millî birliğini tamamlayan ülkeler güçlenmiş, kozmopolit yapıya sahip olan Osmanlı ve Avusturya-Macaristan İmparatorluğu gibileri de dağılmaktan kurtulamamıştır. Bunların yanı sıra Anadolu'daki Türkler, gördükleri zulümden, verdikleri canlardan sonra, Rum halkına karşı iyi hisler beslememektedirler. Ayrıca mübadele olmaz ise Yunanistan'da yaşayan Türklerin akıbeti hiç de iç açıcı olmayacaktır. Bütün bu gerçekler sonunda nüfus mübadelesinin yapılması kaçınılmaz hâle gelmiştir. Mübadelenin tamamlanması ile Osman Ağa'nın tarih sahnesine çıkmasına vesile olan Pontus sorunu tamamen çözülmüştür.

---

[502] Hikmet Öksüz, "Pontusçuluğun Sonu: Nüfus Mübadelesi", *Başlangıçtan Günümüze Pontus Sorunu*, s.433.

Ali Şükrü Bey Kimdir?

Büyük Millet Meclisi İkinci Grup Trabzon Mebusu olan Ali Şükrü Bey, 1884 yılında doğmuştur.[503] Babası Trabzon'un Vakfıkebir kazası eşrafından Hacı Hafız Ahmed Efendi'dir. Annesi ise Sadbek hanımdır. Ailesi *"Reisoğulları"* namıyla anılmaktadır.[504] Ali Şükrü, ailesi tarafından dindar, ahlaklı ve vatanperver bir fert olarak yetiştirilir.

İlk mektebi bitirince babası tarafından Heybeliada'daki Mekteb-i Fünun-u Bahriye-i Şahane'ye yazdırılır. Döneminin gözde eğitim kurumlarından olan bu mektebin Ali Şükrü Bey'in üzerinde çok büyük etkisi vardır. Millî meselelere ilgi duymaya bu yıllarda başlar. Düşüncelerini korkmadan, çekinmeden arkadaşlarıyla tartışan Ali Şükrü Bey, idarenin bütün baskılarına rağmen düşündüklerini söylemekten asla çekinmemiştir. Arkadaşları Ali Şükrü Bey'in bu yönünü şöyle dile getirmektedirler: *"Ali Şükrü, münakaşayı pek severdi. Herhangi bir fikre uzun münakaşalar ve muhakemelerden sarılır ve vakada kabul ettiği fikirden onu vazgeçirmek muhal olurdu. Bu itibarla Ali Şükrü, görüşlerinde daima sebat ve ısrarı ile meşhurdu"*[505]

Resim 46 - *Ali Şükrü Bey*

---

[503] Ali Şükrü Bey'in doğum yeri konusunda kaynaklar uyum içinde değildirler. K. Mısıroğlu ve F.Çoker doğrum yeri olarak Şarlı/Beşikdüzü'nü, Türkiye Büyük Millet Meclisi Albümü Trabzon'u, Dr. Sabahattin Özel, M.Goloğlu ile Vakit ve Tevhid-i Efkar gazeteleri ise İstanbul Kasımpaşa'yı göstermektedirler. Bk. İsmail Hacıfettahoğlu, *Ali Şükrü Bey*, Ankara, 2003, s.12.

[504] S. Üçüncü, a.g.t, s.19.

[505] *İstikbal*, 3 Nisan 1923, Sayı. 881 ; Hacıfettahoğlu, *a.g.e.*, s.14.

Resim 47 - Ali Şükrü Bey (İsmail Hacıfettahoğlu Arşivinden)

Ali Şükrü Bey 1903 yılında eğitim için İngiltere'ye gönderilir ve 26 Şubat 1904 tarihinde de Mekteb-i Fünun-u Bahriye'nin güverte bölümünden mezun olur.[506] Bahriye Kurmay Teğmeni rütbesi ve seyir subayı yardımcısı olarak askerî görevine başlar. 29 Ekim 1905'te kurmay üsteğmen, 27 Nisan 1911'de yüzbaşı rütbesini alır. Yarhisar torpidosu, Nevşehir Gambotu, Sultaniye ve Orhaniye gemilerinde seyir subaylığı yapar.[507] Deniz Müzesinde görevlendirildiği sırada askerlik mesleğinden istifa eder ancak istifası Balkan Savaşı nedeniyle askıya alınır. Ancak 14 Haziran 1914 tarihinde, Balkan Savaşı sonunda istifası kabul edilir.

19 Temmuz 1909 tarihinde 28 arkadaşı ile birlikte "Donanma-i Osmani Muavenet-i Millîye Cemiyeti"ni kurar. Damat Ferit Paşa Hükümeti tarafından yapılan 1 Şubat 1919 tarihli Meclis- i Vükela toplantısında Donanma Cemiyetinin kapatılması kararı alınınca[508] Ali Şükrü Bey, Millî Kongre'ye katılarak bu grubun en aktif üyelerinden biri olur. Bu arada İstanbul'dan Anadolu'ya yoğun şekilde silah ve cephane sevkiyatı başlayınca bu faaliyetlerin içinde yer alır. İlyas Sami Bey ve Binbaşı Osman Bey ile birlikte Trabzon'a gider ve buradaki örgütlenme faaliyetlerine katılır.

---

[506]İsmail Akbal, Trabzon'da Muhalefet, Trabzon, 2008, s.407.
[507] Fahri Çoker, Türk Parlamento Tarihi, C. III, Ankara, 1995, s.923.
[508]Taha Niyazi Karaca, Son Osmanlı Mebusan Meclisi Seçimleri, Ankara, 2004, s.44-48.

Son Osmanlı Mebusan Meclisine Trabzon mebusu olarak girer,[509] bu mecliste Misak-ı Millî çalışmalarının içinde yer alır. Mebusan Meclisi'ne 234 oy ile Trabzon'dan seçilen Ali Şükrü Bey, bu Meclis'in kapatılmasından sonra Ankara'ya geçer ve 23 Nisan 1920'de TBMM'nin açılışında hazır bulunarak Trabzon mebusu olarak görev alır. Mustafa Kemal Paşa'ya muhalif olan, saltanat ve hilafetçi mebusların bulunduğu ikinci grupta siyasi faaliyetlerini sürdürür. Emine Kamer Hanım'la evli ve üç çocuk babası olan Ali Şükrü Bey'in ticari hayatı ise *"Ali Şükrü Matbaası"*nı kurması ile başlar. Ali Şükrü Bey, *"Ay Yıldız Pazar"* adlı ticarethaneyi de hizmete açarak burada çeşitli kırtasiye, matbu evrak ve kitap satarak, yayıncılık yaparak ticari faaliyetlerini sürdürür.[510] 1909 yılında *"Pusula Hatası ve Tashihi"* adlı bir kitabı yayınlanan Ali Şükrü Bey; 1910 yılında *"Donanma"*, 1913 yılında *"İdman"*, 1919 tarihinde ise *"Gündoğuşu"* mecmualarını çıkartarak dergicilik faaliyetleri de yapar. 27 Mart 1923 gecesi ortadan kaybolan Ali Şükrü Bey'in öldürüldüğü anlaşılır. Cinayet Osman Ağa'nın üstüne kalır. Ali Şükrü Bey'in cenazesi 10 Nisan 1923 tarihinde Trabzon'da toprağa verilir.

Ali Şükrü Bey'in Matbaası, Tan Gazetesi ve Basın Yoluyla Yaptığı Muhalefet

Ali Şükrü Bey 1923 yılında, daha önce İstanbul'da faaliyet gösteren Ali Şükrü Matbaasını Ankara'ya taşır. Hacı Bayram Camii yakınlarındaki Taşçıoğlu Hanı'nın zemin katına yerleştirir ve *"Tan"* gazetesini piyasaya çıkartır. Mustafa Kemal Paşa bu durumu pek hoş karşılamaz. Kazım Karabekir anılarında Mustafa Kemal Paşa'nın Ali Şükrü Bey'in matbaasını Ankara'ya taşıdığını öğrenmesini şöyle anlatır:

> *"Gazi Mustafa Kemal pek asabi idi. 'Muhaliflerden Ali Şükrü Bey Ankara'ya matbaa makinesi getirmiş. Tan adında bir gazete çıkaracakmış, siz hâlâ uyuyorsunuz.' diye yaveri Cevat Abbas Bey'e verdi veriştirdi. Ve 'yakın, yıkın' diye çıkıştı. Yalnız kalınca kendilerini teskin ettim. Bu tarzdaki beyanatının dışarıya aksedebileceğini ve pek de doğru olmadığını anlattım."*[511]

---

[509] Emel Oruç Olgun, *Ali Şükrü Bey Olayı*, Ankara Üniversitesi Türk İnkılap Tarihi Enstitüsü, Yüksek Lisans Tezi, s.19.
[510] Hacıfettahoğlu, *a.g.e.*, s.23.
[511] *Kazım Karabekir Anlatıyor*, (Haz: Uğur Mumcu), Ankara, 1993, s.68.

Saltanat ve hilafete bağlılığını her fırsatta dile getiren Ali Şükrü Bey muhalif yayın yapmaya bir an önce başlar ve matbaasında Afyon Mebusu İsmail Şükrü Bey'in hükümetin halifeye değil de, halifenin hükümete emir vermesi gerektiği iddiasında bulunan *"Hilafet-i İslamiye ve TBMM"* isimli tebliğini basar. Tebliğin içeriği şöyledir:

"Büyük Millet Meclisinin hilafet ve saltanat hakkındaki iki maddeyi ihtiva eden 1 Teşrinisani 338 tarihli kararı gerek dahiliye gerek bütün âlem-i İslam'da azim tesirler husule getirmiş bu sebeple efkâr-ı umumiyeyi İslamiye tereddüt ve ıstırabata düşmüştür. Bu hususta ıktar-ı muhtelifedeki neşriyat ve bazı zevatın beyanından anlaşıldığına göre meselede büyük bir su-i tefehhüm hasıl olmuş. Bazı taraflarda öyle zannedilmiş ki Büyük Millet Meclisi şeriat-ı İslamiyenin ahkam-ı celilesini bir tarafa bırakarak Katolik âlemindeki papanın mevkii gibi yeni bir vaziyet husule getirmiş! Bütün İslam efkâr-ı umumiyesini temin ederiz ki o kararı ısdar eden Büyük Millet Meclisi azası muhteremi katiyen böyle bir tasavvurda bulunmamış böyle gayrişeri bir vaziyet husule getirmeyi hatırına bile getirmemiştir. Tahkim ve tasallutun şahsiyedir ki zaten İslamiyet bunu kabul etmemektedir. İbka olunan şer'ide ayn-ı hükümet olan hilafet-i celile-i İslamiyedir ki bunun mana-yı aslisini hukuk ve vezaifi şeriyesini iptal etmek hiçbir kimsenin hiçbir mecalisin elinde olmadığı bütün Müslümanlarca malumdur. Böyle iken o kararı yanlış tefsir etmeye mahal var mıdır? Lakin bütün Müslümanlar takdir eder ki buhranlı ve gayritabii zamanlardayız. Hiç şüphe yok ki bu vaziyet-i muvakkattır ve inşallah çok geçmeksizin hâl aslı vaziyeti avdet edecektir. İslam-ı efkâr-ı umumiyesi yakinen bilmektedir ki Büyük Millet Meclisi ile Meclis'in intihab-ı vaz-ı yed ettiği halife-i müslimin arasında hiçbir ayrılık gayrılık yoktur. Halife Meclis'in, Meclis Halifenindir"

Bu tebliğ Mustafa Kemal Paşa'ya Büyük Millet Meclisi başkatibi Recep Bey tarafından 16 Ocak 1923 tarihinde mektupla bildirilir. Recep Bey, mektubunda tebliğin içeriğini şöyle aktarmaktadır:

"Bugün Ankara'da Hilafet-i İslamiye ve TBMM adı altında bir broşür yayınlanmıştır. Beş kuruş fiyat ile satılmaktadır. İmza sahibi Karahisar-ı Sahip (Afyon) Mebusu Hoca Şükrü Efendi'dir. Broşür yeni kurulan Ali Şükrü Bey'in matbaasında basılmıştır. Broşürün içeriği bilinen konuda olup saltanatın kaldırılması hakkındaki Meclis kararının şeriata aykırı ol-

duğunu ve bazı taraflarca ve basında telakki olunduğu gibi halifenin güç-
süz, hükümetsiz bulunmadığını ve halifenin kabulü ile onun uyguladığı
hak ve şeriatın ödevlerinin de kabul edilmiş olduğunu ve sırası gelince
bunun da yasayla kabul edilebileceğini ifade etmektedir."

Ali Şükrü Bey, Tan gazetesinde Lozan konusunu da işler, Meclis'teki sü-
reci ve bu konudaki fikirlerini yazılarına aktarır. 24 Ocak 1923 tarihli yazısın-
da emperyalist devletlerin Lozan'daki baskılarından bahsedip oradaki hırs ve
menfaat didişmelerini; hak ve adalet kavramlarının garip ve öksüz kaldığını
gördükçe *"Acaba dünyada adalet ve hak ve hukuk kavramlarının üzerinde*
anlaşıldığı bir düzen tesis edilmeyecek m?i" sorusunu sorar. Lozan Konfe-
ransı'nın kesintiye uğramasından bahsederek buradan bir barış kararı çık-
mazsa dünyaya Misak-ı Millî çerçevesinde kendisini göstereceğini söyler, İn-
giltere'nin konferansta barışa karşı direnç gösteren tavrının Anglosakson
medeniyeti için pek de şerefli bir durum olmadığından bahseder. İsmet Pa-
şa'nın konferans dönüşünün çok uzun sürdüğünü ve İsmet Paşa'nın bir an
önce Ankara'ya dönerek konferans hakkında Meclis'i bilgilendirmesi gerekti-
ğini dile getirir.[512]

29 Ocak tarihinde *"İnkıta Vuku Bulursa"* başlığıyla kaleme aldığı yazıda
Lozan'dan gelen haberlerin her an konferansın kesintiye uğrayabileceğini
gösterdiğini öngörmüştür. Lozan görüşmelerinin kesintiye uğraması hâlinde
bütün milletin tek vücut hâlinde hareket edeceğini ve Misak-ı Millî sınırlarına
er ya da geç ulaşılacağından emin olduğunu ifade etmiştir. 7 Şubat 1923 ta-
rihli *Tan* gazetesinde kaleme aldığı *"Murahhaslarımızın Avdeti Etrafında"*
başlıklı yazısında, Türk delegelerinin verdikleri taviz ve iyi niyetlerine rağmen
İtilaf Devletleri'nin Türklerin bağımsız yaşam taleplerini görmezlikten geldikle-
rini ve yeniden Sevr Antlaşması şartlarını dayattıklarını ifade etmiştir. Ali Şük-
rü Bey, Lozan Konferansı'nın kesilmesi sonrasında İtilaf Devletleri'nin barış
teklifine karşı Hükümet'in hazırladığı teklifi uygun bulmamıştır. 16 Mart 1923
tarihli *Tan* gazetesinde *"Konferansa Giderken"* başlıklı yazısında hazırlanan
yeni teklifin, Türk Delegasyon Heyeti'nin ilk teklifi merkezinde yapıldığını sa-
vunmuştur. En azından Lozan Konferansı'nın ikinci görüşmelerinde Türk mil-
letinin çıkarlarının ciddiyetle savunulmasını istemiştir. 21 Mart 1923 tarihli
Tan gazetesinde *"Siyasette İstiklal"* başlıklı yazısında kalıcı barışın ancak Mi-

---

[512] Olgun, *a.g.t.* , s.81-96

sak-ı Millî gereği, yaşama ve bağımsızlık hakkının yanı sıra siyasi bağımsız-
lığın kabul edilmesiyle gerçekleşebileceğini ifade etmiştir. Barış görüşmeleri-
nin artık İstanbul'da yapılmasını istemiştir. 22 Mart 1923 tarihli *Tan* gazete-
sinde *"Sulh İstanbul'da Müzakere Edilmeli"* başlıklı yazısında müzakerelerin
İstanbul'da yapılacağına dair söylentilerin kuvvetlendiği bilgisini vermiştir. Ba-
tı'da yapılacak barış müzakerelerinde Türk temsilcilerinin ilk görüşmelerdeki
gibi tesir altına alınacağını belirterek İstanbul'da böyle bir tehlikenin olmaya-
cağını savunmuştur. Yıllardır büyük sıkıntılar yaşayan Türk milletinin davası-
nı, gözü önünde bir yerde tartışılmasını isteme hakkının olduğunu belirtmiştir.
Müzakerelerin İstanbul'da yapılması hâlinde sonuca daha kısa sürede ulaşı-
lacağını iddia etmiştir. Türk Delegasyon Heyeti'nin çok daha rahat ve etkili
çalışabileceğini, halkın ise konferans sürecini günü gününe takip edebilece-
ğini ve bu yönde ortaya çıkabilecek yanlış anlamaların sonuçsuz bırakılabile-
ceğini ifade etmiştir. 25 Mart 1923 tarihinde *Tan* gazetesinde kaleme aldığı
"Sulhten Milletin Anladığı Mana" başlıklı yazısında da bu durumu eleştirmiştir.
Azınlık haklarının Cemiyeti Akvam'ın teminatı altına alınmasının bağımsız bir
devlete yakışmayacağını ve ciddi sorunlarla karşılaşılacağını, yine azınlıkla-
rın Mondros Mütarekesi'nden hemen sonra Türkiye aleyhine kin ve nefretle
hareket ettiklerini belirten Ali Şükrü Bey, Cemiyet-i Akvam ve Batılı devletler
himayelerinde ilerleyen yıllarda aynı tavrı yeniden gösterebileceklerini ifade
etmiştir.[513] Ali Şükrü Bey'in gazetesindeki yazılarında Hükümet ve Lozan'daki
delegasyon heyetine Meclis'teki kadar sert muhalefet etmediğini görüyoruz.

Lozan Görüşmelerinin Kesilmesinin Ardından Büyük Millet Meclisi'nin Durumu

Lozan görüşmelerinin kesintiye uğramasıyla birlikte İsmet Paşa ve heye-
timiz Ankara'ya dönmüş, Lozan konusu Büyük Millet Meclisinde gizli celse-
lerde görüşülmeye başlamıştır. 21 Şubat 1923'te İsmet Paşa'nın Lozan Kon-
feransı hakkında Genel Kurul'a sunduğu malumatla başlayan[514] görüşmeler
mart ayı boyunca çok çetin ve sert müzakerelerle devam etmiştir. Lozan mü-
zakereleri belki de Büyük Millet Meclisi'nin o güne kadar yaşadığı en sert
müzakereler olmuştur. Müzakerelerin temelini Musul ve Kerkük gibi Misak-ı
Millî sınırları içinde kalan toprakların düşmanlara terk edileceği endişesi oluş-
turmaktadır. Meclis'te ikinci grup, Lozan Konferansı'nın ilk görüşmelerinin ba-

[513] S. Üçüncü, *a.g.t.* , s.52-59.
[514] Hacıfettahoğlu, *a.g.e.* , s.103.

şarısızlıkla sonuçlandığını düşünmekte, Hükümet'e bu konuda ağır ithamlarda bulunmaktadır. İzmit Milletvekili Sırrı Bey, İsmet İnönü ve Lozan heyetini doğrudan doğruya Misak-ı Millîye muhalefet etmekle suçlar. İkinci grubun en etkili ismi olan Ali Şükrü Bey de, İsmet İnönü'nün Lozan Barış Konferansı'na gönderilmesinin başlı başına yanlış olduğunu, İsmet İnönü'nün üzerine aldığı vazifeyi hakkıyla yerine getiremediğini baştan beri dile getirmektedir. Görüşmelerle ilgili yabancı basında çıkan haberlerle Meclis'e verilen bilgilerin birbirini tutmadığını söyleyen Ali Şükrü Bey; hükümetin Lozan görüşmelerinde gizli işler çevirdiğini, konferans tutanaklarının ve protokollerin Meclis'ten gizlendiğini iddia etmektedir. Ona göre, Lozan süreci Kütahya-Eskişehir Muharebesi sonrasında ülkenin karşılaştığı tehlikeli durumdan daha vahimdir. TBMM o zamanki tehlikeli durumdan birlik beraberlik sayesinde kurtulmuştur. Bugün ise daha büyük bir tehlikeyle karşı karşıya kalınmıştır.[515] Ali Şükrü Bey, inisiyatifin İngiltere'ye bırakıldığını ve yeni bir heyetle işe tekrar başlanması gerektiğini belirtmekte, aksi takdirde *"cephede kazanılan zaferin, masada kaybedileceğini"* düşünmektedir. 5 Mart 1923 Pazartesi günü kürsüde söz alan Ali Şükrü Bey, Lozan Heyetini şu sözlerle eleştirmiştir:

"Müzakerata davet edilen biz olduğumuz hâlde ilk teşebbüs cereyanı müzakerat esnasında daima düşmanlara bırakılmıştır. Sonra öyle bir vaziyete gelinmiştir ki o Lort Gürzon daima, bize hamle etmiştir. Bizimkiler daima müdafaacılıkta kalmışlardır. Bir defa cüret gösterip de hamle etmemişlerdir. Bir defacık olsun bu tarzda, maalesef hamle gösterilmemiş; evvelce bizim takdir ettiğimiz, sırf yegâne meziyet almak üzere müthiş metanet gösteriyorlardı. Maalesef o metanet bir dakika için sevindirmiş ve Misaki Millî'den azami fedakârlık yapılacak benim hesabımca şeklide tebeddül etmiştir. O metanetin de neticeye kadar devam etmediğini vukuat bize göstermiştir Yani kendi nokta-i nazarımca onların hücumuna karşı hücum yapacağımız yerde, bunu yapmamaktan ziyade hasım mukavemeti bile sonuna kadar idame edememiştir.(...) Burada görüyorum ki, muhterem Heyeti Vekile Reisi birisinin ağzından söz çıkarsa lop ona cevap vermek istiyor ve ağızlarını bu suretle kapamak istiyor, mantıki veyahut gayrimantıki görüyorum ki artık mesele heyeti murahhasanın elinden çıkmış, Heyeti Vekile'nin eline geçmiştir ve Heyeti Vekile bütün mesuliyeti

---

[515] S. Üçüncü, *a.g.t.* , s.52.

deruhde etmiş, teklif edeceği mukabil projeyi müdafaa ediyor. Kısmen de bize tashih ettirdiler. Vaziyet aşağı yukarı budur."[516]

Ali Şükrü Bey, Meclis'in ya savaş ya barış ikilemine getirildiğini, bu durumunda Türk heyetinin beceriksizliğinden kaynaklandığını, savaşmanın felaket olacağını ancak zaferin getireceği barışı elde etmeninde artık zor olduğunu şu sözlerle dile getirir:

"Bugün ne yapmak lazım geliyor? Bendeniz sırf şahsi kanaatimi arz ediyorum. Şu vaziyet karşısında görüyorum ki, fırsat hemen hemen ebediyen gaib edilmiştir. O zaferin icab ettirdiği sulhu elde edebilmek fırsatı bugün ebediyen gaib olmuştur. Çünkü içimizde hiçbir kabadayı yoktur; harbi göze aldırabilecek. Harbi göze aldırdık mı vallahi Trakya'nın bir defa daha çiğnenmesi ve İstanbul'un tamamıyla perişan, mahvolması demektir. Başka bir manası yoktur. Rauf Bey diyor ki üç yüz bin kişilik ve yahut şu kadar zinde bir ordumuz vardır. İşte efendiler, zinde ordumuz var. Hamdolsun. Fakat Asya sahilinde kalmaya mahkûmdur. Efendiler, ordumuzun bugün yapacağı, bir vaziyet karşısında silahına süngüsünü takıp dişini bilemektir. Çünkü ordumuzun fennen, ilmen düşman karşısına geçmesine imkân yoktur. Efendiler, o hâlde herhangi arkadaşımız cesaret eder de, Trakya'nın ve İstanbul'un çiğnenmesi, yakılması, yıkılması bahasına harbe sebep olabilir? İşte bu vaziyetteki bilgisizlik, siyasette idare edememezlik veya idare etmekte lakaydi ne derseniz deyiniz, bizi bu hâle koymuştur. Hükümet bizi nasıl tehdit eder efendiler? Ya harp, ya sulh."[517]

Ali Şükrü Bey, Yunanistan işgalindeki Ege adalarının mutlaka geri alınması düşüncesindedir. Balkan Savaşları sonrasında imzalanan Londra Antlaşması gereği birkaçı hariç adaların Türkiye'ye teslim edilmiş olmasına rağmen buraların hâlen geri alınamadığını belirtmiştir. Adaların Türklere ait olduğunu Yunanlıların dahi kabul ettiğini belirten Ali Şükrü Bey, buraların terk edilmemesini istemiştir. *"Efendiler o adalar ki bizim bahçe duvarımız, harimimiz duvarıdır ve o adalar elimizde bulunmadıkça Anadolu'nun selameti hiçbir vakit müemmen değildir."* ifadelerini kullanarak adaların önemini ortaya koymuştur. Adaların Türkiye için önemini belirttikten sonra Lozan Konferansında yapılan teklifi eleştirmiştir. Teklif gereği Türkiye'ye bırakılan Bozcaada ve

---

[516] *TBMM Gizli Celse Zabıtları*, C. IV, s.131.
[517] *TBMM Gizli Celse Zabıtları*, C. IV, s.132-133.

258 | ÜMİT DOĞAN

İmroz'da hiçbir şekilde askerî tahkimat kurulamayacaktır. Ali Şükrü Bey, bunun Türkiye'nin Boğazları dahi askerî açıdan koruyamayacağı anlamı taşıdığını belirtmiştir. Teklif gereği, Yunanlılara terk edilen Sakız, Midilli ve İstanköy adalarında da tahkimat yapılmamakla beraber tayyare hangarları kurulmasına müsaade edilecektir. Ali Şükrü Bey, bunun anlamının ise *"Zamanı geldiği vakit Anadolu'ya atlayın."* demek olduğunu söylemiştir. Lozan Konferansı'nda Ege adalarıyla ilgili izlenecek yol hakkında önerilerde bulunmuştur. Ona göre, adaların Batı Anadolu kıyılarına yakınlığından yola çıkılmalı, Anadolu'nun doğal bir parçası olduğu tezi savunulmalıdır. Ali Şükrü Bey, Lozan Barış görüşmelerinde On İki Ada'nın müzakereye bile gerek duyulmadan terk edildiğini iddia etmiştir. Uşi Antlaşması gereği, Balkan Savaşları sonunda On İki Ada'nın Türklere terk edilmesi gerekirken İtalyan işgaline göz yumulduğunu hatırlatmıştır. Adaların tamamıyla Türkiye'ye ait olmasına rağmen Lozan Konferansı'nda bunlardan vazgeçilmesinin anlaşılamayacak bir durum olduğunun altını çizmiştir. Gerek Ege adalarının gerekse On İki Ada'nın Türkiye için çok önemli olduğunu, bunların elden çıkmasının özellikle savunma tertibatına büyük bir darbe vuracağını söylemiştir. Ali Şükrü Bey, Lozan Konferansı sürecinde Musul'un geleceğinin bir yıl sonraya ertelenmesini şiddetle eleştirmiştir. Bu tavrın Musul'un elden çıkmasını kabul etme anlamına geldiğini iddia etmiştir. Ona göre, düşmanlar şimdiye kadar hiçbir toprağı sonradan iade etmemiştir. Musul meselesini bir sene sonraya ertelemek yeni bir Mısır yaratmak anlamına gelir. Musul da Girit gibi elden çıkacaktır.[518] Konuşmasını Misak-ı Millî sınırları içinde olan Musul ve Karaağaç konusuna değinerek devam eden Ali Şükrü Bey şu sözleri dile getirir:

"Musul'u kim terk etmiştir? Efendiler soruyorum; düşmanların altı ay sonra iade etmiş olduğu bir toprak var mıdır? Yoktur efendiler. Hangi toprak bir daha geri iade edilmiştir? Musul'u bir sene sonraya bırakmak, bir Mısır yapmak demektir. Binaenaleyh neticede gaip etmek demektir.(...) Bu da Girit gibi gidecektir. Binaeanleyh Boğazlar'da itilaf edilmiş ve bu yüzdendir ki Karaağaç'ı da gaip etmişizdir. Binaenaleyh bu bir hata. Mesela İngilizlerin Boğazlar meselesini hâl edelim dedikleri zaman, ısrar edip hayır, arazı meselesinin hepsi hal edilecek. Evet, evvela hepsi çorba gibi bir arada hâl olunmaz, ayrı ayrı hâl olunur. Fakat Boğazlardan evvel gel bakalım Trakya meselesine, adalar meselesine gel, bakalım karşımıza demek lâzım gelirdi. Sonra Irak'ın bugünkü şekli itibariyle zaten Irak

[518] S. Üçüncü, *a.g.t.*, s.56-58.

diyorum, af buyurunuz, Musul'un evvelce de arz etmiştim ki, Lort Gürzon bir muhtıra ile Musul'un dörtte üçünü bize bırakmağı zaten söylediği hâlde, biz bunun bir sene zarfında veya bil müzakere hâl etmezsek cemiyeti akvama veririz."[519]

Ali Şükrü Bey, konferansın barış antlaşmasıyla sonuçlanmaması hâlinde memleketin karşılaşabileceği olası tehlikelere dikkat çekerek Hükümet'i uyarmıştır. Olası bir harbe karşı ordunun bütün tedbirleri alıp savaşa hazır olmasını istemiştir. Musul'a askerî hârekat düzenlenmesi için yapılan hazırlıkların tamamlanıp tamamlanmadığını, ani bir saldırıyla buranın ele geçirilip geçirilemeyeceğini, olası bir savaşta Yunanlıların Doğu Trakya ve İstanbul'u işgal girişimleri karşısında ne gibi tedbirler alınacağını sormuştur. Türk ordusunun bugün itibarıyla önceki yıllara göre savaşa daha hazır olduğuna kendisinin de inandığını, bununla beraber gerekli hazırlıkların yapılması ve tedbirlerin alınması gerektiğini belirtmiştir. Yine Maliye Vekili'nden İngilizlerin İstanbul'u ablukaya alıp gümrük gelirlerini sıfıra indirmesi hâlinde ekonomik vaziyeti düzeltme adına ne gibi tedbirler alacağını sormuştur. Ali Şükrü Bey'in de içinde bulunduğu ikinci grup mebusları 4 Mart 1923 tarihinde verdikleri bir takrirle Hükümet'in barış müzakerelerinde dikkate alması gerekenleri ortaya koymuşlardır. Barış müzakerelerinde Hükümet'ten şunları istenmişlerdir: İstanbul ve Trakya'nın iktisadi, siyasi, askerî gibi bütün alanlardaki yönetimi Türkiye'de olmalıdır. Lozan Konferansı'nın birinci döneminde Türkiye'yi temsil etmiş olan heyet, Misakı Millî'den taviz verdiği için lağvedilmelidir. Yunanlıların Anadolu'da yaptığı tahribatın madden tazmin edilmesi sağlanmalıdır. Türkiye'nin borçları ertelenmelidir. Hükümet bir an önce barış görüşmeleri için çalışmalara başlamalıdır. Görüşmelerde Türkiye'nin tam bağımsız olarak kalması kabul ettirilmelidir. Bu taahhüt altına alınmadan hiçbir taviz verilmemelidir.[520]

İkinci grup mebuslarının Lozan görüşmeleri süreci ile ilgili Hükümet'i sert bir dille eleştirmesi Mustafa Kemal Paşa'nın hoşuna gitmemiştir. Ona göre Lozan heyeti, Hükümet'in Lozan Konferansı sürecini başarıyla yönetmiştir. Eleştirilere daha fazla dayanamayan Mustafa Kemal Paşa, sonunda kürsüye kendisi çıkmış ve bütün sorulara kendisi cevap vermiştir. Ancak Mustafa Kemal Paşa'nın bu müdafaası da Meclis'in havasını yumuşatmaya yetmemiş,

---

[519] *TBMM Gizli Celse Zabıtları,* C. IV, s.134-135.
[520] S. Üçüncü, *a.g.t.*, s.60-61.

aksine sataşmalar, bağırıp çağrışmalar ve suçlamalar daha da şiddetlenmiştir. Meclis'in en hararetli tartışmalarının yaşandığı 6 Mart 1923 Salı günü Mustafa Kemal Paşa ile Ali Şükrü Bey arasında şu hararetli tartışma yaşanmıştır:

Mustafa Kemal Paşa – *Arkadaşlar, altı yedi günden beri malum olan mesele üzerinde heyet-i âlinizce müzakere cereyan etmektedir. Müteaddit hatip arkadaşlar söz söylediler ve lüzumu kadar tenkidat yapılmış olduğu kanısındayım. Malum-ı âliniz Lozan Konferansı birçok zaman temadi ettikten sonra İtilaf Devletleri Heyet-i Murahhasları Heyet-i Murahhasamıza müzakeratın hülasası olmak itibariyle birtakım şerait-i muhtevi sulh projesi namıyla bir şey vermişti. Elinizde bulunan ve tercümesi çok yanlış ve çok natamam olmakla birlikte bundan anlaşılan mana ve ruh şudur ki, böyle bir sulh projesini bizim için kabul etmek mümkün değildir. Çünkü doğrudan doğruya muhtel şeraiti ihtiva etmektedir. Eğer İtilaf Devletleri bize projeyi kabul ettirmekte musir olurlarsa o hâlde milletimiz için Hükümet ve Meclis'imiz için harb şekli zaruretinde tecelli etmiş olur. Yapılacak birşey yoksa o zaman harb ederiz. Fakat bu son noktaya vasıl olmazdan evvel sulh yolunda çalışmayı tercih etmeyen hiçbir arkadaşınız yoktur. Düvel-i müttefikanın malum olan projesine mukabil heyeti murahhasanız bir mektup göndermiştir ki ağızlarda dolaşan mukabil proje bu olsa gerektir. Bu mektup usulü, diplomatik usulde her vakit yapılabilir ve yapılması muvafık olan bir tarzdır. Mektubun muhteviyatı neticede esasen ittifak ettiğimiz nikatı imza ederek sulh yapalım ve ikinci, üçüncü derecede olan mesaili başkaca mütalaa ederek buna nihayet verelimden ibaret olup bundan başkaca bir ilave daha yapılmıştır ki o da; eğer İtilaf Devletleri bu teklifatımızı kabul etmeyecek olurlarsa teklifatımız keemlemyekundur. Binaenaleyh Heyet-i Murahhasa sizden yeni bir veçhe talep ediyor. Bendenizce mesailin her noktası anlaşıldıktan sonra yeni bir veçhe vermek lazımdır ve bu bizim için çok mühim ve hayati olan Musul meselesinin muvakkaten talikini mevzubahis etmemek ve fakat idari, siyasi, mali ve iktisadi vesair mesaildir. Arkadaşlar ben şahsen vicdanıma ve kanaatı fikriyeme istinaden heyet-i âlinize derim ki heyet-i murahhasımız kendisine tevdi edilen vazifeyi tamamen ve pek mükemmel bir surette ifa etmiştir. Milletimizin ve Meclis'imizin şerefini ilan edecek bir tarzda dünyaya tanıtmıştır ve başarılı olmuştur.*

Ali Şükrü Bey – *Müzakereyi bilfiil bugün açmak için Musul'un muvakkaten taliki ve Karaağaç'ın terki, yani bu ivazı bidayet emirde yapmadıkça müzakere açmanın imkânı yoktur, Heyeti Vekile ve heyeti murahhasa için. Binaenaleyh orta yerde bir hakikat vardır. Mukabil proje vardır ve heyeti murahhasamız da bunu vermekle, benim kanaatımca, veçhesini Meclisi Âli'den alan hükümetin talimatından hariç bir vazifede bulunmuşlardır. Heyet-i Vekile Reisi son almış olduğu telgrafta arz etmişti ki verdiğim talimat bir beyanname neşriyle ve inkıta kelimesi telaffuz etmeksizin avdet etmeleri emrini verdiklerini burada söylediler. Müzakerenin tarz-ı cereyanı itibariyle ve Hakkı Hami Bey'in buyurduğu ve Paşa Hazretlerinin o tarzı ifadeye göre vermiş oldukları cevap şeklinde değildir. Bendenizin aklımda kalan şekil bu şekildir.*

Mustafa Kemal Paşa – *O sizin ifadenize göredir. Yani ben diyeceğim ki doğru değildir.*

Ali Şükrü Bey – *Şahit, Heyet-i Umumiyedir.*

Mustafa Kemal Paşa – *Yani siz meseleyi kendi hayalatınıza göre düşünüyor, vücut veriyor, hüküm veriyorsunuz ve öyledir diyorsunuz. Öyle değildir beyefendi hazretleri. Bakınız bir defa İngilizler heyeti murahhasanın teklifi veçhile Musul teklifini kabul etmiş değildirler (...) Eğer sizin dediğiniz gibi olsa idi o zaman heyet-i murahhasayı tecziye etmeniz lazım gelirdi. Bilasebep harbe mi götürsün, bunu mu istiyorsunuz? Heyet-i murahhasamız makul ve akıl ve feraset dahilinde hareket ettiğinden dolayı müzakeratı kat etmediğinden dolayı mı Heyet-i Murahhasayı tenkit edeceğiz? Böyle mi memleketi idare edeceğiz Ali Bey Efendi ?*

Ali Şükrü Bey – *Söyleyeceğim.*

Mustafa Kemal Paşa – *Bir haftadır söylüyorsunuz, memleketi zarardide ediyorsunuz. (Gürültüler)*

Ali Şükrü Bey – *Kimseyi ithama hakkınız yoktur.*

Hakkı Hami Bey – *İstirham ederiz, Meclis'te emniyet yoksa söyleyiniz, Meclis'te emniyet yok mudur?*

Ali Rıza Bey *(Kars)* – *Bütün Meclis Paşa'nın müdafiidir? Size ne oluyor?*

Reis — *Meclis her vakit emniyeti muhafaza eder. Rica ederim susunuz, oturunuz.*

Ali Şükrü Bey – *Emniyet-i şahsiye mefkut mudur?*

Reis – *Efendim, kim emniyeti şahsiye diyor? Rica ederim yerlerinize oturunuz.*[521]

Oturuma başkanlık eden Büyük Millet Meclisi İkinci Reisi Ali Fuat Paşa 6 Mart 1923 günü yaşananları şöyle anlatıyor:

"*Mustafa Kemal Paşa, Meclis'te konuşurken hava oldukça gergindi. O konuşuyor, sözü kesiliyor, o cevaplıyordu. Paşa sözlerini tamamladıktan sonra Ali Şükrü Bey'in ben de söyleyeceğim demesi üzerine Gazi Paşa hiddetli bir tavırla: 'Bir haftadır söylüyorsunuz, memleketi zarar-dide ediyorsunuz, maksadınız nedir?' dedi ve kürsüden inerek elleri cebinde olduğu hâlde asabi bir şekilde Ali Şükrü Bey'in üzerine yürüdü. Bu arada herkes Meclis'in ortasında birbirine bağırmakta olan mebusların etrafında toplanmıştı. Ali Şükrü Bey, 'Kimseyi ithama hakkınız yoktur.' diye bağırıyor ve Sinop Mebusu Hakkı Hami Bey de 'Meclis'te emniyet yok mudur?' feryadını basıyordu. Müzakereler çok ehemmiyetli ve ciddi bir hâl almıştı. Müdahalelerim artık tesirini göstermiyordu. Riyaset kürsüsünün önünde birinci ve ikinci grup azalarından çok sinirlenmiş olanlar karşı karşıya gelmiş ve adeta iki muhasım cephe teşkil etmişler, birbirlerini itham ve tehdit ediyorlardı. Bu hâlin biraz daha devamı, müessif hadiselere sebep olacaktı. Hatta birbiri aleyhine tabanca vesaire istimaline kadar varacaktı. İntizamı iade maksadıyla Meclis emniyet memurlarını çağıramazdım, çünkü müzakereler gizliydi. Ne yapabilirdim? Derhal riyaset çanını her iki tarafın ortasına attım ve şaşkınlıktan istifade edip müzakereleri tatile muvaffak oldum.*"[522]

---

[521] *TBMM Gizli Celse Zabıtları,* C. IV, s.173-176.
[522] Osman Selim Kocahanoğlu, *Ali Fuat Cebesoy-Bilinmeyen Hatıralar,* İstanbul, 2005, s.287-288.

ALTINCI BÖLÜM

ALİ ŞÜKRÜ BEY CİNAYETİ, OSMAN AĞA'NIN ÖLÜMÜ VE SONRASINDA YAŞANANLAR

Ali Şükrü Bey'in Kaybolması ve Sonrasındaki Gelişmeler

Büyük Millet Meclisinde hararetli tartışmaların devam ettiği mart ayının son günlerinde Ali Şükrü Bey ortadan kaybolmuştur. 27 Mart 1923 Salı günü çıktığı evine bir daha dönmeyen Ali Şükrü Bey'in kayboluşu kardeşi Bahriye Reisi Yarbay Şevket Bey'i endişelendirmeye başlar. Ali Şükrü Bey'i kendi imkânları ile bulamayan Şevket Bey, ağabeyinin kayıp olduğunu Başvekil Rauf Bey'e bildirir. Ali Şükrü Bey'in birkaç gündür eve gelmediğini, arayıp taradıklarını ancak bulamadıklarını, en son Karaoğlan Çarşısı'nda Kuyulu Kahvede otururken yanına Osman Ağa'nın adamı Mustafa Kaptan'ın geldiğini ve kahveden beraber kalktıklarını öğrenebildiğini söyler. Başvekil Rauf Bey derhal gerekli emirleri vererek Ali Şükrü Bey'i arattırmaya başlar. Ankara Valisi, Jandarma kumandanı, polis müdürü ve bütün zabıta kuvvetlerinin seferber olmasına rağmen Ali Şükrü Bey'in izine rastlanmayınca bu kayıp haberi bütün Ankara'ya yayılır.

Büyük Millet Meclisinde ikinci grup, bir an önce Ali Şükrü Bey'in bulunmasını istemektedir. Ankara gibi küçük bir yerde bir insanın, üstelik bir milletvekilinin bulunamayışı onları öfkelendirmeye başlamıştır. Muhalif milletvekilleri Ali Şükrü Bey'in siyasi bir cinayete kurban gittiğini, faillerinin ise tıpkı Trabzonlu Kayıkçılar Kâhyası Yahya Kâhya cinayetinde olduğu gibi bulunamayacağını düşünmektedirler. Hükümet kanadı ise muhalif milletvekillerine olayın daha cinayet olup olmadığının bile belli olmadığını, tahkikat sonuçlanıncaya kadar böyle bir değerlendirme yapılmasının yersiz olduğunu belirtmekte ve sakin olmalarını istemektedir.

29 Mart 1923 Perşembe günü Büyük Millet Meclisi, Ali Fuat Paşa başkanlığında toplanmış; Erzurum Milletvekili Hüseyin Avni Bey, Ali Şükrü Bey'in kaybolması ile ilgili şu sözleri söylemiştir:

"Efendiler! Bu şerefli kürsü bugün elim bir vaziyete sahne oluyor. Bu şerefli milletin mebusları bugün kalpleri kan bağlamış bir zavallı, biçare gibi birbirlerine bakıyorlar. Ey Kâbe-i millet! Sana da mı taarruz? Ey milletin mukaddesatı? Sana da mı taarruz? Memleketi düşmanlar istila ediyordu, millet katiyen ümidini kırmıyor. İşte silah başı denildiği zaman Türk köylüsü bütün mevcudiyetini feda ederek ve eline silahını alarak ırzını, namusunu, hayatını kurtarmakta bir an tereddüt etmedi ve muvaffak oldu. Efendiler! Muvaffakiyeti onun hakimiyetidir. Hakimiyeti demek, onun reyini memleket dahilinde serbest istimal etmesi demektir. Bir millet namusundan bir mebusu koparır. O mebusun ağzı, kalemi o milletin namusudur. Bu namusa tecavüz eden eller kırılsın! Tecavüz arkadaşlarımıza değil, bir milletin namusunadır. Böyle namussuzlar yaşamamalı efendiler, kahrolmalı!

Efendiler! Ali Şükrü Bey, iki günden beri kayıptır. Efendiler! Memleketin sahibi, azametli bir tarih sahibi, namusuna hakim bir milletin mebusu kayboluyor. Hükümet bulamıyor, iki gündür kayıptır, bulamıyor. (Böyle hükümet olamaz lanet sesleri!) Allah'tan çok isterim ki memleketin elim zamanlarında bu hâl bir cürmü adi neticesi olsun. (adi bir cinayet olduğu meydana çıksın) Evet, adiyen zuhur etsin. Ya siyasi ise Efendiler! Ya siyasi ise? Demek ki bu memlekette herhangi bir fikrin serdarı ölecektir. Hiçbir zaman ölmez. Efendiler! Bu elim sahneye, bu şeni cinayete içinizde titremeyen bir fert tasavvur etmem. Öyle bir fert varsa alçaktır. meydana çıksın. Bir fikrin timsali, bir grubun mensubu olan bir insanın kendi kanaati zatiyesinden, kanaat-i vicdaniyesinden milletin selamet ve saadeti uğrunda söyleyeceği söz, yazacağı yazı kıymetlidir. Efendiler! Bu kalem kırılmaz, bu fikir ölmez!

Efendiler! Bu saat belki ellinci, altmışıncı saat oluyor. Ali Şükrü Bey, biraderimiz, Ankara denilen köy kadar bir yerde zabıtasıyla, ordusuyla, milletiyle Meclisi'yle, Hükümeti'yle hepsi mevcut olan Ankara'da kaybolmuştur ve bulunamamaktadır. Rica ederim bu milletin kabiliyeti bu değildir. Hükümet'ten çok rica ediyorum henüz mahiyeti meçhul olan bu cürmü meydana çıkarsın! Heyet-i Vekileniz masuniyetinizi ve milletin şerefini namusunu muhafaza edeceklerine burada söz versinler. Vekil-i mesulleriniz buraya çıkmalı.' Efendiler, biz namuslu adamlarız. Sizin kanunun emrettiği masuniyetiniz vardır ve bunu muhafaza edeceğiz. Milletin namusu mahfuzdur. Biz bu cinayeti meydana çıkaracağız. Müsebbibi herhangi şahıs olursa olsun onları kahredeceğiz, kanunun kudreti önünde diz çöktürecek, gebertecek,' demelidirler. Bunu söylemezlerse namussuzdurlar. Efendiler! Bunu söylemezlerse bu milletin vekili meşru değildir efendiler. Biz masuniyet isteriz. Bize masuniyet vermezlerse bunu almaya eğer sizin de kudretiniz yoksa ve o surette burada oturursanız siz de namussuzsunuz."[523]

Hüseyin Avni Bey'in konuşması sırasında bazı milletvekilleri onu destekleyici ifadelerde bulunurlar. Erzurum Milletvekili Necati Bey *"Ya hepimiz namusla yaşayacağız ya hepimiz öleceğiz."* der. Canik milletvekili Nazif Bey ise *"Kırılsın kahpe ve gizli eller."* diye haykırır. Kayseri Mebusu Osman Bey de Hüseyin Avni Bey'in konuşmasını destekleyici bir konuşma yapar. Meclis'te hararetli tartışmalar yaşanmakta, milletvekillerinin bağırıp çağırmaları dışarıdan duyulmaktadır. Osman Ağa da iki adamı ile birlikte salonun kapısının yanında durup bu konuşmaları dinlemektedir. İstanbul Mebusu Yenibahçeli Şükrü Bey, Osman Ağa'yı görüp; *"Gel buraya Osman Ağa! Ne arıyorsun burada? Ne işin var senin Meclis'te?"* diye sorar. Osman Ağa da *"Bir şey yok Şükrü Bey! Mebusları dinliyordum."* cevabını verir. Şükrü Bey *"Haydi burada durma! Yerine git... İşin yok mu?"* diyerek Osman Ağa'yı oradan uzaklaştırır. Bu esnada Rauf Bey, Meclis'e gelmiştir. Şükrü Bey'e neler olduğunu sorar. Şükrü Bey *"Topal Osman'ı dışarı attım. Ne işi var burada?"* der.[524] Rauf Bey alelacele içeri girer. Ali Şükrü Bey'in kaybolması olayından dün sabah saatlerinde haberdar olduğunu söyler. Meclis'teki gergin havayı yumuşatmak için kürsüye çıkar ve Hükümet adına şu konuşmayı yapar:

"Arkadaşlar, muhterem arkadaşlarımızdan Trabzon Mebusu Ali Şükrü Bey'in salı günü akşamından beri ikâmet ettiği mahale avdet etmediği dün sabah onda Hükümetinizce malum oldu... Türkiye Büyük Millet Meclisinin hür olan Adliyesi dünden beri hür ve serbest olarak icrayı vazife ediyor. Dünden beri Türkiye Hükümetinin kuvve-i inzibatiyesi de hür ve serbest olarak Meclisi Âlinin ve milletin itimadına layık olacak bir surette icrayı faaliyet ediyor... Ümid ederim ki en yakın zamanda hak ve hakikat tezahür edecektir. Ümid edelim ki bu kıymetli mebus arkadaşımız, bir sehivle bir kazaya uğramamış olsun. Hüseyin Avni Bey, meseleyi iki surette telakki buyurdular. Siyasi cürüm veya adi cinayet diye... Bunları şu veya bu diyebilmek için hür ve serbest hareket eden Adliyenizin kararına intizar etmek en doğru tarik olur. Hepimiz bir arada bu milletin istiklal ve istihlası vazifesini her şeyin fevkinde en aziz bir gaye olarak biliyoruz. Hiçbir arkadaşımızın bunun fevkinde düşünmesi caiz değildir. Bunun zıddiyeti akleni kanunen sabit oluncaya kadar caiz görmüyorum. Bu itibarla, Hükümet'imiz, Hüseyin Avni Bey'in buyurdukları gibi ifayı vazifeden izharı acz

---
[523] *TBMM Zabıt Ceridesi*, C. XXVIII, s.227-228.
[524] Feridun Kandemir, *Cumhuriyet Devrinde Siyasî Cinayetler*, İstanbul 1955, s.21-22.

etmiş değildir. Vazife gören vazifedarları müşkülata sevk etmemek için neticeye intizarı bendeniz hikmeti hükümetle ve hikmeti adaletle ve meselenin en salim bir surette hâlliyle tev'em görüyorum ve arz ediyorum... Çalışıyoruz, meydana çıkaracağız. Çıkaramazsak itirafı acz ederek geliriz. Heyet-i Âlinize arz ederiz. Hakikaten esrarengiz bir tagayyüb şeklinde görülen ve merkezi millîmizin bir sokağında hadis olan bu tagayyub meselesinin müsebbiplerinin meydana ihracı için var kuvvetimizle çalışacağız ve muvaffak olacağız."[525]

Başvekil Rauf Bey'in muhalif milletvekillerini sakinleştirip işi adli makamlara bırakmaları için gösterdiği çaba yeterli olmamıştır. Rauf Bey'in hemen ardından kürsüye çıkan Sinop Milletvekili Hakkı Hami Bey söz alarak Ali Şükrü Bey'in kaybolmasından duyduğu endişeyi dile getirir. Zabıta ve jandarmanın olaya gerekli ehemmiyeti göstermediğini söyleyen ve olayın adi bir suç olmasını temenni eden Hakkı Hami Bey sözlerine şöyle devam eder:

"Buna uzanan kirli el, Ali Şükrü'ye değil, memleketin Hakimiyet-i Millîye'sine el uzatmış ve boynuna kement atmış demektir. Ali Şükrü Bey'in Meclis'teki hayatı tarihiyesini bilenler Ali Şükrü Bey'in bugün bu hâle maruz kaldığını görenler, bu vaziyet karşısında Ali Şükrü Bey meselesi, bütün mahiyetiyle bütün üryanlığıyla meydana çıkarılmadığı takdirde bu kürsüden Hakimiyet-i Millîyeden bahsetmek kadar gülünç bir şey olamayacaktır. Hürriyet-i kelamı tahtı emniyeti alınmamış olan herhangi bir muhitte mahza tahsisat almaktan başka şekil ifade etmeyecek tarzda oturmak bir zillettir. Üç seneden beri buraya gelip ifayı vazife edenleri tehditle, takdille ve sair suretle kelamını kesmeyi herhangi bir kastediyorsa o el bilmelidir ki bu milletin bütün bu mebusları ölür fakat bunların yerlerini dolduracak on misli daha mebus bulunur."

Lazistan Milletvekili Ziya Hurşit Bey ise konuşmasında Başvekil Rauf Bey'i hedef alan sözler söyler. Rauf Bey'in klişe lafları bırakmasını ve Ankara gibi küçük bir yerde saatlerdir bulunmayan Ali Şükrü Bey'in bulunması için bir şeyler yapmasını ister. Rauf Bey'in Yahya Kâhya cinayetinde de yine aynı şeyleri konuştuğunu, faillerin bir an önce bulunacağını söylediğini ancak bu cinayetin faillerinin hâlen bulunamadığını söyler. Ali Şükrü Bey meselesinin aydınlatılması görevinin Hükümet'ten alınıp Meclis'e verilmesi gerektiğini şu sözlerle dile getirir:

---

[525] TBMM Zabıt Ceridesi, C. XXVIII, s.229-230.

"Bir Hükümet Reisi böyle bir hadise karşısında hayır, aramıyoruz, peşini bıraktık, çalışmıyoruz, bulamayacağız der mi? İnsan ne kadar akılsız ve ahmak olmalıdır ki Hükümet Reisinden bundan başka türlü konuşmasını beklesin. Bu laflar hep beylik sözlerdir. Hükümet Reislerinin temcit pilavı gibi tekrar ettikleri klişelerdir. İşte onun sözleri böyle beyliktir. Rauf Bey'in bu beylik sözlerini dinlerken ben de dedim ki, fena misaller var endişemiz bundandır. Doğru söylemedim mi? Dünyanın eski tarihlerini bırakalım, yakınlara şu bizim millî hükümetimiz zamanına gelelim. Daha dün denecek kadar yakın bir zamanda vukua gelen bir suikast meselesini hatırlamamamız imkânı var mı? Yine bu Meclis'te, burada bu mesele yüzünden uzun uzadıya ne kadar çelişmeler, dedikodular oldu. Kıyametler koptu, unuttunuz mu? Hatta bir sürü tahkikat yapılmıştı. Hükümet'in, kışlaların yanında, karşısında güpegündüz saat dört buçukta üç yüz kurşun atılmak suretiyle yapılan suikastın faillerini, katillerini, o zaman da Hükümet Reisi bulunan Rauf Beyefendi, yine böyle vaatlerde bulundukları hâlde neden yakalamadılar? Neden adalete vermediler? Neden hâlâ bekliyoruz ve daha ne kadar bekleyeceğiz? Bu mudur adalet? Biz dışarıda birçok şeyler dinliyoruz. Burada hepsini söylemek belki tahkikatı işgal edebilir. Hükümet eğer celse-i alenide mevzuu bahsedilmesini muvafık görmüyorsa hafi celsede söylesin. Bendeniz bu meselenin anket usulüyle Meclis-i Âli tarafından yapılması taraftarıyım. Adliye Encümeni, bu işe vaziyet edip kendisi tahkikat yapmalıdır. Bizim Büyük Millet Meclisinin şeklidir beni düşündüren. Milletin bütün işlerini görecek, milletin hakkını arayacak ve müdafaa edecek bir meclistir. Meclis'imiz aynı zamanda Hükümet'tir de. İcra salahiyeti de ondandır. Meseleyi en iyi şekilde takrir edebilmek için başka çare yoktur. Meclis icra vazifesini yapmalıdır. Hükümet'in bir şey yapmadığına da kanaatim tamdır."[526]

Erzurum Milletvekili Durak Bey, tahkikat sonuçlanıncaya kadar böyle sözler söylemenin yanlış olduğunu, olayın adi bir suç olmasını temenni ettiğini ve birkaç gün içinde aydınlatılacağını umduğunu, eğer bir sonuç çıkmazsa Hükümet'in düşürülmesi gerektiğini söyler.[527] Rauf Bey tekrar söz alır ve şu konuşmayı yapar:

"Efendiler çok rica ederim, hepimizin çok hassasiyetle iddia ettiğiniz, fakat bizim de aynı hassasiyetle iştirak ettiğimiz bu milletin istiklâli mevzubahis olunurken, kanunları mevzubahis olunurken, hür-

[526] TBMM Zabıt Ceridesi, C. XXVIII, s.226-233; Olgun, a.g.t. , s.110.
[527] TBMM Zabıt Ceridesi, C. XXVIII, s.231.

riyet ve masuniyeti şahsiye ve hayatiyesi mevzubahis olunurken grup, fırka meselesi mevzubahis edilmemelidir ve nokta-i nazardan ifadatı velev sürçülisan olarak izhar etmemelidir. Mevzubahis olan bir şey vardır. Efendiler Türkiye Milletinin yaşaması ve onun istiklâli bu vatanın selâmet ve saadeti kanunların hâkimiyeti ve adaletin mutlak olarak tecellisidir. Başka bir şey yoktur. Hepimizin vazifesi odur. Fırka varsa, grup varsa, hizip varsa bu meselede yoktur. Bunu gözümüzün önünden kaçırmayalım, hissiyata kapılmayalım, sükûneti muhafaza edelim."[528]

Bu arada Osman Ağa günlük işleri ile uğraşmakta, adamları vasıtası ile Ali Şükrü Bey'in matbaasından *Tan* gazetesi aldırmaya devam etmektedir.[529] Mustafa Kaptan ile görüşen Osman Ağa, ona yeni bir haber olup olmadığını sorar. Mustafa Kaptan *"Merkeze kadar buyurmamızı söylediler."* der. Osman Ağa da *"Gidiver seni ipe çekmezler ya."* diye cevap verir. Mustafa Kaptan merkeze gider ve tevkif edilir.[530]

31 Mart 1923 Cumartesi günü Büyük Millet Meclisi tekrar toplanır. Lazistan Mebusu Mehmet Necati Bey, Meclis'e bir önerge vererek Heyet-i Vekile'nin konuyla ilgili malumat vermesini ister. Ali Şükrü Bey'in esrarengiz bir şekilde ortadan kayboluşu ile ilgili birbirini desteklemeyen söylentiler çıktığını söyler ve Hükümet'in olayla ilgili ne biliyor ise açıklamasını ister. Adliye Vekili Rıfat Bey soruşturmanın devam ettiğini, gizlilik açısından elde edilen bilgilerin Meclis'te beyan edilmesinin doğru olmadığını söyleyerek önergeye karşı çıkar. Mehmet Necati Bey ise Ali Şükrü Bey'in yurt dışına çıktığı ve tutuklandığı dahil birçok söylentinin ortaya çıktığını söyleyerek soruşturmanın gizliliğine etki edecek bilgilerin açıklanmamasını ancak en azından bu söylentilerin doğru olup olmadığının açıklanmasını ve Başvekil Rauf Bey'in *"İşin hakikatı şundan ibarettir."* demesini ister.[531] Bir milletvekili *"Hükümet derhal izahat vermelidir, kaybolan bir tavuk değildir, koskoca bir Meclis azasıdır."*[532] diyerek Mehmet Necati Beyi destekler. Erzurum Mebusu Hüseyin Avni Bey milletin temsilcilerini katletmenin milleti katletmek olduğunu vurgular ve hiddetlenerek *"Ali Şükrü'ye kıyan bilekleri keseceğiz. O bilekler isterse sırmalı paşa bilekleri olsun."*[533] diye bağırır. Büyük Millet Meclisi İkinci Başkan Vekili Musa Kazım Bey, Hükümet'in Meclis'i aydınlatma adına gerekli açıklamayı yarın yapacağı

[528] *TBMM Zabıt Ceridesi,* C. XXVIII, s.232-233.
[529] Beyoğlu, *a.g.e.* , s.286.
[530] Menteşeoğlu, *Giresunlu Fedailerle…* , s.103-108.
[531] *TBMM Zabıt Ceridesi,* C. XXVIII, s.243.
[532] *TBMM Zabıt Ceridesi,* C. XXVIII, s.244.
[533] Hıfzı Veldet Velidedeoğlu, *İlk Meclis,* Ankara, 1999, s.101.

bilgisini verir. Aynı gece Bakanlar Kurulu ve Birinci Grup İdare Heyeti Başvekil Rauf Bey Başkanlığında toplanır. Toplantı gece yarısına kadar devam eder. Meclis'in tatil olduğu 1 Nisan 1923 Pazar günü ise Mustafa Kemal Paşa'nın da katıldığı Birinci Grup Toplantısı yapılır.[534]

Rauf Bey'in talimatı ile Ali Şükrü Bey'i aramaya çıkanlar arasında bulunan Jandarma Zabiti Kemal Bey, emrindeki müfreze ile arama çalışmalarına devam ettiği sırada Mehye köyünü geçer geçmez arka yolda bir araba izine rastlar. İzi takip eden Kemal Bey, arabanın aynı yoldan geri döndüğünü fark eder. Araba izlerinin bittiği yerde ayak izlerinin olduğunu görür ve ayak izlerini takip etmeye başlar. Çankaya yakınlarında Mehye köyünün doğusunda Dikmen Deresi'nin başladığı yerde kum tanelerinin sertken birden yumuşadığını fark eden Kemal Bey yere baktığında bir sineğin havalandığını görür. Toprağın yumuşaklığından ve mevsimi olmamasına rağmen bir sineğin o noktadan kalkmasından şüphelenerek bu noktanın kazılmasını emreder. Kazma bulunmadığı için atların üzengileriyle yer kazıldıktan beş dakika sonra bir torba ucuyla Ali Şükrü Bey'in siyah botları ortaya çıkar. Yarım metre derinlikte gömülü olan Ali Şükrü Bey'in cesedi baş aşağı gömülmüştür. Paltoya sarılan ceset beyaz bir hastane torbasının içine konulmuştur. Cesedin Ali Şükrü Bey'e ait olduğunun anlaşılması üzerine Jandarma Zabiti Kemal Bey, Ankara'ya haber vermek üzere bir süvari gönderir. Haber saat dört gibi Ankara'ya ulaşır. Cenaze gömüldüğü yerden çıkartılarak Mehye köyü camiine götürülür. Ali Şükrü Bey'in cesedinin bulunduğu haberini alınınca saat beşte Jandarma Alay Kumandanı Ali Rıza Bey, Merkez Kumandanı Rüsuhi Bey, Polis Müdürü Neşet Bey, Savcı Fehim Ziya Bey, Sıhhiye Müdürü Operatör Mehmet Emin Bey, Merkez Hükümet Tabibi Safvet Bey, Merkez Savcı Yardımcısı Nazım Bey, Sorgu Hakimi İsmail Hakkı Bey, Polis Asayiş Kısmı Başkanı Beşir Bey ve siyasi Kısım Başkanı Hüseyin Avni Bey'in de içlerinde bulunduğu bir heyet, yirmi kişiden oluşan Jandarma müfrezesiyle birlikte olay yerine hareket eder. Heyet, Ali Şükrü Bey'in cesedini inceleyerek ölüm şeklini anlamaya çalışır. Ali Şükrü Bey'in gömleğinin yakası açıldığında boynunda ip izleri olduğu görülür. Boğazı, bir parmak genişliğinde kan toplamış ve mosmor olmuş, dili dışarı fırlamış ve burnu kan pıhtılarıyla dolmuştur. Sağ gözünde bir yumruk izi vardır. Başının sağ tarafında kan akmamasına rağmen sekiz santimetre uzunluğunda bir bıçak yarası vardır. Ali Şükrü Bey'in sağ eli sol göğsünün üzerinde durmaktadır. Sol eli ise bacağının yanına uzanmış ve avucu sıkılmış hâldedir. Avucu açıldığında hasır parçaları görülür. Bu hasır parçaları heyet için önemli bir ipucu teşkil eder. Palto ve ceketinde kahve lekeleri görü-

---

[534] S. Üçüncü, *a.g.t.*, s.161; *İstikbal*, 2 Nisan 1923.

lür. Ali Şükrü Bey'in cesedi üzerindeki inceleme gece biter ve saat on buçukta cenaze Ankara'ya getirilir.

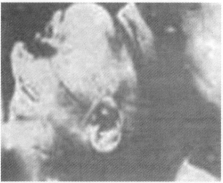

Resim 48 - *Ali Şükrü Bey'in Cenazesi*

Mehye köyüne giderek Ali Şükrü Bey'in cesedini inceleme fırsatı bulan *Vatan* gazetesi muhabirinin izlenimleri şu şekildedir:

"Dün Mehye karyesine giderek köyün camiine nakledilmiş olan cesedi bizzat gördüm. Hakikaten tüyleri ürpertecek derecede feci bir manzara arz ediyordu. Naaş bir paltoya sarılmış ve üzerine bir battaniye örtülmüş idi. Ayakları bir iple bağlanmış, baş tarafında da kan lekeleri nazara çarpıyordu. Örtü tamamen kaldırılınca evvela ayaklar meydana çıktı. Parmağında yüzüğü bulunduğu hâlde, sağ el göğsü üzerinde, sol el de bükülerek altına sokulmuş idi. Avucundaki sandalye hasırları ve yırtılan ceketi merhumun suikast esnasında tahlîs-i nefs için çabaladığına delalet ediyordu. Boğazındaki çifte ip, başında görülen iki kırmızı iz, on santimetre umkundaki yara, merhumun boğulduğunu, pek bariz bir surette gösteriyordu"[535]

İstikbal gazetesinin haberine göre Ali Şükrü Bey son zamanlarda kendisine bir suikast yapılacağına dair ciddi duyumlar aldığından bir süredir tedbirli davranmaktadır. Salı akşamı saat dört buçukta Merkez Kıraathanesinin bitişiğindeki avukat yazıhanesinde birkaç arkadaşıyla nargile içerken TBMM Riyaset Muhafız Bölük Kumandanı Gümüşreisoğlu Mustafa Kaptan gelmiş ve Osman Ağa'nın kendisini davet ettiğini söylemiştir. Ali Şükrü Bey, Osman Ağa'dan şüphelenmediği için davete icabet etmiş, *Tan* gazetesi matbaasından paltosunu getirterek Mustafa Kaptan'la Karaoğlan Çarşısı istikametinden

---

[535] S. Üçüncü, *a.g.t.* , s.143-144; *İstikbal*, 14 Nisan 1923; *Tan*, 2 Nisan 1923.

Osman Ağa'nın evine gitmişlerdir. Habere göre Osman Ağa, Ali Şükrü Bey'e kahve ikram eder. Ali Şükrü Bey kahvesini içerken üzerine kement atılır, elindeki fincan fırlar, elbiselerine ve yerdeki mindere kahve saçılır. Vücut yapısı güçlü olan Ali Şükrü Bey, kendisine kement atanlarla yaklaşık yarım saat mücadele etse de neticede dayanamayarak son nefesini verir. Ali Şükrü Bey'in kendisini öldürenlerle mücadele ettiğinin en büyük delili, cesedi bulunduğunda avucunda görülen sandalye hasırı parçalarının, Osman Ağa'nın evindeki kırık sandalyeye ait olmasıdır. Ali Şükrü Bey'in cesedi aynı gece, bir sandığa konularak evden çıkarılır. Tahkik Heyeti, Osman Ağa'nın evinde arama yapar. Osman Ağa, heyeti çok iyi karşılar, olayla ilgisi olmadığını ciddiyetle ifade eder. Tahkik Heyeti, Osman Ağa'nın komşusunun da ifadesini alır. Komşu kadın gece canavar gibi sesler işittiğini, arada sırada *"Ah yandım anam, yapmayın, Allah aşkına yapmayın."* seslerini duyduğunu ifade eder. İfade veren kadın seslerden korkarak evine kaçtığını belirtir. Ertesi gün Osman Ağa, ifade veren kadınları çağırır, olayı yanlış anladıklarını, iki adamının o gece sarhoş olup eve geldiğini, kendisinin onları dövdüğünü söyler.[536] *Hakimiyet-i Millîye* gazetesi ise kesin bir kanıta dayandırılmamakla beraber aynı günün sabahında Osman Ağa'nın evinin önüne bir arabanın gelerek birtakım eşyalar götürdüğünü yazmıştır.[537]

Ali Şükrü Bey'in cesedinin Çankaya yakınlarında Mehye köyünde bulunması ve avucunda Osman Ağa'nın evindeki bir sandalyeye ait hasır parçaları olduğunun tesbiti üzerine şüpheler iyice Osman Ağa'nın üzerinde yoğunlaşmıştır. Aynı gün Osman Ağa ile İsmail Hakkı Bey'e bağlı birlikler arasında çatışma çıkmış, Osman Ağa öldürülmüştür.

Başvekil Rauf Bey anılarında Mustafa Kaptan'ın verdiği ifadede Ali Şükrü Bey'i Kuyulu Kahveden dostça alıp Osman Ağa'nın evine götürdüğünü, Ali Şükrü Bey'in burada ikram edilen kahveyi içerken arkasından ani bir hareketle üzerine abanılarak boğulduğunu itiraf ettiğini ve bu itiraf neticesince olayın tamamen aydınlandığını yazmış, kendisinin de olayı haber alır almaz Mustafa Kemal Paşa ile Osman Ağa'yı yakalamak için bir görüşme yaptığını şu sözlerle anlatmıştır:

"Akşamüstü Meclis'teki odamda çalışırken bu haberi bana getirdiler. Hemen Çankaya'da bulunan Mustafa Kemal Paşa'ya bir tezkere yazdım. "Ben istasyona gidiyorum, yemekten sonra gelip sizinle görüşeceğim." dedim. Fakat istasyondaki dairede yemek yerken bir de baktım Mustafa Kemal Paşa, Latife Hanım'la beraber otomobille geldi. Karşıladım ve olup bitenleri anlattım. Dikkatle dinledikten sonra: "Şimdi ne düşünüyorsunuz"

---

[536] S. Üçüncü, *a.g.t.* , s.142; *İstikbal*, 14- 15 Nisan 1923.
[537] S. Üçüncü, *a.g.t.* , s.145; *Hakimiyet-i Milliye*, 3 Nisan 1923.

dedi. "Bir şey düşündüğüm yok. Topal Osman'ı yakalamak lazım. Çankaya'nın Ayrancı tarafında bulunduğu zannediliyor." dedim. "Nasıl yakalayacaksın?" dedi. "Meclis Muhafız Kıtası ile" dedim. Bu sözüm üzerine endişeli bir tavır takındı. "Meclis muhafız kıtasında Topal Osman'la gelmiş Karadenizliler var. Bunlar birbirine ateş etmezlerse ne sen, ne ben, ne Ankara... Bir şey kalmaz." deyince bir an düşündüm. Ankara'da bu Muhafız Kıtası'ndan başka asker denilebilecek bir şey yoktu. Jandarmaların çoğu cephede bulunuyordu. Şu hâlde ne yapacaktık? Cinayet işlediği tahakkuk eden bir insanın Ankara sokaklarında kollarını sallaya sallaya gezmesine göz yummak! Bu benim harcım değildi. Sonra bir de Meclis vardı. 48 saattir "Bulun, adaleti yerine getirin." diye feryat eden bir Meclis... Bütün bunları düşünerek, Mustafa Kemal Paşa'ya, "Suçluyu yakalamak muhakkak lazım. Eğer Başkumandan sıfatı ile ve herhangi bir mülahaza ile sizce buna lüzum görülmüyorsa, benim yarın bunu Meclis'e anlatmam icap edecektir." dedim. Bunun üzerine Mustafa Kemal Paşa, İsmail Hakkı Bey'i çağırttı. İsmail Hakkı Bey gelince Mustafa Kemal Paşa, Osman Ağa'yı yakalamak için nereden ne suretle hücum edilmesi gerektiğinin krokisini anlattı ve tabur hareket etti. (...)Silah seslerini duyunca, Osman Ağa'yı çevirdiler diye ferahladım, geniş bir nefes aldım. Bir müddet sonra haber geldi, Osman Ağa altı yardımcısı ile vurulmuş ve ele geçirilmişti."[538]

İsmail Hakkı Tekçe de anılarında olayı şöyle anlatır:

"Bir gece yarısı evimdeyken telefon çaldı. Atatürk beni arıyordu: "Çabuk giyin ve yola çık! Ben şimdi Çankaya'dan istasyon binasına iniyorum. Oraya gel!" Hemen giyindim ve istasyon binasına gittim. Durumu bana anlattı. Osman Ağa'nın hükümete karsı isyankâr bir tavır takındığını, Ali Şükrü Bey'i öldürttüğünü.. Derhal taburu toplayıp kendisini tenkil etmem vazifesini verdi ve "Ölü veya diri, behemahal Topal Osman'ı hükümete teslim edeceksin!" dedi. Bu emir üzerine taburu toplayıp hareket ettim. Tabur Topal Osman'ın bulunduğu papazın köşkünü ve Çankaya mıntıkasını kuşatmaya başladı. Çevirme hareketimiz devam ederken ve çember daralırken Topal Osman'ın müfrezesinden üzerimize ateş edildi. Bir erim şehit oldu. Bunun üzerine çarpışmaya başladık. Şafak attığı zaman biz hâlâ vuruşuyorduk. Öğleden evvel çatışma bitti. Topal Osmanın kuvvetleri bertaraf edilmişti. Topal Osman da yaylım ateşinde vurulmuştu. Kalanları topladım, ölüleri de orada gömdürdüm. Teslim aldıklarımı istasyona getirdim ve durumu Atatürk'e arz ettim. "Teslim aldıklarını derhal terhis et

---

ve memleketlerine gönder." dedi. Bu mesele de böylece kapandı. Fakat Meclis hâlâ tatmin olmuş değildi. Topal Osman'ın öldürülüp öldürülmediğine inanmak istiyordu. Bunun üzerine ceset gömüldüğü yerden çıkarıldı ve Meclis'in önünde ayağından baş aşağı asılarak teşhir edildi."[539]

Osman Ağa tarafından Mustafa Kemal Paşa'nın emrine verilen ve 65 ay boyunca Gazi'nin yakın korumalığını yapan Muhafız Çavuşu Çakıroğlu Hüseyin ise anılarında çatışmayı farklı şekilde anlatmakta, olaya farklı bir boyut getirmektedir. Hüseyin Çavuş'un anlatımına göre çatışma çıktığı gün şu olaylar yaşanmıştır:

Çatışmadan birkaç saat önce İsmail Hakkı Bey, Papazın Bağı'nda bulunan Osman Ağa'nın yanına giderek *"Ali Şükrü Bey'i öldürüp suçu senin üstüne atanlar şimdi de Mustafa Kemal Paşa'yı öldürecekler, ben Çankaya'ya Paşa'yı korumaya gidiyorum. Siz de yetişin!"* der ve oradan ayrılır. Bunun üzerine Osman Ağa en güvendiği adamlarını seçer ve *"Gidin Paşa'yı canınız pahasına koruyun."* diyerek onları Çankaya'ya gönderir. Osman Ağa'nın bizzat Çankaya'ya geleceğini düşünen İsmail Hakkı Bey, hızla Çankaya'ya giderek Mustafa Kemal Paşa'ya *"Paşa'm, Topal Osman adamları ile birlikte yola çıkmış, Köşk'ü basıp sizi öldürecekmiş, hatta şimdi gelmek üzeredir... Köşk'ü terk etmeniz zaruridir, tanınmamak için bir çarşaf giyin, sizi buradan çıkartalım."* diyerek kaçmayı teklif eder. Bu teklifi şiddetle reddeden Mustafa Kemal Paşa, İsmail Hakkı Bey'in sözleri karşısında oldukça şaşırmıştır. Eliyle hemen yanlarında duran Hüseyin Çavuş'u göstererek *"Bak çocuk, bana bu muhafızları Ağa Hazretleri verdi. Osman Ağa benim canıma asla kastetmez, bilakis canımın koruyucusudur!"* der. İsmail Hakkı Bey'in konuşmaları Hüseyin Çavuş'un hiç hoşuna gitmemiştir. Hemen muhafızlardan birini Osman Ağa'ya gidip olup biteni anlatmak üzere yola çıkarır. İsmail Hakkı Bey umduğunu bulamayarak Köşk'ten ayrılır. Biraz sonra dışarıdan silah sesleri gelmeye başlamıştır. Köşk'e ateş edilmiş, muhafızlar hemen ateşe ateşle karşılık vermişlerdir. Hüseyin Çavuş iki tarafında Giresunlu olduğunu anlayınca, Köşk muhafızlarından Karabulduklu Piç Salih'e çatışmayı durdurmak için ne gerekiyorsa yapmasını söyler. Mustafa Kemal Paşa da şaşkınlıkla Hüseyin Çavuş'a *"İki taraf da Giresunlu, onlar beni öldürmek istiyor, siz beni koruyorsunuz. Bu nasıl iştir?"* diye sorar. Karabulduklu Salih bir taraftan diğer tarafa geçer, Köşk'e ateş açanların da kendileri gibi Osman Ağa'nın gönüllüleri olduğunu görür, Mustafa Kemal Paşa'nın yaşadığını söyler. Onlar da Salih'in yaşadığını görünce Köşk'e herhangi bir saldırı olmadığını anlayıp ateşi keserler. Çatışmanın durdurulmasıyla düğüm çözülür. Köşk'e ateş açanlardan sağ kalan-

---

[539] *Emekli General İsmail Hakkı Tekçe'nin Anıları*, s.37-38.

lar *"Gazi Paşa'yı öldürmek istemişler, bu yüzden bizi Osman Ağa gönderdi. Yetişemedik sandık, Paşa öldü sandık, Köşk'te Paşa'nın katilleri var zanne-derek ateş açtık, durumu ancak Salih'i görünce anladık…"* derler. Bu arada Hüseyin Çavuş'un gönderdiği muhafız Osman Ağa'ya ulaşmış, olan biteni an-latmıştır. Osman Ağa, İsmail Hakkı Bey'in Mustafa Kemal Paşa'ya *"Paşa'm, Topal Osman seni öldürmek için yola çıktı."* dediğini duyunca çılgına döner. Osman Ağa'ya göre Mustafa Kemal Paşa'yı da öldürülecekler ve tıpkı Ali Şükrü Bey cinayetinde olduğu gibi suçu onun üstüne atacaklardır. Osman Ağa bu sefer hem Mustafa Kemal Paşa'nın canını kurtarmak hem de İsmail Hakkı Bey'den hesap sormak için apar topar Köşk'e doğru yola çıkar. Osman Ağa ve İsmail Hakkı Bey Köşk yolunda karşılarlar. Osman Ağa, İsmail Hakkı Bey'i görünce hiddetle *"Bu millet seni affetmeyecek!"* diyerek ateş açar. Çı-kan çatışmada yaralanan Osman Ağa, emrindekilere ateşkes emrini verir. İsmail Hakkı Bey, Osman Ağa'nın yanına giderek *"Seni Ali Şükrü Bey ve Yahya Kâhya'ı öldürmek suçlarından tevkif ediyorum."* der. Osman Ağa'yı bir sedyeye alırlar. Osman Ağa giderken İsmail Hakkı Bey'e *"Bu yara beni öl-dürmez, seninle millet önünde hesaplaşacağız!"* diye kıvranmaktadır. Az son-ra bir el silah sesi duyulur. Osman Ağa'yı o günden sonra bir daha gören ol-maz. Çatışmada on iki Giresunlu muhafız vurulur. Sağ kalanlar ve Mustafa Kemal Paşa'nın yakın korumalığını yapan 20 kişi hariç diğer bütün Giresunlu muhafızlar toplam 110 kişi olmak üzere infaz edilmek için Elmadağ yakınla-rında bir bölgeye getirirler. İsmail Hakkı Bey muhafızlara kendi önlerine birer çukur kazmalarını emreder. Muhafızlar çukuru kazdıktan sonra kıyafetlerini çıkarmaları emri gelir. Zaten silahlı olmayan muhafızlar aba zıpkalı kıyafetle-rini de çıkarttıktan sonra infaz edileceklerini anlayarak birbirlerinden helallik alırlar. Namlular Giresunlu muhafızlara çevrilir. Ateş emri verileceği sırada uzaktan tozu dumana katan bir atlı hızla İsmail Hakkı Bey'in yanına gelir. Ge-len kişi Fevzi Paşa'dır. Fevzi Paşa elindeki pusulayı İsmail Hakkı Bey'e gös-terir. İsmail Hakkı Bey'in yüz ifadesi değişir. Fevzi Paşa, Giresunlu muhafızla-rın infaz edileceğini öğrenince durumu hemen Mustafa Kemal Paşa'ya bildir-miştir. Mustafa Kemal Paşa çok sinirlenerek *"Bu yapılan düpedüz densizliktir, derhal engel olunmalı!"* diyerek hemen bir emir pusulası çıkartıp Fevzi Pa-şa'ya vermiş, Fevzi Paşa'da vakit geçirmeden infazın yapılacağı yere gelmiş-tir. Yaralı olarak bıraktıkları Osman Ağa'nın ölüm haberini Fevzi Paşa'dan alan muhafızlar, bu ölüm haberinden dolayı kendi canlarının kurtulduğuna sevinemezler. Fevzi Paşa, infazı durdurduktan sonra muhafızlara *"Evlatlarım! Canınızı kurtarmak için çok uğraştım, zor yetiştim. Osman Ağa'nız öldü. He-pinizin başı sağ olsun. Hepiniz serbest bırakılacaksınız. Taşkınlık yapmayın. Evlerinize dönün! Emi aslanlarım?"* diyerek onları hem teskin eder hem de durumu kabullenip memleketlerine gitmelerini ister. Muhafızlar birkaç gün tu-

275 | TOPAL OSMAN

tuklu kaldıktan sonra serbest bırakılıp Giresun'a dönerler.[540] Osman Fikret Topallı'nın notlarına göre çatışma esnasında ölenlerin yanı sıra bir grup muhafız da çatışmadan sonra kurşuna dizilmek suretiyle öldürülmüştür. Olayın içinde olan bir zabit tarafından ölenlerin sayısının tam olarak tespit edilmediği ancak 35-36 kadar olduğu söylenmektedir.

Çatışma esnasında ve sonrasında hayatını kaybeden muhafızların isimleri:

1- Kayadibi köyünden Aşıkoğullarından Mustafa oğlu Galip (Yaralanıp hastanede ölmüştür.)
2- Hacıhüseyin Mahallesi'nden Hacımehmetoğullarından Hüseyin oğlu Cemal
3- Zabit Vekili Kellecioğlu Kadri Efendi bin Mustafa (Öldürülmüştür)
4- Talibli köyü Değirmen Mahallesinden Seyitoğullarından (...) oğlu Kadir Onbaşı
5- Çaykara köyünden Atbaşoğullarından Mehmet oğlu Mehmet
6- Çaykara Topçuoğlullarından Ali oğlu Hamit
7- Boztekke Tozluoğullarından Ali oğlu Rasim
8- Keşap'ın Düzköy'ünden Halil oğullarından Nuri oğlu Hakkı
9- Akköy nahiyesi Semayil köyünden Oruçoğlu İbrahim'in oğlu Aziz Çavuş (Kurşuna dizilmiştir.)
10- Uzgur köyünden Kâhyaoğullarından Hacı Mehmet (Müsademede ölmüştür.)
11- Sarvan köyünden Kırömeroğullarından Mehmet oğlu Tufan (Müsademede ölmüştür. İlk şehit)
12- Alınca köyünden Sıpçıkoğullarından Salihoğlu Ahmet (Kurşuna dizildi.)
13- Yağmurca'dan Karaibrahim oğlullarından Hekim İsmail oğlu Mehmet (Kurşuna dizildi.)
14- Üçüncü takımdan aşçı Burdurlu Hafız Ahmet (Yaralandı, hastanede öldü.)
15- Üregir'den Eskicioğullarından İsmail oğlu Ahmet (Müsademede vuruldu.)
16- Zabit vekili Kadri Efendi (Kurşuna dizildi.)[541]

---

[540] Çakıroğlu Hüseyin'in anılarından, torunu Mükerrem Çakıroğlu aracılığı ile; Çakıroğlu Hüseyin çatışmaların yaşandığı gün boyunca bizzat Mustafa Kemal Paşa'nın yanındadır. Baskın öncesi ve sonrasında Mustafa Kemal Paşa'nın İsmail Hakkı Bey ve Fevzi Paşa ile yaptığı görüşmelerin bizzat şahididir. Torunları ile yaptığımız görüşmelerde edindiğimiz bilgilere göre infaz edilmekten kurtulup Giresun'a döndükten sonra olayı anlatanlar arasında Çakraklı Kara Ahmet, Hıdımoğlu Mustafa ve Eyüp, Yarımsakal Temel Ağa, Giresun merkez Tekke köyünden Mehmet, Şebinkarahisar'dan Şerif Çavuş ve Keşap Çamlıca köyünden Kemençeci Hamit de vardır. Hotmanoğlu Ethem ise olaylar sırasında izin almış olup Giresun'da bulunmaktadır.

[541] Topallı, *a.g.e.* , s.77-78.

Resim 49 - *Osman Ağa'nın Çatışmada Öldürülmesi Olayı Dönemin Basınında*

Bu arada 47. Alay Çanakkale – Balıkesir hattında bulunmaktadır ve 47. Alay'daki Giresunlu Gönüllülerin Osman Ağa'nın ölümünden henüz haberleri yoktur. 47. Alay mücahitlerinden Hamit Toslu, Osman Ağa'nın ölüm haberini nasıl aldıklarını şu sözlerle anlatır:

"Olaydan hiç haberimiz yoktu. Çanakkale'nin Salva köyündeydik. Bizi Balıkesir istikametine çektiler. Balıkesir'e yakın bir köyde üç gün kaldık. Dördüncü gün sabahı alayı Balıkesir'e aldılar. Vagonlara dolduk. Nereye gittiğimizi bilmiyorduk. Isparta istasyonunda bizi dışarı aldılar. Vagonu terk ettiğimizde diğer vagonlar uğradığımız istasyonlarda boşalmıştı. 50. Alay'a teslim edildik. Alay erleri bize 'Alay Komutanınız Osman Ağa Ankara'da vuruldu. Alayınız dağıtıldı. Sizi de 50. Alay'a verdiler.' dediler. Hepimiz şaşkına döndük. Acı haber hepimizi üzdü. Günlerce olayın şokundan kurtulamadık."[542]

2 Nisan 1923 Pazartesi günü saat dokuzda Büyük Millet Meclisi toplanır. Rauf Bey, Ali Şükrü Bey'in akibeti hakkında şu konuşmayı yapar:

"Arkadaşlar! Muhterem Trabzon Mebusu Ali Şükrü Bey arkadaşımızın akıbeti faciası dün öğleden sonra geç vakit Hükümetinizce taayyün etti.

---

[542] Menteşeoğlu, *a.g.e.*, s.227-228.

Cenazesi bulunduğu mahâlden kaldırılarak bugün Gureba Hastanesinde emaneten tahtı muhafazada bulunuyor. Allah kendisi yattıkça ailesine sabırlar, ecirler ihsan etsin! Arkadaşlar! Adliyemizin, polisimizin, jandarmamızın da dahil olduğu hâlde kuvayı zabıtamızın, kuvayı muhafızamızın ifayı vazifede gösterdikleri gayret ve dikkat acizlerine ve mucibi şükrandır. Bu akıbeti elimeyi ihzar etmiş olmakla maznun bulunan, eldeki edilleye istinaden maznun bulunan Giresun Alayı Kumandanı...(eşkıya reisi, çete reisi sesleri) Adliyemizin takibatı kanuniye icra ettiğini hissetmesi neticesi olacak ki, birkaç günden beri tagayyüb etmişti. Gerek kendisi, gerekse bu işle alakadar bazı maznunlar Hükümetçe vaki olan ciddî ve dekik teharriyata rağmen bidayette bulunamamış ise de bilahara geceli gündüzlü devam eden takibat bu sabah takriben saat altında bir neticeye iktiran etmiştir. Dün geç vakit kendisinin ihtifa ettiği mahaller hakkında Hükümetinizce istihsal edilen malumat üzerine kendisini bulup Türkiye Büyük Millet Meclisi Hükümeti memurini adliyesinin hakkında ısdar ettikleri tevkif müzekkeresini tebliğ ve babı adalete celp ve hakkında en hür ve adil tetkikat ve tahkikat neticesinde karar ittihazı için ihbarnameyi isal maksadiyle taharri takımları hareket ettirilmişti. Muhtelif istikametlerde ve ümid edilen muhtelif mevakide taharriyata memur olan bu takip müfrezeleri, taharri müfrezeleri Ayrancı Bağlarında Papazın Bağı namıyla maruf bir bina dahilinde kendisiyle refiklerinin bulunduklarını anladıktan sonra Türkiye Büyük Millet Meclisinin adliyesine tevdii nefsetmelerini iblâğ eden müfrezeye karşı biperva silah istimaline başlamış olduklarından ve Türkiye Büyük Millet Meclisinin orduları, kuvvai zabıtası her türlü vesaiti ile bilakaydüşart Meclisi Âlinin kanunlarını tatbika memur olduklarından bizzarure mukabeleye mecbur olmuşlar ve şiddetle devam eden müsademe neticesindeki, henüz tetkikat devam etmiş olmak itibariyle kati raporu gelmeyen Giresunlu Osman Ağa ile birkaç refiki, kendisi ağır yaralı, refikleri meyiten ve pek az zaman sonra kendisi de rüfekasına iltihak etmek üzere keza meyiten istisal olunmuşlardır."[543]

Rauf Bey'in ardından Erzurum Milletvekili Hüseyin Avni Bey bir konuşma yapar Ali Şükrü Bey hakkında şunları söyler:

"Efendiler, şu dakikada değerli ve merhametli arkadaşımız Ali Şükrü Bey'in cismi bizden ayrılmıştır. Bugün artık arkadaşlar, onun sağlam mantığından, güzel ve düzgün konuşmasından vatan sevgisiyle dolu konuşmalarından mahrum kalmıştır. Fakat ruhu bizimledir. Efendiler, gittim onun kutlu vücudunu gördüm. Vahşiler, vahşiler, canavarlar elinde ezil-

---

[543] *TBMM Zabıt Ceridesi*, C. XXVIII, s.305.

miş, kesilmiş. Ey gaddar el, ne istiyordun bu vatanperverden? Ey zalim ne istiyordun bu biçareden? Acımaz mısın onun milletine, hakimiyetine, yetim kalarak arkasından meleyen kuzularına... Efendiler, milletimiz kadirşinastır bilirim. Ali Şükrü'nün çocukları, evvel babadan yetim, fakat öz babaları olan milletten yetim değildir. Onları terbiye edecektir. Ali Şükrü'yü yetiştiren baba kırk sene çalışmıştı. Bu millet kırk sene çalışarak Ali Şükrü'ye hayırlı halefler yetiştirecektir. Kendi sulbünden hasıl olan evladını yetiştirmeyi büyük bir farz bilerek onları bu suretle yetiştireceğine ben de eminim. Müteessir olmayalım, müteessir olmayalım ki, dünyanın köprüsüdür bu! Her biriniz bunu göz önüne almış, çalışıyorsunuz. Dahil ve harice karşı gayemiz tek şeydir; o da milletin saadet ve selametidir. Bu milletin istiklâl ve hürriyeti uğruna kırk bin Ali Şükrü, kırk bin Hüseyin Avni feda! Şimdiki vaziyetimiz bundan dört gün evvelki vaziyetimiz değildir efendiler! Biliyorum, Ali Şükrü'nün mübarek kabri ebediyen bize hürriyet dersi verecektir. Ali Şükrü'nün kıymettar beyanatı tarihte en mukaddes bir yadigâr olarak kalacaktır. Bu bir feyizdir efendiler! O da hürriyet feyzidir; serpildi, serpildi efendiler! Hâkimiyeti Millîyemize rasin direkler vurdu. Ali Şükrü, efendiler; ölmedi Ali Şükrü... Evet! Her ölümde hayat var, Ali Şükrü bir fert olarak öldü, fakat bir devletin hayatı hürriyetini, hayatı istiklalini tanıttı, onu yaşattı ve o ebediyen yaşayacaktır. Efendiler, milletimiz müsterih olsun ki memurlar, fedakâr ve azimkâr insanlar çalıştılar. Esrarengiz cinayeti meydana çıkardılar. Bugün katillerden bir kısmı cezalarını gördüklerini işte huzurunuzda bulunan İcra Vekilleri Reisi müjdeliyor. Ya o şerefli silah çok temenni edeceğim hükümetten verilecek elleri iyi yıkasın versin. Kirli ellere silah verilmesin... Onu kötüye kullanan alçaktır efendiler! Alçakların eline hiçbir zaman silah verilmez! Binaenaleyh efendiler; Şükrü'yü seviyorsanız, Şükrü'nün sağlam mantığından, dimağından kopan fikirleri okuyunuz! Şükrü'yü seviyorsanız yaralarını, berelerini, o hain ve gaddarların ellerindeki vaziyetini nazarlarınız önünde tecessüm ettirerek ölünceye kadar hayırla yad ediniz ki, sizin şerefiniz, hürriyetiniz uğruna ölmüş bir şahsiyettir! Vazifeniz daima onun ölüsünün önünde eğilmek ve mezarı önünde diz çökmektir. Bu suretle nesli atiye ders verin! Mithat gibi bir hürriyetperver olan ve kimseye zararı dokunmamış, yalnız hizmet etmiş bulunan bu zatın, hizmetinden dolayı birtakım hainler, namussuzlar, gaddarlar herhangi evsafı deneyi haiz alçaklar, hayatına bu suretle hatime vermişler. Fakat efendiler onun hayatı manevîyesi yaşıyor ve tarihte ebediyen yaşayacak ve bugün bize dersi ibret olacaktır. Biz de bugünden itibaren onun gibi şerefli ölümlere hazırlanmalıyız. Çünkü efendiler, arka-

nızdan on milyon insan istiklâl diye feryat ediyor. Böyle ölüme ben de kurbanım, siz de olun efendiler!"[544]

Daha sonra Sinop Milletvekili Hakkı Hami Bey söz alır, "Muhterem arkadaşlar, aziz arkadaşımız Ali Şükrü Bey, Meclis'teki üç senelik hayatiyle bu memlekete ne kadar hizmet etmişse bugün dahi şahadetiyle memlekette kanunun hakimiyetini fiilen izhara vesile olmak suretiyle ikinci bir defa daha memlekete hizmet etmiştir. Efendiler, millet için kendisini feda eden kahramanlar, ebedi yaşayanlardır." diyerek düşüncelerini dile getirir. Erzurum Milletvekili Durak Bey, Ali Şükrü Bey'in ruhuna Fatiha okunmasını ve celseye beş dakika ara verilmesini teklif eder. Lazistan Milletvekili Necati Bey "Efendiler, gayet kıymettar, gayet hamiyetkâr bir arkadaşımız vatan ve millet uğrunda vazifeyi hamiyeti kanıyla, canıyla ödemiştir. Zaten arkadaşlar, sizin ruhunuz gayet büyüktür buna kaaniyim ki Meclis'in ruhu âlisi, şahsiyeti manevîyesi gayet yüksektir efendiler!" diyerek Ali Şükrü Bey'in vatan uğrunda can verdiğini dile getirir. Yozgat Milletvekili Süleyman Sırrı Bey ve Trabzon Milletvekili Hamdi Bey, Ali Şükrü Bey'in ailesine Büyük Millet Meclisi adına bir taziye telgrafı çekilmesini teklif ederler. Van Milletvekili Haydar Bey ve arkadaşları şu takriri vererek Osman Ağa'nın cesedinin Büyük Millet Meclisi kapısının önünde asılarak teşhir edilmesini teklif ederler:[545]

"Müdafii din ve vatan ve istiklâl olmasından dolayı şehit edilmiş olan Ali Şükrü kardeşimizin katillerinden olup bu sabah Çankayasındaki ikametgâhında yapılan müsademe neticesinde mecruhen derdest edilmiş ve ahiren gebermiş olan katil hunhar Kaymakam Topal Osman'ın Meclis kapısı önünde salben teşhir edilmesini teklif eyleriz."

Takrirde Van Mebusu Haydar Bey'in yanısıra, Kırşehir Mebusu Sadık Bey, Dersim Mebusu Ramiz Bey, Genç Mebusu Fikri Bey, Canik Mebusu Ahmet Nazif Bey, Isparta Mebusu Nadir Bey, Bayezid Mebusu Şevket Bey, Erzincan Mebusu Hüseyin Bey, Kastamonu Mebusu Hulusi Bey, Dersim Mebusu Mustafa Bey, Karahisarı Sahip Mebusu Mehmet Şükrü Bey, Kayseri Mebusu Osman Zeki Bey, Trabzon Mebusu Celal Bey, Erzurum Mebusu İsmail Bey, Canik Mebusu Süleyman Bey, Sivas Mebusu Ziyaettin Bey ve Sivas Mebusu Emir Bey'in de imzası bulunmaktadır. Erzurum Mebusu Salih Efendi takrir oylamasına el kaldırmayanların cinayet suçuna ortak olacağını

---

[544] TBMM Zabıt Ceridesi, C. XXVIII, s.306-307.
[545] TBMM Zabıt Ceridesi, C. XXVIII, s.307-308.

söyler.[546] Osman Ağa'nın cesedinin asılarak teşhir edilmesi teklifi kabul edilir. Osman Ağa'nın cesedi Ulus'ta Meclis önünde ayağından asılarak teşhir edilir.[547] Lazistan Milletvekili Ziya Hurşid Bey, Osman Ağa'nın suç ortaklarından diye nitelendirdiği Gümüşreisoğlu Mustafa Kaptan'ın askerî cezaevinde tutulduğunu hatırlatır. Mustafa Kaptan'a boş yere mülazım-ı sani (Teğmen) rütbesinin verildiğini ve bu rütbe nedeniyle askerî cezaevinde tutulduğunu söyler. Devamında *"Efendim buna zabitliği hangi kanun verdi? Mülazimi sani rütbesini kim vermiştir? Lütfen söylesin."* diyerek tepkisine devam eder. Erzurum Milletvekili Salih Efendi, Mustafa Kaptan'ın ne bir subay ne de bir nefer olmadığını yalnız bir isyancı ve katil olduğunu söyleyerek *"Böyle haşarata hangi bir hakla ve kim mülazimi sani rütbesini veriyor?"* diye sorar. Canik Milletvekili Nazif Bey, Karahisarı Sahib Milletvekili Mehmet Şükrü Bey'in Mustafa Kaptan için söylediği *"Ordu için şindir. Ordu, böyle bir zabit tanımaz"* sözüne *"Katil Osman da kaymakam (yarbay) rütbesindeydi."* diyerek cevap verir. Tekrar söz alan Ziya Hurşid Bey, Mustafa Kaptan gibi cani, katil, tahsil görmemiş bir adamın mülazımı sani rütbesini giydiğini, onun orduda düşmana karşı göğüs germiş olanlarla bir tutulamayacağını, onlarla aynı haklardan yararlanarak askerî cezaevinde yatmaması gerektiğini söyler ve konuşmasına şu sözlerle devam eder:

"Müdafaai Millîye Vekili söylesin. Bu herifi diğer zabitanla hemayar mı görüyor? Rica ederim, bu, nasıl zabit olmuş? Ne biçim mülazimisani üniformasını iktisab etmiştir? Şimdi bu, Hapishane-i Askerî'dedir. Hapishaneden geliyorlar, Merkez Kumandanlığına istiyorlar. Benim teklifim, bunun hapishane-i mülkiyeye yatırılmasıdır. Ordunun içerisinde böyle bir adam tanımayız. Müdafaa-i Millîye Vekili ordunun şerefini muhafaza etmekle mükelleftir."

Saruhan Milletvekili Ömer Lütfi Bey de *"Katil olan subay olamaz, subayların şerefi vardır."* diye Ziya Hurşid Bey'e destek verir. Müdafaa-i Millîye Vekili Kazım Bey söz alarak kanunlar dışında hareket edilmediğini Mustafa Kaptan'ın bir milis subayı olduğunu ve bunun için askerî cezaevinde tutulduğunu, kanun gereği milis subaylarının diğer subaylarla aynı haklardan yararlandığını söyler. Sinop Milletvekili Hakkı Hami Bey ise Mustafa Kaptan'ın bir Hıyanet-i Vataniye suçlusu olduğunu ve yargılamasının Hıyanet-i Vataniye Kanununa göre yapılmadığını belirterek vatana ihanet suçlularının askerî hapishanede tutulamayacağını söyler. Rauf Bey'in tekrar söz alarak yaptığı konuşma sonucunda tatmin olan Ziya Hurşid Bey, takririn kayıtlara geçmesinin yeterli

---

[546] *TBMM Zabıt Ceridesi,* C. XXVIII, s.308.
[547] *İstikbal,* 4 Nisan 1923.

olduğunu söyler.[548] Yapılan konuşmalar incelendiğinde ikinci grup milletvekillerinin Ali Şükrü Bey'in ölümü nedeniyle duydukları üzüntü ve öfkenin de etkisiyle Osman Ağa ve Gümüşreisoğlu Mustafa Kaptan'ın vatan için gerek cephede gerekse cephe gerisinde vermiş olduğu hizmetleri yok saydıkları görülmektedir. 3 Nisan 1923 tarihindeki oturumda Bolu Milletvekili Tunalı Hilmi Bey ve Karesi Milletvekili Abdulgafur Efendi, Ali Şükrü Bey'in cenazesini bulan Jandarma Mülazımı Kemalettin Bey'in rütbesinin terfi ettirilmesine dair bir takrir verirler.[549] 7 Nisan'da Erzurum Mebusu Salih Efendi, Ali Şükrü Bey'in ailesine Hidamet-i Vataniye tertibinden maaş bağlanması için kanun teklifinde bulunur.[550]

4 Nisan 1923 Çarşamba günü Ali Şükrü Bey için Ankara'da cenaze töreni düzenlenir. Ali Şükrü Bey'in cenazesi tören programı gereği saat 11'de Gureba Hastanesinden kaldırılacaktır.

Halk saat 10'dan itibaren Namazgâh'ta toplanır. Törene yarım saat kala Namazgâh meydanı binlerce vatandaş tarafından doldurulmuştur. Başvekil Rauf Bey, Şeriyye, Adliye ve Müdafaa-i Millîye Vekilleri'yle çok sayıda milletvekili, Afganistan Sefiri Ahmet Han, Afganistan Başkatibi ve Özel Tercümanları, Fransa Temsilcisi Miralay Mojen Bey de hazır bulunmuşlardır. Birçok öğrenci ve öğretmen ve bir müfreze asker de törene katılmak üzere Namazgâh meydanına gelmiştir. Biraz sonra Ali Şükrü Bey'in tabutu hastaneden alınarak Namazgâh'a getirilir, hazır bulunan imam cenaze namazını kıldırır. Ali Şükrü Bey'in ruhuna Fatiha okunduktan sonra Kırşehir Mebusu Müfit Efendi bir konuşma yapar. Konuşmasında Ali Şükrü Bey'e kalkan elin aslında Meclis'e ve onun sahibi millete uzatıldığını, fakat ne Meclis'in ne de milletin öldürülemeyeceğini ifade eder, ardından Hükümet'e, millete ve Ali Şükrü Bey'in ailesine sabırlar diler. Cenaze namazından sonra, Ali Şükrü Bey'in tabutu hazır bulunanların omzunda ve önde Mevlevi dedelerinin *"Lâ İlâhe İllallah ve Allahu Ekber!"* sesleri arasında Koyun Pazarı istikametinde taşınır. Ali Şükrü Bey'in cenazesine hürmeten Ankara halkı bütün dükkânlarını kapatmıştır. Cenaze alayı ağır adımlarla Askerî Hapishane önünden Karaoğlan Çarşısı'ndan geçer ve saat 12.15'te Hacı Bayram Veli Türbesi önünde durur. Balıkesir Mebusu Abdulgafur Efendi tarafından bir dua okunur. Sonrasında Kars Mebusu Ali Rıza Bey bir konuşma yapar. Konuşmasında Ali Şükrü Bey'in tabutunu bundan sonra arkadaşları olarak kendilerinin taşımasını ister. Cenaze Alayı *Tan* Matbaası'ndaki Ali Şükrü Bey'in çalışma odası önünde durdurulur.

---

[548] *TBMM Zabıt Ceridesi,* C. XXVIII, s.308-310.
[549] *TBMM Zabıt Ceridesi,* C. XXVIII, s.314.
[550] *TBMM Zabıt Ceridesi,* C. XXVIII, s.387.

Burada Karesi Mebusu Abdulgafur Bey bir dua daha okur.[551] Ali Şükrü Bey'in cenazesi muhalif milletvekillerinin omuzları üzerinde Meclis kapısına *"İkinci kurban gidiyor."* sesleriyle getirilir.[552] Onlara göre ilk kurban Trabzonlu Kayıkçılar Kâhyası Yahya Kâhya, ikinci kurban ise Ali Şükrü Beydir.

Resim 50 - *Ali Şükrü Bey'in Ankara'daki Cenaze Töreni*

Ali Şükrü Bey'in cenazesi ikinci grup milletvekilleri tarafından Trabzon'a İstanbul üzerinden götürülmek istenmiştir. Mustafa Kemal Paşa içinde bulunulan şartları göz önünde bulundurmuş, cenazenin İstanbul üzerinden götürülmesi fikrine sıcak bakmamıştır. Muhaliflerin niyetinin İstanbul'u kendisine karşı kullanmak olduğunu düşünen Mustafa Kemal Paşa, Rauf Bey'den gerekli önlemleri almasını şu sözlerle istemiştir:

"Osman Ağa tarafından katledildiği zannedilen Trabzon Mebusu Ali Şükrü Efendi'nin yarın trenle İstanbul'a ve oradan Trabzon'a nakli için teşebbüs vuku bulduğunu ve fakat adı geçen efendinin cesedinin henüz düşman askeri kuvvetlerinin işgali altındaki İstanbul'dan geçirilmek istenmesi memleketimizin mukaddes arzularını hainlere fırsat verebilecek mahiyette görenler tarafından vuku bulan diğer tavsiye üzerine merhumun cesedinin Kastamonu üzerinden İnebolu'ya oradan da Trabzon'a naklinin tercih eden hakiki hamiyetperverlerin ikinci teşebbüsü karşısında söz konusu yolun karla kaplı oluşu ve esasen yolların otomobil hareketine pek müsait bulunmaması düşünmeye değer görüldüğünden, ne suretle hare-

---

[551] Murat Yüksel, *Faik Ahmet Barutçu'nun İstikbal Gazetesi Belgelerine Göre Ali Şükrü Bey ve Topal Osman Ağa*, Trabzon, 1993, s.117; *İstikbal*, 16 Nisan 1923; S. Üçüncü, *a.g.t.* , s.177.
[552] Olgun, *a.g.t.* , s.103.

ket edilmesi lazım geleceği bu dakika da Müdafaa-i Millîye Vekaleti Celi-lesi'nden sorulmalıdır. Memleketin asayiş ve inzibatından başka özellikle üç buçuk senelik yeni bir hayata sahip olan yeni Türkiye'nin saadet ve se-lameti bakımından çok adi ve çok hasis isteklerle kişisel çıkar sağlamak isteyen bazılarının bir zavallı ölüden yardım beklediklerini görmek kadar alçalma sebebi olamaz. Bundan ötürü, devletin ve milletin ve Türkiye Bü-yük Millet Meclisi Hükümetinin şeref ve haysiyetine uygun davranışın ge-reğini yapmaktan sorumlu olan sizin gereken tedbirin alınmasını emret-menizi özellikle rica ederim, efendim."⁵⁵³

Rauf Bey muhaliflere Mustafa Kemal Paşa'nın İstanbul'da bazı taşkınlık-lar yapılması ihtimaline karşın cenazenin Kastamonu üzerinden Trabzon'a götürülmesini uygun gördüğünü söylemiş ve onları ikna etmiştir. Cenazeyi Trabzon'a götürmekle görevlendirilen Ziya Hurşid Bey ve Nemlizade Hamdi Bey⁵⁵⁴ arkadaşlarıyla vedalaşırlar. Hüseyin Avni Bey cenazeyi götürecek otomobili göstererek *"Al Trabzon, sana albayraklı bir gelin gönderiyoruz."* di-ye haykırdıktan sonra, cenaze ve milletvekilleri ayrı ayrı otomobillerle yola çı-karlar. Doktor Abidin Bey de onlara eşlik eder. Lazistan Milletvekili Necati Bey ise Ankara'ya 30 km. uzaklıktaki Ravli köyüne kadar gelir ve burada halkla birlikte cenazeyi uğurlar.⁵⁵⁵ Nemlizade Hamdi Bey yol boyunca yaşa-dıklarını şöyle anlatır:

"Ali Şükrü'nün cenazesini Trabzon'a götürmek için Meclis'ten Ziya Hurşit ve Doktor Abidin seçildi. Atatürk bana, sen de onlarla beraber gi-deceksin, dedi. Herhâlde havayı beğenmiyor, bir yakınının da heyette bu-lunmasını istiyordu. Ben hem Trabzon milletvekili idim hem de orada ol-dukça çok akrabamız vardı. Bu arada seçim hazırlıkları da var idi. Trab-zon biraz karışıktı. Trabzon Valisi İhsan Bey, namuslu bir adamdı ama Atatürk'e karşıydı. Ankara'dan hareket etmeden önce Atatürk'e 'Paşa'm değiştirelim bu adamı, bize yaramaz.' dedim. O da, dursun şimdilik bir şeyler yaparız, dedi. Ve bana kendisi doğrudan 275 TL harcırah verdi. Yola çıkacağımız günlerde her yer karla kaplıydı. Ben Atatürk'e 'Cenazeyi trenle İstanbul'a, oradan da vapurla Trabzon'a götürelim,' dedim... 'Be çocuk' dedi. 'Sen deli misin? Seçim arifesinde ortalığı karıştırmak için ba-hane arayanlar var. Can sıkıcı olaylara sebep olmayalım.' Biz Çankırı'ya doğru yola çıktık. Soğuk devam ediyor, kar yağıyordu. Bindik bir kamyo-na, bu işi için özel yapılmış bir kamyona... Önde Ziya Hurşit, Doktor Abi-

---

⁵⁵³ *Atatürk'ün Bütün Eserleri,* C. XV, İstanbul, 2005, s.272.
⁵⁵⁴ *TBMM Zabıt Ceridesi,* C. XXVIII, s.310.
⁵⁵⁵ S. Üçüncü, *a.g.t.* , s.178.

din ve ben vardık. Arkada Ali Şükrü'nün cenazesi güç bela Çankırı'ya vardık... Çankırı'da cenazeyi caminin musalla taşına koydular. Tevfik Hoca adlı bir mebus, o bize daima muhalefet ederdi, cenazenin başına halkı topladı, söylev çekmeye, partiye, Hükümet'e atıp tutmaya başladı. Ortalık karışır gibi oldu. Vali durumu idare etti, durum yatışınca biz de yola çıktık... İnebolu'ya vardığımızda mahşer gibi bir kalabalık karşıladı bizi, anlatamam. Korkudan yüreğim ağzıma geldi... Fakat söylev çeken filan olmadı. Sinop ve Samsun sükunet içinde geçti. Geldik Giresun'a, bir de baktım ki 15 kişilik bir heyet gelmiş... Heyetin başında da azledilmiş Vali Deli Hamit vardı. O, Trabzon'un ileri gelen İttihatçıları ile beraber gelmişti. Beni gördüler, hiçbirisi bana selam vermedi. Suratlarını astılar, benden cüzzamlıymışım gibi kaçtılar. Bir ara eşimin dayısının oğlu Ahmet Saruhan ki kendisi Trabzon eşrafındandır, benim hâlimden anlamış olacak ki, bana, kulak asma bu kalabalığa, bizi buraya zorla getirdiler, dedi"[556]

İstikbal gazetesi cenaze merasimi için önceden hazırlanan programı yayınlamış, çeşitli heyetlerin törende hazır bulunacağı bildirilmiştir.[557] Ali Şükrü Bey'in cenazesi Trabzon'a getirilmiş, 10 Nisan 1923 tarihindeki cenaze törenine çok büyük bir halk kitlesi katılmıştır. Vapurun erkenden geleceğini düşünen halk sabah saatlerinde iskeleye akın etmiştir. Saat ikiye doğru halk meydandan iskeleye kadar bütün caddeleri doldurmuş vaziyettedir. Belediye Başkanı, Vali, Merkez Kumandanı ve bütün heyetler vapura giderek Ali Şükrü Bey'in cenazesi karşılamışlardır. Şarlı ve Vakfıkebirliler Ali Şükrü Bey'in babasını aralarına alarak tabutun etrafında bir halka oluşturmuş, Ali Şükrü Bey'in tabutunu omuzlara alarak iskeleden indirip bahriyelilerin bulunduğu büyük çapara koymuşlardır. Cenazenin iskeleye yanaştığı sırada bütün halk Fatiha okumaya başlamış, sonrasında tabut sancaklara sarılı hâlde omuzlar üzerinde iskeleden karaya taşınarak yüksek bir mevkiye konulmuştur. Burada Erzurum Mebusu Necati Bey *"İşte emanetinizi tevdi ediyoruz."* diyerek bir konuşma yapar. Ardından Belediye Başkanı Hakkı Bey de *"Efendiler, biz kadın gibi ağlamayacağız."* der ve şehit olmanın yüceliğinden bahseder. Konuşmadan sonra tören programı gereğince hareket edilir. Faik Ahmed Bey ve Abidin Bey'in konuşmalarından sonra cenaze alayı Boztepe'ye doğru yola çıkar. Ali Şükrü Bey için memlekete hakim bir tepede mezar yeri hazırlanmıştır. Gömülecek yerde Ziya Hurşid Bey, Ali Şükrü Bey'in Meclis'teki hayatı ve Anadolu inkılabı hakkında bir konuşma yapar. Onu Ordu heyeti namına İsa Bey, Gire-

---

[556] Hamdi Ülkümen; *Hümanist Atatürk 1889-1963*, İstanbul, 1994, s.36-39; Olgun, *a.g.t.*, s.105.
[557] *İstikbal*, 9 Nisan 1923.

sun heyeti namına İsmail Efendi takip ederler. Sonrasında Ali Şükrü Bey'in cenazesi defnedilir. Hatimler indirilerek cenaze merasimi sona erer. Amerikan Torpidosu Kumandanı Mülazım Lolberi de cenaze törenine katılmış, Ali Şükrü Bey'in babasına ve Belediye Başkanı'na baş sağlığı dileklerinde bulunmuştur. Cenaze töreninden sonra Müdafaa-i Hukuk binasına gelinip taziye merasimi yapılmıştır.[558]

Resim 51 - *Ali Şükrü Bey'in Trabzon Boztepe'ye Defnedilişi*

Ali Şükrü Bey'in cenaze töreni, adeta siyasi bir propagandaya dönüşmüştür. Bunda İstikbal gazetesinin payı büyüktür. Henüz Ali Şükrü Bey'in cenazesi Trabzon'a ulaşmadan, İstikbal gazetesi halkı galeyana getirecek yazılar yazmaya başlamıştır. 10 Nisan 1923 tarihli sayısında *"Bugün Trabzon, hırs ve hıyanetin kurbanı olan fedakâr mebusunun na'şını göğsüne çekiyor. Bugün Trabzon, büyük evladı Ali Şükrü'nün naşıyla titriyor. Bugün Trabzon, o mübarek na'şın huzurunda büyük yeminini tekrar ediyor. Bugün Trabzon, mücessem bir heyecan kitlesi hâlinde titriyor. Bugün dükkânlar kapanacak, bütün halk, kurumlar ve mektepler merasime iştirak edeceklerdir. Na'şı karşılamak üzere Trabzon'a bağlı yerleşim birimlerinden akın akın gelenlerin adedi yüzleri bulmaktadır."* diye bir yazı yazan gazete cenaze törenini bütün halka duyurmuş, gazetenin sahibi ve başyazarı Faik Ahmed Bey de tören esnasında yaptığı konuşmada Ali Şükrü Bey cinayetinin arkasında Çankaya olduğunu söylemiş, Mustafa Kemal Paşa'yı işaret etmiştir. Nebizade Hamdi Bey bu konuşmayı şöyle anlatır:

"Bütün Trabzon rıhtıma dökülmüştü. Vapurla rıhtım arasında yüzlerce sandal. Doğrusu ben de dehşete kapıldım... Sonra cenazeyi Belediye Meydanı'na naklettik. Meydanda Trabzon İttihat ve Terakki Başkanı Hacı Ahmet Barutçunun oğlu Faik Ahmet Barutçu, çektiği nutukta sık sık Çan-

---

[558] *İstikbal,* 11 Nisan 1923.

kaya katilleri diye bar bar bağırıyordu. Bununla Topal Osman'ın Ali Şükrü'yü öldürüşünün Çankaya'nın emrinde olduğunu kastediyordu. Bu hususta Atatürk'ün düşüncelerini bilen ve olayların içinde an be an yaşamış bir insan olarak tarih önünde tekrarlıyorum ki Atatürk bu olayın tam karşısında oldu ve Topal Osman'ın yaptığının acısını çekti..."[559]

Osman Ağa'nın da cenazesi Eski Giresun Mutasarrıfı Nizamettin Bey ve Ağa'nın kardeşi Hacı Hasan Bey tarafından Giresun'a getirilir. Çınarlar Camii'nde kılınan cenaze namazından sonra büyük bir kalabalıkla beraber Giresun Kalesi'nde Kurban Dede Türbesi'nin yanına defnedilir. Osman Ağa'nın cenaze törenine katılanlardan M.Şakir Sarıbayraktaroğlu o günkü hüzünlü havayı şu sözlerle anlatır:

"Giresun, Osman Ağası'nı böyle mi karşılayacaktı? Evvelki gelişleri böyle mi oluyordu? Nerede toplar, bombalar, neden susuyor? Silahlar, tabancalar neden konuşmuyor, havai fişekler neden uçuşmuyordu? Evet, Giresun bugün susmuş, ona bir hâl olmuştu. Vapura giden kayıklar vapur demir attıktan sonra iskeleye yanaştılar, ilgili şahıslar vapurun merdivenlerine tırmanmaya başladılar. Fakat ayaklar iskeleden yukarı çıkamıyor. Diz kapaklarından aşağı bir uyuşukluk var. Kimse yürüyemiyordu, merdivenlerde sanki bir lığ yığılmış, iskelenin merdivenlerine bastıkça ayaklar bu lığa gömülüyor, bir türlü vapurun içerisine giremiyorlardı. Nihayet vapura girildi. Osman Ağa'nın ağabeyi Hacı Hasan Efendi'nin yanına varıldı. Yaşlı gözler birbirine bakarak taziyeler yapıldı, kederli başlara başsağlığı ve sabırlar dileklerinde bulunuldu. Cenaze vapurdan alınıp kayığa konuldu. Perameciler küreklere oturdular. Kollar gene işlemiyor, tutuluyor, kayıklar yürümüyor, o bile başından aşağı denize gözyaşlarını akıtıyordu. O gün Giresun'a bir hâl olmuştu. Herkes birbiriyle sessiz konuşuyordu. Kayık Çaltaklatı'na indi, iskeleye rampa yaptı, cenaze kayıktan alındı. Herkes kederli olarak kahramanı, Balkan Gazisi Osman Ağa'yı omuzlamış ağır ağır eve götürüyor. Cenazeyi eve götürüp bıraktık. Ertesi gün Giresunlular çok sevdikleri Osman Ağa'sını çok sevdiği vatanın bağrına bırakacak. Hazırlıklar yapıldı, Ağa'nın evinin kapısına halk yığıldı. Mart ayında Osman Ağa evinden sağ olarak ayrılmış, şimdi ise ölü olarak çıkıyor. Dualar yapıldı, amin, amin sedaları arasında o büyük ebedgâhına gidiyor. Pencereden bakan gözler yaşlı, yürüyenlerin gözleri yaşlı, çınarlar Camii'ne gelindi. Burada musalla taşına konuldu. Öğle namazı, cenaze namazı kılındı, cenazeyi alıp Kurbanlığa (Kaleye) yürüdük."[560]

---

[559] Ülkümen, *a.g.e.*, s.39.
[560] Sarıbayraktaroğlu, *a.g.e.*, s.208-209.

1925 yılında Mustafa Kemal Paşa'nın emri ile Osman Ağa'nın naaşı Giresun Kalesi'nin en yüksek yerine nakledilir ve anıt mezar yaptırılır.

Resim 52 - *Osman Ağa'nın Anıt Mezarı*

Ali Şükrü Bey Cinayetinin Mahkemesi: "Mustafa Kaptan ve Beraberindekiler Yargılanıyor"

İnfazdan son anda kurtulan muhafızlar İstasyon'daki pavyonlara hapsedilirler. Hapsedilen bu muhafızların büyük bir kısmı birkaç gün sonra memleketlerine gönderilirken, aralarından Ali Şükrü Bey cinayetini işledikleri konusunda şüphe duyulan birkaç kişi mahkemeye çıkmak üzere bekletilmektedir.

Bir gece yarısı çatışma sırasında Ankara'da görevli olduğu için sonradan yakalanan Gıcıroğlu Şükrü'de yargılanacak olan diğer muhafızların yanına gönderilir. Şükrü'nün elinde *"Tanin"* gazetesi vardır. Şükrü *"Ağadayı ölmüş, öyle yazıyor."* der. Biraz sonra kapı açılır, otuz süngülü jandarma eri ve bir subay içeri girerek Muharrem Çavuş ve Şükrü'yü oradan alıp İsmail Hakkı Bey'in dairesine getirirler. İsmail Hakkı Bey *"ifade vermeye gideceksiniz."* der. Muharrem Çavuş *"Bu saatte ifade almak için adam alınmaz, hele hele otuz süngülü ile ifadeye gidilmez."* deyince, İsmail Hakkı Bey *"Namusum üzerine yemin ediyorum ki sizi ifadeye götürüyorum"* diyerek onları polis merkezine götürür. Burada başlarına iki nöbetçi dikilmek suretiyle en üst kattaki bir odaya hapsedilirler.

Sabaha karşı polis müdürünün odasına alınırlar. Bazı bakanlar ve Ankara Savcısı Nazım Bey'de oradadır. Savcı muavini Fehmi Bey Muharrem Çavuş'a:

—Anlat bakalım. Ali Şükrü Bey'i nasıl öldürdünüz? Diye sorar.[561] Cevap alamayınca yumruğunu hızla masaya vurup sorusunu yineler. Muharrem Çavuş:

---

[561] *Karadeniz*, 21 Ekim 1955; bkz: naklen, Erden Menteşeoğlu, *Mustafa Kemal Paşa'nın Muhafız Alayı Komutanı Milis Yarbay Osman Ağa*, Ankara 2014, s. 500.

—Ben suçsuzum, olaydan haberim yoktur, yanıtını verir. Fehmi Bey yerinden kalkar ve sorguya devam ederek:

—İnkar etmek aleyhine olur. Ne biliyorsan anlat. Belki kurtulursun. Susmakla suçu üzerine alıyorsun.

Muharrem Çavuş bir kez daha hiç bir şey bilmediğini söyler. Fehmi Bey:

—Yalan söylüyorsun. Sen o bölükte takım komutanısın. Arkadaşların Ali Şükrü Beyi öldürecek ve senin haberin olmayacak. Olacak iş değil. Muharrem Çavuş:

—Müfrezenin Bölük Komutanı Mustafa kaptan idi. Onu tevkif ettiniz. Ona sorun!

Bu cevaba öfkelenen Ankara Savcısı Nazım Bey araya girer:

—Oğlum sen bu işin gerçeğini yarın daracının dibinde söylersin. İş işten geçmiş olur. Son pişmanlık para etmez. Bildiklerini anlat yoksa kurtulamazsın, der. Muharrem Çavuş:

—Bilmiyorum. Dinim hakkı için bu işin nasıl cereyan ettiğine dair hiçbir bilgim yok. İsterseniz beni darağacına gönderiniz. Allah şahidimdir! Nazım Bey:

—Elde ettiğimiz deliller ve şüpheler senin üzerinde toplanıyor. Söylemek istemiyorsan dışarı çık.

Muharrem Çavuş jandarma nezaretinde dışarı çıkartılır. Biraz sonra içeri alınarak idam cezasına çarptırıldığı kendisine söylenir, ancak Fehmi Bey söz alarak cinayetin işlendiği iddia edilen evde oturan Ermeni asıllı terzi Mahir'in eşi ve hemşiresinin Muharrem Çavuş ve diğer şüphelilerle yüzleştirilmesini teklif eder. Sorgu heyeti bu teklifi kabul eder ve sorgulama uzar.[562]

İfade sırası Gıcıroğlu Şükrü'ye gelmiştir. Onu sanık sandalyesine aldıktan sonra sorgulama başlar. Savcı Nazım Bey:

—Adın?

—Şükrü.

—Baba adın?

—Gıcıroğlu Salih.

—27 Mart günü neredeydin? Ne biliyorsan anlat.

—O gün İzmit'teydim. Trenle Ankara'ya geldim.

—Ali Şükrü Bey'i tanır mıydınız?

—Tanırım

—Osman Ağa'yı da tanır mısınız? Şükrü gülerek:

—O'nu Avrupa bile tanıyor. Nazım Bey öfkeli bir tavırla:

—Onu sormuyorum. Osman Ağa ile yakın bir ilgin var mı? Sen onu söyle.

—Ağadayı ile bütün Giresun Uşaklarının yakın ilgisi vardır. Bizi Ankara'ya O getirdi. Cinayeti soruyorsanız, bu işle en ufak bir ilgim yoktur. Savcı çok kızar:

---

[562] Karadeniz, 10 Ocak 1956; bkz: naklen, aynı eser, s.501.

—Senin bilgin yok. Ötekinin bilgisi yok. Ali Şükrü Bey ipi kendi boğazına kendisi mi geçirdi? Diye bağırır ve devriyelere:

—Alın götürün! Der.[563]

Şüpheliler İstasyon'daki ahşap bir binanın zemin katında tutulmaktadırlar. Bir gece bir manga askerle üç inzibat subayı gelerek Kumaşoğlu Mehmet ve Çaylakoğlu Eyüp'ü alıp götürürler. Yarım saat sonra tekrar gelirler. Götürülenlerden haber olmadığı halde iki kişiyi daha götürmek isterler. Uşaklardan biri *"Bizi ikişer ikişer kurşuna dizmeye mi götürüyorsunuz? Öyle ise hepimizi birlikte götürün. Bizi dışarı çıkaramazsınız. Az önce götürdüklerinizi ne yaptınız?"* der ve uşaklar sonradan istenen iki kişiyi jandarmaya vermezler. Az sonra Giresun Uşaklarını çok seven Muhafız Taburu Komutan Yaveri Hamdi Bey gelir. *"Arkadaşlar, hükümetin emrine karşı gelinmez. Size şerefim ve namusum üzerine yemin ederim ki, sizi kurşuna dizmek için almıyorlar."* der ve zan altındakileri ikişer ikişer götürür.

Dokuz zanlı Safrahanı Askeri Divan-ı Harp Hapishanesi'ne nakledilirler. Burası en azılı ve tehlikeli suçlularla doludur. Askeriyenin malını çalanlar, subay öldürenler, cepheden firar edenler, düşmana casusluk edenler bu hapishanede tutulmaktadır.

Uşaklar, Hapishane Müdürü Kıdemli Yüzbaşı Halil Bey'in odasının bitişiğindeki koğuşa atılırlar. Mustafa Kaptan, burada arkadaşlarına başından geçen olayları şöyle anlatır:

—Tevkif listesine beni de dahil etmişlerdi. Ağadayı beni merkeze gönderince hemen tevkif edildim. Arkadaşları, merakla:

—Hangi liste? Mustafa Kaptan:

—Bilmiyor musunuz? İdamımız için liste çıkartmışlar. Sözde arkadaşlarımızdan biri bizi ihbar etmiş. Bizi mahkemeye çıkartmak için burada topladılar. Divan-ı Harp Mahkemesi'nde sorguya çekileceğiz. Belki de ipe çekileceğiz. Ali Şükrü Bey'i Kuyulu Kahve'den alıp, Mahir'in evine ben getirdim. Kendisini Ağadayı çağırtmıştı. Bildiğim hepsi bu kadar. Bizi içimizden biri ihbar etmiş. Uşaklardan biri:

—Ali Şükrü Bey'in yeğeni Kadir ihbar etmiş diyorlar. Ona da Hasan söylemiş. Mustafa Kaptan:

—Kadir'e oldu?

—Çatışmada öldü. Hasan ise çatışma sırasında şehirdeydi.

Bir gün Hapishane Müdürü koğuşa gelir, uşakların hatırlarını sorar. Ankara Kumandanı Fuat Bey'in selamlarını iletir. Birkaç gün sonra da Fuat Bey

---

[563] *Karadeniz*, 20 Ocak 1956; bkz. naklen, *aynı eser*, s. 502.

bizzat gelir, uşaklara Latife Hanım tarafından gönderilen on beş kırmızı lira harçlık bırakır.[564]

Bir sabah bir manga süngülü asker nezaretinde Kumaşoğlu Mehmet ve Çaylakoğlu Eyüp koğuştan alınarak mahkemeye götürülürler. Dönüşte arkadaşlarına mahkemede yaşananları şöyle anlatırlar:

—Hakimlerin huzuruna çıkmadan yanımıza bir avukat geldi. Avukatımız olduğunu söyledi. Kendisini kimin tuttuğunu bilmiyorduk. Mahkeme huzurunda neler söyleyeceğimiz hususunda bizi yönlendirdi. Duruşma sırasında, hakim olay gecesi nerede olduğumuzu sordu. Gündüz Çankaya'da nöbette olduğumuzu, erken yattığımızı ve olaydan hiç haberimiz olmadığını söyledik. Gerisini avukat tamamladı. Bizi fazla sıkıştırmadılar.[565] Mustafa Kaptan:

—Bizden daha ne istiyorlar? Terzi Mahir'in karısı mahkemeye geldi mi? Benim hakkımda bir şey sordular mı?

—O akşam Mustafa Kaptan neredeydi? Diye sordular.

—Ne cevap verdiniz?

—Mustafa Kaptan bizim koğuşumuzda kalmıyordu. Bilmiyoruz, dedik. Bu yanıtımıza Savcı Bey kızdı.

—Aldığınız her nefesten bir birinizin haber var! Diye bağırdı.

Co Şakir ve Pirazizli Temel'in mahkemelerinden sonra sıra Mustafa Kaptan ve Muharrem Çavuş'a gelir. Avukat Cemil Bey dosyayı inceledikten sonra:

—Her ikinizde idamlıksınız. Önce sizi idamdan kurtarmak gerekiyor, der.

Avukattan mahkemede ne yapacakları konusunda gerekli bilgileri alırlar, mahkeme başlar. Savcı Fehmi bey oldukça sert bir şekilde Mustafa Kaptan'a:

—Önceki ifadelerinizin hiçbir değeri yok. İnkar etmek seni sehpadan kurtarmaz. Ali Şükrü Bey'in katli konusunda ne biliyorsan anlat. Seni idamdan kurtaracak bir ip ucu elde edebiliriz, der.

Mustafa Kaptan sinirleri oldukça gerilmiş bir halde, suçlamalara itiraz ederek:

—Benim bu cinayet hakkında hiçbir bilgim yoktur, yanıtını verir.[566]

12 Mayıs 1923'teki mahkemeye devam edilir. Yüzlerce insan mahkemeyi izlemeye gelmiştir. Saat dördü çeyrek geçe başlayan mahkemede, bir önceki duruşmada celpname gönderilen şahitler tek tek çağrılmaya başlanır. İlk olarak Osman Ağa'nın ev sahibi terzi Mahir Efendi hakim karşısına çıkar. Mahkeme Reisi:

—Ali Şükrü Bey'in katli hakkında bildiklerini söyle!

[564] *Karadeniz*, 25 Ocak 1956; bkz. naklen, *aynı eser*, s. 503.
[565] *Karadeniz*, 1 Şubat 1956; bkz. naklen, *aynı eser*, s. 503.
[566] *Karadeniz*, 3 Şubat 1956; bkz. naklen, *aynı eser*, s. 504.

Mahir Efendi söze başlayarak olaydan iki gün evvel cepheden geldiğinde kendi evlerinin birkaç odasının Osman Ağa'ya kiraya verilmiş olduğunu söyler ve devam ederek:

—Bir gün Osman Ağa beni çağırdı ve kardeşime bir kat elbise yapacak ve Giresun'a göndereceksin dedi. Ben tabii gitmek istemedim. Salı günü idi. Dükkanımda çalışırken, dükkana refikam ve kız kardeşimin refikası benizleri sapsarı olduğu halde geldiler. Osman Ağa'nın kahve istediğini, kahveyi götürür götürmez evde bazı sesler duyduklarını, korkarak kaçtıklarını, eve gitmek istemediklerini söylediler. Ben müşkül vaziyette kaldım. Eve gitmelerini tembih ettim. Bilahare sokakta Mustafa Kaptan, Ahmet ve Muharrem'i gördüm. Refikamın ve yengemin evden kaçtıklarını, Ağa'nın kızdığını, eğer hem kadınlar hem de ben eve gitmezsem beni vuracaklarını söylediler. Yalnız o gece ben eve gitmedim. Ertesi gün yine Ahmet'e rast geldim. Beni tehdit etti ve eve muhakkak gitmem gerektiğini söyledi. Aynı zamanda zevcem ve yengem de geldiler. Artık eve gidemeyeceklerini, büsbütün korktuklarını söylediler. Ben Vali Bey'in evine gittim ve görüşmek istedim. Daireme gel dedi, imdat istedim. Meseleyi anlattım. Beni sabaha kadar aradıklarını haber aldım. Bizimkilere eve gitmelerini, evde bulunmalarını, pencerenin önünden geçerek hallerini soracağımı, icap ederse polis ve jandarma getirebileceğimi söylemiştim. Akşam olduğu vakit ben evin önünden geçiyordum. Mahallenin bekçisi ve bir polis orada geziniyorlardı. Bekçiye iyice tembih ettim, bahşiş de verdim. O sırada Osman Ağa'nın evine iki atlı piyade geldi. Mustafa Kaptan da vardı. Kapıyı çalarken ben kaçtım ve bekçiye beni sorarlarsa başka isim vermesini söyledim. Çünkü korkuyordum. Beni mütemadiyen arıyorlarmış.

—Eve geldiğini söylediğin piyade ve atlılar kimlerdir, tanıyor musun?

—Yalnız Cemal isminde olanı tanıdım. Diğer birinin Kaptan mı, değil mi pek farkında değilim.

—Arkana dön bak bakalım bu mu idi? (Mustafa Kaptan'ı gösterir)

—Ben Kaptan'a benzettim, muhakkak bilmiyorum, tayin edemiyorum.

—Fakat sözün nedir, o gece gördüğün bu mudur değil midir, yüzünden tanımıyor musun?

—Yüzünü görmedim. Benzettim, sapa bir yerde duruyordu. O elbiseyi giyerse o mu değil mi tanırım, bekçi daha iyisini bilir.

—Demek sen kararsızsın.

—Evet, kararsızım.

İstinaf savcısı söz alır ve terzi Mahir'in evvelki ifadesinde *"Mustafa Kaptan ve arkadaşlarının kendisini vurmakla tehdit ettiği"* söylediğini, şimdi ise *"Mustafa Kaptan tehdit etmedi"* dediğini hatırlatır. Bunun üzerine hakim tekrar sorar. Terzi Mahir'de şimdiki ifadesinin kesin olduğunu söyler.

Hakim, Mustafa Kaptan ve Muharrem Çavuş'a ayağa kalkmalarını, terzi Mahir'in söylediklerine bir diyecekleri olup olmadığını sorar. İkisi de, birlikteyken terzi Mahir'e rast gelmediklerini söylerler. Daha sonra bekçi Abdülkerim çağrılır, o da olayla ilgili bir malumatı olmadığını söyler.

Daha sonra duruşmaya terzi Mahir'in yengesi Şaziye Hanım çağrılır, hasta olduğu ve tabip raporu aldığı için gelemediği bildirilir. Akabinde terzi Mahir'in eşi Satıa Hanım çağrılır, onunda çocuğunun hasta olduğu için gelemediği söylenir. Daha sonra polis Mehmet Kadri Efendi'nin eşi Ganime Hanım şahit olarak duruşmaya alınır. Mahkeme reisi Ganime Hanım'a vaka hakkında ne biliyorsa anlatmasını söyler. Ganime Hanım:

—O gün bize Ahmet Mahir'in (terzi Mahir) zevcesi geldi, çamaşır leğeni istedi. Lakin ustalar kullanıyor diye vermedim. Mahir'in zevcesi Osman Ağa'nın çamaşırını yıkayacakmış. Sonra gitti. Aradan biraz zaman geçti, bir Laz geldi. Kapının arkasında duran leğeni alınca gitti. Bizim çocuk arkasından koşmak istedi. Bıraktık, bela var dedik. Biraz sonra leğeni alan Laz geldi. Leğenin içinde beyaz çamaşır vardı. Bunları Ağa gönderdi, cepheye gidecek çabuk yıkayacaksınız dedi. Siz yapamazsanız bir komşuya yaptıracaksınız dedi. Komşular Hıristiyan'dı. Çamaşırları onlara vermeye gittik ise de kiliseye gitmişler. Amanın ne edelim dedik. Sonra çamaşırın birini açtım, baktım, birinde yekpare kahve lekesi vardı. Öteki de yorgan çarşafı idi. Onda da kahve lekesi vardı. Çıkar mı çıkmaz mı diye soruşturduktan sonra su döktüm, su dökünce kahveler dağıldı. Sonra yıkadık, çocukla gönderiverdik. Benim bundan başka malumatım yoktur.

—Lekenin kahve lekesi olduğunu nasıl anladın?

—Belli efendim, taze kahve koktu. Kahve idi, hem kokusundan, hem renginden belli idi.

Ganime Hanım'ın ardından Amasya Merkez Tabur Karargahı Bölüğü'nden nefer Mithat şahit olarak çağrılır. Mithat, Osman Ağa ve Mustafa Kaptan'ın mahkemede *"Mülazım Nuri Efendi ile Ali Şükrü Bey'in arasının açık olduğunu söylemesi"* konusunda kendisine baskı yaptıklarını söyler.

Mustafa Kaptan büyük bir soğukkanlılıkla ifadeleri dinlemekte ve yüz ifadesinden hiç birini onaylamadığı anlaşılmaktadır. Mahkeme reisi:

—Kalk bakalım Mustafa Kaptan. Sen Mithat'ın bu ifadelerine karşı ne dersin?

—Efendim, Ali Şükrü Bey'in kardeşi (Şevket Bey) bu Mithat'ın memleketlisidir. Daireye çağırdı, öğretti. Ben katiyen hepsini inkar ederim, yalandır.

Mahkeme reisi Avukat Cemal Bey' e bir şey söyleyip söylemeyeceğini sorar. Cemal Bey Mithat'a *"şu an nerede ne görevde olduğunu ve Ali Şükrü Bey'in kardeşi Şevket Bey'i tanıyıp tanımadığını"* sorar. Mithat, *"Bahriye Dairesinde asker olduğunu ve Şevket Beyi tanıdığını"* söyler.

Daha sonra huzura Merkez Taburundan Ali oğlu Hafız Ömer şahit olarak çağrılır. Ömer, olay sırasında İzmir'de olduğunu ve bir malumatının olmadığını söyler. [567] Terzi Mahir'in karısı ve kız kardeşi şahit olarak bir sonra ki mahkemeye getirilirler. Duruşmaya önce Mahir'in karısı çağırılır. Hakim:

—Cinayet hakkında bildiklerini anlat. Yalan konuşmanın cezası ağırdır, diye şahidi uyarır. Kadın çekingen bir tavırla:

—Ali Şükrü Bey Osman Ağa ile birkaç kez eve gelmişlerdi. O gün Ağa evde yalnızdı. Ali Şükrü Bey geldi. Hakim:

—Yanında kimse var mıydı? Kadın:

—Bir kişi vardı. Hakim Mustafa Kaptan ve Muharrem Çavuşu işaret ederek:

—Bunlar mıydı? Kadın:

—Bunların hepsi bir birine benziyor, bilmiyorum. Mustafa Kaptan söz isteyerek:

—Bacılık bizleri tanımaz. Ali Şükrü Beyi eve ben getirdim. Yanımızda başka kimse yoktu. Bu konudaki ifadelerim daha önce zapta geçirilmişti. [568]

Hakim tekrar sorar:

—Ali Şükrü Bey'e kapıyı kim açtı?

—Ağa'nın adamlarından biri açtı. Üst kata birlikte çıktılar. Önce güzel güzel konuşuyorlardı. Ağa'nın sesini duyduk. "Vatan! Vatan!" diyordu. Daha sonra büyük gürültü oldu, sandalyeler yuvarlandı. Hakim tekrar sorar:

—Ali Şükrü Bey'i mi boğuyorlardı? Kadın yanıt vermez, başını sallar. Mustafa Kaptan:

—Bu kadın yalan söylüyor! Diye itiraz eder. Hakim:

—Cesedin sarıldığı çadır bezinin sizin uşaklara ait olduğu tespit edildi. Mustafa Kaptan:

—Bu hiçbir şey ifade etmez. Çadır bezi beylik malıdır. Beylik malının hepsi aynıdır.

Avukat Cemal Bey göz işareti ile Mustafa Kaptan'ı susturur, ikinci şahit olarak Mahir'in kız kardeşi dinlenir, oda ifadesini tekrarlar. [569]

Hakim, terzi Mahir'in evinde keşif yapmaya karar verir. Samanpazarı'ndaki eve ilk getirilenler Mustafa Kaptan ve Muharrem Çavuş olur. Heyet olay yerine gelince, zanlılara hitaben hakim şöyle seslenir:

—Ali Şükrü Bey'i nasıl boğduğunuzu hanımlar bir bir anlattılar. Sonra da terzi Mahir'in karısı ve hemşiresine dönerek:

[567] İstikbal, 13 – 25 Mayıs 1923; bkz: naklen, aynı eser, s. 459-467.
[568] Karadeniz, 6 Şubat 1956; bkz. naklen, aynı eser, s. 504.
[569] Karadeniz, 8 Şubat 1956; bkz. naklen, aynı eser, s. 505.

—İp bunların elindeydi değil mi? Kadınlar yanıt vermeyince araya giren savcı sert bir ses tonu ile:

—Söylesene kızım! Diye bağırır. Hemşire:

—Evet, ama hangisinin elindeydi bilmiyorum. Muharrem Çavuş araya girerek:

—İyi bak, iyi düşün bacım. Bu dünyanın altı var. Mustafa Kaptan hemşireye yaklaşır ve yumuşak bir sesle:

—Gülüzar, sen beni iyi tanırsın. Ali Şükrü Bey'i eve getirdiğim zaman, sen mutfağın kapısını aralamış bakmıyor muydun? Söyle, ben içeri girdim mi? Hemşire yanıt vermez, başını öne eğerek düşünmeye başlar. Titremektedir. "Korkuyorum, beni de öldürecekler." diyerek mırıldanmaya başlar. [570]

Keşif heyeti ile birlikte cinayetin işlendiği iddia edilen odaya girerler. Oda da Mustafa Kemal Paşa ve Osman Ağa'nın fotoğrafları asılıdır. Genç kız bakışlarını önündeki hasır koltuğa dikerek şöyle konuşur:

—Yukarıdaki gürültü o kadar artmıştı ki, korktuk. Yengemle evden kaçmak istedik. Kapı dışardan kilitliydi. Merdivenlerden inip çıkanlar oluyordu. Anlayamıyorduk. Bir ara ince bir feryat duyduk. "Ağa yetiş Ağa! Durdur şunları! Kıymayın bana... Of! Öldürüyorlar..." sesleri geliyordu. Acı feryatlar duyunca korkumuzdan bir köşeye büzüştük. Hakim:

—Osman Ağa'nın sesini duydunuz mu? Genç kız:

—Hayır. Bir ara merdivenlerden indiğini duyduk, dışarı çıkıp çıkmadığını bilmiyoruz. Hakim:

—Osman Ağa size seslendi mi? Terzi Mahir'in karısı:

—Ağadayı bizimle konuşmazdı. Yukarıdan gürültü ve hırıltılar gelirken, kilitli kapıyı bıçakla açıp kaçtık. Ağadayı'yı da görmedik. Zaten ortalık karanlıktı. Peşimizden "Bir şey duydunuz mu?" diye seslendiler, korkumuza "hayır." yanıtını verdik. Bir tanıdığın evine sığındık.

Savcı hakimlere dönerek "Ali Şükrü Bey bu koltukta boğulmuş. Koltuğun hasırları kopmuş, rapor da da maktulün sağ avucunun içinde hasır parçaları bulunduğu belirtiliyor." demiştir.

Avukat Cemal Bey, keşif heyetinin sözlerine aldırmamaktadır. Mustafa Kaptan'a yaklaşarak: "Kuşkulanma. İşler yolunda, mahkemeden beraatinizi çıkartacağım" demiştir. [571]

Ali Şükrü Bey cinayetini işledikleri şüphesi ile yargılanan Mustafa Kaptan, Muharrem Çavuş ve diğer Giresunlu Muhafızlar "Ali Şükrü Bey'in katline dair yeterli ve kesin deliller elde edilememesi" gerekçesiyle beraat etmişlerdir. [572]

[570] *Karadeniz*, 10 Şubat 1956; bkz. naklen, *aynı eser*, s. 505.
[571] *Karadeniz*, 17 Şubat 1956; bkz. naklen, *aynı eser*, s. 506.
[572] *Karadeniz*, 20 Şubat 1956; bkz. naklen, *aynı eser*, s. 506.

Ali Şükrü Bey Cinayetinin Analizi, Cinayetin Arkasında Osman Ağa'nın Olmadığını Düşündüren Sebepler

Ali Şükrü Bey cinayetini öncesi ve sonrası ile detaylı bir şekilde inceleyelim. Daha önce de belirttiğimiz üzere cinayetin işlendiği gün Osman Ağa'nın sağ kolu olan Mustafa Kaptan ve Ali Şükrü Bey, Kuyulu Kahve'den birlikte çıkmışlar ve kol kola yürümüşlerdir. Bunun görgü tanıkları da vardır. Daha sonra beraber Osman Ağa'nın Samanpazarındaki evine gelmişler ve akşam yemeği yemişlerdir. O geceden sonra Ali Şükrü Bey'den haber alınamamış, günler sonra Ali Şükrü Bey'in cesedi bir Jandarma zabitinin toprağın üstünden havalanan sinekten şüphelenmesi sonucunda bulunmuştur. Yarım metre derinlikte gömülü olan cesedin başının sağ tarafında kan olmamasına rağmen sekiz santimetrelik bıçak izi mevcuttur. Yumulu olan avcundan bir hasır parçası çıkmıştır. Ali Şükrü Bey'in boğularak öldürüldüğü ve boğuşma sırasında bu hasır parçasının elinde kaldığı anlaşılmıştır. Bu hasır parçasının Osman Ağa'nın evindeki sandalyeye ait olduğu kanısına varılmıştır. Devamında çatışma çıkmış, Osman Ağa çatışmayı yarıda kesip yaralı olarak teslim olduğu hâlde, yargılanmasına fırsat bırakılmadan öldürüldüğü için bu cinayetin üstündeki sis perdesi tam anlamıyla kaldırılamamıştır.

Osman Ağa gibi teşkilatçı bir adamın bu kadar acemice cinayet işlemesi mantıklı mıdır? Osman Ağa eğer bu işi yapmaya karar vermişse, bu cinayetin yaratacağı etkinin ne kadar büyük olacağını ve ilk sorumlu tutulacak kişinin kendisi olacağını elbette hesaplamış olmalıdır. Zira Ali Şükrü Bey herhangi bir vatandaş değil, bir milletvekilidir. Hem de ikinci grubun en ateşli milletvekillerinden biridir. Bir milletvekili öldürüceksiniz, en yakın adamınız olan Mustafa Kaptan'ı göndererek Kuyulu Kahveden herkesin gözü önünde onu alıp evinize getireceksiniz, başka yer kalmamış gibi onu kendi evinizde öldüreceksiniz, cesedini de yine başka yer yokmuş gibi Çankaya yakınlarında bir araziye yarım metre derine gömdüreceksiniz ki; gelip cesedi kolayca bulsunlar diye. Üstelik bunu on yıldan beri cepheden cepheye koşan, Kuvayi Millîye reisliği yapan, şartlar gereği adam öldürmede uzmanlaşmış olan Osman Ağa olarak yapacaksınız. Böyle bir şey mümkün müdür? Cesedin çıkarılması o kadar kolay olmuştur ki; askerler kazma kürek bile kullanmamışlardır. Bu durumda ceset gömülmüş demek yerine, üzerine toprak atılmış demek daha doğru olacaktır. Ali Şükrü Bey'i Osman Ağa öldürtmüş olsaydı cesedini daha güvenli bir yere gömdürmez miydi? Hasır parçasının ait olduğu sandalyeyi yok etmek yerine günlerce evinde tutar mıydı? Ali Şükrü Bey kaybolduktan sonra Ankara'da dolaşacak, hatta Meclis'e girebilecek kadar rahat davranabilir miydi? Osman Ağa, hakkında tutuklama kararı çıktından sonra bile adamlarını gönderip Ali Şükrü Bey'in matbaasından *Tan* gazetesi aldırmıştır. Mustafa Kaptan kendisini ifade vermek için karakola çağırdıklarını Osman

Ağa'ya söyleyince, Osman Ağa da *"Gidiver, seni ipe çekmezler ya!"*[573] diye cevap vermiş, bu kadar kendinden emin davranmıştır. Mustafa Kemal Paşa; Merkez Komutanı Rauf Bey ve Başyaveri Salih Bey'i Osman Ağa'ya gönderip cinayeti kendisinin işleyip işlemediğini sordurtmuş, Osman Ağa bunu şiddetle reddederek böyle bir cinayeti işlemeyeceğini söylemiştir.[574] Osman Ağa iki yıl evvel Yahya Kâhya cinayeti ile de suçlanmış, aynı şekilde cinayeti kendisinin işlemediğini ifade etmiş, nitekim haklı çıkmıştır. Yıllar sonra İsmail Hakkı Tekçe bu cinayeti kendisinin işlediğini itiraf etmiştir.

Osman Ağa'nın bu cinayeti işlemiş olamayacağını düşündüren sebeplerden birisi de Ali Şükrü Bey'e olan derin minnet ve muhabbetidir. Osman Ağa'nın eşi Zehra Hanım, Ali Şükrü Bey ile Osman Ağa'nın çok iyi dost olduklarından, Ali Şükrü Bey'in zaman zaman Osman Ağa'nın Giresun'daki evinde misafir olduğundan ve bu ikilinin sabahlara kadar ettiklerinden bahsetmektedir.[575] Feridun Kandemir de anılarında Mustafa Kaptan'ın yargılanması esnasında mahkeme de *"Ali Şükrü Bey'le Osman Ağa'nın, Sakarya Savaşı sırasında iki dost olarak birlikte gezdiklerinden, Ali Şükrü Bey'in Meclis'te Osman Ağa'nın kahramanlıklarından övgüyle söz ettiğinden"* bahsettiğini söylemektedir.[576] Kılıç Ali de eskiden birbirlerini sevmeyen bu ikilinin sonradan çok sıkı dost olduklarını şu sözlerle anlatmaktadır:

"Fakat Sakarya Muharebesi'nden sonra Ali Şükrü Bey'in birden bire Osman Ağa'nın lehine döndüğünü ve birlikte gezdiklerini gördük. Ali Şükrü Bey bu kez de toplantılarda ve her yerde Osman Ağa'nın kahramanlıklarından, millî hizmetlerinden övgüyle söz eder dururdu. Araları o kadar iyileşmişti ki, Osman Ağa'nın cephede kumanda ettiği Giresun Alayı'nın eksik levazım ve donanımının tamamlanması için Millî Savunma Bakanlığı nezdinde çalışmış ve alaya levazım göndertmeyi de başarmıştı. Cepheden geldiği vakit Ali Şükrü Bey; Osman Ağa'yı, Osman Ağa da Ali Şükrü Bey'i arar, birlikte oturur ve gezerlerdi."[577]

Gerçekten de Ali Şükrü Bey 11 Ağustos 1921'de Meclis kürsüsünden yaptığı konuşmada Osman Ağa ve 42. Alay'dan övgüyle bahsetmiştir.[578] Osman Ağa komutasındaki 42. Alay, Sakarya Savaşı'na katılmak üzere Giresun'dan Ankara'ya geldiğinde alayı karşılayan Mebuslar Heyeti içinde Ali Şükrü Bey de vardır. Ali Şükrü Bey ile İstiklal Savaşı'nın ilk günlerinde tanışan Osman Ağa da onun hakkında defalarca kez *"Alayımızı Sakarya'da*

[573] Beyoğlu, *a.g.e.* , s.277.
[574] "Atatürk'ün Sırdaşı Anlatıyor", Hulusi Turgut, *Sabah*, 6 Kasım 1999.
[575] Zehra Hanım'ın anılarından, Ayla Dervişoğlu aracılığı ile.
[576] "Atatürk'ün Sırdaşı Anlatıyor", Hulusi Turgut, *Sabah*, 7 Kasım 1999.
[577] *Atatürk'ün Sırdaşı Kılıç Ali'nin Hatıraları*, s.195.
[578] *TBMM Zabıt Ceridesi*, C. XII, s.35.

Ali Şükrü Bey'in bir gün içinde yaptırıp yetiştirdiği su mataraları kurtarmıştır. Hayatımızı ona borçluyuz." demiştir.

Osman Ağa, Ankara'ya son gelişinde Mustafa Kaptan'la görüşüp olup bitenler hakkında havadis almıştır. Mustafa Kaptan, Meclis'te ikinci grup ve Ali Şükrü Bey'in muhalefetinden bahsedince Osman Ağa *"Ben Ali Şükrü Bey'i ikna ederim. Böyle çarpışık işlerden vazgeçer."* demiştir. Osman Ağa'nın Ali Şükrü Bey'i öldürmek gibi bir niyeti olsa bunu en yakın adamı Gümüşreisoğlu Mustafa Kaptan'dan saklamaması gerekir. Ayrıca *"Ben onu ikna ederim."* dediğine göre Ali Şükrü Bey'in kendisinin hatırını kırmayacağını düşünmektedir. Bu da bize aralarındaki samimiyetin ileri derecede olduğunu düşündürmektedir. Mustafa Kaptan da karakoldaki ifadesinde *"Ağa zaten Ali Şükrü Bey'i sever, o akşam da kapıda karşıladı, buyur etti. 'Hoş geldin, safa geldin. Çoktandır beni unuttun, göreceğim geldi, böyle hemşehrilik olur mu? Biz kardeş sayılırız Ali Şükrü Bey!' diye içeriye aldı."* demiştir.[579] Osman Ağa, Ali Şükrü Bey'i öldürtecek olsa evine kadar gelmiş olan kurbanına neden bu güzel sözleri söylesin? Osman Ağa, Ali Şükrü Bey'i hem bir hemşehrisi olarak dertleşmek hem Mustafa Kaptan'a dediği gibi *"Hükümete muhalif olmaması konusunda ikna etmek"* için davet etmiş olmalıdır. Ali Şükrü Bey, öldürülmeden önce kendisine suikastte bulunulacağı haberini aldığı için tedbirli davrandığı hâlde Mustafa Kaptan'ın davetine tereddüt etmeden icabet etmiştir, bu da Osman Ağa'ya güvendiğinin bir göstergesidir. Bütün bunlara ek olarak, Ali Şükrü Bey'in oğlu Nuha Doruker, 23 Ekim 1959'da Giresun'a gelerek Osman Ağa'nın oğlu İsmail Bey'i ziyaret etmiş, bu ziyaret esnasında gazetecilere **"Babamı Osman Ağa Öldürmedi, Babama Ait Not Defterlerinden ve Şifreli Mektuplardan Biz İşin Aslına Vakıfız"**[580] demiş, Osman Ağa'nın mezarını ziyaret ederek ruhuna Fatiha okumuştur. Ali Şükrü Bey'in olay gecesi Osman Ağa'nın evinden ayrıldıktan sonra öldürülmüş olması kuvvetle muhtemeldir.

Ali Şükrü Bey Cinayeti Hakkında Düşünce ve Yorumlar

Cinayetin ardından hemen herkes Ali Şükrü Bey'i öldürenlerin Osman Ağa ve adamları olduğunu düşünmektedir. Artık cinayetin arkasında kimler olduğu, siyasi bir cinayet mi yoksa şahsi husumet sonucunda işlenmiş bir cinayet mi olduğu konuşulmaya başlanmıştır. Hükümet üyeleri cinayeti şahsi bir vaka olarak değerlendirmiş, Hükümet'e muhalif olan ikinci grup üyeleri ise cinayetin siyasi bir cinayet olduğunu savunarak Ali Şükrü Bey'i demokrasi şehidi ilan etmişlerdir.

---

[579] Kandemir, *a.g.e.* , s.42.

[580] *Karadeniz*, 26 Ekim 1959. (HüseyinGazi Menteşeoğlu Arşivinden)

Bilindiği üzere 28 Ocak 1921'de Mustafa Suphi Bey ve arkadaşları denize atılarak öldürülmüş,[581] bu işin faili Trabzonlu Yahya Kâhya'da 3 Temmuz 1922'de Trabzon'un Soğuksu mevkiinde pusuya düşürülerek öldürülmüştür. Mustafa Suphi Bey, Giresunludur ve babası Ali Rıza Bey, Osman Ağa'nın eskiden beri arkadaşıdır. Güya Osman Ağa bu sebepten dolayı Yahya Kâhya'ya diş bilemiş ve onu öldürtmüştür. Yahya Kâhya'yı öldürenlerden iki kişinin aba zıpka kıyafetli olması da şüpheleri iyice Osman Ağa'nın üzerine çekmiştir. Osman Ağa konu ile ilgili *"Kâhya Yahya Efendi'yi benim vurduğumu söylüyorlarmış. Bu işle benim hiçbir suretle alakam yoktur. Eğer benden biliyorsanız sizlere darılırım. Biliyorsunuz, yaptığım bir işi açık açık söylemekten hiçbir vakit çekinmem. Buna inanın. Bizim aramızda geçen meydandaki olaydır. Başka hiçbir şey yoktur."*[582] dese de kimseyi inandıramamış, bu cinayet Osman Ağa'nın üstünde kalmıştır. Ali Şükrü Bey ve arkadaşları Yahya Kâhya cinayetinin üstüne gitmişler, faillerinin yakalanması için yoğun çaba göstermişlerdir. Başta birinci grup milletvekilleri olmak üzere bazı kişiler anılarında Ali Şükrü Bey cinayetinin şahsi bir cinayet olduğunu söylemişlerdir. Onlara göre Yahya Kâhya'yı öldürten Osman Ağa, bu cinayet ortaya çıkmasın diye Ali Şükrü Bey'i de öldürtmüştür. Bu varsayımlar yıllar sonra İsmail Hakkı Bey'in Yahya Kâhya'yı öldürenin kendisi olduğunu itiraf etmesiyle son bulmuştur. İsmail Hakkı Bey şu sözlerle cinayeti kendisinin işlediğini itiraf etmiştir:

"Tümen komutanı Sami Sabit Bey, Trabzon'a hakim olarak sükûnu sağladıktan sonra Kâhya'yı tutuklayarak Sivas'a göndermiş, fakat Kâhya türlü tesirler altında serbest bırakılmış, tekrar Trabzon'a dönmüştü. Bir süre burada uslu uslu duran Kâhya, yeniden eski oyunlara kalkınca Giresunlu Osman Ağa'nın iki fedaisini yanıma alarak onun da hesabının görülmesi bana düştü. Trabzon'a ani gelişim tümen komutanını şaşırtmıştı. Beni çağırarak ne için geldiğimi sordular. Biraz deniz havası almak, eski birliğimle ilişkimi kesmek üzere geldiğimi söyledim. İnanır göründüler. Ben ise Yahya Kâhya'yı inceliyor ve takip ediyordum. Adamlarım Polathane'de (Akçaabat) benim talimatımı bekliyorlardı. Nihayet Soğuksu'ya gidip geldiğini tespit ederek adamlarımla pusu kurup işini bitirdik."[583]

---

[581] Ergün Aybars, "Mustafa Subhi'nin Anadolu'ya Gelişi Öldürülüşüyle İlgili Görüşler ve Erzurum'da Trabzon'a Gidişiyle İlgili Belgeler", *Ankara Üniversitesi Türk İnkılap Tarihi Enstitüsü Atatürk Yolu Dergisi*, 1980, C. XII, Sayı. 24, s.90.

[582] Sarıbayraktaroğlu, *a.g.e.*, s.116.

[583] *Günaydın*, 4 Aralık 1977.

İsmail Hakkı Bey'in itirafına kadar Yahya Kâhya'yı Osman Ağa'nın öldürdüğü düşünülmüştü. Ali Şükrü Bey'in Yahya Kâhya'yı öldürenleri ortaya çıkarmakta kararlı olduğu, Osman Ağa'nın da bu cinayeti kendisinin işlediğinin ortaya çıkmaması için Ali Şükrü Bey'i öldürdüğü iddia edilmişti. Aynı mantıkla düşünüldüğü ve İsmail Hakkı Bey'in itirafından yola çıkıldığı zaman *"Yahya Kâhya'yı öldüren İsmail Hakkı Bey, deşifre olmamak için bu cinayetin üstüne giden ve failini ortaya çıkarmakta kararlı olan Ali Şükrü Bey'i de katletmiş olabilir mi?"* sorusu akıllara gelmektedir. Ayrıca İsmail Hakkı Bey emrinde o kadar askeri varken neden bu işi özellikle aba zıpka kıyafetli iki Giresunlu fedai ile birlikte yapmıştır? Aba zıpka kıyafetli adamların Osman Ağa'nın fedaileri olduğu herkes tarafından bilindiğine göre, İsmail Hakkı Bey bu cinayetin Osman Ağa'nın üstünde kalmasını istemiş, bu yüzden mi Giresunlu fedaileri yanına almıştır? Yahya Kâhya öldürülmeden bir süre önce üzerine atılı bütün suçlarla ilgili *"Sanki bütün bu işlerde ben tek başıma idim. Daha üstüme varırlarsa her şeyi olduğu gibi dökerim."* demeye başlamıştır.[584] Acaba İsmail Hakkı Bey, Yahya Kâhya'yı susturmak için mi öldürmüştür? Eğer öyle ise İsmail Hakkı Bey ve arkasındaki kişiler Yahya Kâhya'ya *"Mustafa Suphi Bey ve arkadaşlarının öldürülmesi"* emrini veren kişiler midir? Yahya Kâhya'dan sonra Ali Şükrü Bey de öldürülmüş, bu cinayet de tıpkı Yahya Kâhya cinayeti gibi Osman Ağa'nın üzerinde kalmıştır. Nitekim Osman Ağa da Yahya Kâhya'ı öldüren kişi olan İsmail Hakkı Bey'le girdiği çatışma sonucunda öldürülmüştür. Bu örnekler bizde söz konusu dört cinayetin de birbiriyle bağlantısı olduğu ve İsmail Hakkı Bey'in bu cinayetlerin kilit adamı olduğu yönünde bir kanı uyandırmaktadır.

Teoman Alpaslan, şu sözleri ile hem Osman Ağa'yı hemde Ali Şükrü Bey'i öldüren kişinin İsmail Hakkı Tekçe olduğunu söylemektedir:

"Osman Ağa, Ali Şükrü Bey'in öldürüleceğini bilseydi kesin olarak evine davet etmezdi. Ali Şükrü Bey, Osman Ağa'nın evinden ayrıldıktan sonra birileri tarafından kaçırılıp öldürülmüştür. Osman Ağa'nın cinayetten sonradan haberdar olduğu kesindir. Ancak cinayet işlendikten sonra son derece rahat olarak Ankara'da dolaşmaya devam etmiş, Meclis'te oturum bile izlemiştir. Ali Şükrü Bey'i öldürenler arasında İsmail Hakkı Tekçe kesin olarak vardır. Yaralı yakalanan Osman Ağa'nın 'Bana tuzak kurdunuz.' yakınmaları üzerine onu kurşun yağmuruna tutan ve öldükten sonra da hırsını alamayan ve başını kesen İsmail Hakkı Tekçe'dir. Rıza Nur hatıralarında 'Osman Ağa'nın yakalandıktan sonra küfürler ettiğini' yazmaktadır. Bu küfürler muhtemeldir ki İsmail Hakkı Tekçe'ye söylenmiştir. Bir kere düşünün; Osman Ağa yakalansaydı, Yahya Kâhya

---

[584] Karaman, *a.g.e.* , s.144.

300 | ÜMİT DOĞAN

ve Ali Şükrü cinayetini işleyenin İsmail Hakkı Tekçe olduğunu açık olarak söyleyecekti. Bu nedenle İsmail Hakkı Tekçe, Osman Ağa'nın vücudunu kurşun yağmuruna tutup kafasını kesmiştir."[585]

Çakıroğlu Hüseyin'in anlattıklarına göre Ali Şükrü Bey'in kaybolmasından sonra, İsmail Hakkı Bey, Osman Ağa'yı Mustafa Kemal Paşa'ya suikast yapılacak gerekçesiyle Çankaya Köşkü'ne yönlendirmiş, ayrıca Köşk'e Osman Ağa'dan önce gidip Mustafa Kemal Paşa'nın huzuruna çıkarak *"Osman Ağa'nın Mustafa Kemal Paşa'yı öldürmek maksadıyla Köşk'ü basacağını"* söylemiş ancak Mustafa Kemal Paşa kendisine inanmamıştır. Planı tutmayan İsmail Hakkı Bey Köşk'ten ayrıldığında Osman Ağa ile karşılaşmış, çıkan çatışmada Osman Ağa yaralı ele geçirildiği hâlde onu öldürmüş, Giresunlu Muhafızları da herhangi bir emir olmaksızın kurşuna dizmeye kalkmıştır. Basit bir subay iken, olaylar sonunda Mustafa Kemal Paşa'nın yanındaki yerini garantilemiş, 18 yıl boyunca Mustafa Kemal Paşa'nın yanında kalarak, tümgeneralliğe kadar yükselmiştir. Tabir caizse Osman Ağa'nın yerini almıştır. Bu bilgiler bize Ali Şükrü Bey'i İsmail Hakkı Bey'in öldürmüş olabileceğini ve Osman Ağa'yı da tıpkı Yahya Kâhya gibi susturmak için öldürdüğünü düşündürmektedir. Ancak elde kesin bir kanıt olmadan, hatıratlar üzerinden veya akıl yürüterek *"İsmail Hakkı Bey kesin olarak katildir."* dememiz mümkün değildir.

Ali Şükrü Bey cinayeti ile ilgili üzerinde durulması gereken diğer bir husus da dönemin başbakanı Rauf Orbay'ın olayla ilgili birbiriyle çelişen açıklamaları ve dikkat çekici davranışlarıdır. Rauf Bey, Meclis konuşmasında Osman Ağa'dan sanık olarak bahsederken[586] daha sonra yayınladığı anılarında sanık ifadesini kullanmamış ve *"Mustafa Kaptan'ın ifadesi sonucunda olayın tamamen aydınlatıldığını"* söyleyerek cinayetten Osman Ağa'yı mesul tutmuştur. Feridun Kandemir anılarında Mustafa Kaptan'ın karakolda verdiği ifadesinde *"Ali Şükrü Bey'i Osman Ağa'nın evine kadar götürdüğünü, ama kötü bir şey olmadığını, zaten Osman Ağa'nın Ali Şükrü Bey'i çok sevdiğini, onu kapıda karşılayarak buyur ettiğini"* söylediğinden bahsetmiştir. Rauf Orbay ise Mustafa Kemal Paşa'nın vefatından sonra yayınlanan anılarında; Mustafa Kaptan'ın ifadesinde *"Ali Şükrü Bey'in ikram edilen kahveyi içerken ani bir hareketle üzerine atlanarak boğulduğunu itiraf ettiğini"* söylemektedir. Mustafa Kaptan bu cinayetle ilgili yargılanmış, daha sonra serbest bırakılmıştır. Mustafa Kaptan eğer böyle bir itirafta bulunsaydı ceza almaz mıydı? Suçunu itiraf eden bir kişinin ceza almaması mümkün müdür? Bu itiraf

---

[585] Alpaslan, *a.g.e.* , s.603-605.
[586] *TBMM Zabıt Ceridesi*, C. XXVIII, s.305.

doğru ise Rauf Bey 2 Nisan 1923'teki Meclis konuşmasında neden Osman Ağa'yı sanık olarak nitelendirmiş, Mustafa Kaptan'ın suçunu itiraf ettiğinden ve cinayetin arkasında kesin olarak Osman Ağa olduğundan bahsetmemiştir? Neden yıllar sonra ağız değiştirmiştir? Yine Rauf Orbay anılarında Ali Şükrü Bey'in kaybolmasından sonra Osman Ağa'yı arattırdığını ancak Ali Şükrü Bey gibi Osman Ağa'nın da ortalarda olmadığını söylemektedir. Oysaki Ali Şükrü Bey'in kaybolması olayının Meclis'te tartışıldığı sırada Osman Ağa da Meclis'tedir ve olan biteni izlemektedir.[587] Bu sırada Yenibahçeli Şükrü Bey ile Osman Ağa'nın arasında bir tartışma çıkmış, bunu gören Rauf Bey Yenibahçeli Şükrü Bey'i durup dururken bir tatsızlık çıkarmaması konusunda uyarmıştır.[588] Yani Rauf Bey, Ali Şükrü Bey'in kaybolmasından sonra Osman Ağa'yı kendi gözleriyle görmüştür. O hâlde neden anılarında Osman Ağa'nın ortalarda olmadığını yazmıştır? Osman Ağa'nın Çankaya Köşkü'nü bastığını söyleyen Rauf Bey, Meclis konuşmasında bu olaydan da bahsetmemiştir. Ayrıca Osman Ağa Köşkü hiç basmamıştır. Rauf Bey yine anılarında anlattığına göre Mustafa Kemal Paşa'ya giderek Osman Ağa'yı yakalatmak gerektiğini ve bunun için Meclis Muhafız Kıtası'nı kullanacağını söylemiş, eğer Başkumandan olarak suçluyu yakalatmazsa ikisinin de Meclis'e hesap vermek durumunda kalacaklarını ifade etmiştir. Bu telaşın sebebi nedir? Ayrıca yine anılarında Çankaya istikametinden silah sesleri gelmeye başlayınca *"Osman Ağa'yı çevirdiler diye ferahladığını, geniş bir nefes aldığını"* söylemiştir. Eğer anılarında bahsettikleri doğru ise, Rauf Bey'in zaten ortalarda olan Osman Ağa'yı yakalatmak için alelacele bir karar alması, bunun için Mustafa Kemal Paşa'yı iknaya çalışması, işi oldu bittiye getirip operasyon kararı aldırması, operasyon sonucunu anormal bir heyecanla beklemesi ve daha sonra olayla ilgili birbiriyle çelişen bilgiler vermesi oldukça dikkat çekicidir.

İsmail Hakkı Tekçe ise anılarında Ali Şükrü Bey'in Giresunlulara küfür ve hakaret ettiğini bu nedenle Osman Ağa'nın Ali Şükrü Bey'i öldürttüğünü şu sözlerle iddia etmiştir:

"Ali Şükrü Bey gizli toplantıda, o zamanki tabirle hafi celsede Meclis'te Giresunlular aleyhinde çok ağır bir konuşma yapmış. Hatta küfür bile etmiş. Bu konuşmayı Giresun milletvekilleri ve başkaları Topal Osman Ağa'ya hemen nakletmişler. Topal Osman bu konuşmayı duyunca büyük infiale kapılmış ve maiyetindekilerden bir iki kişiye 'Nerede bulursanız bulun, ne pahasına olursa olsun Ali Şükrü'yü buraya getirin!' diye emir vermiş. Onlar da Ali Şükrü Bey'i Samanpazarı'nda bir kahvede buluyorlar.

---

[587] *Atatürk'ün Sırdaşı Kılıç Ali'nin Anıları*, s.187-189.
[588] Kandemir, *a.g.e.*, s.21-22.

Osman Ağa'nın kendisini davet ettiğini söyleyerek alıp eve götürüyorlar. Ve orada üzerine beş altı kişi saldırıp kendisini boğuyor. Cesedini de bir arabaya koyup Çankaya'nın güneybatısındaki Mahye köyü civarındaki bir tarlaya gömüyorlar"[589]

Ali Şükrü Bey'in Giresunlularla bir husumeti yoktur, ayrıca Meclis'te Giresun Alayları ve Osman Ağa'dan övgüyle bahsetmiştir. Onun Giresunlulara yönelik küfür ettiği konusu o dönemde yaşamış insanların hiçbirinin anılarında yer almamaktadır. Ayrıca İsmail Hakkı Bey'in bu iddiayı da içinde bulunduran anıları tutarsızlıklarla doludur. İsmail Hakkı Bey söz konusu anılarında Giresun Alaylarından 49. Alay şeklinde bahsetmektedir. Hâlbuki Giresun'dan iki Gönüllü Alay çıkmıştır. Bunlar da 42 ve 47. Giresun Gönüllü Alaylarıdır. Ayrıca söz konusu anılarda Giresun milletvekillerinden bahsedilmektedir. O dönemde Giresun il değildir, bu nedenle Meclis'te Giresun Milletvekili de yoktur. Tekçe, Muhafız Takımı kurma teklifini Mustafa Kemal Paşa'ya kendisinin sunduğundan onun da *"Ben senin işine karışmam."* diyerek kabul ettiğinden, Muhafız Müfrezesinin böylece kurulduğundan bahsetmektedir. Ancak Muhafız Müfrezesi kurma teklifini Büyük Millet Meclisi'nin 29 Nisan 1920 tarihli oturumunda Ali Şükrü Bey yapmıştır.[590] Ayrıca Tekçe'nin, anılarının Muhafız Müfrezesi ile ilgili bölümlerinde Osman Ağa'dan hiç bahsetmemesi de dikkat çekicidir.

Tekçe'nin anlattıklarının doğru olduğunu, Ali Şükrü Bey'in Giresunlulara küfür ettiğini, bunun da Osman Ağa'nın kulağına gittiğini varsaydığımızda bile Osman Ağa, Ali Şükrü Bey'i Giresunlulara küfrettiği için öldürtmüştür diyemeyiz. Evet, kendisi de bir Giresunludur, ancak Osman Ağa hiçbir zaman şahsi meselelerin peşine düşmemiş, kimseye karşı kin beslememiştir. Osman Ağa'nın geçmişi bunun örnekleri ile doludur. İstanbul Hükümeti yanlısı olan Giresun Kaymakamı Badi Nedim Bey, Osman Ağa'yı öldürmesi için adam tutmuştur ve Osman Ağa bunu öğrendiği hâlde Badi Nedim Bey'in canına kıymamıştır. Aynı zamanda Osman Ağa, yine kendisine suikast düzenleyen Kaymakam Hüsnü Bey'e de dokunmamış,[591] kendisi hakkında *"Katli vaciptir."* şeklinde fetva çıkartan Giresun Müftüsü Lazoğlu Ali Bey'i de affetmiş, hatta onu Müdafaa-i Hukuk Cemiyeti'nin kurucularından birisi yapmıştır. Trabzon Valisi Hamit Bey'e verdiği sözü tutarak öteden beri düşman oldukları Karaibrahimoğlu Şükrü'ye hiçbir şey yapmamıştır. Osman Ağa'yı Mustafa Kemal Paşa'ya şikayet eden Reji Müdürü Nakiyüddin başta olmak üzere birçok kişi

---

[589] *Atatürk'ün Sırdaşı Kılıç Ali'nin Anıları*, s.36.
[590] *TBMM Zabıt Ceridesi*, C. I, s.149.
[591] Alpaslan, *a.g.e.*, s.22.

vardır ve Osman Ağa bunları tek tek bildiği hâlde yine hiçbirisine dokunmamıştır.

İkinci grup üyeleri ve bazı diğer kişiler ise Ali Şükrü Bey cinayetinin siyasi bir cinayet olduğunu, azmettiricisinin de Mustafa Kemal Paşa olduğunu düşünmektedirler. Mustafa Kemal Paşa karşıtlığı ile bilinen Rıza Nur, Paşa'nın ölümünden sonra yayınladığı anılarında cinayetle ilgili şu sözleri kullanmıştır: *"İki gün evvel Ali Şükrü akşamüzeri Karacaoğlan Caddesi'nden hükümete giden yolda cami karşısındaki kahvede imiş. Topal'ın adamlarından ismini unuttuğum bilmem ne kaptan denilen adam gelmiş. Ali Şükrü'ye "Ağa seni istiyor." demiş. Aynı memleketli olduklarından birbirilerini tanırlarmış. Kalkmış beraber gitmişler. Ağa'nın evine girmişler. Demek, iş geldi, Ağa'ya dayandı. Benim de derhal Ağa ile görüştüğümüz aklıma geldi. Kendi kendime dedim: Mutlaka Ağa, Meclis'i basmayınca Mustafa Kemal onu Ali Şükrü'yü öldürmeye ikna etti".*[592] Osman Ağa'nın cinayetten sonra çok korktuğunu ve geceleri Mustafa Kemal Paşa'nın yanında geçirdiğini söyleyen Rıza Nur, Mustafa Kemal Paşa'nın önce Ali Şükrü Bey'i sonra da Topal Osman'ı ortadan kaldırdığını da şu sözlerle iddia etmiştir: *"Vaka tamamen anlaşıldı. Nasıl olsa Topal Osman ele geçecek, Mustafa Kemal'in cinayeti ortaya çıkacak. Cinayeti örtmek için yeni bir cinayet lazımdır. Topal'ı öldürecek. Zaten adliyeye teslimi gibi bir bahane de var. Teslim olmadı, silah istimal etti, mukabele edildi, diyecek. Tahkikat da onun ölüsünde duracak. İçimden, müthiş, cinayeti cinayetle örtüyor, dedim."* Yine Rıza Nur kendine özgü düşünceleri ile Mustafa Kemal Paşa'nın daha önce de Ali Şükrü Bey'i öldürtmek istediğini şu sözlerle dile getirmiştir: *"Mustafa Kemal bir gün Keçiören'de Kılıç Ali'nin bağına gitmiş. İçmişler. Mustafa Kemal zil zurna olmuş. Topal Osman'ın adamlarından olup maiyetinde bulunan muhafızlardan üç kişiyi çağırmış emir vermiş: "Şimdi gideceksiniz, nerede ise Ali Şükrü'yü bulacaksınız, öldürüp geleceksiniz!" Kılıç Ali ve diğer avane yalvarmışlar. "Sırası değil, bırak, biz sonra yapalım. Böyle apaşikâr olmaz." demişler. Yalvarmışlar. Dinletememişler. Bu üç kişi yola düşmüş. Kılıç Ali ve emsali uğraşmaktan vazgeçmemişler ve demişler ki "Bu böyle olmaz, sen şimdi bırak. Sonra biz onu gizlice öldürürüz." Nihayet Mustafa Kemal razı olmuş. Bir adam salmışlar, üç kişiyi geri döndürmüşler. Cinayet kalmış, fakat bu üçten biri Ali Şükrü'nün akrabasındanmış, akşam gizlice gelmiş, işi Ali Şükrü Bey'e anlatmış, tetik davran demiş."*[593]

Erzurum Mebusu Hüseyin Avni Bey, Meclis'te yaptığı konuşmada *"Ali Şükrü'ye kıyan bilekleri keseceğiz. O bilekler isterse sırmalı paşa bilekleri olsun."* diyerek üstü kapalı şekilde Mustafa Kemal Paşa'yı işaret etmiştir. İstik-

---

[592] Rıza Nur, *Hayat ve Hatıratım*, İstanbul, 1967, C. III, s.1172 – 1175.
[593] *Aynı eser.*

bal gazetesi de *"Topal Osman her ne kadar Meclis Muhafız Bölüğü Komutan-
lığına getirilmiş bulunsa da nihayetinde bir uşaktır ve onda daima bir uşak
ruhu yaşamıştır. Hatta bu mevkiye kadar yine bir uşak gibi getirilmiştir. İş bu
hâlde iken bunun efendisi kimdir?"* şeklindeki yazısı ile cinayetin arkasında
Mustafa Kemal Paşa olduğunu ima etmiştir.[594] *İstikbal* gazetesinin sahibi ve
başyazarı Faik Ahmed Bey de hatıralarında Osman Ağa'nın mahkemeye çı-
karılmadan öldürülmesini, Ağa'nın yakın arkadaşı Hatay Valisi Nizamettin
Bey'in tanıklığına dayanarak Mustafa Kemal Paşa'ya bağlamak istemekte-
dir.[595]

Ali Şükrü Bey cinayetinin; Mustafa Suphi, Yahya Kâhya ve Osman
Ağa'nın öldürülmesi olaylarıyla da bağlantılı olması, Ali Şükrü Bey'i öldürme
talimatı veren kişinin diğer cinayetlerinde azmettiricisi olması ihtimalini gün-
deme getirmektedir. **Dolayısıyla milli mücadelenin lideri, yalnız Ali Şükrü
Bey'in öldürülmesi konusunda değil, diğer üç cinayetinde azmettiricisi
olduğu yönünde suçlanmaktadır.**

Peki bu cinayetin arkasında Mustafa Kemal Paşa var mıdır?

Kazım Karabekir Paşa hatıralarında Ali Şükrü Bey'in matbaasını Anka-
ra'ya taşımasının Mustafa Kemal Paşa'nın pek hoşuna gitmediğini şöyle an-
latmaktadır: *"Gazi Mustafa Kemal pek asabi idi. Muhaliflerden Ali Şükrü Bey
Ankara'ya matbaa makinası getirmiş. Tan adında bir gazete çıkaracakmış,
siz hâlâ uyuyorsunuz diye yaveri Cevat Abbas Bey'e verdi veriştirdi. Yakın,
yıkın diye çıkıştı. Yalnız kalınca kendilerini teskin ettim. Bu tarzdaki beyana-
tının dışarıya aksedebileceğini ve pek de doğru olmadığını anlattım."*[596] 6
Mart 1923'te Lozan görüşmelerinin müzakere edildiği Meclis'te Ali Şükrü Bey
ile Mustafa Kemal Paşa münakaşa etmişler, Paşa elleri cebinde ve sinirli bir
şekilde Ali Şükrü Bey'in üzerine yürümüş, milletvekilleri birbirine girmiş, Bü-
yük Millet Meclisi İkinci Başkanı Ali Fuat Paşa ortalığı yatıştırmak için elindeki
çanı iki tarafın ortasına fırlatmış ve oturuma ara vermiştir.

Bütün bu gerginlikler, Ali Şükrü Bey ile Mustafa Kemal Paşa'nın birbirle-
rinden hoşlanmadıkları izlenimi yaratmıştır. Ancak bu ikilinin arasında abartıl-
dığı gibi bir düşmanlık yoktur. Tartışma ve kavgalar yaşandığı an ile sınırlı
kalmış, kişisel husumete dönüşmemiştir. 10 Temmuz 1920'de kurulan ve 1
Mart 1921'de çalışma alanı düzenlenerek adı Bahriye Dairesi Reisliği olarak
değiştirilen Umur-ı Bahriye Müdürlüğü'nün başına Ali Şükrü Bey'in kardeşi

---

[594] *İstikbal*, 9 Nisan 1923.
[595] Öztürk, *a.g.e.* , s.528.
[596] *Kazım Karabekir Anlatıyor*, s.68.

Şevket Bey'in getirilmesi[597] bu düşüncemizi desteklemektedir. Ayrıca Ali Şükrü Bey, Meclis Matbaa Müdürü Feridun Bey ile yaptığı bir konuşmada Mustafa Kemal Paşa ile bir düşmanlıkları olmadığını, bazı ara bozucuların Paşa ile kendisini karşı karşıya getirmek istediklerini, ancak Paşa'nın da buna fırsat vermediğini şu sözlerle anlatmıştır: *"Öyleleri var ki, onu ona çekiştirmeden, mütemadiyen fitne ve fesat yapmadan rahat edemiyorlar. Yoksa ben Paşa'yı bilirim. Benim dobra dobra konuşuşlarıma, hatta bazen ölçüyü aşarak çok şiddetli tenkitler yapışıma hiç kızmaz. Bilakis kaç defa kızacağını tahmin ettiğim hâlde, omzumu okşayarak 'Aferin Ali Şükrü! Çok isabetli mütalaalarda bulundun.' diye takdir ve iltifatlarda bulunmuştur. Ama gel gör ki etrafına sokulmak isteyenlerin yapmadıkları yok. Hiçbirine yüz vermediği hâlde, yine ona mensupmuş gibi davranarak fesat karıştırmak istiyorlar. Rahat vermiyorlar, sanki Paşa'yı benden fazla seviyorlar. Halbuki, kendi çıkarlarından başka bir şey düşündükleri yok... Memleket davasının farkında değiller... İşleri güçleri yalan dolan... Bereket versin ki, dediğim gibi Paşa böylelerini semtine bile uğratmıyor, ne mal olduklarını biliyor..."[598]* Meclis Başkatibi Recep Bey de Ali Şükrü Bey'i çok temiz ve vatanperver bulduğunu ancak bir coştu mu kabına sığmadığını söyler ve onun dürüstlüğünün Mustafa Kemal Paşa'nın da hoşuna gittiğini şu sözlerle anlatır: *"Tuhaf değil mi, Paşa da bu hâlini beğeniyor, içinden geleni pervasızca söyleyişi, samimiyeti... Kaç defa ağzından işittim: "Herkes Şükrü Bey gibi düşüncelerini, fikirlerini pervasızca söylese, kimseden şüphe edilemezdi dediğini..."* Ali Şükrü Bey'in bahsettiği fitne ve fesat yapmadan duramayan kişiler, Ali Şükrü Bey'in Mustafa Kemal Paşa'yı indirip yerine Enver Paşa'yı geçirmek istediğini dedikodusunu yayarlar. Ali Şükrü Bey dürüst ve doğru bildiği şeyi söylemekten çekinmeyen bir insandır. Bu lafların Mustafa Kemal Paşa'nın kulağına gittiğini öğrenince Meclis kürsüsünden şu sözleri söyleyerek konuya açıklık getirir:

"Matbuat Müdürü umumisi olan Ağaoğlu Ahmet Bey, Kars Erzurum tarikiyle Trabzon'a geldiği zaman Müdafaa-i Hukuk Cemiyetinde bendenize demiştir ki 'Ali Şükrü Bey, sen Enver Paşa'ya bir mektup yazmışsın.' Tabiatiyle şaşırdım. 'Yalnız sen değil birkaç arkadaş. Bu arkadaşların isimlerini söylemek istemiyorum.' Güya biz Enver Paşa'ya demişiz ki 'Bu işin reculü sensin. Er geç sen geleceksin. Mustafa Kemal Paşa Hazretleri de bunu muteriftir. Fakat şimdi zamanı değildir. Hudut boyunda senin dolaşmaklığın caiz değildir. Binaenaleyh hududtan uzaklaşmanızı rica ederim.' Dedim ki bunu kimden işittiniz? 'Kazım Paşa Hazretlerine Trab-

---

[597] Serdar Hüseyin SAYAR, *Kurtuluş Savaşı Döneminde Denizcilik Faaliyetleri*, Ankara Üniversitesi Türk İnkılap Tarihi Enstitüsü, Yüksek Lisans Tezi, s.26,47.

[598] Kandemir, *a.g.e.*, s.3-6.

zon'dan çekilmiş bir telgrafı kendim okudum.' dedi. Bunun üzerine sordum 'Bu malumatınızdan istifade edebilir miyim?' 'Her yerde söyleyebilirsiniz çünkü kendi gözlerimle gördüm.' dedi. Bilmukabele dedim ki 'Efendi ben şimdiye kadar Enver Paşa ile görüşmedim ve hakikaten kendisinin hudut başında dolaşmasına ben de muarızım. Filhakika onu hudut boyundan uzaklaştırmak için böyle bir koltuk vermek icab ediyorsa ona da o koltuğu verir ve böyle bir mektubu imza ederim.' Ahmet Bey dedi ki 'Maatteessüf söyleyeceğim yalnız bu da değil daha başka telgraf da çekilmiş.' dedi. 'Nedir?' dedim. Altmış kişilik bir ziyafette bendeniz ve diğer bir mebus arkadaşım Mustafa Kemal Paşa Hazretleri aleyhinde söz söylemişiz. Evet Efendiler böyle bir ziyafet oldu. Jeneral Fronzen'in şerefine kumandanın ve valinin mevcut bulunduğu bir ziyafettir. Faraza böyle söylemek icabet etseydi bile orası yeri mi idi? Ecnebiler mevcut iken şu tarzda bir şey söylemek lazım olsa bile caiz midir? Söylemekte faide nedir efendiler? Bunu anlamayacak kadar kafasız mıyım? Sonra orada vali, kumandan, diğer erkan-ı hükümet ve ekabir-i memurin de mevcut idi. Bu gibi telgraflar geçen gün bahsi geçenler (T.P.H) yok mudur? İşte bunların uydurmasıdır. İşte memleket böyle idare ediliyor."[599]

Ali Şükrü Bey'in bu konuşmayı yapması ve özellikle yabancılar karşısında Mustafa Kemal Paşa'yı kötülemesinin mümkün olmayacağını söylemesi, ona duyduğu saygının bir göstergesidir. Görünen odur ki; hem Mustafa Kemal Paşa hem de Ali Şükrü Bey, aralarını bozmak isteyen bazı fesatçıların olduğunun farkına varmışlar ve bunlara prim vermemişlerdir.

Ali Şükrü Bey'in cenazesine katılan ve Faik Ahmed Bey'in cinayetten Mustafa Kemal Paşa'yı sorumlu tutmasına şaşıran Trabzon Milletvekili Nebizade Hamdi Bey de şu sözleri söylemektedir:

"Sonra cenazeyi Belediye Meydanı'na naklettik. Meydanda Trabzon İttihat ve Terakki Başkanı Hacı Ahmet Barutçunun oğlu Faik Ahmet Barutçu, çektiği nutukta sık sık Çankaya katilleri diye bar bar bağırıyordu. Bununla Topal Osman'ın Ali Şükrü'yü öldürüşünün Çankaya'nın emrinde olduğunu kastediyordu. Bu hususta Atatürk'ün düşüncelerini ve olayların içinde anbean yaşamış bir insan olarak tarih önünde tekrarlıyorum ki Atatürk bu olayın tam karşısında oldu ve Topal Osman'ın yaptığının acısını çekti."[600]

---

[599] *TBMM Zabıt Ceridesi*, C. XX, s.261-288, Olgun, *a.g.t.* , s.55.
[600] Olgun, *a.g.t.* , s.106.

Çakıroğlu Hüseyin'de anılarında Mustafa Kemal Paşa'ya yaptığı sert muhalefet nedeniyle Ali Şükrü Bey'i ortadan kaldırma fikrinin teklif edildiğinden ancak Paşa'nın öfkelenerek *"Yerine gelen ondan beter çıkarsa Ali Şükrü'yü aramaz mıyız? Bana böyle tekliflerle gelmeyiniz!"* diyerek bu teklifi kesin bir şekilde reddettiğinden bahsetmektedir.[601] Zaten Mustafa Kemal Paşa hiçbir zaman sorunları cinayetle çözmek taraftarı olmamış, birkaç defa canına kast eden Çerkez Ethem'i bile öldürtmeyerek onu Millî Mücadele'ye tekrar kazandırmanın yollarını aramıştır. Ayrıca Mustafa Kemal Paşa, Ali Şükrü Bey'i öldürtmek istese bile bu iş için ortam müsait değildir. Cinayetin işlendiği dönemde Lozan görüşmeleri askıya alınmış ve Türk heyeti yurda dönmüştür. Savaş ihtimali tekrar gündeme gelmiş, Sovyet Rusya tekrar savaş çıkarsa Türkiye'nin yanında savaşa gireceğini açıklamıştır. Meclis savaş ile barış arasında gidip gelmektedir. Ordu yorgun, imkânlar kısıtlıdır. Böyle kritik bir ortamda bir milletvekilini hem de ikinci grupun en ateşli milletvekili olan Ali Şükrü Bey'i öldürtmek, üstelik bu işi kendi Muhafız Komutanı Osman Ağa'ya yaptırmak akıl işi değildir. Mustafa Kemal Paşa böyle bir dönemde Ali Şükrü Bey'i öldürtmenin, kendisinin itibarının sarsılmasına neden olacağını, onu iktidardan düşürmek isteyenlerin elini güçlendireceğini, hatta Millî Mücadele'nin başından ayrılması ihtimali de dahil olmak üzere çok ciddi sonuçlar doğuracağını elbette tahmin etmiş olmalıdır.

Çatışma olduğu gün, Osman Ağa'nın hakkında çıkartılan yakalama kararını öğrenip Mustafa Kemal Paşa'yı öldürmek maksadıyla Çankaya Köşkünü bastığı haberleri bütün Ankara'ya yayılmış, sonrasında silah sesleri duyulmaya başlamıştır. Döneme tanıklık eden bazı kişiler, yıllar sonra yayınladıkları anılarında *"Osman Ağa'nın Çankaya Köşkü'nü bastığını, Köşk'ten içeri girdiğini, Mustafa Kemal Paşa'yı bulamayınca öfkelendiğini ve içeride ne bulduysa parçaladığını"* yazmışlardır. Bu anılardan yola çıkan bazı araştırmacılar da, Osman Ağa'nın bu davranışını yorumlayarak cinayetin arkasında Mustafa Kemal Paşa'nın olabileceğini ima etmişlerdir. Bu doğrultuda yorum yapan araştırmacılar arasında olan Cemal Şener şöyle bir yorum yapmıştır:

"Burada üstüne askerler gidince Osman Ağa'nın Cumhurbaşkanı ve Başkomutan olarak Mustafa Kemal'in ikametgâhı olan Çankaya Köşkü'ne hücum etmesi çok anlamlıdır. Topal Osman Ali Şükrü'nün öldürülmesini tek başına planlamış olsa idi suçluluk psikolojisi ile daha farklı davranırdı. Ama silahlı askerler üstüne gelince tehlikenin Çankaya'dan kendi hayatına yöneldiğini görmüş olacak ki, kendisini bu duruma düşüren şeye karşı yapacağı son şeyi yapıp silahlı saldırıya geçmişti. Neden başka kimseye veya yere değil de Mustafa Kemal'e silah çekmişti. Bu davranış çok an-

---

[601] Çakıroğlu Hüseyin'in anılarından, torunu Mükerrem Çakıroğlu aracılığı ile.

lamlı olsa gerek. Ayrıca Mustafa Kemal'in Topal Osman üstüne muhafız taburu gönderince Çankaya Köşkü'nü boşaltıp İstasyondaki eve yerleşmesi de oldukça anlamlı olsa gerekir. Olan biten adeta yapılan bir sözleşmenin tek taraflı olarak rafa kaldırılmasını anımsatıyor. Topal Osman'ın Köşk'ten karşılık alamayınca kapıları kırıp içeri girmesi ve kimseyi bulamayınca ne bulduysa tahrip etmesi adeta bir kahrolmanın ifadesi sayılabilir. Tabii, bu sırada askerlerin de Osman Ağa'yı sağ yakalamak gibi bir kaygıları olmayıp yaralı yakalandığı hâlde ölüme terk edilmesi de öldürme amacına ait bazı ipuçları ele verebilir."[602]

Mustafa Kemal Paşa'nın en yakınındaki isimlerden Çakıroğlu Hüseyin çatışmanın detaylarını anlatmıştır. Buna göre Osman Ağa aslında Çankaya Köşkü'ne ulaşamamış, Köşk yolunda girdiği çatışma sonucunda öldürülmüştür. Köşke kadar gelebilenler Osman Ağa'nın adamlarıdır. Onlar da Mustafa Kemal Paşa'yı öldürmeye değil, korumaya gelmişlerdir. Osman Ağa, Mustafa Kemal Paşa'nın öldürüleceği haberini alır almaz onları göndermiş ve *"Canınız pahasına Paşa'yı koruyacaksınız."* emrini vermiştir. Hemen yola çıkan muhafızlar Köşk'e gelmişler ve Mustafa Kemal Paşa öldürüldü zannedip intikam amacıyla ateş açmaya başlamışlardır. Üzerlerine ateş açılan Köşk muhafızlarının da, onları tanımayıp karşılık vermesi ile çatışma başlamıştır. Köşk muhafızlarının durumu anlamasının akabinde, muhafızlardan Karabulduklu Salih'in bir taraftan diğer tarafa geçmesi ve Paşa'nın yaşadığını söylemesi ile çatışma sona ermiştir.[603] Osman Ağa'nın adamlarından olan Haliloğlu Rasim de yıllar sonra anlatmış olduğu hatıralarında, Köşk'e Mustafa Kemal Paşa'yı öldürmek için değil korumak için gittiklerini söylemiştir.[604] Kılıç Ali de anılarında Osman Ağa'nın adamlarının maksadının Mustafa Kemal Paşa'yı korumak olduğunu şu sözlerle anlatmıştır: *"Olayın üzücü yanı şu idi: Giresun Müfrezesi'nden ölen ve yaralananların çoğu, askerî kıtanın isyan ederek, Köşk'e hücuma geçtiğini zannetmiş, silahını kapan, Gazi Paşa'nın Köşk'ünün civarına koşmuştu. Osman Ağa'nın silahlı adamları, Köşk'ü korumak amacıyla çatışmaya katılıyorlardı. Bunu sağ kalanların ifadelerinden anlamıştık. Gazi durumu öğrenince çok üzülmüştü."[605]* Eriş Ülger de Salih Bozok'un anı defterine dayanarak Osman Ağa'nın Köşk'ü hiç basmadığını, Çankaya sırtlarında çatışmada vurulduğunu ifade etmiştir.[606] Bu bilgilerden yola çıkarsak Osman Ağa'nın Mustafa Kemal Paşa'yı öldürme niyeti olmadığını, üstelik kendisinin

---

[602] Şener, *a.g.e.* , s.97-98.
[603] Çakıroğlu Hüseyin'in anılarından, torunu Mükerrem Çakıroğlu aracılığı ile.
[604] "Topal Osman'la Köşkü Basan Rasim Bey Anlattı", *Sabah*, 31 Ağustos 2006.
[605] "Atatürk'ün Sırdaşı Anlatıyor", Hulusi Turgut, *Sabah*, 7 Kasım 1999.
[606] "Topal Osman Köşkü Basmadı, *Sabah*, 21 Ağustos 2006.

Çankaya Köşkü'ne kadar gelemeden öldürüldüğünü görürüz. Osman Ağa'nın Mustafa Kemal Paşa'yı öldürmek maksadıyla Çankaya Köşkü'nü bastığı bilgisi hiçbir ciddi kanıta dayanmadığı gibi, bu olaydan yola çıkılarak yapılan ve Mustafa Kemal Paşa'yı işin içine çekmeye çalışan yorumlar da ikna edici olmaktan uzaktır.

İpek Çalışlar ise Mustafa Kemal Paşa'nın, Köşk'ü basan Osman Ağa'dan kurtulmak için çarşaf giyerek Köşkü terk ettiğini iddia etmekte, bu iddiasını da Latife Hanım'ın kız kardeşi olan Vecihe Hanım'ın anılarına dayandırmaktadır. Çalışlar, olayı şöyle anlatmaktadır:

> "Millî Mücadele'nin lideri tehdit altındaydı. Kısa bir tartışma yaşandı. Önemli olan Mustafa Kemal Paşa'nın yaşamıydı. Ona bir şey olursa zaten hiçbirimiz hayatta kalamazdık. Dışarıdakilerle pazarlık başladı. Âdet olduğu üzere 'Kadınlar ve çocuklar önden çıksın.' dediler. Plan şuydu: Mustafa Kemal Paşa kılık değiştirerek kadınlar ve çocuklarla birlikte dışarı çıkacaktı. Fakat evin içinde de birilerinin kalması gerekiyordu. Latife muhafızlarla birlikte evde kalmaktan yanaydı. 'Ben onları oyalarım.' diyordu. Mustafa Kemal Paşa önce şiddetle itiraz etti. Ancak Latife'nin inadını bilirdi. Bir çarşaf buldum getirdim. Mustafa Kemal çarşafı giydi, benimle birlikte dışarı çıktı."[607]

Çalışlar, dışarıdakilerle bir pazarlık yapıldığını, pazarlık sonucunda kadın ve çocukların önden çıktığını yazmıştır. Dışarıdakilerin de Köşk'ü basanlar yani Osman Ağa ve adamları olduğunu söylemektedir. Peki içeridekiler kimdir? İçeridekiler ise yine Osman Ağa'nın adamlarından olan ve bizzat Osman Ağa'nın emri ile Mustafa Kemal Paşa ve yanındakileri korumayla görevlendirilen Giresunlu muhafızlardır. Peki, Osman Ağa neden kendi adamları ile pazarlık yapsın? Mustafa Kemal Paşa'yı koruyan isimler zaten Osman Ağa'nın adamlarıdır ve Ağa'ya ölümüne bağlıdırlar. Osman Ağa, Mustafa Kemal Paşa'yı öldürtmek istese Çankaya'ya kadar zahmet etmesine de gerek yoktur, Köşk'ün içinde bu işi yapacak yirmi civarında adamı vardır. Onlardan birisi de Çakıroğlu Hüseyin Çavuş'tur. Osman Ağa'nın emri ile Mustafa Kemal Paşa'nın muhafızlığını yapan ve onu her gittiği yerde gölge gibi takip eden Çakıroğlu Hüseyin olayın içindeki kişidir ve onun anlattığına göre olay günü İsmail Hakkı Bey, Çankaya'ya giderek Mustafa Kemal Paşa'ya "Paşam, Osman Ağa adamları ile birlikte yola çıkmış, Köşkü basıp sizi öldürecekmiş, hatta şimdi gelmek üzeredir… Köşk'ü terk etmeniz zaruridir, tanınmamak için bir çarşaf giyin, sizi buradan çıkartalım." diyerek kaçmayı teklif etmiştir. Bu teklifi şiddetle reddeden Mustafa Kemal Paşa, İsmail Hakkı Bey'in sözleri karşısında ol-

[607] İpek Çalışlar, Latife Hanım, İstanbul, 2006, s.56.

dukça şaşırmıştır. Eliyle hemen yanlarında duran Çakıroğlu Hüseyin'i göstererek *"Bak çocuk, bana bu muhafızları Ağa Hazretleri verdi. Osman Ağa benim canıma asla kastetmez, bilakis canımın koruyucusudur!"* der. Sonrasında Mustafa Kemal Paşa'nın öldürüleceğini haber alan Giresunlular, Köşk'e gelmişler, Paşa'nın öldürüldüğünü sanarak ateş etmeye başlamışlardır. Karabulduklu Salih'in araya girmesi sonucunda bir yanlış anlaşılma olduğu fark edilerek çatışma sona ermiştir.[608] Salih Bozok'un anı defterine dayanarak Osman Ağa'nın Köşk'ü hiç basmadığını, Köşk'e ulaşmadan Çankaya sırtlarında çatışmada vurulduğunu ifade eden Eriş Ülger'de, çatışma günü Latife Hanım'ın Köşk'te olmadığını söylemektedir.[609] Teoman Alpaslan da dedesinin anlattıklarına dayanarak *"Latife Hanım Köşk'te kesin olarak değildi. Nasıl emin olduğuma gelince; çünkü adını taşıdığım ve Mustafa Kemal'e muhafızlık yapmış olan dedem oradaydı."* demektedir.[610] Millî Mücadele'nin liderine çarşaf giydi yakıştırmasının yapılmasının ardında ikna edici deliller bulunmamaktadır.

Millî Mücadele döneminde Mustafa Kemal Paşa'yı ortadan kaldırmak veya onun yerine geçmek isteyen birçok güç bulunmaktadır. Bu güçleri hilafetçi ve saltanatçılar, ittihatçılar, Mustafa Kemal Paşa'nın diktatör olacağını düşünenler, birinci gruba çeşitli nedenlerle alınmayanlar veya kırgınlar[611] gibi gruplara ayırabiliriz.

Ali Şükrü Bey'i ortadan kaldıranlar, Mustafa Kemal Paşa'yı devirerek yerine geçmeyi düşünmüş olmalıdırlar. Çünkü olaylar sonunda hem Osman Ağa'yı hem de iktidar yolunda Mustafa Kemal Paşa'dan sonra kendilerine en güçlü rakip olarak gördükleri Ali Şükrü Bey'i ortadan kaldırmışlar, ayrıca cinayeti de Osman Ağa'ya yıkarak şüpheleri Mustafa Kemal Paşa'nın üzerine çekip onun siyasi otoritesini sarsmak istemişlerdir. Nitekim Mustafa Kemal Paşa, İstinaf Mahkemesi Savcısı İbrahim Bey ve Polis Müdürü Neşet Bey'e cinayet ile ilgili ifade vermiş, Trabzon basınının ve ikinci grup milletvekillerinin cinayet suçlamalarına maruz kalmış, hatta bazı mebuslar onun hakkında tevkif müzekkeresi çıkarmaya[612] bile teşebbüs etmişlerdir. Bu gelişmeler sonucunda Mustafa Kemal Paşa oldukça zor günler geçirmiştir. Bu bağlamda Ali Şükrü Bey cinayeti ve sonrasında yaşananları "henüz cumhuriyet kurulmadan Mustafa Kemal Paşa'yı koltuğundan indirmek için yapılmış bir darbe girişimi" olarak değerlendirebiliriz.

---

[608] Çakıroğlu Hüseyin'in anılarından, torunu Mükerrem Çakıroğlu aracılığı ile.
[609] "Topal Osman Köşkü Basmadı", *Sabah,* 21 Ağustos 2006.
[610] Alpaslan, *a.g.e.* , s.595.
[611] Şener, *a.g.e.* , s.85.
[612] Seyfi Öngider, *Kuruluş ve Kurucu,* İstanbul, 2003, s.215.

Mustafa Kemal Paşa, Ali Şükrü Bey'i öldürürerek hazırlanan kumpas ile devrilmemiştir. Ondan kurtulmak isteyenler için artık onu öldürmekten başka çare kalmamıştır. Üç yıl sonra, 14 Haziran 1926'da, Mustafa Kemal Paşa'yı öldürmek için "İzmir Suikasti" planlanmış, suikastçıları bir motorla Sakız Adası'na getirmekle görevlendirilen Giritli Şevki'nin ihbar mektubu ile bu hain plan ortaya çıkmıştır. Olayın arkasında askerinden milletvekiline onlarca kişi çıkmış, bu kişiler yargılanarak, aralarından 19 kişiye idam, bazı kişilere de hapis ve sürgün cezası verilmiştir. Burada akıllara şu sorular gelmektedir: *"İzmir Suikasti, Ali Şükrü Beyi öldürerek hazırlanan ve başarısızlıkla sonuçlanan darbe girişiminin bir devamı olabilir mi? Eğer öyle ise, Ali Şükrü Bey Olayı ve İzmir Suikasti'nin arkasındaki kişiler aynı kişiler midir?"*

Ali Şükrü Bey'in Feridun Kandemir ile yaptığı sohbette söylediği sözleri tekrar hatırlayalım:

"Öyleleri var ki, onu ona çekiştirmeden, mütemadiyen fitne ve fesat yapmadan rahat edemiyorlar. Yoksa ben Paşa'yı bilirim. Benim dobra dobra konuşuşlarıma, hatta bazen ölçüyü aşarak çok şiddetli tenkitler yapışıma hiç kızmaz. Bilakis kaç defa kızacağını tahmin ettiğim hâlde, omzumu okşayarak 'Aferin Ali Şükrü! Çok isabetli mütalaalarda bulundun.' diye takdir ve iltifatlarda bulunmuştur. Ama gel gör ki etrafına sokulmak isteyenlerin yapmadıkları yok. Hiçbirine yüz vermediği hâlde, yine ona mensupmuş gibi davranarak fesat karıştırmak istiyorlar. Rahat vermiyorlar, sanki Paşa'yı benden fazla seviyorlar. Halbuki, kendi çıkarlarından başka bir şey düşündükleri yok... Memleket davasının farkında değiller... İşleri güçleri yalan dolan... Bereket versin ki, dediğim gibi Paşa böylelerini semtine bile uğratmıyor, ne mal olduklarını biliyor..."[613]

Ali Şükrü Bey'in dediği gibi ***"Mustafa Kemal Paşa'nın semtine bile uğrayamayan, ondan yüz bulamadıkları hâlde yine ona mensupmuş gibi davranan, kendi menfaatinden başka bir şey düşünmeyen, memleket davasının farkında bile olmayanların"*** oyunları hem Ali Şükrü Bey'in hem de Osman Ağa'nın ölümüne neden olmuştur. Osman Ağa yargılanmadan öldürüldüğü için Ali Şükrü Bey cinayetinin arkasında kimlerin olduğu bugün bile kesin olarak ortaya çıkmamıştır.

---

[613] Kandemir, *a.g.e.*, s.3-6.

312 | ÜMİT DOĞAN

Dönemin Tanıklarının Anlatımına Göre Ali Şükrü Bey Olayı ve Osman Ağa'nın Öldürüldüğü Çatışma

FALİH RIFKI ATAY

Meclis'te muhalifler zaferden beri taşkınlık için fırsat peşinde idiler. Zafer üzerine orduda terfiler yapılmıştı. Yeni rütbeler hükümet tarafından verilmiş ve Meclis Başkanı Mustafa Kemal tarafından onaylanmıştı. Muhaliflere göre bu Meclis'in hakkına saldırmaktı. Başbakan Rauf Bey işte bir yolsuzluk olmadığını ileri sürdü. Muhaliflerden Hüseyin Avni: "Ben Meclis iradesini çiğneyenleri Yunanlı kadar memlekete zararlı sayarım." diyordu. Meclis'te sert çatışmalar oluyordu. Bir defasında Trabzon Milletvekili Ali Şükrü kürsüde konuşan Mustafa Kemal'e ağır sözler söyledi. Birbirlerinin üstlerine yürüdüler. Bu olaya çok sinirlenen Topal Osman bir adamını yollayarak Ali Şükrü'yü konuşmak üzere Çankaya tarafındaki evine çağırır ve karşısındaki iskemleye oturur oturmaz boğdurur. Vaka çok önemli idi. Boğduran Mustafa Kemal'in muhafız komutanı. Mustafa Kemal'in evini bekleyen erler onun adamları. Düşmanları cinayeti Mustafa Kemal'den biliyorlardı. Mustafa Kemal, Muhafız Taburu Komutanı İsmail Hakkı'ya yakalama emri vererek kendisi, eşi Lâtife Hanım'la birlikte Çankaya'dan uzaklaştı. Şiddetli bir çarpışma sonunda Topal Osman ölü olarak ele geçti. Adamları Mustafa Kemal'in Çankaya'daki köşküne ateş etmişlerdi. Fakat olay bununla kalmadı. Trabzon'da Faik Barutçu denen avukat ki Atatürk'ün ölümünden sonra İnönü'nün ilk milletvekillerinden biri olmuştur. "Katil Çankaya'da" başlıklı yazılar yazıyordu. Lausanne konuşmaları devam ederken Meclis'teki hoca takımı da ayaklanmıştı. Ankara'da yayınlanan bir broşürde "Halife Meclis'in, Meclis Halife'nindir." deniyordu. İstanbul'daki Refet Paşa da halifeye iyice sokulmuştu. Bir aralık Seçim Kanunu'na bir madde eklenmesi için bir teklif getirdiler. Bu madde şu idi: "Büyük Millet Meclisine üye seçilebilmek için Türkiye'nin bugünkü sınırları içindeki yerler halkından olmak veya seçim çevresi içinde oturmuş olmak şarttır. Göç yolu ile gelenlerden Türkler ve Kürtler yerleşme tarihinden beş yıl geçmiş ise seçilebilirler." Bu madde doğrudan doğruya Mustafa Kemal'in seçilememesini sağlamak içindi. Mustafa Kemal kendisi kürsüde teklifin iç yüzünü açıkladı ve teklif geri çevrildi. Lausanne'da görüşmeler bitmişti. Konferans sırasında aralarında geçen tartışmaları öne sürerek İsmet Paşa ile bir daha yüz yüze gelemeyeceğini söyleyen Rauf Bey, Başbakanlıktan çekildi. *Falih Rıfkı Atay, Çankaya, İstanbul, 2010.*

RIZA NUR

"Osman Ağa, Ankara'da imiş. Sokakta rast geldim. Yüksekte Çiftegazi Mektebi yanında oturuyor. Karacaoğlan Caddesi'nde rast geldim. Nereye gittiğimi sordu. 'Meclis'e' dedim. 'Ben istasyona gidiyorum, beraber gidelim.' dedi. 'Peki' dedim. İstasyona kadar beraber yürüdük ve konuştuk. Beni severdi, itimadı vardı. Ben de onu severdim. Meclis'in önünden geçerken dedi ki:

'Yahu, Meclis'te birçok vatan haini mebus varmış, bunlar memleketi satıyorlarmış. Niye bana haber vermiyorsun? Meclis'i basıp hepsini keseceğim. Başka çare yok. Bu kadar emek, bu kadar kan. Memleketi kurtardık. Derken şimdi bunlar çıktı.'

Baktım, kemali safiyetle, sükunetle ve ciddiyetle söylüyor. Ben ise işin dehşetinden tüylerim ürperdi. Düşün, Meclis basılmış, ikinci grup doğranmış, arada diğer mebuslardan da gitmiş. Her yer kan ve cenaze içinde, inleyen, bağıran, imdat isteyen, can çekişme hırıltıları... Ne kanlı sahne, ne facia... Cihana, Avrupa'ya karşı da ne çirkin... Tarih her gün bunun dehşetinden titreyecek... Bu adam da bunu yapar mı yapar. Müthiş bir hunhardır. Yapar da gözünü bile kırpmaz. Nitekim bana da adi bir şey söylüyor, bir portakal keser gibi söylüyor.

Dedim ki: Bu hainleri sana kim haber verdi?

Dedi: Orasını sorma!

Hayır, illa söyle! dedim ve zorlandım.

Dedi: Gazi söyledi.

İş anlaşıldı: Mustafa Kemal ikinci gruptan bizar, çaresi de kalmamış. Topal Osman'a bunları katliam ettirecek. O, mevkide kalması için, hatta bütün milletin canına kıyar. Eşsiz bir canavardır. Merhamet ve vicdan öyle şeyler bilmez. Demek bu işi kurmuş, işin de Osman'dan başka münasib ehli yoktur. Osman da vatanperverdir hem de cahil. Zavallının vatan hislerini ele almış, onu iyice doldurmuş, kandırmış.

Dedim ki: Ağa, ben seni çok severim. Sen de bunu bilirsin. Bana itimadın var mı, beni sever misin?

Dedi: Vardır, seni çok severim. Sen tam vatanperversin. Venizelos'u bile döğdün.

Dedim: Peki! Beni dinle! Sana babaca nasihatim var. Sen cahilsin. İşlerin içyüzünü anlamazsın. Bu lakırdılar aramızda kalacak amma, yemin et! Yemin etti. Devam ettim: Meclis'te hain yoktur. Onlar hükümetin yolsuzluğu aleyhindeler. Biraz azgınlar, amma, iş böyledir. Sakın bu işi yapma! Bu çok fena, çok kanlı bir iştir. Sonra sana lanet okurlar. Yazık, bu millete bu kadar hizmet ettin, bunları mahvetme. Bu işi sakın yapma! Millet Meclisini basmak pek ağır bir şeydir. Hem de sen bunu kanınla ödersin.

Dedi: Ne diyorsun?

Dedim: Böyledir. Bana söz ver! Yapmayacağına yemin et!

Yapmam. İyi ki söyledin. deyip yemin etti.

Bu adam cahildi, hunhardı, fakat iyi insandı, pek vatanperverdi. Anlatınca anladı. Ben de böyle dehşetli bir faciayı izale ettim diye sevindim. Artık bitti dedim. Hatta o esnada istasyonun rıhtımında beraber bir aşağı bir yukarı volta vuruyorduk. Şakalaştım. Gülüştük. O gün de istasyon pek kalabalıktı. Bir istikbal mı vardı, neydi bilmem... Bir tesadüf, bakın ne yapıyor. Çok iş tesadüfe bağlıdır. Bu tesadüfler milletin bile talihlerini değiştirirler.

İki üç gün geçti, bir gün Ali Şükrü'nün meydanda olmadığını söylediler. Kardeşi iki gün beklemiş, bakmış yok, hükümete söylemiş, Rauf'a söylemiş. Hükümet arıyormuş. Bakıyoruz, Rauf'ta bir fevkaladelik var. Hey'et-i Vekile'de soruyorum, soruyorlar, kimseye hiçbir şey söylemiyor. Herkes merakta. Ali Şükrü ne oldu? Yine bunu Rauf'a Hey'eti Vekile resmen soruyor. Hiçbir şey demiyor. (...) İki gün evvel Ali Şükrü akşam üzeri Karacaoğlan Caddesi'nden hükümete giden yolda cami karşısındaki kahvede imiş. Topal'ın adamlarından ismini unuttuğum bilmem ne kaptan denilen adam gelmiş. Ali Şükrü'ye 'Ağa seni istiyor.' demiş. Aynı memleketli olduklarından birbirilerini tanırlarmış. Kalkmış beraber gitmişler. Ağa'nın evine girmişler. Demek, iş geldi, Ağa'ya dayandı. Benim de derhal Ağa ile görüştüğümüz aklıma geldi. Kendi kendime dedim: "Mutlaka Ağa, Meclis''i basmayınca Mustafa Kemal onu, Ali Şükrü'yü öldürmeğe ikna etti." *Rıza Nur, Hayat Ve Hatıratım, İstanbul, 1967, C. III, s.1172 – 1175.*

BALDIZ VECİHE HANIM

"Millî Mücadele'nin lideri tehdit altındaydı. Kısa bir tartışma yaşandı. Önemli olan Mustafa Kemal Paşa'nın yaşamıydı. Ona bir şey olursa zaten hiçbirimiz hayatta kalamazdık. Dışarıdakilerle pazarlık başladı. Âdet olduğu üzere 'Kadınlar ve çocuklar önden çıksın.' dediler. Plan şuydu: Mustafa Kemal Paşa kılık değiştirerek kadınlar ve çocuklarla birlikte dışarı çıkacaktı. Fakat evin içinde de birilerinin kalması gerekiyordu. Latife muhafızlarla birlikte evde kalmaktan yanaydı. 'Ben onları oyalarım.' diyordu. Mustafa Kemal Paşa önce şiddetle itiraz etti. Ancak Latife'nin inadını bilirdi. Bir çarşaf buldum getirdim. Mustafa Kemal çarşafı giydi, benimle birlikte dışarı çıktı. Latife de bu arada onun kalpağını kafasına takmıştı. Erlerden birine 'Mutfaktaki portakal sandıklarını getir.' dedi. Sandıkları pencerelerin önüne dizdiler. Evde ışıklar yanıyor ve bahçeden bakıldığında içerdekiler fark ediliyordu. Boyunun kısalığı dışarıdan fark edilmemeliydi. Latife, portakal sandıkları üzerinde bir ileri bir geri yürüyor, dışarıdan gelen habercilerle iletilen mesajları evde Mustafa Kemal varmış gibi alıp cevap veriyordu. Ölüm tehdidi altında çeteyi oyalamayı sürdürüyordu. O sırada Mustafa Kemal, Topal Osman'a karşı yürütülecek harekâtı planlıyordu. Sonunda Topal Osman'ın adamları eve kurşun yağdırmaya başladılar. Ardından eve girdiler. Mustafa Kemal'in gittiğini anlayınca çılgına dönüp ne buldularsa parçaladılar. Onların aradığı Mustafa Kemal'di. Ama ellerinden kaçırmışlardı. O sırada Topal Osman çetesi, muhafız taburu tarafından sarıldı." *İpek Çalışlar, Latife Hanım, İstanbul, 2006, s. 56, 57.*

İSMAİL HAKKI TEKÇE

"Ali Şükrü Bey gizli toplantıda, o zamanki tabirle hafi celsede Meclis'te Giresunlular aleyhinde çok ağır bir konuşma yapmış. Hatta küfür bile etmiş. Bu konuşmayı Giresun milletvekilleri ve başkaları Topal Osman Ağa'ya hemen nakletmişler. Topal Osman bu konuşmayı duyunca büyük infiale kapılmış ve maiyetindekilerden bir iki kişiye "Nerede bulursanız bulun, ne pahasına olursa olsun Ali Şükrü'yü buraya getirin" diye emir vermiş. Onlar da Ali Şükrü Bey'i Samanpazarı'nda bir kahvede buluyorlar. Osman Ağa'nın kendisini davet ettiğini söyleyerek alıp eve götürüyorlar. Ve orada üzerine beş altı kişi saldırıp kendisini boğuyor. Cesedini de bir arabaya koyup Çankaya'nın güneybatısındaki Mahye köyü civarındaki bir tarlaya gömüyorlar. Olay Meclis'e intikal ediyor. Muhalifler hükümeti sıkıştırıyorlar ve Ali Şükrü Bey'in akibetini öğrenmek ve eğer bir cinayete kurban gitmişse faillerinin yakalanıp cezalandırılmasını istiyorlar. Merkez Kumandanlığı subayları çevrede araştırma yaparken Ali Şükrü Bey'in tarlada gömülü cesedini buluyorlar. Bunun üzerine Başvekil Rauf Bey katillerin bulunması için gereken yerlere emir veriyor. "Bir gece yarısı evimdeyken telefon çaldı. Atatürk beni arıyordu. 'Çabuk giyin ve yola çık! Ben şimdi Çankaya'dan istasyon binasına iniyorum. Oraya gel!" Hemen giyindim ve istasyon binasına gittim. Durumu bana anlattı. Osman Ağa'nın hükümete karşı isyankâr bir tavır takındığını, Ali Şükrü Bey'i öldürttüğünü, derhal taburu toplayıp kendisini tenkil etmem vazifesini verdi ve "Ölü veya diri, behemahal Topal Osman'ı hükümete teslim edeceksin!" dedi. Bu emir üzerine taburu toplayıp hareket ettim. Tabur Topal Osman'ın bulunduğu papazın köşkünü ve Çankaya mıntıkasını kuşatmaya başladı. Çevirme hareketimiz devam ederken ve çember daralırken Topal Osman'ın müfrezesinden üzerimize ateş edildi. Bir erim şehit oldu. Bunun üzerine çarpışmaya başladık. Şafak attığı zaman biz hâlâ vuruşuyorduk. Öğleden evvel çatışma bitti. Topal Osman'ın kuvvetleri bertaraf edilmişti. Topal Osman da yaylım ateşinde vurulmuştu. Kalanları topladım, ölüleri de orada gömdürdüm. Teslim aldıklarımı istasyona getirdim ve durumu Atatürk'e arz ettim. 'Teslim aldıklarını derhal terhis et ve memleketlerine gönder.' dedi. Bu mesele de böylece kapandı. Fakat Meclis hâlâ tatmin olmuş değildi. Topal Osman'ın öldürülüp öldürülmediğine inanmak istiyordu. Bunun üzerine ceset gömüldüğü yerden çı-

316 | ÜMİT DOĞAN

karıldı ve Meclis'in önünde ayağından baş aşağı asılarak teşhir edildi. Topal Osman Ağa vatansever bir insandı. Giresun Belediye Başkanı'ydı. Pontus çetelerinin yaptığı zulümden dolayı dehşetli Rum düşmanıydı. Bunda da haklıydı. Pontuslu Rumlar, Giresun çevresinde Türk halka yapmadık vahşet bırakmamışlardı. Kurtuluş Savası sırasında önce Ankara'ya bir takım yolladı. Sakarya Savaşı'na 'Giresunlular Alayı' ile katıldı. Son çatışmada kendisini kimin vurduğu belli değildi. Yaylım ateşi sonunda öldürülmüştü." *Muhafızı Atatürk'ü Anlatıyor, Emekli General İsmail Hakkı Tekçe'nin Anıları, (Haz: Hasan Pulur), İstanbul, 2000, s. 37-38.*

KAZIM KARABEKİR

"Ne kötü tesadüftür ki, bugün Trabzon mebusu Ali Şükrü Bey'in ortadan kaybolması ve bunun da M. Kemal Paşa'nın muhafız taburu komutanı Topal Osman Ağa'nın bir cinayeti olarak ortaya yayılması, Ankara havasında bir samimiyetsizlik ve itimatsızlık uyandırmaya sebep oldu. Yeni intihaba karar verildiği bir günde, Ankara'da matbaa açmış ve gündelik bir siyasî gazete çıkarmaya başlamış bulunan bir muhalif mebusun ortadan yok edilmesi çirkin olduğu kadar tehlikeli bir işti. Bunu muhalif mebuslar, doğrudan doğruya Gazi M. Kemal'den biliyorlar ve tevkif müzekkeresi çıkarmaya kadar da ileri gidiyorlardı.

2 Nisan sabahleyin ikâmet ettiği daireden Başvekil Rauf Bey, Müdafaa-i Millîye Vekili Kâzım Paşa (Karabekir değil, başka Kâzım) telefonla yaverime şunu yazdırmış:

(Bugün saat 6'dan beri Çankaya'da Gazi'nin köşkü civarında Muhafız taburuyla Osman Ağa taburu arasında müsademe (çatışma) başladı. Osman Ağa ve en kıymetli heyeti maktul düşmüş (öldürülmüş). Gazi M. Kemal, Lâtife Hanım ile birlikte istasyonda Rauf Bey'in yanında. İsmet ve Kâzım Karabekir Paşaların da gelmelerini istiyorlar.) Derhal gittim. Gazi'yi çok müteessir (üzüntülü) buldum. Muhafız Nizamiye taburunun kendi dairesini delik deşik ettiklerini anlattı. 'Neticede Osman Ağa taburuyla anlaşır mı?' diye endişe ediyorlardı. Kars'tan gönderdiğim bu bin kişilik Giresun taburunun talihinin sonunu böyle görmek beni çok müteessir etti. 14 Ocak günü trenle Bursa'ya ayrıldığımız gün Gazi M. Kemal'in Cevat Abbas Bey'e, Ali Şükrü Bey ve matbaası hakkında söylediği şiddetli sözler ve benim kendilerini teskinim gözlerimde canlandı. Bu aralık muhafız tabur komutanı İsmail Hakkı Bey geldi. Gazi Mustafa Kemal, endişesini ona da söyledi ve 'Taburundan emin misin?' diye sordu. O da emin olduğunu söyledi. Nihayet mesele birçok masumun ölümü ile neticelendi. Ali Şükrü Bey'in cesedi de ertesi gün ortaya çıktı. Ali Şükrü Bey de telefon telleriyle boğulmuş ve Çankaya gerilerinde bir yere gömülmüş. 4 Nisan'da Ali Şükrü Bey'in cenazesi ikinci grubun elleri üstünde

Meclis kapısına getirildi ve 'ikinci kurban gidiyor' diye haykırışmalar oldu."
Uğur Mumcu, Kazım Karabekir Anlatıyor, İstanbul, 1993, s.78-79.

KILIÇ ALİ
"Ankara'da 29 Mart 1923 Perşembe günü kulaktan kulağa fısıldanan ve türlü yorumlara yol açan bir olay Meclis'i de Türkiye'yi de sarstı. Trabzon Milletvekili Ali Şükrü Bey, salı akşamından beri kayıptı. Salı akşamı çarşıdaki kahvehanelerden birinde oturduğu görülmüş, ondan sonra meydana çıkmaması ailesini endişelendirerek hükümete başvurmuş ve hemen soruşturma başlatılmıştı. Ali Şükrü Bey'in Meclis'te muhalefet grubuna mensup olması sebebiyle kaybı çeşitli yorumlara yol açıyordu. O sabah Meclis'e geldiğimde gerçekten hazin bir manzara ile karşılaştım. Genel Kurul salonunda büyük bir heyecan vardı. Milletvekilleri bu kaybolma olayını çeşitli şekillerde yorumluyor, bir yandan Ali Şükrü Bey'in şimdiye kadar bulunamamasından ötürü hükümeti ağır şekilde eleştiriyorlar, bir yandan da 'Bu kaybolma siyasi ise bu ülkede herhangi bir fikrin önderi ölecektir' gibi imalı açıklamalar yapıyorlardı." Dokunulmazlık istiyoruz, mücadele etmeliyiz!" diye şiddetle bağıranlar vardı. Fakat açık bir suçlamada da bulunamıyorlardı. Kırşehir Milletvekili Yahya Galip Bey, bu imalara ve suçlamalara dayanamayarak ayağa kalktı ve konuşmacılardan birine şöyle bağırdı: 'Sus canım. Açık söyle de anlayalım. Böyle açık olmayan sözlerden kimse bir şey anlamaz ve kabul etmez.' Açık söylüyoruz. Belirsiz değildir. 'Susmayacağız!' Ali Şükrü Bey'in kaybından dolayı samimi olarak üzüntü ve acı duyanların sayısı çoktu. Başbakan Rauf Bey, bu arkadaşların tepki ve heyecanlarını yatıştırmak için Meclis'in güvenine sahip olan hükümetin, bağımsız yargının, polis ve jandarmanın her türlü etkiden uzak bulunarak görevini yapacağını ve şimdiden faaliyete geçmiş olduğunu, birkaç gün içinde gerçeklerin ortaya çıkacağını söylüyor Adalet Bakanı Rıfat Bey de bu sözleri onaylıyordu. 'Sorumlular kim olursa olsun meydana çıkarılsın, cezalandırılsın!' Hayrettir ki konuşmacılar bu şekilde acı acı bağırırlarken, bir aralık dinleyici locasında Topal Osman Ağa gözüme ilişti. Manzarayı seyrediyor ve konuşmacıları dinliyordu. Hatırıma hiçbir şey gelmedi. Hatta oturum kapandığında bahçede Osman Ağa'ya rastladım. 'Hayrola Osman Ağa, ne var ne yok?' dedim. Bana hiçbir şey söylemedi, aksine o bana bir şey sormak istiyor gibiydi. Yalnız her zamankinin aksine biraz heyecanlı gibiydi. Bu heyecanın nedenini iş ortaya çıktıktan sonra anlayacaktım." *Hulusi Turgut, Atatürk'ün Sırdaşı Kılıç Ali'nin Anıları, İstanbul, 2005, s. 187-189.*

Ali Şükrü Bey olayının soruşturulmasını takiben, Osman Ağa ile Mustafa Kaptan'dan şüphelenildi. Her ikisi hakkında da tutuklama kararı verildi. Mustafa Kaptan, derhal bulundu ve tutuklandı. Fakat Osman Ağa, kayıplara karışmıştı. Topal Osman bulunamadığı için hakkındaki tutuklama kararı uygulanamıyordu. Ankara dışında da araştırma yapılıyor, bu görevi Mülazım Kemal yürütüyordu. Mülazım Kemal her tarafı aramış, ümitsiz şekilde şehre dönerken bir iz dikkatini çekmiş. İzi sürüp bir toprak kümesine ulaşmış. Burada sinekler uçuşuyormuş. Kazmışlar, çadır bezine sarılı bir ceset çıkmış: Ali Şükrü Bey'in ta kendisiymiş. Cinayetin Osman Ağa'nın işlendiği kanaati kuvvetlenmiş. Aramalar yoğunlaşmış. Sonunda, Osman Ağa'nın, Papazın Köşkü'nde bulunduğu tespit edilmiş. Olay büyük ölçüde çözülmüştü. Fakat, Osman Ağa'nın kolay kolay teslim olmayacağı biliniyordu. Ata çok üzülmüştü. Başyaver Salih Bey ile Merkez Komutanı Binbaşı Rauf Bey'i, Osman Ağa'ya gönderdi. 'Yaptıysan dürüstçe söyle.' dedi. Osman Ağa olayı kesinlikle reddediyordu. Gazi'ye göre, Osman Ağa derhal tutuklanmalı ve adalete teslim edilmeliydi. Bunun için, İsmail Hakkı Tekçe'ye emir verdi. İsmail Hakkı Bey, kıt'asını alarak Topal Osman'ın bulunduğu evin çevresini sardı. Osman Ağa'ya, 'Teslim ol!' çağrısı yapıldı. Bu çağrı kabul edilmeyince çatışma başladı. *Atatürk'ün Sırdaşı Anlatıyor, Hulusi Turgut, Sabah Gazetesi, 6 Kasım 1999.*

İsmail Hakkı Tekçe'nin başında bulunduğu Muhafız Kıtası ile Osman Ağa'nın silahlı adamları yarım saat çatıştılar. Topal Osman, yaralı olarak yakalandı. 20 dakika sonra hastaneye nakledilirken sedye üstünde öldü. Çatışma sonucunda Giresun Müfrezesi'nden 12 ölü, çok sayıda yaralı vardı. İsmail Hakkı Bey'in kıtasından da bir kişi ölmüş, iki kişi yaralanmıştı. Olayın üzücü yanı şu idi: Giresun Müfrezesi'nden ölen ve yaralananların çoğu, askerî kıtanın isyan ederek Köşk'e hücuma geçtiğini zannetmiş, silahını kapan, Gazi Paşa'nın Köşkü'nün civarına koşmuştu. Osman Ağa'nın silahlı adamları, Köşk'ü korumak amacıyla çatışmaya katılıyorlardı. Bunu sağ kalanların ifadelerinden anlamıştık. Gazi durumu öğrenince çok üzülmüştü.

Ali Şükrü Bey aydın ve yurtsever bir insandı. Ancak menfi yaradılışlı ve dindar taassub sahibiydi. Eski bir dostluğumuz olduğundan kendisiyle Meclis'te sık sık görüşürdüm. Gazi'den hoşlanmadığını bilirdim. Gazi'nin içki sofrasını, dedikodu konusu yapanlardan biri de o idi. Ali Şükrü Bey, Osman Ağa'yı Ankara'ya ilk gelişinde eleştiri bombardımanına tutuyordu. Tabii bu eleştirileri yüzüne karşı değil, çeşitli kulislerde yapıyordu. Ali Şükrü, Topal Osman'ın şiddetli şekilde aleyhindeydi. Onun işlediği cinayetleri sayıp dökerdi. Cinayete karışan Mustafa Kaplan, yargılanmada ilginç bilgiler vermişti. Bu bilgilere göre, Ali Şükrü Bey'le Osman Ağa, Sakarya Savaşı sırasında iki dost olarak birlikte gezerlermiş. Hatta, Ali Şükrü Bey, Meclis'te Osman Ağa'nın kahramanlıklarından övgüyle söz edermiş. *Atatürk'ün Sırdaşı Anlatıyor, Hulusi Turgut, Sabah Gazetesi, 7 Kasım 1999.*

CEMİL BOZOK

"1923 yılının Nisan ayı başlarında bir gece, Çankaya'daki evimizde babam tarafından uyandırıldım. Bütün ev halkı benim gibi hazırlanmıştı. Bizim fayton arabasına bindik ve derin bir sessizlik içinde olan Çankaya'nın şehir istikametine doğru karanlıklar içinde ilerlemeye başladık. Nereye gittiğimizi istasyonda muhafız komutanı İsmail Hakkı Tekçe Bey'in evine geldiğimizde anladık ancak sebebini bilmiyorduk. Yalnız kumandanın evinin hemen yakınındaki karargâhta büyük bir faaliyet vardı. Askerler tam teçhizat silahları elde koğuşlarından çıkıyorlar ve sıralanıyorlardı. Muharebeye gider bir hâlleri vardı sanki. Henüz daldığım bir sırada Çankaya taraflarından gelen silah ve makineli tüfek sesleri ile yerimden fırladım. Biraz sonra konuşmalardan meselenin ne olduğu öğrenildi: Muhafız Taburu tarafından Topal Osman Ağa Çankaya'da 'tenkil' ediliyordu. Çünkü Trabzon Mebusu Ali Şükrü'yü öldürten o imiş. Şafak söktükten birkaç saat sonraya kadar silah sesleri devam etti. Öğleden sonra da tutuklanmış Laz muhafızlar ufak kafileler hâlinde istasyona getiriliyor ve enterne ediliyorlardı. Yaralı olanlar da taburun revirine götürülüyorlardı. (...) Akşamüzerine doğru yine arabamıza binerek Çankaya'daki evimize döndük.(...) Bahçeye çıkıp dolaştığımda birkaç Laz cesedini gördüm. Bunlardan biri de Paşa'nın muhafızı Galip Çavuş'a aitti. Babamdan öğrendik ki; o gece biz Çankaya'dan uzaklaştığımız zaman Paşa, Köşk'te Başvekil Rauf Bey ile beraber imiş. Tenkil işini görüşüyorlarmış. Sonunda Rauf Bey ile birlikte istasyondaki kalem-i mahsus'un olduğu eski karargâh binasına gitmek üzere otomobile binerlerken, Galip Çavuş da nöbet yerinden çıkıp otomobile binmeye hazırlanmış. Biraz evvel Başvekil ile alınan karar gereği babam ona 'Galip sen bu akşam bizimle gelme kal.' emrini vermiş. Sabaha karşı da silahlar patlayınca 'Eyvah, baba basıldı!' diyerek silahlarını ele alıp dışarı fırlamış.(...) Uzun zamandır Paşa'yı muhafaza eden bu gönüllü gençler sayesinde bütün Çankaya halkı da huzur içinde yaşıyordu. Ne yazık ki ağalarının yaptığı bir hatanın kurbanı olarak şimdi yere serilmişlerdi. Muhafız taburunun harekâtı büyük bir gizlilik ve sessizlik içinde yürütülerek Çankaya her tarafından kuşatılmış ve Osman Ağa'nın şehirdeki evinden gelip geceyi geçirmekte olduğu Papazın Bağı'na kumandan tarafından bir çavuş gönderilerek hemen teslim olması istenmiş, fakat Ağa'nın emriyle bu çavuş kapı önünde kurşundan geçirilmiştir. Bunun üzerine de taburun harekâtı başlamış. Ev yaylım ateşine tutulunca Osman Ağa yanında bulunan maiyeti ile birlikte elinde silahı kapıdan çıkmış, ağaçlar arasında hem ilerliyor hem de sağa sola ateş ediyormuş. Aldığı bir kurşunla yaralanmış fakat aldırmayarak tekrar yürümeye ve ateş etmeye devam etmiştir. Sonunda da ölmekten kurtulamamıştır." **Salih Bozok-Cemil S. Bozok, Hep Atatürk'ün Yanında, İstanbul, 1985, s.118-119; Olgun, a.g.t. , s. 102-103.**

ALİ FUAT CEBESOY

İkinci grup liderlerinden Trabzon Mebusu Ali Şükrü Bey 27 Mart Salı gecesinden beri ortalarda yoktu. Ne olduğu, nereye gittiği en yakın arkadaşları tarafından dahi bilinmiyordu. Bir cinayete kurban gitmesi ihtimalinden bahsediliyordu. İlk defa Erzurum Mebusu Hüseyin Avni Bey, Meclis kürsüsünden umumi heyete arz etmişti. Hüseyin Avni Bey sözlerine:

— Bu şerefli kürsü, bugün elim bir vaziyete sahne oluyor, bu şerefli milletin bugün kan ağlamış zavallı bir biçare gibi birbirine bakıyorlar. Ey Kâbe-i millet sana da mı taarruz, diye başlamıştı. Çok heyecanlı bir hitabede bulunmuş, Meclis'i de heyecana gark etmişti.

— Ali Şükrü'ye tecavüz eden, milletin namusuna tecavüz etmiştir. Böyle namussuzlar yaşamamalı.

Derken Mebuslar:

— Kahrolsunlar. Millet böylelerini yaşatmaz, diye bağırmışlardı. Hüseyin Avni Bey sözlerine hülaseten şöyle devam etmişti.

— Bir mebusun 56 saatten beri kaybolması ve akibetinin ne olduğunun bir türlü anlaşılamaması hükümet ve zabıta için bir acizdir. Eğer bir cürüm varsa ya siyasi ya adidir. Ben adi olmasını temenni ederim. Siyasi olursa milletin istiklaline ve millî hakimiyetine vurulmuş bir darbe gibi telakki ederim. Biz üç seneden beri bu maksatla burada toplanmıştık. Her nevi tehlikeye göğüs germiştik. Nihayet milletimizin azim ve kararı ile muvaffak olduk ve millî hakimiyetimize sahip olduk. Eğer bu cürüm siyasi olup da müsebbipleri her kim olursa olsun yakalanıp cezalarını görmezlerse hakimiyeti millîyle teessüs edememiş olacaktır.

Meclis'te hava çok heyecanlı idi. Bu sırada Hükümet Reisi Hüseyin Rauf Bey de Meclis'e gelmiş bulunuyordu. İzahat verecekti. Rauf Bey'i kürsüye davet ettim:

— Efendiler, filvaki Ali Şükrü Bey arkadaşımızın iki günden beri nerede olduğuna dair hiçbir malumatımız yoktur. Bu münasebetle Hüseyin Avni Bey biraderimiz meseleyi izah ettiler. Şimdi Heyeti Vekile Reisi Rauf Bey söz aldılar. Lütfen kendilerini dinleyiniz. Çok rica ederim, hislerinize hakim olunuz. Söz Rauf Bey'indir:

Davetim üzerine kürsüye gelen Hüseyin Rauf Bey, hükümetin hadiseyi bir gün evvel haber almış olduğunu ve her taraftan harekete geçtiğini, fakat henüz bir netice elde edilemediği için yapılan takibat hakkında geniş tafsilat veremeyeceğini söylemiş:

— Meclis emin olmalıdır. Hükümetiniz bu takibin iç yüzünü behemahal meydana çıkaracak ve müsebbipleri her kim olursa olsun layık olduğu cezayı görecektir. Eğer bu işin hakikatini üç dört gün içinde meydana çıkaramazsak hükümeti me'sul edersiniz. Tam bir istiklal ve vukuf ile hareket eden adliyemiz bu meseleyi ehemmiyetle takip etmektedir. Müsterih olunuz, demişti.

Hüseyin Rauf Bey'den sonra ikinci gruptan Sinop Mebusu Hakkı Hami ve Lazistan mebusu Ziya Hurşit Beyler söz alarak hükümetin bu işi tam manasıyla meydana çıkarabileceğinden endişe ettiklerini muhtelif tarzlarda beyan etmişlerdi. Yahya Galip Bey de hükümeti tenkit etmiş, Hüseyin Rauf Bey'e cevap vererek ezcümle şöyle demişti:

– Çalışacağız, bulacağız ne demek arkadaşlar? Ne için bulunmuyor? Ne bekliyorlar? Bu kadar polis, jandarma, memur ne güne duruyor? Ne yapıyor? Ne bekliyor? Milletin boynuna atılmış bir kement var, bu bir namus ve haysiyet meselesidir. Bu millet buna layık değildir. Bunu asla hazmetmez, hükümetin de bunu bilerek derhal bulması vazifesidir.

Hüseyin Rauf Bey'in verdiği izahat o gün için kâfi görülmüş, fakat hadisenin derhal meydana çıkarılması için ısrar olunmuştu.

Trabzon Mebusu Ali Şükrü Bey'in gaybubeti neticesinde Büyük Millet Meclisinde hasıl olan telaş ve heyecan, süratle şehre de yayılmıştı. Türlü tefsirler yapılıyor, birçok ihtimal üzerinde duruluyordu. Acaba Ali Şükrü Bey ne olmuştu? Bir kazaya mı uğramış, yoksa bir cinayete mi kurban gitmişti? Bir cinayete kurban gitmiş ise sebebi ne olabilirdi? Hadiseyi matbuat ele almış, geniş ve heyecanlı neşriyata başlamıştı. Hükümet gece gündüz çalışarak hadiseyi bir an evvel aydınlatmağa çalışıyordu.

2 Nisan Pazartesi günü, İcra Vekilleri Reisi Hüseyin Rauf Bey, Trabzon Mebusu Ali Şükrü Bey hadisesi hakkında Meclis'te beyanatta bulunmuş ve şöylece izah etmişti:

—Muhterem Ali Şükrü Bey arkadaşımızın feci akıbeti dün öğleden sonra geç vakit hükümetimizce taayyün etti. Cenazesi bulunduğu mahâlden kaldırılarak bugün Gureba Hastanesinde tahtı muhafazada bulunuyor. Allah kendisi yattıkça ailesine sabırlar, ecirler ihsan etsin. Adliyemizin, polisimizin, jandarmamızın da dahil olduğu hâlde muhafaza ve zabıta kuvvetlerimizin vazife ifasında gösterdikleri gayret ve dikkat, acizlerince mucibi şükrandır. Bu elim akıbeti izhar etmiş olmakla ve eldeki delillere istinaden maznun Giresun Alayı Kumandanı Osman Ağa'dır. Adliyemizin kanuni takibat icra ettiğini hissetmesi neticesi olacak ki Osman Ağa birkaç günden beri gaybubet etmiş. Hükümetçe kemali ciddiyet ve ehemmiyetle icra edilen takibat ve diğer maznunların vaki olan ciddi dakik taharriata rağmen bulunamaması binnetice gece gündüz vaki takibatın bu sabah takriben altıda bir neticeye iktiran etmesini mucip olmuştur. Dün geç vakit kendisinin saklandığı mahaller hakkında hükümetimizce istihsal edilen malumat üzerine kendisini bulup Türkiye Büyük Millet Meclisi hükümeti adliyesinin hakkında isdar ettiği tevkif müzekkeresini tebliğ ve babı adalete celp hakkında en hür ve adil tetkikat ve tahkikat neticesinde karar ittihazı için ihbarnameyi isal maksadıyla taharri takımları hareket ettirilmişti. Muhtelif istikametlerde ve ümit edilen muhtelif mevkilerde taharriyata memur olan bu takip müfrezeleri Ayrancı bağlarında Papazın Bağı namıyla maruf bir bina dahilinde kendilerinin olduğunu anladıktan sonra adliyeye tevdii nefs etmelerini iblağ eden müfrezelere karşı pervasızca silah istimaline başlamış olduklarından giden müfrezeler bizzarure mukabeleye mecbur olmuşlar ve şiddetle devam eden müsademe neticesinde Giresunlu Osman Ağa kendisi ağır yaralı ve birkaç refiki ölü olarak ele geçirilmiştir. Pek az sonra Osman Ağa da ölmüştür. Bundan sonra takip müfrezeleri vazifelerini ikmal ile adliye ve kavanini mevzua dairesinde tetkikatını ikmal edecek ve tabiatıyla ait olduğu dairesi icabı veçhile muamele edecektir.

Hüseyin Rauf Bey'den sonra ikinci gruptan Hüseyin Avni, Van Mebusu Hakkı Hami ve Necati Beyler, Ali Şükrü Bey'in hürriyet, memlekete ve vatan hakkındaki fedakârlık ve hizmetlerini anlatmışlardı ve bazı tenkitlerde bulunmuşlardı. Müzakerenin sonunda Meclis, ayakta birkaç dakika sükût etmiş ve ruhuna Fatihalar ithaf edilmişti. Şehadetinden dolayı ailesine ve intihap dairesi halkına Meclis'i Âli namına taziyet telgrafı çekilmesi kabul edilmişti. Cenazesi Trabzon Mebusu Hamdi ve Lazitan Mebusu Ziya Hurşit Beyler refakatinde Trabzon'a gönderilmişti.

Giresun Alayı Kumandanı Osman Ağa'nın alayından birkaç bölük Başkumandan Gazi Paşa'nın ikâmet ettiği müştemilatını muhafazaya memur edilmişti. Bu münasebetle Osman Ağa'nın hem Ankara'nın içinde Samanpazarı'nda bir evi vardı hem de Çankaya yakınında Ayrancı bağlarında Papazın Bağı namıyla maruf bir bağ ve bina kendisine verilmişti.

Osman Ağa'nın husumet beslediği Ali Şükrü Bey'i 27 Mart akşamı saat dörtten sonra adamlarından Mustafa Kaptan delaletiyle Ankara'daki evine davet ederek orada Mustafa Kaptan'a katılan diğer adamlarıyla ansızın boğdurtmuş olduğu tahakkuk etmişti. Karanlık bastıktan sonra naşı bir sandık içerisinde civardaki Mühye köyüne naklettirerek gömdürtmüştü. Yaptırdığı bir cinayet üzerine Papazın Bağı'na çekilerek neticeyi orada beklemeye başlamıştı.

Osman Ağa ile maiyetinin katil oldukları tahakkuk edilince bunların yakalanmaları önemli bir konu olmuştu. Çünkü alayına bağlı bölükler Gazi Paşa'nın koruyucularıydı. Osman Ağa'nın yakalanmasından bir gün önce M. Kemal Paşa'nın önünde yapılan bir bakanlar kurulu toplantısında Ağa'nın Muhafız Bölükleri, Meclis Muhafız Taburu ile değiştirilerek Ağa'nın Muhafız Taburu tarafından yakalanıp adliyeye teslim edilmesine, Köşk'teki muhafızların değiştirilmesinden önce Gazi ile eşi Latife Hanım'ın köşkten istasyondaki binaya inmelerine karar verilmişti. Gazi, eşi ile birlikte yemeğini Çankaya Köşkü'nde yedikten sonra gizlice ve kimsenin gözüne batmadan istasyona inmiş, ondan sonra muhafızların tebdili ve Osman Ağa ile maiyetinin tenkili başlanmıştı. *Ali Fuat Cebesoy, Siyasi Hatıralar, İstanbul, 1957, s.295.*

FERİDUN KANDEMİR

Büyük Millet Meclisi matbaasını kurup da müdürlüğüne tayin edilişimden bir müddet sonra, Meclis zabıtlarını asmak vazifesiyle gece gündüz çalıştığımız sırada, zabıtlardaki kendi konuşmalarında manaya dokunmamak, yalnız cümleleri düzeltmek tashihler yapmak hakları olan bütün mebuslar gibi, bir gün Trabzon mebusu Ali Şükrü Bey de matbaaya gelmiş ve gelir gelmez de sormuştu:

– Mustafa Kemal Paşa benim bugünkü ifadelerime dokundu mu?

– Hayır, dedim, ne münasebet? O zaten kendi sözlerinden başkasına el sürmez, bakmaz bile...

Durdu, düşündü, gözlüğünü düzelterek, müsveddeleri istedi. Verdim. Ağır ağır, dikkatle göz gezdirdi:

– Ne bileyim birader... Öyle fesat kumkumaları var ki... İnsanı çileden çıkarıyorlar. Biraz evvel Antalya Mebusu Rasih Hocaya rast geldim. "Sen bugün hakikaten güzel konuştun, davanın tam can alacak noktasına bastın, ama neye yarar? Zabıtlara geçmeyecek ki... Birinden duydum, Paşa kızmış, hepsini silmiş." dedi. Beynimden vurulmuşa döndüm. Evvela, hakkı yok. Sonra da...

Sözünü kestim:

– Gördünüz ki, böyle bir şey bahsi mevzu değil. Sizi boşu boşuna üzmüşler ama böyle bir şey olmayacağını da bilmeli idiniz. Bugüne kadar hangi ifadenize dokunan oldu?

Birden bire değişti, yumuşadı, sükunet buldu:

– Haklısın, dedi. Fakat bilmezsin Meclis'teki havayı... Öyleleri var ki, onu ona çekiştirmeden, mütemadiyen fitne ve fesat yapmadan rahat edemiyorlar. Yoksa ben Paşa'yı bilirim. Benim dobra dobra konuşuşlarıma, hatta bazen ölçüyü aşarak çok şiddetli tenkitler yapışıma hiç kızmaz. Bilakis kaç defa kızacağını tahmin ettiğim hâlde omzumu okşayarak "Aferin Ali Şükrü! Çok isabetli mütalaalarda bulundun." diye takdir ve iltifatlarda bulunmuştur. Ama gel gör ki etrafına sokulmak isteyenlerin yapmadıkları yok. Hiçbirine yüz vermediği hâlde, yine ona mensupmuş gibi davranarak fesat karıştırmak istiyorlar. Rahat vermiyorlar, sanki Paşa'yı benden fazla seviyorlar. Hâlbuki, kendi çıkarlarından başka bir şey düşündükleri yok... Memleket davasının farkında değiller... İşleri güçleri yalan dolan... Bereket versin ki, dediğim gibi Paşa böylelerini semtine bile uğratmıyor, ne mal olduklarını biliyor...

Ali Şükrü Bey, böyle dertlerini döke döke konuşurken odaya, Meclis Başkatibi Recep Bey girdi. Kalktım, her zaman ki gibi yerimi verdim.

— Ne o Şükrü Bey, yine ne var? diye sordu.

Meseleyi anlayınca hiç unutmam:

— Senin yaka silktiğin mahluklar, benim de başımın derdi. Paşa da bunlardan bizar... Fakat ne yaparsın? Bir kere gelmişler, atılamaz ki... Sen aldırma, bizim gibi yap, ne derlerse ha hi de, dudak büküp geç... Bunların ehemmiyeti yok. Kuru kalabalık... Sen işine bak, deyince Ali Şükrü Bey yine köpürdü:

— Atılamaz ki ne demek Recep Bey? Kanun müsait değilse bile, bunları bir bahane ile daire-i intihabiyelerine veya cepheye filan göndermekte mümkün değil mi? Hem harcırah ve yevmiye alacağız, diye göbek atarak giderler. Defedin buradan şunları... Cahillikleri yetmiyormuş gibi, ukalalıkları da var. El aman yahu!... Bizi, birbirimize verecekler...

Recep Bey teskin için:

— Sen merak etme! Hiçbir şey yapamazlar... Onların ne mal olduğunu biliyoruz. Cürümleri kadar yer yakarlar. Bu kervanı biz el ele vererek yürüteceğiz... Sen ona bak! Sahi ne var ne yok dünyada, yeni haberler var mı, diye bahsi değiştirdi.

Ali Şükrü Bey güzel İngilizce bildiğinden öteden beri muntazam zaman takip ettiği İngilizce neşriyatı ve bilhassa Taymis gazetesini, Ankara'da bile bulur buluşturur, bize dokunan haberleri herkesten evvel alır ve bir nevi seyyar ajans vazifesi görür, ekseriya da bu haberleri Meclis'te okuyarak herkesi aydınlatırdı. Recep Bey'e bir hayli taze haber verdikten sonra, sükunet bulmuş bir vaziyette gitti. Arkasından dalgın dalgın bakan Recep Bey:

— Çok temiz, mert ve vatanperver bir arkadaş... Yalnız sinirli... Coştu mu kabına sığamıyor... Tuhaf değil mi, Paşa da bu hâlini beğeniyor, içinden geleni pervasızca söyleyişi, samimiyeti... Kaç defa ağzından işittim: "Herkes Şükrü Bey gibi düşüncelerini, fikirlerini pervasızca söylese, kimseden şüphe edilemezdi..." dediğini. Hakikaten öyle amma, gel de sen bunu kafasızlara anlat! Herifler evet efendimciliğe alışmışlar. Herkesin de öyle olmasını istiyorlar. *Feridun Kandemir, Cumhuriyet Devrinde Siyasî Cinayetler, İstanbul 1955, s. 3-6.*

(...) Meclis kuruldu kurulalı eşini görmediği, tarif edilemez bir heyecan ve galeyan içinde... Mebuslar ateş kesilmişler, yumruklarını sıka sıka, avazları çıktığı kadar:

"Lanet olsun katillere!... Mahvedeceğiz!" diye bağıra bağıra yeri yerinden oynatıyorlar...

TOPAL OSMAN | 325

Bu esnada dışarıya kadar akseden gürültüyü duyan, Kuvay-i Millîye kumandanlarından İstanbul Mebusu Yenibahçeli Şükrü Bey, salonun kapısı yanında, hemen oracıktaki kuytu köşede Giresun Alayı Kumandanı diye anılan Samsunlu meşhur sergerde Topal Osman'la iki silahşörünü görüyor. Karadeniz kıyılarında epey çalışmış ve böylece bu sergerde ile aşinalık tesis etmiş ve aynı zamanda Enver Paşa'nında eski yaveri bulunduğundan dolayı üzerinde nüfuz ve itibarı olan Yenibahçeli Şükrü Bey, Topal Osman'a:

– Gel buraya Osman Ağa! Ne arıyorsun burada? Ne işin var senin Meclis'te, diye sormuş.

O da: Bir şey yok Şükrü Bey, mebusları dinliyordum cevabını verince Şükrü Bey de:

– Haydi burada durma! Yerine git... İşin yok mu, diyerek onu oradan uzaklaştırırken Meclis kapısından da Heyeti Vekile Reisi Rauf Bey girmiş, koridora gelmiş bulunuyordu.

Rauf Bey, Meclis'teki gürültü üzerine, alelacele davet edilerek geldiği ve saatlerden beri Ali Şükrü Bey'in kayboluşu hadisesi ile meşgul olduğu için hayli telaşlı ve endişeliydi. Bir de Yenibahçeli Şükrü Bey'i, adeta sürükler gibi Topal Osman'ı dışarı atar bir vaziyette görünce bütün bütün endişeye düşmüş ve Yenibahçeli Şükrü Bey'e ne olduğunu, ne yaptığını sormuştu. Onun:

– Ne yapacağım beyefendi? Topal Osman'ı dışarı attım. Ne işi var burada, deyişi üzerine de:

– Ama Topal Osman, Mustafa Kemal Paşa'nın muhafızı, diye durup dururken yeni bir hadise çıkması ihtimaliyle endişelendiğini ihdas etmiş ve Şükrü Bey'in:

– Ya biz neyiz Rauf Beyefendi? Biz de öyle değil mi, Mustafa kemal Paşa'nın muhafızı ve müdafii değil miyiz? sözünü işitmemiş gibi doğru salona girmişti. *Feridun Kandemir, Cumhuriyet Devrinde Siyasî Cinayetler, İstanbul 1955, s. 21-22.*

İlk günlerdeki araştırmalar Ali Şükrü Bey'in bir kişisel düşmanlıkla öldürülmüş olamayacağını anlatınca siyasi sebeple öldürüldüğü kanısı kuvvetlenmiş, böyle bir cinayeti yapabilecek kimsenin de ancak Topal Osman olabileceği kanısı belirmişti. Bu şüphe ile, Topal Osman'ın TBMM'deki kolu sayılan Mustafa Kaptan sorgusunda salı akşamı, Ağa'nın emriyle ben Ali Şükrü Bey'i eve götürdüm, dedi. Bunun üzerine Ankara ve çevresi köşe bucak aranmaya başlandı. Bu arada Mustafa Kaptan tutuklanmıştı. Onun yakalandığını duyan Topal Osman da saklanmıştı. Topal Osman'ın saklanışı, üzerindeki şüpheleri adamakıllı kuvvetlendirmişti. Güvenlik kuvvetleri de evini sarmıştı. Evin çevresinde çok sıkı bir arama yapılıyordu. Pazar günü akşamüstü köşkün beş altı yüz metre berisinde sineklerin konup kalktığı bir çukurun içinde Ali Şükrü'nün ölüsü bulunmuştu. Çıkarılan ölünün elbisesi üzerine bir torba da geçirilmişti. Vücudun türlü yerleri parça parça edilmiş çift iple boğulduğu anlaşılmıştı. Sol eli kırılmış, dili dışarı fırlamış, sımsıkı yumuk sol avucunda sandalyenin hasırları kalmıştı. Sol kulağının yanında bir de bacak yarası vardı. Ölünün bulunduğu yer Topal Osman'ın kaldığı yere beş yüz metre uzaktaydı. Sıra Topal Osman'ın yakalanmasına gelmişti. Gece alınan tedbirle Mustafa Kemal Paşa ile eşi Latife Hanım, kimse duymadan Çankaya Köşkü'nden istasyondaki binaya aktarıldı. Bundan sonra güvenlik kuvvetleri harekete geçerek Topal Osman'a teslim olmasını bildirdiler. Karşı koyunca yirmi dakika kadar çatışmadan sonra yanındakilerden bazıları öldürüldü. Topal Osman yaralı olarak ele geçti ise de kısa bir süre sonra o da öldü. *Feridun Kandemir, Cumhuriyet Devrinde Siyasî Cinayetler, İstanbul 1955, s 41.*

İSMET İNÖNÜ

Lozan Konferansının inkıtaı sebebiyle Ankara'da bulunduğum esnada cereyan eden fena hadiselerden biri de, Trabzon Mebusu Ali Şükrü Bey'in öldürülmesi ve bu ölümün yarattığı ihtilatlar olmuştur. Ali Şükrü Bey, Meclis'in en sert bir üyesi ve özellikle Atatürk'e karşı son derece insafsız ve kırıcı ifadeler ve hareketlerle muhalefet eden bir unsuru idi. Bu, bir gün ansızın kayboldu. Nerede olduğu, ne olduğu anlaşılamadı. Bu hadisenin merak ve şüphe uyandırdığı bir zamanda, nihayet iki üç gün içinde hükümet izini buldu. Öldürülmüş. Cesedi hükümetin eline geçti. Rauf Bey hükümetinin aldığı haberlere göre, Ali Şükrü Bey'in öldürülmesinde, Atatürk'ün yanında muhafız bulunan Karadenizli Millî Kuvvetlerin iştiraki varmış. Bu şayi oldu. Karadenizli Millî Kuvvetlerin başında Osman Ağa (Topal Osman) isminde bir kumandan bulunuyordu. Bunlar, Karadeniz'den, Giresun'dan gelmişlerdi. Bir askerî kuvvet olarak hemen bütün muharebelere sevk olundular. Muharebelere iştirak ettiler, kahramanca cansiperane çalıştılar. Muharebelerden sonra çok itibarlı ve çok fedakâr bir milis kuvveti olarak Atatürk'ün muhafızı durumunda bulunuyorlardı.

Tahkikat sonunda, muhafız kıtasından Ali Şükrü Bey'in öldürülmesi olayına karıştıkları, iştirakleri olduğu bilinenler hükümetçe tespit edildi ve Atatürk'e haber verildi. Atatürk, meseleyi ciddi olarak hemen ele aldı, tetkik etti. Muhafız kıtası içinde böyle bir vakanın nasıl olduğunu tahkik ettirip, suçluların meydana çıkarılmasını emretti. Bütün muhafız kıtalarının kumandanı vardı: İsmail Hakkı Bey. İsmail Hakkı Bey çok fedakâr bir subaydı. Muharebelerde o da iyi hizmetler görmüştü. Atatürk suçluları bulmak ve takip etmek için ona emir verdi. Osman Ağa, mücrimlerin meydana çıkmasına ve teslim edilmesine karşı bir durumda bulunuyordu. Nihayet Atatürk, silah kullanarak bu meselenin muhafız kıtası içinde hallolunmasına emir verdi. Çankaya civarında kanlı bir müsademe oldu. Karadenizli muhafız kıtaatı mukavemet etti. İsmail Hakkı Bey'in nizami kuvvetleri mukavemeti kırdı. Hepsi dağıtıldı. Osman Ağa ağır surette yaralandı. Müsademede birçok kişi öldü ve mesele bu tarzda kapandı.

Atatürk tarafından bu kadar ciddi, bu kadar çabuk ve sert bir şekilde takip edilip, suçlular kanlı bir surette cezalandırıldıktan sonra, Meclis'te Ali Şükrü meselesinden dolayı feryatlar ve müzakereler ihtilafların en önüne geçmekte gecikmedi. Atatürk bu münakaşaların hepsinin içinden çıktı. Lozan Konferansı'nın iki safhası arasında, iç meselelerde senelerden beri birikmiş olan düşmanlıkların çok ileri ölçüde patladığı bir dönemde ve böyle bir hava içinde Lozan Konferansı'nın kesilmesi sebepleri de görüşülerek bir neticeye vardırılabildi. Meclis, müzakereleri 6 Mart'ta bitirdi ve biz 8 Mart'ta Vekiller Heyetinde çalışarak İtilaf Devletlerine ne cevap verilmesi lazım geldiğini kararlaştırdık. *İsmet İnönü, Hatıralar, (Haz: Sabahattin Selek), 2006.*

HIFZI VELDET VELİDEDEOĞLU

Kesin zaferden sonra Büyük Millet Meclisi Reisi Mustafa Kemal Paşa Vatandan düşmanı kovan muzaffer bir başkumandan olarak halk ve ordu gözünde çok büyük itibar kazanmıştı. Kimi milletvekilleri onu çekemiyor kimileri de Meclis'i dağıtıp diktatör olacağından korkuyor ve onu yıpratmaya çalışıyorlardı. Ankara'da "Tan" adında bir gazete çıkarılmaya başlanmıştı. Sahibi Trabzon Milletvekili saltanatçı ve hilafetçi Ali Şükrü Bey bunda şiddetli eleştirme yazıları yazıyordu. Meclis'te ikinci grup üyesi olarak ağır eleştiriler yapıyordu.

Bu Ali Şükrü Bey bir gün ortadan kayboldu. Bunu Mustafa Kemal Paşa'nın yakınlarından bildiler. Meclis birbirine girdi, hükümeti sorguya çekiyorlar, Ali Şükrü Bey'in bulunmasını istiyorlardı. İcra Vekilleri Reisi Rauf Bey her şeyin yapılacağını söyleyerek ortalığı yatıştırmaya çalışıyordu. Meclis gerçekten heyecanlı günler yaşadı. Birkaç gün sonra Ali Şükrü Bey'in ölüsünün Dikmen taraflarında 7-8 kilometre uzak bir yerde bir çuval içinde toprağa gömülmüş olarak bulunduğu ve kendisinin Çerkez Ethem'den sonra en ünlü çete reisi (İlk zamanlar ordu dışındaki Millî Kuvvetlere çete denirdi.) olan Giresunlu Topal Osman Ağa tarafından öldürüldüğü haberi geldi. Meclis'te yine çok sert görüşme ve tartışmalar oldu. Erzurum Milletvekili Hüseyin Avni Bey'in "Ali Şükrü'ye kıyan elleri keseceğiz, o eller isterse sırmalı Paşa elleri olsun." sözleri hâlâ kulağımda çınlar.

Topal Osman teslim olmadı. Çetesi ile birlikte Dikmen tepelerine doğru çekildi. Kendisini izleyen muhafız kıtası birlikleri ile yapılan çatışmada ölü olarak ele geçti ve sonra asılarak teşhir edildi. O çatışma günündeki yoğun silah seslerini hep duymuş ve merakla izlemişimdir. O günden sonra bir süre daha gergin olarak devam eden siyasi hava yavaş yavaş yumuşamaya başladı. Zaten artık yeni seçimlere doğru bir hava vardı. *Bir Lise Öğrencisinin Millî Mücadele Anıları, Cumhuriyet Gazetesi, 15.05.1970.*

RAUF ORBAY

(...) Şevket Bey bir hıçkırıkla "beyefendi Ağabeyim kayıp" diye ağlamaya başladı ve ağabeyi Trabzon Mebusu Ali Şükrü Bey'in üç gündür yani Mart'ın 27. Salı günü akşamından beri eve gelmediğini söyledi. Soruşturmuşlar, aratmışlar, bulamamışlar. En son Karaoğlan Çarşısı'nda köşedeki Kuyulu Kahvede otururken, yanına gelen Gireşunlu Topal diye maruf Osman Ağa'nın Muhafız Bölük Kumandanı Mustafa Kaptan ile beraber kalkmış... Birlikte gitmişler. Ondan sonra gören olmamış. Şevket Bey'e otur dedim ve derhal gerekli emirleri vererek aratmaya başladım. **Aynı zamanda Osman Ağa'nın adamıyla kahveden gittiği için, bu ağayı da aratıyorum. Fakat Şükrü Bey gibi, o da meydanda yok.** Şükrü Bey bazen ata biner, halkla temas için köylere giderdi. Acaba yine öyle mi yaptı diye aratmayı köylere kadar teşmil ettim. Yok, yok. Ankara Valisi Abdülkadir Bey, jandarma kumandanı, polis müdürü, bütün zabıta kuvvetleri seferber olduğu hâlde, hatta kendi arabamı da arama işlerine verdiğim hâlde, iz bile bulunamıyor.

Ali Şükrü Bey, Büyük Millet Meclisi açıldığı günden beri her vesile ile yaptığı muhalefetlerle dikkat nazarını çekmiş bir mebustu. Bu sebeple Meclis'teki muhalifler kaybolma haberini alır almaz olaya bir siyasi cinayet rengi vermek istemişlerdi.

Meclis'e gittim, bilhassa Erzurum Mebusu Hüseyin Avni Bey, kendisine has hitabet edasıyla sesini alabildiğine yükselterek: "Ey milletin kâbesi, sana da mı taarruz? Ali Şükrü Bey iki gündür kayıptır da Hükümet bulamıyor. Evet, azametli şerefli bir tarihin sahibi bir milletin vekili kayboluyor da Hükümet bulamıyor... Böyle Hükümet olmaz... Ali Şükrü'ye tecavüz eden, milletin namusuna tecavüz etmiştir. Böyle namussuzlar yaşamamalı, kahrolmalı" diye bar bar bağırıyor. Muhalif arkadaşları da "Kahrolsunlar, böyleleri yaşatılmaz" nidalarıyla onu teşci ediyorlardı.

Hemen kürsüye çıktı Büyük Millet Meclisi azasından birinin kayıp oluşunu, layık olduğu önem ve ciddiyetle telakki ederek dünden beri seferber ettiğimiz zabıta kuvvetleriyle yaptığımız araştırmalardan henüz bir netice alamamış olmamıza rağmen, gece gündüz devam eden çalışmalarımıza hız vererek behamahal bir neticeye varacağımıza emin olmalarını ve bu arada Ali Şükrü Bey'in bir kazaya uğramış olduğunu ümit etmek istediğimi, aksi takdirde bir suikasta maruz kalmış ise çok dilhun olacağımı ve o takdirde herhâlde müsebbiplerinin meydana çıkarılıp bu milletin adliyesine şeref verecek tarzda takip ve cezalandırılmalarının hükümetin mukaddes vazifesi olacağını söyledim. Ve bunu bekleyerek sakin olmalarını bilhassa heyecana kapılarak işi büyütmekten çekinmelerini rica ettim. Bu teminata rağmen bazı aşırı muhalifler, hâlâ şüpheli bir tavır takınıp itimatsızlık göstererek hükümetin daha evvelki bir hadisede olduğu gibi bu işi de örtbas edeceğinden çekindiklerini açıkça söylüyorlardı.

Daha evvel olduğunu ima ettikleri hadise, bir müddet evvel bir cinayete kurban giden Trabzon'un Kayıkçı Kâhyası Yahya Reis'in katillerinin, hatta bu iş için Meclis'ten bir tahkik heyeti seçilip gönderildiği hâlde, hâlâ meydana çıkarılamamış oluşu idi. Bazı mebuslar bunu hatırlatarak "fena misaller var" diye bağırıyorlardı.

(...) Çankaya yolundan geçen arama ekibine mensup Jandarma ana yoldan ayrılıp tarlaya sapmış olan bir arabanın izini takip edince, orada yeni kazılmış bir çukurda Ali Şükrü Bey'in cesedini bulmuştu. Avucundaki sımsıkı tutulmuş, bir sandalye ayağının da Topal Osman'ın evinde bulunan kırık sandalyeye ait olduğu tespit edilince muammayı çözerek ipucu elde edilmiş bulunuyordu. Aynı zamanda yakalanan Osman Ağa'nın adamı Mustafa Kaptan'ın da verdiği ifadede "Trabzon'daki Kayıkçılar Reisi Yahya Kâhya'yı Osman Ağa'nın öldürdüğünü şurada burada söylediğini duyan Ağa'nın teşvik ve tertibiyle Ali Şükrü Bey'i Kuyulu Kahveden dostça alıp, "Ayağından kurşunu çıkardılar, haydi kalk gidelim. Yatıyor, sizi çok sever, bir ziyaret edip hatırını sorarsınız" diye evine götürdüğünü ve orada yatakta bulunan Ağa'nın karşısında oturup ikram edilen kahveyi içerken arkasından ani bir hareketle üstüne abanılarak boğulduğunu" itiraf edişi üzerine olay tamamen aydınlanmıştı.

Akşamüstü Meclis'teki odamda çalışırken bu haberi bana getirdiler. Hemen Çankaya'da bulunan Mustafa Kemal Paşa'ya bir tezkere yazdım: "Ben istasyona gidiyorum, yemekten sonra gelip sizinle görüşeceğim" dedim. Fakat istasyondaki dairede yemek yerken bir de baktım Mustafa Kemal Paşa Latife Hanım'la beraber otomobille geldi. Karşıladım ve olup bitenleri anlattım. Dikkatle dinledikten sonra: "Şimdi ne düşünüyorsunuz?" dedi. "Bir şey düşündüğüm yok. Topal Osman'ı yakalamak lazım. Çankaya'nın Ayrancı tarafında bulunduğu zannediliyor?" dedim. "Nasıl yakalayacaksın?" dedi. "Meclis muhafız Kıtası ile" dedim. Bu sözüm üzerine endişeli bir tavır takındı. "Meclis muhafız kıtasında Topal Osman'la gelmiş Karadenizliler var. Bunlar birbirine ateş etmezlerse ne sen, ne ben, ne Ankara... Bir şey kalmaz." deyince bir an düşündüm. Ankara'da bu muhafız kıtasından başka asker denilebilecek bir şey yoktu. Jandarmaların çoğu cephede bulunuyordu. Şu hâlde ne yapacaktık? Cinayet işlediği tahakkuk eden bir insanın Ankara sokaklarında kollarını sallaya sallaya gezmesine göz yummak! Bu benim harcım değildi. Sonra bir de Meclis vardı. 48 saattir "Bulun, adaleti yerine getirin." diye feryat eden bir Meclis... Bütün bunları düşünerek Mustafa Kemal Paşa'ya,

330 | ÜMİT DOĞAN

"Suçluyu yakalamak muhakkak lazım. Eğer Başkumandan sıfatı ile ve her-hangi bir mülahaza ile sizce buna lüzum görülmüyorsa benim yarın bunu Meclis'e anlatmam icap edecektir." dedim. Bunun üzerine Mustafa Kemal Paşa, İsmail Hakkı Bey'i çağırttı. İsmail Hakkı Bey gelince Mustafa Kemal Paşa, Osman Ağa'yı yakalamak için nereden ne suretle hücum edilmesi gerektiğinin krokisini anlattı ve tabur hareket etti.

Ben sabırsız ve heyecanla istasyon platformunda bir aşağı bir yukarı gidip gelerek durumun alacağı şekli beklerken Fethi (Okyar) Bey aklıma geldi. O da Çankaya'da Mustafa Kemal Paşa'nın Köşk'üne yakın bir yerde oturuyordu. Osman Ağa'nın üstüne varılacağını sezince, yukarıdan fırlayıp hücum ettiği Çankaya Köşkü'nde kimseyi bulamayınca, kapıyı kırıp paltoları filan parçalayarak ortalığı karmakarışık etmiş olduğunu haber alınca; "Ya Fethi Bey'in hanımını dağa kaldırmaya kalkarlarsa ne yaparım?" diye Fethi Bey'e haber gönderdim. O da "Hanım hasta, çıkamam, gelemem." diye haber gönderdi. O esnada Çankaya istikametinden silah sesleri duyulmaya başladı. Silah seslerini duyunca Osman Ağa'yı çevirdiler diye ferahladım, geniş bir nefes aldım. Bir müddet sonra haber geldi, Osman Ağa altı yardımcısı ile vurulmuş ve ele geçirilmişti. **Rauf Orbay, Siyasi Hatıralar, İstanbul, 2003.**

MAHİR İZ

"Meclis'te bir kanun müzakeresi sırasında söz isteyenleri siyaset divanı yazmaya başladı. Reis Hasan Fehmi Bey: "Efendim on beş kişi söz aldı, isimleri okuyorum." dedi. Daha liste tamamlanmadan gözlüklü ve Osmanlı bıyıklı genç bir zat salon kapısının sağ tarafındaki orta köşesinden haykırdı: "Reis Bey! Söz istiyorum. Ben üçüncü olarak söz almıştım, sekizinci sırada okudunuz, lütfen sırayı tashih buyurunuz." dedi. Reis "Efendim! Biz burada divan kâtipleri beylerle üç kişiyiz, sizden daha iyi görürüz, listede yanlışlık yoktur." deyince; "Reis Bey! Ben söylediğim sözü bilirim. Dikkat etmiştim, üçüncü olarak söz almıştım, hakkımı istiyorum." dedi. Reis bunun üzerine: "Ali Şükrü Bey! Müzakereyi ihlal ediyorsunuz, hakkınızda nizamname-i dâhiliyeyi tatbik edeceğim." dedi. Ali Şükrü, hak istemeye devam edince: "Rica ederim Ali Şükrü Bey! Obstrüksiyon yapıyorsunuz, hakkınızda..." derken Ali Şükrü Bey salonu terk etmişti. Ben, o zaman Zabit Müdürü Zeki Bey'e: "Bu zâta dikkat edelim, küçük bir hakkını korumak isteyen bu zât ileride çok mesele çıkartacaktır." demiştim.

Haksızlık karşısında susmayan, inandığı davayı her ne pahasına olursa olsun savunmaktan çekinmeyen yürekli bir insan. Nitekim hilafetin kaldırılmasına yönelik, teklifin müzakeresine gizli celsede başlanmıştı. Çok hararetli tartışmalar oluyordu. Teklif edilen tarafın sözcüsü Bahriye Vekili İstiklal Mahkemesi Reisi İhsan Bey'di. Karşı tarafın da kendiliğinden meydana çıkan sözcüsü Trabzon Mebusu Ali Şükrü Bey'di. Muhalifler söz sıraları gelince kürsüye çıkıp fikirlerini söylediler. Ali Şükrü Bey teklif sahipleri tarafından kim söz söyledi ise, hemen kürsüye çıkıp cevaplandırdı. İş o hâle geldi ki, Ali Şükrü Bey kürsüye belki on beş kere çıktı. Artık vakit çok geç olmuş, herkes de yorulmuştu fakat Ali Şükrü Bey ayakta hatibi dinliyordu. Tekrar hatibe cevap vermek üzere kürsüye yaklaştığı sırada Hamidiye Kahramanı Rauf Orbay, önüne doğru gelen Ali Şükrü Bey'i belinden tutarak: "Şükrü! Yeter, yeter! Şükrü, artık söz alma!" deyince Ali Şükrü Bey birden bire Rauf Bey'e dönerek: "Rauf! Ben bu işin fedaisiyim, anladın mı?" dedi ve kürsüye çıktı. Bu söz üzerine, Zabit Kâtibi Zeki Bey'e: "Ali Şükrü Bey bu gece idam fetvasını eliyle imza etti." dedi." *Mahir İz, Yılların İzi, 1975.*

Ali Şükrü Bey Olayı ve Osman Ağa'nın Öldürüldüğü Çatışma ile İlgili Dönemin Basınına Yansıyanlar

Ali Şükrü Bey'in birden bire ortadan kaybolması ülke gündemine oturmuş, dönemin gazetelerinde geniş yer bulmuştur.

Tan gazetesi, 1 Nisan tarihli sayısında Ali Şükrü Bey'in suikaste uğradığına dair bir şüphenin kalmadığını ifade etmiştir. Tahkikatın hâlen sürdüğünü, bununla beraber cinayetin ortaya çıkarılamadığını belirtmiştir. Hükümet'in Ankara gibi küçük bir yerde cinayeti bir an önce açığa çıkarmasını beklediklerini yazmıştır.

Tevhid-i Efkâr gazetesinde Ali Şükrü Bey'in kaybolmasıyla ilgili olarak şayet cinayet işlenmişse sebebin adi bir vaka olmasının tercih edileceği ifade edilmiştir. Siyasi sebeplerle işlenen cinayetlere milletin tahammülünün kalmadığı belirtilerek Hüseyin Avni Bey'in şiddetli beyanatının anlayışla karşılanması istenmiş, Ankara'dan bugün için beklenen en önemli vazifenin birlik ve beraberlik içinde hareket edilmesi olduğu yazılmıştır. Başvekil Rauf Bey'den olayın bir an önce çözülmesi istenmiştir.

Hakimiyet-i Millîye gazetesi ise gelişmelere daha temkinli yaklaşmıştır. 1 Nisan tarihli gazete, adliye teşkilatı ve güvenlik kuvvetlerinin tahkikatı ciddiyetle sürdürdüklerini ve çok önemli sonuçlara ulaştıklarını belirterek kamuoyunu sükunete davet etmiştir. Gazete tahkikat heyetinin olayın çözümüne dair delillere ulaştığını, şimdi teferruatla meşgul olduğunu iddia etmiştir. Bununla beraber adliye ve güvenlik görevlilerinin işini aksatmamak için tafsilat verilemeyeceğini bildirmiştir. Adliye ve güvenlik güçlerinin çalışmalarıyla olayın tamamen çözüleceğini, suçluların kanun önüne çıkarılacağından herkesin emin olmasını ifade etmiştir.

İkdam gazetesi olayla ilgili haber ve yorumdan kaçınmıştır. *Akşam* gazetesi cinayetin herkesçe takip edilmesi gerektiğini fakat kimsenin çıkarı için malzeme yapılmamasını istemiştir. Olayın, siyasi cinayet propagandasıyla abartılmasının, adi bir vaka diye de önemsenmemesinin yanlış olduğunu belirtmiştir. Ali Şükrü Bey olayının düşmanların işine gelecek şekilde değerlendirilmemesini istemiş, birlik beraberlik görüntüsü verilerek bu meselenin çözülmesini ifade etmiştir.

Tan gazetesi Ali Şükrü Bey olayı ile ilgili olarak İstanbul basınında yer alan haberleri sayfalarına taşımıştır. Buna göre, İstanbul halkı arasında cinayetin siyasi olması hâlinde *"düşmanlara"* ülkede ayrılık olduğu hissi verileceği ifade edilmiştir.

Vakit gazetesinde ise olayın siyasi bir cinayet olduğuna dair emarenin olmadığı belirtilerek yorum ve eleştirilerin itidalle yapılması istenmiştir. Aksi hâlde hem dışarıda düşmanlara Türkiye aleyhinde koz verileceği hem de soruşturmanın nihayetlendirilmesinin zorlaşacağı ifade edilmiştir. Olayla ilgili son sözü Hükümet'in söylemesi, ardından yorum ve düşüncelerin belirtilmesi istenmiştir.

Resim 53 - *31 Mart 1923 Tarihli Vakit Gazetesinin*
"Ali Şükrü Bey Henüz Bulunamadı" Başlıklı Haberi
(İsmail Hacıfettahoğlu'nun Ali Şükrü Bey adlı eserinden)

Vatan gazetesi ise olaya farklı bir boyut getirmiştir. Gazete, olayda yabancı parmağı olabileceğini iddia etmiştir. Bazı yabancıların ülkede karışıklık çıkarmak için bu olayı gerçekleştirmiş olabileceğini belirtmiştir. Kesin bir barış yapılmadan seyahat serbestliğinin verilmesinin yanlış bir uygulama olduğunu, bu sayede yabancı ajanların ülkenin içlerine kadar gidebildiklerini belirtmiştir.

**Resim 54 - *"31 Mart 1923 Tarihli Vatan Gazetesinin
Ali Şükrü Bey'in Katlediği Tahakkuk Ediyor" Başlıklı Haberi
(İsmail Hacıfettahoğlu'nun Ali Şükrü Bey Adlı Eserinden)***

Tercüman-ı Hakikat ise olayın siyasi bir cinayet olması hâlinde düşmanların ekmeğine yağ sürüleceğini belirtmiştir. Lozan Konferansı'nda Lord Curzon'un Türkiye'nin adliyesi hakkındaki olumsuz sözlerinin hâlen hafızalardan çıkmadığını ifade etmiştir.

2 Nisan tarihli *Tan* gazetesi *"Şehid-i Muhterem Ali Şükrü Bey'in Cesedi Bulundu"* manşetli haberinde Ali Şükrü Bey'in boğulmuş cesedinin, Dikmen'den bir buçuk kilometre ileride Kırşehir yolu civarında bir köy yakınında bulunduğu yazmıştır. Gazete, Ali Şükrü Bey'in bir vesikalık fotoğrafını da vermiştir. Altında ise *"Şehid-i Mağfur Trabzon Mebusu Ali Şükrü Bey"* ibareleri yazılmıştır. 3 Nisan tarihli sayısında ise *"Hürriyet ve Vicdanın İlk Kurbanı"* başlığı altında Ali Şükrü Bey'in cesedinin fotoğrafını yayımlamıştır. Fotoğrafın Hükümet fotoğrafçısı ve Hilal Fotoğrafhanesinin sahibi İsmail Remzi Bey tarafından dün gece olay yerinde çekildiği ifade edilmiştir

2 Nisan tarihli *Hakimiyet-i Millîye* gazetesi, haberi *"Ali Şükrü Bey'in Cesedi"* başlığıyla vermiştir. Ali Şükrü Bey'in kaybolması üzerindeki perdenin neredeyse kalktığını belirten gazete dün akşam Dikmen bağlarının ilerisinde tesadüf edilen bir cesedin Ali Şükrü Bey'e ait olduğunun tahmin edildiğini yazmıştır. Gazete böylece Ali Şükrü Bey'in bir cinayete kurban gittiğinin anlaşıldığını ifade etmiştir. Cesedin teşhisi ve şehre getirilmesi için adliye, polis ve Jandarmadan oluşan bir heyetin olay mahalline gittiği, haberin kaleme alındı-

334 | ÜMİT DOĞAN

ğı saatte henüz bir malumatın gelmediği belirtilmiştir. Gazete, gece yarısında aldığı malumatı son dakika olarak eklemiştir. Malumata göre, cesedin Ali Şükrü Bey'e ait olduğu kesinleşmiştir. Heyet, cesedi Ankara'da Gureba Hastanesine getirmiştir.

3 Nisan tarihli *Hakimiyet-i Millîye* gazetesi cinayete dair henüz resmî bir malumat olmamakla beraber, Giresunlu Osman Ağa'nın evinde meydana geldiğinin anlaşıldığını ifade etmiştir. Gazetenin belirttiğine göre, Ali Şükrü Bey'in kaybolduğu gece Osman Ağa'nın evinden acı sesler gelmiş evin altında oturan kiracılar korkarak komşularına sığınmışlardır. Ertesi günü Osman Ağa bu kiracılara, ne için korkup kaçtıklarını sormuş, *"Umumhaneye gidip terbiyesizlik eden iki askeri dövdüğünü"* söyleyerek onları ikna etmeye çalışmıştır. Aynı günün sabahında Osman Ağa'nın evinin önüne bir araba gelerek birtakım eşyalar götürmüştür. Ali Şükrü Bey'in kaybolduğu gün, Mustafa Kaptan ile görülmesi zabıta ve adliyenin dikkatini çekmiştir. Mustafa Kaptan tutuklandığı gibi Osman Ağa hakkında güçlü deliller bulunduğu gerekçesiyle tutuklama emri çıkarılmıştır. Fakat Osman Ağa'nın bulunamaması nedeniyle bu emir gerçekleştirilememiştir.

Tanin gazetesinde Hüseyin Cahit kaleme aldığı *"İlk Tecrübe"* başlıklı başyazısında, Hükümet'in bir sınav geçirdiğini belirtmiştir. Meşrutiyet'ten beri kanun hâkimiyetinde bir gelişme gösterilip gösterilemediğinin bu olayın çözülmesiyle ortaya çıkacağını ifade etmiştir. Olayın siyasi bir cinayet olup olmadığını söylemek için zamanın henüz erken olduğunu belirtmiş, Hükümet'in bir an önce olayı çözerek kanun hâkimiyetinin siyasi hayata yansıtıldığını göstermesini istemiştir.

3 Nisan tarihli *Hakimiyet-i Millîye* gazetesi Osman Ağa'nın ölü olarak ele geçirilmesini *"Maznun Osman Ağa Maktul"* başlığıyla şöyle vermiştir: İki günlük araştırma sonucunda Osman Ağa'nın, adamlarının bir kısmının bulunduğu Ayrancı bağlarındaki Papaz'ın Köşk'ünde olduğu haber alınmıştır. Osman Ağa ve adamları, dün sabah erkenden bir askerî kuvvetle sarılmıştır. Bunu fark eden Osman Ağa adamlarıyla beraber silahla karşılık vermiştir. Çıkan şiddetli çatışma yirmi dakika sürmüş, Osman Ağa yaklaşık yarım saat sonra aldığı yaralar nedeniyle ölmüştür. Çatışmada Osman Ağa'nın on iki adamı ölü, yedisi ağır, beşi hafif olmak üzere on ikisi yaralanmıştır. Gazete, *"Kanunun Kuvvet ve Hakimiyeti!"* ibaresiyle kaleme aldığı başyazıda, Ali Şükrü Bey'in elim bir cinayete uğramasının herkesi üzdüğünü ifade etmiştir. Hükümet'in takdire şayan çalışmaları neticesinde esrarengiz bir olayın faillerinin ortaya çıkarıldığını, böylece kanunların hakim olduğunun ispat edildiğini belirtmiştir. Bu nedenle herkesin Hükümet'e teşekkür etmesinin bir borç olduğunu yazmıştır. Başyazıda olayın adi bir vaka olduğu ima edilmiş, gerek memlekette gerekse hariçte bu meseleyi istedikleri gibi göstermeye çalışacak

"düşmanların" bulunabileceği uyarısında bulunulmuştur. Milletin vatani ve vicdani hislerle bunlara karşılık vermeleri istenmiştir. Olayı siyasi alana taşıyanların hiçbir kazanç elde edemeyecekleri, dört senedir olduğu gibi kendilerini aldatacakları ifade edilmiştir.[614]

5 Nisan 1923 tarihli *Vatan* gazetesi de cinayetin siyasi içeriği olmadığını vurgulayarak şu yazıyı yayınlamıştır:

"Osman Ağa'nın Akıbeti ve Ankara'daki Tesirat

Ankara muhitini son üç dört gün zarfında elim ve elim olduğu kadar da esrarengiz bir vak'a sarmıştır. Trabzon Mebusu Ali Şükrü Bey'in gaybubeti ve gaybubeti etrafında cereyan eden dedikoduyu telgrafla bildirmiştim. Yeni intihabat müzakeratı ve sulh projesi gibi mühim ve milletin hayatıyla alakadar meseleler arasında ansızın zuhur eden bu hadise dün akşam merhum Ali Şükrü Bey'in cesedinin bulunması ve bugün sabahleyin de katilde methaldar olduğu zannedilen Giresunlu Topal Osman Ağa'nın maktul düşmesi ile nihayetlenmiş oluyor. Hükümet'in bu hususta gösterdiği faaliyet ve maznunun takip ve tevkifi için gösterilen tehalük bazılarınca söylendiği vechile vaka'nın katiyen siyasetle alakası olmadığına şüphe bırakmamıştır. Meclis'in geçen günkü içtimaında hükümetten bu babta istihzar bulunmağa karar verilmiş idiyse de polisçe görülen lüzum üzerine bu istizahtan sarf-ı nazar edilmişti. Polis, merkez kumandanlığı, emniyet-i umumiye müdüriyeti, hülasa temin-i asayiş için hükümet elinde bulunan vesaitin umumunu faaliyete getirdi ve nihayet dün akşam Şükrü Bey'in cesedi bulundu. Ceset Ankara'ya iki saat mesafede Mehye kariyesi üzerinde Gökdere'ye yakın bir yerde bulunmuştur. Merhum ayak tarafından otuz santimetre ve baş tarafından yetmiş beş santimetre derinliğinde bir kuyuya gömülmüş bulunuyordu. Şükrü Bey, istidlal edilen emarelere göre ihnak suretiyle katl edilmiştir. Bir torba içinde bulunan ceset, kilime sarılmış olduğu hâlde meydana çıkarılınca evvela Ali Şükrü Bey'in ayağındaki botlar meydana çıktı. Merhumun sağ eli göğsü üzerinde ve yüzüğü parmağında idi. Sol eli altında bükülmüş ve avucunun içinde katillerle boğuşurken tuttuğu zannedilen sandalye hasırları bulunuyordu. Yakalığı ve boyunbağı ve ceketi üzerinde idi. Yalnız ceketinin astarı parçalanmış bir hâlde idi. Ceset meydana çıkarıldıktan sonra merhumun boğazında çift iple boğulmuş olduğunu gösteren iki kırmızı hat ve omuzlarında da bereler bulunuyordu. Ceset bulunur bulunmaz Mehye kariyesi camiine götürülmüştür. Defn için sürat-i mümkine ile Trabzon'a sevk edilecektir. Ali Şükrü üç dört gün evvel kaybolunca şüpheler Giresunlu Topal Osman

---

[614] S. Üçüncü, *a.g.t.* , 137-148.

Ağa üzerinde temerküz etmiş ve merhum için bir tevkif müzekkeresi ve-
rilmiş ise de bugün sabaha kadar tevkifine muvaffak olunamamıştı. Os-
man Ağa agleb-i ihtimal kendisinden şüphe edildiğini anlar anlamaz firar
ederek Ankara civarındaki köylerden birisine iltica eylemişti. Osman'ın
tevkifi için gönderilen takip müfrezeleri bu sabah merhumun iltica ettiği
mahalli kaşf ederek derdest eylemek istemişlerse de Osman tarafından
vaki olan mukavemet üzerine silah ile mukabele etmeye mecbur kalmış-
lardır. Merhum üç yerinden yaralanarak vefat etmiştir. Osman'ın akibeti,
Ankara muhitinde hüsn-i telakki edilmiş ve hükümeti hak ve adalet namı-
na gösterdiği faaliyetten dolayı tebrik edilmiştir. Şükrü Bey'in katlindeki
avamil malum değildir. Osman Ağa tutulup isticvab edilemediği cihetle
agleb-i ihtimal bu avamilin ne olduğu anlaşılamayacak. Meselenin tenviri-
ne hizmet edecek birçok şeyler bugün ölmüş bulunan iki vücud ile bera-
ber ölmüş gömülmüş bulunuyor. Fakat etrafta deveran eden rivayete göre
Ali Şükrü Bey'le Osman Ağa'nın araları öteden beri açık imiş. Osman Ağa
gazete okumadığı hâlde Ali Şükrü Bey'in sahibi ve muharriri bulunduğu
Tan gazetesini okutur dinlermiş. Merhumun zihniyetine vakıf olanlar pek
ziyade canını sıkan bir makaleden dolayı Osman'ın derin bir infial ve iğki-
rar hissederek bu katli tertip eylediğini zan ve tahmin eylemektedirler.
Herhâlde en kuvvetli bir vak'ayı siyasetle alakadar addedemez ve en de-
rin bir göz bu kadar bayağıca irtikab edilen bir cürmün içinde siyaset gö-
remez. İstanbul matbuatının bu husustaki neşriyatı burada hüsn-i tesir
husule getirmiş ve hadise mahiyetinin layıkıyla anlaşıldığı hissi husule
gelmiştir. Dahilde intihabat, haricde sulh yapmak gaileleriyle meşgul ol-
duğumuz bu sırada İstanbul matbuatının soğukkanlılıkla meseleyi tarttık-
tan sonra bu babda beyan-ı mülahaza eylemesi iyi bir tesir hasıl etmiştir.

İleri gazetesi de, olayın siyasi bir cinayet olamayacağını iddia ederek me-
selenin eski şahsi düşmanlar tarafından yapılmış adi bir polis vakası olduğu-
nu belirtmiş ve şu yazıyı yazmıştır:
   "Osman Ağa
   Trabzon Mebusu merhum Ali Şükrü Bey'i katleden Osman Ağayı Hü-
kümet-i Millîyemiz pek az bir zamanda keşif ve idam eyledi. Bu hadise
pek mühimdir. Hele düşmanlarımıza aleyhimizde bulunmak için pek çok
vesile vermiştir. Fakat gerek Meclis'in gerek Hükümet'in gerek umum
Türklerin harekâtı her türlü düşman propagandasını suya düşürmüştür.
Çünkü muhalif bir mebusu veya bu ferdi öldürtmek bu hakimiyet-i millîye
devrinde kabul değildir. Ali Şükrü Bey, merhum gayet inatçı, gayet aksi
bir muhalif idi. Fakat barika-i hakikat müsademe-i efkârdan çıkar. Muha-
lifsiz bir memleket tabii hür olamaz. Muhaliflere karşı ekseriyetin istimal

edeceği silah kanunidir, medenidir. Bu silah lisan ve kalemdir. Binaena-
leyh Ali Şükür Bey merhumu katl eden kuvvet herhâlde siyasi bir kuvvet
değildi ve olamazdı. Trabzon Mebusu Osman Ağa katil idi. Bu Osman
Ağa'yı bilmeyen yoktur. Tarih Osman Ağa'dan bahsederken tereddüt
edecektir. Haddi zatında adi bir katil olan Osman Ağa, istiklal ve istihlas
harbimizde düşmanlarımızı şiddetle takip ve tenkit etti. Bu hareketi ile es-
ki kabahatlerini affettirmek, unutturmak tarafını iltizam etmek lazım gelir
iken millî vazifelerinin iflasından sonra Osman Ağa, yine adi katl ve cina-
yet yoluna süluk etti. Hem de bu defa maatteessüf gitti de bir mebus öl-
dürdü. Ali Şükrü Bey, cesaret-i medeniyenin bir timsali idi. Trabzon me-
busunu kıymakla Osman Ağa, şahsi intikamlarına mağlup oldu. Fakat
bunca fedakârlıktan, muharebelerden, derslerden, zaferlerden sonra
Türkler vatanlarına kanunu hakim kılmak istiyorlar, bu ise kuvvetli bir Hü-
kümet, adil bir adliye ile kabildir. Ali Şükrü Bey'in katli, bu itibar ile mühim
bir imtihana vesile oldu. Bu katlden düşmanlarımızın yüzü hemen gülme-
ye başlarken Hükümet'imizin icraatı sayesinde katil ele geçirildi ve ceza-
yı sezasını buldu. Bu vaka da Türkiye'de bir Hükümet, bir kanun, bir ada-
let bulunduğunu parlak bir surette göstermiştir. Bir insan vatana ne kadar
hizmet ederse günün birinde hata işler ise derhal cezalandırılır. Bir muha-
lefet ne kadar muhalefet ederse etsin kendisine kalem ve söz ile cevap
verilir fakat vücudu izale ettirilmez. Bir mücrim ne kadar kuvvetli olursa
olsun Türk kanunu, polisi, hakimin elinden kurtulamaz. İşte bu hakikatler
bugün meydana çıkmış ve yeni Türkiye'nin yüzünü ağartmıştır."[615]

3 Nisan tarihli *İstikbal* gazetesindeki *"Katiller"* başlıklı yazısında Faik Ah-
med, Riyaset Muhafaza Bölüğü Kumandanı meşhur cellad şeklinde hitap et-
tiği Osman Ağa'nın ölü olarak ele geçirildiğini, kendisinin Osman Ağa'nın diri
olarak ele geçirilmesini temenni ettiğini ve çok lüzumlu gördüğünü söyleyerek
bu durumda bu menfur cinayetin hiçbir gizli noktası kalmayacağını, her şeyin
bütün çıplaklığı ile meydana çıkacağını söyler. Yazısının devamında Osman
Ağa'ya ağır ithamlar da bulunan Faik Ahmed, Osman Ağa'yı astığı astık, kes-
tiği kestik, zulümden duyduğu zevki hiçbir şeyden duymayan ve kanundan
hükümetten korkmayan bir cani olarak tanımlar.

---

[615] Olgun, *a.g.t.* , s.121-124.

Resim 55 - İstikbal Gazetesi, 3 Nisan 1923
(Murat Yüksel'in Ali Şükrü Bey ve Topal Osman Ağa Adlı Eserinden)

4 Nisan tarihli *İstikbal* gazetesi Muhterem Şehidimiz ifadesini kullandığı Ali Şükrü Bey'in naşının Erzurum mebusu Hamdi ve Lazistan Mebusu Ziya Hurşit Beyler refakatinde Trabzon'a gönderileceğini, Topal Osman'ın birkaç avenesiyle ölü olarak ele geçirildiğini, geriye kalan kuvvetlerin teslim olduğunu, Topal Osman'ın cesedinin Meclis kararıyla teşhir edildiğini yazmıştır. Gazetede ayrıca Ali Şükrü Bey'in gerçek millet egemenliğinin, düşünce özgürlüğünün ve kişi dokunulmazlığının savunucusu olduğu, savunduğu kutsal değerler uğruna can verdiği konulu bir yazı yazılmış ve Ali Şükrü Bey'in ölümü ile ilgili çeşitli kişilerin taziye mesajlarına yer verilmiştir.

7 Nisan tarihli *İstikbal* gazetesinde Ali Şükrü Bey'in cenazesinin olağanüstü törenlerle Gureba Hastanesinden Namazgâh mevkiine getirildiği, burada kalabalık bir cemaatin katılımıyla namazının kılındığı, önce Hacı Bayram Camiine daha sonra Büyük Millet Meclisine getirildiği, cenaze alayına Rauf Bey, bütün vekiller ve mebusların, kız ve erkek mekteplilerin polis ve askerî müfrezelerin ve büyük bir halk kitlesinin katıldığı, Meclis önünde Ankara mebusu Mustafa Efendi tarafından dua okunduktan sonra Fatihalar eşliğinde Trabzon'a uğurlandığı yazmaktadır.

Resim 56 - İstikbal Gazetesi, 4 Nisan 1923
(Murat Yüksel'in Ali Şükrü Bey ve Topal Osman Ağa Adlı Eserinden)

9 Nisan tarihli *İstikbal* gazetesinde Ali Şükrü Bey faciası hakkındaki tahkikatın devam ettiği, Ali Şükrü Bey'in cenazesine Sinop'ta büyük alaka gösterildiği ve cenazenin yarın Trabzon'da olması beklendiği belirtilmektedir.

11 Nisan tarihli *İstikbal* gazetesinde Trabzon'un büyük evladı fikir ve ictihad kurbanı Ali Şükrü Bey'in mübarek naşının olağanüstü bir törenle ve fedakâr omuzlarda kutsal mezarına teslim edildiği yazılmış ve Giresun'dan 18 imza ile Büyük Millet Meclisine, Heyeti Vekile Riyasetine, Dahiliye Vekaletine ve Trabzon mebuslarına gönderilen Osman Ağa aleyhindeki telgrafa yer verilmiştir.[616]

İstikbal gazetesi, 14 ve 15 Nisan tarihli sayılarında, Ali Şükrü Bey'in ölüm sürecini başta *Tan* gazetesi olmak üzere çeşitli kaynaklardan yararlanarak ortaya koymuştur. Gazeteye göre Ali Şükrü Bey, son zamanlarda kendisine bir suikast yapılacağına dair ciddi duyumlar aldığından tedbirli davranmıştır. Salı akşamı saat dört buçukta Merkez Kıraathanesinin bitişiğindeki avukat yazıhanesinde birkaç arkadaşıyla nargile içerken TBMM Riyaset Muhafız Bölük Kumandanı Mustafa Kaptan gelmiş ve Osman Ağa'nın kendisini davet ettiğini söylemiştir. Ali Şükrü Bey, Osman Ağa'dan şüphelenmediği için davete icabet etmiş, *Tan* gazetesi matbaasından paltosunu getirterek Mustafa Kaptan'la Karaoğlan Çarşısı istikametinden Osman Ağa'nın evine gitmişti. Os-

---

[616] Murat Yüksel, *Faik Ahmet Barutçu'nun İstikbal Gazetesi Belgelerine Göre Ali Şükrü Bey ve Topal Osman Ağa,* Trabzon, 1995, s.29-84.

man Ağa, Ali Şükrü Bey'e kahve ikram etmişti. Ali Şükrü Bey kahvesini içerken üzerine kement atılmış, elindeki fincan fırlamış, elbiseleri ve yerdeki mindere kahve saçılmıştır. Vücut yapısı güçlü olan Ali Şükrü Bey, kendisine kement atanlarla yaklaşık yarım saat mücadele etmişse de neticede dayanamayarak son nefesini vermişti. Ali Şükrü Bey'in kendisini öldürenlerle mücadele ettiğinin en büyük delili, cesedi bulunduğunda avucunda görülen sandalye hasırı parçalarının, Osman Ağa'nın evindeki kırık sandalyeye ait olmasıdır. Ali Şükrü Bey'in cesedi aynı gece, bir sandığa konularak evden çıkarılmıştır. Ali Şükrü Bey'in en son Mustafa Kaptan'la kahveden ayrılmasının tespit edilmesi üzerine Tahkik Heyeti, Osman Ağa'nın evini aramıştır. Osman Ağa, Heyet'i çok iyi karşılamış, olayla ilgisi olmadığını ifade etmiştir. Bununla beraber minder üstündeki kahve lekeleri ve kırık iskemle heyetin gözünden kaçmamıştır. Yine Tahkik Heyeti, Osman Ağa'nın komşusunun da ifadesini almıştır. Komşusu gece canavar gibi sesler işittiğini, arada sırada *"Ah yandım anam, yapmayın, Allah aşkına yapmayın."* seslerini duyduğunu ifade etmiştir. İfade veren kadın seslerden korkarak evine kaçtığını belirtmiştir. Ertesi gün Osman Ağa, ifade veren kadınları çağırmış, olayı yanlış anladıklarını, iki adamının o gece sarhoş olup eve geldiğini, kendisinin onları dövdüğünü söylemiştir. Yapılan tahkikatta Osman Ağa'nın cinayet gecesi hizmetçisini de bir iş bahanesiyle evden uzaklaştırdığı anlaşılmıştır.[617]

Cumhuriyetin İlanından Sonra Mustafa Kemal Paşa'nın Giresun Ziyareti Sırasında Söylediği Osman Ağa ve Giresun Uşakları Hakkındaki Sözleri

Mustafa Kemal Paşa, Osman Ağa'nın vefatından yaklaşık bir buçuk yıl sonra Giresun'u ziyaret etmiştir. Giresun halkı Mustafa Kemal Paşa'nın geleceğini duyar duymaz köylerden, ilçelerden Giresun merkeze akın etmiştir. Giresun günlerdir Paşa'yı karşılamaya hazırlanmış, dinlenmesi için ayrılan Mithat Paşa Oteline kadar yollara halılar döşenmiştir.[618]

19 Eylül 1924 Cuma sabahında Mustafa Kemal Paşa ve beraberindekiler sabah saat onda top atışları eşliğinde iskeleye çıkarlar. Halk, Paşa'yı görür görmez *"Yaşa büyük halaskar!"* diye tezahürata başlar. Bilgi Yurdu Cemiyeti, Hilal-i Ahmer Cemiyeti, Muallimler Cemiyeti, İhtiyat Zabitleri Cemiyeti, esnaf ve sanatkârlar ellerinde bayrakları ile Mustafa Kemal Paşa'yı karşılamaya çıkarlar. Işık gazetesinin haberine göre Mustafa Kemal Paşa'nın Giresun'u ziyaret ettiği gün şu gelişmeler yaşanmıştır:

---

[617] S. Üçüncü, *a.g.t.* s.141-142.

[618] Turgut Özakman, *Cumhuriyet Türk Mucizesi 2*, Ankara, 2010, s.75.

"Bugün Giresun en büyük, en tarihî ve en coşkulu bir gün geçire-cekti. Bir haftadan beri yapılan bütün tertipler bunları göstermiyor muydu? Halkın katılımı müthişti. Yüz binlerce halk sahillere dökülmüş, caddeleri doldurmuştu. Halk Reisicumhurunu, Gazi Paşasını görmek ve alkışlamak için sabırsızlanıyordu. Banka ve Acenteler Dairesi iskeleyi ayrıca süsle-miş bulunuyordu. Fındık fabrikalarının üstleri kadınlarla dolmuştu. Kayık-lar harekete geçmişti, Paşa Hazretlerine tahsis edilen kayık seyredilecek derecede süslenmişti. İçinde kürek çeken sekiz güçlü kuvvetli kayıkçı gençler siyah zıpkalar üzerine beyaz gömlekler giymişler ve ayaklarına tığ gibi çapulalar çekmişlerdi. Bu gürbüz kayıkçı gençlerimiz hakikaten çok çeviklik gösteriyorlardı. Alaturka saat bir buçukta Peyk-i Şevket zırhlı-sı ve iki de bando mızıkanın sesleri arasında Hamidiye demir attı. Karşı-lama heyeti vapura kadar gitmişlerdi.

Yirmi dakika sonra top sesleri arasında Paşa, Hamidiye'den ayrıldı. İskeleye adım atar atmaz bir kurban kesildi. Feridunzade İsmail Bey, Pa-şa'ya mahsus kayıkla çıktılar. İskeledeki heyet takdim edildi. Paşa çok ilti-fatlarda bulundu. Piyade ve Jandarma subayları ve askerler iskelede yer-lerini almışlardı. "Nasılsınız askerler?" diye hatır sordu. Mithat Paşa Ote-linin köşesini takiben yerlerini tutmuş olan halk Paşa'yı görür görmez bir alkış tufanı koptu ve "yaşa büyük halaskâr" nidaları göklere yükselmeye başladı. Bilgi Yurdu'nun yılmaz gençleri bütün meydanı çınlatıyorlardı. Bir süre belediye dairesinde istirahat buyuruldu. Osman Ağa'nın küçük oğlu Mustafa'yı yanına kabul ederek "Maşallah büyümüşsün." dediler. Vali Rı-fat Bey'i yanına çağırarak kendilerini Hükümet konağında kabul edecekle-rini söylediler ve sonra da Halk Fırkası ziyaret edildi. Burada kahveler içildikten sonra Hükümet konağına doğru hareket edildi, Giresun, Pa-şa'sına doymadı. Dört saat, gürültüler, heyecanlarla geçen dört saat ye-terli değildi… Bütün yapılan hazırlıklar boşuna gitti. Giresun; Paşa'yı bir-kaç gün sinesinde taşımak şerefine erişemedi. Bununla birlikte Giresunlu-ları bir şey teselli ediyordu. İlk fırsatta tekrar Giresun'a geleceğim, diye Paşa Hazretlerinin vaat etmesi…"[619]

Mustafa Kemal Paşa ve beraberindekiler Bilgi Yurdu binasının önüne geldiklerinde Dr.Necdet Bey şu konuşmayı yapar:

"Bilgi Yurdu adına sizi selamlıyorum. Hoş geldiniz Paşa'm. Kaç gün-dür sizi bekliyoruz. Karadeniz'e çıktığınızdan beri gözlerimiz ufuklarda kaldı. Enginlerin göklerle birleştiği yerde hep sizi aradık. Doğru Dumlupı-nar'dan mı geliyorsunuz? Yaptığınız tarihi tekrar yaşamak için mi oraya

---

[619] *Işık*, 24 Eylül 1924.

gittiniz? Sizin irade ve kudretiniz altında ölen ve öldüren şehitleri ziyaret ettiniz mi? Şimdi önlerinde derin bir huşu ve hürmet duyduğum gözleriniz, onları gördü mü? Dünkü silah arkadaşlarınızın ruhları mezarlarında şen ve müsterih uyuyor, değil mi? İçlerinde bizim yeşil Giresun'umuzdan da kimse var mıydı? Kim iddia edebilir ki, temelini kudretli ellerinde vaaz etti-ğin meçhul şehit abidesi, bizim Giresun uşaklarından birinin değildir. On-lara arzularının yerine geldiğini söylediniz mi? Asil ve temiz kanlarının topraklara aktığı gün düşmanın da Akdeniz'de boğulduğunu anlattınız mı? Sen olmasaydın en büyük Münci! Ey büyük Halaskar! Türk tarihi de bugün olmayacaktı. Olsa bile sahifeleri artık zafer, hürriyet, saadet değil; zillet, esaret ve hakaret kaydedecekti. Bilmiyorlardı ki, Türk tarihi yalçın kayalar üzerinde ve Türk milletinin kalbindedir. Bilmiyorlardır ki, Sen o kalplerin birleştiği müşterek bir yüreksin."

Dr. Necdet Bey'in etkili konuşması üzerine Mustafa Kemal Paşa da halka hitap etmeye karar verir ve cevaben şu konuşmayı yapar:

"Ey genç! Bütün memleketin gençliğine tercüman kıymettar sözle-rinden fevkalade memnun oldum. Afyonkarahisar ve Dumlupınar'da sizin uşaklar da vardı. Bundan dolayı müsterih ve memnun olabilirsiniz. Mem-leket bu sözleri söyleyen gençlikle iftihar edecektir. Bu memleketin genç-liği, hakkımda pek büyük teveccüh gösterdi. Bu kadarına layık olduğumu bilmiyordum. Arkadaşlar; bu memleketi ve milleti asırlardan beri berbat edenler çoktan ölmüştür. Bütün gençlik buna iman etmelidir. Bizim kanı-mız akmadıkça bunlar bir daha geri gelmeyecektir."

Resim 57 - *Mustafa Kemal Paşa'nın Giresun Ziyareti 19 Eylül 1924*
(Candemir Sarı Arşivinden)

Konuşmadan sonra Mustafa Kemal Paşa, Bilgi Yurdu binasından Vali Konağına kadar yaya gider. Yol üzerindeki Yıldız Lokantasının Fransızca ya-

zılı tabelasını görüp derhal indirilmesini emreder. Gazi caddesinde halkın te-
zahüratları eşliğinde ilerledikten sonra, Osman Ağa'nın evinin önünden geç-
tikleri sırada beraberindekilerden biri *"İşte Paşa'm, Topal Osman'ın evi"* diye-
rek eliyle Osman Ağa'nın evini işaret eder. Mustafa Kemal Paşa, sert ve an-
lamlı bakışlarını bu kişinin üzerine dikerek *"Topal Osman değil, cumhuriyetin
banisi (kurucusu) Osman Ağa Hazretleri"* diyerek anlamlı bir düzeltme yapar.
Paşa, belediye binasına girildiğinde ise Osman Ağa'nın küçük oğlu Musta-
fa'yı kabul eder. Saçlarını okşayarak ona *"Ne kadar büyümüşsün"* der. Küçük
Mustafa'nın ilginç sorusu *"Babam nerede?"* olur. Mustafa Kemal Paşa küçük
Mustafa'ya *"Baban, cumhuriyet kurbanıdır."* cevabını verir. [620]

Ali Şükrü Bey'in Oğlu Nuha Doruker: "Babamı Osman Ağa Öldürmedi, Babama Ait Not Defterlerinden ve Şifreli Mektuplardan Biz İşin Aslına Vakıfız."

Ali Şükrü Bey'in oğlu Nuha Doruker, 23 Ekim 1959 Cuma günü Giresun'a
gelerek, Osman Ağa'nın oğlu İsmail Bey ile birlikte kaleye çıkıp Osman
Ağa'nın mezarını ziyaret etmiştir. Nuha Doruker, Karadeniz Gazetesi ile yap-
tığı söyleşide "Babamı Osman Ağa öldürmedi, babama ait not defterlerinden
ve şifreli mektuplardan biz işin aslına vakıfız."[621] demiştir.

Haber Metni:

Merhum Trabzon Mebusu Ali Şükrü Bey'in Oğlu "Babamı Osman Ağa Öldürmedi" Diyor

*Merhum Trabzon Mebusu Ali Şükrü Bey'in oğlu Nuha Doruker süvarisi
bulunduğu Yalçın vapuru ile Cuma günü şehrimize gelmiş, İsmail Feridun ile
beraberce kaleye çıkıp, Osman Ağa'nın kabrini ziyaret etmiş ve geminin
çarkçıbaşı Hacı Eşrefle birlikte Osman Ağa'nın ruhuna dua etmiş ve kabrin
başında resim çektirmiştir. Hafız bir talebesi de müsaade isteyerek dua oku-
muştur.*

*Kendisi ile konuştuğumuz Ali Şükrü Bey'in oğlu tarihi bir sırrı ifşa ederek
şunları söylemiştir. Giresun'a geldim. İsmail Feridun beyi arayıp buldum. Ku-
caklaştık. Benim Ali Şükrü Bey'in oğlu olduğumu duyanlar bu vaziyete hayret
ettiler. Halbuki bunda hayret edilecek hiçbir cihet yoktur. Çünkü babamı Os-
man Ağa'nın öldürtmediğini ben çok iyi biliyorum. Hatta bu iki aile arasında
da öteden beri hiçbir husumet yoktur. Babalarımız İstiklal mücadelesinde bir
kardeş gibi biri Meclis'te biri cephe de canla başla çalışarak kendilerine dü-*

---

[620] Menteşeoğlu, *a.g.e.*, 202.
[621] *Karadeniz*, 26 Ekim 1959. (Hüseyin Gazi Menteşeoğlu Arşivinden)

şen vatani vazifelerini yaptılar. Babamın öldürülmesinden sonra, gerek gazetelerin gerekse kitap şeklindeki neşriyatların hepsi hakikatten uzaktır. Babamı Osman Ağa öldürmedi, babama ait not defterlerinden ve şifreli mektuplardan biz işin aslına vakıfız.(...) Bizden yaşlılar Osman Ağa ile Ali Şükrü Bey arasındaki eski dostluğu bilirler. Onun için gerek Trabzon'lular gerekse Giresun'luların meselenin iç yüzüne vakıf oldukları için kanaatimce bu hareketimizi gayet tabii ve hoşnutlukla karşılayacaklarını tahmin ediyorum. Bütün Giresunlulara selam ve sevgiler.

İsmail Feridun'da Ali Şükrü Bey'in Kabrini Ziyarete Gidiyor

Ali Şükrü Bey'in oğlunun anlattıklarına Osman Ağa'nın oğlu İsmail Feridun'da iştirak etmiştir. İsmail Feridun'da babasının Ali Şükrü Bey'in ölümü ile hiçbir alakası bulunmadığını ve bunu çok iyi ve yakından bildiğini söylemiştir. Ali Şükrü Bey'in oğlunu ailecek davet eden İsmail Feridun Cumhuriyet Bayramı'nda Trabzon'a gidip Ali Şükrü Bey'in kabrini ziyaret edeceğini bildirmiştir.

Resim 58 - Haberin Yayınlandığı 26 Ekim 1959 Tarihli Karadeniz Gazetesi (Hüseyin Gazi Menteşeoğlu Arşivinden)

Osman Ağa'nın Tarihî Şahsiyetine Büyük Saygısızlık! Anıt Mezarı Kazınarak "Pontusçuların İmhası" ve "Yunanlıların Akdenize Atılması" İbareleri Kaldırılıyor

Osman Ağa'nın ölümünün üzerinden 80 yıl geçtikten sonra, anıt mezarındaki Osmanlıca kitabenin bazı bölümlerinde tahribat yapılmış, *"Pontusçuların İmhası ve Yunanlıların Akdeniz'e Dökülmesi"* ibareleri tarihî gerçeklere uymadığı gerekçesiyle kaldırılmıştır. Olay Giresun'da büyük tepkiye neden olmuş, Giresun basınında konu ile ilgili haberler çıkınca kitabenin kazınması sırasında Giresun Valisi olan Ali Haydar Öner, bir basın toplantısı düzenlemiştir. Öner basın toplantısında, Türkçe harfli kitabe konusunda *"Millî güvenlik siyaseti doğrultusunda bir uyarı aldığını"* açıklamış, *"Türkçe metinde Pontusçular'ın emeline alet olacak ibareler yerine tarihi gerçeklere uygun düzeltmeler yapılmıştır."* diyerek eleştirlere cevap vermiştir. Ayrıca kitabenin kazınmasından haberdar olmadığını da sözlerine eklemiştir.

Osman Ağa'nın millî güvenliğe uygun olmadığı gerekçesi ile kazınan kitabesinde yazanlar:

"Allah Baki.

Giresunlu Feridunzade merhum Osman Ağa'nın tarihçe-i hayatı:
*328 Balkan Harbi'nde bedel takdiri verdiği hâlde gönüllü olarak harbe gidip Çorlu'da mecruh düşmüş (yaralanmış) ve ayağı sakat kalmıştır. Harb-i umumide asker olmadığı hâlde gönüllü bir müfreze teşkil ederek Ruslarla birçok muharebatta (çarpışmada) bulunmuş, bilhassa Tirebolu'da Harşıt hatt-ı müdafaasında yararlık göstermiştir. İstiklâl Harbi'nde millî taburla Ermeni muharebesinde, Koçgiri isyanında, **Pontusçuların imhasında fevkalâde çalışmış, Yunanlılar'ın Sakarya'ya gelmeleri üzerine dört taburluk bir alay teşkil ederek Yunanlılar'ın Akdeniz'e atılmasına kadar bütün muharebata (çarpışmalara) iştirak etmiştir.** Bidayetinde (önceleri) binbaşı iken fevkalâde hizmetine mükâfaten kaymakamlığa (yarbaylığa) terfi etmiştir. Tarih-i tevellüdü (doğum tarihi) 1299, tarih-i vefatı 1339."*

Osman Ağa'nın değiştirilen, millî güvenliğe uygun olduğu iddia edilen kitabesinde yazanlar:
"Giresunlu Feridun oğlu 1883 doğumlu merhum Osman Ağa 1912 Balkan Harbi'ne gönüllü olarak gidip Çorlu savaşında ayağından yaralanarak sakat kalmıştır. Umumi harpte gönüllü müfrezesi ile Harşıt müdafaasında bulunmuş, Koçgiri isyanının bastırılmasına katılmış, teşkil ettiği alay ile Sakarya Harbi'ne girmiş, işgal kuvvetlerinin yurdumuzdan atılma-

sına kadar bütün savaşlara katılmış, gösterdiği yararlıklara karşı binbaşılıktan yarbaylığa yükseltilmiştir. Sulhten sonra Hicaz'a gitmek niyetine ölümü mani olduğundan kendisine bedel harp arkadaşı Kurtoğlu Hacı Hafız hacca gönderilmiştir. Hacı Osman Ağa ruhuna fatiha. 1923."[622]

Resim 59 - *Osman Ağa'nın Anıtmezarındaki Osmanlıca ve Türkçe Yazılı Kitabe*

Giresun Valiliği 7 Mart 2003'te Türk Tarih Kurumu Başkanlığına Giresun Kalesi'nde bulunan Osman Ağa anıt mezarı kitabesinin batı cephesinde yer alan 18 satırlık ve tamamen silinen Osmanlıca yazı ile kuzey cephesindeki 1950 yılında yazılan 17 satırlık Türkçe kitabenin bazı kelimelerinin değiştirilmesi konusunda görüşünü sormuştur. Türk Tarih Kurumunca yapılan inceleme sonucunda Osman Ağa gibi yerel direniş kuruluşları ve kişilerin, millî birlik ve beraberlik açısından taşıdığı önem ve bunların genç nesillere öğretilmesinin gerekliliği üzerinde durularak, millî kahraman sıfatını taşıyan bu gibi kim-

---

[622] "Topal Osman'ın Mezartaşı AB Yüzünden mi Kazındı?", Murat Bardakçı, *Hürriyet*, 20 Ekim 2012.

selere karşı vicdani görevlerin yerine getirilmesi vurgulanır. Bütün bunların ötesinde 1924'te yapılmış bir mezarın ve bunun üzerine yazılmış bir kitabenin değiştirilmesine hiç kimsenin gerek hukuk, gerekse ilmî açıdan hiçbir haklı dayanak noktası bulunmayacağı belirtilir. Osmanlıca kitabenin yazı karakteri aynı olmak üzere aslına uygun şekilde mezar taşındaki aynı yere yeniden yazılması, ayrıca Türkçe kitabeninde silinerek Osmanlıca kitabeden aslına uygun olarak yeniden çevrilmesi uygun görülür.[623] Osman Ağa'larına sahip çıkan duyarlı Giresunluların çabaları sonucunda kitabe yeniden yazılmıştır.

Giresun yerel basınında özellikle Giresun Işık Onlıne gazetesi, kitabedeki yazı eski hâli ile tekrar yazılıncaya kadar yapmış olduğu haberlerle olayın takipçisi olmuştur. Gazete, 12-13 Ekim tarihinde, 'Bu ne aymazlık' başlıklı haberi ile olayı ilk kez gündeme taşımış, daha sonra yaptığı haberlerle kamuoyunu aydınlatmıştır. Giresun'dan yükselen tepki sesleri yurt çapında duyulmaya başlamış, Osman Ağa'nın mezarına yapılan saygısızlık ulusal basında şu haberlerle yer bulmuştur:

Yeniçağ gazetesi yazarı Behiç Kılıç 22-23 Ekim 2002 tarihli yazılarında Giresun halkına seslenerek Giresunluların nerede olduğunu, kitabenin kazınması olayına neden tepki göstermediklerini, neden ortalığı ayağa kaldırmadıklarını sorar. Osman Ağa'nın kahramanlıklarından bahseden Kılıç, kitabenin kazınmasının AB'ye teslimiyet olduğundan ve Pontus Devleti kurma hayallerinin halen diri olduğundan bahseder. Aynı tarihli Millîyet gazetesinde yazan Taha Akyol ise; olayı bir tarih kıyımı olarak nitelendirilmiş, dönemin Başbakanını soruşturma emri vermesi için göreve çağırmıştır. Akşam Gazetesi yazarı Mustafa Dolu, 28 Ekim 2002 tarihli yazısında "Topal Osman Ağa'nın anıt mezarı, 2863 sayılı Kültür ve Tabiat Varlıklarını Koruma Kanunu'nun ikinci bölüm 6. maddesine göre korunması gereken varlıklar arasında yer almaktadır. Aynı kanunun 9. maddesinde yasaklar belirlenmiş ve 65. maddesinde ise 9. maddede belirtilen yasaklara uymayanlara 2 yıldan 5 yıla kadar ağır hapis ve 70 milyondan 283 milyon liraya kadar ağır para cezası verilmesi gerektiği belirtilmiştir." diyerek sorumluların bulunmasını istemiştir.[624]

Murat Bardakçı da 20 Ekim 2012 tarihli Hürriyet gazetesindeki yazısında konu ile ilgili şu sözleri söyleyerek kitabenin kazınmasına tepki göstermiştir:

"Bendeniz Karadenizli değilim ama Karadenizlilerin, özellikle de Giresunluların Osman Ağa'ya gösterdikleri saygıyı ve onu millî bir kahraman olarak kabul edişlerini gayet iyi bilirim. Dolayısıyla Giresun'da yaşanan bu garabeti nakletmekle yetiniyor ve mezar taşının kazınması hadisesinin

[623] Beyoğlu, a.g.e. , s.291.
[624] Giresun Işık Gazetesi Sahibi ve Müdürü Candemir SARI aracılığı ile.

perde arkasında nelerin olup bittiğini, millî güvenlik siyaseti doğrultusunda gelen uyarının mahiyetini ve bu işgüzarlığın kimden çıktığını ortaya çıkartma işini Osman Ağa'nın hemşehrilerine bırakıyorum.

Ama iş Avrupa'ya ayıp olmasın yahut filanca memleketi gücendirmeyelim endişesiyle mezar taşlarımızı kazımaya kadar uzandı ise, acilen yıkmamız gereken bazı mezarların listesini vermeden edemeyeceğim. Öncelik, Ermenilerin tehcirden sorumlu gösterip katlettikleri Sadrazam Talat Paşa'nın İstanbul'daki mezarındadır ve derhal yıkılması gerekir. Derken, sıra Birinci Dünya Savaşı'ndaki Arap isyanına karşı gereken tedbirleri alan ve yine Ermeni teröristlerin kurşunlarıyla can veren Cemal Paşa'nın Erzurum'daki mezarına gelecek ve o da ortadan kaldırıldığı takdirde, din kardeşlerimiz memnun edilmiş olacaktır. Ama bence dümdüz edilmesi gereken en önemli mezar, Bizans İmparatorluğu'na son veren Fatih Sultan Mehmed'in türbesidir. Pontus zihniyetinin hortlaması söylentilerinin ayyuka çıktığı bugünlerde Fatih'in Türbesi'ni de yerle bir edecek olursak Avrupa'nın bize söyleyecek pek bir sözü de kalmamış olur. Haydi, buldozerlerimizle beraber hep beraber mezar yıkmaya! Bu mezarlarda yatanlar, Topal Osman Ağa'nın mezar taşındaki Pontusçuların imhası ve Yunanlıların Akdeniz'e atılması ifadelerinden gocunup bunların tarihi gerçeklere uymadığını iddia edecek hâle gelmiş olan bizlere zaten yakışmamaktadırlar!"

Görüldüğü gibi Osman Ağa'nın anıt mezarı politikaya alet edilmiş, siyaset kurbanı olmuştur. Osman Ağa'nın anıt mezarındaki kitabeden *"Pontusçuların imhası ve Yunanlıların Akdeniz'e atılması"* ibaresini kaldıranların idrak edemedikleri gerçek şudur: ***"Osman Ağa olmasaydı bugün Karadeniz bölgesinde ay yıldızlı Türk bayrağı yerine Pontus paçavrası dalgalanıyor olacaktı."*** Bunu yaptıranlar, söz konusu ibarelerden rahatsızlık duyan, Avrupa'ya şirin gözükmek uğruna kendi tarihini inkâr etmeye kalkan, Osman Ağa'yı ve savunduğu kutsal davayı hiçbir zaman anlayamamış kişilerdir.

SONUÇ

Mondros Mütarekesi'nden sonra Anadolu'nun çeşitli yerlerinin İtilaf Devletleri tarafından işgal edilmesi, Kuvayi Millîye dediğimiz bölgesel direniş birliklerinin oluşmasını sağlamıştır. Bu birlikler düzenli ordu kurulana kadar varlıklarını sürdürmüşlerdir. Osman Ağa da Millî Mücadele'ye ilk katılanlardan olup diğer Kuvayi Millîye liderlerinden farkı, yaşadığı bölge henüz işgal edilmeden silaha sarılmış olmasıdır. Bugüne kadar Kuvayi Millîye liderleri hakkında iyi veya kötü pek çok görüş ileri sürülmüştür. Bunların başında Kuvayi Millîye liderlerinin savaş şartlarını kullanarak kendilerine menfaat sağladıkları, eşkıyalık ve kanunsuz uygulamalar yaptıkları gelmektedir. Osman Ağa hakkında da çoğu olumsuz olmak üzere pek çok görüş ileri sürülmüştür. Osman Ağa gerek sağlığında gerekse öldükten sonra bir çok kesim tarafından katil, çeteci hatta vatan haini olarak nitelendirilmiş, yalnız hemşehrileri Giresunlular, Osman Ağalarına sahip çıkmışlardır. Bunda Osman Ağa'nın Giresun'da yaşayan İslam ahaliyi Rum zulmünden korumasının payı büyüktür.

Osman Ağa'nın; Rumları katlettiği, masum Rum ahaliye karşı acımasız olduğu konusundaki iddialar gerçeği yansıtmamaktadır. Osman Ağa, Pontuşçu olmayan Rumları Müslümanlardan ayırt etmemiştir. Osman Ağa'nın çok sevdiği Bavli Usta'sı bir Rum'dur. Bavli Usta öldüğü zaman Osman Ağa bütün papazları toplamış, Metropolit Efendi'yi de çağırıp Bavli ustasına güzel bir cenaze töreni tertiplemiştir. Osman Ağa'nın tahta fabrikasındaki ustaların tamamı Rum olduğu gibi motorunun kaptanı da bir Rum'dur ve Hacı Kaptan lakabıyla tanınmıştır. Koçgiri isyanını bastırmak üzere yola çıkarken Osman Ağa, Şebinkarahisar'a kadar kendilerine yol açmaları için 120 Rum gencini yanına almış, bazı Rum gazeteleri *"Osman Ağa zengin Rumları toplayıp Şebinkarahisar'a sürdü."* şeklinde haber yapmışlardır. Gerçekte ise Osman Ağa bu Rum gençleri işi bitince geri göndermiş, isyan bölgesine bile götürmemiştir. Osman Ağa'nın bu Rumları burunları bile kanamadan evlerine gönderdiğini söyleyen M. Şakir Sarıbayraktaroğlu, Ağa'nın Rumlara bakış açısını şu sözlerle ifade etmiştir: *"Osman Ağa bu Rumları istese hep öldürtürdü. Fakat zavallıların ne günahı vardı. Ağa ancak Türk vatanına ihanet edenleri ve zalimleri temizlerdi."* Bu örnekler bize Osman Ağa'nın kendi hâlindeki Rum vatandaşlara değil, Pontusçu Rumlara karşı acımasız olduğu göstermektedir. Osman Ağa'nın acımasız olduğu Pontusçu Rumlar ise, yıllarca beraber yaşadıkları Türkleri katletmiş, kadınlara tecavüz etmiş, çocukları fırınlarda pişirmiş, hatta kendi soydaşlarını, Rumları bile öldürüp, suçu da Türk milletinin üstüne atmışlardır. Bir Kuvayi Millîye liderinin bölgesini korumak amacıyla bu çetelerle mücadele etmesi pek tabiidir. Ayrıca, devlet otoritesinin zayıfladığı, hukukun hakim olmadığı , ekonomik ve sosyal dengesizliklerin bulunduğu zaman ve durumlarda, kanun dışı bazı oluşumların ortaya çıkması kaçınılmazdır. Osman Ağa'yı Rum ve Ermenilere karşı acımasız olduğu konusunda eleştirenler, o dönemde savaş şartlarının hakim olduğunu, asayişin bozulduğunu, Türk milletinin ölüm kalım mücadelesi içinde olduğunu göz ardı etmemelidirler.

Osman Ağa hakkındaki bir diğer iddia ise Koçgiri isyanını bastırdığı sırada sivil halkı katlettiği ve zulüm yaptığıdır. Hâlbuki, Osman Ağa askerî müdahaleye başlamadan önce isyancılara haber göndermiş *"Kardeş kavgasını bırakalım, bir din kardeşi olarak birleşelim. Yunan ordusunu yurdumuzdan atalım. Davamızın peşi pek büyüktür. Vatanımızı bu felaketten kurtaralım."* diyerek isyana son vermelerini istemiştir. İsyancılardan olumsuz yanıt aldıktan sonra son çare olarak askerî müdahaleye başlamıştır. Osman Ağa'nın bu sözlerinden kardeşkanı dökmek istemediği anlaşılmaktadır. İsyancıları bile son kez uyarma gereği duyan Osman Ağa'nın sivilleri katlettiği şeklindeki iddialar mantıklı gözükmemektedir. M. Şakir Sarıbayraktaroğlu'nun Koçgiri hârekatıyla ilgili şu sözleri de oldukça önemlidir: *"ve böylece isyancılar çekilip gittiler. Türk dostu olan Kürtlere bunların ne tarafa gittiklerini sorduk. Çok gitseler Kırıktaş'a kadar giderler diye söylediler."* Bu sözlerden Osman Ağa'nın bölgedeki isyana katılmayan vatandaşları öldürmediği, hatta onlarla isyancılara karşı işbirliği yaptığı anlaşılmaktadır. Bir başka iddia ise Osman Ağa'nın savaş şartlarından rant sağladığı, mal mülk edindiğidir. Bu iddiaların temelini Reji Müdürü Nakiyüddin Efendi'nin Mustafa Kemal Paşa'ya Osman Ağa'yı şikayet amaçlı gönderdiği mektupta anlattıkları oluşturmaktadır. Nakiyüddin Efendi, Osman Ağa'nın Balkan Savaşı'ndan geldiği sırada balıkçılık ve kahvecilik yaparken kısa sürede çok zengin olduğunu iddia etmiştir. Osman Ağa'nın ailesi Rus ve Karadeniz limanları arasında ticaret yapmaktadır. Bu nedenle Osman Ağa'nın çocukluğundan beri ekonomik durumu iyidir. Osman Ağa'nın kayın pederinin de maddi durumu oldukça iyidir. Osman Ağa evlendikten sonra kayın pederine ait tahta fabrikasının başına geçmiştir, emrinde birçok işçisi vardır ve fabrika da muntazam çalışmaktadır. Hasan İzzettin Dinamo da şu sözlerle bunu doğrulamaktadır: *"Bu kereste işi zamanında eline epeyce para geçen Osman, pek eli açık ve cömert bir insan olduğunu göstermişti. Düşkün eşe dosta yardım ediyor, arkadaşlarıyla yiyip içiyor, çevresinde kendisine gönül bağlayanlardan bir grup toplanıyordu. Artık genç Osman, Osman Ağa olup çıkmıştı."* Nakiyüddin Efendi mektubunun devamında Ağa hakkında Rumların ve Müslümanların bağ ve bahçelerini kendisi ve akrabalarının üstüne geçirdiğini, akrabalarının Koçgiri'den ganimet olarak getirdikleri hayvanları Giresun'dan İstanbul'a gemilerle göndererek sattırdığını iddia etse de; Osman Ağa'nın 8 Temmuz 1922'de Giresun Mutasarrıfı Nizamettin Bey'e çektiği telgrafta *"Büyük Taarruz öncesi Giresun Alayı'nın tüm donanımlarının bir an evvel sağlanması için bütün mal ve mülkünün satılmasını"* istemesi, bizlerde Osman Ağa'nın gözünde mal mülk ve paranın pek de önemi olmadığı yönünde bir kanı oluşturmaktadır.

Ali Şükrü Bey'in öldürülmesinin ardından da Osman Ağa ve arkadaşları hakkında pek çok olumsuz eleştiri yapılmıştır. Osman Ağa'yı katil olarak itham edenler şu noktaya dikkat etmelidir: Osman Ağa katildir demek için yeterli kanıt yoktur. Osman Ağa bu cinayette sadece zanlıdır. Mahkemeye çıkartılıp yargılanmadan öldürülmüştür. Üstelik cinayeti Osman Ağa ile beraber işledikleri iddia edilen Gümüşreisoğlu Mustafa Kaptan ve dört kişi herhangi bir ceza almamışlardır. Mustafa Kemal Paşa da Ali Şükrü Bey'in naaşı için *"Osman Ağa tarafından katledildiği zannedilen..."* ifadesini kullanarak Osman Ağa'nın katil değil zanlı olduğunu ima etmiştir. Aynı şekilde Rauf Bey de Ali Şükrü Bey'in akibeti hakkında Büyük Millet Meclisi'nde yaptığı konuşmada Osman Ağa için *"Maznun(sanık) bulunan Giresun Alay Kumandanı"* ifadesini kullanmıştır. Meclis'te daha sonra da milletvekili cinayetleri olmuş, zanlılardan hiçbiri vatan haini olarak itham edilmemiştir. Ayrıca Osman Ağa katil olsa bile bu cinayet Osman Ağa'nın vatan uğruna yaptığı hizmetlere gölge düşürmemelidir.

Tarih sahnesinde Osman Ağa'dan başka bir kişi var mıdır ki; vatan için bunca hizmet ettikten sonra, en az ettiği hizmet kadar vefasızlık gören? Bir kahraman gibi yaşayıp öldükten sonra bir hain, bir isyancı gibi cesedi asılarak teşhir edilen? Ölümünden 80 yıl sonra mezar taşı bile kazınan? Osman Ağa vatan için yaptığı hizmetlerin karşılığını alamamıştır. Zaten o, bu vatanı karşılıksız sevmiştir. 1912 yılından beri savaşın içinde olan Osman Ağa, babası iki kez bedel yatırmasına rağmen kendi isteği ile savaşa katılmıştır. 63 gönüllü topladığı Balkan Savaşı'nda yaralanıp Giresun'a topal olarak dönmüştür. Sakat bacağı iyileşmeden bu sefer de Doğu Cephesi'ne koşmuştur. Giresun ve çevresinden topladığı gönüllülerden oluşan 42. ve 47. Giresun Gönüllü Alaylarını kurarak Millî Mücadele'nin hizmetine sunmuştur. 47. Alay, Türk ordusunun batıda Yunanlılarla savaştığı sırada Doğu bölgemizde baş gösteren İngiliz işbirliği ile ortaya çıkmış Koçgiri isyanının bastırılmasında önemli rol oynamıştır. Celal Bayar'ın *"Koçgiri bence diğer isyanların hepsinden mühimdir."* dediği bu isyanın bastırılması Millî Mücadele'nin devam edebilmesi açısından son derece önemlidir. 47. Alay, Koçgiri'den sonra Samsun'a geçmiş, 42. Alay'la birlikte Karadeniz Bölgesinden Pontus çetelerini temizlemiş, böylece Sakarya Savaşı öncesinde cephe gerisinin güvenliğini sağlamıştır. Giresun Alayları oradan Sakarya Savaşına katılmış, bu savaşta 42. Alay, komutanı Hüseyin Avni Alpaslan Bey dahil büyük çoğunluğunun şehit olmasıyla birlikte lağvedilmiş, sağ kalan 80-90 nefer 58. Alay'a intikal ettirilmiştir. 47. Alay ise mermileri hatta süngüleri bile olmadığı hâlde düşmanın üzerine yürümüş, yüzde altmışı şehit olması sonucunda ancak düşmanı çıkarmayı başarmış, bir bakıma savaşın kaderini değiştirmiştir. Osman Ağa komutasındaki 47. Alay, Büyük Taarruz'a da katılmış, düşmanı Balıkesir'e kadar kovalamış, aynı zamanda bölge halkını yerli Rumların zulmünden kurtarmıştır. Osman Ağa bu başarılarından dolayı Milis Yarbay unvanını almıştır.

Osman Ağa bütün bu hizmetlerinin yanı sıra, Mustafa Kemal Paşa'yı, Çankaya Köşk'ünü ve Büyük Millet Meclisini koruma görevini üstlenmiştir. Muhafız Komutanlığı görevini başarıyla yapmıştır. Onun emrindeki muhafızlar Mustafa Kemal Paşa'nın canını kendi canları gibi bilmişler, onu bir gölge gibi takip etmişlerdir. O dönemde **Türk milleti geleceğini Mustafa Kemal Paşa'ya, Mustafa Kemal Paşa da canını Osman Ağa'ya emanet etmiştir.** Osman Ağa, Mustafa Kemal Paşa'nın çizdiği yoldan hiçbir zaman ayrılmamış, nitekim bu uğurda can vermiştir.

KAYNAKÇA

I.KİTAPLAR

Ahmed Lütfi Efendi, *Vakanivüs Ahmed Lütfi Efendi Tarihi*, İstanbul, 1999, C. I.

AKBAL, İsmail, *Trabzon'da Muhalefet*, Trabzon, 2008.

AKGÜL, Suat, *Yakın Tarihimizde Dersim İsyanları ve Gerçekler*, İstanbul, 1992.

AKIN, Cavit, *Giresun Tarihi ve Kültürel Değerlerimiz*, İstanbul, 2004.

AKSÜT, Ali Kemali, *Erzincan, Tarihi, Coğrafi, Toplumsal, Etnografi, İdari İnceleme Araştırma Tecrübesi*, İstanbul, 1992.

ALKAN, Hakan, *Geçmişten Günümüze Türkiye Patrikhaneleri*, İstanbul, 2003.

ALPASLAN, Teoman, *Topal Osman Ağa*, İstanbul, 2007.

ALTINAY, Ahmet Refik, *Köprülüler*, (Haz: Dursun GÜRLEK), İstanbul,1999.

ANAKÖK, Tayyar, *Alaçam Tarihi*, İstanbul, 1953.

ARIKOĞLU, Damar, *Milli Mücadele Hatıralarım*, İstanbul, 1961.

ARMSTRONG, H.C. , *Bozkurt*, (Çev: Gül ÇAĞALI GÜVEN), İstanbul, 1996.

AŞAN, Muhammet Beşir *Elazığ, Tunceli ve Bingöl İllerinde Türk İskan İzleri*, Ankara, 1992.

ATA, Ferudun, *İşgal İstanbul'unda Tehcir Yargılamaları*, Ankara, 2005.

ATATÜRK, Mustafa Kemal, *Nutuk*, (sadeleştiren Bedi YAZICI), 1995.

Atatürk'le İlgili Arşiv Belgeleri, Ankara, 1982.

Atatürk'ün Bütün Eserleri, İstanbul, 2011.

Atatürk'ün Sırdaşı Kılıç Ali'nin Anıları, (Der: Hulusi TURGUT), İstanbul, 2005.

Atatürk'ün Söylev ve Demeçleri, (Haz: Nimet ARSAN),C.III, Ankara, 1997.

Atatürk'ün Türkiye Büyük Millet Meclisini Açış Konuşmaları, TBMM Kültür Sanat Yayınları, Ankara, 1987.

ATAY, Falih Rıfkı, *Çankaya*, İstanbul, 2010.

AYBARS, Ergün, *Türkiye Cumhuriyeti Tarihi*, İzmir, 1987.

AYIŞIĞI, Metin, *Kurtuluş Savaşı Sırasında Türkiye'ye gelen Amerikan Heyetleri*, Ankara, 2004.

BABACAN, Hasan, – ÜÇÜNCÜ, Uğur, *İlkadım'dan Cumhuriyete Milli Mücadele*, İstanbul, 2008.

BALCIOĞLU, Mustafa, *İki İsyan Koçgiri Pontus Bir Paşa Nurettin Paşa*, Ankara, 2000.

Başlangıçtan Günümüze Pontus Sorunu, (Ed: Veysel USTA), Ankara,2007

BEYOĞLU, Süleyman, Milli Mücadele Kahramanı Giresunlu Osman Ağa, İstanbul, 2009.

BOZOK, Salih - BOZOK, Cemil, Hep Atatürk'ün Yanında, İstanbul, 1985.

CEBESOY, Ali Fuat, Siyasi Hatıralar, İstanbul, 1957.

Cevdet Paşa, Tarihi Cevdet, İstanbul, 1983, C. XI.

COŞAR, Ömer Sami, İstiklal Harbi Gazetesi, İstanbul, 1969.

COŞAR, Ömer Sami, Milli Mücadele Basını, 1964.

ÇALIŞLAR, İpek, Latife Hanım, İstanbul, 2006.

ÇAPA, Mesut, Pontus Meselesi / Trabzon ve Giresun'da Milli Mücadele, Ankara, 1993.

ÇAPA, Mesut, Pontus Meselesi, Trabzon, 2001.

ÇİÇEK, Seyfullah, Topal Osman, İstanbul, 2011.

ÇOKER, Fahri, Türk Parlamento Tarihi, Ankara, 1995.

DERSİMİ, Nuri, Kürdistan Tarihinde Dersim, 1992.

DİNAMO, Hasan İzzettin, Kutsal Barış, İstanbul, 1996.

DİNAMO, Hasan İzzettin, Kutsal İsyan, İstanbul, 1986.

EKEN, Halit, Bir Milli Mücadele Valisi ve Anıları Kapancızade Hamit Bey, İstanbul, 2008.

ERTUNA, Hamdi, Türk İstiklal Harbi, VI, Ankara, 1974.

ERTÜRK, Hüsamettin, İki Devrin Perde Arkası, İstanbul, 1996.

ESENGİN, Kenan, Milli Mücadelede Ayaklanmalar, İstanbul, 2006.

Fener Patrikhanesi'nin İç Yüzü (Haz: Ali Karakurt), İstanbul, 1958.

FIRAT, M. Şerif, Doğu İlleri ve Varto Tarihi, İstanbul, 1998.

GENÇOSMAN, Kemal Zeki, Atatürk Ansiklopedisi, İstanbul, 1981, C. VI.

GÖKALP, Kağan, - BULUT, Suat, Dersimli Diyap Ağa, Ankara, 2011.

HACIFETTAHOĞLU, İsmail, Ali Şükrü Bey, Ankara, 2003.

Hatıraları ve Söyleyemedikleriyle Rauf Orbay, (Haz: Feridun Kandemir) İstanbul, 1965.

İNÖNÜ, İsmet, Hatıralar, (Haz: Sabahattin Selek), 2006.

İZ, Mahir, Yılların İzi, İstanbul, 1975.

KANDEMİR, Feridun, Cumhuriyet Devrinde Siyasî Cinayetler, İstanbul 1955.

KARABEKİR, Kazım, İstiklal Harbimiz, İstanbul, 1960.

KARACA, Taha Niyazi, Son Osmanlı Mebusan Meclisi Seçimleri, Ankara, 2004.

KARACAN, Ali Naci, Lozan, 1971.

KARAMAN, Sami Sabit, İstiklal Mücadelesi ve Enver Paşa, Trabzon ve Kars Hatıraları, İzmit, 1949.

KATKAT, Şenol, İlk Kıvılcım, Samsun, 2012.

Kazım Karabekir Anlatıyor, Yayına Hazırlayan: Uğur Mumcu, Ankara 1993.

KİTSİKİS, Dimitri, Yunan Propagandası, İstanbul, 1963.

KOCAHANOĞLU, Osman Selim, Ali Fuat CEBESOY-Bilinmeyen Hatıralar, İstanbul, 2005.

LLEWELLYN SMİTH, Michael, Yunan Düşü, (Çev: Halim İNAL), Ankara, 2002.

MACAR, Elçin, *İstanbul Rum Patrikhanesi*, İstanbul, 2003.

MENTEŞEOĞLU, Erden, *Giresunlu Fedailerle Konuştum Onlarda Çılgındı*, Ankara, 2008.

MENTEŞEOĞLU, Erden, *Yakın Tarihimizde Osman Ağa ve Giresunlular*, Giresun, 1996.

Muhafızı Atatürk'ü Anlatıyor, Emekli General İsmail Hakkı Tekçe'nin Anıları, (Haz: Hasan PULUR), İstanbul, 2000.

MUMCU, Uğur, *Kazım Karabekir Anlatıyor*, İstanbul, 1993.

MUMCU, Uğur, *Kürt İslam Ayaklanması*, İstanbul, 1993.

Mustafa Suphi ve Yoldaşları, Haz: İnfo Türk Ajansı, İstanbul, 1977.

Naima Tarihi, (Çev: Zuhuri Danışman), İstanbul, 1969, C. IV.

Nur, Rıza, *Hayat ve Hatıratım*, İstanbul, 1967.

NUR, Rıza, *Mangal Yürekli Adam Topal Osman*, İstanbul, 2010.

Nurettin Pasa Pontusçuları Anlatıyor, Yakın Tarihimiz, C. II.

NUTKU, Emrullah, *İstiklal Savaşında Denizciler*, Ankara, 2008.

ODABAŞIOĞLU, Cumhur, *Trabzon: Belgelerle Milli Mücadele Yılları* (1919-1923), Trabzon, 1990.

ORBAY, Rauf, *Siyasi Hatıralar*, İstanbul, 2003.

ÖNGİDER, Seyfi, *Kuruluş ve Kurucu*, İstanbul, 2003.

ÖZ, Baki, *Belgelerle Koçgiri Olayı*, İstanbul, 1999.

ÖZAKMAN, Turgut, *Cumhuriyet Türk Mucizesi II*, Ankara, 2010.

ÖZATA, Metin, *Atatürk ve Tıbbiyeliler*, İzmir, 2009.

ÖZEL, Sabahattin, *Milli Mücadelede Trabzon*, Ankara, 1991.

ÖZTÜRK, Özhan, *Pontus*, Ankara, 2012.

PAMUKOĞLU, Osman, *Ey Vatan*, İstanbul, 2004.

PERİNÇEK, Mehmet, *Atatürk'ün Sovyetlerle Görüşmeleri*, İstanbul, 2011

Pontus Meselesi, (Haz: Yılmaz Kurt), Ankara, 1995 .

Pontus Meselesi, (Haz: Yusuf Gedikli), İstanbul, 2008

SARIBAYRAKTAROĞLU, Mehmet Şakir, *Osman Ağa ve Giresun Uşakları Konuşuyor*, İstanbul, 1975.

SOYSAL, İsmail, *Tarihçeleri ve Açıklamalarıyla Türkiye'nin Siyasal Antlaşmaları*, Ankara, 1989.

ŞAHİN, M. Süreyya, *Fener Patrikhanesi ve Türkiye*, İstanbul, 1996.

ŞENER, Cemal, *Alevilerin Etnik Kimliği*, Etik Yayınları, İstanbul, 2002.

ŞENER, Cemal, *Topal Osman Olayı*, İstanbul, 2005.

ŞİMŞİR, Bilal N. , *İngiliz Belgelerinde Atatürk*, Ankara, 2000

Tam İlmihal Saadeti Ebediye (Haz: Hüseyin Hilmi IŞIK), İstanbul, 2009

TBMM DÜSTUR, 3. Tertip, C. V.

TBMM Gizli Celse Zabıtları, Ankara, 1985.

TBMM Zabıt Ceridesi, Ankara, 1959.

TOPALLI, Osman Fikret, *Müdafaa-i Hukuk ve İstiklal Harbi Tarihinde Giresun*, (Haz: Veysel Usta) Trabzon, 2011.

Türk İstiklal Harbi, Ankara, 1962.

TÜRSAN, Nurettin, *Yunan Sorunu*, İstanbul, 1980.

UĞURLU, Nurer, *Çerkez Şahanı Ethem*, İstanbul, 2006.

ULUĞ, Hakkı Naşit, *Tunceli Medeniyete Açılıyor*, İstanbul, 1939.

URAS, Esat, *Tarihte Ermeniler ve Ermeni Meselesi*, İstanbul, 1987.

ÜLKÜMEN, Hamdi, *Hümanist Atatürk 1889-1963*, İstanbul, 1994.

VELİDEDEOĞLU, Hıfzı Veldet, *İlk Meclis*, Ankara, 1999.

YILDIZTAŞ, Mümin, *İpsiz Recep Emice*, İstanbul, 2009.

YILMAZÇELİK, İbrahim, *Osmanlı Devleti Döneminde Dersim Sancağı*, Ankara, 2011.

YÜKSEL, Ayhan, *Giresun Tarihinden Sayfalar*, Giresun, 2009.

YÜKSEL, Murat, *Faik Ahmet Barutçu'nun İstikbal Gazetesi Belgelerine Göre Ali Şükrü Bey ve Topal Osman Ağa*, Trabzon, 1995.

ZELYUT, Rıza, *Dersim İsyanları ve Seyit Rıza Gerçeği*, Ankara, 2010.

II. MAKALELER-TEZLER-SEMPOZYUM BİLDİRİLERİ

AKANDERE, Osman, "11 Nisan 1920 (1336) Tarihli Takvim-i Vekayi'de Kuvayı Milliye Aleyhinde Yayınlanan Kararlar", *Ankara Üniversitesi Türk İnkılap Tarihi Enstitüsü Atatürk Yolu Dergisi*, Kasım, Sayı. 24.

AKBAL, İsmail, "Komitacı Eylemlerin Son Temsilcisi İsmail Hakkı Tekçe ve Faaliyetleri", *Cumhuriyet Tarihi Araştırmaları Dergisi*, Yıl:7, Sayı.13.

AKGÜL, Suat, "Cumhuriyet Dönemine Kadar Dersim Sorunu", *Ankara Üniversitesi Osmanlı Tarihi Araştırma ve Uygulama Merkezi Dergisi*, Sayı.4

AKTAŞ, Hayati, "Doğu Karadeniz Bölgesinde Pontus Devleti Kurma Çabaları ve Bu Amaçla Hazırlanan Propaganda Kitapları", *Başlangıçtan Günümüze Pontus Sorunu*, Ankara, 2007.

ARSLAN, Nebahat, - TEKİR, Süleyman, "Cenub-i Garbi Kafkas Hükümeti'nden, Tbmm'ye Fahrettin Erdoğan", *Kafkas Üniversitesi Sosyal Bilimler Enstitüsü Dergisi*, 2010, Sayı. 6.

ATALAY, Bülent, *"Fener Rum Ortodoks Patrikhanesi'nin Siyasî Faaliyetleri"* 1908–1923, Marmara Üniversitesi, Türkiyat Araştırmaları Enstitüsü, Doktora Tezi, İstanbul, 2001.

AYBARS, Ergün, "Mustafa Subhi'nin Anadolu'ya Gelişi Öldürülüşüyle İlgili Görüşler ve Erzurum'da Trabzon'a Gidişiyle İlgili Belgeler", *Ankara Üniversitesi Türk İnkılap Tarihi Enstitüsü Atatürk Yolu Dergisi*, 1980, C. XIII, Sayı.24.

BİLGİN, Mehmet, "Pontos Meselesine Tarihsel Bakış", *Başlangıçtan Günümüze Pontus Sorunu*, Ankara, 2007.

BOSTAN, Hanefi, "Fetihten Yunan İsyanına Kadar Doğu Karadeniz Bölgesinin Demografik Yapısı", *Başlangıçtan Günümüze Pontus Sorunu*, Ankara, 2007.

ÇAKMAK, Aydın, *"Milli Mücadele Döneminde Giresun'da Yayınlanan Bir Dergi: Işık"*, Marmara Üniversitesi Türkiyat Araştırmaları Enstitüsü, Yüksek Lisans Tezi, İstanbul, 2010.

ÇALIŞKAN, Ülkü, "Türk Kurtuluş Savaşında Sovyet Rusya'nın Mali ve Askeri Yardımları", *Karadeniz Araştırmaları Dergisi*, Bahar 2006, Sayı.9.

ÇAPA, Mesut, "İstikbal Gazetesine Göre Trabzon'da Mübadele ve İskan", *Ankara Üniversitesi Türk İnkılap Tarihi Enstitüsü Atatürk Yolu Dergisi*, 1991, C. II, Sayı. 8.

ÇAPA, Mesut, "Milli Mücadele ve Cumhuriyetin İlk Yıllarında Giresun", *Türk Kültürü Dergisi*, 1998, Sayı. 423.

ÇİÇEK, Rahmi, "Merzifon Amerikan Koleji ve Pontus Sorunu", *Başlangıçtan Günümüze Pontus Sorunu*, Ankara, 2007.

ERAY BİBER, Tuğba, *"Milli Mücadele Döneminde Doğu Karadeniz"*, Mimar Sinan Güzel Sanatlar Üniversitesi Sosyal Bilimler Enstitüsü, Yüksek Lisans Tezi

ERCAN, Yavuz, "Türk-Yunan İlişkilerinde Rum Patrikhanesinin Rolü", *Üçüncü Askeri Tarih Semineri Bildirileri, Tarih Boyunca Türk Yunan İlişkileri*, Ankara 1986.

ERDAL, İbrahim, "Türk Basınına Göre Patrikhane Konusu ve Patrik Araboğlu'nun İhracı Meselesi", *Ankara Üniversitesi Türk İnkılap Tarihi Enstitüsü Atatürk Yolu Dergisi*, 2004

GÜZEL, Ahmet, *"Pontus Hedefi ve Türkiye'nin Üniter Devlet Yapısı Açısından Stratejik Yakşaşımları"*, Gebze İleri Teknoloji Enstitüsü, Sosyal Bilimler Enstitüsü Yüksek Lisans Tezi.

HÜLAGÜ, Metin, "Osmanlı'dan Cumhuriyete Misyoner, Ermeni, Terör ve Amerika Dörtgeninde Türkiye", *Erciyes Üniversitesi Sosyal Bilimler Dergisi*.

İLGAZİ, Abdullah, "Millî Mücadele Yıllarında Giresun Ve Çevresinde Pontus Rum Faaliyetleri Ve Alınan Tedbirler", *Giresun Tarihi Sempozyumu (24-25 Mayıs 1996) Bildiriler*.

KILAVUZ, Nuran, "Kahramanlıktan Vatan Hainliğine, Çerkez Ethem, Kuvve-i Seyyare'nin Teşkili ve Tasfiyesi", *Fırat Üniversitesi Sosyal Bilimler Dergisi*, C. XXI, Sayı.1.

KÜÇÜKUĞURLU, Murat, "'Türkiye'de Livaların Vilayete Dönüştürülmesi", *Cumhuriyet Tarihi Araştırmaları Dergisi*, Güz 2009, Sayı.10.

MEMMEDLİ, Şureddin, - TANRIVERDİ, "Mustafa, Kars İslam Şûrâ'sının İlk Reisi Borçalılı Kepenekçi Emin Ağa", *Kafkas Üniversitesi Sosyal Bilimler Enstitüsü Dergisi*, 2008, Sayı.2

OKUR, Mehmet, "Milli Mücadele Döneminde Fener Rum Patrikanesi'nin ve Metropolitlerin Pontus Rum Devleti Kuru Imasına Yönelik Girişimler" *Ankara Üniversitesi Türk İnkılâp Tarihi Enstitüsü Atatürk Yolu Dergisi*, S. 29-30, Mayıs- Kasım 2002.

OKUR, Mehmet, "Pontus Meselesinin Ortaya Çıkışı ve Karadeniz Bölgesi'nde Pontuşçu Faaliyetler", *Karadeniz Araştırmaları Dergisi*, 2007, Sayı.14.

358 | ÜMİT DOĞAN

ORUÇ OLGUN, Emel, "Ali Şükrü Bey Olayı", Ankara Üniversitesi, Türk İnkılap Tarihi Enstitüsü, Yüksek Lisans Tezi, Eskişehir, 2009.

ÖKSÜZ, Hikmet, "Pontusçuluğun Sonu: Nüfus Mübadelesi", Başlangıçtan Günümüze Pontus Sorunu, Ankara, 2007.

SARIKOYUNCU DEĞERLİ, Esra, "Lozan Barış Konferansında Musul", Balıkesir Üniversitesi Sosyal Bilimler Enstitüsü Dergisi, Sayı. 18.

SARINAY, Yusuf, "Pontus Meselesi ve Yunanistan'ın Politikası", Pontus Meselesi ve Yunanistan'ın Politikası (Makaleler), Ankara, 2006.

SAYAR, Serdar Hüseyin, "Kurtuluş Savaşı Döneminde Denizcilik Faaliyetleri", Ankara Üniversitesi Türk İnkılap Tarihi Enstitüsü, Yüksek Lisans Tezi, Ankara, 2007.

SÜRMELİ, Serpil, "Samsun ve Çevresinde Pontus Hareketi", Ankara Üniversitesi Türk İnkılap Tarihi Enstitüsü Atatürk Yolu Dergisi, 1997, C. V, Sayı.19.

TAŞ, Fahri, "Amerikan Kolejinde Pontus Kulübü", Tarih ve Medeniyet Dergisi, Kasım 1997.

TAŞAN, Aziz, "Tarih Açısından Merzifon'a Bir Bakış", Önasya Mecmuası, Ekim 1965, Sayı.2.

TÜRKMEN, Zekeriya, "Kurtuluş Savaşı Yıllarında Cephe Gerisine Gönderilen Gayrimüslim Vatandaşların Aileleriyle Haberleşmeleri", Askeri Tarih Bülteni, Sayı. 49.

URAL, Selçuk, "Mütareke Döneminde Pontus Sorununun Doğuşuna Yönelik Faaliyetler", Başlangıçtan Günümüze Pontus Sorunu, Ankara, 2007.

USTA, Veysel. "Trabzon Metropoliti Hrisantos'un Paris Konferansı'na Sunduğu Muhtıranın Tenkidi", Turkish Studies Türkoloji Dergisi, 6/2, Nisan 2011

ÜÇÜNCÜ, Sonay, "Trabzon Mebusu Ali Şükrü Bey'in TBMM'nin Birinci Dönemindeki Faaliyetleri", Afyon Kocatepe Üniversitesi Sosyal Bilimler Enstitüsü Yüksek Lisans Tezi, Afyon, 2012.

ÜÇÜNCÜ, Uğur, "Milli Mücadele Döneminde Trabzon'da İttihatçılık", Karadeniz Teknik Üniversitesi, Sosyal Bilimler Enstitüsü Tarih Anabilim Dalı, Yüksek Lisans Tezi, Trabzon, 2006.

YALÇIN, Emrullah, "Meclisin Kayseri'ye Nakil Tartışmaları ve Mustafa Durak (Sakarya) Bey" , Ankara Üniversitesi Türk İnkılap Tarihi Enstitüsü Atatürk Yolu Dergisi, Sayı. 48.

YAMAN, Ahmet Emin, Başkumandanlık Kanunu, Ankara Üniversitesi Türk İnkılap Tarihi Enstitüsü Atatürk Yolu Dergisi, 1992, C. III, Sayı.9.

YERASİMOS, Stefanos, 'Pontus Meselesi (1912-1923)', Toplum ve Bilim, Sayı. 43-44.

YILMAZ, Hadiye, "Arşiv Belgeleri Işığında Pontus Meselesi", Marmara Üniversitesi Türkiyat Araştırmaları Enstitüsü, Yüksek Lisans Tezi, İstanbul, 2008.

III. SÜRELİ YAYINLAR

Akşam
Aydınlık
Balıkesirpolitika
Cumhuriyet
Günaydın
Hürriyet
Işık
İstikbal
Milliyet
SabahStar
Tercüman
Tevhid-i Efkar
Türkiye
Vakit
Yeni Giresun
Yeniçağ

IV. KAYNAK KİŞİLER

Çakıroğlu Hüseyin (Merhum) Mükerrem ÇAKIROĞLU aracılığı ile.
Hamurcuoğlu Kör Ali (Merhum) Şevket GÜNAL aracılığı ile.
Tomoğlu İsmail (Merhum) İdris KAYIŞ aracılığı ile.
Tekke Köyünden Mehmet (Merhum) Ünal ZENEN aracılığı ile.
Kemençeci Hamit (Merhum) Yusuf AYDIN aracılığı ile.
Hıdımoğlu Mustafa (Merhum) Ali Rıza – Cemal KAYA aracılığı ile.
Hıdımoğlu Eyüp (Merhum) Ali Rıza – Cemal KAYA aracılığı ile.
Çakraklı Kara Ahmet (Merhum) Ahmet YILMAZ aracılığı ile.
Hotmanoğlu Ethem (Merhum) Aytekin HOTMANOĞLU aracılığı ile.
Yarımsakal Temel Ağa (Merhum) Aytekin HOTMANOĞLU aracılığı ile.
Cındıkoğlu Mehmet (Merhum) Halil CINDIK aracılığı ile.
Tahsildar Abdullah (Merhum) Gülseren HÜN aracılığı ile.
Ekecek Köyünden Şerif Çavuş (Merhum) Muhlis AKKUŞ aracılığı ile.
Gümüşreisoğlu İshak (Merhum) İsmail ALTAY aracılığı ile.
Kurdoğlu Hacı Hafız Efendi (Merhum) Ömer Faruk KURDOĞLU aracılığı ile.
Dervişoğlu Zehra Hanım (Merhum) Ayla DERVİŞOĞLU aracılığı ile.

DİZİN

TÜRK PAPA

İSTİKLAL HARBİNDEN ERGENEKON SÜRECİNE
PAPA EFTİM VE TÜRK ORTODOKS PARTİKHANESİNİN FALİYETLERİ

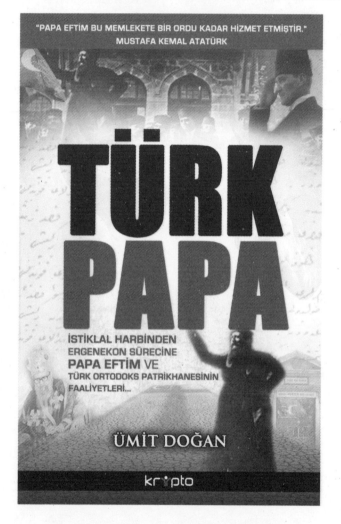

"PAPA EFTİM BU MEMLEKETE BİR ORDU KADAR HİZMET ETMİŞTİR."
MUSTAFA KEMAL ATATÜRK

TÜRK
PAPA

İSTİKLAL HARBİNDEN
ERGENEKON SÜRECİNE
PAPA EFTİM VE
TÜRK ORTODOKS PATRİKHANESİNİN
FAALİYETLERİ...

ÜMİT DOĞAN

kripto

ÜMİT DOĞAN'IN KALEMİNDEN...